Jus Internationale et Europaeum

herausgegeben von
Thilo Marauhn und Christian Walter

7

Wolfgang Schenk

Strukturen und Rechtsfragen der gemeinschaftlichen Leistungsverwaltung

Mohr Siebeck

Wolfgang Schenk, geboren 1977; 1998–2003 Studium der Rechtswissenschaften in Heidelberg; 2003–2006 wiss. Mitarbeiter am Institut für deutsches und europäisches Verwaltungsrecht Heidelberg; 2006 Promotion; Rechtsreferendar am Landgericht Heidelberg.

ISBN 3-16-149002-9
ISBN-13 978-3-16-149002-6
ISSN 1861-1893 (Jus Internationale et Europaeum)

Die Deutsche Bibliothek verzeichnet diese Publikation in der Deutschen Nationalbibliographie; detaillierte bibliographische Daten sind im Internet über *http://dnb.ddb.de* abrufbar.

© 2006 Mohr Siebeck Tübingen.

Das Werk einschließlich aller seiner Teile ist urheberrechtlich geschützt. Jede Verwertung außerhalb der engen Grenzen des Urheberrechtsgesetzes ist ohne Zustimmung des Verlags unzulässig und strafbar. Das gilt insbesondere für Vervielfältigungen, Übersetzungen, Mikroverfilmungen und die Einspeicherung und Verarbeitung in elektronischen Systemen.

Das Buch wurde von Gulde-Druck in Tübingen auf alterungsbeständiges Werkdruckpapier gedruckt und von der Buchbinderei Held in Rottenburg gebunden.

Vorwort

Die vorliegende Arbeit wurde im Wintersemester 2005/2006 von der Juristischen Fakultät der Ruprecht-Karls-Universität Heidelberg als Dissertation angenommen. Sie ist während meiner Zeit als Wissenschaftlicher Mitarbeiter am Institut für deutsches und europäisches Verwaltungsrecht entstanden. Gesetzgebung, Rechtsprechung und Literatur konnten weitgehend bis März 2006 berücksichtigt werden.

Sehr viele Personen, insbesondere ehemalige und gegenwärtige Mitarbeiter des Instituts für deutsches und europäisches Verwaltungsrecht haben mich durch kleineren und größeren Einsatz bei der Erstellung dieser Arbeit, in den Höhen und Tiefen der Promotionszeit unterstützt. Bei ihnen allen möchte ich mich sehr herzlich bedanken. Besonders hervorzuheben sind Herr Dr. Jürgen Bast, Frau Julia Heesen, Frau Kristina Heußner und Frau Dr. Bettina Schöndorf-Haubold. Sie haben einzelne Teile der Arbeit vor ihrer Abgabe kritisch durchgelesen und mir dadurch wertvolle Hilfe geleistet; sie haben dies in überaus kurzer Zeit getan und so die Abgabe sogar vor dem ursprünglich anvisierten Zeitpunkt ermöglicht.

Dank gebührt Frau Professorin Dr. Ute Mager für die Erstellung des Zweitgutachtens, des weiteren Herrn Professor Dr. Thilo Marauhn und Herrn Professor Dr. Christian Walter sowie Herrn Dr. Franz-Peter Gillig für die Aufnahme der Arbeit in die Reihe „Jus Internationale et Europaeum".

Mein besonders herzlicher Dank gilt Herrn Professor Dr. Dr. h.c. Eberhard Schmidt-Aßmann. Er hat meine Begeisterung für das Öffentliche Recht und besonders für das Europarecht geweckt. Er hat den Anstoß zu dieser Arbeit gegeben, ihre Entstehung insbesondere durch seine uneingeschränkte Diskussionsbereitschaft, aber auch durch die Ausübung „heilsamen Drucks" wesentlich gefördert und schließlich das Erstgutachten in kürzester Zeit erstellt.

Schließlich danke ich von ganzem Herzen meinen Eltern, Frau Gerlinde und Herrn Werner Schenk, die mich während meines gesamten bisherigen Lebenswegs in jeder erdenklichen Weise unterstützt haben. Ihnen sowie meinem Großvater, Herrn Adolf Küstner, sei diese Arbeit gewidmet.

Heidelberg, im April 2006   Wolfgang Schenk

Inhaltsübersicht

Vorwort V
Inhaltsverzeichnis IX

Einleitung 1

Kapitel 1: Begriff und Bedeutung der gemeinschaftlichen
Leistungsverwaltung 5

A. Der Begriff der gemeinschaftlichen Leistungsverwaltung 5
B. Die Bedeutung der gemeinschaftlichen Leistungsverwaltung 9
C. Die drei Ebenen der gemeinschaftlichen Leistungsverwaltung 55

Kapitel 2: Die Rechtsetzungsebene gemeinschaftlichen
Leistungsverwaltung 57

A. Das gemeinschaftliche Haushaltsverfahren 57
B. Sachgebietsspezifische Rechtsetzung 92
C. Abschließende Anmerkungen zur Rechtsetzungsebene 132

Kapitel 3: Die Vollzugsebene der gemeinschaftlichen
Leistungsverwaltung 135

A. Grundlagen: Verwaltungsvollzugskompetenzen und
   Haushaltsvollzugskompetenz 135
B. Die Vollzugsmodelle für die gemeinschaftliche
   Leistungsverwaltung 147
C. Abschließende Anmerkungen zur Vollzugsebene 313

Kapitel 4: Die Finanzkontrollebene der gemeinschaftlichen
Leistungsverwaltung 317
A. Die Betrugsbekämpfung durch das OLAF 317
B. Die zentralisierte interne Finanzkontrolle durch den
   Internen Prüfer der Kommission 344
C. Die externe Finanzkontrolle durch den Europäischen
   Rechnungshof 349
D. Die Entlastung der Kommission durch das Europäische
   Parlament 367
E. Abschließende Anmerkungen zur Finanzkontrollebene 373

Fazit und Ausblick 375

Verzeichnis der aufgeführten europäischen Rechtsakte 381
Verzeichnis der aufgeführten Entscheidungen des EuGH und des EuG 405
Literatur und Dokumentenverzeichnis 411
Stichwortverzeichnis 437

Inhaltsverzeichnis

Vorwort V
Inhaltsübersicht VII

Einleitung 1

Kapitel 1: Begriff und Bedeutung der gemeinschaftlichen
Leistungsverwaltung 5

A. Der Begriff der gemeinschaftlichen Leistungsverwaltung 5
   I.   Systematisierung im Bereich der staatlichen Verwaltung 5
   II. Herkömmliche Systematisierung der Verwaltung des Gemeinschaftsraums 6
   III. Die gemeinschaftliche Leistungsverwaltung als Oberbegriff 7
   IV. Verhältnis zum gemeinschaftlichen Beihilfenrecht 8

B. Die Bedeutung der gemeinschaftlichen Leistungsverwaltung 9
   I.   Einführung in die bedeutendsten Ausgabenbereiche 10
      1. Aus der Abteilung Garantie finanzierte Ausgaben im Rahmen der
         Gemeinsamen Agrarpolitik 10
         a. Primärrechtlicher Rahmen 12
            aa. Überblick über die Regelungen 12
            bb. Anmerkungen 13
         b. Sekundärrechtliche Ausgestaltung 15
            aa. Die maßgeblichen Rechtsakte 16
               i. Sektorspezifische Rechtsakte 16
                  (1) Die gemeinsamen Marktorganisationen 16
                  (2) Weitere sektorspezifische Rechtsakte 17
               ii. Die Verordnung (EG) Nr. 1257/1999 über die Förderung der
                  Entwicklung des ländlichen Raums durch den EAGFL 18
               iii. Horizontale Rechtsakte 19
                  (1) Die Verordnung (EG) Nr. 1782/2003 mit gemeinsamen
                      Regeln für Direktzahlungen im Rahmen der GAP und mit
                      bestimmten Stützungsregelungen für Inhaber
                      landwirtschaftlicher Betriebe 19
                  (2) Die Verordnung (EG) Nr. 1258/1999 über die
                      Finanzierung der GAP 20
                  (3) Weitere horizontale Rechtsakte 21
            bb. Die einzelnen Leistungskategorien 23

i. Klassische Garantieausgaben 23
   (1) Interventionen im engeren Sinn 23
   (2) Ausfuhrerstattungen 27
ii. Produktionsunabhängige, nicht entkoppelte Direktzahlungen 30
   (1) Im Bereich der landwirtschaftlichen Kulturpflanzen:
       Die spezifische Qualitätsprämie für Hartweizen 30
   (2) Im Bereich der Tierzucht: Direktzahlungen für Rindfleisch ... 30
iii. Agrarstrukturmaßnahmen 31
iv. Entkoppelte Direktzahlungen: Die einheitliche Betriebsprämie
    aufgrund der Verordnung (EG) Nr. 1782/2003 31
   (1) Das Standardmodell („historisches Modell") 32
   (2) Abweichende Modelle: Regionale und partielle
       Durchführung 33
   (3) Exkurs: Umsetzung in der Bundesrepublik Deutschland 35
cc. Cross compliance 36
dd. Überblick über die Verwaltung der Garantieausgaben 37
2. Ausgaben im Rahmen der Kohäsionspolitik (Struktur- und
   Kohäsionsfonds) 38
   a. Primärrechtlicher Rahmen 38
   b. Sekundärrechtliche Ausgestaltung 40
      aa. Die maßgeblichen Rechtsakte 40
      bb. Die Grundsätze der Strukturfonds 41
      cc. Die Förderung durch die Strukturfonds 42
      dd. Überblick über die Verwaltung der Strukturfonds 43
3. Forschungs- und Technologieförderung 44
   a. Primärrechtlicher Rahmen 44
   b. Sekundärrechtliche Ausgestaltung 45
4. Bildungsförderung 47
   a. Primärrechtlicher Rahmen 47
   b. Sekundärrechtliche Ausgestaltung 48
II. Weitere Ausgabenbereiche 49
III. Funktionen europäischer Leistungen 52

C. Die drei Ebenen der gemeinschaftlichen Leistungsverwaltung 55

Kapitel 2: Die Rechtsetzungsebene gemeinschaftlichen Leistungsverwaltung 57

A. Das gemeinschaftliche Haushaltsverfahren 57
   I. Grundsätze des Haushaltsverfahrens und Gliederung des Haushaltsplans 58
      1. Grundsätze des Haushaltsverfahrens 58
         a. Die Grundsätze der Jährlichkeit und der zeitlichen Spezialität 58
         b. Die Grundsätze der Einheit und der Vollständigkeit 60
         c. Der Grundsatz des Haushaltsausgleichs 62
         d. Der Grundsatz der Gesamtdeckung und das Bruttoprinzip 63
         e. Der Grundsatz der sachlichen Spezialität 64
      2. Die Gliederung des Haushaltsplans 66
   II. Einbindung des Haushaltsverfahrens in die mehrjährige Finanzplanung 67
      1. Auf der Einnahmenseite: der Eigenmittelbeschluß 68
         a. Die formelle Seite des Eigenmittelbeschlusses 69
         b. Die materielle Seite des Eigenmittelbeschlusses 71

2. Auf der Ausgabenseite: die Finanzielle Vorausschau 73
III. Das Haushaltsverfahren nach Art. 272 EGV 75
    1. Vorbereitungsphase 76
    2. Entscheidungsphase 78
       a. Aufstellung des Entwurfs im Rat 79
       b. Behandlung des Entwurfs im Europäischen Parlament 79
       c. Gegebenenfalls: Erneute Befassung des Rates 80
       d. Gegebenenfalls: Erneute Befassung des Europäischen Parlaments 81
       e. Das Verfahren der interinstitutionellen Zusammenarbeit 82
    3. Einhaltung des Höchstsatzes 84
    4. Die Kategorisierung der Ausgaben 85
IV. Die Feststellung des Haushaltsplans 87
V. Die Verbindlichkeit der Regelungen in der Interinstitutionellen
    Vereinbarung vom 6. Mai 1999 89
    1. Die Finanzielle Vorausschau 89
    2. Die ergänzenden Regelungen zum Haushaltsverfahren 91
    3. Die Regelungen über die Klassifizierung der Ausgaben 92

B. Sachgebietsspezifische Rechtsetzung 92
I. Vertragliche Grundlagen für gemeinschaftliche Leistungen:
    Finanzierungszuständigkeiten der Europäischen Gemeinschaft 93
    1. Vorschriften, die ausdrücklich zu gemeinschaftlichen Leistungen
       ermächtigen 95
    2. Sonstige vertragliche Grundlagen 96
II. Die Erforderlichkeit eines Basisrechtsakts 97
    1. Der Grundsatz 97
    2. Ausnahmen 99
III. Die Form des Basisrechtsakts 101
IV. Festlegung von Ausgabenzielen in den Basisrechtsakten 102
V. Nationale Kofinanzierung 104
    1. Fakultative nationale Kofinanzierung 105
    2. Obligatorische nationale Kofinanzierung 105
       a. Art. 6 Abs. 4 EUV 106
       b. Art. 10 Abs. 1 EGV: Pflicht zur loyalen Zusammenarbeit 107
       c. Bindung der mitgliedstaatlichen Haushaltsgesetzgebung 108
       d. Rechtsprechung des EuGH 108
           aa. Rechtssache 93/71 – Leonesio 108
           bb. Rechtssache 30/72 – Kommission/Italien 110
           cc. Rechtssache C-239/01 – Deutschland/Kommission 111
           dd. Zusammenfassung 112
       e. Ergebnis 112
VI. Materielle Vorgaben für die Erbringung gemeinschaftlicher Leistungen 113
    1. Vorgaben der Kopmpetenzgrundlage 113
    2. Subsidiarität und Verhältnismäßigkeit 113
    3. Querschnittsklauseln 115
    4. Verbot wettbewerbsverfälschender Beihilfen 116
    5. Gemeinschaftsgrundrechte 118
    6. Verpflichtungen der Gemeinschaft aufgrund völkerrechtlicher Verträge 120
VII. Gemeinschaftliche Durchführungsrechtsetzung 123
    1. Der Komitologie-Beschluß 123
    2. Begriff und Inhalt der Durchführung des Gemeinschaftsrechts 127

3. Durchführungsmaßnahmen 129
   a. Durchführungsverordnungen 130
   b. Durchführungsbeschlüsse 130

C. Abschließende Anmerkungen zur Rechtsetzungsebene 132

Kapitel 3: Die Vollzugsebene der gemeinschaftlichen Leistungsverwaltung 135

A. Grundlagen: Verwaltungsvollzugskompetenzen und Haushaltsvollzugskompetenz 135
   I. Die Verwaltungsvollzugskompetenzen der Europäischen Gemeinschaft 135
   II. Die Haushaltsvollzugskompetenz der Kommission 139
      1. Art. 274 Abs. 1 S. 1 EGV als Kompetenznorm 141
      2. Bedeutung für die gemeinschaftliche Leistungsverwaltung 146

B. Die Vollzugsmodelle für die gemeinschaftliche Leistungsverwaltung 147
   I. Die zentrale direkte Mittelverwaltung 149
      1. Tätigwerden der Kommission als Verwaltungsbehörde gegenüber den (potentiellen) Leistungsempfängern 150
      2. Ausgestaltung des Verwaltungsverfahrens und des Haushaltsvollzugs 151
         a. Die Regelungen im einzelnen 152
            aa. Der Finanzierungsbeschluß 152
            bb. Die Mittelbindung 153
            cc. Die rechtliche Verpflichtung 155
               i. Das auf das Eingehen der rechtlichen Verpflichtung gerichtete Verfahren: Das Gewährungsverfahren 156
                  (1) Grundsätze des Gewährungsverfahrens 157
                  (2) Aufforderung zur Einreichung von Vorschlägen 157
                  (3) Bewertungsausschuß 158
                  (4) Beschluß des Anweisungsbefugten 159
               ii. Die Handlungsform für das Eingehen der rechtlichen Verpflichtung: Die Finanzierungsvereinbarung 162
                  (1) Inhalt der Finanzierungsvereinbarungen 163
                  (2) Einseitige Anordnungsrechte der Kommission 163
                  (3) Finanzierungsvereinbarungen als Verwaltungsverträge 165
            dd. Feststellung, Zahlungsanordnung und Zahlung 168
         b. Kodifizierung allgemeinen Eigenleistungsverwaltungsrechts 170
      3. Beispiel: Die Vergabe von Mitteln für indirekte Aktionen im Bereich der Forschung und technologischen Entwicklung 171
   II. Die zentrale indirekte Mittelverwaltung 176
      1. Ein Konzept der Externalisierung 176
         a. Hintergrund der Externalisierung und Ziele des Externalisierungskonzepts 177
         b. Formen der Externalisierung 179
         c. Grenzen der Externalisierung 180
      2. Die Exekutivagenturen als besondere Organisationsform der gemeinschaftlichen Leistungsverwaltung 183
         a. Der Rechtsrahmen, insbesondere die Verordnung (EG) Nr. 58/2003 185

b. Die Exekutivagenturen als der Kommission nachgeordnete
　　　　 Verwaltungseinheiten 188
　　　　 aa. Errichtung und Fortbestand der Exekutivagenturen 189
　　　　 bb. Organisation der Exekutivagenturen 190
　　　　 cc. Arbeitsweise der Exekutivagentur und Kontrolle durch die
　　　　　　 Kommission 191
　　　　 dd. Abschließende Bemerkungen 195
　　　c. Auf die Exekutivagenturen übertragbare Aufgaben 196
　　　d. Beispiel: Exekutivagentur für intelligente Energie 197
　　3. Die Einbindung der Gemeinschaftsagenturen in die Verwaltung der
　　　 Gemeinschaftsprogramme 198
　　　a. Einrichtungen im Sinne von Art. 185 der neuen Haushaltsordnung:
　　　　 Die Gemeinschaftsagenturen 198
　　　b. Programmverwaltung durch Gemeinschaftsagenturen 200
　　　　 aa. Bewirtschaftung von Gemeinschaftsmitteln durch die
　　　　　　 Gemeinschaftsagentur 200
　　　　 bb. Voraussetzung und Verfahren der Einbindung 202
　　　c. Beispiel: Die Europäische Agentur für Wiederaufbau – Verwaltung
　　　　 von Gemeinschaftshilfen für den westlichen Balkan 203
　　4. Die Einbindung nationaler Agenturen in die Verwaltung der
　　　 Gemeinschaftsprogramme 207
　　　a. Programmverwaltung durch nationale Agenturen 207
　　　　 aa. Die allgemeinen Vorschriften für die Programmverwaltung durch
　　　　　　 nationale Agenturen 208
　　　　 bb. Die Einbindung nationaler Agenturen – eine gemeinschaftliche
　　　　　　 Beleihung? 212
　　　b. Beispiel: Die Vergabe der Erasmus-Mobilitätsstipendien 214
　　　　 aa. Die Erasmus-Hochschulcharta 215
　　　　 bb. Die Zuweisung von Zuschüssen durch die nationale Agentur 216
　　　　 cc. Vergabe der individuellen Mobilitätszuschüsse durch die
　　　　　　 Hochschulen 220
　　　　 dd. Anmerkungen 221
　　5. Übergreifende Fragestellungen der zentralen indirekten Mittelverwaltung. 222
　　　a. Grundsätzliche Überlegungen 222
　　　b. Legitimationsfragen der zentralen indirekten Mittelverwaltung 223
　　　c. Rechtsschutzfragen 225
　　6. Abschließende Bemerkungen 230
III. Die geteilte Mittelverwaltung 230
　　1. Teilung der Mittelverwaltung aufgrund Art. 5 EGV 231
　　2. Allgemeine Regelungen für die geteilte Mittelverwaltung 232
　　3. Strukturen der geteilten Mittelverwaltung bei den Agrarmarkt- und
　　　 den Strukturfondsausgaben 233
　　4. Die Verwaltung der aus der Abteilung Garantie des EAGFL
　　　 finanzierten Leistungen im Agrarmarktbereich 234
　　　a. Zahlstellen 235
　　　　 aa. Aufgaben der Zahlstellen 235
　　　　 bb. Zulassung, Organisation und Verfahren der Zahlstellen 236
　　　　 cc. Das Verhältnis der Kommission zu den Zahlstellen 238
　　　　 dd. Exkurs: Zahlstellenorganisation in der Bundesrepublik
　　　　　　 Deutschland 239
　　　b. Das Finanzierungsverfahren 240
　　　　 aa. Das Vorschußverfahren 240

bb. Das Rechnungsabschlußverfahren 242
    i. Die finanztechnische Kontenabschlußphase
       ("Rechnungsabschlußphase") 242
    ii. Die rechtsbezogene Konformitätsphase 244
       (1) Die Gemeinschaftsrechtswidrigkeit ("Fehlerhaftigkeit")
          einer Ausgabe als Voraussetzung einer
          Konformitätsentscheidung 244
       (2) Die Maßstäbe und der Inhalt der
          Konformitätsentscheidung 245
       (3) Einschub: Die an die Bundesrepublik Deutschland gerichtete
          Konformitätsentscheidung 250
       (4) Das Verfahren der Konformitätsentscheidung 253
       (5) Informationsgewinnung durch die Kommission 257
       (6) Die Besonderheiten des Verfahrens bei
          Unregelmäßigkeiten 258
       (7) Die Beweislastverteilung 261
       (8) Die Rückforderung gemeinschaftsrechtswidriger
          Zahlungen 264
  cc. Die Doppelfunktion des Finanzierungsverfahrens 269
c. Das integrierte Verwaltungs- und Kontrollsystem 271
  aa. Die Beihilfeanträge, das System zur Erfassung jedes
       Betriebsinhabers und die elektronische Datenbank 272
  bb. Die Systeme zur Identifizierung landwirtschaftlicher Parzellen und
       zur Kennzeichnung und Registrierung von Tieren 276
  cc. Das System zur Identifizierung und Registrierung von
       Zahlungsansprüchen 278
  dd. Das integrierte Kontrollsystem 278
  ee. Berechnung der Direktzahlungen sowie Kürzungen und
       Ausschlüsse 282
  ff. Die Rolle der Kommission im Rahmen des InVeKoS 285
  gg. Abschließende Bemerkungen 286
5. Die Verwaltung der aus den Strukturfonds finanzierten Ausgaben 288
  a. Vorentscheidungen durch die Kommission 288
  b. Programmplanung durch Kommission und Mitgliedstaaten 290
  c. Durchführung der abgeschlossenen Planungen 292
    aa. Verwaltungsbehörden und Zahlstellen 292
       i. Verwaltungsbehörden 293
       ii. Zahlstellen 294
    bb. Verwaltungs- und Kontrollsysteme 294
    cc. Das Finanzierungsverfahren 296
       i. Mittelbindungen der Kommission 296
       ii. Zahlungen 298
       iii. Die „Verantwortung für die Finanzkontrolle" 300
       iv. Finanzkorrekturen 303
    dd. Begleitung und Bewertung 306
       i. Begleitung 306
       ii. Bewertung 309
  d. Die Rolle der Kommission bei der Verwaltung der aus den
     Strukturfonds finanzierten Ausgaben 310
6. Vergleich der Verwaltung der Agrarmarkt- und der
   Strukturfondsausgaben 311

C. Abschließende Anmerkungen zur Vollzugsebene 313

Kapitel 4: Die Finanzkontrollebene der gemeinschaftlichen Leistungsverwaltung 317

A. Die Betrugsbekämpfung durch das OLAF 317
  I. Die rechtlichen Grundlagen des OLAF 318
  II. Die Aufgaben des OLAF und die Modalitäten ihrer Erfüllung 320
    1. Verwaltungsuntersuchungen 320
      a. Externe Untersuchungen 320
      b. Interne Untersuchungen 324
      c. Das Verfahrensrecht der Untersuchungen 326
        aa. Das Verfahrensrecht nach der Verordnung (EG) Nr. 1073/1999 326
        bb. Die Bestimmungen über interne Untersuchungen in den Beschlüssen der gemeinschaftlichen Organisationseinheiten 328
        cc. Das Verfahren der Inspektionen im Rahmen externer Untersuchungen nach der Verordnung (Euratom, EG) Nr. 2185/96 329
        dd. Verwertbarkeit der Untersuchungsberichte als Beweismittel 331
    2. Sonstige Aufgaben des OLAF 332
  III. Stellung und Aufbau des OLAF 332
  IV. Rechtsschutzfragen 335
  V. Rechtmäßigkeit der Errichtung und Ausgestaltung des OLAF 339
  VI. Ausblick 343

B. Die zentralisierte interne Finanzkontrolle durch den Internen Prüfer der Kommission 344
  I. Entwicklung der zentralisierten internen Finanzkontrolle 345
  II. Aufgaben des Internen Prüfers 346
  III. Stellung des Internen Prüfers 347
  IV. Der Interne Prüfer als neuer Akteur der gemeinschaftlichen Finanzkontrolle 348

C. Die externe Finanzkontrolle durch den Europäischen Rechnungshof 349
  I. Die Rechnungsprüfung als Aufgabe des Europäischen Rechnungshofs 350
    1. Gegenstand und Maßstab der Rechnungsprüfung 350
    2. Mittel und Zeitpunkt der Rechnungsprüfung 353
    3. Prüfungsberichte 356
    4. Die legislativen Stellungnahmen des Europäischen Rechnungshofs 359
  II. Stellung, Aufbau und Arbeitsweise des Europäischen Rechnungshofs 360
  III. Rechtsschutzfragen 362
    1. Rechtsschutzmöglichkeiten des Rechnungshofs 362
    2. Rechtsschutz gegen den Rechnungshof 364
  IV. Zur Rolle des Europäischen Rechnungshofs 365

D. Die Entlastung der Kommission durch das Europäische Parlament 367
  I. Die Entlastung und ihre Wirkungen 367
  II. Die Prüfungen des Parlaments und das Verfahren der Entlastung 369
  III. Die verweigerte Entlastung 371

E. Abschließende Anmerkungen zur Finanzkontrollebene 373

Fazit und Ausblick 375

Verzeichnis der aufgeführten europäischen Rechtsakte 381
Verzeichnis der aufgeführten Entscheidungen des EuGH und des EuG 405
Literatur und Dokumentenverzeichnis 411
Stichwortverzeichnis 437

Einleitung

Bei Ausübung ihrer vielfältigen Tätigkeiten setzt die Europäische Gemeinschaft in bestimmten Bereichen auch finanzielle Mittel zur Politikgestaltung ein. „Geld ist Voraussetzung europäischer Politik – und zwar bei fortschreitender Integration und zunehmender Umverteilung innerhalb der Gemeinschaft in immer größerem Umfang."[1] Nicht zuletzt dafür ist die Gemeinschaft mit nicht unerheblichen finanziellen Ressourcen, hauptsächlich in Form der sog. Eigenmittel im Sinne von Art. 269 Abs. 1 EGV[2] ausgestattet.[3] Die frühere Darstellungsweise des Einzelplans der Kommission im Rahmen des Gesamthaushaltsplans der Europäischen Union mit der Aufteilung in einen Teil A für Personal- und Verwaltungsausgaben und einen Teil B für operationelle Ausgaben[4] sollte der Bedeutung dieses Aspekts des Gemeinschaftshandelns Rechnung tragen und die schnelle Feststellung zulassen, welche Mittel der Gemeinschaft unmittelbar den Begünstigten der Finanzhilfen zugute kommen.[5]

---

[1] *Eckhoff*, Lastenverteilung, in: Birk, Europäisches Steuer- und Abgabenrecht, § 7 Rn. 1. Siehe auch *Bieber*, in: ders./Epiney/Haag, Europäische Union[6], § 5 Rn. 1.

[2] Vgl. hierzu den aufgrund von Art. 269 Abs. 2 EGV ergangenen „Beschluß des Rates vom 29. September 2000 über das System der Eigenmittel der Europäischen Gemeinschaften (2000/597/EG)". Dieser Beschluß weist die Besonderheit auf, daß er zur Erlangung der Rechtsverbindlichkeit erst der Ratifizierung durch die Mitgliedstaaten bedarf. Ausführlicher zum Eigenmittelbeschluß *Waldhoff*, in: Calliess/Ruffert, EUV/EGV[2], Art. 269 EGV Rn. 3 und unten Kap. 2 A.II.1.

[3] In den Gesamthaushaltsplan der Europäischen Union für das Haushaltsjahr 2005 sind Eigenmittel in Höhe von 105.259.468.772 Euro eingestellt; der veranschlagte Gesamtbetrag der Einnahmen beläuft sich auf 106.300.000.000 Euro (ABl. EU 2005 Nr. L 60/I-11). Der Anteil der Eigenmittel beträgt demnach 99,02 Prozent.

Im Verhältnis zu den Haushaltsplänen der Mitgliedstaaten erscheint das Haushaltsvolumen der Europäischen Union aber eher bescheiden; allein das Volumen des deutschen Bundeshaushaltsplans für das Haushaltsjahr 2005 beträgt 254.300.000.000 Euro (§ 1 Haushaltsgesetz 2005 vom 8. März 2005; BGBl. I S. 467); vgl. schon *Eckhoff*, Lastenverteilung, in: Birk, Europäisches Steuer- und Abgabenrecht, § 7 Rn. 5; *Europäische Union*, Finanzbericht 2003, S. 4; *Graf*, Finanzkontrolle, S. 34.

[4] Art. 19 Abs. 1 HO 1977.

[5] Das Volumen des Einzelplan III – Kommission, Teil B betrug im Haushaltsjahr 2003 92.142.866.000 Euro (ABl. EU 2003 Nr. L 54/II-70). Allerdings fanden sich auch in Teil B Mittel, die eigentlich den Personal- und Verwaltungsausgaben zuzurechnen sind, z.B. die

Der Einsatz finanzieller Mittel zur Politikgestaltung durch die Gemeinschaft kommt in vielerlei Bereichen vor. Die Ausgaben der Gemeinschaft sind „Spiegel ihrer Aufgaben und so Ausdruck ihrer politischen Handlungsfähigkeit"[6]. Das Budget setzt sich in erster Linie aus unterschiedlichen Konzepten zur Umsetzung vorwiegend national geprägter politischer Prioritäten zusammen.[7] Vom Umfang der eingesetzten Mittel eindeutig im Vordergrund stehen die Maßnahmen im Bereich der Landwirtschaft[8] und der Strukturpolitik[9]. Diese beiden Bereiche binden zusammen mehr als 75 Prozent der gesamten zur Verfügung stehenden Mittel.[10] Gelder fließen aber auch zur Förderung der Forschung[11], der Bildung oder der Kultur. Empfänger der Mittel können Mitgliedstaaten oder Drittstaaten, Unionsbürger oder Bürger von Drittstaaten sein. Die Kommission schätzt den Nutzen der eingesetzten Mittel für die EU-Bürger hoch ein; die Vorteile des Binnenmarktes, eine hoch entwickelte gemeinsame Landwirtschaft, die wirtschaftliche Unterstützung ärmerer Regionen zur Förderung der Kohäsion, ein hohes Maß an Umweltschutz, die gemeinsamen Forschungsmaßnahmen, die Auszubildenden, die bestrebt seien, von- und miteinander zu lernen, die Unterstützung der Mobilität von Studierenden und Lehrkräften sowie nicht zuletzt das weltweit größte und erfolgreichste Friedensprojekt zeigten, wie sinnvoll die Haushaltsmittel der Europäischen Union investiert würden.[12]

Von den Rechtswissenschaften wurde dieser Aspekt des Gemeinschaftshandelns lange Zeit eher spärlich behandelt. Dies dürfte vor allem daran liegen, daß die Regelungen in diesem Bereich – abgesehen von den umfassenden Kodifikationen gerade für die Gemeinsame Agrarpolitik und für die Strukturfonds – einzelfallbezogen und zumeist auch nicht sehr umfangreich waren.

Haushaltslinie B7-5 4 1 A „Unterstützung der westlichen Balkanländer – Verwaltungsausgaben" (ABl. EU 2003 Nr. L 54/II-956).

[6] *Schmidhuber*, EuR 1991, S. 329 (330).

[7] *Graf*, Finanzkontrolle, S. 36.

[8] Für das Haushaltsjahr 2005 stehen 49.114.850.000 Euro zur Verfügung (ABl. EU 2005 Nr. L 60/I-10); zur Agrarfinanzierung ausführlich *Mögele*, Behandlung fehlerhafter Ausgaben.

[9] Für das Haushaltsjahr 2005 stehen 32.396.027.704 Euro zur Verfügung (ABl. EU 2005 Nr. L 60/I-10); zu den Strukturfonds der Gemeinschaft ausführlich *Schöndorf-Haubold*, Strukturfonds der EG; *Holzwart*, Gemeinschaftliche Strukturfonds; weiterhin *Heinelt/Kopp-Malek/Lang/Reissert*, Entwicklung der Strukturfonds.

[10] Aus diesem Grunde ist der Ansicht *Biebers* (in: ders./Epiney/Haag, Europäische Union[6], § 5 Rn. 1), die Qualität des Haushalts entspreche immer stärker der Bedeutung staatlicher Haushalte, zu widersprechen.

[11] Dazu ausführlich *Pfeiffer*, Forschungs- und Technologiepolitik; *Schöpe*, Förderung der Forschung.

[12] *Europäische Union*, Finanzbericht 2003, S. 4.

Einleitung 3

Der Bereich geriet jedoch Ende der neunziger Jahre des vergangenen Jahrhunderts schlagartig in das Bewußtsein sogar der breiten Öffentlichkeit. Die Aufdeckung von Mißständen, die zu einer erheblichen Verschwendung von Haushaltsmitteln geführt hatten,[13] war mit Grund dafür, daß die damals amtierende Kommission unter ihrem Präsidenten *Jacques Santer* im März 1999 geschlossen zurückgetreten ist.[14] Es hatte sich eine undurchsichtige, von der Kommissionsspitze weitgehend auch unkontrollierte Verwaltungsstruktur entwickelt, die das Bestehen gemeinschaftlicher Stellen außerhalb der Organisation der Kommission und die Einschaltung privatrechtlicher Einrichtungen umfaßte. Die nachfolgende Kommission unter *Romano Prodi* unternahm von Amtsbeginn an umfangreiche Anstrengungen im Hinblick auf eine grundlegende Reform der Kommission.[15] Eine der in diesem Rahmen durchzuführenden Maßnahmen sollte eine grundlegende Reform des Finanzmanagements, eine andere die Ausarbeitung einer Externalisierungspolitik und eines diesbezüglichen Rechtsrahmens sein. Unter Externalisierung versteht die Kommission die vollständige oder teilweise Delegierung ihrer Aufgaben oder Tätigkeiten im Rahmen der Verwaltung der Gemeinschaftsprogramme.[16] Gemeinschaftsprogramme ihrerseits sind Programme, mit denen die Gemeinschaft durch finanzielle Aufwendungen die Erreichung von Gemeinschaftszielen verfolgt.[17]

Aus dem umfangreichen Reformwerk besonders hervorzuheben sind die Artikel 53 bis 57 der neuen Haushaltsordnung aus dem Jahr 2002. In diesen Vorschriften werden Vollzugsmodelle aufgestellt, nach denen gemeinschaftliche Finanzhilfen vergeben werden sollen.[18] Der Regelungsort im gemeinschaftlichen Haushaltsrecht mag auf den ersten Blick überraschend erscheinen. Doch ist dieser wohl gewählt. Das Haushaltsrecht erfaßt nach der üblichen Definition die Vorschriften, die sich mit der internen finanziellen Ordnung von öffentlich-rechtlichen Körperschaften befassen, insbesondere mit der internen Aufteilung der diesen jeweils verfügbaren finanziellen Ressourcen auf die zu erfüllenden Aufgaben („Haushaltspla-

---

[13] Zusammenfassend *Ausschuß unabhängiger Sachverständiger*, Erster Bericht, 9.2.1 ff.; siehe auch *Craig*, ELRev 2003, S. 840 (841, 843 f.); *Mehde*, ZEuS 2001, S. 403 (418); *J.-P. Schneider*, VVDStRL 2005, S. 238 (250); *Tomkins*, Yearbook of European Law 19 (1999-2000), S. 217 (246).

[14] Siehe dazu die Presseerklärungen der Kommission IP/99/172 und IP/99/179.

[15] Dazu v.a. *Kommission*, Reform der Kommission, KOM(2000) 200 endg./2; *dies.*, Fortschrittsbericht 2003, COM(2000) 40 endg./2; *dies.*, Fortschrittsbericht 2004, KOM(2004) 93 endg.; auch *Mehde*, ZEuS 2001, S. 403 ff. (insbesondere 422 ff.); *Reichenbach/von Witzleben*, Verwaltungsmodernisierung, in: Siedentopf, Europäischer Verwaltungsraum, S. 39 ff.

[16] *Kommission*, Reform der Kommission I, KOM(2000) 200 endg./2, S. 12.

[17] Vgl. Art. 2 lit. b VO (EG) 58/2003 (Statut der Exekutivagenturen).

[18] Ausführlich unten Kap. 3 B.

nung"), mit dem Vollzug des diesem Ziel dienenden Planes, also des Haushaltsplanes („Haushaltsvollzug") und mit der Kontrolle der beiden zuvor genannten Aspekte („Haushaltskontrolle"). [19] Die Verwaltung der Gemeinschaftsprogramme ist unauflösbar mit dem gemeinschaftlichen Haushaltsvollzug verbunden. So sind die Artikel 53 bis 57 der neuen Haushaltsordnung denn auch unter der Kapitelüberschrift „Arten des Haushaltsvollzugs" zu finden.

Diese Vorschriften haben den Anstoß zu der vorliegenden Untersuchung gegeben. Behandelt werden sollen im folgenden aber nicht nur diese Vollzugsmodelle. Vielmehr soll umfassender auf denjenigen Bereich eingegangen werden, in dem die Gemeinschaft finanzielle Mittel zur Politikgestaltung einsetzt, auf die *gemeinschaftliche Leistungsverwaltung*.

---

[19] *Kisker*, in: Isensee/Kirchhof, HdbStR IV^2, § 89 Rn. 25. Zum Haushaltsrecht gehören daneben die Vermögens- und die Schuldenwirtschaft. Zu bemerken ist, daß die Europäische Gemeinschaft zur Finanzierung ihres Haushalts aber grundsätzlich keine Kredite aufnehmen darf; der Haushalt wird gemäß Art. 269 Abs. 1 EGV unbeschadet der sonstigen Einnahmen „vollständig" aus Eigenmitteln finanziert (vgl. Art. 14 Abs. 2 HO 2002); siehe ausführlich *Gesmann-Nuissl*, Verschuldungsbefugnis.

Kapitel 1

Begriff und Bedeutung der gemeinschaftlichen Leistungsverwaltung

„Gemeinschaftliche Leistungsverwaltung"[1] ist kein eingeführter Rechtsbegriff. Daher muß zunächst das der vorliegenden Arbeit zugrundegelegte Verständnis dieses Begriffs geklärt werden (A). Mit der Begriffsbestimmung wird zugleich der Rahmen für die weiteren Untersuchungen festgesetzt. Die Bedeutung der gemeinschaftlichen Leistungsverwaltung soll anschließend insbesondere anhand einer Einführung in ihre wichtigsten Teilbereiche aufgezeigt werden (B).

A. Der Begriff der gemeinschaftlichen Leistungsverwaltung

I. Systematisierung im Bereich der staatlichen Verwaltung

Bekanntermaßen bestehen verschiedene Möglichkeiten, die diversen Erscheinungsformen staatlicher Verwaltung zu systematisieren.[2] Am gebräuchlichsten dürfte die an der Art der Verwaltungstätigkeit orientierte Unterscheidung in Ordnungs- und Leistungsverwaltung sein:[3] Im Rahmen der Ordnungsverwaltung schafft die Verwaltung entweder selbst Ordnung, indem sie auf gesetzlicher Grundlage abstrakt-generelle Regelungen trifft (z.B. in Form von gemeindlichen Satzungen oder Polizeiverordnungen); oder sie hat für die Einhaltung der gesetzlich geregelten Ordnung zu sorgen.[4]

---

[1] Siehe schon meinen Beitrag in: Schmidt-Aßmann/Schöndorf-Haubold, Europäischer Verwaltungsverbund, S. 265 ff.

[2] Für die Verwaltung auf nationaler Ebene siehe beispielsweise die diversen Ansätze bei *Ehlers*, in: Erichsen/Ehlers, AllgVerwR[12], § 1 Rn. 34 ff.: Unterscheidung nach der Art der Aufgabenstellung, nach dem Gegenstand der Verwaltung, nach dem Verwaltungsträger, nach der Rechtsform des Tätigwerdens, nach der Modalität des Handelns und nach der Intensität der Gesetzesbindung.

[3] Dazu *Schmidt-Aßmann*, Ordnungsidee[2], Kap. 3 Tz. 100 ff. Zur Leistungsverwaltung grundlegend *Forsthoff*, Verwaltung als Leistungsträger; des weiteren umfassend *Haverkate*, Leistungsstaat; *M. Rodi*, Subventionsrechtsordnung.

[4] Vgl. *Ehlers*, in: Erichsen/Ehlers, AllgVerwR[12], § 1 Rn. 36; siehe auch *Schoch*, in: Schmidt-Aßmann, BesVerwR[13], 2. Kap. Rn. 1 f.

Die Leistungsverwaltung trägt demgegenüber durch die für die Bürger unmittelbare oder mittelbare Bereitstellung von Einrichtungen, Geld- und Sachleistungen zur Verbesserung der Lebensmöglichkeiten bei.[5] Für die Einordnung einer bestimmten Verwaltungstätigkeit, die mit erheblichen Schwierigkeiten verbunden sein kann, ist es jedenfalls unerheblich, ob sie die Rechtsstellung der Bürger beeinträchtigt. Eingriffe sind kein Charakteristikum der Ordnungsverwaltung; die Vergabe einer Subvention an ein Konkurrenzunternehmen etwa kann gleichfalls eine erhebliche Belastung darstellen.

Eine weitere bedeutende Möglichkeit der Systematisierung richtet sich an den beteiligten Verwaltungsträgern aus. Dabei lassen sich die beiden großen, vom Grundgesetz vorgegebenen Bereiche der Bundes- und der Landesverwaltung ausmachen, die jeweils in unmittelbare und mittelbare Bereiche untergliedert sind.[6] Angesichts ihrer herausragenden Bedeutung wird oftmals die Kommunalverwaltung, obwohl sie eigentlich der Landesverwaltung zuzurechnen ist,[7] als eigenständiger dritter großer Bereich hervorgehoben.

II. Herkömmliche Systematisierung der Verwaltung des Gemeinschaftsraums

Die Verwaltung des Gemeinschaftsraums[8] wird dagegen kaum nach der Art der Verwaltungstätigkeit systematisiert.[9] Im Rahmen des europäischen Verwaltungsrechts ist bislang eine Aufgliederung in „Europäische Ordnungsverwaltung" und „Europäische Leistungsverwaltung" nicht gebräuchlich. Zur Beschreibung wird vielmehr vornehmlich auf die beteiligten Verwaltungsträger[10] abgestellt. Im Rahmen des *direkten Vollzuges* wird das EG-Recht durch gemeinschaftseigene Organe, im Rahmen des *indirekten*

---

[5] *Wolff/Bachof/Stober*, VerwR Bd. 1[11], § 3 Rn. 6; siehe auch *Schmidt-Aßmann*, Ordnungsidee[2], Kap. 3 Tz. 102.

[6] *Ehlers*, in: Erichsen/Ehlers, AllgVerwR[12], § 1 Rn. 45; *Maurer*, AllgVerwR[15], § 22, § 23. Für einen Überblick über die unmittelbare und mittelbare Landesverwaltung am Beispiel Baden-Württembergs siehe *Schenk*, VBlBW 2003, S. 461 (462 ff.).

[7] *Schmidt-Aßmann/Röhl*, in: Schmidt-Aßmann, BesVerwR[13], 1. Kap. Rn. 8; *Dreier*, in: ders., GG II, Art. 28 Rn. 79; *Gern*, Kommunalrecht[3], Rn. 119; *Kluth*, in: Wolff/Bachof/Stober, VerwR Bd. 3[5], § 94 Rn. 46.

[8] Vgl. *Schmidt-Aßmann*, EuR 1996, S. 270 (271).

[9] Siehe allerdings *Schmidt-Aßmann*, in: FS Steinberger, S. 1375 (1376 ff.). Der Begriff der „gemeinschaftsrechtlichen Leistungsverwaltung" findet sich bei *Bast*, Handlungsformen, in: von Bogdandy, Europäisches Verfassungsrecht, S. 479 (495), der „europäischen Leistungsverwaltung" bei *J.-P. Schneider*, VVDStRL 2005, S. 238 (240, 249). Vgl. auch *David*, Inspektionen, S. 34.

[10] Zu den beteiligten Verwaltungsträgern *Schmidt-Aßmann*, Strukturen, in: ders./Hoffmann-Riem, Strukturen des Europäischen Verwaltungsrechts, S. 9 (15 ff.); ders., Ordnungsidee[2], Kap. 7 Tz. 3 ff.; jüngst *Winter*, EuR 2005, S. 255 (256 ff.).

Vollzuges durch Organe der Mitgliedstaaten vollzogen.[11] Mittlerweile hat auch die Tatsache allgemeine Verbreitung gefunden, daß diese beiden Modelle nicht isoliert nebeneinander stehen. Vielmehr arbeiten die beteiligten Verwaltungsträger in vielfältiger Weise zusammen. Die Verwaltung des Gemeinschaftsraums ist also auch durch die *Verwaltungskooperation* der Gemeinschaft, im wesentlichen der Kommission, und der Mitgliedstaaten („vertikale" Verwaltungskooperation) sowie der Mitgliedstaaten untereinander („horizontale" Verwaltungskooperation) geprägt.[12]

III. Die gemeinschaftliche Leistungsverwaltung als Oberbegriff

Es erscheint aber angebracht, auch bezüglich der Verwaltung des Gemeinschaftsraums eine Unterscheidung nach der Art der Verwaltungstätigkeiten vorzunehmen und infolgedessen diejenigen gemeinschaftlichen Politikbereiche unter dem Oberbegriff der gemeinschaftlichen Leistungsverwaltung zusammenzufassen, in denen die Gemeinschaft finanzielle Mittel zur Politikgestaltung einsetzt. Dies läßt sich nicht zuletzt mit dem zunehmenden Gewicht rechtfertigen, das die Kommission und der Gemeinschaftsgesetzgeber diesen Bereichen beimessen; die Artikel 53 bis 57 der neuen Haushaltsordnung sind hierbei nur der herausragende Teil der legislativen Aktivitäten. Auch die Summe der eingesetzten Mittel läßt es nicht als unangemessen erscheinen, gleichfalls begrifflich auf eine gewisse Eigenständigkeit hinzuweisen.

> Gemeinschaftliche Leistungsverwaltung ist zu definieren als diejenige Verwaltungstätigkeit, durch die die Gemeinschaft mittels des Einsatzes eigener finanzieller Mittel Gemeinschaftsziele zu erreichen versucht, ohne dabei eine ihr unmittelbar zugute kommende Gegenleistung zu erhalten.

Diese Definition ist enger als die oben angeführte[13] Definition der staatlichen Leistungsverwaltung, da sie sich auf den Einsatz finanzieller Mittel

---

[11] Grundlegend für diese allgemein anerkannte Unterscheidung *Rengeling*, Rechtsgrundsätze beim Verwaltungsvollzug des EG-Rechts, S. 9 ff.; siehe auch *ders.*, VVDStRL 1994, S. 202 (205 f.); *Schmidt-Aßmann*, Ordnungsidee², Kap. 7 Tz. 7; *Schwarze*, Europäisches Verwaltungsrecht I, S. 25 ff.; *Streinz*, Europarecht⁷, Rn. 532 ff.; *ders.*, in: *ders.*, EUV/EGV, Art. 10 EGV Rn. 23 ff.; *Stettner*, in: Dauses, HdbEUWiR I (Grundwerk), B III Rn. 11 ff.; *Curtin*, Evolving EU Executive, S. 6.; kritisch allerdings *Schroeder*, AöR 2004, S. 3 (10).

[12] Grundlegend hierfür *Schmidt-Aßmann*, EuR 1996, S. 270 ff.; des weiteren *ders.*, Ordnungsidee², Kap. 7 Tz. 10 f.; *ders.*, in: FS Steinberger, S. 1375 (insbesondere 1379 ff.); siehe auch *Sommer*, Verwaltungskooperation am Beispiel administrativer Informationsverfahren; *Sydow*, Verwaltungskooperation; *J. Hofmann*, Rechtsschutz und Haftung; *R. Pitschas*, Gemeinschaftliche Verwaltungskooperation bzw. *Priebe*, Handlungsformen für Verwaltungskooperation, in: Hill/R. Pitschas, Europäisches Verwaltungsverfahrensrecht, S. 301 ff. bzw. S. 337 ff.

[13] Siehe Kap. 1 A.I.

beschränkt. Allerdings spielen die Bereitstellung von Einrichtungen und Sachleistungen auf gemeinschaftlicher Ebene derzeit kaum eine nennenswerte Rolle und werden dies aller Wahrscheinlichkeit nach – schon aufgrund fehlender primärrechtlicher Grundlagen – auch zukünftig nicht tun. Dasselbe gilt für indirekte Begünstigungen in Form von Steuervergünstigungen oder Abgabenermäßigungen bzw. -erlassen. Einem Abfluß aus dem Vermögen der Gemeinschaft muß also stets eine Vermögensvermehrung auf Seiten des Empfängers gegenüberstehen. Leistungen der Gemeinschaft können folglich weitestgehend mit Zuwendungen im Sinne von § 14 HGrG, § 23 BHO[14] gleichgesetzt werden.

Das Merkmal der fehlenden unmittelbaren Gegenleistung soll die gemeinschaftliche Leistungsverwaltung insbesondere von dem gemeinschaftlichen Beschaffungswesen abgrenzen.[15] Zu betonen ist die fehlende „Unmittelbarkeit" der Gegenleistung; selbstverständlich ist, daß die Gemeinschaft durch den Einsatz finanzieller Mittel mittelbar die Erreichung von nach dem Gemeinschaftsrecht legitimen Zielen fördern möchte und, damit die Leistungen rechtmäßig erbracht werden können, auch fördern muß.

Zur gemeinschaftlichen Leistungsverwaltung in diesem Sinne zählen auch bestimmte Formen der Auftragsvergabe, bei denen die aufgrund des Auftrags erbrachten Leistungen unmittelbar Dritten zugute kommen. In dieser Form werden etwa große Teile der gemeinschaftlichen Außenhilfe erbracht.[16] Die gewählte Definition schließt des weiteren nicht aus, daß mit Maßnahmen im Bereich der gemeinschaftlichen Leistungsverwaltung zugleich ein Lenkungszweck verfolgt wird.[17]

IV. Verhältnis zum gemeinschaftlichen Beihilfenrecht

Demgegenüber nimmt das gemeinschaftliche Beihilfenrecht[18] nach Art. 87 ff. EGV keine zentrale Rolle in den nachfolgenden Ausführungen ein. Dessen Gegenstand sind „staatliche oder aus staatlichen Mitteln gewährte

---

[14] Vgl. *M. Rodi*, Subventionsrechtsordnung, S. 35 f.
[15] Siehe dazu Art. 88 ff. HO 2002; Art. 116 ff. DVO HO 2002. Diese Vorschriften orientieren sich an den Vorgaben für die Auftragsvergabe durch die Mitgliedstaaten; zu der damit verbundenen „Parallelisierung" *Schmidt-Aßmann*, Ordnungidee², Kap. 7 Tz. 16. Siehe auch *Prieß*, Handbuch Vergaberecht³, S. 523 ff.; *Schilling*, EuZW 1999, S. 239 ff.
[16] Hierzu *Kalbe*, CMLR 2001, S. 1217 ff.; *ders.*, EWS 2003, S. 355 ff. Vgl. z.B. EuG, Rs. T-185/94 – Geotronics, Slg. 1995, II-2795.
[17] Insofern umfaßt der hier verwendete Begriff der gemeinschaftlichen Leistungsverwaltung auch Maßnahmen, die *Schmidt-Aßmann* (in: FS Steinberger, S. 1375 [1377]) dem Begriff der Lenkungsverwaltung zuordnen möchte.
[18] Hierzu umfassend Heidenhain, Europäisches Beihilfenrecht; *Lübbig/Martin-Ehlers*, Beihilfenrecht; *Sánchez Rydelski*, EU Beihilferecht; *Koenig/Kühling/Ritter*, EG-Beihilfenrecht².

Beihilfen" (Art. 87 Abs. 1 EGV), also Beihilfen[19] der Mitgliedstaaten, über deren Vereinbarkeit mit dem Gemeinsamen Markt die Kommission wacht. Aus diesem Grund ist es begrifflich exakter, von dem gemeinschaftlichen Beihilfen*aufsichts*recht zu sprechen.[20] Allerdings kommt auch in dieser Bezeichnung nicht die Erkenntnis zum Ausdruck, daß die Art. 87 ff. EGV und die hierauf beruhenden Vorschriften die mitgliedstaatliche Beihilfentätigkeit in erheblichem Maße steuern.[21]

Die Art. 87 ff. EGV können jedoch nicht völlig außer acht gelassen werden. Zum einen kann diesen Vorschriften möglicherweise eine Grenze für die gemeinschaftliche Leistungserbringung insofern entnommen werden, als wettbewerbsverfälschende gemeinschaftliche Beihilfen an Unternehmen oder Produktionszweige verboten sind.[22] Zum anderen kann das gemeinschaftliche Beihilfenaufsichtsrecht bei von Gemeinschaft und Mitgliedstaat kofinanzierten Maßnahmen eine Rolle spielen.

B. Die Bedeutung der gemeinschaftlichen Leistungsverwaltung

Im Gesamthaushaltsplan der Europäischen Union für das Haushaltsjahr 2005 sind Ausgaben in Höhe von über 106 Milliarden Euro vorgesehen.[23] Bei einer Bevölkerungszahl von ungefähr 450 Millionen Einwohnern in den derzeit 25 Mitgliedstaaten darf die Gemeinschaft somit ungefähr 235 Euro pro Einwohner ausgeben. Einen Großteil der Ausgaben machen Sachausgaben und somit gemeinschaftliche Leistungen aus.[24]

Im folgenden sollen zunächst eine Einführung in die bedeutendsten Ausgabenbereiche (I), die auch im Rahmen der weiteren Untersuchungen

---

[19] Zum Begriff der Beihilfe i.S.v. Art. 87 Abs. 1 EGV ausführlich *Herrmann*, ZEuS 2004, S. 415 ff.; *Müller-Graff*, ZHR 1988, S. 403 (insbesondere 415 ff.); ferner *Götz*, in: Dauses, HdbEUWiR II (EL 4), H III Rn. 20 ff.; *Grimm*, Agrarrecht², Rn. 375; *Koenig/Kühling*, in: Streinz, EUV/EGV, Art. 87 EGV Rn. 27 ff.
[20] So *M. Rodi*, Subventionsrechtsordnung, § 6; *Huber*, in: FS Brohm, S. 127 (131).
[21] Vgl. *Koenig/Kühling*, in: Streinz, EUV/EGV, Art. 87 EGV Rn. 1 ff.; *dies.*, EuZW 1999, S. 517 (517 ff.).
[22] Siehe unten Kap. 2 B.VI.4.
[23] ABl. EU 2005 Nr. L 60/I-10.
[24] Genaue Angaben über den tatsächlichen Umfang der gemeinschaftlichen Leistungen sind nur schwer zu ermitteln, da eine strenge Trennung zwischen Verwaltungs- und operativen Ausgaben weiterhin nicht besteht. Des weiteren sollte man stets berücksichtigen, daß der durch das Europarecht ausgelöste Verwaltungsaufwand in den Mitgliedstaaten im Gemeinschaftshaushaltsplan nicht berücksichtigt ist, da dieser von der Gemeinschaft in aller Regel nicht ersetzt wird; vgl. z.B. Art 1 Abs. 4 VO (EG) 1258/1999 (Finanzierung GAP) betreffend Verwaltungs- und Personalkosten im Bereich der gemeinsamen Agrarpolitik.

eine wichtige Rolle einnehmen werden, sowie ein Überblick über weitere Einsatzgebiete gemeinschaftlicher Leistungen (II) gegeben werden. Im Anschluß hieran sollen Funktionen gemeinschaftlicher Leistungen aufgezeigt werden (III).

I. Einführung in die bedeutendsten Ausgabenbereiche

Die *Gemeinsame Agrarpolitik* und die *Strukturförderung* sind immer noch diejenigen gemeinschaftlichen Politikbereiche, für die der weit überwiegende Teil der gemeinschaftlichen Finanzmittel zur Verfügung steht. Das Finanzinstrument für die Gemeinsame Agrarpolitik ist der auf der Grundlage von Art. 34 Abs. 3 EGV eingerichtete Europäische Ausrichtungs- und Garantiefonds für die Landwirtschaft (EAGFL). Gemäß Art. 159 Abs. 1 S. 3 EGV werden die aus der Abteilung Ausrichtung des EAGFL finanzierten Maßnahmen jedoch zu den Ausgaben im Rahmen der Strukturförderung gerechnet. Deshalb soll nachfolgend zunächst auf die aus der Abteilung Garantie finanzierten Ausgaben des EAGFL eingegangen werden (1). Anschließend sollen die aus den Strukturfonds und somit auch die aus der Abteilung Ausrichtung des EAFGL finanzierten Ausgaben näher untersucht werden (2). Im Bereich der sog. internen Politikbereiche nimmt die *Forschungs- und Technologieförderung* des weiteren eine immer bedeutendere Rolle ein (3). Als letzter Ausgabenbereich soll schließlich noch die *Bildungsförderung*, die gleichfalls zu den internen Politikbereichen gehört, ausführlicher behandelt werden (4).

1. Aus der Abteilung Garantie finanzierte Ausgaben im Rahmen der Gemeinsamen Agrarpolitik

Die Tätigkeit der Europäischen Gemeinschaft umfaßt nach Art. 3 Abs. 1 lit. e EGV eine gemeinsame Politik auf dem Gebiet der Landwirtschaft. Die Gemeinsame Agrarpolitik hat seit Gründung der Gemeinschaft eine überragende Bedeutung im Rahmen der Tätigkeiten der Gemeinschaft eingenommen.[25] Die Eckpunkte der letzten größeren Agrarreform wurden im Juni

---

[25] *Ahner*, Gemeinsame Agrarpolitik, in: Röttinger/Weyringer, Handbuch der europäischen Integration[2], S. 846: „Herzstück und Sorgenkind"; *van Rijn*, in: Groeben/Schwarze, EUV/EGV I[6], Vorb. zu den Art. 32 bis 38 EGV Rn. 1: „Schlüsselthema der Einigungspolitik"; *Borchardt*, in: FS Zuleeg, S. 473 (473): „wesentlicher Faktor der Integration"; *Priebe*, in; FS Steinberger, S. 1347 (1348): „die älteste und nach wie vor die am weitesten vergemeinschaftete Sektorpolitik", „Schulbeispiel einer weitgehend gemeinschaftlichen Politik". Vgl. auch *Grimm*, Agrarrecht[2], Rn. 373: „Die Landwirtschaft ist ein Wirtschaftszweig, der in seiner agrarpolitisch erwünschten Erscheinungsform ohne staatliche Förderung nicht bestehen könnte." *Borchardt* (a.a.O. S. 473 f.) verweist darauf, daß für das Gemeinschaftsrecht grundlegende Urteile des Gerichtshofs in agrarrechtlichen Streitfällen getroffen und die möglichen Einwirkungen des Gemeinschaftsrecht auf das nationale

2003 vom Agrarministerrat beschlossen[26] und in den nachfolgenden Monaten in konkrete Rechtsakte umgesetzt[27].[28]

Die in ihrem Rahmen vorgenommenen Ausgaben haben stets einen beträchtlichen Teil der Gesamtausgaben ausgemacht: Im Gesamthaushaltsplan für das Haushaltsjahr 1974[29] waren für die Abteilung Garantie des EAGFL Mittel in Höhe von 3.513,1 Millionen Rechnungseinheiten (RE) bei einer Gesamthöhe der Mittel von 5.079,5 Millionen RE ausgewiesen; der Anteil der Agrarmarktausgaben betrug demzufolge 69,2 %. Für das Haushaltsjahr 1989 stellte die Haushaltsbehörde im Gesamthaushaltsplan[30] Mittel in Höhe von 28.247,3 Millionen ECU für die Agrarmarktausgaben zur Verfügung; dies machte bei einer Gesamthöhe der Mittel für Ausgaben von 44.837,8 Millionen ECU einen Anteil von 63,0 % aus. Im ursprünglichen Gesamthaushaltsplan für das Haushaltsjahr 2004[31] schließlich waren für die Abteilung Garantie Mittel für Zahlungen in Höhe von 40.082,5 Millionen Euro vorgesehen, was immer noch einem Anteil von 42,4 % an den Gesamtmittel in Höhe von 94.618,7 Millionen Euro entspricht. Der große Anteil der Landwirtschaft an den Gesamtausgaben erklärt sich vor allem aus der Tatsache, daß die Gemeinsame Agrarpolitik im Gegensatz zu den übrigen Gemeinschaftspolitiken nahezu ausschließlich aus Gemeinschaftsmitteln finanziert wird; es darf deshalb nicht übersehen werden, daß die nationalen Haushalte mit derartigen Ausgaben weitgehend nicht belastet sind.[32] Dennoch bleibt festzuhalten, daß hier ein Wirtschaftszweig mit dem Einsatz enormer öffentlicher Finanzmittel am Leben erhalten wird.[33]

Recht weitestgehend im Agrarbereich geklärt worden sind; siehe auch *Priebe*, a.a.O. S. 1348.

[26] Dazu *Fischler*, SPEECH/03/326 „Die neue, reformierte Agrarpolitik". Zu früheren Reformen der GAP *Thiele*, in: Calliess/Ruffert, EUV/EGV², Art. 34 EGV Rn. 29 ff.; *Borchardt*, in: Lenz/Borchardt, EUV/EGV³, Art. 34 EGV Rn. 65 ff.; ferner *Borchardt*, in: FS Zuleeg, S. 473 (475 ff.); *Priebe*, in: FS Steinberger, S. 1347 (1348).

[27] Siehe die in ABl. EU 2003 Nr. L 270 veröffentlichten Verordnungen des Rates vom 29. September 2003.

[28] Überblick bei *von Jeinsen*, AgrarR 2003, S. 293 (293); *Deutscher Bauernverband*, Reform der GAP; auch *Wendt/Elicker*, DVBl. 2004, S. 665 (665). *Borchardt* (in: FS Zuleeg, S. 473 [474]) prognostiziert, daß diese Agrarreform „geradezu eine Spielwiese für Anwälte und Richter sein wird".

[29] ABl. EG 1974 Nr. L 115/1

[30] ABl. EG 1989 Nr. L 26/1.

[31] ABl. EU 2004 Nr. L 53.

[32] *Borchardt*, in: FS Zuleeg, S. 473 (474).

[33] *Grimm*, Agrarrecht², Rn. 373.

a. Primärrechtlicher Rahmen

Im dritten Teil des Vertrages finden sich die Regelungen über die Landwirtschaft[34] an hervorgehobener Stelle sogleich im Anschluß an den vertraglichen Rahmen für den für die Gemeinschaft besonders bedeutsamen Bereich des freien Warenverkehrs. Bereits dies macht die Sonderstellung der Landwirtschaft deutlich.[35]

aa. Überblick über die Regelungen

Art. 32 Abs. 1 S. 1 EGV leitet in die Regelungen ein mit der aus heutiger Sicht wenig spektakulären Bestimmung[36], daß der Gemeinsame Markt „auch" die Landwirtschaft und den Handel mit landwirtschaftlichen Erzeugnissen umfasse. Diese Zugehörigkeit wird allerdings in Art. 32 Abs. 2 EGV unter den Vorbehalt anderweitiger Bestimmungen gestellt. Sodann wird der Begriff der Gemeinsamen Agrarpolitik in den Vertrag eingeführt: Gemäß Art. 34 Abs. 4 EGV muß mit dem Funktionieren und der Entwicklung des Gemeinsamen Marktes für landwirtschaftliche Erzeugnisse die Gestaltung der Gemeinsamen Agrarpolitik Hand in Hand gehen. Das Primärrecht geht also davon aus, daß die Einbeziehung der Landwirtschaft in den Gemeinsamen Markt angesichts ihrer Besonderheiten nicht im Wege der schlichten Anwendung der allgemeinen marktwirtschaftlichen Regeln erfolgen kann.[37]

Art. 33 Abs. 1 EGV legt fünf Ziele der Gemeinsamen Agrarpolitik fest: Steigerung der Produktivität der Landwirtschaft, Gewährleistung einer angemessenen Lebenshaltung der landwirtschaftlichen Bevölkerung, Stabilisierung der Märkte, Sicherstellung der Versorgung[38] und Belieferung der Verbraucher zu angemessenen Preisen. Als Mittel zur Erreichung dieser Ziele schreibt Art. 34 Abs. 1 UAbs. 1 EGV die Schaffung einer gemeinsamen Organisation der Agrarmärkte vor. Hierfür werden in Art. 34 Abs. 1 UAbs. 2 EGV drei Organisationsformen zur Verfügung gestellt, die je nach

---

[34] Hierzu schon umfassend *Boest*, Agrarmärkte, S. 49 ff. Zu vertraglichen Ansatzpunkten für „Differenzierung und Dezentralisierung in der Gemeinsamen Agrarpolitik" *Priebe*, in: FS Steinberger, S. 1347 1349 f.).

[35] *Grimm*, Agrarrecht², Rn. 374; ferner *Borchardt*, in: Lenz/Borchardt, EUV/EGV³, Art. 32 EGV Rn. 2 f.

[36] Zu den Überlegungen der Vertragsparteien bezüglich Art. 32 Abs. 1 S. 1 EGV *H. P. Ipsen*, Europäisches Gemeinschaftsrecht, § 47 Rn. 1; *Kopp*, in: Streinz, EUV/EGV, Art. 32 EGV Rn. 5 ff.; *H. Priebe*, in: FS von der Groeben, S. 315 (315 ff.); *Seidel*, AgrarR 2000, S. 381 (381).

[37] *Borchardt*, in: Lenz/Borchardt, EUV/EGV³, Art. 32 EGV Rn. 4.

[38] Dieses Ziel stand bei Gründung der Europäischen Wirtschaftsgemeinschaft ganz im Vordergrund, *Grimm*, Agrarrecht², Rn. 379.

landwirtschaftlichem Erzeugnis[39] zur Anwendung kommen sollen. Die angeführten Organisationsformen unterscheiden sich in der Intensität der Integration[40] und nennen als fortgeschrittenste Integrationsstufe die europäische Marktordnung. Inhaltlich kann die gemeinsame Organisation gemäß Art. 34 Abs. 2 UAbs. 1 EGV alle zur Durchführung des Artikels 33 erforderlichen Maßnahmen einschließen, wobei Preisregelungen, Beihilfen für die Erzeugung und die Verteilung der Erzeugnisse, Einlagerungs- und Ausgleichsmaßnahmen sowie gemeinsame Einrichtungen zur Stabilisierung der Ein- und Ausfuhr beispielhaft („insbesondere") angeführt werden. Als Instrument zur Finanzierung der sich aus der gemeinsamen Organisation der Agrarmärkte ergebenden Ausgaben ermöglicht Art. 34 Abs. 3 EGV die Schaffung eines oder mehrerer Ausrichtungs- oder Garantiefonds für die Landwirtschaft. Gleichfalls zur Erreichung der Ziele des Art. 33 Abs. 1 EGV beitragen sollen die in Art. 35 EGV vorgesehenen ergänzenden Maßnahmen. Art. 37 Abs. 2 UAbs. 3 EGV schließlich legt die Rechtsetzung in die Hände des Rates, der diese auf Vorschlag der Kommission und nach Anhörung des Europäischen Parlaments mit qualifizierter Mehrheit[41] in der Form von Verordnungen, Richtlinien oder Entscheidung und damit in Form aller Rechtsakte, die der Vertrag in Art. 249 ausdrücklich erwähnt, wahrnehmen kann.

bb. Anmerkungen

Die Regelungen über die Landwirtschaft schreiben der Gemeinsamen Agrarpolitik (GAP) in erster Linie die Aufgabe einer Agrar*markt*politik zu. Dies wird besonders deutlich in dem Ziel der Stabilisierung der Märkte in Art. 33 Abs. 1 lit. b EGV. Auch die in Art. 34 Abs. 2 UAbs. 1 EGV genannten Beispiele für mögliche Maßnahmen im Rahmen der gemeinsamen Organisation der Agrarmärkte erfassen klassische Instrumente einer Agrarmarktpolitik. Es ist jedoch unverkennbar, daß die Gemeinsame Agrarpolitik auch eine Agrar*struktur*politik umfassen soll. Dies läßt sich schon anhand der im Vertrag verwendeten Begrifflichkeiten nachweisen. Art. 159 Abs. 1 S. 3 EGV ordnet nämlich die Abteilung Ausrichtung des auf der Grundlage des Art. 34 Abs. 3 EGV errichteten Europäischen Ausrichtungs- und Garantiefonds für die Landwirtschaft den gemeinschaftlichen Strukturfonds

---

[39] Eine Definition dieses Begriffs findet sich in Art. 32 Abs. 1 S. 2 EGV. Andererseits verweist Art. 34 Abs. 3 EGV für die Erzeugnisse, die unter die folgenden Bestimmungen fallen, auf einen Anhang zum EGV. Zum Verhältnis dieser beiden Vorschriften *van Rijn*, in: Groeben/Schwarze, EUV/EGV I[6], Art. 32 EGV Rn. 4 f.
[40] Vgl. *Borchardt*, in: Lenz/Borchardt, EUV/EGV[3], Art. 34 EGV Rn. 3; ferner *Priebe*, in: FS Steinberger, S. 1347 (1349); dort auch der Hinweis, daß der Gemeinschaftsgesetzgeber die Erforderlichkeit für die jeweils intensivere Integration nicht ausdrücklich rechtfertigen muß.
[41] Zu den Voraussetzungen der qualifizierten Mehrheit Art. 205 Abs. 2 EGV.

zu. Des weiteren sind bei der Gestaltung der Gemeinsamen Agrarpolitik gemäß Art. 33 Abs. 2 lit. a EGV auch die strukturellen Unterschiede der verschiedenen landwirtschaftlichen Gebiete zu berücksichtigen. Schließlich enthalten die Mittel, die nach Art. 33 Abs. 1 lit. a EGV zur Steigerung der Produktivität der Landwirtschaft beitragen sollen, zumindest auch strukturpolitische Aspekte.[42]

Die Agrarmarkt-, nicht aber die Agrarstrukturpolitik gehört zu den Bereichen, die – zumindest teilweise[43] – in die ausschließliche Zuständigkeit der Gemeinschaft im Sinne von Art. 5 Abs. 2 EGV fallen.[44] Dies wird schon an den Fassungen der vertraglichen Vorschriften deutlich: Eine gemeinsame Organisation der Agrarmärkte *wird* geschaffen; demgegenüber *können* ergänzende, in ihrer Zielrichtung eher strukturpolitisch angelegte Maßnahmen im Sinne von Art. 35 EGV getroffen werden. Bei letzterem sieht der Vertrag auch ausdrücklich die Möglichkeit der Kofinanzierung vor.

Die Ziele der GAP in Art. 33 Abs. 1 EGV lassen sich nicht alle zugleich in demselben Maße erreichen. Eine stetige Steigerung der Produktivität (lit. a) kann zwar die Versorgung sicherstellen (lit. d); sie kann jedoch auch zu Überschüssen führen, die den Markt destabilisieren (lit. c) und die Preise sinken lassen (lit. b). Während die Verbraucher naturgemäß an preiswerten Gütern interessiert sind (lit. e), hoffen die Erzeuger auf ein hohes Einkommen (lit. b). Erforderlich ist demzufolge, daß der Gesetzgeber einen angemessenen Ausgleich vornimmt, dessen Grenzen erst dann überschritten sein dürften, wenn ein Ziel völlig auf Kosten eines anderen vernachlässigt würde.[45] Die Gemeinschaftsorgane müssen – so der Europäische Gerichtshof – bei der Verfolgung der Ziele der Gemeinsamen Agrarpolitik ständig den Ausgleich sicherstellen, den etwaige Widersprüche zwischen den ver-

---

[42] Vgl. *van Rijn*, in: Groeben/Schwarze, EUV/EGV I[6], Art. 33 EGV Rn. 6.

[43] Vgl. *Priebe*, in: FS Steinberger, S. 1347 (1366).

[44] *Zuleeg*, in: Groeben/Schwarze, EUV/EGV I[6], Art. 5 EGV Rn. 8. Siehe schon EuGH, Rs. 68/76 – Kommission/Frankreich, Slg. 1977, 515 (Rn. 20/23): „Das Fehlen einer solchen Organisation (d.h. einer gemeinsamen Marktorganisation im Sinne von Art. 34 Abs. 1 UAbs. 1 EGV, Anmerkung des *Verfassers*) schafft auch keinen rechtsfreien Raum, den die Mitgliedstaaten ausfüllen dürften, denn die Artikel 39 bis 46 (nunmehr: Artikel 33 bis 38) bleiben stets anwendbar. Eben wegen der Kompetenzübertragung auf eine Gemeinschaft und ihrer tragenden Gründe dürfen nach dem Ende der Übergangszeit Probleme (…) nur mit Hilfe im Interesse aller Erzeuger und Verbraucher der Gemeinschaft getroffener Maßnahmen der Gemeinschaft gelöst werden." In Art. I-14 Abs. 2 EV wird „die Landwirtschaft" dagegen als Hauptbereich der geteilten Zuständigkeit eingeordnet. Siehe aber auch *von Bogdandy/Bast*, EuGRZ 2001, S. 441 (448); *Borchardt*, in: Lenz/Borchardt, EUV/EGV[3], Art. 37 EGV Rn. 10 f.

[45] Hierzu und zu den einzelnen Zielen ausführlich *van Rijn*, in: Groeben/Schwarze, EUV/EGV I[6], Art. 33 EGV Rn. 3 f, 6 ff.; *Boest*, Agrarmärkte, S. 107 ff.; *Usher*, EC Agricultural Law[2], S. 34 ff.; *Kopp*, in: Streinz, EUV/EGV, Art. 33 EGV Rn. 5 ff.; siehe auch *Borchardt*, in: FS Zuleeg, S. 473 (484); *Craig*, ELRev 2003, S. 840 (856).

schiedenen Zielen des Artikels 33 des Vertrages, wenn sie isoliert betrachtet werden, erforderlich machen können. Gegebenenfalls müssen sie dem einen oder anderen von ihnen zeitweilig den Vorrang geben, sofern die wirtschaftlichen Gegebenheiten oder Umstände, aufgrund deren sie ihre Entscheidungen treffen, dies gebieten.[46]

Daß das Europäische Parlament trotz der beträchtlichen Ausweitung seiner Befugnisse durch die einzelnen Änderungsverträge im Rahmen des Rechtsetzungsverfahrens weiterhin nur angehört wird, zeigt die besondere Bedeutung, die die Mitgliedstaaten selbst der Gemeinsamen Agrarpolitik zumessen. Auch bei der Bereitstellung der für die Gemeinsame Agrarpolitik erforderlichen Finanzmittel ist die Stellung des Europäischen Parlaments schwach. Die Agrarausgaben, die die Gemeinschaft aufgrund der sich aus Art. 34 Abs. 2 in Verbindung mit Abs. 3 EGV sowie aus Art. 35 EGV ergebenden Finanzierungskompetenz der Gemeinschaft[47] vornehmen darf, sind im Bereich der Agrarmarktpolitik Ausgaben, die sich im Sinne von Art. 272 Abs. 4 UAbs. 2 EGV zwingend aus dem Vertrag oder den aufgrund des Vertrags erlassenen Rechtsakten ergeben (sog. obligatorische Ausgaben)[48], über deren Höhe das Letztentscheidungsrecht beim Rat liegt (vgl. Art. 272 Abs. 5 UAbs. 1 lit. b EGV). Lediglich die Ausgaben für die ländliche Entwicklung sowie flankierende Ausgaben werden als nichtobligatorische Ausgaben eingeordnet, bei denen das Letztentscheidungsrecht beim Europäischen Parlament liegt (vgl. Art. 272 Abs. 6 EGV). Den weit überwiegenden Teil der Agrarausgaben machen jedoch immer noch die im folgenden allein zu behandelnden Agrarmarktausgaben aus. Die Gemeinsame Agrarpolitik wird folglich noch sehr stark vom Rat und somit von den Mitgliedstaaten dominiert.[49]

b. Sekundärrechtliche Ausgestaltung

Im Rahmen der Darstellung der sekundärrechtlichen Ausgestaltung sollen zunächst die vielen einschlägigen Rechtsakte, ohne allerdings auch nur ansatzweise Anspruch auf Vollständigkeit erheben zu wollen, systematisiert

---

[46] EuGH, Rs. C-353/92 – Griechenland/Rat, Slg. 1994, I-3411 (Rn. 36).

[47] Vgl. *K. Rodi*, Finanzierungskompetenzen, S. 40 (in Fn. 85), die allerdings allein auf Art. 34 Abs. 2, Art. 35 lit. b EGV abstellt.

[48] Vgl. Anhang IV Rubrik 1 der Interinstitutionellen Vereinbarung vom 6. Mai 1999 zwischen dem Europäischen Parlament, dem Rat und der Kommission über die Haushaltsdisziplin und die Verbesserung des Haushaltsverfahrens, ABl. EG 1999 Nr. C 172/1. Ausführlich zu dieser Vereinbarung und zu der Unterscheidung zwischen obligatorischen und nichtobligatorischen Ausgaben siehe u.a. Kap. 2 A.III.4 und Kap. 2 A.V. Vgl. noch *Waldhoff*, in: Calliess/Ruffert, EUV/EGV², Art. 272 EGV Rn. 10: „Sonderbehandlung der obligatorischen Ausgaben (...) als politisches Instrument zur Sicherung der Finanzierung der gemeinsamen Agrarmarktpolitik".

[49] Diesen Zustand bedauernd *Borchardt*, in: FS Zuleeg, S. 473 (484)

und beschrieben werden (aa). Sodann ist auf die Arten der aus der Abteilung Garantie finanzierten Ausgaben einzugehen (bb). Des weiteren soll auf eine Neuerung des Agrarmarktrechts, das sog. Cross compliance, hingewiesen werden (cc). Den Abschluß dieses Abschnitts bildet ein Überblick über die Verwaltung der Garantieausgaben (dd).

aa. Die maßgeblichen Rechtsakte

Bei den maßgeblichen Rechtsakten kann eine Aufteilung in sektorspezifische und horizontale vorgenommen werden. Dabei sind mit sektorspezifischen Rechtsakten diejenigen gemeint, die besondere Regelungen für bestimmte landwirtschaftliche Erzeugnisse enthalten. Horizontale Rechtsakte sind hingegen solche, deren Regelungen übergreifende Geltung beanspruchen. Nicht in diese Systematik läßt sich allerdings die Verordnung (EG) Nr. 1257/1999 einordnen, die hier deshalb gesondert aufgeführt wird.

i. Sektorspezifische Rechtsakte

(1) Die gemeinsamen Marktorganisationen

Für nahezu alle landwirtschaftlichen Erzeugnisse besteht mittlerweile eine gemeinsame Marktorganisation[50], mit deren Hilfe der Markt kontrolliert und gelenkt werden soll[51]. Bedeutende gemeinsame Marktorganisation sind etwa diejenigen für Getreide[52], für Rindfleisch[53] und für Milch und Milcherzeugnisse[54]. Besonders brisant war die gemeinsame Marktorganisation für Bananen[55], deren Gültigkeit mehrmals Gegenstand von Urteilen des Europäischen Gerichtshofs war[56] und bei der sogar die Frage nach der Verfassungsmäßigkeit der Anwendung in der Bundesrepublik Deutschland dem Bundesverfassungsgericht im Rahmen einer konkreten Normenkontrolle

---

[50] Siehe die Übersichten bei *Thiele*, in: Calliess/Ruffert, EUV/EGV², Anhang zu Art. 34 EGV; *van Rijn*, in: Groeben/Schwarze, EUV/EGV I⁶, Art. 34 EGV Rn. 9 (in Fn. 9). Vgl. *Priebe*, in: FS Steinberger, S. 1347 (1352 f.)

[51] *Grimm*, Agrarrecht², Rn. 379.

[52] VO (EG) 1784/2003 (GMO Getreide); zuvor VO (EWG) 1766/92 (GMO Getreide).

[53] VO (EG) 1254/1999 (GMO Rindfleisch).

[54] VO (EG) 1255/1999 (GMO Milch und Milcherzeugnisse), dazu die DurchführungsVO (EG) 2771/1999 (Interventionen Butter und Rahm).

[55] VO (EWG) 404/93 (GMO Bananen), dazu DurchführungsVO (EG) 2257/94 (Qualitätsnormen Bananen); umfassend unter Einschluß der in Fn. 56 aufgeführten Verfahren *Wolffgang*, ZfZ 1996, S. 162 ff.; siehe auch *Kuschel*, RIW 1995, S. 218 ff.

[56] EuGH, Rs. C-280/93 – Deutschland/Rat, Slg. 1994, I-4973 (Nichtigkeitsklage gem. Art. 230 Abs. 1, Abs. 2 EGV); EuGH, Rs. C-466/93 – Atlanta Fruchthandelsgesellschaft, Slg. 1995, I-3799 (Vorabentscheidungsverfahren gemäß Art. 234 EGV des VG Frankfurt/Main, EuZW 1997, 182); weiterhin EuGH, Rs. C-377/02 – Parys/BIRB, Slg. 2005, I-1465.

nach Art. 100 Abs. 1 GG vorgelegt wurde[57]. Die gemeinsamen Marktorganisationen sind fast ausschließlich europäische Marktordnungen im Sinne von Art. 34 Abs. 1 UAbs. 2 lit. c EGV; sie ergingen also in der am stärksten vergemeinschafteten Organisationsform.[58]

In den einleitenden Bestimmungen einer gemeinsamen Marktorganisation findet sich stets eine Aufzählung der landwirtschaftlichen Erzeugnisse, die von ihren Regelungen erfaßt sind. Sie erfolgt unter Rückgriff auf die in erster Linie im Hinblick auf das Zollrecht entwickelte Kombinierte Nomenklatur[59]. Weiterhin erfolgt eine schlagwortartige Nennung der Maßnahmen, die für diese Erzeugnisse in der gemeinsamen Marktorganisation vorgesehen sind. So umfaßt etwa die gemeinsame Marktorganisation für Getreide eine Regelung für den Binnenmarkt und eine Regelung für den Handel mit Drittländern.[60] Nach einer Festlegung des Wirtschaftsjahres[61] folgen die Bestimmungen über diese sektorspezifischen Maßnahmen. Zur Veranschaulichung wird in den folgenden Ausführungen auf die Verordnung (EG) Nr. 1784/2003 des Rates über die gemeinsame Marktorganisation für Getreide zurückgegriffen.

(2) Weitere sektorspezifische Rechtsakte

Im Hinblick auf die in ihr enthaltenen Stützungsregelungen für Inhaber landwirtschaftlicher Betriebe (mit Ausnahme der einheitlichen Betriebsprämie) ist die Verordnung (EG) Nr. 1782/2003[62] ein sektorspezifischer Rechtsakt. Zu diesen Stützungsregelungen[63] gehören beispielsweise eine spezifische Qualitätsprämie für Hartweizen[64], eine kulturspezifische Zahlung für Reis oder eine Milchprämie. Eine Stützungsregelung für Erzeuger bestimmter landwirtschaftlicher Kulturpflanzen in Form einer je Hektar gewährten und regional gestaffelten Flächenzahlung[65] wird auch durch die Verordnung (EG) Nr. 1251/1999[66] eingeführt. In Krisensituationen, z.B.

---

[57] BVerfGE 102, 147 (auf Vorlage des VG Frankfurt/Main); zu diesem Beschluß etwa R. *Hofmann*, in: FS Steinberger, S. 1207 ff.; *Lecheler*, JuS 2001, S. 120 ff., *Mayer*, EuZW 2000, S. 685 ff.; *Nettesheim*, Jura 2001, S. 686 ff.

[58] Vgl. *Priebe*, in: FS Steinberger, S. 1347 (1349); zu Ausdifferenzierungen *ders.*, a.a.O. S. 1352 ff.

[59] Siehe Anhang I der VO (EWG) 2658/87 (zolltarifliche und statistische Nomenklatur).

[60] Art. 1 VO (EG) 1784/2003 (GMO Getreide).

[61] Art. 2 VO (EG) 1784/2003 (GMO Getreide): 1. Juli bis 30. Juni des folgenden Jahres.

[62] Siehe auch sogleich Kap. 1 B.I.1.b.aa.(1).

[63] Art. 72 ff. VO (EG) 1782/2003 (Direktzahlungen/Stützungsregelungen). Dazu zunächst DurchführungsVO (EG) 2237/2003, nunmehr DurchführungsVO (EG) 1973/2004.

[64] Siehe unten Kap. 1 B.1.b.bb.ii.(1).

[65] Art. 2 Abs. 2 UAbs. 1 S. 1 VO (EG) 1251/1999 (Stützungsregelung landwirtschaftliche Kulturpflanzen).

[66] Dazu die DurchführungsVO (EG) 2316/1999 (Stützungsregelung landwirtschaftliche Kulturpflanzen).

anläßlich der BSE-Krise, werden schließlich gelegentlich Verordnungen erlassen, die zeitlich befristete Sonderzahlungen[67] vorsehen.

ii. Die Verordnung (EG) Nr. 1257/1999 über die Förderung der Entwicklung des ländlichen Raums durch den EAGFL

Die Verordnung (EG) Nr. 1257/1999[68] legt den Rahmen für die gemeinschaftliche Förderung einer nachhaltigen Entwicklung des ländlichen Raums, dem zweiten Pfeiler der Gemeinsamen Agrarpolitik,[69] fest.[70]. Die entsprechenden Maßnahmen[71] werden teilweise in die Förderung durch die Strukturfonds[72] integriert; die Finanzierung erfolgt dann durch die Abteilung Ausrichtung des EAGFL. Bestimmte Gemeinschaftsbeihilfen werden aber auch durch die Abteilung Garantie getragen.[73] Zu letzteren gehören beispielsweise Vorruhestandsbeihilfen, Beihilfen für benachteiligte Gebiete und für Gebiete mit umweltspezifischen Einschränkungen oder an Landwirte gewährte Beihilfen zur Anpassung an Normen, die auf den Gemeinschaftsvorschriften für Umwelt, menschliche, tierische und pflanzliche Gesundheit, Tierschutz und Sicherheit am Arbeitsplatz beruhen.

Die Finanzierung dieser Agrarstrukturausgaben aus der Abteilung Garantie ist inkonsequent und widerspricht der ursprünglich gedachten Aufgabenverteilung zwischen den beiden Abteilungen des Fonds. Zu erklären ist sie wohl in erster Linie mit der bereits erwähnten Besonderheit des gemeinschaftlichen Haushaltsverfahrens, mit der Aufteilung in obligatorische und nichtobligatorische Ausgaben.[74] Da Garantieausgaben als obligatorisch angesehen werden, verbleibt die endgültige Entscheidung über sie beim Rat. Dieser dürfte deshalb geneigt sein, auch Agrarstrukturmaßnahmen durch die Abteilung Garantie finanzieren zu lassen.

---

[67] Z.B. VO (EG) 690/2001 (Marktstützungsmaßnahmen Rindfleischsektor); zu dieser VO auch unten Kap. 2 B.V.2.d.cc.

[68] Dazu die DurchführungsVO (EG) 817/2004 (Förderung ländlicher Raum); zuvor VO (EG) 445/2002 (Förderung ländlicher Raum). Zu den aus der Abteilung Garantie finanzierten Maßnahmen vgl. EuGH, Rs. C-249/02 – Portugal/Kommission, Slg. 2004, I-10717; ferner EuGH, Rs. C-336/00 – Österreich/Huber, Slg. 2002, I-7699. Zur Anfechtung der Genehmigung eines mitgliedstaatlichen Programmplanungsdokuments für die Entwicklung des ländlichen Raums durch einen Privaten siehe EuG, Rs. T-108/03 – von Pezold/Kommission. Zur VO (EG) 1257/1999 (Förderung ländlicher Raum) siehe *Grimm*, Agrarrecht[2], Rn. 383 f.

[69] *Priebe*, in: FS Steinberger, S. 1347 (1358); *Borchardt*, in: FS Zuleeg, S. 473 (476); vgl. auch *Grimm*, Agrarrecht[2], Rn. 378.

[70] Art. 1 Abs. 1 VO (EG) 1257/1999 (Förderung ländlicher Raum).

[71] Zum folgenden Art. 35 f. VO (EG) 1257/1999 (Förderung ländlicher Raum).

[72] Siehe unten Kap. 1 B.I.2.

[73] Vgl. hierzu Entscheidung 1999/659/EG (Entwicklung des ländlichen Raums/Abteilung Garantie); *Priebe*, in: FS Steinberger, S. 1347 (1359 ff.).

[74] Siehe schon oben Kap. 1 B.I.1.a.bb.; ausführlich unten Kap. 2 A.III.4.

iii. Horizontale Rechtsakte

(1) Die Verordnung (EG) Nr. 1782/2003 mit gemeinsamen Regeln für Direktzahlungen im Rahmen der GAP und mit bestimmten Stützungsregelungen für Inhaber landwirtschaftlicher Betriebe

Die Verordnung (EG) Nr. 1782/2003 bildet das Kernstück der Reform 2003 der Gemeinsamen Agrarpolitik. Im Hinblick auf die *einheitliche Betriebsprämie*[75], einer neuartigen produkt- und produktionsunabhängigen Direktzahlung, und die *gemeinsamen Regeln für Direktzahlungen* kann sie den horizontalen Rechtsakten zugeordnet werden. Letztere gelten – „gleichsam vor die Klammer" gezogen[76] – für alle Einkommensstützungsregelungen der Gemeinsamen Agrarpolitik, die aus der Abteilung Garantie finanziert werden, ausgenommen die Direktzahlungen aufgrund der Verordnung (EG) Nr. 1257/1999.[77] Zu diesen Regeln, die in der Verordnung (EG) Nr. 1782/2003 in dem Titel „Allgemeine Bestimmungen" enthalten sind,[78] gehört insbesondere die Verpflichtung von Betriebsinhabern, als Voraussetzung für die Inanspruchnahme von Direktzahlungen gewisse Grundanforderungen an die Betriebsführung und für die Erhaltung der Flächen in einem guten landwirtschaftlichen und ökologischen Zustand einzuhalten[79]. Weiterhin wird in diesem Titel das *integrierte Verwaltungs- und Kontrollsystem*[80] in seinen Grundzügen normiert.

Schließlich enthält der Titel auch Regelungen über die sog. *Modulation*. Damit wird eine Umverteilung von Finanzmitteln beschrieben: Alle in einem Mitgliedstaat einem Betriebsinhaber zu gewährende Direktzahlungen werden um bestimmte Prozentsätze jährlich gekürzt. Die durch diese Kürzung eingesparten Beträge stehen als zusätzliche Mittel für nicht aus der Abteilung Garantie finanzierte Maßnahmen aufgrund der Verordnung (EG) Nr. 1257/1999, also für Maßnahmen zur Entwicklung des ländlichen Raums zur Verfügung.[81]

---

[75] Siehe unten Kap. 1 B.I.1.b.bb.iv.
[76] Vgl. *Priebe*, in: FS Steinberger, S. 1347 (1355).
[77] Art. 1 Spstr. 1 VO (EG) 1782/2003 (Direktzahlungen/Stützungsregelungen). Siehe DurchführungsVO (EG) 795/2004 (Betriebsprämienregelung). Zuvor VO (EG) 1259/1999 (Gemeinschaftsregeln für Direktzahlungen) und dazu die DurchführungsVO (EG) 963/2001 (zusätzliche Gemeinschaftshilfe und Übermittlung von Angaben); hierzu *Priebe*, in: FS Steinberger, S. 1347 (1355 ff.).
[78] Art. 3 ff. VO (EG) 1782/2003 (Direktzahlungen/Stützungsregelungen).
[79] Siehe unten Kap. 1 B.I.1.b.cc.
[80] Siehe ausführlich unten Kap. 3 B.III.4.c.
[81] Ausführlicher *Borchardt*, in: FS Zuleeg, S. 473 (481); *ders.*, in: Lenz/Borchardt, EUV/EGV³, Art. 34 EGV Rn. 72. Siehe auch VO (EG) 1655/2004 (Modulation); ferner *Karnitschnig*, AgrarR 2002, S. 101 (104 f.).

(2) Die Verordnung (EG) Nr. 1258/1999 über die Finanzierung der GAP

Im Bereich der Gemeinsamen Agrarmarktpolitik gilt der *Grundsatz der Gemeinschaftsfinanzierung*,[82] d.h. die Gemeinschaft finanziert die gesamten sich aus diesem Politikbereich ergebenden Ausgaben. Die Verordnung (EG) Nr. 1258/1999 enthält die grundlegenden Bestimmungen über die finanzielle Abwicklung der Ausgaben der Abteilung Garantie; sie wird deshalb als „Basistext der gemeinschaftlichen Agrarfinanzierung"[83] bezeichnet.

Einführend wird klargestellt, daß der Europäische Ausrichtungs- und Garantiefonds für die Landwirtschaft Teil des Gesamthaushaltsplans ist,[84] also keine eigene Rechtspersönlichkeit besitzt.[85] Hiermit wird dem in Art. 268 Abs. 1 EGV vorgegebenen Grundsatz der Einheit des Haushaltes, wonach der Haushaltsplan derjenige Rechtsakt ist, durch den für jedes Haushaltsjahr sämtliche als erforderlich erachteten Einnahmen und Ausgaben der Europäischen Gemeinschaft veranschlagt und bewilligt werden,[86] Rechnung getragen.

Nach der Verordnung (EG) Nr. 1258/1999 finanziert die Abteilung Garantie in erster Linie die Erstattungen bei der Ausfuhr nach Drittländern und die Interventionen zur Regulierung der Agrarmärkte.[87] Erwähnenswert ist weiterhin die Finanzierung bestimmter Maßnahmen zur Entwicklung des ländlichen Raums.[88] Hierin zeigt sich, daß eine konsequente Zuordnung von Agrarmarktausgaben an die Abteilung Garantie und von Agrarstrukturausgaben an die Abteilung Ausrichtung nicht besteht.

Zur Verordnung (EG) Nr. 1258/1999 bestehen zwei wichtige *Durchführungsverordnungen* der Kommission, die jeweils Einzelheiten zu den beiden Phasen des Finanzierungsverfahrens treffen, zum einen die Verordnung (EG) Nr. 296/96 der Kommission über die von den Mitgliedstaaten zu übermittelnden Angaben und zur monatlichen Übernahme der vom Europä-

---

[82] Vgl. *Mögele*, in: Dauses, HdbEUWiR I (EL 8), G Rn. 216, 223; ferner *Priebe*, in: FS Steinberger, S. 1347 (1363): „Grundsatz integraler Finanzierung".

[83] *Mögele*, in: Dauses, HdbEUWiR I (EL 8), G Rn. 217; *David*, Inspektionen, S. 41.

[84] Art. 1 Abs. 1 UAbs. 1 VO (EG) 1258/1999 (Finanzierung GAP).

[85] *von Drygalski*, Fonds der EG, S. 76 f.; *Grimm*, Agrarrecht², Rn. 378; *Kopp*, in: Streinz, EUV/EGV, Art. 34 EGV Rn. 110; *Mögele*, in: Dauses, HdbEUWiR I (EL 8), G Rn. 218.

[86] Vgl. Art. 3 f., insbesondere Art. 4 Abs. 1 HO 2002. Zum Grundsatz der Einheit des Haushalts, der in der Literatur auch als Grundsatz der Vollständigkeit des Haushaltes bezeichnet wird (z.B. *Mögele*, in: Dauses, HdbEUWiR I [EL 8], G Rn. 218; *Hecker*, in: Lenz/Borchardt, EUV/EGV³, Art. 268 EGV Rn. 4), ausführlicher *Noll*, Haushalt, S. 156 f.; *Waldhoff*, in: Calliess/Ruffert, EUV/EGV², Art. 268 EGV Rn. 20. Siehe auch unten Kap. 2 A.I.1.b.

[87] Art. 1 Abs. 2 lit. a und b VO (EG) 1258/1999 (Finanzierung GAP).

[88] Art. 1 Abs. 2 lit. c VO (EG) 1258/1999 (Finanzierung GAP). Siehe auch schon oben Kap. 1 B.I.1.b.aa.ii.

ischen Ausrichtungs- und Garantiefonds für die Landwirtschaft (EAGFL), Abteilung Garantie, finanzierten Ausgaben, zum anderen die Verordnung (EG) Nr. 1663/95 der Kommission mit Durchführungsbestimmungen zu der Verordnung (EWG) Nr. 729/70 des Rates bezüglich des Rechnungsabschlußverfahrens des EAGFL, Abteilung Garantie[89]. Diese beiden Verordnungen sind noch auf die Vorgängervorschrift zur Verordnung (EG) Nr. 1258/1999, die Verordnung (EWG) Nr. 729/70, gestützt; sie sind jedoch weiterhin gültig.[90] Einen besonderen Aspekt des Rechnungsabschlußverfahrens regelt weiterhin die an alle Mitgliedstaaten gerichtete[91] Entscheidung Nr. 94/442/EG der Kommission zur Schaffung eines Schlichtungsverfahrens im Rahmen des Rechnungsabschlusses des EAGFL – Abteilung Garantie.

(3) Weitere horizontale Rechtsakte

Zu den horizontalen Rechtsakten zu zählen sind weiterhin mehrere Verordnungen, die allgemeine Regelungen im Hinblick auf bestimmte Leistungskategorien treffen, beispielsweise die Verordnung (EWG) Nr. 1883/78 des Rates über die allgemeinen Regeln für die Finanzierung der Interventionen durch den EAGFL, Abteilung Garantie,[92] die Verordnung (EWG) Nr. 1055/77 des Rates über die Lagerung und das Verbringen der von den Interventionsstellen gekauften Erzeugnisse und die Verordnung (EWG) Nr. 3492/90 des Rates über die Bestimmung der Elemente, die in die Jahreskonten für die Finanzierung von Interventionsmaßnahmen in Form der öffentlichen Lagerhaltung durch den EAGFL, Abteilung Garantie, Berücksichtigung finden,[93] sowie die Verordnung (EWG) Nr. 386/90 des Rates über die Kontrolle bei der Ausfuhr landwirtschaftlicher Erzeugnisse, für die Erstattungen oder andere Zahlungen geleistet werden,[94] und die Verordnung (EG) Nr. 800/1999 der Kommission über gemeinsame Durchführungsvorschriften für Ausfuhrerstattungen bei landwirtschaftlichen Erzeugnissen[95].

---

[89] Dazu auch die weitere DurchführungsVO (EG) 2390/1999 (Form und Inhalt Buchführungsdaten).
[90] Vgl. Art. 16 Abs. 2 VO (EG) 1258/1999 (Finanzierung GAP).
[91] Vgl. Art. 6 Entscheidung 94/442/EG (Schlichtungsverfahren).
[92] Dazu die DurchführungsVO (EWG) 411/88 (Finanzierungskosten für Interventionen).
[93] Dazu die DurchführungsVOen (EWG) 3597/90 (Verbuchung durch Interventionsstellen), (EWG) 147/91 (Mengenverluste in öffentlicher Lagerhaltung) und (EG) 2148/96 (Bewertung und Kontrolle bei öffentlicher Einlagerung).
[94] Dazu die DurchführungsVOen (EG) 2090/2002 (Kontrolle Ausfuhrerstattungen) und (EWG) 3122/94 (Risikoanalyse).
[95] Dazu *Jürgensen*, EWS 1999, S. 376 ff. Siehe auch VO (EG) 1520/2000 (Durchführungsvorschriften Ausfuhrerstattungen), die zur Durchführung der VO (EG) 3448/93

Ein horizontaler Rechtsakt ist auch die Verordnung (EWG) Nr. 4045/89 des Rates über die von den Mitgliedstaaten vorzunehmende Prüfung der Maßnahmen, die Bestandteil des Finanzierungssystems des EAGFL, Abteilung Garantie,[96] sind. Im Rahmen der nachfolgenden Ausführungen wird auch die Verordnung (EWG) Nr. 595/91 des Rates betreffend Unregelmäßigkeiten und die Wiedereinziehung zu Unrecht gezahlter Beträge im Rahmen der Finanzierung der Gemeinsamen Agrarpolitik eine Rolle spielen. In engem Zusammenhang mit dieser Verordnung steht wiederum die Verordnung (EG) Nr. 1469/95 des Rates über Vorkehrungen gegenüber bestimmten Begünstigten der vom EAGFL, Abteilung Garantie, finanzierten Maßnahmen. Letztere führt, ohne daß sich dies bereits aus dem Titel der Verordnung ergibt, eine Gemeinschaftsregelung ein, die darauf gerichtet ist, diejenigen Marktbeteiligten identifizieren und unverzüglich allen zuständigen Behörden der Mitgliedstaaten sowie der Kommission zur Kenntnis bringen zu können, bei denen aufgrund der bisherigen Erfahrung hinsichtlich der Erfüllung früherer Verpflichtungen das Risiko der Unzuverlässigkeit in bezug auf vom EAGFL, Abteilung Garantie, finanzierte Ausschreibungen, Ausfuhrerstattungen und Verkäufe von verbilligten Interventionserzeugnissen besteht.[97] Die aufgrund vorgegebener Kriterien als unzuverlässig eingestuften Marktbeteiligten werden in auf mitgliedstaatlicher Ebene geführte sog. schwarze Listen aufgenommen. Ihnen gegenüber müssen angemessene Maßnahmen ergriffen werden, um weiteren Schaden von der Gemeinschaft abzuwenden. Eine derartige Maßnahme kann die verstärkte Kontrolle ihrer Geschäfte darstellen. Damit sollen die schwarzen Listen der Prävention dienen. Eine andere derartige Maßnahme kann in dem Ausschluß dieser Marktbeteiligten von bestimmten zukünftigen Geschäften bilden. Damit kann die Aufnahme in eine schwarze Liste auch mit Sanktionen verbunden sein.

Finanzielle Aspekte der Gemeinsamen Agrarpolitik in Form der sog. *Agrarleitlinie* sind schließlich auch in der Verordnung (EG) Nr. 2040/2000 des Rates betreffend die Haushaltsdisziplin[98] geregelt. Die Agrarleitlinie stellt für jedes Haushaltsjahr die Obergrenze für bestimmte Agrarausgaben dar; sie muß in jedem Jahr eingehalten werden.[99]

(Handelsregelung Agrarprodukte) erlassen worden ist, nunmehr VO (EG) 1043/2005, und VO (EG) 1291/2000 (Ein- und Ausfuhrlizenzen).

[96] Dazu die DurchführungsVO (EG) 4/2004 (Prüfung durch Mitgliedstaaten).

[97] Art. 1 Abs. 1 VO (EG) 1469/95 (Vorkehrungen gegenüber Begünstigten). Siehe auch DurchführungsVO (EG) 745/96. Zum folgenden ausführlicher *Hitzler*, Schwarze Liste, in: Ehlers/Wolffgang, Rechtsfragen der Marktordnungen, S. 245 (248 ff.); siehe auch *Hix*, in: Schwarze, EU-Kommentar, Art. 34 EGV Rn. 100; *Borchardt*, in: Lenz/Borchardt, EUV/EGV³, Art. 34 EGV Rn. 92.

[98] Zuvor Entscheidung 94/729/EG (Haushaltsdisziplin).

[99] Im einzelnen Art. 4 ff. VO (EG) 2040/2000 (Haushaltsdisziplin).

bb. Die einzelnen Leistungskategorien

Im Bereich der Garantieausgaben lassen sich Kategorien[100] ausmachen, die schon mit Beginn der Gemeinsamen Agrarpolitik eingeführt wurden (i). Im Laufe der Zeit sind jedoch neue Kategorien hinzugekommen (ii), insbesondere auch im Rahmen der Agenda 2000 Ausgaben zur Verbesserung der Agrarstrukturen (iii). Einen vorläufigen Abschluß bildet die einheitliche Betriebsprämie aufgrund der Verordnung (EG) Nr. 1782/2003 (iv).

Der Begriff der *Intervention* wird in einem engeren und einem weiteren Sinne gebraucht. In ersterem bezeichnet er die nachfolgend beschriebenen Interventionsankäufe. In letzterem umfaßt er nahezu alle Zahlungen im Rahmen der Gemeinsamen Agrarpolitik, die unmittelbar oder mittelbar das Marktgeschehen beeinflussen; dieser Sprachgebrauch erfolgt im Hinblick darauf, daß deren Verwaltung unter die Verordnung (EG) Nr. 1258/1999 über die Finanzierung der Gemeinsamen Agrarpolitik fällt.[101]

i. Klassische Garantieausgaben

Als klassische Garantieausgaben lassen sich vor allem die Interventionsankäufe und die Ausfuhrerstattungen ausmachen.[102] Beide Ausgabenkategorien sind mittlerweile nur noch selten anzutreffen, da sie in mehrerlei Hinsicht problematisch sind.

(1) Interventionen im engeren Sinne

Im Bereich des Binnenmarktes greift die gemeinsame Marktorganisation für Getreide zunächst für bestimmte Sorten[103] auf das klassische Instrument der obligatorischen und mengenmäßig unbegrenzten Intervention zurück.[104] Unter Intervention ist hierbei der Ankauf landwirtschaftlicher Erzeugnisse

---

[100] Vgl. *Borchardt*, in: FS Zuleeg, S. 473 (475 ff.); zur Entwicklung siehe auch *Craig*, ELRev 2003, S. 840 (857 f.).

[101] Vgl. z.B. Art. 1 Abs. 2 lit. b, Art. 2 Abs. 2 VO (EG) 1258/1999 (Finanzierung GAP) i.V.m. Art. 32 VO (EG) 1782/2003 (Direktzahlungen/Stützungsregelungen) bzw. Art. 28 VO (EG) 1784/2003 (GMO Getreide); *Borchardt*, in: Lenz/Borchardt, EUV/EGV³, Art. 34 EGV Rn. 122.

[102] Siehe *Borchardt*, in: FS Zuleeg, S. 473 (475 f.). Weiterhin sog. Produktionserstattungen. Gemäß Art. 8 Abs. 1 UAbs. 1 VO (EG) 1784/2003 (GMO Getreide) kann für aus Mais, Weizen oder Kartoffeln gewonnene Stärke sowie für bestimmte daraus hergestellte Verarbeitungserzeugnisse, die zur Herstellung bestimmter Waren verwendet werden, eine Produktionserstattung gewährt werden. Einzelheiten hierfür sind in der VO (EWG) 1722/93 (Produktionserstattungen Getreide und Reis) geregelt. Beispiel für eine Festsetzung: VO (EG) 229/2005 (Produktionserstattung Getreide). Siehe auch *Rechnungshof*, Sonderbericht Nr. 8/2001 – Produktionserstattungen.

[103] Vgl. Art. 5 Abs. 1 VO (EG) 1784/2003 (GMO Getreide).

[104] Art. 4 f. VO (EG) 1784/2003 (GMO Getreide).

durch staatliche Stellen zum Interventionspreis zu verstehen.[105] Diese Absatzmöglichkeit wird dann interessant, wenn der am Markt zu erreichende Preis unter den Interventionspreis fällt. Der Interventionspreis wird für den Erzeuger zu einem Mindestpreis, mit dem er fest kalkulieren kann.[106] Allerdings führen derartige Interventionen naturgemäß leicht zu Überproduktionen und – damit eng verbunden – zu hohen Lagerkosten (Stichworte „Butterberge" und „Milchseen").[107]

Die Intervention im Bereich dieser Sorten ist eine obligatorische, da die Interventionsstellen, die im übrigen von den Mitgliedstaaten bezeichnet werden, das ihnen angebotene Getreide, sofern bestimmte Qualitäts- und Mengenanforderungen erfüllt sind, ankaufen müssen.[108] Der Interventionspreis bezieht sich auf die Großhandelsstufe.[109] Den Anbietern, wegen der Anforderungen an Mindestmengen zumeist nicht die landwirtschaftlichen Erzeuger selbst, steht im Bereich der obligatorischen Interventionen ein Anspruch auf Abnahme der Erzeugnisse zum garantierten Interventionspreis zu.[110] Der Interventionspreis kommt damit den Erzeugern in der Regel nur indirekt über die wirtschaftliche Bindung des Erzeugerpreises an den Interventionspreis zugute.[111] Der Interventionspreis ist gemeinschaftsweit einheitlich und richtet sich zum einen nach dem Zeitpunkt der Ankäufe, zum anderen nach der Qualität der angelieferten Ware.[112] Ankäufe erfolgen aber nur in bestimmten Interventionszeiträumen.[113] Die Durchführungsbestimmungen zu den Vorschriften über diese Interventionen werden von der Kommission unter Einbeziehung eines Verwaltungsausschusses für Getreide im Verwaltungsverfahren nach Art. 4 des Komitologie-Beschlusses[114] erlassen.[115]

Die gemeinsame Marktorganisation für Getreide sieht des weiteren die Möglichkeit *besonderer Interventionsmaßnahmen* vor, „sofern dies aufgrund der Marktlage erforderlich ist. Diese Maßnahmen können insbeson-

---

[105] *Thiele*, in: Calliess/Ruffert, EUV/EGV², Art. 34 EGV Rn. 19; *Borchardt*, in: Lenz/Borchardt, EUV/EGV³, Art. 34 EGV Rn. 12. Regelungen über den Ankauf enthalten die DurchführungsVOen (EG) 824/2000 (Verfahren und Bedingungen Übernahme Getreide) und (EWG) 2273/93 (Interventionsorte Getreide).

[106] *Grimm*, Agrarrecht², Rn. 380.

[107] Siehe nur *Craig*, ELRev 2003, S. 840 (857).

[108] Art. 5 Abs. 1 VO (EG) 1784/2003 (GMO Getreide); vgl. *Grimm*, Agrarrecht², Rn. 380. Zur Interventionsstelle in Deutschland siehe unten Kap. 3 B.III.4.a.dd.

[109] Art. 4 Abs. 2 S. 1 VO (EG) 1784/2003 (GMO Getreide).

[110] Vgl. *Thiele*, in: Calliess/Ruffert, EUV/EGV², Art. 34 EGV Rn. 20; *van Rijn*, in: Groeben/Schwarze, EUV/EGV I⁶, Art. 34 EGV Rn. 18.

[111] *van Rijn*, in: Groeben/Schwarze, EUV/EGV I⁶, Art. 34 EGV Rn. 21.

[112] Art. 4 Abs. 2, Abs. 3, Art. 5 Abs. 3 VO (EG) 1784/2003 (GMO Getreide).

[113] Art. 5 Abs. 2 VO (EG) 1784/2003 (GMO Getreide).

[114] Beschluß 1999/468/EG (Komitologie). Hierzu ausführlicher unten Kap. 2 B VII.

[115] Art. 6, Art. 25 VO (EG) 1784/2003 (GMO Getreide).

Begriff und Bedeutung der gemeinschaftlichen Leistungsverwaltung 25

dere dann ergriffen werden, wenn die Marktpreise in einem oder mehreren Gebieten der Gemeinschaft im Verhältnis zum Interventionspreis fallen oder zu fallen drohen".[116] Diese Ermächtigung zu sog. fakultativen Interventionen[117] an die Kommission, die die Maßnahmen bei Bedarf wiederum im Verwaltungsverfahren erlassen soll, erscheint sehr unbestimmt. Selbst wenn man dem Europäischen Gerichtshof darin zustimmt, daß nicht zu fordern sei, daß der Rat alle Einzelheiten der Verordnungen über die Gemeinsame Agrarpolitik nach dem Verfahren des Art. 37 Abs. 2 UAbs. 3 EGV regele, daß dieser Vorschrift vielmehr dann schon Genüge getan sei, wenn die wesentlichen Grundzüge der zu regelnden Materie nach diesem Verfahren festgelegt worden seien,[118] so wirft diese Ermächtigung doch Bedenken auf. Denn es ist äußerst fraglich, ob der Rat seiner Regelungspflicht auf finale Rahmenregelungen[119] noch nachgekommen ist. Daß der Gerichtshof obige Ausführungen in einem Rechtsstreit über die Einführung einer belastenden Regelung getroffen hat, die besonderen Interventionsmaßnahmen dagegen zusätzliche Begünstigungen begründen, kann für die Frage nach der Rechtmäßigkeit der Ermächtigung an die Kommission nicht wesentlich sein. Denn sie stellt sich in erster Linie vor dem Hintergrund des institutionellen Gefüges.

Die landwirtschaftlichen Erzeugnisse, die die Interventionsstellen angekauft haben, sollen natürlich wieder abgesetzt werden. Bei dem *Verkauf* von Getreide *aus Interventionsbeständen* wird zwischen dem Verkauf auf dem Markt der Gemeinschaft und dem Verkauf zur Ausfuhr in Drittländer unterschieden. Der Verkauf erfolgt in beiden Fällen aufgrund einer Ausschreibung.[120] Eine Verkaufsausschreibung wird durch eine im Verwaltungsausschußverfahren zu erlassende und im Amtsblatt zu veröffentlichende Kommissionsverordnung eröffnet.[121] Möglich sind Einzel- und Dauerausschreibungen. Ausschreibungen können zudem auf bestimmte Verwendungszwecke beschränkt werden,[122] z.B. auf die Verarbeitung zu bestimmten Enderzeugnissen.[123] Die Interventionsstellen erstellen eine

---

[116] Art. 7 Abs. 1 VO (EG) 1784/2003 (GMO Getreide). Z.B. VO (EG) 1565/2004 (besondere Interventionsmaßnahme Hafer).
[117] Vgl. *Thiele*, in: Calliess/Ruffert, EUV/EGV², Art. 34 EGV Rn. 22.
[118] EuGH, Rs. 25/70 – Köster, Slg. 1970, 1161 (Rn. 6).
[119] So die Charakterisierung des vom Gerichtshof beschriebenen Regelungsauftrags durch *Möllers*, EuR 2002, S. 483 (486).
[120] Art. 1 VO (EWG) 2131/93 (Verkauf von Getreide).
[121] Art. 2 Abs. 1, Art. 7 Abs. 1 VO (EWG) 2131/93 (Verkauf von Getreide). Z.B. VO (EG) 1185/2004 (Ausschreibung Roggen aus Interventionsbeständen).
[122] Art. 4 VO (EWG) 2131/93 (Verkauf von Getreide). Vgl. Erwgrd. 5 VO (EG) 2131/93: „Getreide für spezielle Verwendungszwecke ist auf dem Markt mitunter besonders schwierig zu erwerben. Daher sollte die Möglichkeit vorgesehen werden, diese Nachfrage aus Interventionsbeständen zu decken."
[123] *van Rijn*, in: Groeben/Schwarze, EUV/EGV I⁶, Art. 34 EGV Rn. 22.

entsprechende Ausschreibungsbekanntmachung,[124] auf deren Grundlage Angebote zu erstellen und bei ihr einzureichen sind. Deren weitere Behandlung richtet sich sodann nach der Art des beabsichtigten Verkaufs. Beim Verkauf auf dem Markt der Gemeinschaft legt die Interventionsstelle den Mindestverkaufspreis fest; der Mitgliedstaat muß die Kommission über das Ergebnis der Ausschreibung lediglich unterrichten.[125] Damit Marktstörungen ausgeschlossen sind, darf beim unbeschränkten Wiederverkauf der Mindestverkaufspreis ein bestimmtes Preisniveau nicht unterschreiten.[126] Beim Verkauf zur Ausfuhr behält sich die Kommission hingegen selbst die Befugnis vor, den Mindestverkaufspreis – allerdings wiederum im Verwaltungsausschußverfahren – festzusetzen; sie kann auch beschließen, die Angebote nicht zu berücksichtigen.[127] Dafür müssen die Interventionsstellen die Kommission über die eingegangenen Angebote informieren.[128] Über das Ergebnis ihrer Teilnahme an der Ausschreibung schließlich werden alle Bieter von der Interventionsstelle unterrichtet.[129]

Ankauf und Verkauf der Interventionswaren erfolgen durch Kaufverträge nach dem jeweils anwendbaren nationalen Kaufrecht, soweit das Gemeinschaftsrecht nicht besondere Bedingungen vorsieht.[130] Derartige Sonderregelungen bestehen im Getreidesektor beim Verkauf insbesondere hinsichtlich der Zahlungsmodalitäten und der Gefahrtragung.[131] Das Gemeinschaftsrecht soll weiterhin für den Verkauf von Interventionsware einen Gewährleistungsausschluß vorsehen.[132] Zwischen Ankauf und Verkauf müssen die Mitgliedstaaten für die einwandfreie Erhaltung der Interventionsbestände sorgen.[133]

Die Mitgliedstaaten müssen die Mittel für den Ankauf bereitstellen. Die Gemeinschaft finanziert über die Abteilung Garantie die Zinskosten für diese Mittel mit einem gemeinschaftsweit einheitlichen Zinssatz.[134] Diese Kosten werden aber nicht separat erstattet, sondern in sog. Jahreskonten eingestellt,[135] die zur Ermittlung des insgesamt von der Gemeinschaft für

---

[124] Art. 12 VO (EWG) 2131/93 (Verkauf von Getreide).

[125] Art. 6 VO (EWG) 2131/93 (Verkauf von Getreide).

[126] Im einzelnen Art. 5 VO (EWG) 2131/93 (Verkauf von Getreide).

[127] Art. 10 Abs. 1 S. 2 VO (EWG) 2131/93 (Verkauf von Getreide).

[128] Art. 10 Abs. 1 S. 1 VO (EWG) 2131/93 (Verkauf von Getreide).

[129] Art. 15 VO (EWG) 2131/93 (Verkauf von Getreide).

[130] *van Rijn*, in: Groeben/Schwarze, EUV/EGV I^6, Art. 34 EGV Rn. 23; *Borchardt*, in: Lenz/Borchardt, EUV/EGV^3, Art. 34 EGV Rn. 15.

[131] Art. 16 VO (EWG) 2131/93 (Verkauf von Getreide). An deren rechtlichen Zulässigkeit zweifelnd *van Rijn*, in: Groeben/Schwarze, EUV/EGV I^6, Art. 34 EGV Rn. 25.

[132] Vgl. *Borchardt*, in: Lenz/Borchardt, EUV/EGV^3, Art. 34 EGV Rn. 15.

[133] Art. 2 Abs. 1 VO (EWG) 3492/90 (Jahreskonten Interventionsmaßnahmen).

[134] Art. 5 Abs. 1 UAbs. 1 VO (EWG) 1883/78 (Finanzierung Interventionen).

[135] Art. 1 Abs. 1 UAbs. 2 lit. b VO (EWG) 3492/90 (Jahreskonten Interventionsmaßnahmen).

eine Interventionsmaßnahme im engeren Sinne zu übernehmenden Betrages aufgestellt werden.[136] Aufgenommen werden neben den Zinskosten unter anderem die – gleichfalls pauschalierten – Kosten für Sachmaßnahmen im Zusammenhang mit der Lagerung und gegebenenfalls Verarbeitung von Interventionserzeugnissen.[137] Die Einnahmen aufgrund des Verkaufs stehen den Mitgliedstaaten zu. Liegen jedoch bei einem bestimmten Erzeugnis die Preiserwartungen beim Verkauf der Interventionsbestände aus öffentlicher Lagerhaltung unter seinem Ankaufspreis, so werden schon zum Zeitpunkt des Ankaufs Wertberichtigungen vorgenommen, die gleichfalls in die Jahreskonten einzustellen sind.[138]

(2) Ausfuhrerstattungen

Ausfuhrerstattungen sind finanzielle Leistungen, die den Export bestimmter Agrarprodukte aus gemeinschaftlicher Erzeugung ermöglichen sollen.[139] Sie gleichen die Differenz zwischen dem Preis, der in der Gemeinschaft gilt, und dem in aller Regel niedrigeren Weltmarktpreis aus.[140] Grundsätzlich entsteht der Erstattungsanspruch beim Verlassen des Zollgebiets der Gemeinschaft[141], wenn für alle Drittländer ein *einheitlicher Erstattungssatz* gilt, ansonsten bei der Einfuhr in ein bestimmtes Drittland, wenn für dieses ein *differenzierter Erstattungssatz* festgesetzt ist.[142] Der Erstattungsanspruch ist in der Regel von der Vorlage einer Ausfuhrlizenz mit Vorausfestsetzung der Erstattung abhängig.[143] Eine derartige Lizenz berechtigt und

---

[136] Art. 4 Abs. 1 UAbs. 1 VO (EWG) 1883/78 (Finanzierung Interventionen), Art. 1 Abs. 1 UAbs. 1 VO (EWG) 3492/90 (Jahreskonten Interventionsmaßnahmen).

[137] Art. 6 Abs. 1 VO (EWG) 1883/78 (Finanzierung Interventionen); Art. 1 Abs. 1 UAbs. 2 lit. a i.V.m. dem Anhang VO (EWG) 3492/90 (Jahreskonten Interventionsmaßnahmen).

[138] Art. 8 Abs. 1 VO (EWG) 1883/78 (Finanzierung Interventionen); Art. 1 Abs. 1 UAbs. 2 lit. d VO (EWG) 3492/90 (Jahreskonten Interventionsmaßnahmen).

[139] *Borchardt*, in: Lenz/Borchardt, EUV/EGV³, Art. 34 EGV Rn. 35; *van Rijn*, in: Groeben/Schwarze, EUV/EGV I⁶, Art. 34 EGV Rn. 38; *Thiele*, in: Calliess/Ruffert, EUV/EGV², Art. 34 EGV Rn. 27.

[140] Vgl. Art. 13 Abs. 1 UAbs. 1 VO (EG) 1784/2003 (GMO Getreide); *Grimm*, Agrarrecht², Rn. 381; *Magiera*, Verwaltungsorganisation, in: Schweitzer, Europäisches Verwaltungsrecht, S. 115 (128); siehe auch *Craig*, ELRev 2003, S. 840 (857).

[141] Hierzu Art. 3 VO (EWG) 2913/92 (Zollkodex).

[142] Art. 3, Art. 15 Abs. 3 VO (EG) 800/1999 (Ausfuhrerstattungen); *Borchardt*, in: Lenz/Borchardt, EUV/EGV³, Art. 34 EGV Rn. 37, 39. Siehe aber auch Art. 20 VO (EG) 800/1999 und Jürgensen, EWS 1999, S. 376 (377).

[143] Art. 4 Abs. 1 UAbs. 1 VO (EG) 800/1999 (Ausfuhrerstattungen).
Zur näheren Erklärung: Zur Ausfuhr landwirtschaftlicher Erzeugnisse aus der Gemeinschaft ist aus Gründen der Marktsteuerung und -beobachtung grundsätzlich eine *Ausfuhrlizenz* erforderlich, die von den „Mitgliedstaaten" erteilt wird (vgl. Art. 9 Abs. 1 UAbs. 1 S. 1, UAbs. 2 VO [EG] 1784/2003 [GMO Getreide]; siehe *Borchardt*, in: Lenz/Borchardt, EUV/EGV³, Art. 34 EGV Rn. 43 ff.). Ausfuhrlizenzen sind gemein-

verpflichtet dazu, ausgenommen im Falle höherer Gewalt innerhalb ihrer Gültigkeitsdauer die angegebene Menge der bezeichneten Erzeugnisse auszuführen.[144]

In der gemeinsamen Marktorganisation für Getreide ist beispielsweise vorgesehen, daß dieser Ausgleich, „soweit erforderlich, innerhalb der Grenzen der in Übereinstimmung mit Artikel 300 des Vertrages geschlossenen Abkommen", d.h. insbesondere in Übereinstimmung mit den Vorgaben der Welthandelsorganisation, erfolgen kann.[145] Die Ausfuhrerstattung kann je nach Zielbestimmung unterschiedlich festgesetzt werden, wenn dies die Lage auf dem Weltmarkt oder die spezifischen Anforderungen bestimmter Märkte erfordern. Die Festsetzungen werden von der Kommission im Ausschußverfahren aufgrund des Komitologie-Beschlusses entweder in regelmäßigen Zeitabständen in einer Verordnung[146] oder im Wege der

---

schaftsweit gültig (vgl. Art. 9 Abs. 1 UAbs. 3 S. 1 VO [EG] 1784/2003), entfalten also transnationale Wirkung (vgl. *Ruffert*, DV 2001, S. 453 ff.; *Winter*, EuR 2005, S. 255 [256]). Zuständig für die Erteilung ist in Deutschland gemäß §§ 18 Abs. 1, 3 Abs. 1 des Gesetzes zur Durchführung der Gemeinsamen Marktorganisationen und der Direktzahlungen (MOG in der Fassung der Bekanntmachung vom 24. Juni 2005 [BGBl. I S. 1847]) die Bundesanstalt für Landwirtschaft und Ernährung (dazu Gesetz über die Errichtung einer BLE vom 2. August 1994 [BGBl. I S. 2018]; zuletzt geändert durch Gesetz vom 31. März 2004 [BGBl. I S. 484]). Die BLE ist gemäß § 19 MOG auch zuständig für die *Vorausfestsetzung der Ausfuhrerstattung*, die zusammen mit der Ausfuhrlizenz zu beantragen ist.

Die Ausfuhrlizenz mit Vorausfestsetzung der Erstattung ist sodann der Ausfuhrzollstelle bei der *Ausfuhranmeldung* (vgl. Art. 5 VO [EG] 800/1999) vorzulegen (Art. 161 VO [EWG] 2913/92 [Zollkodex], Art. 221 Abs. 1 VO [EWG] 2454/93 [DVO Zollkodex], siehe auch § 18 Abs. 1, Abs. 2 der AußenwirtschaftsVO [AWV in der Fassung der Bekanntmachung vom 22. November 1993 [BGBl. I S. 1934], zuletzt geändert durch VO vom 1. Oktober 2004 [BAnz. S. 21713]]); vgl. *Prieß*, in: Witte, Zollkodex, Art. 161 Rn. 32; *Wolffgang*, in: Witte/Wolffgang, Zollrecht, S. 281). Die Überwachung des tatsächlichen Ausgangs der Ausfuhrwaren obliegt der Ausgangszollstelle, d.h. im Regelfall der letzten Zollstelle an der Außengrenze der Gemeinschaft (zu Ausfuhr- und Ausgangszollstelle siehe auch *Wolffgang*, a.a.O. S. 278 ff.). Die Gewährung der Ausfuhrerstattung erfolgt in Deutschland gemäß § 2 S. 3 Nr. 2 der AusfuhrerstattungsVO (vom 24. Mai 1996 [BGBl. I S. 766], zuletzt geändert durch Gesetz vom 21. Juli 2004 [BGBl. I S. 1763, 1774]) einheitlich durch das Hauptzollamt Hamburg-Jonas. Gemäß § 16 Abs. 1 der AusfuhrerstattungsVO wird der Erstattungsanspruch mit der Bekanntgabe des auf Antrag (vgl. Art. 49 VO [EG] 800/1999 zu erlassenden Erstattungsbescheides fällig. Zum Verhältnis von Ausfuhranmeldung und Zahlungsantrag siehe nunmehr EuGH, Rs. C-385/03 – Hauptzollamt Hamburg-Jonas/Käserei Champignon Hofmeister (Rn. 20 ff.).

[144] Art. 8 Abs. 2 UAbs. 1 VO (EG) 1291/2000 (Ein- und Ausfuhrlizenzen); zum Begriff der höheren Gewalt Art. 40 ff. VO (EG) 1291/2000.

[145] Hierzu und zum folgenden Art. 13 ff. VO (EG) 1784/2003 (GMO Getreide).

[146] Zu dieser Art der Festsetzung siehe die DurchführungsVO (EG) 1501/95 (Ausfuhrerstattungen/Störungen im Getreidesektor). Siehe z.B. VO (EG) 272/2005 (Festsetzung Ausfuhrerstattungen).

Ausschreibung bei den Erzeugnissen, bei denen dieses Verfahren in der Vergangenheit vorgesehen wurde, vorgenommen.

Erfolgt die Festsetzung im Wege einer Ausschreibung, so erläßt die Kommission zunächst eine Verordnung, mit der sie eine Ausschreibung eröffnet, deren Gegenstand der Betrag der Ausfuhrerstattung ist.[147] Die Durchführung einer Ausschreibung erfolgt sodann im Rahmen einer gleichfalls im Amtsblatt zu veröffentlichenden Ausschreibungsbekanntmachung der Kommission, in der insbesondere die jeweiligen Termine für die Einreichung der Angebote sowie die zuständigen Stellen der Mitgliedstaaten angegeben werden, an die diese zu richten sind.[148] Durch die Ausschreibungsbekanntmachung werden Interessenten aufgerufen, für sie bindend anzugeben, welche Menge des Erzeugnisses sie zu welchem Betrag der Ausfuhrerstattung ausführen würden.[149] Auf der Grundlage der zu den jeweiligen Terminen eingereichten Angebote kann die Kommission eine Höchstausfuhrerstattung in einer Verordnung festsetzen.[150] Der Zuschlag wird sodann den Bietern der jeweiligen Ausschreibung erteilt, deren Angebot der Höchstausfuhrerstattung entsprechen oder darunter liegen.[151] Die Bieter werden von der zuständigen Stelle des betreffenden Mitgliedstaats über das Ergebnis ihrer Beteiligung an der Ausschreibung informiert.[152] Diejenigen Bieter, denen der Zuschlag erteilt worden ist, müssen auf die entsprechende Mitteilung hin für die zugeschlagene Menge einen Antrag auf Erteilung einer Ausfuhrlizenz stellen. Der Anspruch auf diese Lizenz wird durch den Zuschlag begründet.[153] Sie verpflichtet zur Ausfuhr nach der angegebenen Bestimmung.[154]

---

[147] Vgl. Art. 4 Abs. 1 UAbs. 3, Abs. 2 VO (EG) 1501/95 (Ausfuhrerstattungen/Störungen im Getreidesektor). Siehe z.B. VO (EG) 115/2005 (Ausschreibung Ausfuhrerstattung Weichweizen).

[148] Art. 4 Abs. 3 VO (EG) 1501/95 (Ausfuhrerstattungen/Störungen im Getreidesektor). Zu der durch die VO (EG) 115/2005 (Ausschreibung Ausfuhrerstattung Weichweizen) eröffneten Ausschreibung *Kommission*, Bekanntmachung einer Ausschreibung der Erstattung für die Ausfuhr von Weichweizen nach bestimmten Drittländern, ABl. EU 2005 Nr. C 22/19.

[149] Art. 5 VO (EG) 1501/95 (Ausfuhrerstattungen/Störungen im Getreidesektor).

[150] Art. 7 Abs. 1 VO (EG) 1501/95 (Ausfuhrerstattungen/Störungen im Getreidesektor). Siehe z.B. Art. 1 VO (EG) 272/2005 (Festsetzung Ausfuhrerstattungen). Alternativ kann die Kommission aber auch beschließen, die Ausschreibung nicht weiterzuverfolgen.

[151] Art. 7 Abs. 2 UAbs. 1 VO (EG) 1501/95 (Ausfuhrerstattungen/Störungen im Getreidesektor).

[152] Art. 7 Abs. 3 VO (EG) 1501/95 (Ausfuhrerstattungen/Störungen im Getreidesektor).

[153] Vgl. *Kommission*, Bekanntmachung (Fn. 148), ABl. EU 2005 Nr. C 22/19 (21 unter V. lit. a).

[154] Art. 8 Abs. 2 VO (EG) 1501/95 (Ausfuhrerstattungen/Störungen im Getreidesektor).

ii. Produktionsunabhängige, nicht entkoppelte Direktzahlungen

Interventionspreise und Ausführerstattungen werden nur für bestimmte landwirtschaftliche Erzeugnisse gezahlt. Die Höhe der Beträge richtet sich dabei nach der Menge der Produktion. In letzterem unterscheidet sich die zweite Kategorie; sie ist deshalb produktionsunabhängig. Gebunden sind die sog. Direktzahlungen jedoch an ein bestimmtes landwirtschaftliches Erzeugnis; sie sind deshalb nicht entkoppelt. Direktzahlung wird als Oberbegriff für alle direkt an einen Betriebsinhaber geleistete Zuwendungen im Rahmen einer Einkommensstützungsregelung[155] verwendet.[156]

(1) Im Bereich der landwirtschaftlichen Kulturpflanzen: Die spezifische Qualitätsprämie für Hartweizen

Die spezifische Qualitätsprämie für Hartweizen ist eine Stützungsregelung aufgrund der Verordnung (EG) Nr. 1782/2003[157]. Die Prämie beträgt 40 Euro je Hektar. Sie wird allerdings nicht gemeinschaftsweit, sondern nur in bestimmten traditionellen Anbaugebieten gewährt. Für die Mitgliedstaaten, in denen derartige Anbaugebiete gelegen sind, sind zudem Obergrenzen beihilfefähiger Flächen festgelegt. Übersteigen die Flächen, für die eine Prämie beantragt wird, die nationale Obergrenze, so wird die Fläche jedes Betriebsinhabers, für die eine Prämie beantragt wird, in dem betreffenden Jahr anteilsmäßig verringert. Voraussetzung für die Gewährung ist die Verwendung bestimmter Mengen von zertifiziertem Saatgut hochwertiger Sorten, die in dem betreffenden Anbaugebiet als besonders geeignet für die Herstellung von Grieß oder Teigwaren anerkannt sind.

(2) Im Bereich der Tierzucht: Direktzahlungen für Rindfleisch

Als Direktzahlungen sieht die Verordnung (EG) Nr. 1254/1999 über die gemeinsame Marktorganisation für Rindfleisch[158] eine bei Schlachtung von förderfähigen Tieren oder bei ihrer Ausfuhr nach einem Drittland gewährte Schlachtprämie, im Hinblick auf männliche Rinder eine für die Haltung pro Tier ein- oder zweimalig gewährte Sonderprämie und eine Saisonentzerrungsprämie, die die Schlachtung von Ochsen außerhalb der Schlachtsaison fördern soll, sowie im Hinblick auf weibliche Rinder eine für die Haltung jährlich gewährte Mutterkuhprämie vor. Erzeuger, die die Sonder- und/oder Mutterkuhprämie erhalten, können schließlich weiterhin für die Gewährung einer Extensivierungsprämie in Betracht kommen.

---

[155] Vgl. *Craig*, ELRev 2003, S. 840 (857).
[156] Art. 2 lit. d VO (EG) 1782/2003 (Direktzahlungen/Stützungsregelungen).
[157] Art. 72 ff. VO (EG) 1782/2003 (Direktzahlungen/Stützungsregelungen).
[158] Art. 3 ff. VO (EG) 1254/1999 (GMO Rindfleisch).

iii. Agrarstrukturmaßnahmen

Zu den aus der Abteilung Garantie finanzierten Agrarstrukturmaßnahmen gehören insbesondere die aufgrund der Verordnung (EG) Nr. 1257/1999[159] gewährten. Von diesen sollen vorliegend die Vorruhestandsbeihilfen herausgegriffen werden. Ziele dieser Zahlungen sind vor allem die Sicherung eines Einkommens für ältere Landwirte, die die Landwirtschaft einstellen wollen, und die Förderung der Ablösung dieser älteren Landwirte durch Landwirte, die erforderlichenfalls die Wirtschaftlichkeit der weiterbestehenden Betriebe verbessern können.[160] Voraussetzung für die Gewährung ist, daß der Abgebende jegliche landwirtschaftliche Erwerbstätigkeit endgültig einstellt, über 55 Jahre alt ist, aber das normale Ruhestandsalter noch nicht erreicht und in den letzten zehn Jahren vor Übergabe des Betriebes Landwirtschaft betrieben hat.[161] Auch an den Übernehmer eines Betriebs werden bestimmte Anforderungen gestellt.[162] Vorruhestandsbeihilfen werden schließlich nur gewährt, wenn sie in der jeweiligen Programmplanung für die Entwicklung des ländlichen Raums vorgesehen sind.[163] Die Beihilfen an den Abgebenden dürfen Höchstbeträge nicht übersteigen: 15.000 Euro/Jahr und 150.000 Euro insgesamt.[164]

iv. Entkoppelte Direktzahlungen: Die einheitliche Betriebsprämie aufgrund der Verordnung (EG) Nr. 1782/2003

Die produktionsabhängigen klassischen Garantieausgaben sowie die produktabhängigen Direktzahlungen bringen erhebliche Marktverzerrungen mit sich. Die landwirtschaftliche Produktion wird maßgeblich an der Höhe der zu erwartenden Zahlungen, nicht aber an der Nachfrage auf dem Markt ausgerichtet.[165] Diesem Problem kann dadurch begegnet werden, daß die Gewährung der Direktzahlungen nicht an die Produktion gebunden,[166] sondern „entkoppelt" ist. Die Entkoppelung ist denn auch das Hauptanliegen der Agrarreform von 2003.[167] Entkoppelte Direktzahlungen sind im Ergebnis eine „allgemeine Einkommensstützung, die auch den vielfältigen Gemeinwohlleistungen der Landwirtschaft Rechnung trägt"[168].

---

[159] Siehe schon oben Kap. 1 B.I.1.b.aa.ii.
[160] Art. 10 Abs. 1 und Erwgr. 23 VO (EG) 1257/1999 (Förderung ländlicher Raum).
[161] Art. 11 Abs. 1 VO (EG) 1257/1999 (Förderung ländlicher Raum).
[162] Art. 11 Abs. 2 VO (EG) 1257/1999 (Förderung ländlicher Raum).
[163] Vgl. Art. 44 Abs. 2, Abs. 3, Art. 35 Abs. 1 VO (EG) 1257/1999 (Förderung ländlicher Raum).
[164] Art. 12 Abs. 1 i.V.m. Anhang I VO (EG) 1257/1999 (Förderung ländlicher Raum).
[165] Vgl. BR-Drs. 80/04, S. 32; *Borchardt*, in: FS Zuleeg, S. 473 (477).
[166] Vgl. *von Jeinsen*, AgrarR 2003, S. 293 (293); *Deutscher Bauernverband*, Reform der GAP, S. 3.
[167] *BMVEL*, Europäische Agrarreform, S. 13.
[168] BR-Drs. 80/04, S. 33.

Mit der Verordnung (EG) Nr. 1782/2003[169] wird in Form der einheitlichen Betriebsprämie eine diesen Anforderungen entsprechende Beihilfenregelung eingeführt;[170] produktionsbezogene Zahlungen entfallen. Die einheitliche Betriebsprämie ist ein Gesamtanspruch des Betriebsinhabers, der sich aus einer bestimmten Anzahl von einzelnen Zahlungsansprüchen je Hektar Fläche zusammensetzt. Die Höhe der Zahlungsansprüche ist für jeden Betriebsinhaber individuell festzulegen. Im folgenden sollen das Standardmodell und die durch das Gemeinschaftsrecht zugelassenen, hiervon abweichenden mitgliedstaatlichen Modelle in ihren Grundzügen sowie die Umsetzung der Regelung in Deutschland dargestellt werden.

(1) Das Standardmodell („historisches Modell")

Zur Berechnung der jeweiligen Höhe im Standardmodell sind zunächst zwei Werte zu ermitteln. Der sog. *Referenzbetrag* entspricht dem Dreijahresdurchschnitt der Gesamtbeträge der Zahlungen, die ein Betriebsinhaber im Rahmen bestimmter Stützungsregelungen in den Jahren 2000, 2001 und 2002 erhalten hat.[171] Um die Einhaltung des gemeinschaftlichen Finanzrahmens abzusichern, ist eine nationale Obergrenze für die Summe der einzelnen Referenzbeträge festgelegt.[172] Ist diese überschritten, so sind die einzelnen Referenzbeträge linear prozentual zu kürzen.[173] Des weiteren ist der *Dreijahresdurchschnitt der Hektarzahl* aller Flächen zu ermitteln, für die in den Jahren 2000, 2001 und 2002 Anspruch auf die genannten Stützungsregelungen bestand.[174]

Die *Höhe des Zahlungsanspruchs* je Hektar Fläche des einzelnen Betriebsinhabers ergibt sich daraus, daß der Referenzbetrag durch den ermittelten Dreijahresdurchschnitt aller Flächen geteilt wird.[175] Die *Gesamtzahl der Zahlungsansprüche* ist gleich der durchschnittlichen Hektarzahl.[176] Die Zahlungsansprüche können nur genutzt werden, d.h. zu einer Zahlung führen, wenn der Betriebsinhaber ihnen jeweils einen Hektar beihilfefähiger

---

[169] Siehe auch VO (EG) 795/2004 (DVO Betriebsprämienregelung).

[170] Vgl. insbesondere die überaus komplizierten Regelungen in Art. 33-71 VO (EG) 1782/2003 (Direktzahlungen/Stützungsregelungen).

[171] Art. 37 Abs. 1, Art. 38 VO (EG) 1782/2003 (Direktzahlungen/Stützungsregelungen).

[172] Vgl. Erwgrd. 31 S. 1 und Art. 41 Abs. 1 VO (EG) 1782/2003 (Direktzahlungen/Stützungsregelungen).

[173] Art. 41 Abs. 2 VO (EG) 1782/2003 (Direktzahlungen/Stützungsregelungen).

[174] Vgl. Art. 43 Abs. 1 UAbs. 1 VO (EG) 1782/2003 (Direktzahlungen/Stützungsregelungen).

[175] Art. 43 Abs. 1 UAbs. 1 VO (EG) 1782/2003 (Direktzahlungen/Stützungsregelungen).

[176] Art. 43 Abs. 1 UAbs. 2 VO (EG) 1782/2003 (Direktzahlungen/Stützungsregelungen).

Fläche zuordnen kann.[177] Um in den Genuß des Gesamtanspruchs zu kommen, muß der Betriebsinhaber also für jeden einzelnen Zahlungsanspruch einen Hektar beihilfefähiger Fläche nachweisen. Die entsprechenden Flächen dürfen grundsätzlich für jede landwirtschaftliche Tätigkeit genutzt werden.[178] Betriebsinhaber sollen auf diese Weise „im Sinne einer besseren Marktorientierung frei entscheiden können, welche Erzeugnisse sie auf ihren Flächen produzieren".[179] Letztendlich soll hierdurch die Wettbewerbsfähigkeit der europäischen Landwirtschaft insgesamt gestärkt werden.[180] Die einheitliche Betriebsprämie wird andererseits aber auch nur aktiven Landwirten gewährt, nicht an sog. Sofabauern.[181]

(2) Abweichende Modelle: Regionale und partielle Durchführung

Die Verordnung (EG) Nr. 1782/2003 sieht allerdings vor, daß die Mitgliedstaaten von dem soeben beschriebenen Standardmodell abweichende Entkoppelungsmodelle einführen dürfen.[182] Sie sollen dadurch „die Möglichkeit erhalten, eine gewisse Ausgewogenheit zwischen den einzelbetrieblichen Zahlungsansprüchen und regionalen oder nationalen Durchschnittswerten und zwischen bestehenden Zahlungen und der einheitlichen Betriebsprämie herzustellen"[183]. Der Gemeinschaftsgesetzgeber räumt hierdurch ein, daß das Standardmodell Fragen der Verteilungsgerechtigkeit aufwerfen kann. Er eröffnet den Mitgliedstaaten einen für den Bereich der Garantieausgaben ungewöhnlich großen Gestaltungsspielraum,[184] der allerdings angesichts des Verbots der Diskriminierung zwischen Erzeugern (Art. 34 Abs. 2 UAbs. 2 EGV[185]) nicht ganz unproblematisch erscheint. Ermöglicht wird eine regionale oder eine partielle Durchführung. Hierdurch hat die Tendenz zu einer dezentraleren Ausgestaltung der Gemeinsamen Agrarpolitik[186], die letztlich auch dem Subsidiaritätsprinzip[187] Rechnung tragen soll, einen vermutlich nicht nur vorläufigen Höhepunkt erreicht.

---

[177] Art. 44 Abs. 1 VO (EG) 1782/2003 (Direktzahlungen/Stützungsregelungen).
[178] Art. 51 VO (EG) 1782/2003 (Direktzahlungen/Stützungsregelungen).
[179] Erwgrd. 28 S. 1 VO (EG) 1782/2003 (Direktzahlungen/Stützungsregelungen). Siehe auch BR-Drs. 80/04, S. 32.
[180] *Borchardt*, in: FS Zuleeg, S. 473 (477).
[181] *Borchardt*, in: FS Zuleeg, S. 473 (478).
[182] Vgl. *Deutscher Bauernverband*, Reform der GAP, S. 2: „tausend und eine Möglichkeit der Verteilung der Direktzahlungen".
[183] Erwgrd. 33 S. 1 VO (EG) 1782/2003 (Direktzahlungen/Stützungsregelungen).
[184] Vgl. schon *Priebe*, in: FS Steinberger, S. 1347 (1350, 1353 ff.). Der Gestaltungsspielraum geht nunmehr aber deutlich über ein mitgliedstaatliches „fine tunning" hinaus.
[185] Hierzu schon EuGH, Rs. 201 u. 202/85 – Klensch, Slg. 1986, 3477; EuGH, Rs. C-353/92 – Griechenland/Rat, Slg. 1994, I-3411 (Rn. 24 ff.).
[186] Hierzu *Priebe*, in: FS Steinberger, S. 1347 (1352 ff.).
[187] Siehe auch unten Kap. 2 B.VI.2.

Die Mitgliedstaaten konnten beschließen, die Betriebsprämienregelung *regional durchzuführen*. Nach „objektiven Kriterien" mußten sie zunächst Regionen festlegen und die nationale Obergrenze auf diese Regionen aufteilen;[188] somit war den Mitgliedstaaten zum einen die Möglichkeit einer *Umverteilung zwischen Regionen* eröffnet.[189] In „hinreichend begründeten Fällen" konnten die Mitgliedstaaten sodann den Gesamtbetrag der festgelegten regionalen Obergrenze – wiederum „nach objektiven Kriterien" – ganz oder teilweise auf alle Betriebsinhaber aufteilen, deren Betriebe in der betreffenden Region gelegen sind.[190] In diesem Fall verlieren die historischen Daten für die Zuweisung von Zahlungsansprüche zumindest teilweise ihre Bedeutung. Den Mitgliedstaaten war also zum anderen auch die Möglichkeit einer *Umverteilung zwischen Landwirten* innerhalb einer Region eröffnet.[191]

Wurde der Gesamtbetrag der regionalen Obergrenze ganz aufgeteilt, dann wurde der Wert pro Einheit der den Betriebsinhabern zustehenden Ansprüche dadurch berechnet, daß dieser Betrag durch die auf regionaler Ebene bestimmte beihilfefähige Hektarzahl geteilt wird.[192] Bei diesem Modell erhalten also alle Betriebsinhaber in der Region Zahlungsansprüche pro Hektar beihilfefähiger Fläche in derselben Höhe.[193] Die Anzahl der Ansprüche je Betriebsinhaber entspricht schließlich der Hektarzahl beihilfefähiger Fläche, die er im ersten Jahr der Anwendung der Betriebsprämienregelung angemeldet hat.[194]

Wurde der Gesamtbetrag der regionalen Obergrenze hingegen nur teilweise aufgeteilt, so wurde der Wert pro Einheit der den Betriebsinhabern zustehenden Ansprüche dadurch berechnet, daß der entsprechende Teil der regionalen Obergrenze durch die auf regionaler Ebene bestimmte beihilfefähige Hektarzahl geteilt wurde.[195] Standen dem Betriebsinhaber aufgrund der Anwendung des Standardmodells hinsichtlich des verbleibenden Teils der regionalen Obergrenze auch Ansprüche zu, so wurde der regionale Wert pro Einheit jedes seiner Ansprüche um einen bestimmten Betrag erhöht. Dieser ergab sich daraus, daß der Referenzbetrag[196] durch die Hektarzahl, die der Betriebsinhaber im ersten Jahr der Anwendung der Betriebsprämien-

---

[188] Art. 58 Abs. 2 UAbs. 1, Abs. 3 VO (EG) 1782/2003 (Direktzahlungen/Stützungsregelungen).

[189] *Borchardt*, in: FS Zuleeg, S. 473 (479).

[190] Art. 59 Abs. 1 VO (EG) 1782/2003 (Direktzahlungen/Stützungsregelungen).

[191] *Borchardt*, in: FS Zuleeg, S. 473 (479).

[192] Art. 59 Abs. 2 VO (EG) 1782/2003 (Direktzahlungen/Stützungsregelungen).

[193] *Borchardt*, in: FS Zuleeg, S. 473 (479).

[194] Art. 59 Abs. 4 VO (EG) 1782/2003 (Direktzahlungen/Stützungsregelungen).

[195] Hierzu und zum folgenden Art. 59 Abs. 3, Abs. 4 VO (EG) 1782/2003 (Direktzahlungen/Stützungsregelungen).

[196] Siehe oben Kap. 1 B.I.1.b.bb.iv.(1).

regelung rechtmäßig als beihilfefähig angemeldet hat, geteilt wurde. Dieser Hektarzahl entspricht wiederum die Anzahl der Ansprüche je Betriebsinhaber.

Die Mitgliedstaaten konnten auch beschließen, die Betriebsprämienregelung auf nationaler oder regionaler Ebene *partiell durchzuführen*. Mit partieller Durchführung ist gemeint, daß die Mitgliedstaaten zur Vermeidung von Land- und Produktionsaufgabe oder im Hinblick auf besondere Produktionsstrukturen in einem gemeinschaftlich festgelegten Rahmen für einige Produkte einen bestimmten Anteil der bisherigen Stützungsbeihilfen weiterhin an die Produktion koppeln dürfen.[197] Die Möglichkeit einer partiellen Durchführung läuft also eigentlich einem Grundanliegen der Agrarreform zuwider.

Ein Mitgliedstaat kann beispielsweise bis zu 100 % des der Mutterkuhprämie entsprechenden Anteils der nationalen Obergrenze einbehalten.[198] In diesem Fall gewährt er den Betriebsinhabern innerhalb einer von der Kommission festgelegten Obergrenze[199] alljährlich eine „Ergänzungszahlung". Diese wird für die Erhaltung des Mutterkuhbestandes in einer Höhe von bis zu 100 % der in der in der gemeinsamen Marktorganisation für Rindfleisch geregelten Mutterkuhprämie und unter entsprechenden Voraussetzungen gewährt.[200] Damit der für einen Mitgliedstaat für die Betriebsprämienregelung bestimmte Betrag nicht überschritten wird, muß die für die Ergänzungszahlung festgelegte Obergrenze sodann wiederum von der nationalen Obergrenze abgezogen werden.[201]

(3) Exkurs: Umsetzung in der Bundesrepublik Deutschland

Der deutsche Bundesgesetzgeber hat sich im Betriebsprämiendurchführungsgesetz[202] für ein Modell entschieden, das Elemente des Standardmodells mit einer regionalen Anwendung der Betriebsprämienregelung kom-

---

[197] *Borchardt*, in: FS Zuleeg, S. 473 (478).
[198] Hierzu und zum folgenden Art. 68 Abs. 2 lit. a i) VO (EG) 1782/2003 (Direktzahlungen/Stützungsregelungen).
[199] Aufgrund Art. 64 Abs. 2 VO (EG) 1782/2003 (Direktzahlungen/Stützungsregelungen). Diese Obergrenze entspricht dem Anteil der Mutterkuhprämie an der nationalen Obergrenze, bereinigt um den von dem Mitgliedstaat gewählten Kürzungssatz. Siehe Art. 2 Abs. 1 und Anhang II VO (EG) 118/2005 (Festsetzung Obergrenzen und Finanzrahmen).
[200] Art. 121, Art. 125 ff. VO (EG) 1782/2003 (Direktzahlungen/Stützungsregelungen); vgl. Art. 6 ff. VO (EG) 1254/1999 (GMO Rindfleisch).
[201] Art. 64 Abs. 2 UAbs. 3 VO (EG) 1782/2003 (Direktzahlungen/Stützungsregelungen).
[202] Gesetz zur Durchführung der einheitlichen Betriebsprämie (BPDG), erlassen als Art. 1 des Gesetzes zur Umsetzung der Reform der Gemeinsamen Agrarpolitik vom 21. Juli 2004 (BGBl I S. 1763); Bekanntmachung der Neufassung des Betriebsprämiendurchführungsgesetzes vom 26. Juli 2004 (BGBl I S. 1868). Zur Umsetzung in Deutschland siehe auch *Borchardt*, in: FS Zuleeg, S. 473 (479).

biniert („Kombinationsmodell"); dieses soll ab dem Jahr 2010 schrittweise bis zum Jahr 2013 durch ein reines Regionalmodell abgelöst werden.

Die nationale Obergrenze wird zunächst auf einzelne Regionen aufgeteilt.[203] In der Regel bildet dabei ein Bundesland eine Region.[204] Mit Beginn des Jahres 2005 wird der Referenzbetrag der einheitlichen Betriebsprämie für jeden Betriebsinhaber aus einem betriebsindividuellen Betrag und einem flächenbezogenen Betrag festgesetzt.[205] Der betriebsindividuelle Betrag errechnet sich nach dem Standardmodell; es werden allerdings nur bestimmte, hauptsächlich für die Tierproduktion geleistete Direktzahlungen aufgenommen. Die Summe der betriebsindividuellen Beträge wird sodann von der regionalen Obergrenze abgezogen. Der verbleibende Anteil der regionalen Obergrenze steht für die flächenbezogenen Beträge zur Verfügung und wird aufgeteilt in Beträge je Hektar beihilfefähiger Fläche, die sich danach richten, ob es sich um Ackerland bzw. Dauergrünland handelt.

Im reinen Regionalmodell soll innerhalb einer Region ein einheitlicher Wert eines Zahlungsanspruchs stehen, d.h. jeder Betrieb innerhalb einer Region soll eine einheitliche Prämie je Hektar beihilfefähiger Fläche erhalten. Mit dem reinen Regionalmodell möchte der Gesetzgeber eine im Vergleich zum Standardmodell sinnvollere und vor allem gerechtere Art der Entkoppelung einführen, die nicht an früher erhaltenen Direktzahlungen und damit an der Vergangenheit, sondern tatsächlich an „objektiven Kriterien"[206] ausgerichtet ist. Mit dem erst allmählichen Übergang zu diesem Modell soll eine Überforderung der Betriebe, die bislang überdurchschnittlich hohe Direktzahlungen erhalten haben, vermieden werden.[207]

cc. Cross compliance

Eine weitere grundlegende Neuerung der Agrarreform 2003 besteht darin, die Auszahlung nahezu aller Direktzahlungen, insbesondere der einheitlichen Betriebsprämie von der Einhaltung der sog. Grundanforderungen an die Betriebsführung abhängig zu machen (sog. cross compliance[208]).[209]

---

[203] § 4 Abs. 1 BPDG.
[204] § 2 Abs. 2 BPDG.
[205] § 5 Abs. 1 i.V.m. Abs. 2, Abs. 3 BPDG.
[206] Vgl. Art. 59 Abs. 1 VO (EG) 1782/2003 (Direktzahlungen/Stützungsregelungen).
[207] BR-Drs. 80/04, S. 33.
[208] *Borchardt*, in: Lenz/Borchardt, EUV/EGV³, Art. 34 EGV Rn. 72; *von Jeinsen*, AgrarR 2003, S. 293 (293); *Deutscher Bauernverband*, Reform der GAP, S. 3. Vgl. auch schon *Karnitschnig*, AgrarR 2002, S. 101 (103 f.); *Priebe*, in: FS Steinberger, S. 1347 (1356).
[209] Art. 3 ff. VO (EG) 1782/2003 (Direktzahlungen/Stützungsregelungen); siehe weiterhin das „Gesetz zur Regelung der Einhaltung anderweitiger Verpflichtungen durch Landwirte im Rahmen gemeinschaftsrechtlicher Vorschriften über Direktzahlungen",

Diese Grundanforderungen ergeben sich aus bestimmten gemeinschaftlichen Rechtsvorschriften in den Bereichen des Gesundheits-, Umwelt- und Tierschutzes.[210] Die Einhaltung dieser Vorschriften soll erheblich gefördert werden. Direktzahlungen verfolgen nunmehr also auch das Ziel, die Landwirte für die Erbringung von im Gemeinwohl liegendem Verhalten zu entlohnen.[211] Mit dieser Verknüpfung soll die „gesellschaftliche Legitimierung der Direktzahlungen verbessert"[212] werden. Des weiteren muß der Landwirt die Flächen in einem guten landwirtschaftlichen und ökologischen Zustand erhalten. Die Nichteinhaltung dieser Anforderungen kann zu einer Kürzung oder gar zu einem Ausschluß der Direktzahlungen führen.[213] Das Cross compliance macht deshalb eine erheblich gesteigerte Kontrolltätigkeit erforderlich.[214]

dd. Überblick über die Verwaltung der Garantieausgaben

Der Vollzug der Vorschriften der Gemeinsamen Agrarpolitik[215] liegt weitestgehend bei mitgliedstaatlichen Behörden; dabei erfolgt die Auszahlung der Mittel über sog. Zahlstellen, für die die Verordnung (EG) Nr. 1258/1999 grundlegende Bestimmungen trifft. Beim Vollzug ist eine nahezu unüberschaubare Anzahl von Gemeinschaftsvorschriften zu beachten, z.B. die Vorgaben des integrierten Verwaltungs- und Kontrollsystems aufgrund der Verordnung (EG) Nr. 1782/2003. Die Einhaltung dieser Vorschriften kann die Kommission im Rahmen des Finanzierungsverfahrens überwachen. Sie kann durch eine sog. Konformitätsentscheidung solche von den Mitgliedstaaten getätigte Ausgaben von der gemeinschaftlichen Finanzierung ausschließen, bei denen das formelle oder materielle Recht für die Garantieausgaben nicht eingehalten worden ist.

---

erlassen als Art. 2 des Gesetzes zur Umsetzung der Reform der Gemeinsamen Agrarpolitik vom 21. Juli 2004 (BGBl I S. 1763).

[210] Art. 3 Abs. 1, Art. 4 und Anhang III VO (EG) 1782/2003 (Direktzahlungen/Stützungsregelungen); z.B. Vorschriften der RL 79/409/EWG zur Erhaltung der wildlebenden Vogelarten, der RL 91/414/EWG über das Inverkehrbringen von Pflanzenschutzmitteln oder der RL 91/629/EWG über Mindestanforderungen für den Schutz von Kälbern.

[211] *Borchardt*, in: FS Zuleeg, S. 473 (480).

[212] So in einer zwischenzeitlich auf den Internetseiten des Bundesministeriums für Verbraucherschutz, Ernährung und Landwirtschaft (http://www.verbraucherministerium.de) verfügbaren Broschüre zur Agrarreform.

[213] Art. 6 Abs. 1 VO (EG) 1782/2003 (Direktzahlungen/Stützungsregelungen); *Borchardt*, in: Lenz/Borchardt, EUV/EGV³, Art. 34 EGV Rn. 72.

[214] Hierzu auch unten Kap. 3 B.III.4.c.dd.

[215] Zum ganzen ausführlich unten Kap. 3 B.III.4.

2. Ausgaben im Rahmen der Kohäsionspolitik (Struktur- und Kohäsionsfonds)

Die Tätigkeit der Gemeinschaft umfaßt nach Art. 3 Abs. 1 lit. k EGV die Stärkung des wirtschaftlichen und sozialen Zusammenhalts. Der Anteil der Mittel, die zur Erreichung des sog. Kohäsionsziels eingesetzt werden, ist stetig gewachsen.[216] Im Gesamthaushaltsplan für das Haushaltsjahr 2005 sind nunmehr für Strukturmaßnahmen knapp 32,4 Milliarden Euro vorgesehen; dies entspricht einem Anteil von 30,5 % der vorgesehenen Gesamtausgaben.[217]

a. Primärrechtlicher Rahmen

Die Politik zur Stärkung des wirtschaftlichen und sozialen Zusammenhalts soll eine harmonische Entwicklung der Gemeinschaft als Ganzes fördern und dabei insbesondere die Unterschiede im Entwicklungsstand der verschiedenen Regionen und den Rückstand der am stärksten benachteiligten Gebiete oder Inseln verringern (Art. 158 EGV). Mit dieser strukturpolitischen Generalklausel[218] ist das *Kohäsionsziel* umschrieben. Die weiteren Aussagen des Primärrechts über das Kohäsionsziel sind kaum konkreter gefaßt. Es überläßt vielmehr der Rechtsetzung, bei der das Europäische Parlament nahezu ein gleichberechtigter Partner des Rates ist, die komplizierte Aufgabe, faßbare Ziele und die zu deren Erreichung erforderlichen Mittel festzulegen. Finanzierungsinstrumente der gemeinschaftlichen Kohäsionspolitik sind in erster Linie die Strukturfonds und der Kohäsionsfonds.

Zu den *Strukturfonds* zählen gemäß Art. 159 Abs. 1 S. 3 EGV die Abteilung Ausrichtung des europäischen Ausrichtungs- und Garantiefonds für die Landwirtschaft (EAGFL), der Europäische Sozialfonds (ESF) und der Europäische Fonds für regionale Entwicklung (EFRE). Bedeutsam ist weiterhin Art. 161 Abs. 1 EGV; durch diese Vorschrift wird der Rat ermächtigt, mit Zustimmung des Europäischen Parlaments die Aufgaben, vorrangigen Ziele und die Organisation der Strukturfonds sowie die für diese geltenden allgemeinen Regeln und die Bestimmungen, die zur Gewährleistung einer wirksamen Arbeitsweise erforderlich sind, festzulegen. Schon diese Bestimmung macht deutlich, daß das Primärrecht erheblichen Wert auf ein koordiniertes Vorgehen im Hinblick auf das Kohäsionsziels legt.

---

[216] Zur Entwicklung der Strukturfondsförderung *Schöndorf-Haubold*, Strukturfonds der EG, S. 46 ff.; *Holzwart*, Gemeinschaftliche Strukturfonds, S. 25 ff.; *Borchardt*, in: Lenz/Borchardt, EUV/EGV³, Art. 158 EGV Rn. 1 ff.; *Priebe*, in: Schwarze, EU-Kommentar, Art. 158 EGV Rn. 1 ff.

[217] ABl. 2005 Nr. L 60/I-10.

[218] *Borchardt*, in: Lenz/Borchardt, EUV/EGV³, Art. 158 EGV Rn. 9.

Bezüglich des *EFRE* enthält der Vertrag nur wenige Vorgaben. Er soll durch Beteiligung an der Entwicklung und an der strukturellen Anpassung der rückständigen Gebiete und an der Umstellung der Industriegebiete mit rückläufiger Entwicklung zum Ausgleich der wichtigsten regionalen Ungleichgewichte in der Gemeinschaft beitragen (Art. 160 EGV). Für die den EFRE betreffenden Durchführungsbeschlüsse verweist Art. 162 Abs. 1 EGV auf das Mitentscheidungsverfahren des Art. 251 EGV. Der primärrechtliche Befund bezüglich des *ESF* ist hingegen umfangreicher. Der ESF soll innerhalb der Gemeinschaft die berufliche Verwendbarkeit und die örtliche und berufliche Mobilität der Arbeitskräfte fördern sowie die Anpassungen an die industriellen Wandlungsprozesse und an Veränderungen der Produktionssysteme insbesondere durch die berufliche Bildung und Umschulung erleichtern (Art. 146 EGV). Die Verwaltung des Fonds obliegt der Kommission, die hierbei von einem Ausschuß unterstützt wird; der Ausschuß besteht aus Vertretern der Regierungen sowie der Arbeitgeber- und Arbeitnehmerverbände (Art. 147 EGV). Die den ESF betreffenden Durchführungsbeschlüsse werden gleichfalls im Mitentscheidungsverfahren getroffen (Art. 148 EGV). In Bezug auf den ESF stellt der Vertrag in Art. 268 Abs. 1 ausdrücklich klar, daß dieser Teil des Gesamthaushaltsplans der Europäischen Gemeinschaft ist, also keine eigene Rechtspersönlichkeit besitzt.[219] Die Nennung des ESF im Zusammenhang mit dem Haushaltsplan erfolgte bereits in der ursprünglichen Fassung des EWGV von 1957[220]. Diese sah zwar auch schon die Möglichkeit der Errichtung eines oder mehrerer Ausrichtungs- und Garantiefonds für die Landwirtschaft[221] vor. Dennoch kann man Art. 268 Abs. 1 EGV den allgemeinen Grundsatz entnehmen, daß die gemeinschaftlichen Fonds nicht rechtsfähig sind. Die *Abteilung Ausrichtung des EAGFL* schließlich ist grundsätzlich das Finanzierungsinstrument im Bereich der Agrarstrukturpolitik. Gemäß Art. 162 Abs. 2 EGV bleibt für sie Art. 37 des Vertrags weiterhin anwendbar; dies bedeutet, daß die speziell diesen Fonds betreffenden Durchführungsbestimmungen vom Rat erlassen werden, das Parlament nur angehört wird, Art. 37 Abs. 2 UAbs. 3 EGV.

Der nicht zu den Strukturfonds gehörende *Kohäsionsfonds* trägt gemäß Art. 161 Abs. 2 EGV zu Vorhaben in den Bereichen Umwelt und transeuropäische Netze auf dem Gebiet der Verkehrsinfrastruktur finanziell bei. Das Sekundärrecht zum Kohäsionsfonds wird vom Rat nach Zustimmung

---

[219] Vgl. *Niedobitek*, in: Streinz, EUV/EGV, Art. 268 EGV Rn. 10. Zu den in Art. 268 Abs. 1 EGV verankerten Prinzipien der Vollständigkeit und Einheit des Haushaltsplans unten Kap. 2 A.I.1.b.
[220] Art. 199 Abs. 1 EWGV u.F.
[221] Art. 40 Abs. 4 EWGV u.F. ungenau deshalb *Hecker*, in: Lenz/Borchardt, EUV/EGV³, Art. 268 EGV Rn. 5.

des Europäischen Parlaments erlassen. In dem dem Vertrag von Maastricht beigefügten Protokoll über den wirtschaftlichen und sozialen Zusammenhalt[222], das gemäß Art. 311 EGV den Rang von Primärrecht einnimmt, haben die Mitgliedstaaten vereinbart, daß der Kohäsionsfonds denjenigen Mitgliedstaaten mit einem Pro-Kopf-BSP von weniger als 90 % des Gemeinschaftsdurchschnitts zugute kommen soll, die ein Programm zur Erfüllung der in Art. 104 EGV genannten Bedingungen der wirtschaftlichen Konvergenz, der sog. Defizitkriterien, vorweisen.

b. Sekundärrechtliche Ausgestaltung

Nach einer Darstellung der Rechtsakte, die den sekundärrechtlichen Rahmen der Strukturfonds[223] bilden (aa), sollen deren Grundsätze (bb) sowie die konkreten Förderungsmöglichkeiten aufgezeigt werden (cc). Hieran schließt sich ein Überblick über die Verwaltung der Strukturfondsausgaben an (dd). Der Kohäsionsfonds[224] bleibt im weiteren außer Betracht.

aa. Die maßgeblichen Rechtsakte

Gestützt auf Art. 161 Abs. 1 EGV hat der Rat mit Zustimmung des Europäischen Parlaments für die laufende Programmphase 2000-2006 die Verordnung (EG) Nr. 1260/1999 mit allgemeinen Bestimmungen über die Strukturfonds erlassen. Sie enthält die grundlegenden Vorschriften über die Strukturfonds, insbesondere über die Programmplanung und -durchführung. Neben den drei schon primärrechtlich vorgesehenen Fonds zählt zu den Strukturfonds im Sinne dieser Verordnung[225] auch das Finanzinstrument für die Ausrichtung der Fischerei (FIAF), das auf der Grundlage von Art. 37 EGV eingerichtet worden ist. Weiterhin besteht für jeden einzelnen Fonds eine fondsspezifische Verordnung,[226] die genauere Kriterien für die aus dem

---

[222] ABl. EG 1992 Nr. C 191/93.

[223] Vgl. schon *Priebe*, in: GS Grabitz, S. 551 ff.; *Magiera*, Verwaltungsorganisation, in: Schweitzer, Europäisches Verwaltungsrecht, S. 115 (135 ff.).

[224] Dazu VO (EG) 1164/94 (Kohäsionsfonds) und die DurchführungsVOen (EG) 1831/94 (Unregelmäßigkeiten Kohäsionsfonds), (EG) 1386/2002 (Verwaltung Kohäsionsfondsinterventionen) und (EG) 16/2003 (Zuschußfähigkeit Ausgaben Kohäsionsfonds) sowie *Magiera*, in: Streinz, EUV/EGV, Art. 161 EGV Rn. 37 ff.; *Priebe*, in: Schwarze, EU-Kommentar, Art. 161 EGV Rn. 44 f. Für Beispiele von aus dem Kohäsionsfonds finanzierten Maßnahmen siehe *Kommission*, Entscheidungen über Kohäsionsfondsunterstützung, ABl. EU 2005 Nr. C 128/1.

[225] Art. 2 Abs. 1 VO (EG) 1260/1999 (StrukturfondsVO).

[226] VO (EG) 1783/1999 (EFRE), VO (EG) 1784/1999 (ESF), VO (EG) 1263/1999 (FIAF); die VO (EG) 1257/1999 (Förderung ländlicher Raum) enthält einerseits Vorschriften bezüglich der aus der Abteilung Ausrichtung finanzierten Maßnahmen, ist also insofern eine fondsspezifische Verordnung, andererseits aber auch die grundlegenden Vorschriften bezüglich der aus der Abteilung Garantie finanzierten Förderungsmaßnahmen.

Fonds zu finanzierenden Maßnahmen enthält. Schließlich hält auch die Haushaltsordnung einige Regelungen über die finanzielle Abwicklung der Strukturfondsverwaltung bereit.[227]

Zur Durchführung der Verordnung (EG) Nr. 1260/1999 hat die Kommission mehrere Verordnungen erlassen: über die von den Mitgliedstaaten zu treffenden Informations- und Publizitätsmaßnahmen für die Interventionen der Strukturfonds[228], über die Zuschußfähigkeit der Ausgaben für von den Strukturfonds kofinanzierte Operationen[229], über die Verwaltungs- und Kontrollsysteme[230] und über das Verfahren für die Vornahme von Finanzkorrekturen bei Strukturfondsinterventionen[231].

Aufgrund einer Verpflichtung in der Verordnung (EG) Nr. 1260/1999[232] hat die Kommission weiterhin „Leitlinien für die Programme des Zeitraums 2000-2006"[233] im Amtsblatt C der Europäischen Gemeinschaften veröffentlicht. Diese sollen die zuständigen nationalen und regionalen Behörden bei der Erstellung der Pläne und der etwaigen Anpassung der Interventionen unterstützen.

bb. Die Grundsätze der Strukturfonds

Die Verordnung (EG) Nr. 1260/1999 orientiert sich bei der näheren Ausgestaltung der Funktionsweise der Strukturfonds an verschiedenen Grundsätzen.[234] Der Grundsatz der *Programmplanung* besagt, daß die Tätigkeit der Strukturfonds nicht in einer Förderung von Einzelprojekten liegt, sondern durch mehrjährige Programme gesteuert wird, die in der Regel für den gesamten Förderzeitraum gelten.[235] Insbesondere der Programmplanung, aber auch der Programmdurchführung liegt der Grundsatz der *Partnerschaft* als Leitgedanke[236] zugrunde: Die Gemeinschaftsaktion kommt zustande durch eine enge Konzertierung zwischen der Kommission, dem Mitgliedstaat und den Behörden und Stellen, die der Mitgliedstaat im Rahmen seiner einzelstaatlichen Regelungen und seiner einschlägigen Praxis benennt.[237] Die Programmplanung ist auch maßgeblich beeinflußt durch

---

[227] Insbesondere Art. 155 ff. HO 2002.
[228] VO (EG) 1159/2000 (Publizitätsmaßnahmen Strukturfonds).
[229] VO (EG) 1685/2000 (Zuschußfähigkeit Ausgaben Strukturfonds).
[230] VO (EG) 438/2001 (Verwaltungs- und Kontrollsysteme Strukturfonds).
[231] VO (EG) 448/2001 (Verfahren Finanzkorrekturen).
[232] Art. 10 Abs. 3 VO (EG) 1260/1999 (StrukturfondsVO).
[233] *Kommission*, Mitteilung Strukturfonds, ABl. EG 1999 Nr. C 267/2.
[234] Hierzu ausführlich *Priebe*, in: Schwarze, EU-Kommentar, Art. 161 EGV Rn. 6 ff.; *Schöndorf-Haubold*, Strukturfonds, S. 114 ff.
[235] Vgl. Art. 9 lit. a VO (EG) 1260/1999 (StrukturfondsVO); *Holzwart*, Gemeinschaftliche Strukturfonds, S. 197.
[236] So *Priebe*, in: Schwarze, EU-Kommentar, Art. 161 EGV Rn. 16.
[237] Art. 8 Abs. 1 UAbs. 1 S. 2 VO (EG) 1260/1999 (StrukturfondsVO).

den Grundsatz der *Konzentration*; hiernach dürfen die in ihrem Rahmen erarbeiteten Interventionen der Strukturfonds nicht nach dem „Gießkannenprinzip" erfolgen, sondern sind räumlich, sachlich und finanziell zu bündeln.[238] Nur so können die Unterschiede im Entwicklungsstand von Regionen verringert werden; die Konzentration ist deshalb das „tragende Element jeglicher Politik zur Stärkung des wirtschaftlichen und sozialen Zusammenhalts"[239]. Aufgrund des Grundsatzes der *Kofinanzierung* finanziert die Gemeinschaft die Interventionen nur teilweise; die jeweiligen Endbegünstigten, d.h. die Stellen oder die öffentlichen oder privaten Unternehmen, die ein Vorhaben im Rahmen einer Intervention durchführen,[240] müssen den verbleibenden Teil der erforderlichen Mittel aufbringen. Nach dem Grundsatz der *Zusätzlichkeit* schließlich dürfen die Mittel der Fonds nicht an die Stelle der öffentlichen Strukturausgaben oder Ausgaben gleicher Art des Mitgliedstaats treten.[241] Dies soll eine unerläßliche Bedingung dafür sein, daß sich gemeinschaftliche Fördermaßnahmen tatsächlich wirtschaftlich auswirken.[242]

cc. Die Förderung durch die Strukturfonds

Die Strukturpolitik der Gemeinschaft verfolgt aufgrund des Grundsatzes der Konzentration drei *vorrangige Ziele*, zu deren Erreichung alle oder einige der Strukturfonds eingesetzt werden[243]:

Ziel 1: Förderung der Entwicklung und der strukturellen Anpassung der Regionen mit Entwicklungsrückstand
Ziel 2: Unterstützung der wirtschaftlichen und sozialen Umstellung der Gebiete mit Strukturproblemen
Ziel 3: Unterstützung der Anpassung und Modernisierung der Bildungs-, Ausbildungs- und Beschäftigungspolitiken und -systeme

Ziel 1 und Ziel 2 sind also gebietsbogen, Ziel 3 ist hingegen thematisch definiert.[244] Für das Ziel 1 stehen 69,7 %, für das Ziel 2 11,5 % und für das Ziel 3 12,3 % der Gesamtmittelausstattung der Programmplanungsphase zur Verfügung.[245] Die verbleibenden Fondsmittel verteilen sich in erster Linie auf Gemeinschaftsinitiativen sowie – in äußerst geringem Umfang – auf die

---

[238] *Holzwart*, Gemeinschaftliche Strukturfonds, S. 160.

[239] *Priebe*, in: Schwarze, EU-Kommentar, Art. 161 EGV Rn. 7; ähnlich *Borchardt*, in: Lenz/Borchardt, EUV/EGV³, Art. 161 EGV Rn. 22.

[240] Art. 9 lit. l VO (EG) 1260/1999 (StrukturfondsVO).

[241] Art. 11 Abs. 1 VO (EG) 1260/1999 (StrukturfondsVO).

[242] So *Priebe*, in: Schwarze, EU-Kommentar, Art. 161 EGV Rn. 36; wiederum ähnlich *Borchardt*, in: Lenz/Borchardt, EUV/EGV³, Art. 161 EGV Rn. 44.

[243] Art. 1 Abs. 1, Art. 2 Abs. 2, Abs. 3 VO (EG) 1260/1999 (StrukturfondsVO).

[244] *Borchardt*, in: Lenz/Borchardt, EUV/EGV³, Art. 161 EGV Rn. 7, 8 ff.

[245] Art. 7 Abs. 2 VO (EG) 1260/1999 (StrukturfondsVO).

Unterstützung von innovativen Maßnahmen und Maßnahmen der technischen Hilfe.[246]

Die Verordnung (EG) Nr. 1260/1999 sieht vier *Gemeinschaftsinitiativen* vor:[247] Die Initiative „Interreg" betrifft die grenzüberschreitende, transnationale und interregionale Zusammenarbeit, die Initiative „URBAN" die wirtschaftliche und soziale Wiederbelebung der krisenbetroffenen Städte und Stadtviertel, die Initiative „Leader" die Entwicklung des ländlichen Raums und die Initiative „EQUAL" die transnationale Zusammenarbeit zur Förderung neuer Methoden zur Bekämpfung von Diskriminierungen und Ungleichheiten jeglicher Art im Zusammenhang mit dem Arbeitsmarkt. Gemeinschaftsinitiativen sind dadurch gekennzeichnet, daß die Programmplanung von der Kommission angestoßen wird.[248]

Die fondsspezifischen Verordnungen enthalten umfangreiche Kataloge von von den Endbegünstigten der Interventionen durchgeführten Vorhaben und Aktionen, sog. Operationen,[249] die aus dem jeweiligen Fonds finanziert werden dürfen.[250] So beteiligt sich der EFRE beispielsweise an der Finanzierung von Investitionen zur Schaffung oder Erhaltung dauerhafter Arbeitsplätze, an den verschiedensten Infrastrukturinvestitionen, an Aktionen zur Erschließung des endogenen Potentials durch Maßnahmen zur Anregung und Unterstützung lokaler Entwicklungs- und Beschäftigungsinitiativen sowie von Aktivitäten kleiner und mittlerer Unternehmen, die der Aufgabenstellung des Fonds gerecht werden.

dd. Überblick über die Verwaltung der Strukturfonds

Hinsichtlich der Zielgebiete setzt die Verwaltung der Strukturfonds zunächst einige grundlegende Vorentscheidungen der Kommission voraus, insbesondere – im Hinblick auf den Konzentrationsgrundsatz – über die zu fördernden Gebiete und die Aufteilung der Finanzmittel auf die Mitgliedstaaten. In einem nächsten Schritt werden die normativen Vorgaben in Plänen konkretisiert; diese Programmplanungsphase erfolgt entsprechend dem Grundsatz der Partnerschaft in enger Abstimmung zwischen der Kommission und den Mitgliedstaaten bzw. mitgliedstaatlichen Behörden. Die Umsetzung der Pläne in Form der Entscheidung über die Förderung konkreter Vorhaben und die Auszahlung der Mittel liegen hingegen weitestgehend,

---

[246] Art. 7 Abs. 6 VO (EG) 1260/1999 (StrukturfondsVO).
[247] Art. 20 Abs. 1 VO (EG) 1260/1999 (StrukturfondsVO).
[248] Vgl. *Holzwart*, Gemeinschaftliche Strukturfonds, S. 177.
[249] Art. 9 lit. k VO (EG) 1260/1999 (StrukturfondsVO).
[250] Art. 2 ff. VO (EG) 1783/1999 (EFRE), Art. 3, 5 f. VO (EG) 1784/1999 (ESF), Art. 2 VO (EG) 1263/1999 (FIAF), vgl. auch Art. 35 i.V.m. Art. 4 ff. VO (EG) 1257/1999 (Förderung ländlicher Raum).

insofern entsprechend dem einstufigen Vollzug im Bereich der Agrarmarktausgaben, in den Händen der mitgliedstaatlichen Verwaltungen.

3. Forschungs- und Technologieförderung

Nach Art. 3 Abs. 1 lit. n EGV umfaßt die Tätigkeit der Gemeinschaft gleichfalls die Förderung der Forschung und der technologischen Entwicklung. Ein eigener Titel über Forschung und technologische Entwicklung wurde erst durch die Einheitliche Europäische Akte eingefügt.[251] Einen umfassenden, über einzelne Sektoren hinausgehenden Ansatz verfolgte die Gemeinschaft in diesem Bereich jedoch schon seit Mitte der siebziger Jahre.[252]

a. Primärrechtlicher Rahmen

Art. 163 Abs. 1 EGV nennt Ziele der Gemeinschaft im Bereich der Forschung und technologischen Entwicklung: Stärkung der wissenschaftlichen und technologischen Grundlagen der Industrie der Gemeinschaft und Förderung der Entwicklung ihrer internationalen Wettbewerbsfähigkeit sowie – allerdings erst seit Inkrafttreten des Vertrages von Maastricht – Unterstützung aller Forschungsmaßnahmen, die aufgrund anderer Kapitel des Vertrages für erforderlich gehalten werden. Während die ersten beiden Zielbestimmungen die traditionelle technologische und industriepolitische Grundorientierung der europäischen Forschungspolitik verkörpern,[253] erstreckt die dritte die europäische Forschungspolitik auf das gesamte Feld der Gemeinschaftspolitiken.[254] In Konkretisierung dieser Zielbestimmungen[255] nennt Art. 163 Abs. 2 Hs. 1 EGV Unternehmen, Forschungszentren und Hochschulen als Adressaten der gemeinschaftlichen Förderung. Als Maßnahme zur Erreichung der Ziele des Art. 163 EGV sieht Art. 164 EGV in lit. a in erster Linie die Durchführung von Programmen für Forschung, technologische Entwicklung und Demonstration vor.

Für die nähere Ausgestaltung der Forschungs- und Technologiepolitik der Gemeinschaft enthält der Vertrag ausführlichere Vorgaben, indem er ein zweistufiges Verfahren vorschreibt. Auf der ersten Stufe steht die Aufstellung eines *mehrjährigen Rahmenprogramms*, in dem alle Aktionen der Gemeinschaft zusammengefaßt werden (Art. 166 Abs. 1 UAbs. 1 EGV). Die Aufstellung erfolgt im Mitentscheidungsverfahren nach Art. 251 EGV;

---

[251] Art. 24 EEA.
[252] *Pfeiffer*, Forschungs- und Technologiepolitik, S. 16 ff.; *Mönig*, in: Lenz/Borchardt, EUV/EGV³, Vorbem. Art. 163-173 EGV Rn. 2 ff.
[253] *Kallmayer*, in: Calliess/Ruffert, EUV/EGV², Art. 163 EGV Rn. 5; *Trute*, in: Streinz, EUV/EGV, Art. 163 EGV Rn. 11, 14.
[254] *Trute*, in: Streinz, EUV/EGV, Art. 163 EGV Rn. 12; *Vorderwülbecke*, in: Schwarze, EU-Kommentar, Art. 163 EGV Rn. 21.
[255] Vgl. *Trute*, in: Streinz, EUV/EGV, Art. 163 EGV Rn. 19.

zudem ist eine Anhörung des Wirtschafts- und Sozialausschusses vorgesehen. In dem Rahmenprogramms sind die Ziele der Maßnahmen und deren Grundzüge aufzuführen sowie bestimmte finanzielle Festlegungen zu treffen (Art. 166 Abs. 1 UAbs. 2 EGV). Die Durchführung des Rahmenprogramms erfolgt auf der zweiten Stufe grundsätzlich durch *spezifische Programme*, die innerhalb einer jeden Aktion entwickelt werden (Art. 166 Abs. 3 S. 1 EGV). Beschlossen werden die spezifischen Programme vom Rat mit qualifizierter Mehrheit auf Vorschlag der Kommission; das Europäische Parlament wird auf dieser Stufe nur noch angehört, ebenso wiederum der Wirtschafts- und Sozialausschuß (Art. 166 Abs. 4 EGV). In jedem spezifischen Programm werden die Einzelheiten seiner Durchführung, seine Laufzeit und die für notwendig erachteten Mittel festgelegt (Art. 166 Abs. 3 EGV). Die Beschlußfassung über die spezifischen Programme hat die Vorgaben des Rahmenprogramms zu beachten. Eine bestimmte Rechtsform sieht der Vertrag weder für das Rahmenprogramm noch für die spezifischen Programme vor. Eine Festlegung auf die Verordnung[256] könnte dem Primärrecht nur dann entnommen werden, wenn Art. 249 Abs. 2 bis 4 EGV abschließend diejenigen Rechtsakte, denen zumindest in bestimmten Umfang rechtliche Verbindlichkeit zukommt, aufzählen würde und Entscheidungen nur konkret-individueller Natur sein könnten.

Hinzuweisen ist schließlich noch auf Art. 167 EGV[257]; nach dieser Bestimmung legt der Rat – gemäß dem Verfahren des Art. 251 EGV (vgl. Art. 172 Abs. 2 EGV) – gleichfalls zur Durchführung des Rahmenprogramms Regeln über die Beteiligung der Unternehmen, Forschungszentren und Hochschulen sowie über die Verbreitung der Forschungsergebnisse fest.

b. Sekundärrechtliche Ausgestaltung

Für den Zeitraum 2002-2006 maßgeblich ist das „Sechste Rahmenprogramm der Europäischen Gemeinschaft im Bereich der Forschung, technologischen Entwicklung und Demonstration als Beitrag zur Verwirklichung des Europäischen Forschungsraums und zur Innovation", das in Form eines Beschlusses[258] erlassen wurde.[259] Für das Programm sollen insgesamt 16,27 Milliarden Euro zur Verfügung stehen.[260] Das Ziel der Schaffung

---

[256] Vgl. *Kallmayer*, in: Calliess/Ruffert, EUV/EGV², Art. 166 EGV Rn. 1 (bezüglich des Rahmenprogramms), Rn. 6 (bezüglich der spezifischen Programme); *Pfeiffer*, Forschungs- und Technologiepolitik, S. 118 (bezüglich des Rahmenprogramms), 133 (bezüglich der spezifischen Programme).

[257] Zum Hintergrund *Trute*, in: Streinz, EUV/EGV, Art. 167 EGV Rn. 1.

[258] Beschluß 1513/2002/EG (Sechstes Rahmenprogramm Forschung).

[259] Zu „Galileo", dem Europäischen Satellitennavigationssystem, siehe *Bieber*, in: ders./Epiney/Haag, Europäische Union⁶, § 28 Rn. 12.

[260] Art. 2 Abs. 1 S. 1 des Beschlusses 1513/2002/EG (Sechstes Rahmenprogramm Forschung).

eines Europäischen Forschungsraums setzte sich die Gemeinschaft aufgrund der Feststellung, daß die Forschungspolitiken der Mitgliedstaaten und der Gemeinschaft und die Forschungsaktivitäten in der Gemeinschaft parallel liefen und zuwenig aufeinander abgestimmt seien.[261] Wesentliche Elemente des Europäischen Forschungsraums sind ein gemeinschaftlicher Ansatz zur Erhebung des Finanzierungsbedarfs und zur Finanzierung großer Forschungsinfrastrukturen in Europa sowie eine bessere Abstimmung der Forschungsaktivitäten auf mitgliedstaatlicher und gemeinschaftlicher Ebene.[262] Zur Durchführung des Sechsten Rahmenprogramms bestehen fünf durch an die Mitgliedstaaten gerichtete Entscheidungen erlassene spezifische Programme, v.a. das Programm „Integration und Stärkung des Europäischen Forschungsraums"[263].

Das Gemeinschaftsrecht kennt im Forschungsbereich direkte und indirekte Aktionen. *Direkte Aktionen* sind Forschungsmaßnahmen, die die Gemeinschaft über die Gemeinsame Forschungsstelle (GFS), eine Generaldirektion der Kommission[264], durchführt („EG-Eigenforschung"[265]). Bei *indirekten Aktionen* („Vertragsforschung"[266]) leistet die Gemeinschaft hingegen einen finanziellen Beitrag zu Forschungsvorhaben Dritter;[267] nur sie gehören daher zur gemeinschaftlichen Leistungsverwaltung. Im Rahmen der indirekten Aktionen fördert die Gemeinschaft aufgrund des Sechsten Rahmenprogramms neben dem klassischen „speziellen gezielten Forschungsprojekt" vorrangig „Exzellenznetze" und „integrierte Projekte". Die speziellen gezielten Forschungsprojekte richten sich auf den Erwerb neuer Kenntnisse, „um entweder neue Produkte, Verfahren oder Dienstleistungen zu entwickeln oder vorhandene merklich zu verbessern oder um sonstige

---

[261] *Kommission*, Europäischer Forschungsraum, KOM(2000) 6, S. 8.

[262] Diese und weitere Elemente aufgezählt in *Kommission*, Europäischer Forschungsraum, KOM(2000) 6, S. 9.

[263] Entscheidung 2002/834/EG (Europäischer Forschungsraum – Integration und Stärkung). Des weiteren das spezifische Programm „Ausgestaltung des Europäischen Forschungsraums" (Entscheidung 2002/835/EG), „ein von der Gemeinsamen Forschungsstelle durch direkte Aktionen durchzuführendes Programm" (Entscheidung 2002/836/EG), das „spezifische Programm (Euratom) für Forschung und Ausbildung auf dem Gebiet der Kernenergie (Entscheidung 2002/837/Euratom) und „ein von der Gemeinsamen Forschungsstelle durch direkte Aktionen für die Europäische Atomgemeinschaft durchzuführendes spezifisches Programm für Forschung und Ausbildung (Entscheidung 2002/838/Euratom).

[264] Siehe im Internet unter http://www.jrc.cec.eu.int/ (Stand: 15. April 2006).

[265] *Mönig*, in: Lenz/Borchardt, EUV/EGV^3, Art. 166 EGV Rn. 38; *Vorderwülbecke*, in: Schwarze, EU-Kommentar, Art. 167 EGV Rn. 8.

[266] *Kallmayer*, in: Calliess/Ruffert, EUV/EGV^2, Art. 166 EGV Rn. 8; vgl. auch *Mönig*, in: Lenz/Borchardt, EUV/EGV^3, Art. 166 EGV Rn. 37.

[267] Vgl. Einleitung des Anhangs III des Beschlusses 1513/2002/EG (Sechstes Rahmenprogramm Forschung).

Bedürfnisse der Gesellschaft und der Gemeinschaftspolitik zu befriedigen".[268] Über Exzellenznetze sollen die Aktivitäten der über virtuelle Kompetenzzentren vernetzten Partner schrittweise gebündelt werden; Exzellenznetzwerke sind also „eher auf langfristige multidisziplinäre Ziele als auf vorab festgelegte Ergebnisse" ausgerichtet.[269] Eine Zwischenstellung nehmen die integrierten Projekte ein. Bei integrierten Projekten handelt es sich um Projekte mit beträchtlichem Umfang, die einen entscheidenden Anteil der Forschungsaktivitäten bündeln und auf klar umrissene wissenschaftliche und technologische Ziele gerichtet sind.

Auf der Grundlage von Art. 167 EGV haben das Europäische Parlament und der Rat die Verordnung „über Regeln für die Beteiligung von Unternehmen, Forschungszentren und Hochschulen an der Durchführung des Sechsten Rahmenprogramms der Europäischen Gemeinschaft (2002-2006) sowie für die Verbreitung der Forschungsergebnisse"[270] erlassen.

4. Bildungsförderung

Einen Beitrag zu einer qualitativ hochstehenden allgemeinen und beruflichen Bildung umfaßt die Tätigkeit der Gemeinschaft nach Art. 3 Abs. 1 lit. q EGV. Die schon durch diese Formulierung nahegelegte Zurückhaltung der Gemeinschaft im Bildungsbereich wird durch die Vorschriften über diesen Politikbereich im dritten Teil des Vertrages bestätigt.

a. Primärrechtlicher Rahmen

Art. 149 EGV als allgemeine Vorschrift über die Bildungspolitik und Art. 150 EGV mit zusätzlichen Bestimmungen für die berufliche Bildung[271] wurden durch den Vertrag von Maastricht in das Primärrecht aufgenommen[272]. Sie folgen einem parallelen Aufbau. Sowohl im Bereich der allge-

---

[268] Anhang III 1.3. des Beschlusses 1513/2002/EG (Sechstes Rahmenprogramm Forschung).

[269] Anhang III 1.1. des Beschlusses 1513/2002/EG (Sechstes Rahmenprogramm Forschung).

[270] VO 2321/2002 (Beteiligung Sechstes Rahmenprogramm und Verbreitung der Forschungsergebnisse); zu dieser VO ausführlicher unten Kap. 3 B.I.3.

[271] Zum Verhältnis dieser beiden Vorschriften zueinander *Niedobitek*, in: Streinz, EUV/EGV, Art. 149 EGV Rn. 20 ff.; *Classen*, in: Groeben/Schwarze, EUV/EGV III⁶, Art. 149 EGV Rn. 2.

[272] Art. G Nr. 36. Zur Vorgängervorschrift des Art. 128 EWGV als Rechtsgrundlage für ein gemeinschaftliches Aktionsprogramm zur Förderung der Mobilität von Hochschulstudenten EuGH, Rs. 242/87 – Kommission/Rat, Slg. 1989, 1425 (insbesondere Rn. 11) und allgemein als Rechtsgrundlage für bildungspolitische Förderprogramme der EG *Classen*, EuR 1990, S. 10 (14 ff.); *Wägenbauer*, EuR 1990, S. 135 (135 f.); auch *Niedobitek*, in: Streinz, EUV/EGV, Art. 149 EGV Rn. 7: Art. 128 EWGV als unmittelbarer

meinen als auch der beruflichen Bildung wird der Gemeinschaft nur ein unterstützendes und ergänzendes Tätigwerden zugewiesen; für die Inhalte und Gestaltung der Bildung wird die alleinige Verantwortung der Mitgliedstaaten hervorgehoben (Art. 149 Abs. 1, Art. 150 Abs. 1 EGV). Die Fördermaßnahmen (Art. 149 Abs. 4 Spstr. 1 EGV) bzw. Maßnahmen (Art. 150 Abs. 4 EGV) der Gemeinschaft haben unter Ausschluß jeglicher Harmonisierung der Rechts- und Verwaltungsvorschriften der Mitgliedstaaten zu erfolgen. Die in dem jeweiligen Abs. 2 enthaltenen Zielkataloge lassen sich dahingehend zusammenfassen, daß die Tätigkeit der Gemeinschaft im Bildungsbereich schwerpunktmäßig die – in Art. 149 Abs. 2 Spstr. 1 EGV ausdrücklich genannte – europäische, also über den einzelnen Mitgliedstaat hinausgehende Dimension der Bildung fördern soll.[273]

b. Sekundärrechtliche Ausgestaltung

Im Bildungsbereich bestehen zwei bedeutende Gemeinschaftsprogramme[274]: Auf die Art. 149 und 150 EGV gestützt ist das *Sokrates*-Programm, das in dem „Beschluß Nr. 253/2000/EG des Europäischen Parlaments und des Rates vom 24. Januar 2000 über die Durchführung der zweiten Phase des gemeinschaftlichen Aktionsprogramms im Bereich der allgemeinen Bildung" für den Zeitraum vom 1. Januar 2000 bis 31. Dezember 2006 geregelt ist.[275] Das Sokrates-Programm soll einen Beitrag zur Entwicklung der europäischen Dimension im Bereich der allgemeinen und beruflichen Bildung und damit zur Förderung eines Europas des Wissens leisten.[276] Es setzt sich aus verschiedenen Aktionen zusammen, vor allem der Aktion *Comenius* betreffend die Schulbildung, der Aktion *Lingua* betreffend den Sprachunterricht und den Sprachenerwerb und der Aktion *Erasmus* betreffend die

---

rechtlicher „Anknüpfungspunkt" für Programme im Bildungsbereich. Vgl. schon *Hochbaum*, BayVBl. 1987, S. 481 ff.

[273] Vgl. *Niedobitek*, in: Streinz, EUV/EGV, Art. 149 EGV Rn. 32; *H. G. Fischer*, in: Lenz/Borchardt, EUV/EGV³, Art. 149 EGV Rn. 13 ff.; *Classen*, in: Groeben/Schwarze, EUV/EGV III⁶, Art. 149 EGV Rn. 25; ferner *Bieber*, in: ders./Epiney/Haag, Europäische Union⁶, § 29 Rn. 1.

[274] Zu früheren Förderprogrammen *Feuchthofen*, RdJB 1992, S. 181 ff. Die Gemeinschaft unterstützt auch bestimmte Bildungseinrichtungen, im Jahr 2005 beispielsweise das Europäische Hochschulinstitut in Florenz (dazu *St. Kaufmann*, Europäisches Hochschulinstitut) mit knapp 4,8 Millionen Euro (Posten 15 02 01 03 des Gesamthaushaltsplans 2005, ABl. EU 2005 Nr. L 60/II-824) oder die Europäische Rechtsakademie in Trier mit knapp 1,6 Millionen Euro (Posten 15 02 01 04 des Gesamthaushaltsplans 2005, ABl. EU 2005 Nr. L 60/II-825). Diese Unterstützung beruht auf dem Beschluß 791/2004/EG (Förderung Bildungseinrichtungen); hierzu *Kommission*, Vorschlag Förderung Bildungseinrichtungen, KOM(2003) 273 endg.

[275] Hierzu *Kommission*, Zwischenbericht Sokrates, KOM(2004) 153 endg.

[276] Art. 1 Abs. 3 S. 1 Beschluß 253/2000/EG (Sokrates).

Hochschulbildung.[277] Die jeweiligen Aktionen gliedern sich wiederum in Unteraktionen, die Aktion Erasmus beispielsweise in die Unteraktionen „Europäische Zusammenarbeit der Hochschulen", „Mobilität von Studenten und Hochschullehrern" und „Thematische Netze".[278] Der Finanzrahmen für den Programmzeitraum ist auf 1,85 Milliarden Euro festgelegt.[279] Die Durchführung des Sokrates-Programms erfolgt durch die Kommission, die durch einen Komitologie-Ausschuß unterstützt wird, und die Mitgliedstaaten, die die für den effizienten Ablauf des Programms auf mitgliedstaatlicher Ebene erforderlichen Maßnahmen ergreifen sollen.[280] Die Aktionen des Sokrates-Programms werden entweder zentral auf Gemeinschaftsebene oder dezentral auf Ebene der Mitgliedstaaten verwaltet.

Allein auf Art. 150 EGV[281] gestützt ist das *Leonardo da Vinci*-Programm, das in dem „Beschluß des Rates[282] vom 26. April 1999 über die Durchführung der zweiten Phase des gemeinschaftlichen Aktionsprogramms in der Berufsbildung (1999/382/EG)" gleichfalls für den Zeitraum vom 1. Januar 2000 bis zum 31. Dezember 2006 geregelt ist.[283] Auch das Leonardo da Vinci-Programm soll einen Beitrag zur Förderung eines Europas des Wissens leisten.[284] Es setzt sich aus verschiedenen Maßnahmen zusammen, vor allem der Maßnahme „Mobilität", die die grenzüberschreitende Mobilität von Personen in Berufsausbildung und Berufsbildungsverantwortlichen fördern soll.[285] Der Finanzrahmen für den Programmzeitraum ist auf 1,15 Milliarden Euro festgelegt.[286] Die Durchführung des Programms erfolgt entsprechend der des Sokrates-Programms.

II. Weitere Ausgabenbereiche

Ein weiterer nennenswerter Bereich der gemeinschaftlichen Leistungsverwaltung ist die *Kulturförderung*. Die Gemeinschaft hat auf der Grundlage von Art. 151 Abs. 5 Spstr. 1 EGV für Maßnahmen der Gemeinschaft im Kulturbereich[287] ein einheitliches Finanzierungs- und Planungsinstrument,

---

[277] Art. 3 Abs. 1 Beschluß 253/2000/EG (Sokrates).
[278] Einzelheiten im Anhang des Beschlusses 253/2000/EG (Sokrates).
[279] Art. 10 Abs. 1 Beschluß 253/2000/EG (Sokrates).
[280] Vgl. Art. 5 und Art. 7 i.V.m. dem Anhang des Beschlusses 253/2000/EG (Sokrates).
[281] Damals Art. 127 EGV; siehe *Kommission*, Abschlussbericht Leonardo da Vinci 1995-1999, KOM(2000) 863 endg. Vgl. schon *Beutler*, RdJB 1992, S. 175 ff.
[282] Das Rechtsetzungsverfahren im Bereich der beruflichen Bildung wurde erst durch den Vertrag von Amsterdam dem Verfahren des Art. 149 Abs. 4 EGV angeglichen.
[283] Hierzu *Kommission*, Zwischenbericht Leonardo da Vinci, KOM(2004) 152 endg/2.
[284] Art. 1 Abs. 3 S. 1 Beschluß 1999/382/EG (Leonardo da Vinci).
[285] Art. 3 Abs. 1 Beschluß 1999/382/EG (Leonardo da Vinci).
[286] Art. 12 Abs. 1 Beschluß 1999/382/EG (Leonardo da Vinci).
[287] Zur gemeinschaftlichen Kulturpolitik vgl. *Albrechtskirchinger*, EuZW 1999, S. 193; *Niedobitek*, EuR 1995, S. 349 ff.; *Geissler*, Kunstförderung, S. 172 ff.; *Bieber*, in:

das Programm „Kultur 2000", geschaffen, das zur Förderung eines den Europäern gemeinsamen Kulturraums durch Unterstützung von Projekten transnationaler Zusammenarbeit zwischen den unterschiedlichsten Kulturakteuren beitragen soll.[288] Aus dem Programm „Kultur 2000" werden auch Mittel für die bekanntere Aktion „Kulturhauptstadt Europas"[289] bereitgestellt. Zur Kulturförderung zu rechnen ist auch das Programm MEDIA PLUS[290], das der Förderung von Entwicklung, Vertrieb und Öffentlichkeitsarbeit hinsichtlich europäischer audiovisueller Werke dient.

Beachtenswerte Leistungsvorgänge sind auch im *Umweltbereich* zu verzeichnen. Rat und Parlament haben auf der Grundlage von Art. 175 Abs. 1 EGV das „Finanzierungsinstrument für die Umwelt (LIFE)" geschaffen, das einen Beitrag zur Umsetzung, Aktualisierung und Weiterentwicklung der Umweltpolitik der Gemeinschaft und der Umweltvorschriften sowie zu einer nachhaltigen Entwicklung in der Gemeinschaft leisten soll.[291] Daneben[292] besteht insbesondere das gleichfalls auf Art. 175 Abs. 1 EGV gestützte mehrjährige Programm für Maßnahmen im Energiebereich „Intelligente Energie – Europa", das durch eine Entscheidung des Europäischen Parlaments und des Rates vom 26. Juni 2003 festgelegt wurde. Dieses Programm soll eine nachhaltige Entwicklung im Bereich der Energie unterstützen, indem es einen ausgewogenen Beitrag zur Erreichung von

---

ders./Epiney/Haag, Europäische Union[6], § 29 Rn. 6, 14; speziell zur gemeinschaftsrechtlichen Zulässigkeit nationaler Kulturbeihilfen *Ress*, in: GS Grabitz, S. 595 ff.

[288] Art. 1 Beschluß 508/2000/EG (Kultur 2000); für eine Zwischenbilanz siehe *Kommission*, Vorschlag Änderung Kultur 2000, KOM(2003) 187 endg., S. 2: in den ersten drei Jahren Unterstützung von über 700 Kooperationsprojekten im Bereich der darstellenden und bildenden Künste, der Literatur und des Kulturerbes sowie Förderung der Übersetzung von 250 Werken.

[289] Aufgrund des Beschlusses 1419/1999/EG (Kulturhauptstadt Europas). Siehe ferner die Unterstützung kultureller Organisationen, die sich der Förderung der europäischen Idee verschrieben haben, aufgrund des Beschlusses 792/2004/EG (dazu *Kommission*, Vorschlag Unterstützung kultureller Einrichtungen, KOM[2003] 275 endg.): 2005 Zuschuß für das Jugendorchester der Europäischen Union in Höhe von 607.500 Euro oder für die Europäische Vereinigung der historischen Schützengilden in Höhe von 40.500 Euro (Posten 15 04 01 03 des Gesamthaushaltsplans 2005, ABl. EU 2005 Nr. L 60/II-851 f.).

[290] Beschluß 821/2000/EG (MEDIA PLUS). Dieses Programm ist allerdings auf Art. 157 Abs. 3 EGV gestützt.

[291] Art. 1 Abs. 2 VO (EG) 1655/2000 (LIFE). Zu LIFE siehe auch EuGH Rs. C-378/00 – Kommission/Parlament und Rat, Slg. 2003, I-937. Zum europarechtlichen Ordnungsrahmen für nationale Umweltsubventionen umfassend *Wieberneit*, Ordnungsrahmen, S. 178 ff.

[292] Siehe ferner das „Programm Marco Polo" (geschaffen durch VO (EG) 1382/2003) zur Gewährung von Finanzhilfen zur Verbesserung der Umweltfreundlichkeit des Güterverkehrssystems. Diese Verordnung ist allerdings auf Art. 71 Abs. 1 und Art. 80 Abs. 2 EGV gestützt.

Energieversorgungssicherheit, Wettbewerbsfähigkeit und Umweltschutz leistet.[293]

Im Gesamthaushaltsplan für das Haushaltsjahr 2005 sind auch Mittel in Höhe von fast 700 Millionen Euro für die *Förderung transeuropäischer Netze*[294] vorgesehen. Ein Großteil hiervon fließt in die finanzielle Unterstützung von Projekten des transeuropäischen Verkehrsnetzes, die von gemeinsamem Interesse sind. Sie erfolgt auf der Grundlage von Art. 154 ff. EGV. Der Rat und das Europäische Parlament haben „gemeinschaftliche Leitlinien für den Aufbau eines transeuropäischen Verkehrsnetzes" sowie „Grundregeln für die Gewährung von Gemeinschaftszuschüssen für transeuropäische Netze" festgelegt.[295]

Aufmerksamkeit verdient auch der neue *Solidaritätsfonds der Europäischen Union*[296]. Dieser soll es der Gemeinschaft ermöglichen, in Notfällen rasch, wirksam und flexibel zu reagieren: Auf Antrag eines Mitgliedstaates oder eines Beitrittskandidaten kann Hilfe von dem Fonds mobilisiert werden, wenn auf dem Hoheitsgebiet des betreffenden Staates eine Naturkatastrophe größeren Ausmaßes eintritt, die gravierende Folgen für die Lebensbedingungen der Bürger, die Umwelt oder die Wirtschaft einer oder mehrerer Regionen bzw. eines oder mehrerer Länder hat. Der Fonds wurde als Reaktion auf die Flutkatastrophe in Mitteleuropa im Sommer 2002 errichtet.[297] In jüngerer Zeit sind Rufe nach Hilfen aus dem Solidaritätsfonds aufgrund der Waldbrände in Portugal laut geworden.

Schließlich soll noch auf den großen Bereich der gemeinschaftlichen *Außenhilfen* hingewiesen werden. Mit Außenhilfen[298] sind solche gemeinschaftlichen Leistungen angesprochen, die mittelbar oder unmittelbar Drittstaaten zugute kommen. Hierbei handelt es sich keineswegs nur um Maßnahmen der Entwicklungshilfe[299], sondern beispielsweise auch um Maßnahmen zum Wiederaufbau im ehemaligen Jugoslawien[300] oder zur

---

[293] Art. 1 Abs. 2 Entscheidung 1230/2003/EG („Intelligente Energie").
[294] Hierzu *Koenig/M. Scholz*, EWS 2003, S. 223 ff.
[295] Entscheidung 1692/96/EG (Leitlinien Verkehrsnetz) bzw. VO (EG) 2236/95 (Grundregeln TEN).
[296] Aufgrund VO (EG) 2012/2002 (Solidaritätsfonds).
[297] *Kommission*, Vorschlag Solidaritätsfonds, KOM(2002) 514 endg., S. 2.
[298] Auch in diesem Bereich sind Verwaltungsreformen im Gange; vgl. *Kommission*, Reform of the Management of External Assistance, 2000; *dies.*, Außenhilfeinstrumente, KOM(2004) 626 endg. Zuvor u.a. *Rechnungshof*, Sonderbericht Nr. 21/2000 – Außenhilfe.
[299] Dazu *Pellens*, Entwicklungshilfe Deutschlands und der EU. Vgl. auch *Henze*, EuR 1995, S. 76 ff.; *Gerold Schmidt*, RIW 1995, S. 268 ff.; *Häde*, Finanzausgleich, S. 412; *Kommission*, Annual Report 2004 development policy; zu Entwicklungspolitik und Umweltschutz *Wolfrum/Vennemann*, in: Rengeling, EUDUR II/2², § 90. Zum Europäischen Entwicklungsfonds siehe unten Kap. 2 A.I.1.b.
[300] Aufgrund VO (EG) 2666/2000 (Hilfe für den westlichen Balkan); hierzu unten Kap. 3 B.II.3.c.

Unterstützung von Partnerstaaten in Osteuropa und Mittelasien (Programm TACIS[301]) und von Staaten im Hinblick auf eine mögliche Mitgliedschaft in der Gemeinschaft (Heranführungshilfen)[302].

III. Funktionen europäischer Leistungen

Gemeinschaftliche Leistungen werden also in den verschiedensten Bereichen erbracht. Die gemeinschaftliche Leistungstätigkeit gleicht weitgehend der herkömmlichen staatlichen[303]; lediglich der – in seiner Quantität allerdings aber überragend wichtige – Bereich der Sozialleistungen ist den Mitgliedstaaten vorbehalten. Im folgenden sollen verschiedene Funktionen gemeinschaftlicher Leistungen aufgezeigt werden.[304] Dabei erfüllen einzelne Leistungen häufig mehrere dieser Funktionen; zwischen diesen besteht also keinesfalls ein Alternativverhältnis.

Die Agrarmarktausgaben und die Ausgaben im Rahmen der Kohäsionspolitik und damit die beiden bei weitem bedeutendsten Ausgabenblöcke zieht die Errichtung des Gemeinsamen Marktes (vgl. Art. 2 EGV[305]) nahezu zwangsläufig nach sich (*Marktfunktion*). Der Gemeinsame Markt wäre in seiner Bedeutung erheblich beeinträchtigt, umfaßte er nicht die Landwirtschaft und den Handel mit landwirtschaftlichen Erzeugnissen.[306] Im Bereich der Landwirtschaft bestanden und bestehen allerdings zwischen den, aber auch innerhalb der Mitgliedstaaten erhebliche, zu einem großen Umfang naturbedingte Unterschiede. Art. 32 Abs. 4 EGV ordnet deshalb nach wie vor zu Recht an, daß die Gemeinsame Agrarpolitik und damit auch ein Großteil der Agrarmarkt- und der Agrarstrukturausgaben durch den Gemeinsamen Markt für landwirtschaftliche Erzeugnisse bedingt sind. Die Ausgaben

---

[301] VO (EG) 99/2000 (TACIS). Zuvor VO (Euratom, EG) 1279/96 (TACIS); dazu *Strub*, EuZW 1997, S. 105 ff.

[302] Z.B. aufgrund VOen (EWG) 3906/89 (Wirtschaftshilfe MOEL), VO (EG) 1267/1999 (Strukturpolitisches Instrument), VO (EG) 1268/1999 (Förderung Landwirtschaft und ländlicher Raum) mit DurchführungsVO (EG) 2222/2000 und VO (EG) 1266/1999 (Koordinierung Hilfe für beitrittswillige Länder); ferner VO (EG) 2500/2001 (Heranführungshilfe Türkei). Zu Verwaltungsmaßnahmen aufgrund VO (EWG) 3906/89 vgl. EuG, Rs. T-185/94 – Geotronics, Slg. 1995, II-2795.

[303] Staatliche Leistungstätigkeit im hier verstandenen Sinne erfaßt im Anschluß an die Definition der gemeinschaftlichen Leistungsverwaltung nur die staatlichen Finanzleistungen, nicht die Erbringung staatlicher Dienst- und Sachleistungen (z.B. Schul- und Hochschulbildung bzw. Bereitstellung einer Verkehrsinfrastruktur).

[304] Vgl. schon *Schenk*, Leistungsverwaltung, in: Schmidt-Aßmann/Schöndorf-Haubold, Europäischer Verwaltungsverbund, S. 265 (266 f.).

[305] Zum Gemeinsamen Markt und dessen Verhältnis zum Binnenmarkt (Art. 14 Abs. 2 EGV) *Streinz*, Europarecht[7], Rn. 779 ff., 909 ff. Zum Binnenmarkt siehe auch *Möstl*, EuR 2002, S. 318 ff.

[306] Vgl. *Borchardt*, in: Lenz/Borchardt, EUV/EGV[3], Art. 32 EGV Rn. 1; *Lienemeyer*, Finanzverfassung, S. 284, 286.

zur Erreichung des Kohäsionsziels sollen vor allem auch dazu beitragen, daß mit dem Gemeinsamen Markt verbundene Nachteile abgefedert und sich durch ihn bietende Chancen wahrgenommen werden können.[307] Mit dieser Funktion läßt sich auch der „Dualismus zwischen markt- und wettbewerbsorientierten sowie interventionistischen Teilstücken des europäischen Primärrechts"[308] weitgehend erklären.

Mit den Agrarmarktausgaben und insbesondere den Ausgaben im Rahmen der Kohäsionspolitik ist aber auch eine nicht zu unterschätzende Umverteilung von Finanzmitteln[309] zwischen den Mitgliedstaaten verbunden (*Umverteilungsfunktion*). Von der Kohäsionspolitik profitieren die ärmeren Mitgliedstaaten; die entsprechend erforderlichen Finanzmittel stammen von den reicheren Mitgliedstaaten. Die hieraus folgende Einordnung der Mitgliedstaaten als Nettozahler[310] bzw. Nettoempfänger ist auch durch das Primärrecht schon in Art. 2 EGV an prominenter Stelle deutlich vorausgesetzt: Aufgabe der Gemeinschaft ist es nämlich auch, die Solidarität zwischen den Mitgliedstaaten zu fördern. Es versteht sich von selbst, daß diese Solidarität in erster Linie durch eine Umverteilung von Finanzmitteln erreicht werden kann.[311] Die Gemeinsame Agrarpolitik führt andererseits weniger zu einer Umverteilung nach der Wirtschaftskraft der einzelnen Mitgliedstaaten als vielmehr zu einer Umverteilung aufgrund der sekundärrechtlichen Ausgestaltung des Agrarrechts, die den einzelnen Mitgliedstaaten je nach der Eigenart ihrer Landwirtschaft in unterschiedlichem Ausmaß entgegenkommt.[312]

Mit der Marktfunktion und der Umverteilungsfunktion eng im Zusammenhang stehend läßt sich auch eine *Integrationsfunktion* feststellen. Mit den gemeinschaftlichen Leistungen soll die Akzeptanz der Integration gemeinschaftsweit verstärkt werden. Insbesondere soll die über den Gemeinschaftshaushaltsplan erfolgende Umverteilung den zunächst durch die Integration Benachteiligten zugute kommen und somit verhindern, daß diese zu Integrationsverlierern werden.[313] Gemeinschaftliche Leistungen sollen

---

[307] Siehe auch *Lienemeyer*, Finanzverfassung, S. 290: Hilfen „beim Anpassungsprozess an den Binnenmarkt", auch S. 296, 303 f.

[308] *M. Rodi*, Subventionsrechtsordnung, S. 440 f.

[309] *Heinemann*, Integration 2003, S. 228 (233): „Transfers und Subventionen mit massiven regionalen Umverteilungswirkungen."; vgl. auch *Eckhoff*, Lastenverteilung, in: Birk, Europäisches Steuer- und Abgabenrecht, § 7 Rn. 1, 58.

[310] Zu den „nicht quantifizierbaren Leistungen der EG", von denen die Netto-Zahler in überproportionalem Ausmaß profitieren dürften, siehe *Eckhoff*, Lastenverteilung, in: Birk, Europäisches Steuer- und Abgabenrecht, § 7 Rn. 62 ff.

[311] *Lienemeyer*, Finanzverfassung, S. 296 ff.

[312] *Lienemeyer*, Finanzverfassung, S. 286 f.; *Eckhoff*, Lastenverteilung, in: Birk, Europäisches Steuer- und Abgabenrecht, § 7 Rn. 47 ff.

[313] Vgl. *Heinemann*, Integration 2003, S. 228 (240 f.); auch *J.-P. Schneider*, VVDStRL 2005, S. 238 (261).

somit auch das Ansehen der Gemeinschaft verbessern. Es wird folglich verständlich, daß die Gemeinschaft besonderen Wert darauf legt, daß der Gemeinschaftscharakter einer Maßnahme stets nach außen sichtbar wird.[314]

Weiterhin kann auch eine *Kompensationsfunktion* ermittelt werden. Hiermit soll bezeichnet werden, was in einem Erwägungsgrund zur Entscheidung Nr. 1230/2003/EG zur Festlegung eines mehrjährigen Programms für Maßnahmen im Energiebereich „Intelligente Energie – Europa" ausdrücklich angesprochen wird: „Da viele Maßnahmen der Gemeinschaft im Bereich der Energieeffizienz (…)[315] für die Mitgliedstaaten nicht verbindlich sind, besteht ein Bedarf an speziellen Förderprogrammen auf Gemeinschaftsebene zur Schaffung der Voraussetzungen für die Entwicklung nachhaltiger Energiesysteme." Die nach Ansicht des Gemeinschaftsgesetzgebers unzulänglichen Kompetenzen zur Aufstellung von Ge- bzw. Verboten werden also dadurch kompensiert, daß politisch wünschenswerte Ziele mittelbar über die Steuerung durch eine Leistungsvergabe erreicht werden sollen.

Mit *Ergänzungsfunktion* soll umschrieben werden, daß gemeinschaftliche Leistungen häufig solche Maßnahmen fördern sollen, die eine spezifisch europäische Ausrichtung haben sollen, beispielsweise die Zusammenarbeit von Universitäten oder die gemeinsame Forschung durch Unternehmen aus verschiedenen Mitgliedstaaten. Finanzhilfen für derartige Maßnahmen werden durch die Mitgliedstaaten selten oder überhaupt nicht gewährt, so daß eine Gemeinschaftsförderung naheliegt. In Art. 163 Abs. 2 Hs. 2 EGV und insbesondere in Art. 149 Abs. 2 EGV wird die „europäische Dimension" der Gemeinschaftsmaßnahmen auch im Primärrecht deutlich hervorgehoben. Auch in Art. 147 EGV läßt sich diese Funktion festmachen.

Des gleichen ist mit gemeinschaftlichen Leistungen, wie schon im Zusammenhang mit der Kompensationsfunktion angesprochen wurde, auch eine *Steuerungsfunktion* verbunden. Durch die Schaffung von finanziellen Anreizen soll der Leistungsempfänger zu einem aus der Perspektive der Gemeinschaft erwünschten Verhalten angeregt werden, z.B. durch die Einführung des Cross compliance zu einer ökologisch ausgerichteten Landwirtschaft. Die Steuerungsfunktion ist anders als die zuvor aufgezeigten keine Funktion, die spezifisch auf gemeinschaftliche Leistungen zutrifft.[316]

Schließlich können gemeinschaftliche Leistungen gleichfalls eine *Aktivierungsfunktion* haben: Häufig deckt die gemeinschaftliche Finanzierung nicht die Gesamtkosten einer Maßnahme. Vielmehr soll die Aussicht auf

---

[314] Siehe z.B. unten Kap. 3 B.II.4.a.aa.

[315] (…): „insbesondere die Kennzeichnung von elektrischen und elektronischen Geräten sowie von Büro- und Kommunikationsgeräten und die Normung von Beleuchtungs-, Heiz- und Klimaanlagen"; Erwgrd. 13 Entscheidung 1230/2003 („Intelligente Energie").

[316] Vgl. *Schmidt-Aßmann*, Ordnungsidee², Kap. 1 Tz. 37.

eine Gemeinschaftsfinanzierung Anstoß zur Bereitstellung privater oder öffentlicher Finanzmittel in den jeweiligen Mitglied- oder Drittstaaten geben.[317] Diese tragen auf diese Weise auch zur Erreichung des mit der gemeinschaftlichen Gewährung verbundenen Ziels bei und multiplizieren die Wirksamkeit des Einsatzes der Gemeinschaftsmittel.

C. Die drei Ebenen der gemeinschaftlichen Leistungsverwaltung

Die so gekennzeichnete gemeinschaftliche Leistungsverwaltung ist durch ein dualistisches Konzept geprägt. Der Einsatz finanzieller Mittel bringt es mit sich, daß sie nicht nur aus der Sicht des jeweiligen Sachgebiets, sondern auch unter dem haushaltsrechtlichen Blickwinkel zu betrachten ist. Dabei sind drei Ebenen zu trennen: zum ersten die Rechtsetzungsebene (Kapitel 2), zum zweiten die Vollzugsebene (Kapitel 3) und zum dritten die Kontrollebene (Kapitel 4).

Auf der Rechtsetzungsebene anzusiedeln sind die sachgebietsspezifische Gesetzgebung zum Erlaß der sog. Basisrechtsakte und gegebenenfalls erforderlicher Durchführungsvorschriften sowie das Verfahren zur Aufstellung und Feststellung des gemeinschaftlichen Haushaltsplans. Zur Vollzugsebene gehören die Durchführung in Form des Verwaltungsvollzuges des Gemeinschaftsrechts und die Ausführung des Haushaltsplans, der sog. Haushaltsvollzug[318]. Die Kontrollebene schließlich umfaßt die Verwaltungs- und die Finanzkontrollen, die sich allerdings kaum voneinander trenen lassen und deshalb in der folgenden Tabelle als Teilaspekte einer eineitlichen Finanzkontrollebene aufgeführt werden.

Tabelle 1: Die Ebenen der gemeinschaftlichen Leistungsverwaltung

	Sachgebietsspezifische Aspekte	Haushaltsrechtliche Aspekte
Rechtsetzungsebene	Erlaß des Basisrechtsakts und ggfs. erforderlicher Durchführungsvorschriften	Aufstellung und Feststellung des Haushaltsplanes
Vollzugsebene	Durchführung in Form des Verwaltungsvollzuges	Ausführung des Haushaltsplans (Haushaltsvollzug)
Kontrollebene	Verwaltungs- und Finanzkontrollen	

---

[317] *Lienemeyer*, Finanzverfassung, S. 293: „Hebelwirkung".
[318] Vgl. Teil 1 Titel IV HO 2002.

Mit dieser Übersicht ist noch keine Aussage über das Verhältnis der einzelnen Bereiche zueinander verbunden. Es liegt nahe, daß sie nicht völlig unabhängig voneinander sind. So sollte etwa die Einsetzung von Mitteln in den Haushaltsplan sinnvollerweise im Hinblick auf bestehende, zumindest aber vorgeschlagene Basisrechtsakte erfolgen; Zahlungen sind im Hinblick auf eingegangene rechtliche Verpflichtungen zu leisten. Schließlich belegt nicht zuletzt die Praxis des Rechnungshofs, daß sich Verwaltungs- und Finanzkontrollen, worauf soeben schon hingewiesen worden ist, nur schwer voneinander trennen lassen.

Kapitel 2

Die Rechtsetzungsebene der gemeinschaftlichen Leistungsverwaltung

Da gemäß Art. 268 Abs. 1 EGV alle Ausgaben der Gemeinschaft in den Haushaltsplan eingesetzt werden müssen, ist notwendige Voraussetzung für die Rechtmäßigkeit einer Ausgabe der Europäischen Gemeinschaft die Bereitstellung der entsprechenden Mittel im Haushaltsplan (A).[1] Sie ist jedoch in aller Regel nicht hinreichende Voraussetzung.[2] Es bedarf vielmehr des Erlasses eines sog. Basisrechtsakts, d.h. eines im vertraglich geregelten Gesetzgebungsverfahren erlassenen Rechtsaktes (B).

A. Das gemeinschaftliche Haushaltsverfahren

Das gemeinschaftliche Haushaltsverfahren zielt auf die endgültige Feststellung des Gesamthaushaltsplans der Europäischen Gemeinschaften ge-

---

[1] EuGH, Rs. 87/77 u.a. – Salerno/Kommission, Slg. 1985, 2523 (Rn. 56); *Bieber*, in: ders./Epiney/Haag, Europäische Union[6], § 5 Rn. 35; *Ehlermann/Minch*, EuR 1981, S. 23 (29); *Lienemeyer*, Finanzverfassung, S. 282; *Meng*, ZaöRV 1998, S. 208 (223), *Nicolaysen*, Europarecht I[2], S. 259; *Niedobitek*, in: Streinz, EUV/EGV, Art. 274 EGV Rn. 9; *Schoo*, in: Schwarze, EU-Kommentar, Art. 268 EGV Rn. 18. Siehe auch die dementsprechenden sekundärrechtlichen Regelungen in Art. 5 Abs. 1 Alt. 2, Abs. 2 HO 2002. *Bieber* (in: Groeben/Schwarze, EUV/EGV IV[6], Art. 274 EGV Rn. 11) verweist zur Begründung auch darauf, daß Art. 274 Abs. 1 EGV die Ausführung des Haushaltsplans nur „im Rahmen der zugewiesenen Mittel" zuläßt, desgleichen *Magiera*, in: Grabitz/Hilf, Recht der EU, Altband II, Art. 201 EGV (EL 7) Rn. 2.

[2] *Bieber*, in: Groeben/Schwarze, EUV/EGV IV[6], Art. 274 EGV Rn. 11; *Ehlermann/Minch*, EuR 1981, S. 23 (29); *Hecker*, in: Lenz/Borchardt, EUV/EGV[3], Art. 274 EGV Rn. 5; *Lienemeyer*, Finanzverfassung, S. 282 f.; *Magiera*, Verwaltungsorganisation, in: Schweitzer, Europäisches Verwaltungsrecht, S. 115 (123); *ders.*, in: Grabitz/Hilf, Recht der EU, Altband II, Art. 201 EGV (EL 7) Rn. 3; *Niedobitek*, in: Streinz, EUV/EGV, Art. 274 EGV Rn. 9; *Oppermann*, Europarecht[3], § 11 Rn. 42; *Schoo*, in: Schwarze, EU-Kommentar, Art. 274 EGV Rn. 5, 6 f.; *von der Vring*, Budgetary Process, in: Winter, Sources and Categories of EU Law, S. 467 (479 f.); siehe auch EuGH, Rs. 294/83 – Les Verts/Parlament, Slg. 1986, 1339 (Rn. 28).

mäß Art. 272 Abs. 7 EGV. Der Gesamthaushaltsplan ist nach der Legaldefinition in der Haushaltsordnung derjenige Rechtsakt, durch den für jedes Haushaltsjahr sämtliche als erforderlich erachteten Einnahmen und Ausgaben der Europäischen Gemeinschaft und der Europäischen Atomgemeinschaft veranschlagt und bewilligt werden.[3]

I. Grundsätze des Haushaltsverfahrens und Gliederung des Haushaltsplans

Einleitend soll auf die im Haushaltsverfahren zu beachtenden Grundsätze und die Gliederung des Haushaltsplans eingegangen werden. Dabei werden die für gemeinschaftliche Leistungsverwaltung geltenden Besonderheiten hervorgehoben.

1. Grundsätze des Haushaltsverfahrens

Zur Beachtung im gemeinschaftlichen Haushaltsverfahren gibt bereits das Primärrecht verschiedene, zumeist schon aus dem nationalen Haushaltsrecht bekannte Grundsätze vor.[4] Von diesen Grundsätzen bestehen jedoch aufgrund einer Vielzahl von Sachzwängen in erheblichem Maße Abweichungen.

a. Die Grundsätze der Jährlichkeit und der zeitlichen Spezialität

An mehreren Stellen ist der Grundsatz der Jährlichkeit im EG-Vertrag verankert. Aus Art. 268 Abs. 1, Art. 271 Abs. 1, Art. 272 Abs. 1 und Art. 273 EGV ergibt sich, daß der Haushaltsplan für jeweils ein Haushaltsjahr, das dem Kalenderjahr entspricht (Art. 272 Abs. 1 EGV), ange-

---

[3] Art. 4 Abs. 1 HO 2002. Die Aufstellung eines gemeinsamen Haushaltsplans für die Europäischen Gemeinschaften, des sog. Gesamthaushaushaltsplans (Art. 1 Abs. 1 HO 2002), erfolgt mittlerweile auf der Basis von Art. 9 Abs. 6 des Vertrages von Amsterdam. Die im Rahmen der Europäischen Union anfallenden Ausgaben werden auch im Gesamthaushaltsplan veranschlagt und bewilligt, wenn diese zu Lasten des Haushaltsplans der Europäischen Gemeinschaft gehen, Art. 268 Abs. 2 EGV i.V.m. Art. 28, Art. 41 und Art. 44a EUV. Im folgenden wird im Hinblick auf den Gesamthaushaushaltsplan der Europäischen Gemeinschaften verkürzt von „Haushaltsplan" gesprochen. Weiterhin soll ausschließlich auf die Finanzvorschriften des EG-Vertrages eingegangen werden. Zum nationalen Haushaltsplan siehe insbesondere *Mußgnug*, Haushaltsplan; weiterhin *Noll*, Haushalt, S. 8 ff.; *H. Schneider*, Gesetzgebung[3], Rn. 208 ff.; *Bleckmann*, DVBl. 2004, S. 333 ff.

[4] An dieser Stelle wird nur auf die Grundsätze des Haushaltsverfahrens, nicht hingegen auf die Grundsätze für die Ausführung des Haushaltsplans eingegangen, dazu Kap. 3 A.II. Weitere, allerdings weniger bedeutsame und daher im Text nicht eigenständig hervorgehobene Grundsätze des Haushaltsverfahrens sind die Grundsätze der Vorherigkeit, der Haushaltswahrheit und -klarheit sowie der Rechnungseinheit (Art. 16 HO 2002). Die neue Haushaltsordnung bezeichnet die Grundsätze der Einheit, der Gesamtdeckung, der Spezialität und der Jährlichkeit in Erwgrd. 3 als die vier „fundamentalen Grundsätze des Haushaltsrechts".

Die Rechtsetzungsebene der gemeinschaftlichen Leistungsverwaltung 59

nommen wird.[5] Eng damit im Zusammenhang[6] steht der Grundsatz der zeitlichen Spezialität: Hiernach verfallen diejenigen Mittel, die am Ende des Haushaltsjahrs, für das sie in den Haushaltsplan eingestellt wurden, nicht in Anspruch genommen worden sind.[7]

Der *Grundsatz der Jährlichkeit* wird beeinträchtigt durch die nicht primärrechtlich, sondern lediglich in der Haushaltsordnung vorgenommene Unterscheidung zwischen getrennten und nicht getrennten Mitteln[8]. Bei getrennten Mitteln enthält der Haushaltsplan Verpflichtungs- und Zahlungsermächtigungen.[9] Diese Unterscheidung wurde eingeführt, weil viele Maßnahmen, zu deren Finanzierung die Gemeinschaft aufgrund des Vertrages ermächtigt ist, schon von ihrem Charakter her auf eine mehrjährige Durchführung angelegt sind.[10] Insbesondere im Bereich der Strukturfonds erscheinen die Entscheidung über gemeinschaftlich unterstützte Maßnahmen, beispielsweise Infrastrukturvorhaben, sowie deren Durchführung innerhalb eines Jahres von vornherein ausgeschlossen. Die Verpflichtungsermächtigungen decken folglich die Gesamtkosten der rechtlichen Verpflichtungen, die im Laufe des Haushaltsjahres eingegangen werden, die Zahlungsermächtigungen die Ausgaben zur Erfüllung der im Laufe des Haushaltsjahrs und/oder in früheren Haushaltsjahren eingegangenen rechtlichen Verpflichtungen.[11] Da für eingegangene Verpflichtungen somit zumeist in späteren Haushaltsjahren entsprechende Zahlungsermächtigungen eingestellt werden müssen,[12] beeinträchtigen getrennte Mittel den Grundsatz der Jährlichkeit, indem sie zu einer Bindung des Haushaltsgesetzgebers in späteren Haushaltsjahren führen. Die nicht getrennten Mittel sind hingegen zur Finanzierung von Maßnahmen bestimmt, bei denen im Prinzip[13]

---

[5] Siehe auch Art. 6 HO 2002.

[6] In der neuen Haushaltsordnung wird der Grundsatz der zeitlichen Spezialität sogar als Teilaspekt des Grundsatzes der Jährlichkeit angesehen (Art. 6 ff., Art. 9 HO 2002). In der Literatur wird teilweise „Grundsatz der zeitlichen Spezialität" als andere Bezeichnung für „Grundsatz der Jährlichkeit" verwendet, *Schoo*, in: Schwarze, EU-Kommentar, Art. 268 EGV Rn. 17, *Niedobitek*, in: Streinz, EUV/EGV, Art. 268 EGV Rn. 19. Die beiden Grundsätze zu Recht trennend jedoch *Birk*, EG-Haushaltsrecht, in: ders., Europäisches Steuer- und Abgabenrecht, § 6 Rn. 13.

[7] Art. 9 Abs. 1 UAbs. 1 HO 2002.

[8] Diese Unterscheidung ist nicht zu verwechseln mit der schon primärrechtlich in Art. 272 EGV vorgesehenen Unterscheidung zwischen obligatorischen und nichtobligatorischen Ausgaben, dazu Kap. 2 A.III.4.

[9] Art. 7 Abs. 1 HO 2002.

[10] Vgl. *Bieber*, in: ders./Epiney/Haag, Europäische Union[6], § 5 Rn. 10.

[11] Art. 7 Abs. 2, Abs. 3 HO 2002.

[12] Die Verpflichtungsermächtigungen stellen die Höchstgrenzen der möglichen Ausgaben dar, *Bieber*, in: ders./Epiney/Haag, Europäische Union[6], § 5 Rn. 10.

[13] Bei nicht getrennten Mitteln wird im Haushaltsplan nicht zwischen Verpflichtungs- und Zahlungsermächtigungen differenziert.

sowohl die Verpflichtungsermächtigungen als auch die Zahlungsermächtigungen in voller Höhe innerhalb des Haushaltsjahres ausgeführt werden müssen.

Der *Grundsatz der zeitlichen Spezialität* wird beeinträchtigt durch die in Art. 271 Abs. 2 EGV vorgesehene Möglichkeit, bis zum Ende des Haushaltsjahres nicht verbrauchte Mittel auf das nächste Haushaltsjahr zu übertragen.[14] Ein entsprechender Beschluß muß spätestens am 15. Februar des nächsten Haushaltsjahres ergehen. Hiervon muß die Haushaltsbehörde[15] unterrichtet werden; das betreffende Organ muß dabei darlegen, daß die bestehenden Voraussetzungen der Übertragung erfüllt sind.[16] Nicht getrennte Mittel, die bei Abschluß des Haushaltsjahres ordnungsgemäß eingegangenen Verpflichtungen entsprechen, werden sogar automatisch auf das folgende Haushaltsjahr übertragen.[17]

b. Die Grundsätze der Einheit und der Vollständigkeit

Gemäß den Grundsätzen der Vollständigkeit und der Einheit des Haushaltsplans, die sich gleichfalls schon aus Art. 268 Abs. 1 EGV ergeben, müssen alle Einnahmen und alle Ausgaben (Vollständigkeit) in einem einzigen Haushaltsdokument (Einheit) ausgewiesen werden.[18] Beinhaltet der Grundsatz der Einheit das Verbot von – sichtbaren – Sonder- und Nebenhaushaushalten,[19] so ergänzt der Grundsatz der Vollständigkeit den Grundsatz der Einheit um das Verbot – nicht sichtbarer – Sonderfonds oder sog. schwarzer Kassen.[20] Zum Grundsatz der Vollständigkeit gehört auch, daß der Saldo jedes Haushaltsjahrs je nachdem, ob es sich um einen Überschuß oder einen Fehlbetrag handelt, bei den Einnahmen oder den Zahlungsermächtigungen in den Haushaltsplan des folgenden Haushaltsjahrs eingestellt wird.[21] Die beiden Grundsätze sollen insbesondere die Über-

---

[14] Siehe Art. 9 Abs. 1 UAbs. 2, Abs. 2, Abs. 3 HO 2002. Die Übertragung von Mitteln auf das nächste Haushaltsjahr ist zu unterscheiden von der in Art. 274 Abs. 3 EGV vorgesehenen Übertragung von Mitteln von einer Untergliederung des Haushaltsplans zu einer anderen, dazu Kap. 2 A.I.1.e.
[15] Das Europäische Parlament und der Rat werden bei Ausübung ihrer Funktion als Haushaltsgesetzgeber verkürzt als Haushaltsbehörde bezeichnet. Siehe auch unten Kap. 2 A.III.
[16] Art. 9 Abs. 5 HO 2002.
[17] Art. 9 Abs. 1 UAbs. 2, Abs. 4 HO 2002.
[18] Siehe auch Art. 4 Abs. 1 HO 2002.
[19] *Reister*, Haushalt und Finanzen, S. 136; *Schoo*, in: Schwarze, EU-Kommentar, Art. 268 EGV Rn. 14.
[20] *Niedobitek*, in: Streinz, EUV/EGV, Art. 268 EGV Rn. 34; *Waldhoff*, in: Calliess/Ruffert, EUV/EGV², Art. 268 EGV Rn. 20.
[21] Vgl. Art. 15 Abs. 1 HO 2002.

sichtlichkeit und damit die Transparenz des gemeinschaftlichen Finanzgebarens erhöhen.[22]

Der *Grundsatz der Einheit* wird beeinträchtigt durch die vertraglich nicht vorgesehene Möglichkeit der Aufstellung von Berichtigungshaushaltsplänen[23]. Diese bilden zwar mit dem ursprünglichen Haushaltsplan rechtlich eine Einheit[24]; den mit dem Grundsatz der Einheit verbundenen Zielen laufen sie jedoch zuwider. Die neue Haushaltsordnung läßt Berichtigungshaushaltspläne jedoch nur bei Vorliegen unvermeidlicher, außergewöhnlicher oder unvorhersehbarer Umstände zu. Aus diesem Grund bilden sie eine zulässige Ausnahme vom Grundsatz der Einheit.[25] In jedem Fall erforderlich ist ein Berichtigungshaushaltsplan nach Abschluß der Rechnungen des vorangegangenen Haushaltsjahres.[26] Insofern bedingt der Grundsatz der Vollständigkeit eine Beeinträchtigung des Grundsatzes der Einheit.

Im Hinblick auf ihre Vereinbarkeit mit dem *Grundsatz der Einheit* bzw. der *Vollständigkeit* wird auch stets die Bewirtschaftung des Europäischen Entwicklungsfonds (EEF) untersucht. Der derzeit bestehende 9. Europäische Entwicklungsfonds wurde durch ein „Internes Abkommen zwischen den im Rat vereinigten Vertretern der Regierungen der Mitgliedstaaten über die Finanzierung und Verwaltung der Hilfe der Gemeinschaft im Rahmen des Finanzprotokolls zu dem am 23. Juni 2000 in Cotonou, Benin, unterzeichneten Partnerschaftsabkommen zwischen den Mitgliedern der Gruppe der Staaten in Afrika, im Karibischen Raum und im Pazifischen Ozean einerseits und der Europäischen Gemeinschaft und ihren Mitgliedstaaten andererseits[27] und über die Bereitstellung von Finanzhilfe für die überseeischen Länder und Gebiete, auf die der vierte Teil des EG-Vertrages Anwendung findet"[28] errichtet. Der EEF dient als Finanzierungsinstrument der Hilfen im Rahmen des Abkommens von Cotonou und ist ein Sonder-

---

[22] Vgl. *Niedobitek*, in: Streinz, EUV/EGV, Art. 268 EGV Rn. 15; *Bieber*, in: Groeben/Schwarze, EUV/EGV IV[6], Art. 268 EGV Rn. 8.

[23] Art. 37 f. HO 2002.

[24] *Bieber*, in: Groeben/Schwarze, EUV/EGV IV[6], Art. 268 EGV Rn. 26.

[25] *Niedobitek*, in: Streinz, EUV/EGV, Art. 268 EGV Rn. 16; *Schoo*, in: Schwarze, EU-Kommentar, Art. 268 EGV Rn. 14.

[26] Art. 15 Abs. 3 HO 2002. Siehe auch *Schoo*, in: Schwarze, EU-Kommentar, Art. 268 EGV Rn. 14.

[27] Sog. Abkommen von Cotonou, ABl. EG 2000 Nr. L 317/3. Hierzu *Schmalenbach*, in: Calliess/Ruffert, EUV/EGV[2], Art. 179 EGV Rn. 6 ff.; siehe auch *Pellens*, Entwicklungshilfe Deutschlands und der EU, S. 11 ff.; *Wolfrum/Vennemann*, in: Rengeling, EUDUR II/2[2], § 90 Rn. 14 ff.

[28] ABl. EG 2000 Nr. L 317/355. Siehe auch die „Finanzregelung vom 27. März 2003 für den 9. Europäischen Entwicklungsfonds" (ABl. EU 2003 Nr. L 83/1), die die Bereitstellung und die Ausführung der Finanzmittel des 9. EEF regelt; zu einer Vorgängerregelung vgl. EuGH, Rs. C-316/91 – Parlament/Rat, Slg. 1994, I-625.

vermögen, das in erster Linie auf Beiträgen der Mitgliedstaaten beruht.[29] Diese Mittel werden also nicht in den Gesamthaushaltsplan eingestellt. Für die finanzielle Abwicklung der Mittel ist dennoch grundsätzlich die Kommission aufgrund einer besonderen Zuweisung in dem Internen Abkommen zuständig.[30] In der Literatur wird die Ausgestaltung des Europäischen Entwicklungsfonds als Verstoß gegen den Grundsatz der Einheit bzw. der Vollständigkeit angesehen.[31] Es ist jedoch schon zweifelhaft, ob sie überhaupt eine Ausnahme von diesen Grundsätzen bildet. Die Mitgliedstaaten haben die Hilfen bewußt nicht als solche der Gemeinschaft, die aus deren Eigenmitteln[32] finanziert werden, sondern als gemeinsame Hilfen der Mitgliedstaaten ausgestaltet. Der 9. EEF wurde gerade nicht vom Rat, sondern von den im Rat vereinigten Vertretern der Mitgliedstaaten errichtet. Das Gemeinschaftsrecht steht dem nicht entgegen. Art. 179 Abs. 3 EGV sichert vielmehr diese Praxis der Mitgliedstaaten sogar ab.[33] Diese nutzen lediglich den organisatorischen Rahmen der Gemeinschaft zur Erreichung ihrer gemeinsamen Ziele.[34] Demzufolge bildet die Ausgestaltung des EEF schon keine Ausnahmen von den genannten Grundsätzen und damit erst recht keinen Verstoß hiergegen.[35]

c. Der Grundsatz des Haushaltsausgleichs

Gemäß Art. 268 Abs. 3 EGV ist der Haushaltsplan in Einnahmen und Ausgaben auszugleichen. Die Haushaltsordnung präzisiert dies im Hinblick auf die Unterscheidung zwischen Verpflichtungs- und Zahlungsermächtigungen konsequent dahingehend, daß der Haushalt in Einnahmen und Zahlungsermächtigungen auszugleichen ist.[36]

Der Grundsatz des Haushaltsausgleichs wird beeinträchtigt durch die Möglichkeit, im Einzelplan der Kommission eine sog. Negativreserve bis zu

---

[29] Art. 1 Abs. 2 des Internen Abkommens (Fn. 28).

[30] Art. 11 Abs. 1 des Internen Abkommens (Fn. 28). Vgl. zur Verwaltung des EEF EuG, Rs. T-451/93 – San Marco Impex, Slg. 1994, II-1061.

[31] *Bieber*, in: Groeben/Schwarze, EUV/EGV IV⁶, Art. 268 EGV Rn. 8; *Fugmann*, in: Dauses, HdbEUWiR I (EL 4), A III Rn. 64; *Rossi*, Parlament und Haushaltsverfassungsrecht, S. 167; *Schoo*, in: Schwarze, EU-Kommentar, Art. 268 EGV Rn. 12.

[32] Siehe unten Kap. 2 A.II.1.b.

[33] Vgl. *R. Pitschas*, in: Streinz, EUV/EGV, Art. 179 EGV Rn. 15.

[34] Zu einem ähnlichen Vorgehen der Mitgliedstaaten siehe EuGH, Rs. C-181/91 u. C-248/91 – Parlament/Rat und Kommission, Slg. 1993, I-3685.

[35] Im Ergebnis auch *Hecker*, in: Lenz/Borchardt, EUV/EGV³, Art. 268 EGV Rn. 7; vgl auch EuGH, Rs. C-316/91 – Parlament/Rat, Slg. 1994, I-625 (insbesondere Rn. 39); *Bieber*, in: ders./Epiney/Haag, Europäische Union⁶, § 5 Rn. 7.

[36] Art. 14 Abs. 1 HO 2002. Zahlungsermächtigungen in diesem Sinne ergeben sich auch aus der Bewilligung nicht getrennter Mittel.

einem Höchstbetrag von 200 Mio. Euro vorzusehen.[37] Mit der Negativreserve können Ausgaben der Gemeinschaft im Vorgriff auf Einsparungen im laufenden Haushaltsjahr finanziert werden, ohne daß bei Feststellung des Haushaltsplans bereits entschieden sein muß, bei welchen Haushaltslinien die entsprechenden Einsparungen vorgenommen werden.[38] Eine Negativreserve führt also dazu, daß ein eigentlich noch unausgeglichener Haushaltsplan festgestellt wird.[39] Die Negativreserve wird im Haushaltsplan als negativer Betrag eingesetzt; sie muß vor Ablauf des Haushaltsjahrs im Wege von Mittelübertragungen[40] aus anderen Haushaltslinien auf den entsprechenden Titel erwirtschaftet werden.[41]

d. Der Grundsatz der Gesamtdeckung und das Bruttoprinzip

Der Grundsatz der Gesamtdeckung (Non-Affektationsprinzip[42]) besagt, daß die Gesamtheit der Haushaltseinnahmen der Deckung der Gesamtheit der Zahlungsermächtigungen dient.[43] Er soll verhindern, daß aufgrund einer Zweckbindung von Haushaltsmitteln vorrangige Aufgaben nicht erfüllt werden können.[44]

Der *Grundsatz der Gesamtdeckung* wird beeinträchtigt durch die Möglichkeit, in Ausnahmefällen bestimmte Einnahmen zweckgebunden für die Finanzierung spezifischer Ausgaben zuzuweisen. In der neuen Haushaltsordnung sind die in Betracht kommenden Fälle aufgeführt.[45] Für die gemeinschaftliche Leistungsverwaltung von Bedeutung ist insbesondere, daß

---

[37] Art. 44 Abs. 1 S. 1 HO 2002. *Storr* (EuR 2001, S. 846 [849]) sieht in der Bildung einer Negativreserve nur einen Verstoß gegen die Grundsätze der Haushaltswahrheit und -klarheit sowie der Vollständigkeit und der Vorherigkeit. Seine Ausführungen lassen jedoch in erster Linie auf einen Verstoß gegen den Grundsatz des Haushaltsausgleichs schließen. *Hecker* (in: Lenz/Borchardt, EUV/EGV³, Art. 268 EGV Rn. 10 [auch Art. 272 EGV Rn. 12]) sieht zwar auch den Grundsatz des Haushaltsgleichs beeinträchtigt, hält die Bildung einer Negativreserve allerdings wohl nicht für bedenklich. *Timmann* (EuR 1989, S. 13 (16 in Fn. 11]) betrachtet die Bildung einer Negativreserve als „Haushaltsperversität".
[38] *Noll*, Haushalt, S. 159.
[39] *Storr*, EuR 2001, S. 846 (849). *Bieber*, in: Groeben/Schwarze, EUV/EGV IV⁶, Art. 268 EGV Rn. 20 bezeichnet die Negativreserve treffsicher als „spezifizierte Kürzungsabsichten".
[40] Hierzu Kap. 2 A.I.1.e.
[41] Art. 44 Abs. 2 HO 2002.
[42] *Niedobitek*, in: Streinz, EUV/EGV, Art. 268 EGV Rn. 25; *Waldhoff*, in: Calliess/Ruffert, EUV/EGV², Art. 268 EGV Rn. 24.
[43] Art. 17 S. 1 HO 2002. Ungenau Art. 6 S. 1 Beschluß 2000/597/EG, Euratom (Eigenmittelbeschluß 2000): „aller im Haushaltsplan ausgewiesenen Ausgaben".
[44] *Bieber*, in: Groeben/Schwarze, EUV/EGV IV⁶, Art. 268 EGV Rn. 18; *ders.*, in: ders./Epiney/Haag, Europäische Union⁶, § 5 Rn. 14. Ähnlich *Waldhoff*, in: Calliess/Ruffert, EUV/EGV², Art. 269 EGV Rn. 24: Es „soll die Handlungsfähigkeit der Gemeinschaft auf finanzwirtschaftlichem Gebiet sichergestellt werden".
[45] Art. 18 HO 2002.

die Einnahmen aus der Rückerstattung von Beträgen, die rechtsgrundlos gezahlt wurden, wieder der ursprünglichen Zweckbestimmung gemäß verwendet werden dürfen.[46] Hierdurch wird gewährleistet, daß der Umfang der Mittel für gemeinschaftliche Leistungen nicht durch fehlerhafte Ausgaben gemindert wird. Es leuchtet auch unmittelbar ein, daß bei Beteiligung von Drittstaaten an Gemeinschaftsprogrammen, beispielsweise an Sokrates, deren Beiträge nicht der allgemeinen Haushaltsfinanzierung dienen sollen.[47]

Als weiteren Aspekt des Grundsatzes der Gesamtdeckung betrachtet die neue Haushaltsordnung das *Bruttoprinzip*. Danach sind die Einnahmen und Ausgaben in voller Höhe ohne vorhergehende Verrechnung in den Haushaltsplan einzusetzen.[48] Das Bruttoprinzip zielt damit zugleich auf die Vollständigkeit und die Transparenz des Haushaltsplans.[49] Die Zuordnung zum Grundsatz der Gesamtdeckung ist jedoch gerechtfertigt, weil durch eine vorhergehende Verrechnung bestimmte Einnahmen nicht mehr der Deckung der Gesamtheit der Haushaltsausgaben dienen, sondern im Ergebnis zweckgebunden sind.[50]

Auch das Bruttoprinzip gilt nicht ausnahmslos. Es wird dadurch beeinträchtigt, daß die Eigenmittel nicht in voller Höhe, sondern nur mit dem Betrag verbucht werden, der sich nach Abzug der den Mitgliedstaaten zustehenden Erhebungskosten ergibt.[51] Zumindest nicht unproblematisch ist auch die Verbuchung bestimmter Einnahmen als Negativausgaben, insbesondere der Beträge, die die Mitgliedstaaten aufgrund einer Konformitätsentscheidung im Rechnungsabschlußverfahren an die Gemeinschaft zurückerstatten müssen.[52]

e. Der Grundsatz der sachlichen Spezialität

Der Grundsatz der sachlichen Spezialität (Appropriationsprinzip[53]) ergibt sich aus Art. 271 Abs. 3 Hs. 1 EGV und besagt, daß jeder Mittelansatz eine spezifische Zweckbestimmung haben muß und bestimmten Ausgaben zuzuweisen ist, um jegliche Verwechslung zwischen verschiedenen Mittel-

---

[46] Art. 18 Abs. 1 lit. f HO 2002.
[47] Art. 18 Abs. 1 lit. d HO 2002. Vgl. Einnahmeposten 6 0 3 1 des Gesamthaushaltsplans 2005, ABl. EU 2005 Nr. L 60/II-39.
[48] Art. 17 S. 2 HO 2002.
[49] Vgl. *Bieber*, in: Groeben/Schwarze, EUV/EGV IV^6, Art. 268 EGV Rn. 15; *Schoo*, in: Schwarze, EU-Kommentar, Art. 268 EGV Rn. 15.
[50] *Niedobitek*, in; Streinz, EUV/EGV, Art. 268 EGV Rn. 37.
[51] Ausführlicher *Niedobitek*, in: Streinz, EUV/EGV, Art. 268 EGV Rn. 39; siehe auch unten Kap. 2 B.II.1.b.
[52] Art. 154 HO 2002.
[53] *Waldhoff*, in: Calliess/Ruffert, EUV/EGV^2, Art. 268 EGV Rn. 23.

kategorien zu vermeiden.[54] Grundsätzlich können Ausgaben nur getätigt werden, wenn sie in einer Haushaltslinie veranschlagt sind; Ausgaben können weiterhin nur im Rahmen der bewilligten Mittel gebunden und angeordnet werden.[55]

Den *Grundsatz der sachlichen Spezialität* beeinträchtigt die für die Kommission schon im Primärrecht in Art. 274 Abs. 3 EGV vorgesehene Möglichkeit, bestimmte Mittel während des Haushaltsjahres von einer Untergliederung auf eine andere zu übertragen. Über bestimmte weniger bedeutsame Mittelübertragungen entscheidet die Kommission selbst.[56] Bei bedeutsameren Mittelübertragungen muß die Kommission die Haushaltsbehörde drei Wochen im Voraus von einer von ihr beabsichtigten Mittelübertragung unterrichten. Macht ein Teil der Haushaltsbehörde innerhalb dieser Frist „triftige Gründe" geltend, so beschließt die Haushaltsbehörde über die Mittelübertragung.[57] Die Entscheidungsbefugnisse von Rat und Parlament sind konsequenterweise denjenigen im Haushaltsverfahren nach Art. 272 EGV nachgebildet.[58] Die Verfolgung neuer, nicht im Haushaltsplan vorgesehener Politiken kann durch eine Mittelübertragung nicht erreicht werden, sondern setzt einen Berichtigungshaushaltsplan voraus.[59]

Im Zusammenhang mit dem Grundsatz der sachlichen Spezialität ist auch noch darauf einzugehen, daß jeder Einzelplan einen Titel „Vorläufig eingesetzte Mittel" umfassen kann.[60] Vorläufig werden Mittel eingesetzt, wenn zum Zeitpunkt der Aufstellung des Haushaltsplans der erforderliche Basisrechtsakt (noch) nicht aufgestellt worden oder „aus gewichtigen Gründen" ungewiß ist, ob die Mittelansätze ausreichend sind oder ob die Mittelansätze bei den betreffenden Haushaltslinien nach den Grundsätzen der Wirtschaftlichkeit der Haushaltsführung verwendet werden können. Über die Inanspruchnahme der vorläufig eingesetzten Mittel entscheidet die Haushaltsbehörde: Sie überträgt gegebenenfalls die in dem besonderen Titel eingesetzten Mittel auf die Titel mit den entsprechenden operativen Haushaltslinien. Mit den vorläufig eingesetzten Mitteln steht also der Haus-

---

[54] Gesamthaushaltsplan der Europäischen Union für das Haushaltsjahr 2005, ABl. EU 2005 Nr. L 60/I-9. Vgl. *Birk*, EG-Haushaltsrecht, in: ders., Europäisches Steuer- und Abgabenrecht, § 6 Rn. 43; *Schoo*, in: Schwarze, EU-Kommentar, Art. 268 EGV Rn. 18. Hieraus folgt die sogleich (Kap. 2 A.I.2.) zu beschreibende Gliederung des Haushaltsplans in Titel, Kapitel, Artikel und Posten, Art. 21 HO 2002.
[55] Art. 5 Abs. 1, Abs. 2 HO 2002. Unverständlich ist, daß diese Bestimmungen im Rahmen der Grundsätze der Einheit und der Haushaltswahrheit genannt werden.
[56] Dies ergibt sich aus einem Umkehrschluß zu Art. 23 Abs. 1 UAbs. 2 HO 2002.
[57] Art. 23 Abs. 1 UAbs. 2 i.V.m. Art. 24 HO 2002.
[58] Art. 24 Abs. 2 bis Abs. 4 HO 2002. Zu den Entscheidungsbefugnissen von Rat und Parlament im Haushaltsverfahren unten Kap. 2 A.III.2.
[59] *Niedobitek*, in: Streinz, EUV/EGV, Art. 268 EGV Rn. 27.
[60] Hierzu Art. 43 HO 2002. Vgl. Artikel 31 02 40 und 31 02 41 des Gesamthaushaltsplans 2005, ABl. EU 2005 Nr. L 60/II-1385 ff.

haltsbehörde ein Instrument zur Verfügung, das eine Bewältigung unsicherer Entwicklungen auf relativ einfache Weise ermöglicht und einen ansonsten erforderlichen Berichtigungshaushaltsplan entbehrlich macht. Auf Vorschlag der Kommission kann die Haushaltsbehörde im Fall gravierender Ausführungsschwierigkeiten im übrigen auch Übertragungen nach dem Titel „Vorläufig eingesetzte Mittel" vornehmen.

2. Die Gliederung des Haushaltsplans

Der EG-Vertrag sieht in Art. 271 Abs. 4 vor, daß die Ausgaben des Europäischen Parlaments, des Rates, der Kommission und des Gerichtshofs in gesonderten Teilen des Haushaltsplans aufgeführt werden. Dementsprechend umfaßt der Haushaltsplan *Einzelpläne* mit den Einnahmen- und Ausgabenplänen der Organe.[61] Zu den Organen gehört neben den in Art. 271 Abs. 4 EGV genannten auch der Rechnungshof.[62] Den Organen bezüglich der Ausweisung von Einzelplänen gleichgestellt sind der Wirtschafts- und Sozialausschuß, der Ausschuß der Regionen, der Bürgerbeauftragte und der Europäische Datenschutzbeauftragte.[63] Den Einzelplänen ist eine *Zusammenfassung der Einnahmen und Ausgaben* voranzustellen.[64] Die Mittel in den Einzelplänen sind bezüglich der Einnahmen und Ausgaben nach Titeln und Kapiteln sachlich zu gliedern; die Kapitel ihrerseits sind in Artikel und Posten zu untergliedern.[65]

In dem für die gemeinschaftliche Leistungsverwaltung ausschließlich bedeutsamen Ausgabenplan der Kommission, in dem alle Mittel für gemeinschaftliche Leistungen veranschlagt werden, entspricht ein Titel einem Politikbereich, ein Kapitel in der Regel einem Tätigkeitsfeld.[66] Die neue Haushaltsordnung bestimmt weiterhin, daß jeder Titel operative Mittel und – in einem einzigen Kapitel – Verwaltungsmittel umfaßt.[67] Durch diese Darstellung der Mittel und Ressourcen entsprechend der Zweckbestimmung („activity-based budgeting", ABB), die erstmals im Gesamthaushaltsplan für das Haushaltsjahr 2004 zur Anwendung gekommen ist, sollen die von

---

[61] Art. 40 lit. b HO 2002.
[62] Siehe Art. 7 Abs. 1 UAbs. 1 EGV. Art. 271 Abs. 4 EGV wurde wohl versehentlich nicht angepaßt, als der Rechnungshof in den Rang eines Organs der Gemeinschaft erhoben wurde; vgl. *Waldhoff*, in: Calliess/Ruffert, EUV/EGV², Art. 271 EGV Rn. 4. Zum Rechnungshof ausführlich unten Kap. 4 C.
[63] Art. 1 Abs. 2 HO 2002.
[64] Art. 40 lit. a HO 2002.
[65] Art. 21, Art. 41 Abs. 1 HO 2002. Der EG-Vertrag sieht in Art. 271 Abs. 3 Hs. 1, Art. 274 Abs. 3 eigentlich als oberste Gliederungsebene Kapitel vor; die Haushaltsordnung darf weiterhin die Kapitel ihrerseits unterteilt werden (Art. 271 Abs. 3 Hs. 2, Art. 274 Abs. 3 EGV: „Untergliederung").
[66] Art. 41 Abs. 2 UAbs. 2 HO 2002.
[67] Art. 41 Abs. 2 UAbs. 3, UAbs. 4 HO 2002.

der Gemeinschaft zu tragenden Gesamtkosten einer Politik leicht ermittelbar und damit transparent werden.[68] Der bisherigen Darstellungsweise des Kommissionsausgabenplans mit der Aufteilung in einen Teil A für die Personal- und Verwaltungsausgaben und einen Teil B für die operationellen Ausgaben[69] konnte diese wichtige Information nicht entnommen werden, zumal in Teil B auch bestimmte Verwaltungsausgaben veranschlagt wurden.[70] Weiterhin soll hierdurch, zumindest nach den Vorstellungen des Gemeinschaftsgesetzgebers, die „Transparenz der Haushaltsführung hinsichtlich ihrer Wirtschaftlichkeit und insbesondere ihrer Wirksamkeit" erhöht[71] und der Kommission schließlich auch eine bessere Rechenschaftslegung ermöglicht[72] werden. Der Haushaltsplan wird so zu einer tätigkeitsbezogenen politischen Darstellung, in der sämtliche Initiativen der Kommission nach Tätigkeiten gegliedert und diese wiederum in zentralen Politikbereichen zusammengefaßt werden.[73] Die Einführung des ABB ist eine Komponente eines breiter gefaßten Konzepts, des „activity-based management" (ABM), dessen Ziel es ist, auf allen Organisationsebenen Entscheidungen über politische Prioritäten mit den Entscheidungen über die entsprechenden Ressourcen zu verknüpfen.[74]

II. Einbindung des Haushaltsverfahrens in die mehrjährige Finanzplanung

Gerade auch die Europäische Gemeinschaft als von Mitgliedstaaten getragene, mit Rechtspersönlichkeit versehene Organisation[75] kann nicht auf eine mehrjährige Finanzplanung verzichten.[76] In der mehrjährigen Finanzplanung werden grundlegende Weichenstellungen getroffen, die im Haushaltsverfahren zu beachten sind. Mit dem Eigenmittelbeschluß wird festgelegt, welche Mittel der Gemeinschaft insgesamt für Ausgaben und damit auch für gemeinschaftliche Leistungen zur Verfügung stehen werden; er garantiert ihr ein planbares Finanzvolumen[77] (1). Die mehrjährige Finanz-

---

[68] *Kommission*, Vorschlag Haushaltsordnung, KOM(2000) 461 endg., S. 12; vgl auch *Niedobitek*, in: Streinz, EUV/EGV, Art. 268 EGV Rn. 28.
[69] Art. 19 Abs. 1 HO 1977. Vgl. schon oben Einleitung.
[70] *Kommission*, Vorschlag Haushaltsordnung, KOM(2000) 461 endg., S. 12 f.
[71] Erwgrd. 14 HO 2002. Auch *Reichenbach/von Witzleben*, Verwaltungsmodernisierung, in: Siedentopf, Europäischer Verwaltungsraum, S. 39 (42).
[72] *Kommission*, Maßnahmenbezogenes Management, SEC(2001) 1197/6 & 7, S. 24.
[73] So *Hecker*, in: Lenz/Borchardt, EUV/EGV³, Art. 272 EGV Rn. 7.
[74] *Kommission*, Reform der Kommission I, KOM(2000) 200 endg./2, S. 9; *Kommission*, Maßnahmenbezogenes Management, SEC(2001) 1197/6 & 7, S. 3; vgl. auch *Mehde*, ZEuS 2001, S. 403 (422); *Reichenbach/von Witzleben*, Verwaltungsmodernisierung, in: Siedentopf, Europäischer Verwaltungsraum, S. 39 (42 f.).
[75] Zur Rechtsnatur der Europäischen Gemeinschaft siehe nur *Streinz*, Europarecht⁷, Rn. 118 ff.
[76] Vgl. *Niedobitek*, in: Streinz, EUV/EGV, Art. 272 EGV Rn. 2.
[77] *Graf*, Finanzkontrolle, S. 35.

planung im Bereich der Ausgaben erfolgt mittels der Finanziellen Vorausschau (2).

1. Auf der Einnahmenseite: der Eigenmittelbeschluß

Für die Einnahmenseite der Gemeinschaft[78] sind seit längerer Zeit in erster Linie die sog. Eigenmittelbeschlüsse maßgeblich.[79] Mit Wirkung ab dem Jahr 2002 gilt der „Beschluß des Rates vom 29. September 2000 über das System der Eigenmittel der Europäischen Gemeinschaften"[80].[81] Den Eigenmittelbeschluß umrankt ein Kranz von Rechtsakten zu dessen Durchführung.[82] Die Einnahmen aufgrund des Eigenmittelbeschlusses sind die überragend wichtige Finanzierungsquelle der Europäischen Gemeinschaften. Andere Einnahmen, beispielsweise die Steuer auf die Gehälter der Gemeinschaftsbediensteten[83] oder Geldbußen wegen Verstößen gegen das

---

[78] Hierzu umfassend *Meermagen*, Beitrags- und Eigenmittelsystem, S. 91 ff., insbesondere S. 94 ff., 130 ff. Siehe auch *Kommission*, Finanzierung der EU, KOM(2004) 505 endg./2.

[79] Zur Entwicklung der Finanzierung der Europäischen Gemeinschaft *Bieber*, in: Groeben/Schwarze, EUV/EGV IV⁶, Art. 269 EGV Rn. 12 ff.; *Birk*, Finanzhoheit, in: ders., Europäisches Steuer- und Abgabenrecht, § 5 Rn. 21 ff.; *Niedobitek*, in: Streinz, EUV/EGV, Art. 269 EGV Rn. 1 ff.; *Schoo*, in: Schwarze, EU-Kommentar, Art. 269 EGV Rn. 3 ff.; *Waldhoff*, in: Calliess/Ruffert, EUV/EGV², Art. 269 EGV Rn. 1 f.; *Hallstein*, Die Europäische Gemeinschaft, S. 50 ff. Ausführlich *Meermagen*, Beitrags- und Eigenmittelsystem, S. 130 ff.; siehe auch *Messal*, Eigenmittelsystem.

[80] Beschluß 2000/597/EG, Euratom (Eigenmittelbeschluß 2000). Zuvor Beschluß 94/728/EG, Euratom (Eigenmittelbeschluß 1994), Beschluß 88/376/EWG, Euratom (Eigenmittelbeschluß 1988), Beschluß 85/257/EWG, Euratom (Eigenmittelbeschluß 1985) und Beschluß 70/243/EGKS, EWG, Euratom (Eigenmittelbeschluß 1970); vgl. *Wolffgang/Ulrich*, EuR 1998, S. 616 (617 ff.); *Magiera*, Verwaltungsorganisation, in: Schweitzer, Europäisches Verwaltungsrecht, S. 115 (116); *ders.*, in: GS Grabitz, S. 409 (411 ff.); *Bieber*, in: Groeben/Schwarze, EUV/EGV IV⁶, Art. 269 EGV Rn. 12 ff. Zu Perspektiven der Finanzierung der Europäischen Gemeinschaft *Kommission*, Finanzierung der EU, KOM(2004) 505 endg./2.

[81] In Kraft getreten ist der Beschluß 2000/597/EG, Euratom (Eigenmittelbeschluß 2000) hingegen erst am 1. März 2002, *Kommission*, Vorschlag Durchführung Eigenmittelsystem, KOM(2003) 366 endg., S. 2; vgl. *Niedobitek*, in: Streinz, EUV/EGV, Art. 269 EGV Rn. 8.

[82] Insbesondere VO (EG, Euratom) 1150/2000 (Durchführung Eigenmittelbeschluß), dazu *Kommission*, Vorschlag Durchführung Eigenmittelsystem, KOM(2003) 366 endg.; VO (EG, Euratom) 1026/1999 (Kontrolle der Eigenmittel); VO (EWG, Euratom) 1553/89 (Erhebung der Mehrwertsteuereigenmittel); VO (EG, Euratom) 1287/2003 (Harmonisierung BNE).

[83] Art. 13 Abs. 1 des Protokolls über die Vorrechte und Befreiungen der Europäischen Gemeinschaften vom 8. April 1965; dazu VO (EWG, Euratom, EGKS) 260/68 (Erhebung der Gemeinschaftssteuer).

europäische Kartellrecht[84], machen hingegen nur einen vernachlässigbaren Anteil aus; sie sind auch nicht primär zur Finanzierung des Haushalts bestimmt.[85]

Die Finanzierung einer zwischenstaatlichen Einrichtung durch eigene Mittel und nicht durch Finanzbeiträge der Mitgliedstaaten erfolgt primär mit dem Ziel, der Organisation *Einnahmenautonomie* zu verleihen. Die Einnahmenautonomie bildet den wichtigsten Teilaspekt der Finanzautonomie einer solchen Einrichtung.[86] Sie verlangt grundsätzlich, daß der Organisation Rechtsetzungs- und Ertragskompetenzen im Bereich der Einnahmen zustehen.[87]

a. Die formelle Seite des Eigenmittelbeschlusses

Der Eigenmittelbeschluß findet seine primärrechtliche Grundlage in Art. 269 Abs. 2 EGV. Diese Bestimmung enthält besondere verfahrensrechtliche Vorgaben. Auf gemeinschaftlicher Ebene wird der Eigenmittelbeschluß durch den Rat (als Organ der Gemeinschaft) auf Vorschlag der Kommission[88] und nach Anhörung des Europäischen Parlaments einstimmig inhaltlich festgelegt. Auf mitgliedstaatlicher Ebene muß er wie ein völkerrechtlicher Vertrag gemäß dessen verfassungsrechtlichen Vorschriften angenommen werden; erst hiernach kann er in Kraft treten. Das Wachstum des EG-Haushalts wird also mit einer größeren verfahrensmäßigen Abhängigkeit von den Staaten erkauft.[89] Eine Pflicht zur Annahme der konkreten, durch den Rat festgelegten Bestimmungen besteht für die Mitgliedstaaten nicht.[90] Die Begründung einer derartigen Pflicht aus Art. 6

---

[84] Nunmehr Art. 23 VO (EG) 1/2003 (Kartellverfahren); dazu *Klees*, Kartellverfahrensrecht, § 10; ferner *Terhechte*, EuZW 2004, S. 235 ff.; *Steinle*, EWS 2004, S. 118 ff.; *Sauter*, in: Dauses, HdbEUWiR II (EL 13), H I § 3 Rn. 92 ff.

[85] *Bieber*, in: ders./Epiney/Haag, Europäische Union[6], § 5 Rn. 18.

[86] Zur Finanzautonomie gehören weiterhin eine aufgabenadäquate Finanzausstattung sowie Haushalts- und Ausgabenautonomie; vgl. *Meermagen*, Beitrags- und Eigenmittelsystem, S. 104 f., 121.

[87] *Meermagen*, Beitrags- und Eigenmittelsystem, S. 105 ff., 109, 121; vgl. auch *Eckhoff*, Lastenverteilung, in: Birk, Europäisches Steuer- und Abgabenrecht, § 7 Rn. 7; *Bieber*, in: Groeben/Schwarze, EUV/EGV IV[6], Art. 269 EGV Rn. 7; *ders.*, in: ders./Epiney/Haag, Europäische Union[6], § 5 Rn. 15 ff.

[88] Jüngst *Kommission*, Vorschlag Eigenmittelbeschluß, KOM(2004) 501 endg.

[89] So prägnant *Bieber*, in: ders./Epiney/Haag, Europäische Union[6], § 5 Rn. 19. Siehe auch *Waldhoff*, in: Calliess/Ruffert, EUV/EGV[2], Art. 269 EGV Rn. 3: „Durch das gesamte Verfahren werden die Souveränitätsvorbehalte der Mitgliedstaaten im Finanzbereich augenfällig."

[90] *Meermagen*, Beitrags- und Eigenmittelsystem, S. 196, 198; *Waldhoff*, in: Calliess/Ruffert, EUV/EGV[2], Art. 269 EGV Rn. 3; anderer Ansicht *Schoo*, in: Schwarze, EU-Kommentar, Art. 269 EGV Rn. 23.

Abs. 4 EUV und Art. 10 EGV[91] würde das Zustimmungserfordernis als bloßen Formalismus erscheinen lassen.

Aufgrund dieser Verfahrensausgestaltung ist der Eigenmittelbeschluß jedenfalls nicht dem gemeinschaftlichen Sekundärrecht zuzurechnen.[92] Somit kann er nur dem Primärrecht oder einer zwischen Primär- und Sekundärrecht liegenden Kategorie angehören. Das Bestehen einer primärrechtlichen Grundlage und die inhaltliche Festlegung des Eigenmittelbeschlusses durch ein Gemeinschaftsorgan (nicht aber durch eine Regierungskonferenz[93]) sprechen gegen die Einordnung als Primärrecht.[94] Somit erscheint auch die Einordnung des Verfahrens als „spezielles Vertragsänderungsverfahren" zweifelhaft.[95] Weiterhin steht die Erarbeitung eines Eigenmittelbeschlusses (im Gegensatz zu einer Änderung der Verträge) nicht im Belieben der Mitgliedstaaten; der Vertrag sieht ein Eigenmittelsystem eindeutig als obligatorisch vor: Der Haushalt „wird" vollständig aus Eigenmitteln finanziert; der Rat „legt" die Bestimmungen über das System der Eigenmittel fest (Art. 269 EGV). Der Vertrag enthält sich jedoch bewußt einer Regelung über die Einzelheiten dieses Systems. Er möchte diese einem besonderen Rechtsakt vorbehalten, an dessen Aufstellung aber die Mitgliedstaaten wegen des unmittelbaren Eingriffs in deren Finanzautonomie[96] über deren Zustimmungserfordernis im Rat[97] hinaus beteiligt werden. Demgemäß erscheint die Einordnung des Verfahrens als „besonderes Verfahren der Vertragsausführung"[98] oder als Verfahren der „Vertragsergänzung"[99] naheliegender. Konsequenterweise steht der Eigenmittelbeschluß normenhierarchisch zwischen dem Primär- und dem Sekundärrecht.[100]

---

[91] Zu diesen Bestimmungen siehe auch unten Kap. 2 B.V.2.

[92] *Meermagen*, Beitrags- und Eigenmittelsystem, S. 195; *Niedobitek*, in: Streinz, EUV/EGV, Art. 268 EGV Rn. 5, Art. 269 EGV Rn. 11.

[93] Vgl. Art. 48 EUV.

[94] *Fugmann*, Gesamthaushalt, S. 145: „Abgeleitetes Recht kann begrifflich kein Primärrecht sein."

[95] Diese Einordnung bei *Magiera*, in: Grabitz/Hilf, Recht der EU, Altband II, Art. 201 EGV (EL 7) Rn. 9: Spezialitätsverhältnis gegenüber der „allgemeinen Regelung" des Art. 48 EUV; zustimmend *Niedobitek*, in: Streinz, EUV/EGV, Art. 268 EGV Rn. 5, Art. 269 EGV Rn. 11; wohl auch *Graf*, Finanzkontrolle, S. 34, der den Eigenmittelbeschlüssen „vertragsähnlichen Charakter" beimißt.

[96] *Schoo*, in: Schwarze, EU-Kommentar, Art. 269 EGV Rn. 22. Vgl. auch *Hecker*, in: Lenz/Borchardt, EUV/EGV³, Art. 269 EGV Rn. 3: Schutz „der den nationalen Parlamenten zustehenden Einnahmeinitiative".

[97] Wegen des Einstimmigkeitserfordernisses muß schon jeder Mitgliedstaat im Rat zugestimmt haben, bevor das Annahmeverfahren auf die mitgliedstaatliche Ebene weitergeleitet werden kann.

[98] So *Bieber*, in: Groeben/Schwarze, EUV/EGV IV⁶, Art. 269 EGV Rn. 10.

[99] Vgl. *Niedobitek*, in: Streinz, EUV/EGV, Art. 268 EGV Rn. 5.

[100] *Bieber*, in: Groeben/Schwarze, EUV/EGV IV⁶, Art. 269 EGV Rn. 11. Anderer Ansicht *Niedobitek*, in: Streinz, EUV/EGV, Art. 269 EGV Rn. 11: „Der Eigenmittelbeschluss

b. Die materielle Seite des Eigenmittelbeschlusses

Der Eigenmittelbeschluß sieht zunächst eine *Eigenmittelobergrenze* vor: Der Gesamtbetrag der Eigenmittel, der den Gemeinschaften für Zahlungen zur Verfügung steht, die Höhe der Einnahmen also, darf einen bestimmten Prozentsatz des Gesamtbetrags des Bruttosozialprodukts (BSP) der Mitgliedstaaten nicht überschreiten.[101] Da die Gemeinschaft sich im Grundsatz nur durch Eigenmittel finanzieren darf (Art. 269 Abs. 1 EGV), insbesondere sich grundsätzlich keine Finanzmittel auf dem Kapitalmarkt beschaffen darf,[102] bedeutet die Eigenmittelobergrenze eine nahezu absolute Grenze für das gemeinschaftliche Haushaltsvolumen.[103] Sie liegt derzeit bei 1,24 Prozent des Gesamtbetrags des BSP der Mitgliedstaaten.[104]

Der Eigenmittelbeschluß sieht weiterhin derzeit *vier Kategorien von Eigenmitteln* vor:[105]

– Abgaben auf den Warenverkehr im Rahmen der gemeinsamen Agrarpolitik sowie Abgaben im Rahmen der gemeinsamen Marktorganisation für Zucker,
– Zölle, v.a. des Gemeinsamen Zolltarifs,
– Mehrwertsteuereinnahmen und
– Einnahmen auf der Grundlage des BSP der Mitgliedstaaten.

---

zählt (...) zum primären Gemeinschaftsrecht, welches er authentisch interpretiert." Den Eigenmittelbeschluß als Interpretation des Art. 269 EGV zu bezeichnen, ist allerdings meines Erachtens ausgeschlossen, da sich dieser Bestimmung für die Ausgestaltung des Eigenmittelsystems kaum Vorgaben entnehmen lassen, die interpretiert werden könnten. Siehe auch *Hecker*, in: Lenz/Borchardt, EUV/EGV³, Art. 269 EGV Rn. 6: „haushaltsrechtliche Maßnahme zur Bestimmung der in den Haushalt der EG einzusetzenden eigenen Mittel". Gleichfalls *Waldhoff*, in: Calliess/Ruffert, EUV/EGV², Art. 269 EGV Rn. 3: Der Eigenmittelbeschluß konkretisiert Art. 269 EGV rechtsverbindlich und bildet einen „Gemeinschaftsrechtsakt eigener Art mit der Wirkung primären Gemeinschaftsrechts".

[101] Art. 3 Abs. 1 S. 1 Beschluß 2000/597/EG, Euratom (Eigenmittelbeschluß 2000).
[102] *Hecker*, in: Lenz/Borchardt, EUV/EGV³, Art. 269 EGV Rn. 1; umfassend *Gesmann-Nuissl*, Verschuldungsbefugnis. Siehe auch Art. 1 Abs. 2 Beschluß 2000/597/EG, Euratom (Eigenmittelbeschluß 2000).
[103] Vgl. *Graf*, Finanzkontrolle, S. 34.
[104] Art. 3 Abs. 1 S. 2, Abs. 3 Beschluß 2000/597/EG, Euratom (Eigenmittelbeschluß 2000) i.V.m. *Kommission*, Anpassung der Eigenmittelobergrenze, KOM(2001) 801 endg., S. 3; zu Vorgaben zur Berechnung des BSP vgl. Art. 2 Abs. 7 Beschluß 2000/597/EG, Euratom und VO (EG) 2223/96 (Volkswirtschaftliche Gesamtrechnungen). Vgl. *Bieber*, in: ders./Epiney/Haag, Europäische Union⁶, § 5 Rn. 17.
Hingewiesen werden soll noch darauf, daß eine „Korrektur der Haushaltsungleichgewichte zugunsten des Vereinigten Königreichs" (sog. Briten-Rabatt) besteht: Das Vereinigte Königreich beteiligt sich an der Finanzierung der Europäischen Gemeinschaft in geringerem Ausmaß als die anderen Mitgliedstaaten. Der Betrag, den diese ausgleichen müssen, beträgt im Haushaltsjahr 2005 immerhin über 5 Milliarden Euro, siehe Gesamthaushaltsplan der Europäischen Union für das Haushaltsjahr 2005, ABl. EU 2005 Nr. L 60/I-17.
[105] Art. 2 Abs. 1 Beschluß 2000/597/EG, Euratom (Eigenmittelbeschluß 2000).

Die ersten beiden Kategorien werden als „traditionelle" Eigenmittel bezeichnet.[106] Diese Einnahmen entstehen aufgrund der Politiken der Gemeinschaft; bei ihnen entscheidet sie über die Entstehungsvoraussetzungen und die Höhe der Abgaben. Weiterhin wird deren Aufkommen der Gemeinschaft unmittelbar zugeleitet; die Mitgliedstaaten dürfen lediglich einen – wohl übertrieben hohen[107] – Anteil von 25 Prozent als Erhebungskosten abziehen.[108] Damit erfüllen diese beiden Kategorien unproblematisch die soeben angeführten materiellen Voraussetzungen, die an das Vorliegen eigener Mittel zu stellen sind.[109] Allerdings gilt es zu bedenken, daß die Agrar- und Zuckerabgaben sowie die Zölle nicht in erster Linie zur Erzielung von Einnahmen, sondern zu Lenkungszwecken erhoben werden und obendrein aufgrund der Liberalisierung des Welthandels eher abgebaut werden müssen, folglich nur bedingt geeignet sind, der Gemeinschaft Einnahmen- und damit auch Finanzautonomie zu verschaffen.

Die Mehrwertsteuereinnahmen bilden die erste Kategorie der „ergänzenden Eigenmittel"[110]. Sie erfüllen die genannten Voraussetzungen nicht: Aufgrund der konkreten Ausgestaltung dieser Einnahmenkategorie ist die Bindung der Mehrwertsteuereigenmittel an die tatsächlichen Einnahmen stark eingeschränkt, so daß die Mehrwertsteuer lediglich die Berechnungsgrundlage für einen Finanzbeitrag darstellt.[111]

Die Einnahmen auf der Grundlage des BSP der Mitgliedstaaten, die mittlerweile die mit Abstand bedeutendste Kategorie darstellen (siehe Tabelle 2) und deren Höhe sich im Rahmen der Eigenmittelobergrenze nach dem Bedarf der Gemeinschaft richtet, sind unzweifelhaft keine Eigenmittel im materiellen Sinne, sondern Finanzbeiträge der Mitgliedstaaten.[112] Sie sind an der Leistungsfähigkeit der einzelnen Mitgliedstaaten orientiert und bezwecken eine größere Beitragsgerechtigkeit.[113]

Das geltende Eigenmittelsystem kann man folglich nur dann als vertragskonform ansehen, wenn Art. 269 EGV ein ausschließlich formeller Eigenmittelbegriff zugrunde liegt: Eigene Mittel sind solche, die der Ge-

---

[106] Siehe nur *Europäische Union*, Finanzbericht 2002, S. 19; *Graf*, Finanzkontrolle, S. 35; *Hecker*, in: Lenz/Borchardt, EUV/EGV³, Art. 269 EGV Rn. 4; *Meermagen*, Beitrags- und Eigenmittelsystem, S. 187.; vgl. auch *Eckhoff*, Lastenverteilung, in: Birk, Europäisches Steuer- und Abgabenrecht, § 7 Rn. 9: „originäre" Eigenmittel.

[107] Vgl. *Bieber*, in: ders./Epiney/Haag, Europäische Union⁶, § 5 Rn. 35.

[108] Art. 2 Abs. 3 Beschluß 2000/597/EG, Euratom (Eigenmittelbeschluß 2000).

[109] Vgl. *Eckhoff*, Lastenverteilung, in: Birk, Europäisches Steuer- und Abgabenrecht, § 7 Rn. 7, 10.

[110] *Eckhoff*, Lastenverteilung, in: Birk, Europäisches Steuer- und Abgabenrecht, § 7 Rn. 11.

[111] Hierzu ausführlich *Meermagen*, Beitrags- und Eigenmittelsystem, S. 209 ff.

[112] *Bieber*, in: ders./Epiney/Haag, Europäische Union⁶, § 5 Rn. 19; *Niedobitek*, in: Streinz, EUV/EGV, Art. 269 EGV Rn. 6.

[113] Siehe *Schoo*, in: Schwarze, EU-Kommentar, Art. 269 EGV Rn. 17.

meinschaft aufgrund des Beschlusses nach Art. 269 Abs. 2 EGV zustehen.[114] Allerdings hat dieses Verständnis dann auch zur Konsequenz, daß die Gemeinschaft zwar über „eigene Mittel", jedoch nicht notwendig über wirkliche Finanzautonomie verfügt,[115] obwohl der Übergang zu einem Eigenmittelsystem gerade letztere herbeiführen sollte.[116] Immerhin besitzen die Mitgliedstaaten aufgrund der Ratifizierung des Eigenmittelbeschlusses kein Entscheidungsrecht mehr über die zur Finanzierung eines konkreten Haushaltsplans bestimmten Einnahmen.[117]

Tabelle 2: Einnahmen der Gemeinschaft aus Eigenmitteln 1999 bis 2003[118] (Beträge in Mrd. EUR; in Klammern der prozentuale Anteil an den Gesamteinnahmen)

	1999	2000	2001	2002	2003
Gesamteinnahmen	86,9	92,7	94,2	95,4	93,4
Agrar- und Zuckerabgaben	2,4 (2,8 %)	2,1 (2,3 %)	1,8 (1,9 %)	1,2* (1,3 %)	1,4 (1,5 %)
Zölle	13,0 (15,0 %)	13,1 (14,1 %)	12,8 (13,6 %)	7,9* (8,3 %)	9,4 (10,1 %)
MwSt-Einnahmen	31,2 (36,1 %)	35,2 (37,9 %)	31,3 (33,2 %)	22,4 (23,5 %)	21,3 (22,7 %)
BSP-Einnahmen	36,7 (42,6 %)	37,6 (40,5 %)	34,9 (37,0 %)	46,0 (48,3 %)	51,2 (55,1 %)

*Von dem Aufkommen, das 2002 bei den mitgliedstaatlichen Verwaltungen tatsächlich angefallen ist, durften die Mitgliedstaaten einen bestimmten Anteil als zusätzliche Erhebungskosten für das Jahr 2001 einbehalten.[119]

2. Auf der Ausgabenseite: die Finanzielle Vorausschau

Die derzeit maßgebliche Finanzielle Vorausschau 2000-2006 ist in einem Anhang zur Interinstitutionellen Vereinbarung vom 6. Mai 1999 zwischen

---

[114] *Bieber*, in: Groeben/Schwarze, EUV/EGV IV[6], Art. 269 EGV Rn. 7; *Meermagen*, Beitrags- und Eigenmittelsystem, S. 220 f.

[115] Die Finanzautonomie der Gemeinschaft nach dem geltenden Eigenmittelsystem bezweifeln denn auch *Niedobitek*, in: Streinz, EUV/EGV, Art. 269 EGV Rn. 6; *Meermagen*, Beitrags- und Eigenmittelsystem, S. 225 ff. Bezeichnenderweise spricht sogar der Eigenmittelbeschluß selbst davon, daß das Eigenmittelsystem der Europäischen Gemeinschaften „der Beitragskapazität der einzelnen Mitgliedstaaten bestmöglich Rechnung tragen" soll, Erwgrd. 1 Beschluß 2000/597/EG, Euratom (Eigenmittelbeschluß 2000).

[116] *Hecker*, Lenz/Borchardt, EUV/EGV[3], Art. 269 EGV Rn. 1.

[117] *Bieber*, in: Groeben/Schwarze, EUV/EGV IV[6], Art. 269 EGV Rn. 7.

[118] Quellen: *Europäische Union*, Finanzberichte 1999, S. 15; 2000, S. 25 ff.; 2001, S. 27 ff.; 2002, S. 19 ff.; 2003, S. 22 ff.

[119] Vgl. Art. 2 Abs. 3 Beschluß 2000/597/EG, Euratom (Eigenmittelbeschluß 2000); *Europäische Union*, Finanzbericht 2002, S. 20.

dem Europäischen Parlament, dem Rat und der Kommission über die Haushaltsdisziplin und die Verbesserung des Haushaltsverfahrens[120] wiedergegeben. Sie stellt den Bezugsrahmen für die interinstitutionelle Haushaltsdisziplin dar und soll während eines mittelfristigen Zeitraums eine geordnete Entwicklung der Ausgaben der Europäischen Union in den Grenzen der Eigenmittel gewährleisten.[121]

Die Finanzielle Vorausschau enthält acht *Ausgabenrubriken*: Ausgaben im Rahmen der Landwirtschaftspolitik, für strukturpolitische Maßnahmen, im Rahmen der internen Politikbereiche, im Rahmen der externen Politikbereiche sowie Verwaltungsausgaben, Reserven, Heranführungshilfen und Ausgleichsbeträge. Diese Rubriken untergliedern sich teilweise in Teilrubriken. Für sie sind *jährliche Höchstbeträge* festgesetzt.[122] Durch die Inanspruchnahme eines sog. Flexibilitätsinstruments können jedoch bestimmte Ausgaben finanziert werden, die innerhalb des Höchstbetrags einer oder mehrerer Rubriken an sich nicht getätigt werden könnten, jedoch nur bis zu einem Betrag von 200 Mio. Euro jährlich.[123] Über die Inanspruchnahme beschließen die beiden Teile der Haushaltsbehörde „einvernehmlich" gemäß den Abstimmungsregeln des Art. 272 Abs. 9 UAbs. 5 EGV auf Vorschlag der Kommission.[124] Die insgesamt für Zahlungen vorgesehenen Höchstbeträge bleiben stets deutlich unterhalb der Eigenmittelobergrenze.[125] Die Finanzielle Vorausschau beläßt also einen Spielraum für unvorhergesehene Ausgaben.

Die Finanzielle Vorausschau ist zum einen vor Durchführung des jährlichen Haushaltsverfahrens an die Entwicklung des Bruttosozialprodukts und

---

[120] ABl. EG 1999 Nr. C 172/1 (im folgenden: Interinstitutionelle Vereinbarung vom 6. Mai 1999; dazu *Godet*, RTDE 2000, S. 273 ff.). Zur Fortentwicklung der Finanziellen Vorausschau anläßlich der Erweiterung „Beschluss des Europäischen Parlaments und des Rates vom 19. Mai 2003 zur Anpassung der Finanziellen Vorausschau anlässlich der Erweiterung", ABl. EU 2003 Nr. L 147/25, und „Beschluss des Europäischen Parlaments und des Rates vom 19. Mai 2003 zur Änderung der Finanziellen Vorausschau", ABl. EU 2003 Nr. L 147/31.

[121] Tz. 8 f. der Interinstitutionellen Vereinbarung vom 6. Mai 1999 (Fn. 120). Siehe auch *Niedobitek*, in: Streinz, EUV/EGV, Art. 270 EGV Rn. 11: Finanzielle Vorausschau als „Kernstück der Haushaltsdisziplin".

[122] Vgl. Tz. 11 der Interinstitutionellen Vereinbarung vom 6. Mai 1999 (Fn. 120). Zu beachten ist, daß die Höchstbeträge keine Zielvorgaben sind; vgl. *Storr*, EuR 2001, S. 846 (851 in Fn. 33).

[123] Tz. 24 Abs. 1 der Interinstitutionellen Vereinbarung vom 6. Mai 1999 (Fn. 120). Im Haushaltsjahr 2000 wurde beispielsweise durch Inanspruchnahme des Flexibilitätsinstruments der Höchstbetrag für die Ausgaben für strukturpolitische Maßnahmen um 200 Mio. Euro überschritten, siehe *Europäische Union*, Finanzbericht 2002, S. 15.

[124] Tz. 24 Abs. 4 bis Abs. 6 der Interinstitutionellen Vereinbarung vom 6. Mai 1999 (Fn. 120).

[125] Siehe *Kommission*, Technische Anpassung der Finanziellen Vorausschau für das Haushaltsjahr 2005, KOM(2003) 785 endg., S. 6.

der Preise anzupassen. Da es sich hierbei um eine rein „technische Anpassung" handelt, wird sie von der Kommission vorgenommen.[126] Die Finanzielle Vorausschau kann zum anderen auf Vorschlag der Kommission auch geändert werden, um – so die Formulierung in der Interinstitutionellen Vereinbarung – „auf unvorhergesehene Situationen reagieren zu können".[127] Auch bei einer Änderung muß die Eigenmittelobergrenze beachtet werden. Das Beschlußverfahren richtet sich danach, inwieweit sich der Spielraum für unvorhergesehene Ausgaben verringert. Verbleibt dieser zumindest bei 0,03 % des BSP der Gemeinschaft, so bedarf die Änderung eines gemeinsamen Beschlusses der beiden Teile der Haushaltsbehörde, der gemäß den in Art. 272 Abs. 9 UAbs. 5 EGV festgelegten Abstimmungsregeln zustande kommt. Ansonsten ist ein gemeinsamer Beschluß erforderlich, bei dem der Rat nicht nur mit qualifizierter Mehrheit, sondern einstimmig beschließen muß.

III. Das Haushaltsverfahren nach Art. 272 EGV[128]

Das Verfahren zur Aufstellung und Feststellung des Haushaltsplans ist im Vertrag in Art. 272 als eigenständiges, sehr komplexes[129] Verfahren ausführlich, insbesondere auch unter Einschluß genauer zeitlicher Vorgaben geregelt. In der Haushaltspraxis hat sich dennoch ein Bedürfnis nach ergänzenden Regelungen ergeben. Diese finden sich aufgrund der Ermächtigung des Art. 279 Abs. 1 UAbs. 1 lit. a EGV in der Haushaltsordnung sowie in der bereits im Zusammenhang mit der Finanziellen Vorausschau angesprochenen Interinstitutionellen Vereinbarung vom 6. Mai 1999 über die Haushaltsdisziplin und die Verbesserung des Haushaltsverfahrens[130].

---

[126] Tz. 15 der Interinstitutionellen Vereinbarung vom 6. Mai 1999 (Fn. 120). Zuletzt *Kommission*, Technische Anpassung der Finanziellen Vorausschau für das Haushaltsjahr 2005, KOM(2003) 785 endg.

[127] Tz. 19 der Interinstitutionellen Vereinbarung vom 6. Mai 1999 (Fn. 120); hierauf gestützt Beschluß 2003/430/EG (Änderung der Finanziellen Vorausschau). Eine spezielle Form der Änderung der Finanziellen Vorausschau in Form ihrer Anpassung anläßlich der Erweiterung ist in Tz. 25 vorgesehen; hierauf gestützt Beschluß 2003/429/EG (Anpassung der Finanziellen Vorausschau).

[128] Graphische Übersicht über das Haushaltsverfahren bei *Fugmann*, in: Dauses, HdbEUWiR I (EL 4), A III Rn. 58; *Streinz*, Europarecht[7], Rn. 669a.

[129] *Schoo*, in: Schwarze, EU-Kommentar, Art. 272 EGV Rn. 1. Siehe auch *Waldhoff*, in: Calliess/Ruffert, EUV/EGV[2], Art. 269 EGV Rn. 1, der auf eine geringe Übersichtlichkeit hinweist.

[130] Zuvor Interinstitutionelle Vereinbarung vom 29. Oktober 1993, ABl. EG 1993 Nr. C 331/1, Interinstitutionelle Vereinbarung vom 29. Juni 1998, ABl. EG 1988 Nr. L 185/33 (dazu *Timmann*, EuR 1988, S. 273 ff.; EuR 1989, S. 13 ff. und EuR 1991, S. 121 ff.) und Gemeinsame Erklärung vom 30. Juni 1982, ABl. EG 1982 Nr. C 194/1. Siehe auch *Schoo*, in: Schwarze, EU-Kommentar, Art. 272 EGV Rn. 3.

Im Haushaltsverfahren werden der Umfang der für gemeinschaftliche Leistungen in einem bestimmten Jahr zur Verfügung stehenden Mittel verbindlich festgelegt und somit für die gemeinschaftliche Leistungsverwaltung grundlegende Entscheidungen getroffen. Die Verabschiedung des Haushaltsplans ist für das ordnungsgemäße Funktionieren der Gemeinschaft unerläßlich.[131] Das Haushaltsverfahren kann in eine Vorbereitungs- und eine Entscheidungsphase aufgeteilt werden.[132] An der Aufstellung des Haushaltsplans sind in erster Linie die *Kommission* und die sog. *Haushaltsbehörde* beteiligt. Die Haushaltsbehörde ist keine besondere Institution; vielmehr setzt sie sich aus dem Europäischem Parlament und dem Rat zusammen.[133] Die Zusammenfassung unter diesen Begriff soll die gemeinsame Verantwortung dieser beiden Organe bei der Aufstellung des Haushaltsplans hervorheben.[134] Ihre jeweiligen Aufgaben und Befugnisse bleiben davon unberührt.

1. Vorbereitungsphase

Zunächst stellt jedes Organ, auch die Kommission[135], vor dem 1. Juli des dem Haushaltsjahr vorangehenden Jahres einen *Haushaltsvoranschlag* für seine Ausgaben auf (Art. 272 Abs. 2 UAbs. 1 S. 1 EGV). Die Haushaltsordnung[136] erstreckt diese Pflicht über die Organe im Sinne von Art. 7 Abs. 1 UAbs. 1 EGV hinaus auf alle Einrichtungen, für die der Gesamthaushaltsplan einen eigenen Einzelplan aufweist. Somit müssen auch der Wirtschafts- und Sozialausschuß, der Ausschuß der Regionen, der Bürgerbeauftragte und der Europäische Datenschutzbeauftragte einen Voranschlag aufstellen. Die Voranschläge faßt die Kommission in einem *Vorentwurf für den Haushaltsplan* zusammen (Art. 272 Abs. 2 UAbs. 1 S. 2 EGV), den sie spätestens am 1. September dem Rat vorlegt (Art. 272 Abs. 3 UAbs. 1 EGV). Die Haushaltsordnung verpflichtet die Kommission weiterhin, den Vorentwurf gleichzeitig dem Europäischen Parlament zu übermitteln.[137] Der Haushaltsplanvorentwurf enthält einen zusammengefaßten Gesamtplan der Ausgaben und Einnahmen der Gemeinschaften sowie die einzelnen Haus-

---

[131] So zu Recht *Bieber*, in: Groeben/Schwarze, EUV/EGV IV⁶, Art. 272 EGV Rn. 36.

[132] Die Begriffe „Vorbereitungsphase" und „Entscheidungsphase" verwenden auch *Schoo*, in: Schwarze, EU-Kommentar, Art. 272 EGV Rn. 2; *Rossi*, Parlament und Haushaltsverfassungsrecht, S. 75, 78; *Magiera*, Verwaltungsorganisation, in: Schweitzer, Europäisches Verwaltungsrecht, S. 115 (120 f.).

[133] Vgl. Art. 9 Abs. 5 HO 2002.

[134] *Niedobitek*, in: Streinz, EUV/EGV, Art. 272 EGV Rn. 9.

[135] Vgl. Art. 31 Abs. 2 S. 2 HO 2002. Hierzu ausführlicher *Graf*, Finanzkontrolle, S. 50 ff.

[136] Art. 31 Abs. 1 HO 2002.

[137] Art. 33 Abs. 1 UAbs. 1 S. 2 HO 2002.

haltsvoranschläge (vgl. Art. 272 Abs. 2 UAbs. 2 EGV).[138] Die Kommission fügt dem Vorentwurf eine Stellungnahme bei, die angemessen begründete[139] abweichende Voranschläge enthalten kann (Art. 272 Abs. 2 UAbs. 1 S. 3 EGV). Aus letzterem ergibt sich, daß die Kommission bei der Zusammenfassung der Voranschläge diese nicht ändern darf.[140]

Mittel für gemeinschaftliche Leistungen werden nahezu ausschließlich im Einzelplan der Kommission festgesetzt.[141] Dies ist primärrechtlich in erster Linie durch Art. 274 EGV vorgegeben: Die Kompetenz zur Ausführung des Haushaltsplans liegt ausschließlich bei der Kommission, die anderen Organe hingegen haben nur Befugnisse hinsichtlich „ihrer" Ausgaben, d.h. der Ausgaben, die sich aus ihrer Stellung als Organ ergeben, wozu die Mittel für gemeinschaftliche Leistungen nicht gehören. Die Einsetzung dieser Mittel in den Kommissionseinzelplan ist somit konsequent. Sie erfolgt weiterhin auch unabhängig davon, nach welchem Verwaltungsmodell die Leistungen vergeben werden.

In der Interinstitutionellen Vereinbarung vom 6. Mai 1999 verpflichtet sich die Kommission, einen Vorentwurf[142] vorzulegen, der dem tatsächlichen Finanzierungsbedarf der Gemeinschaft entspricht.[143] Hierbei berücksichtigt sie insbesondere die Notwendigkeit, eine Ausgabenentwicklung gegenüber dem vorhergehenden Haushaltsjahr sicherzustellen, die den Erfordernissen der Haushaltsdisziplin entspricht. Sie berücksichtigt weiterhin die Kapazität zur Ausführung der Mittel, d.h. es sollen keine Mittel im Voranschlag vorgesehen sein, die wahrscheinlich nicht oder zumindest nicht rechtmäßig und wirtschaftlich verwendet werden können. Im Hinblick hierauf verpflichten sich Rat und Parlament im Gegenzug, der Beurteilung durch die Kommission im weiteren Verlauf des Haushaltsverfahrens Rechnung zu tragen.[144]

Die Interinstitutionelle Vereinbarung sieht weiterhin vor, daß nach der technischen Anpassung der Finanziellen Vorausschau[145], aber noch vor dem Beschluß der Kommission über den Vorentwurf des Haushaltsplans ein sog. *Trilog* einberufen wird.[146] Die drei am Haushaltsverfahren beteiligten Organe (Kommission, Rat und Parlament) sollen „unter Wahrung ihrer Zuständigkeiten" die für den Haushaltsplan des betreffenden Haushaltsjahres

---

[138] Art. 33 Abs. 1 UAbs. 2 HO 2002.
[139] Art. 33 Abs. 2 lit. b HO 2002.
[140] Vgl. *Bieber*, in: Groeben/Schwarze, EUV/EGV IV⁶, Art. 272 EGV Rn. 14.
[141] Siehe schon oben Kap. 2 A.2.
[142] Hier wäre besser der Begriff „Voranschlag" verwendet worden.
[143] Tz. 28 der Interinstitutionellen Vereinbarung vom 6. Mai 1999 (Fn. 120).
[144] Tz. 29 der Interinstitutionellen Vereinbarung vom 6. Mai 1999 (Fn. 120).
[145] Siehe oben Kap. 2 A.II.2.
[146] Anhang III der Interinstitutionellen Vereinbarung vom 6. Mai 1999 (Fn. 120).

in Betracht zu ziehenden politischen Prioritäten erörtern.[147] Auf diese Weise sollen mögliche Konfliktfelder schon frühzeitig aufgedeckt und mögliche Lösungen erarbeitet werden. Der Verweis auf die Zuständigkeiten macht aber schon deutlich, daß sich die Organe durch den Trilog nicht für das weitere Haushaltsverfahren selbst binden.

Zur Vorbereitungsphase kann schließlich die Feststellung des *Höchstsatzes* für die Erhöhung einer der beiden den Verlauf der Entscheidungsphase wesentlich bestimmenden Ausgabenkategorien, nämlich der sog. nichtobligatorischen Ausgaben[148], gemäß Art. 272 Abs. 9 UAbs. 2 EGV gerechnet werden. Dieser ist grundsätzlich sowohl in der Vorbereitungs- als auch in der Entscheidungsphase einzuhalten (Art. 272 Abs. 9 UAbs. 3 EGV). Die Festlegung erfolgt durch die Kommission vor dem 1. Mai nach Anhörung des Ausschusses für Wirtschaftspolitik[149] anhand der in Art. 272 Abs. 9 UAbs. 2 EGV genannten „objektiven Kriterien"[150]. Allerdings läßt sich dem Vertrag keine Berechnungsmethode entnehmen. Eine solche hat die Kommission in einem Vermerk[151] an den Ausschuß für Wirtschaftspolitik aus dem Jahr 1974 aufgestellt; sie scheint noch immer maßgeblich zu sein.[152] Der Höchstsatz wird in einem Prozentsatz ausgedrückt, dessen Bezugsgröße die Gesamtheit der für das laufende Haushaltsjahr veranschlagten nichtobligatorischen Ausgaben bildet.[153]

2. Entscheidungsphase

Die weitere Behandlung des Haushaltsplanvorentwurfs der Kommission ist durch ein komplexes Zwischenspiel zwischen dem Rat und dem Europäi-

---

[147] Vgl. *Niedobitek*, in: Streinz, EUV/EGV, Art. 272 EGV Rn. 2.

[148] Zur Unterscheidung zwischen obligatorischen und nichtobligatorischen Ausgaben ausführlich unten Kap. 2 A.III.4.

[149] Hierzu Beschluß 2000/604/EG (Ausschuß für Wirtschaftspolitik). Jeder Mitgliedstaat, die Kommission und die Europäische Zentralbank entsenden jeweils zwei Mitglieder in diesen Ausschuß. In erster Linie wirkt er an der Vorbereitung der Arbeit des Rates zur Koordinierung der Wirtschaftspolitik der Mitgliedstaaten und der Gemeinschaft mit und berät die Kommission und den Rat.

[150] EuGH, Rs. 34/86 – Rat/Parlament, Slg. 1986, 2155 (Rn. 18, 34); EuGH, Rs. C-41/95 – Rat/Parlament, Slg. 1995, I-4411 (Rn. 21, 23); *Bieber*, EuR 1982, S. 115 (126); *ders.*, in: Groeben/Schwarze, EUV/EGV IV[6], Art. 272 EGV Rn. 30; *Hecker*, in: Lenz/Borchardt, EUV/EGV[3], Art. 272 EGV Rn. 10.

[151] In französischer Fassung abgedruckt in: Commentaire Mégret Bd. 11, S. 455 (Annexe II).

[152] Siehe *Discors*, in: Commentaire Mégret Bd. 11, Tz. 585: „La méthode de calcul (...) ne fait pas l'objet de contestation."

[153] *Bieber*, in: Groeben/Schwarze, EUV/EGV IV[6], Art. 272 EGV Rn. 30, *Rossi*, Parlament und Haushaltsverfassungsrecht, S. 120. Siehe die Übersicht bei *Discors*, in: Commentaire Mégret Bd. 11, Tz. 585 für die Höchstsätze für die Jahre 1981 bis 1998.

Die Rechtsetzungsebene der gemeinschaftlichen Leistungsverwaltung 79

schen Parlament, d.h. innerhalb der Haushaltsbehörde, geprägt.[154] Die Kommission ist in dieser Phase – vergleichbar ihrer Stellung nach Abgabe eines Vorschlags im Sachgesetzgebungsverfahren – nur in einer nachgeordneten Rolle beteiligt.

a. Aufstellung des Entwurfs im Rat

Auf der Grundlage des Vorentwurfs stellt der Rat den *Entwurf* des Haushaltsplans mit qualifizierter Mehrheit auf (Art. 272 Abs. 3 UAbs. 3 Hs. 1 EGV). Da Art. 272 EGV von einem „Vorentwurf für den Haushaltsplan", nicht hingegen von einem Vorschlag der Kommission spricht, die Kommission weiterhin bei der Zusammenfassung der Voranschläge nur den Inhalt ihres eigenen Voranschlags bestimmen kann, ist der Vorentwurf nicht als Vorschlag im Sinne des Art. 250 Abs. 1 EGV einzuordnen, so daß der Rat Änderungen des Vorentwurfs nicht einstimmig beschließen muß.[155] Für die qualifizierte Mehrheit bei der Aufstellung gilt folglich Art. 205 Abs. 2 UAbs. 3 EGV. Der aufgestellte Entwurf ist dem Europäischen Parlament mit einer Begründung[156] spätestens bis zum 5. Oktober zuzuleiten (Art. 272 Abs. 3 UAbs. 3, Abs. 4 UAbs. 1 EGV).

Will der Rat von dem Vorentwurf abweichen, so muß er sich mit der Kommission und gegebenenfalls den anderen beteiligten Organen ins Benehmen setzen (Art. 272 Abs. 3 UAbs. 2 EGV); der Rat muß also deren Stellungnahme einholen, die allerdings unverbindlich ist.[157] Die Haushaltsordnung sieht diesbezüglich weiterhin vor, daß der Rat begründen muß, warum er vom Haushaltsplanvorentwurf und damit auch von den einzelnen Haushaltsvoranschlägen abweicht.[158]

b. Behandlung des Entwurfs im Europäischen Parlament

Dem Europäischen Parlament, dem der Entwurf zugeleitet worden ist, stehen nun verschiedene Handlungsmöglichkeiten zur Verfügung: Es kann das Verfahren zur Aufstellung des Haushaltsplans durch Erteilung einer ausdrücklichen *Zustimmung* innerhalb von fünfundvierzig Tagen nach der

---

[154] Vgl. *Schoo*, in: Schwarze, EU-Kommentar, Art. 272 EGV Rn. 2, 9.

[155] *Niedobitek*, in: Streinz, EUV/EGV, Art. 272 EGV Rn. 19; *Schoo*, in: Schwarze, EU-Kommentar, Art. 272 EGV Rn. 10. Siehe aber *Bieber*, in: Groeben/Schwarze, EUV/EGV IV⁶, Art. 272 EGV Rn. 17: In beiden Fällen werde auf einen „Vorschlag" der Kommission abgestellt. In Art. 272 EGV ist aber gerade nicht von einem „Vorschlag" der Kommission die Rede. Auch in der englischen und der französischen Sprachfassung werden in Art. 250 Abs. 1 und Art. 272 EGV abweichende Begriffe verwendet („proposal" bzw. „preliminary draft budget"; „proposition" bzw. „avant-projet de budget").

[156] Sekundärrechtlich gefordert durch Art. 35 Abs. 2 S. 1 HO 2002.

[157] *Niedobitek*, in: Streinz, EUV/EGV, Art. 272 EGV Rn. 16.

[158] Art. 35 Abs. 2 S. 2 HO 2002; siehe *Waldhoff*, in: Calliess/Ruffert, EUV/EGV², Art. 272 EGV Rn. 3.

Vorlage des Entwurfs zum Abschluß bringen (Art. 272 Abs. 4 UAbs. 3 S. 1 EGV). Das Haushaltsverfahren endet gleichfalls, wenn das Parlament zwar nicht ausdrücklich seine Zustimmung zum Entwurf erteilt, jedoch innerhalb der fünfundvierzig Tage auch nicht von den ihm zustehenden weiteren Handlungsmöglichkeiten Gebrauch macht (Art. 272 Abs. 4 UAbs. 3 S. 2 EGV). Ist das Parlament hingegen mit bestimmten Ausgabenansätzen nicht einverstanden, so richtet sich der weitere Verlauf des Haushaltsverfahrens danach, ob sich die jeweilige Ausgabe zwingend aus dem Vertrag oder den aufgrund des Vertrags erlassenen Rechtsakten ergibt (sog. obligatorische Ausgaben) oder nicht (vgl. Art. 272 Abs. 4 UAbs. 2 EGV), also nach der Art der Ausgaben. In dieser Unterscheidung liegt eine hervorstechende Besonderheit des gemeinschaftlichen Haushaltsverfahrens[159], die auch für die gemeinschaftliche Leistungsverwaltung von enormer Bedeutung ist. Die Zuordnung einer Ausgabe zu einer Kategorie entscheidet nämlich darüber, wer im Streitfall letztendlich über die Ausgabe entscheiden darf.[160]

Bezüglich der obligatorischen Ausgaben hat das Parlament lediglich die Kompetenz, innerhalb der fünfundvierzig Tage mit der absoluten Mehrheit der abgegebenen Stimmen *Änderungen vorzuschlagen* (Art. 272 Abs. 4 UAbs. 2 Alt. 2 EGV). Bezüglich nichtobligatorischer Ausgaben hat das Parlament hingegen die Kompetenz, innerhalb dieser Frist mit der Mehrheit der Stimmen seiner Mitglieder, d.h. unter gesteigerten Mehrheitserfordernissen[161], den *Entwurf abzuändern* (Art. 272 Abs. 4 UAbs. 2 Alt. 1 EGV). Der Entwurf des Haushaltsplans mit den Abänderungen und Änderungsvorschlägen wird erneut dem Rat zugeleitet (Art. 272 Abs. 4 UAbs. 4 EGV).

c. *Gegebenenfalls: Erneute Befassung des Rates*

Sodann beschäftigt sich der Rat nach Beratung mit der Kommission und gegebenenfalls mit den anderen beteiligten Organen mit den Abänderungen und Änderungsvorschlägen des Parlaments. Er kann das Verfahren zur Aufstellung des Haushaltsplans zum Abschluß bringen, indem er innerhalb einer Frist von fünfzehn Tagen keine vom Parlament vorgenommenen Abänderungen ändert und dessen Änderungsvorschläge annimmt (Art. 272 Abs. 5 UAbs. 3 S. 1EGV).

Bezüglich der nichtobligatorischen Ausgaben kann der Rat aber auch seinerseits wiederum die vom Parlament vorgenommenen *Abänderungen ändern* (Art. 272 Abs. 5 UAbs. 1 lit. a EGV). Hierfür ist eine qualifizierte Mehrheit erforderlich. Im Hinblick auf die *Änderungsvorschläge* zu den obligatorischen Ausgaben sieht der Vertrag noch eine weitere differenzierende Vorgehensweise vor: Das Verfahren ist davon abhängig, ob die An-

---

[159] Vgl. *Schoo*, in: Schwarze, EU-Kommentar, Art. 272 EGV Rn. 2.
[160] Siehe unten Kap. 2 A.III.4. und Kap. 2 A.V.3.
[161] *Schoo*, in: Schwarze, EU-Kommentar, Art. 198 EGV Rn. 4.

nahme des Änderungsvorschlags des Parlaments zu einer Erhöhung des Gesamtbetrags der Ausgaben eines Organs führt oder nicht. Im ersteren Falle kann der Rat diesen Änderungsvorschlag mit qualifizierter Mehrheit annehmen; ergeht kein Annahmebeschluß, so ist der Änderungsvorschlag abgelehnt (Art. 272 Abs. 5 UAbs. 1 lit. b Spstr. 2 EGV). Im zweiten Falle kann der Rat diesen Änderungsvorschlag mit qualifizierter Mehrheit ablehnen; ergeht kein Ablehnungsbeschluß, so ist der Änderungsvorschlag angenommen (Art. 272 Abs. 5 UAbs. 1 lit. b Spstr. 1 EGV). Die Stellung des Parlaments ist also erheblich stärker, wenn es die Erhöhung des Gesamtbetrags der Ausgaben eines Organs durch entsprechende kürzende Änderungen zumindest ausgleichen kann.[162] Bei Ablehnung eines Änderungsvorschlags kann der Rat mit qualifizierter Mehrheit entweder den im Entwurf des Haushaltsplans stehenden Betrag beibehalten oder einen anderen Betrag festsetzen (Art. 272 Abs. 5 UAbs. 1 lit. b Spstr. 3 EGV).

Bezüglich der obligatorischen Ausgaben ist nach der erneuten Befassung des Rates das Haushaltsverfahren abgeschlossen; das Parlament wird über das Ergebnis der Behandlung seiner Änderungsvorschläge lediglich unterrichtet (Art. 272 Abs. 6 S. 1 EGV). Somit liegt das Letztentscheidungsrecht bezüglich obligatorischer Ausgaben beim Rat.[163] Daran ändert auch die sogleich zu behandelnde Möglichkeit einer Globalablehnung des Entwurfs des Haushaltsplans durch das Europäische Parlament nichts, denn durch diese kann es gerade keine positive Festlegung der obligatorischen Ausgaben treffen. Dennoch ist dem Parlament mit dem Recht zur Gesamtablehnung ein institutioneller Ausgleich für seine begrenzten Befugnisse bei der Festsetzung der obligatorischen Ausgaben gegeben worden.[164]

d. Gegebenenfalls: Erneute Befassung des Europäischen Parlaments

In einer erneuten Befassung des Europäischen Parlaments, die sich auf die Behandlung der nichtobligatorischen Ausgaben beschränkt, findet das Haushaltsverfahren nun endgültig seinen Abschluß. Das Parlament kann entweder die Änderung oder Ablehnung seiner Abänderungen durch den Rat akzeptieren oder diese binnen fünfzehn Tagen nach der erneuten Vorlage des Entwurfs des Haushaltsplans selbst ändern oder ablehnen. Für letzteres ist allerdings ein besonderes Quorum erforderlich. Das Parlament kann sich nur mit der Mehrheit der Stimmen seiner Mitglieder und mit drei Fünfteln der abgegebenen Stimmen über den Rat hinwegsetzen und damit den

---

[162] Vgl. *Niedobitek*, in: Streinz, EUV/EGV, Art. 272 EGV Rn. 12; *Bieber*, in: Groeben/Schwarze, EUV/EGV IV⁶, Art. 272 EGV Rn. 19.
[163] *Magiera*, Verwaltungsorganisation, in: Schweitzer, Europäisches Verwaltungsrecht, S. 115 (121); *Noll*, Haushalt, S. 169, 170; *Rossi*, Parlament und Haushaltsverfassungsrecht, S. 86; *Waldhoff*, in: Calliess/Ruffert, EUV/EGV², Art. 272 EGV Rn. 10.
[164] Vgl. *Rossi*, Parlament und Haushaltsverfassungsrecht, S. 82.

Haushaltsplan feststellen (Art. 272 Abs. 5 UAbs. 4 EGV). Somit hat es das Parlament in der Hand, abschließend über die nichtobligatorischen Ausgaben zu beschließen. Kommt bei der Beschlußfassung die erforderliche Mehrheit nicht zustande, so gilt der Haushaltsplan nach Fristablauf als endgültig festgestellt.

Das Parlament kann allerdings auch von seiner Möglichkeit Gebrauch machen, den Entwurf des Haushaltsplans aus wichtigen Gründen insgesamt abzulehnen und die Vorlage eines neuen Entwurfs zu verlangen (sog. Globalablehnung; Art. 272 Abs. 8 EGV). Diese Möglichkeit steht dem Parlament im übrigen auch schon bei seiner ersten Befassung zu.[165] Für diese – ausschließlich destruktive – Vorgehensweise bedarf es allerdings eines noch höheren Quorums als für die Änderung oder Ablehnung der vom Rat vorgenommenen Abänderungen. Erforderlich ist die Mehrheit der Mitglieder des Parlaments sowie zwei Drittel der abgegebenen Stimmen. Das Parlament kann die Globalablehnung nach dem Vertrag zwar nur aus wichtigen Gründen vornehmen; doch lassen sich kaum Kriterien hierfür entwickeln, so daß das Vorliegen wichtiger Gründe durch den Europäischen Gerichtshof nicht überprüft werden kann: Es obliegt ausschließlich der politischen Bewertung des Parlaments, ob solche Gründe für eine Totalablehnung vorliegen oder nicht.[166]

e. Das Verfahren der interinstitutionellen Zusammenarbeit

In der Interinstitutionellen Vereinbarung vom 6. Mai 1999 über die Haushaltsdisziplin und die Verbesserung des Haushaltsverfahrens verständigen sich die Kommission, der Rat und das Parlament auf ein Verfahren der interinstitutionellen Zusammenarbeit für den Haushaltsbereich.[167] Das Herzstück dieses Verfahrens bildet ein für alle Ausgaben geltendes *Konzertierungsverfahren*. Ziel der Konzertierung ist es, die Aussprache über die globale Ausgabenentwicklung und hierbei über die Grundzüge des Haushaltsplans für das kommende Haushaltsjahr im Lichte des Vorentwurfs der Kommission im Anschluß an den ersten Trilog[168] fortzusetzen; angestrebt werden soll eine Einigung der beiden Teilen der Haushaltsbehörde über bestimmte Ausgaben. Das Verfahren der interinstitutionellen Zusammenarbeit ist folglich in erster Linie auf eine verstärkte Kooperation der an der Aufstellung des Haushaltsplans beteiligten Organe gerichtet.[169] Es baut auf

---

[165] *Niedobitek*, in: Streinz, EUV/EGV, Art. 272 EGV Rn. 13; *Noll*, Haushalt, S. 171; *Waldhoff*, in: Calliess/Ruffert, EUV/EGV², Art. 272 EGV Rn. 5.

[166] So *Noll*, Haushalt, S. 171 f.

[167] Tz. 27 und Anhang III der Interinstitutionellen Vereinbarung vom 6. Mai 1999 (Fn. 120).

[168] Siehe oben Kap. 2 A.III.1.

[169] Vgl. *Schoo*, in: Schwarze, EU-Kommentar, Art. 272 EGV Rn. 9.

der schon primärrechtlich bestehenden Kooperationspflicht dieser Organe im Hinblick auf die für das ordnungsgemäße Funktionieren der Gemeinschaft erforderliche Verabschiedung des Haushaltsplans auf.[170] Die in Art. 272 EGV zugewiesenen Kompetenzen bleiben durch die Konzertierung unberührt; die beiden Teile der Haushaltsbehörde müssen lediglich die erforderlichen Vorkehrungen treffen, um zu gewährleisten, daß die im Rahmen der Konzertierung gegebenenfalls erzielten Ergebnisse während des gesamten laufenden Haushaltsverfahrens „berücksichtigt" werden. Aufgrund der weitergehenden Befugnisse des Parlaments im Haushaltsverfahren soll die Haushaltskonzertierung als Instrument zur Lösung von Konflikten zwischen Parlament und Rat wesentlich erfolgreicher als die Gesetzgebungskonzertierung[171] sein.[172]

In der Entscheidungsphase gestaltet sich das Verfahren der interinstitutionellen Zusammenarbeit folgendermaßen: Vor der Aufstellung des Haushaltsentwurfs durch den Rat findet erneut ein Trilog statt, bei dem sich die Organe „um eine Einigung bemühen können". Im Rahmen dieser sowie auch der anderen Trilogsitzungen werden die Delegationen der Organe geführt vom Präsidenten des Rates (Haushalt), vom Vorsitzenden des Haushaltsausschusses des Europäischen Parlaments und von dem für den Haushalt zuständigen Mitglied der Kommission; diese hochkarätige Besetzung verdeutlicht die Bedeutung, die diesen Sitzungen für die Verbesserung des Haushaltsverfahrens zukommen soll. Die Ergebnisse des Trilogs sind sodann Gegenstand einer Konzertierung zwischen dem Rat und einer Delegation des Europäischen Parlaments; die Kommission nimmt – mangels einer Kompetenz in der Entscheidungsphase konsequent – hieran lediglich teil.

Vor und nach der ersten Lesung im Europäischen Parlament werden weitere Trilogsitzungen einberufen. Auf der ersten ermitteln die Organe die Programme, über die im Rahmen der anstehenden Konzertierung schwerpunktmäßig beraten werden soll, um zu einer Einigung über die Mittelausstattung zu gelangen. Auf der zweiten sollen sie sodann eine Einigung über die nichtobligatorischen und die obligatorischen Ausgaben herbeiführen. Die Ergebnisse dieses Trilogs werden im Rahmen einer zweiten Konzertierungssitzung am Tag vor der zweiten Lesung im Rat erörtert. Erforderlichenfalls setzen die Organe ihre Erörterungen über die nach der zweiten Lesung im Rat ausschließlich noch zur Festlegung anstehenden nichtobligatorischen Ausgaben fort.

---

[170] *Bieber*, in: Groeben/Schwarze, EUV/EGV IV[6], Art. 272 EGV Rn. 36; *Hecker*, in: Lenz/Borchardt, EUV/EGV[3], Art. 272 EGV Rn. 4.

[171] Hierzu *Streinz*, Europarecht[7], Rn. 506.

[172] Vgl. *Bieber*, in: Groeben/Schwarze, EUV/EGV IV[6], Art. 272 EGV Rn. 36.

3. Einhaltung des Höchstsatzes

Im gesamten Haushaltsverfahren ist grundsätzlich der in der Vorbereitungsphase festgestellte Höchstsatz für die nichtobligatorischen Ausgaben einzuhalten. Aufgrund seines Letztentscheidungsrechts über diese Ausgabenkategorie wird dadurch aber insbesondere das Europäische Parlament eingeschränkt.[173]

Art. 272 Abs. 9 EGV sieht jedoch zwei Ausnahmen von der Bindung an den Höchstsatz vor: Einerseits kann das Parlament den Gesamtbetrag der nichtobligatorischen Ausgaben um bis zur Hälfte des Höchstsatzes erhöhen, wenn schon der Rat bei Aufstellung des Entwurfs des Haushaltsplans mehr als die Hälfte des von der Kommission festgelegten Höchstsatzes in Anspruch genommen hat (Art. 272 Abs. 9 UAbs. 4 EGV). Damit soll gewährleistet werden, daß dem Parlament stets eine *Manövriermasse* in Höhe der Hälfte des Höchstsatzes zur Verfügung steht.[174] Hat der Rat also etwa 80 % des Höchstsatzes ausgeschöpft, so kann das Parlament die nichtobligatorischen Ausgaben noch auf bis zu 130 % des ursprünglichen Höchstsatzes erhöhen.

Andererseits kann durch eine Übereinstimmung zwischen dem Rat und dem Europäischen Parlament ein neuer, den ursprünglichen Höchstsatz überschreitender Satz festgelegt werden (Art. 272 Abs. 9 UAbs. 5 EGV). Die Initiative hierfür kann vom Europäischen Parlament, vom Rat oder der Kommission ausgehen. Für die *einvernehmliche Erhöhung* des Höchstsatzes ist eine qualifizierte Mehrheit im Rat sowie eine Zustimmung der Mehrheit der Mitglieder sowie von drei Fünfteln der abgegebenen Stimmen im Europäischen Parlament erforderlich. Zu Recht hat der Gerichtshof entschieden, daß es angesichts der Bedeutung einer derartigen Übereinstimmung für die Annahme einer Einigung nicht ausreicht, daß der entsprechende Wille des einen oder anderen Organs vermutet wird;[175] der Höchstsatz kann also nur durch eine tatsächlich feststellbare und eindeutige Willenserklärung beider Organe geändert werden.[176] Für die Entscheidung über die Erhöhung

---

[173] *Rossi*, Parlament und Haushaltsverfassungsrecht, S. 120; *Noll*, Haushalt, S. 170; *Waldhoff*, in: Calliess/Ruffert, EUV/EGV², Art. 272 EGV Rn. 13.

[174] *Rossi*, Parlament und Haushaltsverfassungsrecht, S. 120; *Noll*, Haushalt, S. 170; *Schoo*, in: Schwarze, EU-Kommentar, Art. 272 EGV Rn. 29. Hat der Rat den Höchstsatz nicht oder allenfalls bis zu 50 % in Anspruch genommen, kann das Europäische Parlament den nichtobligatorischen Teil des vom Rat aufgestellten Haushaltsentwurfs bis zum vollen Höchstsatz erhöhen; *Hecker*, in: Lenz/Borchardt, EUV/EGV³, Art. 272 EGV Rn. 11.

[175] EuGH, Rs. 34/86 – Rat/Parlament, Slg. 1986, 2155 (Rn. 34); Rs. C-41/95 – Rat/Parlament, Slg. 1995, I-4411 (Rn. 23).

[176] *Noll*, Haushalt, S. 170; *Rossi*, Parlament und Haushaltsverfassungsrecht, S. 122, der allerdings die Ausführungen des EuGH im Zusammenhang mit Art. 272 Abs. 9 UAbs. 4 EGV anführt.

des Höchstsatzes enthält der Vertrag keine Kriterien,[177] so daß sie in erster Linie eine politische Entscheidung darstellt.

In der Interinstitutionellen Vereinbarung vom 6. Mai 1999[178] sind die beiden Teile der Haushaltsbehörde übereingekommen, für die Geltungsdauer der Finanziellen Vorausschau 2000-2006 die Höchstsätze für die Erhöhung der nichtobligatorischen Ausgaben zu akzeptieren, die aus den im Rahmen der Obergrenzen aufgestellten Haushaltsplänen hervorgehen werden. Hierin liegt eine generelle Einigung zwischen dem Rat und dem Europäischen Parlament über die Festlegung des Höchstsatzes unabhängig vom statistischen Höchstsatz der Kommmission.[179]

4. Die Kategorisierung der Ausgaben

Schon während der Darstellung des Haushaltsverfahrens nach Art. 272 EGV sollte deutlich geworden sein, daß eine, wenn nicht sogar die grundlegende Frage bezüglich des gemeinschaftlichen Haushaltsverfahrens darin liegt, welche Ausgaben obligatorisch und welche nichtobligatorisch sind. Die mit der Beantwortung dieser Frage verbundene Kompetenzverteilung[180] auf Rat und Europäisches Parlament birgt erhebliches Konfliktpotential. Sie war mitverantwortlich für große gemeinschaftliche Haushaltskrisen.[181]

Die Beschreibung der obligatorischen Ausgaben im Vertrag als solche, die sich zwingend aus dem Vertrag oder den aufgrund des Vertrages erlassenen Rechtsakten ergeben, ist wenig ergiebig. Auch eine teleologische Auslegung der Unterscheidung trägt kaum zur Klärung bei: Sie wurde durch den Haushaltsvertrag von 1970 zur Stärkung der Haushaltsbefugnisse des Europäischen Parlaments eingeführt[182] und durch den Haushaltsvertrag von 1975 bestätigt[183]. Hieraus ergibt sich aber kaum eine Auslegung „zu Gunsten des Parlaments"[184]. Die Unterscheidung soll dem Rat nämlich gerade

---

[177] EuGH, Rs. 34/86 – Rat/Parlament, Slg. 1986, 2155 (Rn. 34); EuGH, Rs. C-41/95 – Rat/Parlament, Slg. 1995, I-4411 (Rn. 23).

[178] Tz. 12 Abs. 1.

[179] *Schoo*, in: Schwarze, EU-Kommentar, Art. 272 EGV Rn. 30; *Niedobitek*, in: Streinz, EUV/EGV, Art. 270 EGV Rn. 11. Siehe weiterhin Fn. 212.

[180] Die Zuordnung der Ausgaben als Kompetenzproblem herausstellend auch *Rossi*, Parlament und Haushaltsverfassungsrecht, S. 112 f.; *Noll*, Haushalt, S. 170. *Waldhoff*, in: Calliess/Ruffert, EUV/EGV², Art. 272 EGV Rn. 12 spricht sogar von „Machtaufteilung"; ähnlich *Schmitz*, EuR 1982, S. 179 (183).

[181] *Läufer*, Organe der EG, S. 114 ff.; *Rossi*, Parlament und Haushaltsverfassungsrecht, S. 33 ff., 112 ff.; vgl. *Bieber*, in: Groeben/Schwarze, EUV/EGV IV⁶, Art. 272 EGV Rn. 28 f.; *Noll*, Haushalt, S. 170.

[182] Art. 4. Vgl. allerdings Art. 5 des Haushaltsvertrages von 1970: erst mit Wirkung für das Haushaltsjahr 1975.

[183] Art. 12. Durch diese Vorschrift wurden die Befugnisse des Europäischen Parlaments bezüglich obligatorischer Ausgaben gestärkt; vgl. Art. 272 Abs. 5 UAbs. 1 lit. b EGV.

[184] So aber *Rossi*, Parlament und Haushaltsverfassungsrecht, S. 115.

einen Bereich von Ausgaben vorbehalten, bei denen das Parlament zwar Änderungsvorschläge machen kann, über die aber er letztlich verbindlich entscheiden kann.[185]

In der Literatur zu finden ist eine von dem Erfordernis, daß sich die Ausgabe „zwingend" aus dem Gemeinschaftsrecht ergeben muß, ausgehende, scheinbar eindeutige *Definition*: Eine Ausgabe ist dann obligatorisch ist, wenn aufgrund des geltenden Gemeinschaftsrechts und unabhängig von der haushaltsmäßigen Bewilligung eine unbedingte Leistungspflicht der Gemeinschaften bzw. ein durchsetzbarer Leistungsanspruch eines Dritten dem Grunde und der Höhe nach bestimmt oder objektiv bestimmbar ist.[186] Diese Definition ist allerdings nur schwerlich mit der vertraglichen Systematik in Einklang zu bringen.[187] Die Regelung des Art. 272 Abs. 5 UAbs. 1 lit. b EGV setzt nämlich voraus, daß die obligatorischen Ausgaben nicht von vornherein feststehen, sondern im Haushaltsverfahren erhöht werden können. Zu Recht wird in der Literatur deshalb darauf verwiesen, daß der Zweck der Unterscheidung nicht darin bestehen kann, die Bereitstellung der Mittel zu gewährleisten, auf die bereits Rechtsansprüche bestehen.[188]

Nicht ganz unproblematisch ist die Definition auch im Hinblick auf die Stellung des Rates als Haushaltsgesetzgeber: Unmittelbar aus dem geltenden Primärrecht ergeben sich mit Ausnahme eines nur schwer zu bestimmenden Grundbedarfs an Verwaltungsausgaben keine obligatorischen Ausgaben. Solche Ausgaben entstehen somit vor allem aufgrund leistungsgewährender Basisrechtsakte. Es ist nun nicht von vornherein ausgeschlossen, daß sich obligatorische Ausgaben auch aus Basisrechtsakten ergeben, denen das Europäische Parlament zustimmen müßte. Unter Zugrundelegung der Definition könnte der Rat lediglich die Entscheidung des Sachgesetzgebers im Haushaltsverfahren nachvollziehen, indem er die erforderlichen Mittel bereitstellt. Ein Gestaltungsspielraum des Rates bestünde nicht. Auch somit erscheint die Definition bedenklich.

Eine präzise und sinnvolle Unterscheidung zwischen den beiden Kategorien allein anhand einer Auslegung des Vertrages ist somit ausgeschlossen.[189] Es verwundert also nicht, daß zur Lösung der Problematik und zur Vermeidung neuer Konflikte zusätzliche Regelungen für erforderlich gehalten wurden, die mittlerweile einen in dieser Hinsicht reibungsloseren Ablauf des Haushaltsverfahrens garantieren.[190] In der Interinstitutionellen Vereinbarung vom 6. Mai 1999 haben sich die Organe zwar darauf ver-

---

[185] Vgl. *Bieber*, in: ders./Epiney/Haag, Europäische Union[6], § 5 Rn. 32.
[186] *Streinz*, Europarecht[7], Rn. 668; auch *Bleckmann/Hölscheidt*, DÖV 1990, S. 853 (854).
[187] Vgl. *Rossi*, Parlament und Haushaltsverfassungsrecht, S. 113.
[188] *Bieber*, in: Groeben/Schwarze, EUV/EGV IV[6], Art. 272 EGV Rn. 25 f.
[189] *Bieber*, in: ders./Epiney/Haag, Europäische Union[6], § 5 Rn. 32.
[190] Dazu auch unten Kap. 2 V.3.

ständigt, unter obligatorischen Ausgaben diejenigen Ausgaben zu verstehen, die die Haushaltsbehörde aufgrund der rechtlichen Verpflichtungen in den Haushaltsplan einsetzen muß, die sich aus den Verträgen oder den aufgrund der Verträge erlassenen Rechtsakten ergeben,[191] und damit gerade die problematische Definition gewählt. Letztlich hat diese Definition aber keine Bedeutung. Entscheidend sind vielmehr die weiteren Regelungen in der Vereinbarung:[192] Die Kommission muß im Vorentwurf des Haushaltsplans für jede neue Haushaltslinie und für Haushaltslinien, deren Rechtsgrundlage geändert worden ist, eine Klassifizierung als obligatorische bzw. nichtobligatorische Ausgabe vorschlagen. Einigen sich das Europäische Parlament und der Rat nicht auf diese Klassifizierung, so prüfen sie im Rahmen des Konzertierungsverfahrens die Klassifizierung auf der Grundlage der in einem Anhang zu der Vereinbarung enthaltenen Aufteilung. Hiernach sind die gesamten Ausgaben für strukturpolitische Maßnahmen und in den internen Politikbereichen nichtobligatorisch. Lediglich die Ausgaben der Gemeinsamen Agrarpolitik mit Ausnahme der Maßnahmen zur ländlichen Entwicklung und der flankierenden Maßnahmen sowie die Ausgaben im Veterinär- und Pflanzenschutzbereich werden als obligatorisch eingeordnet. Mit dieser Einteilung wird grundsätzlich auch den Gesetzgebungskompetenzen Rechnung getragen. Denn die Rechtsetzung im Bereich der Gemeinsamen Agrarpolitik ist grundsätzlich ausschließlich dem Rat vorbehalten. Es ist deshalb auch konsequent, wenn der Rat über das haushaltsrechtliche Letztentscheidungsrecht bei diesen Ausgaben verfügt, das mit der Klassifizierung als obligatorische Ausgaben verbunden ist.

IV. Die Feststellung des Haushaltsplans

Nach erfolgreichem Abschluß des Haushaltsverfahrens stellt der Präsident des Europäischen Parlaments fest, daß der Haushaltsplan endgültig festgestellt ist (so die sprachlich verunglückte Bestimmung in Art. 272 Abs. 7 EGV). Diese förmliche Feststellung ist unabhängig davon erforderlich, auf welche Weise im einzelnen der Inhalt des Haushaltsplans festgelegt worden ist.[193] Sie hat nicht nur deklaratorische Bedeutung;[194] vielmehr verleiht sie als eigenständiger Rechtsakt dem Haushaltsplan Bindungswirkungen gegenüber den Organen wie auch gegenüber den Mitgliedstaaten.[195] So be-

---

[191] Tz. 30 der Interinstitutionellen Vereinbarung vom 6. Mai 1999 (Fn. 120).

[192] Tz. 31 und Anhang IV der Interinstitutionellen Vereinbarung vom 6. Mai 1999 (Fn. 120).

[193] *Niedobitek*, in: Streinz, EUV/EGV, Art. 272 EGV Rn. 31; *Oppermann*, Europarecht³, § 11 Rn. 41.

[194] *Bieber*, in: Groeben/Schwarze, EUV/EGV IV⁶, Art. 272 EGV Rn. 22.

[195] EuGH, Rs. 34/86 – Rat/Parlament, Slg. 1986, 2155 (Rn. 8); *Bieber*, in: ders./Epiney/Haag, Europäische Union⁶, § 5 Rn. 6; *Hecker*, in: Lenz/Borchardt, EUV/EGV³, Art. 272 EGV Rn. 1; *Noll*, Haushalt, S. 171; *Oppermann*, Europarecht³, § 11 Rn. 41;

wirkt sie, daß die Mitgliedstaaten die geschuldeten Beträge gemäß der Verordnung des Rates zur Durchführung des Eigenmittelbeschlusses[196] an die Gemeinschaft abführen müssen.[197] Sie bewirkt weiterhin, daß die Kommission gemäß Art. 274 Abs. 1 S. 1 EGV zur Ausführung des Haushaltsplans berechtigt, aber auch verpflichtet wird. Auch ist die förmliche Feststellung Voraussetzung dafür, daß der Höchstsatz für das folgende Haushaltsjahr festgelegt werden kann (Art. 272 Abs. 9 EGV). Schließlich spielt die förmliche Feststellung eine Rolle bei einer gegebenenfalls erforderlichen Nothaushaltsführung nach Art. 273 EGV. Der Präsident des Europäischen Parlaments verfügt bei der Feststellung über eine Prüfungskompetenz, die sich auf die Einhaltung des rechtlich vorgeschriebenen Haushaltsverfahrens erstreckt.[198]

Bei der förmlichen Feststellung handelt der Präsident des Europäischen Parlaments nicht als eigenständige, im Primärrecht nicht vorgesehene Institution, sondern als Organ des Europäischen Parlaments.[199] Eine gegen die förmliche Feststellung gerichtete Nichtigkeitsklage gemäß Art. 230 EGV ist deshalb gegen das Europäische Parlament zu erheben.[200] Da erst die Feststellung durch den Präsidenten dem Haushaltsplan Bindungswirkungen verleiht, kann allein durch diese Klage die (teilweise) Nichtigkeit eines Haushaltsplans durch die betroffenen Organe oder durch die Mitgliedstaaten geltend gemacht werden.[201] Keine unmittelbaren Rechtswirkungen entfaltet der Haushaltsplan gegenüber Dritten; sie sind folglich nicht klagebefugt.[202]

Waldhoff, in: Calliess/Ruffert, EUV/EGV², Art. 272 EGV Rn. 8; siehe aber auch EuGH, Rs. 87/77 u.a. – Salerno/Kommission, Slg. 1985, 2523 (Rn. 56): Der Haushaltsplan hat „für den Rat oder die Kommission als *Rechtsetzungsorgan* keinen zwingenden Charakter" (Hervorhebung durch den *Verfasser*). Die förmliche Feststellung sowie der jeweilige Gesamthaushaltsplan werden im Amtsblatt Nr. L der EU unter der Rubrik „Nicht veröffentlichungsbedürftige Rechtsakte" veröffentlicht.

[196] VO (EG) 1150/2000 (Durchführung Eigenmittelbeschluß).

[197] Siehe Art. 36 Abs. 2 HO 2002; in dieser Bestimmung wird allerdings zu Unrecht auf die endgültige Feststellung und nicht auf die förmliche Feststellung durch den Präsidenten des Europäischen Parlaments abgestellt. Vgl. auch EuGH, Rs. 34/86 – Rat/Parlament, Slg. 1986, 2155 (Rn. 6).

[198] *Bieber*, in: Groeben/Schwarze, EUV/EGV IV⁶, Art. 272 EGV Rn. 23. Siehe EuGH, Rs. C-41/95 – Rat/Parlament, Slg. 1995, I-4411 (Rn. 25).

[199] EuGH, Rs. 34/86 – Rat/Parlament, Slg. 1986, 2155 (Rn. 8); *Hecker*, in: Lenz/Borchardt, EUV/EGV³, Art. 272 EGV Rn. 1. Anderer Ansicht aber wohl *Waldhoff*, in: Calliess/Ruffert, EUV/EGV², Art. 272 EGV Rn. 8: „Vertreter der aus Rat und Parlament bestehenden Haushaltsbehörde".

[200] Siehe EuGH, Rs. C-41/95 – Rat/Parlament, Slg. 1995, I-4411.

[201] EuGH, Rs. 34/86 – Rat/Parlament, Slg. 1986, 2155 (Rn. 4 ff.); *Niedobitek*, in: Streinz, EUV/EGV, Art. 272 EGV Rn. 32.

[202] *Bieber*, in: ders./Epiney/Haag, Europäische Union⁶, § 5 Rn. 6.

V. Die Verbindlichkeit der Regelungen in der Interinstitutionellen Vereinbarung vom 6. Mai 1999

Die Interinstitutionelle Vereinbarung[203] vom 6. Mai 1999 über die Haushaltsdisziplin und die Verbesserung des Haushaltsverfahrens ist nicht etwa in der Abteilung L, sondern nur in der Abteilung C des Amtsblattes veröffentlicht worden.[204] Sie entspricht auch keiner Handlungsform im Sinne von Art. 249 EGV. Ihr kann Rechtsverbindlichkeit deshalb nur insofern zukommen, als sich die beteiligten Organe untereinander verpflichtet haben. Derartige Verpflichtungen können das Parlament, der Rat und die Kommission allerdings auch nur eingehen, soweit sie sich hierbei an den primärrechtlich vorgegebenen Rahmen halten. Insofern hebt die Vereinbarung auch ausdrücklich hervor, daß sie die jeweiligen Haushaltsbefugnisse der einzelnen Organe, die in den Verträgen festgelegt sind, nicht berührt.[205] Ob diese Aussage allerdings zutrifft, soll im folgenden im Hinblick auf drei zentrale Bestandteile der Vereinbarung, nämlich die Finanzielle Vorausschau, die ergänzenden Regelungen zum Haushaltsverfahren und die Regelungen über die Klassifizierung von Ausgaben behandelt werden.

1. Die Finanzielle Vorausschau

Im Primärrecht findet sich für eine Regelung über im Haushaltsverfahren einzuhaltende Höchstbeträge für bestimmte Ausgabenkategorien und somit für die der Interinstitutionellen Vereinbarung als Anhang beigefügte Finanzielle Vorausschau keine ausdrückliche Grundlage[206], insbesondere nicht in Art. 270 EGV[207]. Allerdings enthält der EG-Vertrag seit dem Inkrafttreten des Vertrages von Nizza[208] einen Hinweis auf die bisherige Rechtspraxis. Der Übergang vom Einstimmigkeitserfordernis zur Mehrheitsentscheidung im Bereich der Strukturfonds wird in Art. 161 Abs. 3 EGV mit der Annahme der ab dem 1. Januar 2007 geltenden mehrjährigen Finanziellen Vorausschau und der dazugehörigen Interinstitutionellen Vereinbarung ver-

---

[203] Allgemein zu Interinstitutionellen Vereinbarungen als Handlungsform des Gemeinschaftsrechts *Bobbert*, Interinstitutionelle Vereinbarungen; weiterhin *Schöndorf-Haubold*, Strukturfonds der EG, S. 359 ff. mit dem naheliegenden Fazit, daß die aus einer Interinstitutionellen Vereinbarung resultierenden Rechtsfolgen in jedem Einzelfall ermittelt werden müssen.
[204] Unter anderem hierauf stellt *Schöndorf-Haubold* (Strukturfonds der EG, S. 374) maßgeblich ab, um die Unverbindlichkeit der Regelungen zu begründen.
[205] Tz. 3 der Interinstitutionellen Vereinbarung vom 6. Mai 1999 (Fn. 120).
[206] *Hartwig*, Integration 2003, S. 520 (520 f.).
[207] *Waldhoff*, in: Calliess/Ruffert, EUV/EGV², Art. 270 EGV Rn. 4.
[208] Hierzu allgemein *Bergmann*, VBlBW 2003, S. 307 ff.; *Epiney/Freimuth Abt/Mosters*, DVBl. 2001, S. 941 ff.; *Pache/Schorkopf*, NJW 2001, S. 1377 ff.; *Wiedmann*, EuR 2001, S. 185 ff.; *ders.*, JuS 2001, S. 846 ff.

knüpft.[209] Mit dieser Bestimmung wird die bisherige Vorgehensweise primärrechtlich zumindest nachträglich anerkannt und abgesichert.

Bezüglich der Verbindlichkeit der Finanziellen Vorausschau ist der Interinstitutionellen Vereinbarung folgendes zu entnehmen: „Die vereinbarte Haushaltsdisziplin ist umfassend. Sie gilt während der gesamten Laufzeit dieser Vereinbarung für alle Ausgaben und ist für alle an ihrer Durchführung beteiligten Organe verbindlich."[210] In den Regelungen über die Ausgabenhöchstbeträge wird besonders betont, daß diese verbindlich sein sollen: Die Organe erkennen diese nicht nur an, sondern verpflichten sich, ihre jeweiligen Befugnisse in der Weise auszuüben, daß die verschiedenen jährlichen Ausgabenhöchstbeträge während jedes Haushaltsverfahrens eingehalten werden.[211] Die beiden Teile der Haushaltsbehörde kommen weiterhin überein, die Höchstsätze für die Erhöhung der nichtobligatorischen Ausgaben zu akzeptieren, die aus den im Rahmen der Obergrenzen der Finanziellen Vorausschau aufgestellten Haushaltsplänen hervorgehen werden.[212] Die Interinstitutionelle Vereinbarung läßt somit keinen Zweifel daran, daß die Ausgabenhöchstbeträge der verschiedenen Rubriken und die sich hieraus ergebenden Höchstsätze für die Erhöhung der nichtobligatorischen Ausgaben rechtlich verbindlich sein sollen. Die an der Vereinbarung beteiligten Organe handelten offensichtlich mit Rechtsbindungswillen[213].[214] Angesichts des Ziels der Interinstitutionellen Vereinbarung, die Haushaltsdisziplin in die Praxis umzusetzen,[215] scheint die Annahme einer lediglich politisch-moralischen Verpflichtung fernliegend.[216] Daß die Kompetenzvorbehalte zugunsten der vertraglichen Befugnisse auf eine derart eingeschränkte

---

[209] Siehe hierzu *Holzwart*, Gemeinschaftliche Strukturfonds, S. 130; *Puttler*, in: Calliess/Ruffert, EUV/EGV², Art. 161 EGV Rn. 1.

[210] Tz. 2 der Interinstitutionellen Vereinbarung vom 6. Mai 1999 (Fn. 120).

[211] Tz. 11 der Interinstitutionellen Vereinbarung vom 6. Mai 1999 (Fn. 120).

[212] Tz. 12 der Interinstitutionellen Vereinbarung vom 6. Mai 1999 (Fn. 120). Nach *Schoo*, in: Schwarze, EU-Kommentar, Art. 272 EGV Rn. 30 liegt hierin eine generelle Einigung über die Festlegung des Höchstsatzes, die im Rahmen des jährlichen Haushaltsverfahrens einer ausdrücklichen Bestätigung bedarf; zustimmend *Niedobitek*, in: Streinz, EUV/EGV, Art. 270 EGV Rn. 11, Art. 271 EGV Rn. 13. Allerdings sieht das Primärrecht nicht zwingend vor, daß sich das Parlament und der Rat jährlich auf einen Höchstsatz einigen. Nur wenn das Parlament, der Rat oder die Kommission der Ansicht ist, daß die Tätigkeiten der Gemeinschaften eine Überschreitung des nach dem Verfahren des Art. 272 Abs. 9 EGV aufgestellten Satzes erforderlich machen, kann zwischen dem Rat und dem Parlament ausdrücklich ein neuer Satz festgelegt werden. Ansonsten ist der von der Kommission gemäß Art. 272 Abs. 9 UAbs. 2 EGV festgestellte Höchstsatz maßgeblich oder zumindest Leitgröße.

[213] Zum Rechtsbindungswillen als Voraussetzung der Verbindlichkeit *Schöndorf-Haubold*, Strukturfonds der EG, S. 363.

[214] *Holzwart*, Gemeinschaftliche Strukturfonds, S. 137.

[215] Tz. 1 der Interinstitutionellen Vereinbarung vom 6. Mai 1999 (Fn. 120).

[216] Siehe aber *Schöndorf-Haubold*, Strukturfonds der EG, S. 376 f.

Verpflichtung hindeuteten,[217] ist nicht zweifelsfrei. Es liegt meines Erachtens sogar näher, aus diesen Vorbehalten abzuleiten, daß sich die Organe gerade in dem ihnen zur Verfügung stehenden Rahmen rechtlich verpflichten wollten.

Ob sich allerdings der Rat und das Parlament durch die Finanzielle Vorausschau binden durften, ob sich diese Organe also innerhalb des vertraglichen Rahmens bewegen, ist fraglich,[218] da die Haushaltsbefugnisse des Parlaments hinsichtlich der nichtobligatorischen Ausgaben und diejenigen des Rates hinsichtlich der obligatorischen Ausgaben unzulässig beschnitten sein könnten.[219] In der Sache haben der Rat bei den obligatorischen Ausgaben und das Parlament bei den nichtobligatorischen Ausgaben jeweils auf die Ausübung ihrer Befugnis verzichtet, abschließend über die jeweiligen Ausgabenkategorien zu entscheiden. Die Ausübung dieser Befugnis ist jedoch im Vertrag lediglich als ultima ratio für den Fall einer fehlenden Einigung zwischen Europäischem Parlament und Rat gedacht; es besteht bei beiden Ausgabenkategorien keine Pflicht zur eigenmächtigen Entscheidung durch ein Organ der Haushaltsbehörde.[220] Es ist deshalb festzuhalten, daß sich der Rat und das Parlament in vertragskonformer Weise durch die Finanzielle Vorausschau rechtlich gebunden haben.[221]

2. Die ergänzenden Regelungen zum Haushaltsverfahren

Mit Konzertierung ist im wesentlichen die Abstimmung zwischen den für die Beschlußfassung über den Haushalt zuständigen Organen Rat und Parlament gemeint. Jeder dieser beiden Teile der Haushaltsbehörde trifft gemäß der Interinstitutionellen Vereinbarung vom 6. Mai 1999 die erforderlichen Vorkehrungen, um zu gewährleisten, daß die im Rahmen der Konzertierung gegebenenfalls erzielten Ergebnisse während des gesamten laufenden Haushaltsverfahrens „berücksichtigt" werden.[222] Schon hieran zeigt sich, daß die Parteien dieser Vereinbarung nicht davon ausgehen, daß die Ergebnisse der Konzertierung die beteiligten Organe binden können. Die in Art. 272 EGV vorgesehenen Beschlüsse von Rat und Parlament im Ver-

---

[217] Vgl. *Schöndorf-Haubold*, Strukturfonds der EG, S. 373.
[218] Siehe aber z.B. *Waldhoff*, in: Calliess/Ruffert, EUV/EGV², Art. 270 EGV Rn. 4: Bei der Finanziellen Vorausschau handelt es sich um die als Teil der Interinstitutionellen Vereinbarung für die Organe verbindliche Einigung über die finanzwirtschaftlichen Prioritäten für einen bestimmten Zeitraum.
[219] Hinsichtlich des Parlaments bejahend *Schöndorf-Haubold*, Strukturfonds der EG, S. 378.
[220] *Holzwart*, Gemeinschaftliche Strukturfonds, S. 140.
[221] *Niedobitek*, in: Streinz, EUV/EGV, Art. 272 EGV Rn. 2; vgl. auch *Bieber*, in: Groeben/Schwarze, EUV/EGV IV⁶, Art. 272 EGV Rn. 35; ders., in: ders./Epiney/Haag, Europäische Union⁶, § 5 Rn. 26.
[222] Anhang III der Interinstitutionellen Vereinbarung vom 6. Mai 1999 (Fn. 120).

fahren zur Aufstellung des Haushaltsplans können als Beschlüsse von überragender Bedeutung auch sicherlich nicht auf den Präsidenten des Rates und den Vorsitzenden des Haushaltsausschusses delegiert werden. Die Konzertierung soll also lediglich das vertraglich vorgesehene Haushaltsverfahren, das auf sukzessive Beschlußfassungen angelegt ist, um kooperative Elemente ergänzen, ohne daß diese auf eine Vorfestlegung dieser Beschlüsse gerichtet ist. Das Verfahren der interinstitutionellen Zusammenarbeit im Haushaltsbereich bietet deshalb keinen Anlaß zu Bedenken im Hinblick auf eine Primärrechtswidrigkeit.

3. Die Regelungen über die Klassifizierung der Ausgaben

Die Klassifizierung der Ausgaben ist anhand der vertraglichen Vorgaben nicht zu bewältigen.[223] Das Primärrecht läßt keine eindeutige Zuordnung aller Ausgaben zu. Somit kann sie nur im Wege der Vertragskonkretisierung von den betroffenen Organen selbst im Konsens und – im Interesse der Rechtssicherheit – in einem verbindlichen Verfahren getroffen werden, wobei betroffen in diesem Sinne in erster Linie der Rat und das Parlament sind.[224] Vor diesem Hintergrund sind Regelungen über die Klassifizierung von Ausgaben nicht nur zulässig, sie sind vielmehr sogar durch den Vertrag geboten.[225] Es ist daher von deren Verbindlichkeit auszugehen.[226] Die in der Interinstitutionellen Vereinbarung gefundenen Regelungen erscheinen im übrigen auch sachgerecht.

B. Sachgebietsspezifische Rechtsetzung

Im folgenden soll auf Besonderheiten bei der Sachgesetzgebung im Bereich der gemeinschaftlichen Leistungsverwaltung eingegangen werden. Die Sachgesetzgebung bildet das Gegenstück zur Haushaltsgesetzgebung und bezeichnet die Rechtsetzung in den einzelnen Politikbereichen. Für den Akt der Sachgesetzgebung, der für die Rechtmäßigkeit der Erbringung gemeinschaftlicher Leistungen neben der Bewilligung der Mittel im Haushaltsplan grundsätzlich erforderlich ist (II), muß zunächst eine primärrechtliche Grundlage bestehen (I). Der Basisrechtsakt muß weiterhin in einer geeigneten Form ergehen (III). Besonders zu behandeln sind die Festlegung von Ausgabenzielen (IV) und die Anordnung nationaler Kofinanzierung (V) in

---

[223] Siehe oben Kap. 2 A.III.4.
[224] Überzeugend *Bieber*, in: Groeben/Schwarze, EUV/EGV IV[6], Art. 272 EGV Rn. 27.
[225] *Bieber*, in: ders./Epiney/Haag, Europäische Union[6], § 5 Rn. 32: Verpflichtung der Organe.
[226] Vgl auch EuGH, Rs. C-41/95 – Rat/Parlament, Slg. 1995, I-4411 (Rn. 30 ff.).

den Basisrechtsakten. Im Anschluß hieran sollen materielle Grenzen gemeinschaftlicher Leistungen aufgezeigt werden (VI). Schließlich soll auf die Durchführungsrechtsetzung (VII) eingegangen werden, die im Bereich der gemeinschaftlichen Leistungsverwaltung besonders wichtig ist.

I. Vertragliche Grundlagen für gemeinschaftliche Leistungen: Finanzierungszuständigkeiten der Europäischen Gemeinschaft

Den Fragen, ob und in welchen Bereichen die Europäische Gemeinschaft überhaupt Leistungen erbringen darf, wird allgemein nur wenig Aufmerksamkeit geschenkt.[227] Es gilt allerdings stets zu bedenken, daß die Europäische Gemeinschaft kein souveräner Staat[228] und damit auch nicht umfassend zur politischen Gestaltung legitimiert[229] ist. Gemeinschaftliche Leistungen sind auch nicht schon aus dem Grunde zulässig, daß sie als solche keine unmittelbaren Verpflichtungen begründeten.[230] Der EG-Vertrag sieht nämlich in Art. 5 Abs. 1 vor, daß das gesamte Handeln der Gemeinschaft auf einer primärrechtlichen Kompetenzgrundlage beruhen muß („Prinzip der begrenzten [Einzel-]Ermächtigung"[231]); dementsprechend müssen die Mitgliedstaaten die Gemeinschaft zur Erbringung von Leistungen ermächtigt haben.[232] Es gilt also ein *Vertragsvorbehalt für gemeinschaftliche Leistungen*; eine allgemeine Beihilfenkompetenz der Gemeinschaft besteht nicht.[233] Dies erscheint auch angesichts dessen konsequent, daß eine unbe-

---

[227] Siehe aber *Bleckmann*, DÖV 1977, S. 615 ff.; *Bieber*, EuR 1982, S. 115 (116, 118); *Triantafyllou*, Vom Vertrags- zum Gesetzesvorbehalt, S. 200 ff.; *Schreiber*, Verwaltungskompetenzen, S. 72 ff. (wobei allerdings nicht erläutert wird, warum die „Kompetenz der Gemeinschaft zur Gewährung von Beihilfen" unter der Thematik „Vertragliche Ermächtigungen zur Ausübung von Verwaltungstätigkeiten" erörtert wird); in neuester Zeit *K. Rodi*, Finanzierungskompetenzen, S. 21, 29 ff.; speziell für den Bereich der Bildung *Classen*, EuR 1990, S. 10 ff.
[228] Siehe nur *Oppermann*, Europarecht[3], § 6 Rn. 62: bei aller „Staatsnähe".
[229] Vgl. *Classen*, EuR 1990, S. 10 (14).
[230] Vgl. *Classen*, EuR 1990, S. 10 (14); *von Bogdandy/Bast*, EuGRZ 2001, S. 441 (443).
[231] Hierzu *Koenig/Haratsch*, Europarecht[4], Rn. 57 ff.; *Oppermann*, Europarecht[3], § 6 Rn. 62 ff.; *M. Rodi*, Subventionsrechtsordnung, S. 260 ff.; *Streinz*, Europarecht[7], Rn. 498 f.; *Beyer*, Staat 1996, S. 189 (191 f.). In Art. I-11 Abs. 1 S. 1, Abs. 2 EV wird nunmehr auch der Begriff „Grundsatz der begrenzten Einzelermächtigung" verwendet.
[232] Allgemeine Ansicht; siehe nur *Bleckmann*, NVwZ 2004, S. 11 (12); *Classen*, EuR 1990, S. 10 (14); *Häde*, Finanzausgleich, S. 402; *K. Rodi*, Finanzierungskompetenzen, S. 31 f.; *M. Rodi*, Subventionsrechtsordnung, S. 265; wohl auch *Bieber*, EuR 1982, S. 115 (118). Unklar *Bleckmann*, in: ders., Europarecht[6], Rn. 383 einerseits, Rn. 385 andererseits.
[233] *von Bogdandy/Bast*, EuGRZ 2001, S. 441 (443); *Bieber*, in: ders./Epiney/Haag, Europäische Union[6], § 5 Rn. 23.

schränkte Finanzierungszuständigkeit der Gemeinschaft die Kompetenzverteilung zwischen ihr und den Mitgliedstaaten unterwandern könnte.[234]

Eine entsprechende Ermächtigung findet sich weder in der Präambel zum EG-Vertrag noch in dessen Art. 2.[235] Art. 2 EGV nennt lediglich die Aufgaben der Gemeinschaft, weist ihr jedoch noch keine Befugnisse zu.[236]

Generelle Aussagen über Ausgaben der Gemeinschaft enthält der Vertrag nur in den Finanzvorschriften, also im Zusammenhang mit dem Haushaltsverfahren (Art. 268 Abs. 1, Abs. 3, Art. 271, Art. 272 Abs. 2, Abs. 4 UAbs. 2, Art. 273, Art. 274 Abs. 2). Diese Bestimmungen begründen jedoch nicht die Zulässigkeit von Ausgaben, sondern setzen sie voraus. Sie sind aber dennoch aufschlußreich. Die Ausgaben werden nämlich hier in verschiedene inhaltliche Kategorien aufgegliedert: Der Vertrag kennt, wenn auch im Zusammenhang mit der zweiten und der dritten Säule der Europäischen Union, Verwaltungsausgaben (Art. 268 Abs. 2 S. 1) und operative Ausgaben (Art. 268 Abs. 2 S. 2). In Art. 271 Abs. 2 EGV sind des weiteren Personalausgaben erwähnt.[237] Eine formelle Kategorisierung erfolgt durch die Aufteilung in obligatorische und nichtobligatorische Ausgaben in Art. 272 Abs. 4 UAbs. 2 EGV, die im Rahmen des gemeinschaftlichen Haushaltsverfahrens eine bedeutende Rolle spielt.[238]

Im vorliegenden Zusammenhang der gemeinschaftlichen Leistungsverwaltung sind in erster Linie die operativen Mittel von Interesse, da diese Mittel für gemeinschaftliche Leistungen zur Verfügung stehen. Diese können entweder auf vertraglichen Vorschriften, die ausdrücklich hierzu ermächtigen, oder auf sonstigen vertraglichen Grundlagen, insbesondere auf Art. 308 EGV beruhen.[239]

---

[234] *Triantafyllou*, Vom Vertrags- zum Gesetzesvorbehalt, S. 201; *Schreiber*, Verwaltungskompetenzen, S. 72; *K. Rodi*, Finanzierungskompetenzen, S. 19 („Finanzierungskompetenz bedeutet nicht nur Last, sondern auch Möglichkeit zur Einflussnahme."), 32. Siehe auch *von Bogdandy/Bast*, EuGRZ 2001, S. 441 (443): „Gerade der Einsatz von Geld als Steuerungsinstrument ist keineswegs rechtlich neutral."

[235] Ablehnend auch *K. Rodi*, Finanzierungskompetenzen, S. 31 f. Anderer Ansicht *Bleckmann*, in: ders., Europarecht[6], Rn. 385.

[236] *Lenz*, in: ders./Borchardt, EUV/EGV[3], Art. 2 EGV Rn. 8; *Ukrow*, in: Calliess/Ruffert, EUV/EGV[2], Art. 2 EGV Rn. 28; *Zuleeg*, in: Groeben/Schwarze, EUV/EGV I[6], Art. 2 EGV Rn. 5. Zur Trennung von Aufgabenzuweisungs- und Befugnisnormen im deutschen Verwaltungsrecht *Schoch*, in: Schmidt-Aßmann, BesVerwR[13], 2. Kap. Rn. 32 f.

[237] Siehe Tz. 30 f. und Anhang IV der Interinstitutionellen Vereinbarung vom 6. Mai 1999 (Fn. 120). Dazu bereits *Bieber*, EuR 1982, S. 115 (124 ff.).

[238] Siehe oben Kap. 2 A.III.4.

[239] Zur (allgemeinen, d.h. nicht spezifisch auf die gemeinschaftliche Leistungsverwaltung bezogenen) Frage der Bestimmung der zutreffenden Rechtsgrundlage *K. Rodi*, Finanzierungskompetenzen, S. 32 ff.; *Streinz*, in: ders., EUV/EGV, Art. 5 EGV Rn. 8 f.

1. Vorschriften, die ausdrücklich zu gemeinschaftlichen Leistungen ermächtigen

Unproblematisch sind diejenigen Vorschriften, die ausdrücklich zu gemeinschaftlichen Leistungen ermächtigen. Diese sind häufig in Nachvollziehung einer zuvor schon eingeleiteten, auf zumindest zweifelhafter Rechtsgrundlage beruhenden Entwicklung in das Primärrecht aufgenommen worden.[240]

Zu nennen sind zunächst die Rechtsgrundlagen in denjenigen Tätigkeitsbereichen, für die das Primärrecht die Einrichtung eines Fonds[241] als Finanzierungsinstrument vorsieht. Im ursprünglichen EWG-Vertrag waren dies ein oder mehrere Ausrichtungs- und Garantiefonds für die Landwirtschaft (mittlerweile Art. 34 Abs. 3 EGV[242]) sowie der Europäische Sozialfonds (ESF; mittlerweile Art. 146 ff. EGV[243]). Der Einrichtung des ESF war – anders als der EAGFL[244] – schon damals als obligatorisch vorgesehen, woraus sich auch dessen ausdrückliche Erwähnung in Art. 268 Abs. 1 EGV[245] erklären dürfte. Aus der Regelung, daß „alle Einnahmen und Ausgaben der Gemeinschaft einschließlich derjenigen des Europäischen Sozialfonds" in den Haushaltsplan einzusetzen sind, folgt, daß die Fonds der Gemeinschaft nicht rechtsfähig, sondern eben Teil des Gesamthaushaltsplans sein sollen.[246] Die Einheitliche Europäische Akte führte zu einer eigenen primärrechtlichen Grundlage für den Europäischen Fonds für regionale Entwicklung[247] (EFRE; mittlerweile Art. 160 EGV); der Vertrag von Maastricht führte zur Aufnahme des Kohäsionsfonds[248] in das Primärrecht (mittlerweile Art. 161 Abs. 2 EGV).

Zu den ausdrücklichen Ermächtigungen gehören des weiteren die Rechtsgrundlagen in denjenigen Tätigkeitsbereichen, in denen die Gemeinschaft unterstützend oder fördernd tätig werden darf, etwa in den Be-

---

[240] Vgl. *M. Rodi*, Subventionsrechtsordnung, S. 228: „die Eigendynamik einer bestehenden Praxis kompetenzrechtlich einzufangen".

[241] Zu den Fonds der Gemeinschaft umfassend *von Drygalski*, Fonds der EG.

[242] Art. 40 Abs. 4 EWGV u.F.

[243] Art. 123 ff. EWGV u.F.

[244] Vgl. *Hix*, in: Schwarze, EU-Kommentar, Art. 34 EGV Rn. 88.

[245] Art. 199 Abs. 1 EWGV u.F.

[246] Vgl. *Mögele*, in: Dauses, HdbEUWiR I (EL 8), G Rn. 218; *Holzwart*, Gemeinschaftliche Strukturfonds, S. 151.

[247] Zur Entwicklung des EFRE vor der EEA, auch zur Heranziehung des Art. 308 EGV als primärrechtlicher Grundlage *von Drygalski*, Fonds der EG, S. 94 ff.; *Holzwart*, Gemeinschaftliche Strukturfonds, S. 30 ff.; *Schöndorf-Haubold*, Strukturfonds der EG, S. 55 f.

[248] Vgl. *Magiera*, in: Streinz, EUV/EGV, Art. 161 EGV Rn. 37 ff. Siehe oben Kap. 1 B.I.2.a. und Kap. 1 Fn. 224.

reichen der Bildung (Art. 149 Abs. 1, Abs. 4[249], Art. 150 Abs. 1 EGV), der Kultur (Art. 151 Abs. 2, Abs. 3 und Abs. 5 EGV) oder der Forschung und technologischen Entwicklung (Art. 163 Abs. 1, 166 EGV)[250].[251]

Schließlich weisen einzelne Vorschriften in jeweils eigener Weise auf die Möglichkeit gemeinschaftlicher Leistungen hin. So kann etwa die Gemeinschaft nach Art. 100 Abs. 2 EGV einem Mitgliedstaat in bestimmten Ausnahmesituationen finanziellen Beistand gewähren. In Art. 166 Abs. 1 EGV ist von der finanziellen Beteiligung der Gemeinschaft die Rede. Indem Art. 180 Abs. 1 EGV auf Hilfsprogramme hinweist, ergibt sich auch für die Bestimmungen über die Entwicklungszusammenarbeit eindeutig aus dem Primärrecht eine Finanzierungskompetenz der Gemeinschaft.

2. Sonstige vertragliche Grundlagen

Es bleiben hiernach nur wenige Politikbereiche, in denen der Gemeinschaft eine Sachkompetenz zukommt und gemeinschaftliche Leistungen denkbar sind, ihr allerdings keine ausdrückliche Finanzierungskompetenz zuerkannt ist.[252] Es handelt sich in erster Linie um Bereiche, in denen die Gemeinschaft allgemein zu Maßnahmen oder zum Tätigwerden ermächtigt ist, insbesondere durch Art. 308 EGV[253]. In der Diskussion hat sich zu Recht die Ansicht durchgesetzt, daß die Finanzierungskompetenz stets die notwendige Folge einer Aufgabenkompetenz ist, es sei denn, letztere schließt den Einsatz gemeinschaftlicher Finanzmittel ausdrücklich aus.[254]

Insgesamt läßt sich somit konstatieren, daß die Gemeinschaft, sobald sie zur Wahrnehmung einer bestimmten Aufgabe ermächtigt ist, auch Finanzmittel einsetzen darf.[255] Beschränkungen der gemeinschaftlichen Leistungstätigkeit können sich deshalb eher aus den Kompetenzausübungsschranken ergeben.

---

[249] Zum Begriff der Fördermaßnahmen i.S.v. Art. 149 Abs. 4 EGV *Niedobitek*, in: Streinz, EUV/EGV, Art. 149 Rn. 36 ff.

[250] Zur Entwicklung *Trute*, in: Streinz EUV/EGV, Art. 163 EGV Rn. 2 ff.; *Pfeiffer*, Forschungs- und Technologiepolitik, S. 16 ff.

[251] Weiterhin Art. 153, 154 f. EGV.

[252] Allerdings ist zuzugeben, daß die Ausführungen in der Literatur über die ausdrücklichen Finanzierungszuständigkeiten der Gemeinschaft zumeist zurückhaltender sind.

[253] Auf Art. 95 EGV (!) gestützt war die „Aktion Robert Schuman", ein Aktionsprogramm zur stärkeren Sensibilisierung der Juristen für das Gemeinschaftsrecht (Beschluß 1496/98/EG; dazu *Kommission*, Durchführung Aktion Robert Schuman, SEK[2002] 157).

[254] *Häde*, Finanzausgleich, S. 402 f.; *Niedobitek*, in: Streinz, EUV/EGV, Art. 268 EGV Rn. 2; *K. Rodi*, Finanzierungskompetenzen, S. 42. Speziell zu Art. 308 EGV *Streinz*, in: ders., EUV/EGV, Art. 308 EGV Rn. 33; *Rossi*, in: Calliess/Ruffert, EUV/EGV^2, Art. 308 EGV Rn. 59.

[255] Vgl. *Bieber*, in: ders./Epiney/Haag, Europäische Union^6, § 5 Rn. 23.

II. Die Erforderlichkeit eines Basisrechtsakts[256]

Im deutschen Recht gilt: Das in Art. 20 Abs. 3 GG verankerte Prinzip der Gesetzmäßigkeit der Verwaltung umfaßt als eine Ausprägung den Vorbehalt des Gesetzes:[257] In denjenigen Bereichen, in denen der Gesetzesvorbehalt zur Anwendung kommt, darf die Verwaltung nur tätig werden, wenn sie durch oder aufgrund eines Parlamentsgesetzes dazu ermächtigt worden ist.[258] Mit der Bestimmung der Reichweite des Gesetzesvorbehalts wird folglich zugleich derjenige Bereich festgelegt, in dem die Verwaltung selbständig tätig werden darf. Die Problematik ist also im Spannungsfeld zwischen Legislative und Exekutive angesiedelt.

Der wohl bedeutendste Bereich des deutschen Verwaltungsrechts, in dem sich die Frage nach der Erforderlichkeit einer gesetzlichen Ermächtigung nicht eindeutig beantworten läßt, ist die Leistungsverwaltung.[259] Hierbei steht die Frage im Mittelpunkt, ob die – stets für notwendig gehaltene – Ausweisung von Mitteln im durch das Haushaltsgesetz verabschiedeten Haushaltsplan eine ausreichende gesetzliche Grundlage im Sinne der Gesetzesvorbehaltslehre darstellt. Dabei gilt es zu bedenken, daß aufgrund des in Art. 110 Abs. 4 GG verankerten Bepackungsverbots[260] umfangreichere sachliche Vorgaben für die bewilligten Mittel nicht in das Haushaltsgesetz aufgenommen werden dürfen. Die überwiegend vertretene Auffassung läßt sich dahingehend zusammenfassen, daß das Haushaltsgesetz als gesetzliche Grundlage ausreicht, es sei denn, die Leistungserbringung hat erhebliche Grundrechtsrelevanz (auf Seiten der Leistungsempfänger und/oder auf Seiten Dritter).

1. Der Grundsatz

Im Gemeinschaftsrecht besteht eine ähnliche Problematik. Bis in die jüngste Vergangenheit hat die Frage nach der Erforderlichkeit eines im Gesetzge-

---

[256] Die nachfolgend behandelte Problematik wird in der Literatur zumeist als solche des Haushaltsvollzugs behandelt unter der Fragestellung, ob die Kommission den Haushaltsplan auch bezüglich solcher Mittel ausführen darf, für die kein Basisrechtsakt aufgestellt worden ist; siehe insbesondere *Ehlermann/Minch*, EuR 1981, S. 23 (25); ferner beispielsweise *Bieber*, in: Groeben/Schwarze, EUV/EGV IV[6], Art. 274 EGV Rn. 11 f.; *Schoo*, in: Schwarze, EU-Kommentar, Art. 274 EGV Rn. 6 ff. Sie ist aber wohl schon auf der vorgelagerten Ebene der Gesetzgebung anzusiedeln unter dem Gesichtspunkt, ob das Parlament überhaupt Mittel in den Haushaltsplan einsetzen darf, für die kein Basisrechtsakt besteht bzw. dessen Verabschiedung auch nicht in absehbarer Zeit zu erwarten ist.
[257] Siehe nur *Ossenbühl*, in: Erichsen/Ehlers, AllgVerwR[12], § 9 Rn. 7; *Stern*, Staatsrecht I[2], S. 801 ff.; *Sommermann*, in: v. Mangoldt/Klein/Starck, GG II[4], Art. 20 Rn. 260, 263 ff.
[258] *Maurer*, Staatsrecht[4], § 8 Rn. 19; *Schmidt-Aßmann*, Ordnungsidee[2], Kap. 4 Tz. 15.
[259] Dazu etwa *Ossenbühl*, in: Erichsen/Ehlers, AllgVerwR[12], § 9 Rn. 16; *Maurer*, AllgVerwR[15], § 6 Rn. 13 ff.; *Schmidt-Aßmann*, Ordnungsidee[2], Kap. 4 Tz. 23.
[260] *Fischer-Menshausen*, in: von Münch/Kunig, GG, Band 3[3], Art. 110 Rn. 24.

bungsverfahren erlassenen Rechtsakts, der zumindest die wesentlichen Grundzüge der jeweiligen Erbringung von Leistungen aus Gemeinschaftsmitteln festlegt, Bedeutung erlangt. Ein solcher Rechtsakt wird allgemein[261] und seit einiger Zeit auch in der Haushaltsordnung[262] als Basisrechtsakt bezeichnet. Die Frage nach dessen Erforderlichkeit hat jedoch einen spezifisch gemeinschaftsrechtlichen Hintergrund. Sie erklärt sich aus dem – dem deutschen Grundgesetz fremden – Auseinanderfallen von Sach- und Haushaltsgesetzgebungskompetenzen. Die gemeinschaftsrechtliche Problematik hat also ihren Hintergrund in der Aufteilung der Legislativbefugnisse.

Im Sachgesetzgebungsverfahren[263] erfordert das Zustandekommen eines Rechtsaktes stets die Zustimmung des Rates; der Rat nimmt also die zentrale Rolle im Sachgesetzgebungsverfahren ein. Die Befugnisse des Europäischen Parlaments in der Sachgesetzgebung sind zwar durch die einzelnen Vertragsänderungen gestärkt worden; das Parlament ist aber noch kein gleichberechtigter Partner des Rates im Bereich der Sachgesetzgebung. Besonders deutlich ist dies im Bereich der Gemeinsamen Agrarpolitik, die die gemeinschaftliche Leistungsverwaltung weiterhin prägt. Hier ist das Parlament im Rechtsetzungsverfahren weiterhin lediglich anzuhören (Art. 37 Abs. 2 UAbs. 3 EGV). Anders verhält es sich dagegen im Bereich der Haushaltsgesetzgebung[264]. Dem Letztentscheidungsrecht des Rates im Bereich der obligatorischen Ausgaben steht dasjenige des Parlaments bezüglich nichtobligatorischer Ausgaben gegenüber. Die Position des Parlaments ist hierdurch wesentlich gestärkt; es kann sich im Konfliktfall gegen den Rat durchsetzen.

Diese – unglückliche – Kompetenzverteilung birgt die Gefahr, daß das Parlament versucht, seine Haushaltsbefugnisse zur Gestaltung von Sachpolitik zu verwenden, indem es gegen den Willen des Rates Mittel für (nichtobligatorische) Ausgaben in den Haushaltsplan einsetzt.[265] Die Gestaltung von Sachpolitik kann aber aufgrund der Sachgesetzgebungskompetenzen nicht gegen den Willen des Rates erfolgen. Der Hintergrund der Problematik weist also zugleich auf dessen Lösung hin.[266] Die Erforderlichkeit eines Basisrechtsakts ergibt sich unmittelbar aus der Systematik des Vertrages.[267] Nur zur Unterstützung dieses Ergebnisses sei noch auf das folgende teleo-

---

[261] EuGH, Rs. C-106/96 – Vereinigtes Königreich/Kommission, Slg. 1998, I-2729 (Rn. 22); *Niedobitek*, in: Streinz, EUV/EGV, Art. 272 EGV Rn. 34.
[262] Art. 49 Abs. 1 HO 2002. Zuvor Art. 22 Abs. 1 UAbs. 2 HO 1977.
[263] Siehe nur die Darstellung in *Streinz*, Europarecht[7], Rn. 498 ff.
[264] Ausführlich oben siehe Kap. 2 A.III.
[265] Vgl. *Ehlermann/Minch*, EuR 1981, S. 23 (25).
[266] Siehe auch *Magiera*, Verwaltungsorganisation, in: Schweitzer, Europäisches Verwaltungsrecht, S. 115 (123).
[267] EuGH, Rs. C-106/96 – Vereinigtes Königreich/Kommission, Slg. 1998, I-2729 (Rn. 28).

Die Rechtsetzungsebene der gemeinschaftlichen Leistungsverwaltung 99

logische Argument hingewiesen: Es ist kaum vorstellbar, daß die Ausweitung der Haushaltsbefugnisse des Parlaments zu einer Schwächung des Rates in seiner Funktion als Gesetzgeber führen sollte.[268]

Die Problematik ist auf Gemeinschaftsebene seit langem bekannt.[269] Die eben skizzierte Lösung prägt mittlerweile auch das Sekundärrecht. In der Haushaltsordnung wird Basisrechtsakt in vertragskonformer Weise definiert als „abgeleiteter Rechtsakt, der der Tätigkeit der Gemeinschaft (...) sowie der Ausführung der im Haushaltsplan ausgewiesenen entsprechenden Ausgabe eine rechtliche Grundlage verleiht"[270]. Dennoch scheint man erst in jüngster Zeit der grundsätzlichen Erforderlichkeit eines Basisrechtsakts auch in der Praxis konsequent nachkommen zu wollen.[271]

Aus dem Gemeinschaftshaushalt dürfen also keine Ausgaben finanziert werden, für die der erforderliche Basisrechtsakt nicht erlassen worden ist; neben der Mittelbewilligung muß also im Regelfall auch über die Mittelverwendung entschieden werden.[272] Insofern kann man neben einem Vertragsvorbehalt[273] auch von einem *Rechtssatzvorbehalt für gemeinschaftliche Leistungen* sprechen.

2. Ausnahmen

Ausnahmen vom Grundsatz der Erforderlichkeit eines Basisrechtsakts bedürfen folglich einer besonderen Begründung. Diese kann nur darin gesehen werden, daß sich die Zulässigkeit bestimmter Ausgaben – zumeist allerdings nur konkludent – unmittelbar aus dem Primärrecht ergibt,[274] ein zusätzlicher Basisrechtsakt also überflüssig oder gar vertragswidrig[275] wäre.

Ein erster Bereich, für den kein Basisrechtsakt erforderlich ist, der allerdings für die gemeinschaftliche Leistungsverwaltung nur eine nachgeordnete Rolle spielt, umfaßt „die Verwaltungsmittel, die jedem Organ aufgrund seiner Verwaltungsautonomie zur Verfügung gestellt werden"[276].

---

[268] *Ehlermann/Minch*, EuR 1981, S. 23 (24, 29).
[269] Zu den Standpunkten der einzelnen Organe *Ehlermann/Minch*, EuR 1981, S. 23 (25 ff.); *Rossi*, Parlament und Haushaltsverfassungsrecht, S. 128. Vgl. auch *Lenzen*, EuR 1996, S. 214 ff.
[270] Art. 49 Abs. 1 UAbs. 2 S. 1 HO 2002.
[271] Hierzu v.a. *Kommission*, Basisrechtsakte für Finanzhilfen, KOM(2003) 274 endg.
[272] *Rossi*, Parlament und Haushaltsverfassungsrecht, S. 129.
[273] Vgl. oben Kap. 2 B.I.
[274] *Bieber*, in: Groeben/Schwarze, EUV/EGV IV[6], Art. 274 EGV Rn. 12; *Rossi*, Parlament und Haushaltsverfassungsrecht, S. 129.
[275] Vgl. *Rossi*, Parlament und Haushaltsverfassungsrecht, S. 130.
[276] Art. 49 Abs. 2 lit. d HO 2002; vgl. *Magiera*, Verwaltungsorganisation, in: Schweitzer, Europäisches Verwaltungsrecht, S. 115 (123). Die Haushaltsordnung enthält einen eigenen, allerdings wenig umfangreichen Titel über Verwaltungsmittel (Art. 177 ff.); kritisch zu dem entsprechenden Titel in dem Verordnungsvorschlag (*Kommission*, Vor-

Verwaltungsausgaben bilden auch in der Haushaltsordnung neben den Personalausgaben und den operativen Ausgaben eine der drei wesentlichen Ausgabenkategorien der Gemeinschaft:[277] Als Verwaltungsmittel werden diejenigen Mittel bezeichnet, die für das Funktionieren jeder Einrichtung im Rahmen ihrer Selbstverwaltung bestimmt sind.[278] Die Zulässigkeit der entsprechenden Ausgaben allein aufgrund einer Ermächtigung im Haushaltsplan erklärt sich, wie schon in der zitierten Vorschrift aus der Haushaltsordnung angedeutet ist und in der eben angeführten Definition der Verwaltungsmittel deutlicher zum Ausdruck kommen soll, aus der durch den Vertrag jedem Organ zugestandenen Kompetenz, zur Erfüllung der ihm zugewiesenen Aufgaben unter Beachtung der vertraglich gesetzten Grenzen selbständig eine Organisation zu schaffen und zu unterhalten.[279]

Ein zweiter Bereich betrifft „Mittel für vorbereitende Maßnahmen, die auf die Erarbeitung von Vorschlägen für künftige Maßnahmen abstellen"[280]. Dieser Bereich findet seine Rechtfertigung in dem Initiativrecht der Kommission (v.a. Art. 37 Abs. 2 UAbs. 3, Art. 161 Abs. 1 S. 1 sowie Art. 251 Abs. 2 UAbs. 1 EGV).[281] Auf das Initiativrecht der Kommission gestützt[282] ist auch der dritte Bereich: „Mittel für Pilotprojekte experimenteller Art, mit denen Durchführbarkeit und Nutzen einer Maßnahme bewertet werden"[283]. Die Heranziehung des Initiativrechts der Kommission als vertragsunmittelbare Rechtsgrundlage für gemeinschaftliche Ausgaben bringt es mit sich,

---

schlag Haushaltsordnung, KOM[2000] 461 endg., Art. 166 ff.) *Rechnungshof*, Stellungnahme Nr. 2/2001 – Haushaltsordnung, Tz. 68.

[277] Vgl. beispielsweise Art. 23 Abs. 1 UAbs. 1 HO 2002.

[278] So die treffendere Kennzeichnung in Tz. 37 lit. c der Interinstitutionellen Vereinbarung vom 6. Mai 1999 (Fn. 120); präziser auch die englisch- bzw. französischsprachige Fassung der Haushaltsordnung: „appropriations for the operation of each institution under its administrative autonomy" bzw. „les crédits destinés au fonctionnement de chaque institution, au titre de son autonomie administrative".

[279] Vgl. *Bieber*, in: Groeben/Schwarze, EUV/EGV IV[6], Art. 274 EGV Rn. 12; *Ehlermann/Minch*, EuR 1981, S. 23 (30).

[280] Art. 49 Abs. 2 lit. b UAbs. 1 S. 1 HO 2002; siehe beispielsweise im Gesamthaushaltsplan 2004 Posten 15 05 01 05 (Wachstum und audiovisuelle Medien: Vorbereitende Maßnahmen für eine Initiative „i2i Audiovisual"), ABl. EU 2004 Nr. L 53/II-854.

[281] Vgl. insbesondere Art. 49 Abs. 2 lit. c HO 2002: „aufgrund der (...) anderen institutionellen Befugnisse als ihres *Initiativrechts* gemäß Buchstabe b)" (Hervorhebung durch den *Verfasser*). Des weiteren *Bieber*, in: Groeben/Schwarze, EUV/EGV IV[6], Art. 274 EGV Rn. 12. Zum Initiativrecht der Kommission ausführlich *von Buttlar*, Initiativrecht der Kommission; ferner *Schmitt von Sydow*, in: Groeben/Schwarze, EUV/EGV IV[6], Art. 211 EGV Rn. 38 ff., insbesondere Rn. 41 ff.

[282] Unklar insofern Art. 49 Abs. 2 lit. c HO 2002; eindeutig dagegen Tz. 37 lit. b S. 1 der Interinstitutionellen Vereinbarung vom 6. Mai 1999 (Fn. 120); *Ehlermann/Minch*, EuR 1981, S. 23 (31 f.).

[283] Art. 49 Abs. 2 lit. a S. 1 HO 2002.

daß diese nur für Maßnahmen getätigt werden dürfen, die zeitlich befristet und von ihrem Umfang her deutlich eingeschränkt sind.[284]

Der letzte Bereich schließlich beinhalt „Mittel für punktuelle oder permanente Maßnahmen der Kommission aufgrund der ihr durch den EG-Vertrag und den EAG-Vertrag zugewiesenen anderen institutionellen Befugnisse als ihres Initiativrechts (...) sowie aufgrund besonderer Zuständigkeiten, die ihr unmittelbar durch diese Verträge zugewiesen werden"[285]. Derartige besondere Zuständigkeiten sind in einer Bestimmung in der Durchführungsverordnung zur Haushaltsordnung[286] aufgezählt. Eine Maßnahme der Kommission aufgrund institutioneller Befugnisse liegt etwa darin, daß die Kommission Kosten für Fortbildungsaufenthalte in ihren Dienststellen übernehmen kann.[287]

Ausnahmen vom Grundsatz der Erforderlichkeit eines Basisrechtsakts sind hiernach nur in zeitlich und dem Volumen nach begrenztem Ausmaß erlaubt. Für bedeutendere Gemeinschaftsaktionen ist nach der die Problematik zusammenfassenden Rechtsprechung des Gerichtshofs stets ein Basisrechtsakt erforderlich.[288]

III. Die Form des Basisrechtsakts

Erfordert eine beabsichtigte Leistungserbringung wie im Regelfall einen Akt der Sachgesetzgebung, so steht der Gesetzgeber vor der weiteren Frage, welche Rechtsform er wählen muß. Die Haushaltsordnung stellt insofern klar, daß „Empfehlungen und Stellungnahmen sowie Entschließungen, Schlussfolgerungen, Erklärungen und sonstige Rechtsakte, die keine rechtlichen Wirkungen haben, (...) keine Basisrechtsakte" darstellen,[289] und beauftragt weiterhin die Kommission, die möglichen Formen der Basisrechtsakte in der Durchführungsverordnung aufzuführen.[290] Letzteres erstaunt, bleiben doch als mögliche Formen nur die in Art. 249 Abs. 2 bis Abs. 4 EGV mit zumindest teilweiser Verbindlichkeit ausgestatteten Formen der Verordnung, der Richtlinie und der Entscheidung sowie der Beschluß; diese Formen werden dementsprechend auch von der Kommis-

---

[284] Konsequent deshalb die Regelungen in Art. 49 Abs. 2 lit. a S. 2, lit. b UAbs. 1 S. 3 und S. 6 HO 2002 sowie Art. 32 DVO HO 2002.
[285] Art. 49 Abs. 2 lit. c HO 2002.
[286] Art. 33 DVO HO 2002.
[287] Im Gesamthaushaltsplan 2005 beispielsweise Artikel 15 06 02 (Kosten für Fortbildungsaufenthalte in den Dienststellen des Organs), ABl. EU 2005 Nr. L 60/II-877.
[288] EuGH, Rs. C-106/96 – Vereinigtes Königreich/Kommission, Slg. 1998, I-2729 (Rn. 26)
[289] Art. 49 Abs. 1 UAbs. 2 S. 2 HO 2002. Die Unverbindlichkeit von Empfehlungen und Stellungnahmen und damit die mangelnde Eignung als Basisrechtsakt ergibt sich schon aus Art. 249 Abs. 5 EGV.
[290] Art. 49 Abs. 1 UAbs. 3 HO 2002.

sion aufgeführt.[291] Der Beschluß ist, obwohl er nicht in Art. 249 EGV angeführt ist, als Handlungsform des Gemeinschaftsrechts, die rechtliche Wirkungen erzeugen kann,[292] gleichfalls anerkannt.

Die Richtlinie ist allerdings nur schwer als Basisrechtsakt für gemeinschaftliche Leistungen vorstellbar; in der Praxis wird sie hierfür soweit ersichtlich nicht eingesetzt. Am häufigsten zur Anwendung kommen die Verordnung und der Beschluß. In den beiden bedeutendsten Ausgabenbereichen, der Gemeinsamen Agrarpolitik und der Strukturpolitik, kommt ausnahmslos die Verordnung zur Anwendung. Einige wenige Gemeinschaftsprogramme, z.B. das Programm „Intelligente Energie"[293], sind auch als an alle Mitgliedstaaten gerichtete Entscheidungen ergangen.[294]

IV. Festlegung von Ausgabenzielen in den Basisrechtsakten

In den Basisrechtsakten zu den einzelnen Gemeinschaftsprogrammen wird zumeist ein Betrag an für das Programm zur Verfügung stehenden Mitteln für die gesamte, also zumeist mehrjährige Programmlaufzeit ausgewiesen. So wird der Finanzrahmen für die Durchführung des Sokrates-Programms für die Laufzeit 2000-2006 beispielsweise auf 1,85 Milliarden Euro festgelegt.[295] Eine Aufschlüsselung der Mittel auf die einzelnen Jahre ist in der Regel nicht vorgesehen. Die jährlichen Mittel, so hebt der Sokrates-Beschluß hervor, werden von der Haushaltsbehörde innerhalb der durch die Finanzielle Vorausschau gesetzten Grenzen bewilligt.[296] Damit wird klargestellt, daß mit der Sachgesetzgebung noch keine Bewilligung von Ausgaben verbunden sein soll, daß diese vielmehr erst im vertraglich hierfür vorgesehenen Haushaltsverfahren erfolgt. Im Bereich der Forschungsförderung sieht Art. 166 Abs. 1 UAbs. 2 Spstr. 3 EGV sogar ausdrücklich vor, daß ein Gesamthöchstbetrag der finanziellen Beteiligung der Gemeinschaft am – gemäß Art. 166 Abs. 1 UAbs. 1 EGV zwingend mehrjährigen – Rahmenprogramm festgelegt wird. Auch in die spezifischen Programme ist der Betrag der für notwendig erachteten Mittel aufzunehmen (Art. 166 Abs. 3 S. 2 EGV).

Derartige Ausgabenfestlegungen (im Falle von Höchstbeträgen sog. Ausgabenplafondierungen) erscheinen bei Rechtsakten, die zu nichtobligatorischen Ausgaben führen, nicht unproblematisch angesichts der sich

---

[291] Art. 31 Abs. 1 DVO HO 2002.
[292] *Bast*, Handlungsformen, in: von Bogdandy, Europäisches Verfassungsrecht, S. 479 (495).
[293] Entscheidung 1230/2003/EG.
[294] Vgl. hierzu *Vogt*, Entscheidung, S. 150 ff.; *dens.*, Entscheidung, in: Schmidt-Aßmann/Schöndorf-Haubold, Europäischer Verwaltungsverbund, S. 213 (220 ff.). Siehe auch *Sydow*, JuS 2005, S. 202 (203).
[295] Art. 10 Abs. 1 Beschluß 253/2000/EG (Sokrates).
[296] Art. 10 Abs. 2 Beschluß 253/2000/EG (Sokrates).

nicht deckenden Kompetenzen zur gemeinschaftlichen Haushalts- und Sachgesetzgebung. Wäre das Parlament im Haushaltsverfahren uneingeschränkt an derartige Beträge gebunden, so könnte der Rat dessen Bewilligungsrecht weitgehend aushöhlen; dies legt die Unzulässigkeit der Festlegung verbindlicher Höchstbeträge in sachlichen Rechtsakten nahe.[297]

Unter der Überschrift „Aufnahme von Finanzvorschriften in Rechtsakte" enthält die Interinstitutionelle Vereinbarung vom 6. Mai 1999 über die Haushaltsdisziplin und die Verbesserung des Haushaltsverfahrens eine die Problematik betreffende Regelung[298]. Sie differenziert danach, ob der Basisrechtsakt über das Mehrjahresprogramm im Mitentscheidungsverfahren des Art. 251 EGV erlassen wird oder nicht und somit nach der Beteiligung des Europäischen Parlaments an der Sachgesetzgebung.

Wird der Basisrechtsakt im Mitentscheidungsverfahren erlassen, so soll er eine Vorschrift enthalten, mit der der Gesetzgeber den Finanzrahmen des Programms für dessen gesamte Laufzeit festsetzt. Dieser Betrag soll für die Haushaltsbehörde im Rahmen des jährlichen Haushaltsverfahrens den „vorrangigen Bezugsrahmen" bilden. Die Kommission soll bei der Aufstellung des Vorentwurfs des Haushaltsplans[299] und die Haushaltsbehörde im Entscheidungsverfahren von diesem Betrag nicht abweichen „außer im Fall neuer objektiver und fortdauernder Gegebenheiten, die unter Berücksichtigung der insbesondere durch Bewertungen ermittelten Durchführungsergebnisse des betreffenden Programms ausdrücklich und genau darzulegen sind". Der Finanzrahmen soll also grundsätzlich verbindlich sein.

Wird der Basisrechtsakt über das Mehrjahresprogramm nicht im Mitentscheidungsverfahren erlassen, so soll in diesem kein „für notwendig erachteter Betrag" angegeben werden. Möchte der Rat dennoch einen finanziellen Bezugsrahmen in den Rechtsakt aufnehmen, so soll dieser, worauf ausdrücklich hinzuweisen ist, eine bloße „Absichtsbekundung" darstellen, die die im Vertrag festgelegten Zuständigkeiten der Haushaltsbehörde unberührt läßt. Kommt es jedoch im Verlauf des Gesetzgebungsverfahrens zu einem Einvernehmen zwischen dem Rat und dem Parlament über den betreffenden Betrag,[300] so stellt dieser gleichfalls einen „vorrangigen Bezugsrahmen" mit den soeben beschriebenen Wirkungen dar.

---

[297] *Bieber*, in: Groeben/Schwarze, EUV/EGV IV⁶, Art. 272 EGV Rn. 38.
[298] Tz. 33 ff. der Interinstitutionellen Vereinbarung vom 6. Mai 1999 (Fn. 120).
[299] Genauer: bei der Aufstellung ihres Haushaltsvoranschlags.
[300] Die Interinstitutionelle Vereinbarung vom 6. Mai 1999 (Fn. 120) verweist insoweit auf ein Konzertierungsverfahren zwischen Europäischem Parlament und Rat, das durch eine „Gemeinsame Erklärung des Europäischen Parlaments, des Rates und der Kommission" vom 4. März 1975 (ABl. EG 1975 Nr. C 89/1) eingeführt wurde. Anlaß dieser Erklärung war die Erweiterung der Haushaltsbefugnisse des Parlaments, die nach Ansicht der drei Organe mit einer wirksamen Beteiligung des Parlaments an dem Verfahren der Aus-

Diese Regelungen stellen sicher, daß im Bereich der nichtobligatorischen Ausgaben das Letztentscheidungsrecht des Europäischen Parlaments bezüglich dieser Ausgabenkategorie grundsätzlich gewahrt bleibt, auch wenn dies, systematisch vielleicht nicht ganz befriedigend, durch die Mitwirkung des Parlaments im Rahmen der Sachgesetzgebung erfolgt. Im Mitentscheidungsverfahren umfaßt die Billigung durch das Parlament auch den festgesetzten Betrag; in den anderen Fällen kommt der Festsetzung für das Parlament nur Bedeutung zu, wenn es hierzu seine grundsätzliche Zustimmung signalisiert hat. Im übrigen kommt in der Interinstitutionellen Vereinbarung klar zum Ausdruck, daß die festgesetzten Beträge niemals uneingeschränkt Verbindlichkeit beanspruchen können. Durch diese Regelungen ist eine die Kompetenzen des Parlaments wahrende Lösung gefunden worden. Angesichts dessen ist es nicht erforderlich, die vom Rat in den Rechtsakten festgelegten Höchstbeträge stets als bloß orientierende Zahlenangaben anzusehen.[301]

V. Nationale Kofinanzierung

Basisrechtsakte sehen teilweise auch eine nationale Kofinanzierung vor. Bei einer Maßnahme mit nationaler Kofinanzierung übernimmt die Gemeinschaft nur einen Teil der öffentlichen Ausgaben; es kommt also zu einer Mischfinanzierung durch Mitgliedstaat und Gemeinschaft.[302] Sie ist abzugrenzen von denjenigen gemeinschaftlichen Leistungen, die nur einen Zuschuß zu den Aufwendungen des zumeist privaten Leistungsempfängers darstellen.[303] Eine nationale Kofinanzierung kommt wohl nur in denjenigen Bereichen in Frage, in denen die Mitgliedstaaten für den Verwaltungsvollzug zuständig sind.

Die nationale Kofinanzierung erfüllt im wesentlichen zwei Funktionen: Durch sie kann die Verwirklichung der mit der gemeinschaftlichen Leistungserbringung verfolgten Zielsetzung verstärkt werden, indem auch nationale Finanzmittel in deren Dienst gestellt werden.[304] Sie kann weiterhin zur Steigerung der Qualität des mitgliedstaatlichen Vollzugs beitragen, da die beteiligten Verwaltungen nicht nur fremde gemeinschaftliche, sondern auch eigene nationale Mittel bewirtschaften.[305]

---

arbeitung und Annahme der Entscheidungen verbunden sein sollte, die für den Haushalt der Europäischen Gemeinschaften wichtige Ausgaben oder Einnahmen nach sich ziehen.

[301] So aber *Bieber*, in: Groeben/Schwarze, EUV/EGV IV⁶, Art. 272 EGV Rn. 38.
[302] Vgl. *Holzwart*, Gemeinschaftliche Strukturfonds, S. 188.
[303] Insofern unterscheidet sich der Begriff der Kofinanzierung im Rahmen dieser Arbeit von dem von *Holzwart*, Gemeinschaftliche Strukturfonds, S. 187 ff.
[304] Vgl. *Holzwart*, Gemeinschaftliche Strukturfonds, S. 188.
[305] Vgl. *Holzwart*, Gemeinschaftliche Strukturfonds, S. 189.

Zwei Formen nationaler Kofinanzierung sind denkbar und sollen im folgenden getrennt voneinander behandelt werden: die fakultative (1.) und die obligatorische (2.) nationale Kofinanzierung.

1. Fakultative nationale Kofinanzierung

Bei einer fakultativen nationalen Kofinanzierung können die Mitgliedstaaten wählen, ob sie eine von der Gemeinschaft kofinanzierte Leistung gewähren möchten.[306] Das Gemeinschaftsrecht unterbreitet also dem Mitgliedstaat lediglich ein Angebot,[307] das er nicht annehmen muß. Schon aus diesem Grunde kann die Zulässigkeit der Anordnung einer fakultativen nationalen Kofinanzierung ohne weiteres bejaht werden.[308] Ausgeschlossen erscheint es in diesen Fällen im übrigen, entgegen der ausdrücklichen Anordnung im Basisrechtsakt eine Pflicht der Mitgliedstaaten zur Bereitstellung eigener Finanzmittel aus Art. 10 EGV abzuleiten.

Die fakultative nationale Kofinanzierung ist insbesondere ein Charakteristikum der gemeinschaftlichen Strukturförderung.[309] Dies läßt schon das einschlägige Primärrecht deutlich werden, wenn es den ergänzenden Charakter der gemeinschaftlich Kohäsionspolitik hervorhebt (vgl. insbesondere Art. 159 Abs. 1 S. 3 EGV).[310]

2. Obligatorische nationale Kofinanzierung

Bei einer obligatorischen nationalen Kofinanzierung hingegen müssen die Mitgliedstaaten die Leistung gewähren und dabei den nicht durch die Gemeinschaft getragenen Finanzierungsanteil selbst tragen.[311] Der Mitgliedstaat muß sich also an einer Aufgabe der Gemeinschaft finanziell beteiligen. Die Anordnung einer obligatorischen nationalen Kofinanzierung bedarf einer besonderen Ermächtigung im Primärrecht;[312] sie steht nicht im Ermessen der rechtsetzenden Gemeinschaftsorgane.[313] Die allgememeinen vertraglichen Ermächtigungen zu gemeinschaftlichen Leistungen reichen insofern nicht aus.

Zur Begründung der Zulässigkeit der obligatorischen nationalen Kofinanzierung könnten Art. 6 Abs. 4 EUV (a) oder Art. 10 Abs. 1 EGV (b) herangezogen werden. Weitere Vorschriften, aus denen sich ihre Zulässig-

---

[306] *Busse*, DÖV 2004, S. 93 (98).
[307] Vgl. *Holzwart*, Gemeinschaftliche Strukturfonds, S. 188.
[308] *Busse*, DÖV 2004, S. 93 (98).
[309] Siehe insbesondere Art. 29 Abs. 3 VO (EG) 1260/1999 (StrukturfondsVO).
[310] Vgl. *Seidel*, AgrarR 2000, S. 381 (388): Kofinanzierung einer Aufgabe der Mitgliedstaaten durch die Gemeinschaft.
[311] *Busse*, DÖV 2004, S. 93 (98).
[312] Vgl. *Busse*, VerwArch 2003, S. 483 (484).
[313] So aber *Sasse*, WiR 1973, S. 308 (313).

keit ergeben könnte, sind nicht ersichtlich.[314] Ihre Anordnung wirft demgegenüber schwerwiegende Bedenken aus dem Verhältnis der Europäischen Gemeinschaft zu ihren Mitgliedstaaten auf (c). Schließlich soll noch auf die einschlägige Rechtsprechung des Europäischen Gerichtshofs eingegangen werden (d).

Als solches noch nicht problematisch ist hingegen, daß die Europäische Gemeinschaft bei der obligatorischen Kofinanzierung häufig[315] zugleich Rechtsansprüche Privater gegen die Mitgliedstaaten[316] begründet. Daß Private durch das Gemeinschaftsrecht unmittelbar gegenüber den Mitgliedstaaten berechtigt werden können, ist allgemein anerkannt und rührt aus der Besonderheit der Europäischen Gemeinschaft als, wie es in dem grundlegenden Urteil des Europäischen Gerichtshofs in der Rechtssache *Van Gend & Loos* heißt, neuer Rechtsordnung des Völkerrechts.[317] Daß in Verordnungen Rechte gegenüber den Mitgliedstaaten begründet werden können, ergibt sich sogar aus dem Wortlaut des Art. 249 Abs. 2 EGV, wonach Verordnungen unmittelbar in jedem Mitgliedstaat gelten.[318]

a. Art. 6 Abs. 4 EUV

Die primärrechtliche Zulässigkeit der obligatorischen nationalen Kofinanzierung ergibt sich nicht aus Art. 6 Abs. 4 EUV. Hiernach stattet sich zwar die Union mit den Mitteln aus, die zum Erreichen ihrer Ziele und zur Durchführung ihrer Politiken erforderlich sind; der Begriff der Mittel im Sinne dieser Vorschrift umfaßt weiterhin auch Finanzmittel.[319] Der Wortlaut des Art. 6 Abs. 4 EUV schließt somit den Zugriff auf nationale Finanzmittel durch Anordnung einer nationalen Kofinanzierung wohl nicht aus.[320] Art. 6 Abs. 4 EUV ist jedoch nur ein politischer Programmsatz.[321] Demzufolge

---

[314] So auch *Busse*, VerwArch 2004, S. 483 (486).

[315] Es ist auch denkbar, daß die Mitgliedstaaten der Gemeinschaft gegenüber zur Kofinanzierung verpflichtet sind, jedoch noch keine gegen sie gerichteten Ansprüche bestehen.

[316] Vgl. *Seidel*, AgrarR 2000, S. 381 (388).

[317] EuGH, Rs. 26/62 – Van Gend & Loos, Slg. 1963, 1 (25). Zur unmittelbaren Anwendbarkeit des Gemeinschaftsrechts siehe etwa *Oppermann*, Europarecht[3], § 7 Rn. 10 f.; *Streinz*, Europarecht[7], Rn. 407 ff.; *H. P. Ipsen*, Europäisches Gemeinschaftsrecht, § 5 Rn. 49 ff.

[318] Vgl. EuGH, Rs. 93/71 – Leonesio, Slg. 1972, 287 (Rn. 5/6).

[319] *Puttler*, in: Calliess/Ruffert, EUV/EGV[2], Art. 6 EUV Rn. 220; unter Hinweis auf die Entstehungsgeschichte der Vorschrift im Hinblick auf die Mittelausstattung des damals neu einzurichtenden Kohäsionsfonds *Bitterlich*, in: Lenz/Borchardt, Art. 6 EUV Rn. 11.

[320] Vgl. *Pechstein*, in: Streinz, EUV/EGV, Art. 6 EUV Rn. 28: „von der Formulierung her (...) geeignet, entsprechende Missverständnisse auszulösen"; *Beutler*, in: Groeben/Schwarze, EUV/EGV I[6], Art. 6 EUV Rn. 208: „Die Vorschrift könnte für sich genommen den Eindruck einer umfassenden Kompetenzzuweisung vermitteln."

[321] BVerfGE 89, 155 (194 ff.) – Maastricht; *Pechstein*, in: Streinz, EUV/EGV, Art. 6 EUV Rn. 28; *Puttler*, in: Calliess/Ruffert, EUV/EGV[2], Art. 6 EUV Rn. 221 ff. (insbeson-

kann sich die Gemeinschaft bei Anordnung der obligatorischen nationalen Kofinanzierung nicht auf diese Bestimmung berufen.

b. Art. 10 Abs. 1 EGV: Pflicht zur loyalen Zusammenarbeit

Auch aus Art. 10 Abs. 1 EGV ergibt sich nicht die Verpflichtung der Mitgliedstaaten zur Bereitstellung entsprechender Finanzmittel. Zwar kann Art. 10 EGV auch – zumindest im Zusammenspiel mit anderen Regeln des Gemeinschaftsrechts – eine selbständige Grundlage für Verpflichtungen der Mitgliedstaaten bilden; dies ist entgegen dem scheinbar eindeutigen Wortlaut, der eigentlich eine sich aus dem Primär- oder Sekundärrecht ergebende Verpflichtung voraussetzt, allgemein anerkannt.[322]

Jedoch sieht das Primärrecht mit Art. 269 EGV eine besondere Bestimmung vor, die die Frage der Finanzierung der Europäischen Gemeinschaft regelt. Der maßgebliche Rechtsakt für die der Gemeinschaft zur Erfüllung ihrer Aufgaben zur Verfügung stehenden Finanzmittel ist hiernach der Eigenmittelbeschluß[323]. Es liegt nahe, diesen als für die Finanzierung der Gemeinschaft durch die Mitgliedstaaten abschließende Regelung anzusehen. Durch die Anordnung der obligatorischen nationalen Kofinanzierung könnte die Europäische Gemeinschaft (indirekt) über Mittel in einer Höhe verfügen, die die durch den Eigenmittelbeschluß gesetzte Grenze übersteigt;[324] die Erschöpfung der eigenen Einnahmen würde in diesem Fall keine Begrenzung der Ausgaben der Gemeinschaft darstellen.[325]

Eine derartige Situation könnte sich aufgrund der gemeinschaftlichen Gesetzgebungsverfahren einstellen, die zum Erlaß der jeweiligen Basisrechtsakte führen. Hierzu ist nicht immer ein einstimmiger Beschluß im Rat erforderlich. So bedürfen etwa Rechtsakte im Bereich der Gemeinsamen Agrarpolitik zu ihrer Annahme gemäß Art. 37 Abs. 2 UAbs. 3 EGV lediglich einer qualifizierten Mehrheit im Rat. Das Verfahren zur Aufstellung (und Änderung) des Eigenmittelbeschlusses nach Art. 269 Abs. 2 EGV, das besonders hohe Anforderungen an die Beschlußfassung stellt, nämlich Einstimmigkeit im Rat sowie die Annahme durch die Mitgliedstaaten gemäß

---

dere Rn. 227 f.); jeweils mit ausführlicher Begründung; des weiteren *Bitterlich*, in: Lenz/Borchardt, EUV/EGV³, Art. 6 EUV Rn. 12; siehe auch *Busse*, VerwArch 2003, S. 483 (486).

[322] Vgl. *Zuleeg*, in: Groeben/Schwarze, EUV/EGV I⁶, Art. 10 EGV Rn. 4 (mit Beispielen); *Lenz*, in: ders./Borchardt, EUV/EGV³, Art. 10 EGV Rn. 7; siehe auch *Streinz*, Europarecht⁷, Rn. 160: „Vertragserfüllungspflicht aus Art. 10 Abs. 1 S. 1 EGV nicht lediglich deklaratorisch".

[323] Siehe oben Kap. 2 A.II.1.

[324] Die Verwendung des Konjunktivs scheint deshalb angebracht zu sein, weil kaum davon auszugehen ist, daß die Mitgliedstaaten in Anbetracht ihrer allgemein anspannten Haushaltssituationen einer derartigen Entwicklung im Rat zustimmen würden.

[325] *Seidel*, AgrarR 2000, S. 381 (389).

ihren verfassungsrechtlichen Vorschriften, könnte umgangen werden.[326] Aus diesem Grunde scheint es meines Erachtens auch zu kurz gegriffen, im Hinblick auf den Wortlaut des Art. 269 Abs. 1 EGV darauf abzustellen, daß die Anordnung einer obligatorischen nationalen Kofinanzierung nicht die Finanzierung des Haushalts der Gemeinschaft betrifft.

Für die Anordnung einer obligatorischen nationalen Kofinanzierung kann sich die Gemeinschaft folglich auch nicht auf Art. 10 EGV stützen. Aus dieser Bestimmung könnte man allenfalls eine Verpflichtung der Mitgliedstaaten herleiten, der Gemeinschaft die Mittel zur Deckung eines Haushaltsdefizits zur Verfügung zu stellen.[327]

c. Bindung der mitgliedstaatlichen Haushaltsgesetzgebung

Problematisch erscheint auch, daß die Europäische Gemeinschaft damit den nationalen Haushaltsgesetzgeber verpflichtet, die entsprechenden Mittel zur Verfügung zu stellen.[328] Zwar ist eine Bindung der mitgliedstaatlichen Gesetzgebung durch das Gemeinschaftsrecht durchaus möglich. Mit der Richtlinie (Art. 249 Abs. 3 EGV) stellt der Vertrag sogar einen Rechtsakt zur Verfügung, der in erster Linie darauf abzielt, der mitgliedstaatlichen Gesetzgebung einen gemeinschaftsrechtlichen Rahmen vorzugeben.[329] Im Bereich der Finanzierung der Gemeinschaft ist aber das besondere Verfahren des Art. 269 Abs. 2 EGV beim Erlaß des Eigenmittelbeschlusses vorgesehen. Insofern kann an die Argumentation angeknüpft werden, mit der soeben die Heranziehung von Art. 10 EGV als besonderer Rechtsgrundlage für die Anordnung einer obligatorischen nationalen Kofinanzierung abgelehnt wurde.

d. Rechtsprechung des EuGH

Der Europäische Gerichtshof hat sich bislang in drei Verfahren mit Fragen der obligatorischen nationalen Kofinanzierung beschäftigt. In diesen Verfahren ging es jeweils um die Kofinanzierung von Maßnahmen im Bereich der Gemeinsamen Agrarpolitik in besonders gelagerten Problemsituationen.

aa. Rechtssache 93/71 – Leonesio

Angesichts hoher Überschüsse bei der Milchproduktion beschloß der Rat in einer Verordnung[330] die Einführung einer Prämie für die Schlachtung von

---

[326] Ähnlich *Seidel*, AgrarR 2000, S. 381 (390).
[327] Hierzu *Storr*, EuR 2001, S. 846 (867 ff.).
[328] *Seidel*, AgrarR 2000, S. 381 (388 f.).
[329] Vgl. *Gudrun Schmidt*, in: Groeben/Schwarze, EUV/EGV IV[6], Art. 249 EGV Rn. 37 f.; *Hetmeier*, in: Lenz/Borchardt, EGV/EUV[3], Art. 249 EGV Rn. 9; *Brechmann*, Richtlinienkonforme Auslegung, S. 10 ff.
[330] VO (EWG) 1975/69 (Prämienregelung Milchsektor).

Milchkühen. Art. 12 Abs. 1 der Verordnung bestimmte: „Der Europäische Ausrichtungs- und Garantiefonds für die Landwirtschaft, Abteilung Ausrichtung, erstattet den Mitgliedstaaten 50 % der (...) genannten Prämien."[331] Die zuständige italienische Behörde gab dem Antrag einer Landwirtin auf Gewährung einer Prämie statt, machte die Auszahlung der Mittel jedoch vom Erlaß der gesetzlichen Vorschriften, die die erforderlichen Mittel bewilligen, durch das italienische Parlament abhängig. Da diese Bewilligung zunächst einmal nicht erfolgte, hielt die Behörde die in der Durchführungsverordnung[332] festgelegte Auszahlungsfrist nicht ein. Die Landwirtin wollte daraufhin einen Zahlungsbefehl erwirken. Das für dieses Begehren zuständige Gericht legte dem Europäischen Gerichtshof im Verfahren nach Art. 234 EGV die Frage zur Entscheidung vor, ob der Mitgliedstaat den Anspruch der Landwirte von einer derartigen Bedingung abhängig machen durfte.

Der Gerichtshof analysiert eingehend die Vorgaben der Rats- und der zu ihrer Durchführung ergangenen Kommissionsverordnung. Hierbei stellt er fest, daß Art. 12 Abs. 1 der Ratsverordnung voraussetzt, daß die Mitgliedstaaten gegenüber den Landwirten Schuldner der Prämien sind.[333] Des weiteren begründeten die Verordnungen ein Recht des einzelnen Landwirts, die Zahlung der Prämie zu verlangen, ohne daß der betroffene Mitgliedstaat gegen diese Zahlungsverpflichtung Einwände aus seinen Rechtsvorschriften oder seiner Verwaltungspraxis herleiten könnte.[334] Den Einwand der italienischen Regierung, nach der italienischen Verfassung müsse der staatliche Gesetzgeber die erforderlichen Mittel erst bewilligen, weist der Gerichtshof zurück. Nach einem Hinweis auf die Verpflichtung der Mitgliedstaaten aus Art. 10 Abs. 1 S. 1 EGV führt der EuGH ein teleologisches Argument an: „Hätte der Einwand der Italienischen Republik Erfolg, so würden die italienischen Landwirte im Vergleich zu den Landwirten der anderen Mitgliedstaaten ungünstiger gestellt; darin läge aber ein Verstoß gegen den fundamentalen Rechtssatz, der die einheitliche Anwendung der Verordnungen in der gesamten Gemeinschaft verlangt."[335] Der EuGH kommt somit zu folgendem Ergebnis: „Die Haushaltsvorschriften eines Mitgliedstaats können somit die unmittelbare Anwendbarkeit einer Gemeinschaftsvorschrift

---

[331] Zur Zuordnung an die Abteilung Ausrichtung *Sasse*, WiR 1973, S. 308 (312 f.).
[332] VO (EWG) 2195/69 (DVO Prämienregelung Milchsektor).
[333] EuGH, Rs. 93/71 – Leonesio, Slg. 1972, 287 (Rn. 7/11).
[334] EuGH, Rs. 93/71 – Leonesio, Slg. 1972, 287 (Rn. 19).
[335] EuGH, Rs. 93/71 – Leonesio, Slg. 1972, 287 (Rn. 21/23). Zu dem dahinter stehenden effet utile-Gedanken siehe nur *Oppermann*, Europarecht³, § 6 Rn. 69 f.; *Pühs*, Vollzug, S. 79 ff.; *Streinz*, in: FS Everling II, S. 1491 ff.

nicht hindern, ebensowenig infolgedessen das Wirksamwerden individueller Rechte, die sich aus einer solchen Vorschrift für einzelne ergeben."[336]

Die Frage nach der prinzipiellen Zulässigkeit der mit der Ratsverordnung angeordneten obligatorischen nationalen Kofinanzierung spielt demgegenüber in den Ausführungen des Gerichtshofs – wie im übrigen auch in den Schlußanträgen des Generalanwalts[337] – keine Rolle. Sie ist wohl auch von der italienischen Regierung im Verfahren nicht aufgeworfen worden.[338] Allerdings setzt die Argumentation des Gerichtshofs voraus, daß die Gemeinschaft überhaupt eine obligatorische nationale Kofinanzierung anordnen darf. Mit dem Hinweis auf Art. 10 Abs. 1 EGV gibt der EuGH allerdings wohl keine tragfähige Begründung.[339] Daß die Mitgliedstaaten im Verhältnis zu den Landwirten Schuldner sind, bedeutet nicht zwingend, daß die Mitgliedstaaten auch die entsprechenden Finanzmittel zur Verfügung stellen müssen.

bb. Rechtssache 30/72 – Kommission/Italien

Dieser Rechtssache lag ein der Rechtssache Leonesio vergleichbarer Sachverhalt zugrunde. Wiederum hatte der Rat in einer Verordnung[340] eine obligatorische nationale Kofinanzierung angeordnet. Diese betraf eine Prämienregelung für das Roden bestimmter Obstbäume. Die Kommission strengte ein Vertragsverletzungsverfahren gegen Italien wegen mangelhafter Durchführung dieser Regelung an. Die italienische Regierung verteidigte sich unter anderem damit, daß die Verabschiedung des die Ausgaben bewilligenden Gesetzes wegen einer politischen Krise nicht rechtzeitig möglich gewesen sei.

Der Gerichtshof präzisierte, ohne dabei allerdings auf die vorrangegangene Rechtssache 93/71 hinzuweisen, seine dort getroffene Aussage, die Haushaltsvorschriften eines Mitgliedstaates könnten die unmittelbare Anwendbarkeit einer Gemeinschaftsvorschrift nicht hindern, indem er eine konkrete Handlungsanweisung aufstellt: Ein Mitgliedstaat habe aufgrund ihm nach Art. 10 Abs. 1 EGV auferlegten allgemeinen Pflichten „in seinem innerstaatlichen Recht die Konsequenzen aus seiner Zugehörigkeit zur Gemeinschaft zu ziehen und erforderlichenfalls sein Haushaltsvoranschlagsverfahren so auszugestalten, daß es für den fristgemäßen Vollzug der ihm im Rahmen des Vertrages obliegenden Verpflichtungen kein Hindernis bil-

---

[336] EuGH, Rs. 93/71 – Leonesio, Slg. 1972, 287 (Rn. 21/23). Zu dieser Aussage im Hinblick auf Art. 10 EGV *Zuleeg*, in: Streinz, EUV/EGV, Art. 10 EGV Rn. 5.
[337] GA *Roemer*, in: Rs. 93/71 – Leonesio, Slg. 1972, 287 (298 ff.).
[338] Vgl. die Wiedergabe ihrer Ausführungen EuGH, Rs. 93/71 – Leonesio, Slg. 1972, 287 (291 f.).
[339] Siehe oben Kap. 2 B.V.2.b.
[340] VO (EWG) 2517/69 (Obsterzeugung).

det."³⁴¹ Die vorgelagerte Frage nach der prinzipiellen Zulässigkeit einer obligatorischen nationalen Kofinanzierung wurde erneut nicht aufgeworfen.

cc. Rechtssache C-239/01 – Deutschland/Kommission

Im Gegensatz zu den beiden ersten Verfahren stand in der Rechtssache C-239/01 die Frage im Mittelpunkt, ob die Kommission in einer Durchführungsverordnung eine nationale Kofinanzierung anordnen darf. Die streitgegenständliche Kommissionsverordnung³⁴² sah aus Anlaß der BSE-Krise eine Sonderankaufsregelung für das Fleisch bestimmter Rinder vor. Art. 5 Abs. 5 der Verordnung bestimmte: „Die Gemeinschaft beteiligt sich zu 70 % an den Kosten für den Fleischankauf gemäß dieser Verordnung. Der betreffende Mitgliedstaat übernimmt die restlichen 30 % (…)." Die Bundesrepublik Deutschland beantragte die Nichtigerklärung dieser Bestimmung mit der Begründung, die Kommission habe durch die Finanzierungsregelung ihre Kompetenzen überschritten.

Der Gerichtshof verweist zunächst auf seine ständige Rechtsprechung, nach der die Durchführungsermächtigungen im Bereich der Agrarmarktpolitik weit auszulegen sind.³⁴³ Durchführungsverordnungen müssen aber dennoch mit der Grundverordnung vereinbar sein.³⁴⁴ Folglich prüft der Gerichtshof die Vereinbarkeit der Kommissionsverordnung mit der gemeinsamen Marktorganisation für Rindfleisch³⁴⁵ und denjenigen Verordnungen, die deren Finanzierung regeln.³⁴⁶ Er arbeitet aus diesen Vorschriften den Grundsatz heraus, „daß alle gemeinschaftlichen Stützungsmaßnahmen auf dem Rindfleischsektor ausschließlich durch die Gemeinschaft zu finanzieren sind."³⁴⁷ Und weiter heißt es: „Der Rat kann (…) von einem allgemeinen Grundsatz, den er selbst aufgestellt hat, abweichen, während die Kommission einen in der von ihr durchzuführenden Grundregelung des Rates enthaltenen Grundsatz zu beachten hat, sofern sie nicht ausdrücklich dazu ermächtigt ist, davon abzuweichen."³⁴⁸ Einer derartigen Ermächtigung ermangelte es in diesem Fall.

Auch in dieser Rechtssache geht der Gerichtshof wiederum ohne weiteres von der grundsätzlichen Zulässigkeit einer obligatorischen nationalen Kofinanzierung aus. Der Gerichtshof nimmt nicht einmal zu der Frage Stellung, ob in einer Durchführungsverordnung überhaupt eine solche Anordnung

---

³⁴¹ EuGH, Rs. 30/72 – Kommission/Italien, Slg. 1973, 161 (Rn. 11).
³⁴² VO (EG) 690/2001 (Marktstützungsmaßnahmen Rindfleischsektor).
³⁴³ EuGH, Rs. C-239/01 – Deutschland/Kommission, Slg. 2003, I-10333 (Rn. 54 f.). Zur Durchführungsrechtsetzung siehe unten Kap. 2 B.VII.
³⁴⁴ EuGH, Rs. C-239/01 – Deutschland/Kommission, Slg. 2003, I-10333 (Rn. 59).
³⁴⁵ VO (EG) 1254/1999 (GMO Rindfleisch).
³⁴⁶ Insbesondere VO (EG) 1258/1999 (Finanzierung GAP).
³⁴⁷ EuGH, Rs. C-239/01 – Deutschland/Kommission, Slg. 2003, I-10333 (Rn. 69).
³⁴⁸ EuGH, Rs. C-239/01 – Deutschland/Kommission, Slg. 2003, I-10333 (Rn. 71).

erfolgen darf. Seine Begründung orientiert sich streng an den Vorschriften des Rindfleischsektors.

dd. Zusammenfassung

Der Europäische Gerichtshof hat in diesen drei Rechtssachen niemals zu der grundsätzlichen Fragestellung, ob der Gemeinschaftsgesetzgeber eine nationale Kofinanzierung anordnen darf, Stellung genommen; er geht hiervon aber stets aus. Zu bedenken gilt es allerdings, daß die beiden ersten Rechtssachen Sachverhalte betreffen, die vor der endgültigen Umstellung auf das Eigenmittelsystem[349] im Jahre 1975 liegen. Die hier maßgeblich auf Art. 269 EGV gestützten Überlegungen gegen die Zulässigkeit konnte der Gerichtshof deshalb damals nicht berücksichtigen. Die neueste Rechtssache deutet jedoch eher daraufhin, daß der Gerichtshof weiterhin keinen Anlaß zu Bedenken sieht.

e. Ergebnis

Entgegen der Rechtsprechung des Europäischen Gerichtshofs ist aus oben genannten Gründen von der Unzulässigkeit der Anordnung einer nationalen Kofinanzierung auszugehen. Das Gemeinschaftsrecht sieht folglich eine Kongruenz von Leistungshoheit und Finanzierungslast vor.[350] Hinzuweisen ist allerdings noch darauf, daß die Problematik der gemeinschaftlich veranlaßten Ausgaben bisher nur im Zusammenhang mit operativen Ausgaben angesprochen worden ist. Auf den ersten Blick scheint jedoch kein Unterschied zu bestehen zwischen diesen Ausgaben und denjenigen Verwaltungsausgaben, die den Mitgliedstaaten durch den Vollzug des Gemeinschaftsrechts entstehen. Letztere sind in aller Regel von den Mitgliedstaaten zu tragen.[351] Zumeist ist dies nicht einmal Gegenstand einer besonderen Regelung. Letztlich läßt sich der Unterschied damit erklären, daß aus der Pflicht zum Vollzug des Gemeinschaftsrechts, die sich aus Art. 10 Abs. 1 EGV ergibt,[352] auch die Pflicht zur Tragung der entsprechenden Verwaltungskosten folgt.[353]

---

[349] Zur Entwicklung des Eigenmittelsystems *Meermagen*, Beitrags- und Eigenmittelsystem, S. 130 ff.; *Niedobitek*, in: Streinz, EUV/EGV, Art. 269 EGV Rn. 1 ff. Siehe oben Fn. 79.

[350] Vgl. *Seidel*, in: FS Carstens, S. 273 (285).

[351] Vgl. insbesondere Art. 1 Abs. 4 VO (EG) 1258/1999 (Finanzierung GAP): „Die Aufwendungen der Mitgliedstaaten (...) für Verwaltungs- und Personalkosten werden vom Fonds (d.h. dem Europäischen Ausrichtungs- und Garantiefonds für die Landwirtschaft, Anmerkung des *Verfassers*) nicht getragen." Siehe *Häde*, Finanzausgleich, S. 404.

[352] Vgl. aus jüngster Zeit EuGH, Rs. C-344/01 – Deutschland/Kommission, Slg. 2004, I-2081 (Rn. 79).

[353] Vgl. *Busse*, DÖV 2004, S. 93 (98 f.).

VI. Materielle Vorgaben für die Erbringung gemeinschaftlicher Leistungen

Insbesondere aus dem europäischen Primärrecht ergeben sich zahlreiche materielle Vorgaben für die Erbringung gemeinschaftlicher Leistungen. Im folgenden sollen sechs Kategorien im Überblick aufgezeigt werden.[354]

1. Vorgaben der Kompetenzgrundlage

In erster Linie muß der Basisrechtsakt natürlich die in der vertraglichen Grundlage aufgestellten Vorgaben, insbesondere auch die Grenzen der Leistungsvergabe aus gemeinschaftlichen Mitteln beachten. Es lassen sich im wesentlichen drei Arten von Kompetenzgrundlagen ausmachen: Teilweise geben sie schon die Inhalte der Leistungen relativ detailliert vor. Als Beispiel sei hier auf Art. 149 EGV für den Bereich der allgemeinen Bildung verwiesen; diese Vorschrift läßt dem Gemeinschaftsgesetzgeber nur einen geringen Spielraum bei der Einführung gemeinschaftlicher Leistungen. Andere Bestimmungen geben zwar Hinweise auf mögliche gemeinschaftliche Leistungen, etwa Art. 34 Abs. 2 EGV im Rahmen der Gemeinsamen Agrarpolitik, beschränken den Gemeinschaftsgesetzgeber jedoch nicht auf diese Leistungsarten („insbesondere"). Eine dritte Art von Kompetenzgrundlagen schließlich zeichnet sich durch bloße Zielvorgaben aus; der Gemeinschaftsgesetzgeber ist selbst umfassend zur Entscheidung über die möglichen Gemeinschaftsmaßnahmen aufgerufen; dieser Art sind etwa die Grundlagen für den ESF und den EFRE in Art. 148 bzw. Art. 160 EGV zuzuordnen.

2. Subsidiarität und Verhältnismäßigkeit

Nach dem Subsidiaritätsprinzip[355] darf die Gemeinschaft in den Bereichen, in denen sie nicht ausschließlich zuständig ist,[356] nur tätig werden, sofern

---

[354] Als weitere materielle Vorgabe könnte man beispielsweise auch noch den Grundsatz des Vertrauensschutzes in Erwägung ziehen. Allerdings dürfen die Wirtschaftsteilnehmer „nach ständiger Rechtsprechung nicht auf die Beibehaltung einer bestehenden Situation vertrauen, die die Gemeinschaftsorgane im Rahmen ihres Ermessens ändern können. Dies gilt auf einem Gebiet wie dem der gemeinsamen Agrarpolitik und der gemeinsamen Marktorganisationen, deren Zweck eine ständige Anpassung an die Veränderungen der wirtschaftlichen Lage mit sich bringt. Daraus folgt, daß sich die Wirtschaftsteilnehmer nicht auf ein wohlerworbenes Recht auf Beibehaltung eines Vorteils berufen können, der sich für sie aus der Einführung der gemeinsamen Marktorganisationen ergibt und der ihnen zu einem bestimmten Zeitpunkt zugute gekommen ist" (EuGH, Rs. C-353/92 – Griechenland/Rat, Slg. 1994, I-3411 [Rn. 44 f.]).
[355] Zum Begriff *Pipkorn*, EuZW 1992, S. 697 (698).
[356] Zu den ausschließlichen Zuständigkeiten der Gemeinschaft *von Bogdandy/Bast*, EuGRZ 2001, S. 441 (447); *Calliess*, Subsidiaritätsprinzip², S. 76 ff.; *Nettesheim*, Kompetenzen, in: von Bogdandy, Europäisches Verfassungsrecht, S. 415 (446); *Streinz*, in: ders., EUV/EGV, Art. 5 EGV Rn. 16 ff. Siehe nunmehr auch Art. I-13 EV.

und soweit die Ziele der in Betracht gezogenen Maßnahmen auf Ebene der Mitgliedstaaten nicht ausreichend erreicht werden können und daher wegen ihres Umfangs oder ihrer Wirkungen besser auf Gemeinschaftsebene erreicht werden können, Art. 5 Abs. 2 EGV. In Art. 5 Abs. 3 EGV ist das Verhältnismäßigkeitsprinzip primärrechtlich ausdrücklich verankert; nach dieser Bestimmung dürfen die Maßnahmen der Gemeinschaft nicht über das für die Erreichung der Vertragsziele erforderliche Maß hinausgehen. Subsidiaritäts- und Verhältnismäßigkeitsprinzip stellen Kompetenzausübungsschranken für das gemeinschaftliche Tätigwerden dar.[357] Sie unterscheiden sich im gedanklichen Ausgangspunkt darin, daß das Subsidiaritätsprinzip die Frage betrifft, „ob" die Gemeinschaft überhaupt handeln soll, während das Verhältnismäßigkeitsprinzip sich darauf bezieht, „wie" gehandelt werden soll.[358] Ob diese Prinzipien allerdings angesichts ihrer mangelnden Bestimmtheit[359] der gemeinschaftlichen Leistungstätigkeit tatsächlich in nennenswertem Umfang entgegenstehen, muß bezweifelt werden.[360]

Teilweise enthalten auch schon die Kompetenzgrundlagen Anleihen aus dem Gedanken der Subsidiarität und der Verhältnismäßigkeit. Ein schönes Beispiel hierfür bietet erneut Art. 149 EGV. Die dort in Absatz 2 genannten Ziele weisen fast alle einen unmittelbar grenzüberschreitenden Charakter auf, bei dem schon von der Natur der Sache her das Handeln der Gemeinschaft deutlich bessere Resultate verspricht als einzelstaatliches Tätigwerden.[361] Weiterhin darf die Gemeinschaft die Tätigkeit der Mitgliedstaaten nur „erforderlichenfalls" unterstützen oder ergänzen. Aus dem Subsidiaritätsprinzip des Art. 5 Abs. 2 EGV soll für auf Art. 149 EGV gestützte Maßnahmen weiterhin folgen, daß die Gemeinschaft bei ihren Fördermaßnahmen weitgehend auf projektbezogene Zuschüsse beschränkt sei, während eine institutionelle Förderung ausscheide.[362] Ob sich dies allerdings

---

[357] Vgl. *von Bogdandy/Bast*, EuGRZ 2001, S. 441 (451); *Calliess*, Subsidiaritätsprinzip², S. 68; *Pieper*, Subsidiarität, passim; *Priebe*, in: FS Steinberger, S. 1347 (1347); *R. Scholz*, in: FS Helmrich, S. 411 (420); *Streinz*, Europarecht⁷, Rn. 166 f.; *ders.*, in ders., EUV/EGV, Art. 5 EGV Rn. 1. Siehe nun auch Art. I-11 Abs. 1 S. 2 EV.

[358] *Streinz*, in: ders., EUV/EGV, Art. 5 EGV Rn. 45; *Calliess*, Subsidiaritätsprinzip², S. 68 f.

[359] *Priebe*, in: FS Steinberger, S. 1347 (1347).

[360] Vgl. EuG, Rs. T-19/01 – Chiquita/Kommission (Rn. 228): Der Gemeinschaftsgesetzgeber verfüge auf dem Gebiet der gemeinsamen Agrarpolitik über ein weites Ermessen; die Rechtmäßigkeit einer Maßnahme sei nur dann beeinträchtigt, wenn sie zur Erreichung des Zieles *offensichtlich ungeeignet* sei.

[361] So zu Recht *Classen*, in: Groeben/Schwarze, EUV/EGV III⁶, Art. 149 EGV Rn. 30; siehe auch *Calliess*, Subsidiaritätsprinzip², S. 132.

[362] *Classen*, in: Groeben/Schwarze, EUV/EGV III⁶, Art. 149 EGV Rn. 30 unter Verweis auf die – allerdings eher feststellende – Aussage von *Feuchthofen*, RdJB 1992, S. 181 (183).

tatsächlich so pauschal dem Subsidiaritätsprinzip entnehmen läßt, erscheint mehr als fraglich.

3. Querschnittsklauseln

Bei der Vergabe gemeinschaftlicher Leistungen sind weiterhin die sogenannten Querschnittsklauseln des EG-Vertrages zu beachten.[363] Querschnittsklauseln sind Vertragsnormen, die in unterschiedlichem Umfang und mit differenzierter Verbindlichkeit die Beachtung von Aspekten einer bestimmten Gemeinschaftspolitik in anderen gemeinschaftlichen Politikbereichen anordnen.[364] Die meisten Querschnittsklauseln finden sich im Dritten Teil des Vertrages: in Art. 151 Abs. 4 hinsichtlich kultureller Aspekte, in Art. 153 Abs. 2 hinsichtlich der Erfordernisse des Verbraucherschutzes, in Art. 157 Abs. 3 UAbs. 1 S. 1 hinsichtlich der Wettbewerbsfähigkeit der Industrie der Gemeinschaft, in Art. 159 Abs. 1 S. 2 hinsichtlich der Stärkung des wirtschaftlichen und sozialen Zusammenhaltes und in Art. 178 hinsichtlich der Entwicklungszusammenarbeit.

Eine besonders wichtige Querschnittsklausel findet sich seit dem Vertrag von Amsterdam in Art. 6 EGV: Die *Erfordernisse des Umweltschutzes* müssen bei der Festlegung und Durchführung der in Artikel 3 genannten Gemeinschaftspolitiken und -maßnahmen insbesondere zur Förderung einer nachhaltigen Entwicklung einbezogen werden.[365] Der besondere Stellenwert, den der Umweltschutz im Rahmen der Gemeinschaftspolitiken einzunehmen hat, wird einerseits an der systematischen Stellung dieser Vorschrift im Ersten Teil des Vertrages in den „Grundsätzen", andererseits an ihrer im Vergleich zu anderen Querschnittsklauseln ungewöhnlich scharfen Formulierung („müssen ... einbezogen werden"), die die rechtliche, nicht nur eine politische Verbindlichkeit betont, deutlich.[366] Weiterhin gilt die Querschnittsklausel sowohl für die rechtsetzende Tätigkeit als auch für das konkrete Handeln der Gemeinschaft im Einzelfall.[367] Durch die Querschnittsklausel wird die Gemeinschaft zur „Umweltschutzgemeinschaft"[368].

---

[363] Siehe auch *M. Rodi*, Subventionsrechtsordnung, S. 443.
[364] Ähnlich *Gasse*, Querschnittsklauseln und Kartellrecht, S. 3.
[365] Siehe EuGH, Rs. C-336/00 – Österreich/Huber, Slg. 2002, I-7699 (Rn. 33): Eine gemeinschaftliche Maßnahme kann „nicht allein deshalb eine Handlung der Gemeinschaft im Umweltbereich darstellen, weil sie diesen Erfordernissen Rechnung trägt".
[366] Vgl. *Calliess*, in: ders./Ruffert, EUV/EGV^2, Art. 6 EGV Rn. 1, 19 ff.; *Wendt/Elicker*, DVBl. 2004, S. 665 (670); *Jahns-Böhm*, in: Schwarze, EU-Kommentar, Art. 6 EGV Rn. 22 f.; zur Entwicklung der Querschnittsklausel zum Umweltschutz *Calliess*, a.a.O Art. 6 EGV Rn. 1 ff.
[367] *Calliess*, in: ders./Ruffert, EUV/EGV^2, Art. 6 EGV Rn. 1; *Gasse*, Querschnittsklauseln und Kartellrecht, S. 13 f.
[368] So *Scheuing*, EuR 1989, S. 152 (176) mit Blick auf die Vorgängervorschrift zu Art. 6 EGV.

Die Einbeziehung von Erfordernissen des Umweltschutzes (vgl. Art. 174 Abs. 1, Abs. 2 EGV) bietet sich vor allem in den für die gemeinschaftliche Leistungsverwaltung traditionell wichtigen Bereichen der Agrarmarkt- und der Strukturausgaben an. Die Einhaltung von umweltverträglichen Bewirtschaftungsmethoden muß etwa zumindest zu einem bestimmten Grad zur Voraussetzung gemeinschaftlicher Agrarausgaben gemacht oder eigenständig gefördert, die Förderfähigkeit von Infrastrukturvorhaben von der Umweltverträglichkeit der Maßnahme abhängig gemacht werden.[369]

Der Grad, bis zu dem die Erfordernisse des Umweltschutzes in andere Gemeinschaftspolitiken einzufließen haben, läßt sich nur im Zusammenhang mit einer konkreten Gesetzgebungs- oder Einzelmaßnahme bestimmen. Umweltbelange genießen weder absoluten Vorrang vor anderen Belangen noch dürfen sie völlig ausgeblendet werden.[370] Jedoch dürfte diese Querschnittsklausel die gemeinschaftliche Unterstützung von im Hinblick auf ihre Umweltauswirkungen problematischen Maßnahmen verbieten, sich folglich schon auf das „Ob" einer gemeinschaftlichen Förderung auswirken. Entsprechende Maßnahmen sind aufgrund Verstoßes gegen Art. 6 EGV rechtswidrig.

4. Verbot wettbewerbsverfälschender Beihilfen

Im rechtswissenschaftlichen Schrifttum wird vereinzelt die Auffassung vertreten, die Gemeinschaft sei bei ihrer eigenen Beihilfenvergabe auch unmittelbar an die materiellen Kriterien des Vertrags über staatliche Beihilfen in Art. 87 EGV gebunden; die Gemeinschaft, so wird argumentiert, dürfe selbst keine Maßnahmen ergreifen, die den Staaten im Interesse des Gemeinsamen Marktes verboten seien.[371] Überwiegend wird jedoch eine unmittelbare Bindung der Gemeinschaft abgelehnt.[372] Hierfür spricht sowohl der Wortlaut des Art. 87 Abs. 1 EGV als auch die Überschrift zu dem Abschnitt über das Beihilferecht:[373] Regelungsgegenstand der Art. 87 ff. EGV sind ausschließlich mitgliedstaatliche Beihilfen; nur diese werden zur Verhinderung von Wettbewerbsverzerrungen zwischen den Mitgliedstaaten einem besonderen gemeinschaftlichen Aufsichtsverfahren unterstellt. Einer

---

[369] Vgl. *Scheuing*, EuR 1989, S. 152 (176).

[370] In diese Richtung *Calliess*, in: ders./Ruffert, EUV/EGV², Art. 6 EGV Rn. 6 f.

[371] *Bleckmann*, Subventionsrecht, S. 159; weiterhin *Steindorff*, Grenzen, S. 75: Bindung der Gemeinschaft an das Beihilfeverbot der Art. 87 ff. EGV, soweit ihr keine Abweichungen hiervon konkret zugestanden worden seien.

[372] GA *Lenz*, in: Rs. 133 bis 136/85 – Rau/BALM, Slg. 1987, 2289 (Tz. 43); *Cremer*, in: Calliess/Ruffert, EUV/EGV², Art. 87 EGV Rn. 45; *Koenig/Kühling*, in: Streinz, EUV/EGV, Art. 87 EGV Rn. 16; *Löw*, Rechtsschutz des Konkurrenten, S. 90.

[373] Statt vieler *Löw*, Rechtsschutz des Konkurrenten, S. 90.

unmittelbaren Bindung steht auch eindeutig die Vorschrift des Art. 87 Abs. 3 EGV, insbesondere dessen lit. e entgegen.[374]

Weitestgehend anerkannt ist jedoch der (objektiv-rechtliche) *Grundsatz der Wettbewerbsfreiheit*[375] als fundamentales Prinzip im Gemeinschaftsrecht.[376] Abgeleitet wird dieser Grundsatz aus Art. 3 Abs. 1 lit. g EGV sowie aus den Vorschriften der Art. 81 ff. und Art. 87 ff. EGV. Nach erstgenannter Vorschrift umfaßt die Tätigkeit der Gemeinschaft ein System, das den Wettbewerb innerhalb des Binnenmarkts vor Verfälschungen schützt. Die letztgenannten Vorschriften knüpfen hieran an und stellen klar, daß sich diese Tätigkeit der Gemeinschaft auf zwei Bereiche erstreckt: zum einen die jeweils unmittelbar anwendbaren[377], an Unternehmen gerichteten Verbote wettbewerbsbeschränkender Vereinbarung und Verhaltensweisen in Art. 81 Abs. 1 EGV und des Mißbrauchs einer marktbeherrschenden Stellung in Art. 82 EGV, zum anderen das in erster Linie an die Mitgliedstaaten gerichtete Verbot der Gewährung wettbewerbsverfälschender Beihilfen in Art. 87 EGV.

Dieser Grundsatz kommt als Schranke für gemeinschaftliche Finanzhilfen in Betracht.[378] Insofern könnte man von einer mittelbaren Gebundenheit der Gemeinschaft an das Beihilfeverbot sprechen.[379] Allerdings muß der Grundsatz mit den mit der jeweiligen Leistungserbringung verfolgten Zielen zum Ausgleich gebracht werden; hierbei steht dem Gemeinschaftsgesetzgeber ein gerichtlich nur eingeschränkt überprüfbarer Beurteilungsspiel-

---

[374] Art. 87 Abs. 3 EGV als Problem erkennend *Bleckmann*, Subventionsrecht, S. 159.
[375] Synonym: Grundsatz des freien Wettbewerbs, Grundsatz des unverfälschten Wettbewerbs.
[376] EuGH, Rs. 240/83 – ADBHU, Slg. 1985, 531 (Rn. 15, 20); EuGH, Rs. 280/93 – Deutschland/Rat, Slg. 1994, I-4973 (Rn. 62). Vgl. *Schwarze*, EuZW 2004, S. 135 (136); *Schröter*, in: Groeben/Schwarze, EUV/EGV IV⁶, Vorbem. zu den Artikeln 81 bis 89 EG, Rn. 12 f.
Zur Frage, ob auch ein Gemeinschaftsgrundrecht auf Wettbewerbsfreiheit besteht, ob also neben die objektiv-rechtliche Bedeutung dieses Grundsatzes eine subjektiv-rechtliche Berechtigung hinzutritt, siehe unten Kap. 2 B.VI.5.
[377] Vgl. *Grill*, in: Lenz/Borchardt, EUV/EGV³, Vorbem. Art. 81-86 Rn. 9. Zur „unmittelbaren Anwendbarkeit" des Art. 81 Abs. 3 EGV *Schöler*, Reform des Kartellverfahrensrechts, S. 141 ff.; *Schwarze/Weitbrecht*, Kartellverfahrensrecht, S. 27 ff.; *Klees*, Kartellverfahrensrecht, § 2 Rn. 1 ff.
[378] EuGH, Rs. 249/85 – Albako, Slg. 1987, 2345 (Rn. 16); *M. Rodi*, Subventionsrechtsordnung, S. 283.
[379] Vgl. *Löw*, Rechtsschutz des Konkurrenten, S. 89 ff.: Gemeinschaftsorgane seien an die Kriterien des Art. 87 Abs. 1 EGV gebunden; ähnlich auch *Müller-Graff*, ZHR 1988, S. 403 (410): Im Interesse normativer Wertungsstimmigkeit sei eine Rechtslage anzustreben, die die für ein System unverfälschten Wettbewerbs im Gemeinsamen Markt vergleichbaren Probleme der Subventionen von Mitgliedstaaten und Gemeinschaft auch mit vergleichbaren Kriterien angehe. Weiterhin GA *Lenz*, in: Rs. 133 bis 136/85 – Rau/BALM, Slg. 1987, 2289 (Tz. 58): Anwendbarkeit der Grundgedanken der Art. 87 ff. EGV.

raum zu.³⁸⁰ Dies bewirkt im Ergebnis, daß der Grundsatz der Wettbewerbsfreiheit den Gemeinschaftsgesetzgeber bei dem Erlaß von Basisrechtsakten kaum einzuschränken vermag.³⁸¹

5. Gemeinschaftsgrundrechte

Als Grenzen für die gemeinschaftliche Leistungstätigkeit kommen weiterhin die Gemeinschaftsgrundrechte in Betracht. Einen verbindlichen Grundrechtskatalog enthält das Gemeinschaftsrecht derzeit noch nicht.³⁸² Die Existenz von Grundrechten aufgrund allgemeiner Rechtsgrundsätze „entdeckte" zunächst der Europäische Gerichtshof.³⁸³ Ausdrückliche primärrechtliche Anerkennung haben sie durch Art. 6 Abs. 2 des Vertrages über die Europäische Union erfahren: Die Union achtet auch die Grundrechte, wie sie sich aus den gemeinsamen Verfassungsüberlieferungen der Mitgliedstaaten als allgemeine Grundsätze des Gemeinschaftsrechts ergeben. Die Vergabe gemeinschaftlicher Leistungen beeinträchtigt möglicherweise die Berufsfreiheit, die Eigentumsfreiheit oder ein gemeinschaftliches Grundrecht auf Wettbewerbsfreiheit insbesondere von Unternehmen, die in Konkurrenz zu einem geförderten Unternehmen stehen, sowie – hinsichtlich aller denkbaren Leistungen – den Gleichheitsgrundsatz.

Zu den allgemeinen Grundsätzen des Gemeinschaftsrechts gehört anerkanntermaßen sowohl das *Eigentumsrecht* als auch das Recht auf *freie Berufsausübung*.³⁸⁴ In der Entscheidung über die Klage der Bundesrepublik Deutschland gegen die Bananenmarktordnung führt der Europäische Gerichtshof bezüglich dieser Grundsätze, die eine subjektive Grundrechtsberechtigung nach sich ziehen, aus:³⁸⁵ „Diese Grundsätze können jedoch keine uneingeschränkte Geltung beanspruchen, sondern müssen im Hinblick auf ihre gesellschaftliche Funktion gesehen werden. Folglich können die Ausübung des Eigentumsrechts und die freie Berufsausübung (...) Beschränkungen unterworfen werden, sofern diese Beschränkungen tatsächlich dem Gemeinwohl dienenden Zielen der Gemeinschaft entsprechen und nicht

---

³⁸⁰ EuGH, Rs. 249/85 – Albako, Slg. 1987, 2345 (Rn. 16).

³⁸¹ Vgl. *M. Rodi*, Subventionsrechtsordnung, S. 283.

³⁸² Die GR-Charta (ABl. EG 2000 Nr. C 364/1) wurde lediglich feierlich proklamiert; ihr fehlt daher die rechtliche Verbindlichkeit (*Meyer*, in: ders., GR-Charta, S. V; *Streinz*, Europarecht⁷, Rn. 755 ff.). Zur Bedeutung der GR-Charta *Kühling*, Grundrechte, in: von Bogdandy, Europäisches Verfassungsrecht, S. 583 (592 ff.).

³⁸³ Zusammenfassend *Schilling*, EuGRZ 2000, S. 3 (5); *Walter*, Geschichte, in: Ehlers, Europäische Grundrechte und Grundfreiheiten², § 1 Rn. 19 ff. Zur diesbezüglichen Legitimation des EuGH *Streinz*, Europarecht⁷, Rn. 412 ff.

³⁸⁴ Vgl. hierzu *Ruffert*, Berufsfreiheit bzw. *Calliess*, Eigentumsgrundrecht, in: Ehlers, Europäische Grundrechte und Grundfreiheiten², § 16 Rn. 1 bzw. § 17 Rn. 1.

³⁸⁵ EuGH, Rs. C-280/93 – Deutschland/Rat, Slg. 1994, I-4973 (Rn. 78). Siehe auch EuG, Rs. T-19/01 – Chiquita/Kommission (Rn. 220).

Die Rechtsetzungsebene der gemeinschaftlichen Leistungsverwaltung 119

einen im Hinblick auf den verfolgten Zweck unverhältnismäßigen, nicht tragbaren Eingriff darstellen, der die so gewährleisteten Rechte in ihrem Wesensgehalt antastet." Mit letzterem Hinweis auf den Wesensgehalt setzt der Gerichtshof die Schwelle für die Verletzung dieser beiden Gemeinschaftsgrundrechte sehr hoch an. Indes wird durch gemeinschaftliche Leistungen an einen Konkurrenten schon in aller Regel der Schutzbereich[386] dieser Grundrechte nicht betroffen sein. Denn die gemeinschaftliche Berufsfreiheit schützt nicht vor Belastungen ausschließlich wirtschaftlicher Natur.[387] Das gemeinschaftliche Eigentumsrecht umfaßt gleichfalls nicht Marktchancen und -anteile.[388]

Schon fraglich ist, ob das objektiv-rechtliche Gemeinschaftsprinzip der Wettbewerbsfreiheit überhaupt eine eigene Grundrechtsposition, ein *Grundrecht auf Wettbewerbsfreiheit*, begründet. Die Rechtsprechung des Europäischen Gerichtshofs ist nicht eindeutig.[389] Überwiegend wird die Existenz eines derartigen Gemeinschaftsgrundrechts abgelehnt.[390] Selbst wenn man ein derartiges Gemeinschaftsgrundrecht anerkennt, würde dieses angesichts der zahlreichen zur Rechtfertigung von Eingriffen zur Verfügung stehenden legitimen Gemeinschaftsinteressen kaum zu einer nennenswerten Einschränkung der gemeinschaftlichen Leistungstätigkeit führen.

Zu den Grundprinzipien des Gemeinschaftsrechts gehört der *allgemeine Gleichheitsgrundsatz*; dieser verlangt, daß vergleichbare Sachverhalte nicht unterschiedlich behandelt werden, es sei denn, daß eine Differenzierung objektiv gerechtfertigt wäre.[391] Eine bereichsspezifische Ausprägung des allgemeinen Gleichheitsgrundsatzes findet sich in Art. 34 Abs. 2 UAbs. 2 EGV, der eine Diskriminierung der Erzeuger oder Verbraucher innerhalb der Gemeinschaft im Rahmen der Gemeinsamen Agrarpolitik untersagt. Der gemeinschaftliche Gleichheitsgrundsatz findet umfassend Anwendung und

---

[386] Zur Struktur der Gemeinschaftsgrundrechte *Kühling*, Grundrechte, in: von Bogdandy, Europäisches Verfassungsrecht, S. 583 (592 ff.); *Ehlers*, Allgemeine Lehren, in: ders., Europäische Grundrechte und Grundfreiheiten², § 14. Die Aussagen des EuGH hinsichtlich der Gemeinschaftsgrundrechte lassen sich häufig nicht dogmatisch exakt einordnen.

[387] *Löw*, Rechtsschutz des Konkurrenten, S. 133; *Storck*, Beschäftigungssubventionen, S. 63 (wobei allerdings das dort aufgeführte EuGH-Urteil hierfür nicht herangezogen werden kann); vgl. aber auch *Ruffert*, Berufsfreiheit, in: Ehlers, Europäische Grundrechte und Grundfreiheiten², § 16 Rn. 30.

[388] EuGH, Rs. 59/83, Slg. 1984, 4057 (Rn. 22); zustimmend *Löw*, Rechtsschutz des Konkurrenten, S. 131; *Calliess*, Eigentumsgrundrecht, in: Ehlers, Europäische Grundrechte und Grundfreiheiten², § 17 Rn. 15; vgl. auch *Storck*, Beschäftigungssubventionen, S. 63 f.

[389] Vgl. EuGH, Rs. 133 bis 136/85 – Rau/BALM, Slg. 1987, 2289 (Rn. 15 ff.); hierzu nur einerseits *Bernsdorff*, in: Meyer, GR-Charta, Art. 16 Rn. 14; andererseits *Löw*, Rechtsschutz des Konkurrenten, S. 78; weiterhin *Wunderlich*, Berufsfreiheit, S. 109.

[390] Vgl. *M. Rodi*, Subventionsrechtsordnung, S. 285.

[391] Siehe nur EuGH, Rs. C-280/93 – Deutschland/Rat, Slg. 1994, I-4973 (Rn. 67).

könnte daher die Leistungstätigkeit der Gemeinschaft auch außerhalb des Bereichs der Förderung von Unternehmen beschränken. Allerdings dürfte eine willkürliche Ungleichbehandlung zumindest auf der Rechtsetzungsebene zumeist ausscheiden, da sich in aller Regel aus dem Primärrecht abgeleitete Allgemeininteressen zur Rechtfertigung einer Ungleichbehandlung finden werden.

6. Verpflichtungen der Gemeinschaft aufgrund völkerrechtlicher Verträge

Der Europäischen Gemeinschaft stehen in bestimmten Bereichen Kompetenzen zum Abschluß völkerrechtlicher Verträge zu.[392] Ordnungsgemäß geschlossene Abkommen sind für die Organe der Gemeinschaft und für die Mitgliedstaaten gemäß Art. 300 Abs. 7 EGV[393] verbindlich. Die Gemeinschaftsorgane sind daher vor allem im Rahmen der Rechtsetzung zur Beachtung der Vorgaben der von ihr abgeschlossenen völkerrechtlichen Verträge verpflichtet.[394]

Eine ausdrückliche ausschließliche Kompetenz der Gemeinschaft und damit auch eine Bestimmung im Sinne von Art. 300 Abs. 1 UAbs. 1 S. 1 EGV, die den Abschluß von Abkommen zwischen der Gemeinschaft und Drittstaaten oder internationalen Organisationen vorsieht, enthält Art. 133 EGV für das Gebiet der Gemeinsamen Handelspolitik. Insbesondere aufgrund einer Vorgängervorschrift zu dieser Bestimmung, dem damaligen Art. 113 EGV[395], war die Gemeinschaft zum Abschluß der Übereinkünfte im Rahmen der multilateralen Verhandlungen der Uruguay-Runde „in bezug auf die in ihre Zuständigkeiten fallenden Bereiche"[396] berechtigt. Dem Ü-

---

[392] Umfassend zur Kompetenz der Gemeinschaft zum Abschluß völkerrechtlicher Verträge *Mögele*, in: Streinz, EUV/EGV, Art. 300 EGV Rn. 12 ff.; *Geiger*, JZ 1995, S. 973 ff.

[393] Zur Wirkung des Art. 300 Abs. 7 EGV *Weiß*, EuR 2005, S. 277 (279 ff.).

[394] Vgl. *Schmalenbach*, in: Calliess/Ruffert, EUV/EGV², Art. 300 EGV Rn. 48; *Weiß*, EuR 2005, S. 277 (280). Siehe insbesondere die umfangreiche VO (EG) 3290/94 über erforderliche Anpassungen und Übergangsmaßnahmen im Agrarsektor zur Anwendung der im Rahmen der multilateralen Handelsverhandlungen der Uruguay-Runde geschlossenen Übereinkünfte. Siehe auch Erwgrd. 3 VO (EWG) 404/93 (GMO Bananen); EuGH, Rs. C-280/93 – Deutschland/Rat, Slg. 1994, I-4973 (Rn. 56, 105); *Kommission*, Vorschlag Gemeinschaftsregeln für Direktzahlungen, KOM(2003) 23 endg., S. 4.

[395] I.d.F. aufgrund der Änderung durch den Vertrag von Maastricht.

[396] So die Formulierung im Titel des Beschlusses 94/800/EG (WTO-Übereinkommen). Zur Entstehung des WTO-Übereinkommens *Gerken*, GATT-widrige Wirtschaftshemmnisse, S. 28 ff.; *Weiß/Herrmann*, Welthandelsrecht, Rn. 100 ff.; vgl. auch *Halla-Heißen*, Ausfuhrerstattungsrecht, in: Ehlers/Wolffgang, Rechtsfragen der Marktordnungen, S. 37 (50 ff.); *Stöhr*, Auswirkungen des GATT, in: Ehlers/Wolffgang, Rechtsfragen der Marktordnungen, S. 155 (155 ff.). Zur Abschlußkompetenz der Gemeinschaft EuGH, Gutachten 1/94 – WTO-Abkommen, Slg. 1994, I-5267; *Weiß/Herrmann*, a.a.O. Rn. 120 ff.; *M. Hilf*, EuZW 1995, S. 7 ff.

bereinkommen zur Errichtung der Welthandelsorganisation (WTO[397]) sind als Anlagen zahlreiche Anhänge beigefügt:[398] neben dem allgemeinen Zoll- und Handelsabkommen 1994 („GATT[399] 1994"), dem allgemeinen Übereinkommen über den Handel mit Dienstleistungen (GATS[400]) und dem Übereinkommen über handelsbezogene Aspekte der Rechte des geistigen Eigentums (TRIPS[401]) beispielsweise auch ein Übereinkommen über die Landwirtschaft[402] und damit über einen Bereich, der von jeher einen der problematischsten des Welthandelssystem darstellt[403].

Letzteres enthält Vorschriften über Ausfuhrsubventionen:[404] Jedes Mitglied der WTO verpflichtet sich, keine Ausfuhrsubventionen zu gewähren, die im Widerspruch zu diesem Übereinkommen und den in einer Liste für dieses Mitglieds aufgeführten Verpflichtungen stehen. In diesem Zusammenhang hatte die Europäische Gemeinschaft die Verpflichtung übernommen, die Exportsubventionen in einem Zeitraum von sechs Jahren um 36 % in bezug auf das Niveau des Ausgangszeitraumes 1986/1990 zu senken, das Exportvolumen sollte innerhalb von sechs Jahren um 21 %, bezogen auf die einzelnen Erzeugnisse abgebaut werden.[405] Das Übereinkommen über die Landwirtschaft enthält weiterhin Verpflichtungen betreffend die Stützungsregelungen für den Markt eines Mitglieds,[406] die sich häufig auch mittelbar auf die Preisgestaltung auswirken.[407] Die Regelungen des Welthandelsrechts sind somit für die Rechtsetzung im Bereich der Gemeinsamen Agrarpolitik von großer Bedeutung. Anstehende Verhandlungsrunden wer-

---

[397] World Trade Organization (zu finden im Internet unter www.wto.org; Stand: 14. April 2006); hierzu umfassend *Beise*, Welthandelsorganisation; *Herrmann*, ZEuS 2001, S. 453 ff.; *Hanel*, ZfZ 1996, S. 104 ff., 138 ff., 174 ff.; *Rapp-Lücke*, Streitbeilegungsgremium der WTO und EuGH, S. 21 ff. Zur Einbindung der Gemeinschaft in die Regelungen der WTO *Borchardt*, in: Lenz/Borchardt, EUV/EGV³, Art. 34 EGV Rn. 140 ff.
[398] Das gesamte WTO-Übereinkommen ist abgedruckt in ABl. EG 1994 Nr. L 336/3. Hierzu *Weiß/Herrmann*, Welthandelsrecht, Rn. 104 ff.
[399] General Agreement on Tariffs and Trade, ABl. EG 1994 Nr. L 336/11.
[400] General Agreement on Trade in Services, ABl. EG 1994 Nr. L 336/190.
[401] Agreement on Trade-related Aspects of Intellectual Property Rights, ABl. EG 1994 Nr. L 336/213.
[402] ABl. EG 1994 Nr. L 336/22 ff.; vgl. *Grimm*, Agrarrecht², Rn. 382.
[403] *Weiß/Herrmann*, Welthandelsrecht, Rn. 721 m.w.N.
[404] Art. 8 ff. des Übereinkommens für die Landwirtschaft (Fn. 402). Siehe auch *Borchardt*, in: FS Zuleeg, S. 473 (476 f.); *Weiß/Herrmann*, Welthandelsrecht, Rn. 723 f.
[405] Art. 3 des Übereinkommens für die Landwirtschaft (Fn. 402) i.V.m. der Liste mit Verpflichtungen der Europäischen Gemeinschaft (zu finden im Internet unter www.wto.org/english/tratop_e/schedules_e/goods_schedules_e.htm; Stand: 14. April 2006). Siehe auch *Halla-Heißen*, Ausfuhrerstattungsrecht, in: Ehlers/Wolffgang, Rechtsfragen der Marktordnungen, S. 37 (53); *Jürgensen*, EWS 1999, S. 376 (377).
[406] Art. 6 f. und Anhang 2 des Übereinkommens für die Landwirtschaft (Fn. 402).
[407] Vgl. *Halla-Heißen*, Ausfuhrerstattungsrecht, in: Ehlers/Wolffgang, Rechtsfragen der Marktordnungen, S. 37 (53).

den sicherlich weiteren Veränderungsbedarf erzeugen. Eine interessante Entwicklung hat sich im Zusammenhang mit der größeren Agrarreform im Jahre 2003 ergeben. Diese erfolgte nicht zuletzt deshalb, um die Verhandlungsposition der Gemeinschaft im Hinblick auf künftige Verhandlungsrunden zu stärken.[408]

Nach der Rechtsprechung des Europäischen Gerichtshofs ist das Recht der Welthandelsorganisation allerdings nicht unmittelbar anwendbar:[409] Die WTO-Übereinkünfte gehörten wegen ihrer Natur und ihrer Struktur nicht zu den Vorschriften, an denen der Gerichtshof die Rechtmäßigkeit von Handlungen der Gemeinschaftsorgane messe; nur wenn die Gemeinschaft eine bestimmte, im Rahmen der WTO übernommene Verpflichtung umsetze oder wenn die Gemeinschaftshandlung ausdrücklich auf spezielle Bestimmungen der WTO-Übereinkünfte verweise, sei es Sache des Gerichtshofs, die Rechtmäßigkeit der fraglichen Gemeinschaftshandlung anhand der Vorschriften der WTO zu prüfen. Folglich hat der Einzelne grundsätzlich nicht die Möglichkeit, vor Gericht unmittelbar Rechte aus dem Welthandelsrecht abzuleiten und sich damit über entgegenstehendes Gemeinschaftsrecht hinwegzusetzen.[410] Dies soll nach einem Urteil vom März 2005 sogar in dem Fall gelten, daß das Streitbeilegungsgremium der WTO[411] die Gemeinschaftsregelung für mit den WTO-Regeln unvereinbar erklärt hat.[412]

---

[408] *Kommission*, Vorschlag Gemeinschaftsregeln für Direktzahlungen, KOM(2003) 23 endg., S. 2, 5; vgl. auch *Borchardt*, in: FS Zuleeg, S. 473 (478).

[409] Zuletzt EuGH, Rs. C-377/02 – Parys/BIRB, Slg. 2005, I-1465 (Rn. 39 f.); EuGH, Rs. C-93/02 P – Biret/Rat, Slg. 2003, I-10497 (Rn. 52 f.) = EuZW 2003, 758 mit Anmerkung *Chr. Pitschas*; auch *Lavranos*, EWS 2004, S. 293 ff.; EuGH, Rs. C-76/00 P – Petrotub und Republica/Rat, Slg. 2003, I-79 (Rn. 53 f.); EuGH, Rs. C-27/00 und C-122/00 – Omega Air, Slg. 2002, I-2569 (Rn. 89 ff.); auch EuG, Rs. T-19/01 – Chiquita/Kommission (Rn. 114 f.). Siehe auch *Haus*, Jura 2003, S. 108 ff. Zur Unterscheidung zwischen unmittelbarer Anwendbarkeit und Verbindlichkeit *Weiß*, EuR 2005, S. 277 (281).

[410] Zur unmittelbaren Anwendbarkeit ausführlicher und teilweise kritisch zur Rechtsprechung des EuGH *Herrmann*, ZEuS 2001, S. 453 (466 ff.); *Weiß/Herrmann*, Welthandelsrecht, Rn. 139 f. Vgl. auch EuGH, Rs. C-280/93 – Deutschland/Rat, Slg. 1994, I-4973 (Rn. 105 ff.): Nicht einmal ein Mitgliedstaat kann sich auf die Bestimmungen berufen, um die Rechtmäßigkeit bestimmter Vorschriften des Gemeinschaftsrechts zu bestreiten. Zur sich weiterhin stellenden Frage der Haftung der EG für die Verletzung des WTO-Rechts EuG, Rs. T-19/01 – Chiquita/Kommission (Rn. 83 ff.) sowie *Weiß*, EuR 2005, S. 277 ff.

[411] Dispute Settlement Body (DSB); hierzu *Rapp-Lücke*, Streitbeilegungsgremium der WTO und EuGH, S. 46 ff.

[412] EuGH, Rs. C-377/02 – Parys/BIRB, Slg. 2005, I-1465 (Rn. 38, 42 ff.). Zur diesbezüglichen Entscheidung des DSB *Rapp-Lücke*, Streitbeilegungsgremium der WTO und EuGH, S. 73 ff.; EuG, Rs. T-19/01 – Chiquita/Kommission (Rn. 25 ff.). Siehe auch *Chr. Pitschas*, EuZW 2003, S. 761 (762 f.).

VII. Gemeinschaftliche Durchführungsrechtsetzung

Der EG-Vertrag enthält in Art. 202 Spstr. 3, Art. 211 Spstr. 4 Regelungen über die Durchführung des Gemeinschaftsrechts[413]: Grundsätzlich überträgt der Rat der Kommission in den von ihm angenommenen Rechtsakten die Befugnisse zur Durchführung der Vorschriften, die er erläßt. Die Kommission ihrerseits muß diese vom Rat übertragenen Befugnisse ausüben. Nur in spezifischen Fällen darf der Rat selbst Durchführungsbefugnisse ausüben.[414]

1. Der Komitologie-Beschluß

Für die Ausübung der Durchführungsbefugnisse kann der Rat gemäß Art. 202 Spstr. 3 S. 2, S. 4 EGV bestimmte Modalitäten festlegen, die den Grundsätzen und Regeln entsprechen, die er auf Vorschlag der Kommission und nach Stellungnahme des Europäischen Parlaments vorher einstimmig in Form des sog. Komitologie-Beschlusses festgelegt hat. Auf diese Rechtsgrundlage gestützt ist derzeit der „Beschluß des Rates vom 28. Juni 1999 zur Festlegung der Modalitäten für die Ausübung der der Kommission übertragenen Durchführungsbefugnisse"[415] maßgeblich. In dessen Art. 1 Abs. 2 verpflichtet sich der Rat, für die Verfahrensmodalitäten, die er in einem Rechtsakt für die Annahme von Durchführungsmaßnahmen, dem sog. Habilitationsakt[416], vorsieht, nur auf die im Komitologie-Beschluß aufgeführten Verfahren zurückzugreifen. Diese Verfahren sehen die Beteiligung von sog. Komitologie-Ausschüssen an der Durchführung des Gemeinschaftsrechts vor. Die Komitologie-Ausschüsse setzen sich aus Vertretern der Mitgliedstaaten zusammen; ein Vertreter der Kommission führt den Vor-

---

[413] Ausführlich zur Durchführung im Sinne dieser Vorschriften *Möllers*, EuR 2002, S. 483 ff.; *ders.*, in: Schmidt-Aßmann/Schöndorf-Haubold, Europäischer Verwaltungsverbund, S. 293 ff.

[414] Siehe hierzu EuGH, Rs. C-257/01 – Kommission/Rat, Slg. 2005, I-345 (insbesondere Rn. 50 ff.); zur „Attraktivität" einer Selbsthabilitierung *Bast*, Handlungsformen, in: von Bogdandy, Europäisches Verfassungsrecht. S. 479 (510 in Fn. 150). Vgl. auch *Curtin*, Evolving EU Executive, S. 11 f.

[415] Beschluß 1999/468/EG (Komitologie); dazu *Mensching*, EuZW 2000, S. 268 ff.; *Lenaerts/Verhoeven*, CMLR 2000, S. 645 ff.; *Knemeyer*, Durchführungsrechtsetzung, S. 248. Zuvor Beschluß 1987/373/EWG; dazu *Meng*, ZaöRV 1988, S. 208 ff.; *Falke*, in: Joerges/Falke, Ausschußwesen, S. 52 ff.; *Mensching*, a.a.O. S. 268 f. Siehe auch *Haibach*, VerwArch 1998, S. 98 ff.; *Sydow*, Verwaltungskooperation, S. 80 ff.; *Sommer*, Verwaltungskooperation am Beispiel administrativer Informationsverfahren, S. 563 ff.; *Hix*, in: Schwarze, EU-Kommentar, Art. 202 EGV Rn. 15. Weiterhin *Schäfer*, Committees and comitology, in: Andenas/Türk, Delegated Legislation, S. 3 ff.; *Toeller/H. Hofmann*, Democracy and the reform of comitology, a.a.O. S. 25 ff.; *Haibach*, History of comitology, a.a.O. S. 185 ff.; *Falke*, From councils to networks, a.a.O. S. 331 ff.

[416] *Bast*, Handlungsformen, in: von Bogdandy, Europäisches Verfassungsrecht, S. 479 (509).

sitz.[417] Dieser unterbreitet dem Ausschuß stets die Entwürfe der zu treffenden Maßnahmen.[418]

In den drei Komitologie-Verfahren[419] ist das Ausmaß der Beteiligung der Ausschüsse unterschiedlich ausgeprägt. Im *Beratungsverfahren*[420] gibt der Ausschuß lediglich eine Stellungnahme ab, die die Kommission „soweit wie möglich" berücksichtigen soll. Hierüber soll sie den Ausschuß unterrichten. Die Durchführungsmaßnahme beruht bei Anordnung des Beratungsverfahrens aber stets auf einer eigenen Entscheidung der Kommission, die hierfür auch die Verantwortung trägt.

Auch im *Verwaltungsverfahren*[421] kann der Ausschuß zu dem Entwurf der Kommission Stellung nehmen. Hierfür ist allerdings eine qualifizierte Mehrheit im Sinne von Art. 205 Abs. 2 EGV erforderlich. Die Kommission kann[422] zwar eine von der Stellungnahme abweichende Maßnahme treffen. Dies muß sie dann allerdings dem Rat mitteilen, der einen anderslautenden Beschluß fassen kann. Das Verwaltungsverfahren kann also zu einem Übergang der Zuständigkeit für die Durchführung auf den Rat führen. Die Durchführungsmaßnahme ist allerdings entweder eine solche der Kommission oder des Rates. Sie ist niemals eine gemeinsame Maßnahme von Kommission und Verwaltungsausschuß.

Im *Regelungsverfahren*[423] darf die Kommission die beabsichtigen Maßnahmen nur erlassen, wenn sie mit der – wiederum aufgrund einer qualifizierten Mehrheit abgegebenen – Stellungnahme des Ausschusses übereinstimmen. In diesem Fall übernimmt also der Komitologie-Ausschuß die Mitverantwortung für den Rechtsakt. Stimmen die beabsichtigten Maßnahmen mit der Stellungnahme nicht überein oder liegt keine Stellungnahme vor, darf die Kommission zumindest zunächst keine eigene Entscheidung treffen, sondern muß dem Rat einen Vorschlag[424] für die zu treffenden Maßnahmen unverzüglich unterbreiten. Diesen kann er ablehnen oder –

---

[417] Art. 3 Abs. 1, Art. 4 Abs. 1 und Art. 5 Abs. 1 Beschluß 1999/468/EG (Komitologie). Die Komitologie-Ausschüsse geben sich ferner auf Vorschlag des Vorsitzenden eine Geschäftsordnung auf der Grundlage einer Standardgeschäftsordnung, Art. 7 Abs. 1 Beschluß 1999/468/EG; siehe eine solche Standardgeschäftsordnung in ABl. EG 2001 Nr. C 38/3.

[418] Art. 3 Abs. 2 S. 1, Art. 4 Abs. 2 S. 1 und Art. 5 Abs. 2 S. 1 Beschluß 1999/468/EG (Komitologie).

[419] In der nachfolgenden Darstellung soll aus Gründen der Vereinfachung die Beteiligung des Europäischen Parlaments bei der Durchführung außer Betracht bleiben, siehe hierzu ausführlich *Knemeyer*, Durchführungsrechtsetzung, insbesondere S. 252 ff.; weiterhin *Curtin*, Evolving EU Executive, S. 12.

[420] Art. 3 Abs. 2, Abs. 4 Beschluß 1999/468/EG (Komitologie).

[421] Art. 4 Abs. 2, Abs. 3, Abs. 4 Beschluß 1999/468/EG (Komitologie).

[422] Vgl. *Knemeyer*, Durchführungsrechtsetzung, S. 250 (mit Fn. 1234).

[423] Art. 5 Abs. 2, Abs. 3, Abs. 4, Abs. 6 Beschluß 1999/468/EG (Komitologie).

[424] Nicht bloß einen Entwurf, vgl. *Hummer/Obwexer*, in: Streinz, EUV/EGV, Art. 202 EGV Rn. 47.

inhaltlich unverändert[425] – als Durchführungsrechtsakt selbst erlassen. Kommt weder die für die Ablehnung noch die für den Erlaß erforderliche qualifizierte Mehrheit zustande, so wird der vorgeschlagene Rechtsakt von der Kommission erlassen. Im Falle der Ablehnung durch den Rat kann die Kommission einen geänderten Vorschlag vorlegen.

Der Komitologie-Beschluß bringt es somit mit sich, daß die Kommission ihre Vorstellungen im Beratungsverfahren stets durchsetzen kann; im Verwaltungs- und im Regelungsverfahren kann sie hieran nur eine qualifizierte Mehrheit im Rat hindern.[426] Demnach wird mit der Festlegung auf eines dieser Verfahren eine für das Ausmaß der Eigenständigkeit der Kommission[427] bei der Durchführung wichtige Weichenstellung vorgenommen. Nach dem Komitologie-Beschluß werden bei der Wahl der Verfahrensmodalitäten für die Annahme der Durchführungsmaßnahmen bestimmte Kriterien „zugrundegelegt".[428] Diese Formulierung deutet schon darauf hin, daß diese Kriterien nicht uneingeschränkt Verbindlichkeit beanspruchen.[429] Bestätigt wird diese Annahme durch einen Erwägungsgrund, nach dem die Kriterien unverbindlich sein sollen.[430] Dort heißt es jedoch gleichfalls, daß der Komitologie-Beschluß eine größere Kohärenz und Vorhersehbarkeit bei der Wahl des Ausschußtyps bezweckt. Dies kann nicht erreicht werden, wenn der Rat beliebig von den Kriterien abweichen darf.[431] Daher liegt es nahe, daß er eine Abweichung hiervon zumindest besonders begründen muß.[432] Für die Durchführung im Bereich der Leistungsverwal-

---

[425] In Art. 5 Beschluß 1999/468/EG (Komitologie) ist die Befugnis des Rates, einen von dem Vorschlag der Kommission abweichenden Rechtsakt zu erlassen, eigentlich nicht vorgesehen; siehe auch *Knemeyer*, Durchführungsrechtsetzung, S. 251. Nach *Hummer/Obwexer*, in: Streinz, EUV/EGV, Art. 202 EGV Rn. 47 und *Jacqué*, in: Groeben/Schwarze, EUV/EGV IV⁶, Art. 202 EGV Rn. 36 bedürfen jedoch Änderungen der Einstimmigkeit.

[426] *Streinz*, Europarecht⁷, Rn. 527.

[427] Das Gericht Erster Instanz (Rs. T-188/97 – Rothmans/Kommission, Slg. 1999, II-2463 [Rn. 62]; dazu *Tomkins*, Yearbook of European Law 19 [1999-2000], S. 217 [230 f.]) sieht die Komitologie-Ausschüsse als Teil der Kommission an, allerdings „im Hinblick auf die Gemeinschaftsregelung über den Zugang zu Dokumenten". Vgl. auch *Curtin*, Evolving EU Executive, S. 13.

[428] Art. 2 Beschluß 1999/468/EG (Komitologie).

[429] Siehe EuGH, Rs. C-378/00 – Kommission/Parlament und Rat, Slg. 2003, I-937 (Rn. 44 f.); auch *Mensching*, EuZW 2000, S. 268 (270); *Jacqué*, in: Groeben/Schwarze, EUV/EGV IV⁶, Art. 202 EGV Rn. 35; *Breier*, in: Lenz/Borchardt, EUV/EGV³, Art. 202 EGV Rn. 4.

[430] Erwgrd. 5 Beschluß 1999/468/EG (Komitologie). Siehe EuGH, Rs. C-378/00 – Kommission/Parlament und Rat, Slg. 2003, I-937 (Rn. 46).

[431] EuGH, Rs. C-378/00 – Kommission/Parlament und Rat, Slg. 2003, I-937 (Rn. 54).

[432] EuGH, Rs. C-378/00 – Kommission/Parlament und Rat, Slg. 2003, I-937 (Rn. 50, 55). Auch *Hix*, in: Schwarze, EU-Kommentar, Art. 202 EGV Rn. 18; *Hummer/Obwexer*, in: Streinz, EUV/EGV, Art. 202 EGV Rn. 50.

tung sieht der Komitologie-Beschluß wegen deren Haushaltsrelevanz das Verwaltungsverfahren als das im Normalfall anzuordnende Verfahren an.[433]

Daß grundsätzlich die Kommission für die Durchführung zuständig ist, erklärt sich in erster Linie damit, daß der Rat mit einer umfassenden Detailarbeit völlig überfordert wäre.[434] Dem allerdings bestehenden Mißtrauen der Mitgliedstaaten gegenüber der Kommission wird durch die Einrichtung der Komitologie-Ausschüsse begegnet.[435] Schon das Beratungsverfahren setzt die Mitgliedstaaten umfassend von der Durchführung durch die Kommission in Kenntnis. Mißt der Rat den Durchführungsmaßnahmen eine gesteigerte Bedeutung zu, so kann er durch die Anordnung des Verwaltungs- oder gar des Regelungsverfahrens dafür sorgen, daß bei Einigkeit unter einer größeren Zahl von Mitgliedstaaten eine Durchführungsmaßnahme der Kommission verhindert werden kann. Die Komitologie ist also zunächst auf die Überwachung der Kommission gerichtet. Daneben bewirkt sie aber auch, daß die nationalen Verwaltungen, die häufig die Maßnahmen letztlich im Rahmen des indirekten Vollzuges umsetzen müssen, in die Entscheidung mit einbezogen sind und dabei auch ihre Erfahrungen einbringen können.[436] Die Komitologie-Ausschüsse stellen somit auch eine Erscheinungsform der vertikalen und der horizontalen Verwaltungskooperation dar.[437]

Die Komitologiepraxis ist lange Zeit sehr undurchsichtig gewesen – sowohl im Hinblick auf die Anzahl und die Zusammensetzung der Ausschüsse als auch im Hinblick auf ihre jeweiligen Aufgaben und Entscheidungen.[438] Mittlerweile hat die Kommission aufgrund der Vorgaben des Komitologie-Beschlusses[439] für eine höhere Transparenz gesorgt, unter anderem durch die Veröffentlichung von Jahresberichten über die Tätigkeit der Ausschüsse[440] und durch die Bereitstellung von Information im Internet.

---

[433] Vgl. Art. 2 lit. a Beschluß 1999/468/EG (Komitologie).

[434] Vgl. *Meng*, ZaöRV 1988, S. 208 (209).

[435] Siehe auch *Curtin*, Evolving EU Executive, S. 11: „significant element of inter-governmental control"; *Graf*, Finanzkontrolle, S. 47. *Mehde*, ZEuS 2001, S. 403 (411) verweist zudem darauf, daß viele Gegenstände, die im Verfahren der Komitologie behandelt werden, hochpolitisch und mit weitreichenden Auswirkungen verbunden sind.

[436] Vgl. *Hummer/Obwexer*, in: Streinz, EUV/EGV, Art. 202 EGV Rn. 36; *Mehde*, ZEuS 2001, S. 403 (411, 443); *Mensching*, EuZW 2000, S. 268 (269); *Tomkins*, Yearbook of European Law 19 (1999-2000), S. 217 (221); *Winter*, EuR 2005, S. 255 (257).

[437] Hierzu *Schmidt-Aßmann*, EuR 1996, S. 270 (274); *ders.*, Ordnungsidee², Kap. 7 Tz. 11; *Sydow*, Verwaltungskooperationsrecht, S. 82 ff.; *Mehde*, ZEuS 2001, S. 403 (411); vgl. auch *Hix*, in: Schwarze, EU-Kommentar, Art. 202 EGV Rn. 17; *Sommer*, Verwaltungskooperation am Beispiel administrativer Informationsverfahren, S. 569; *Schlacke*, Administrative implementation, in: Andenas/Türk, Delegated Legislation, S. 303 (insbesondere 319 ff.).

[438] Hierzu und zum folgenden *Curtin*, Evolving EU Executive, S. 13.

[439] Art. 7 Abs. 4, Abs. 5 Beschluß 1999/468/EG (Komitologie).

[440] Zuletzt *Kommission*, Ausschüsse im Jahre 2003, KOM(2004) 860 endg.

2. Begriff und Inhalt der Durchführung des Gemeinschaftsrechts

Nach der zustimmungswürdigen Rechtsprechung des Europäischen Gerichtshofs umfaßt die Durchführung im Sinne dieser Vorschriften „sowohl die Ausarbeitung von Durchführungsvorschriften als auch die Anwendung von Vorschriften auf den Einzelfall durch den Erlaß individueller Rechtsakte"[441]. Letzteres gehört zur Vollzugsebene und ist dort für den Bereich der gemeinschaftlichen Leistungsverwaltung ausführlich zu behandeln. Die Ausarbeitung von Durchführungsvorschriften, die Durchführung abstraktgenereller Art,[442] ist hingegen, obwohl sie eine Aufgabe der Kommission darstellt,[443] zur Rechtsetzungsebene zu rechnen.[444] Die Durchführungsrechtsetzung der Kommission ist in weiten Bereichen des Gemeinschaftsrechts, insbesondere im Agrarrecht[445] unerläßlich und soll nach den Vorstellungen der Kommission sogar noch an Bedeutung gewinnen.[446]

---

[441] EuGH, Rs. 16/88 – Kommission/Rat, Slg. 1989, 3457 (Rn. 11); der Sache nach wohl schon EuGH, Rs. 41/69 – ACF Chemiefarma, Slg. 1970, 661 (Rn. 60/62): „Artikel 155 des Vertrages, der (…) die Übertragung von Befugnissen durch den Rat auf die Kommission vorsieht, beschränkt diese Ermächtigung nicht auf Befugnisse unterhalb der Verordnungsebene". Vgl. *Hummer/Obwexer*, in: Streinz, EUV/EGV, Art. 202 EGV Rn. 33; *Knemeyer*, Durchführungsrechtsetzung, S. 29; *Schroeder*, AöR 2004, S. 3 (9); *Hix*, in: Schwarze, EU-Kommentar, Art. 202 EGV Rn. 12. Zu der EuGH-Entscheidung in der Rs. 16/88, jedoch kritisch bezüglich der Einbeziehung von Einzelentscheidungen *Möllers*, EuR 2002, S. 483 (487 f., 490). Das Verständnis des EuGH vom Begriff der Durchführung liegt aber auch der dem Vertrag von Amsterdam beigefügten „43. Erklärung zum Protokoll über die Anwendung der Grundsätze der Subsidiarität und der Verhältnismäßigkeit" zugrunde. Dort wird nämlich hervorgehoben, daß „die administrative Durchführung des Gemeinschaftsrechts grundsätzlich Sache der Mitgliedstaaten gemäß ihren verfassungsrechtlichen Vorschriften bleibt. Die Aufsichts-, Kontroll- und Durchführungsbefugnisse der Gemeinschaftsorgane nach den Artikeln 145 und 155 des Vertrags zur Gründung der Europäischen Gemeinschaft bleiben hiervon unberührt." Siehe auch *Schroeder*, AöR 2004, S. 3 (9).
[442] *Knemeyer*, Durchführungsrechtsetzung, S. 29.
[443] Zur Einordnung der Durchführungsvorschriften als Legislativ- oder Exekutivrechtsakte *Knemeyer*, Durchführungsrechtsetzung, S. 124 ff. Durchführungsvorschriften werden teilweise auch als Tertiärrecht bezeichnet, *Haibach*, VerwArch 1999, S. 98 (111); siehe auch *Groß*, DÖV 2004, S. 20 (21 ff.), der auch exekutive Mitteilungen und Bekanntmachungen als vom tertiären Recht umfaßt sieht. Zu Mitteilungen allgemein *Adam*, Mitteilungen der Kommission.
[444] Vgl. Streinz, Europarecht[7], Rn. 521 ff., der die Durchführung des Gemeinschaftsrechts im Paragraph über die Rechtsetzung in den Europäischen Gemeinschaften behandelt; auch *Hummer/Obwexer*, in: Streinz, EUV/EGV, Art. 202 EGV Rn. 31: „Auch ein (bloß) delegierter Akt von Sekundärrechtsetzung durch die Kommission ist und bleibt gemeinschaftsrechtlich ein Legislativakt."
[445] Vgl. *von Bogdandy/Bast/Arndt*, ZaöRV 2002, S. 77 (91 f.); *Grimm*, Agrarrecht[2], Rn. 374; *Priebe*, in: FS Steinberger, S. 1347 (1372).
[446] *Kommission*, Europäisches Regieren, KOM(2001) 428 endg., insbesondere S. 27: Es „sollte mehr auf ‚primäre' Rechtsvorschriften zurückgegriffen werden, die sich auf das

Für die Verordnungsgebung sieht das deutsche Grundgesetz mit Art. 80 Abs. 1 eine Regelung vor, die bestimmte Anforderungen an das ermächtigende formelle Gesetz aufstellt. Eine entsprechende Vorschrift für die abstrakt-generelle Durchführung des Gemeinschaftsrechts sieht der EG-Vertrag hingegen nicht vor. Welche Regelungen der Gemeinschaftsgesetzgeber selbst treffen muß und welche er der Kommission grundsätzlich überlassen darf, muß folglich aus allgemeinen Grundsätzen des Gemeinschaftsrechts abgeleitet werden. Der Gerichtshof hat in der für die Durchführungsthematik grundlegenden Rechtssache Köster ausgeführt, daß die wesentlichen Grundzüge der zu regelnden Materie vom Gemeinschaftsgesetzgeber festzulegen sind.[447] Bei der Beantwortung der vorgelegten Frage, ob eine in einer Durchführungsverordnung vorgesehene agrarmarktrechtliche Kautionspflicht für die Erteilung einer Ausfuhrlizenz von der zur Durchführung ermächtigenden Ratsverordnung gedeckt sei, ging der Gerichtshof sodann von einer engen Auslegung des Begriffs der wesentlichen Grundzüge aus. Obwohl in der Ratsverordnung nur eine Kautionspflicht für die Erteilung einer Einfuhrlizenz vorgesehen war, sah er die Kautionspflicht für die Erteilung einer Ausfuhrlizenz in der Durchführungsverordnung hiervon gedeckt.[448] Eine andere Auslegung würde das „harmonische Funktionieren der Regelung" beeinträchtigen.

In einer späteren Rechtssache betonte der Gerichtshof sodann ausdrücklich, daß der Begriff der Durchführung weit auszulegen sei.[449] Die Begründung hierfür stellt allerdings ausschließlich auf die Gemeinsame Agrarpolitik ab: Nur die Kommission sei in der Lage, die Entwicklung der Agrarmärkte ständig und aufmerksam zu verfolgen und mit der durch die Situation gebotenen Schnelligkeit zu handeln. Die Grenzen der Durchführungsbefugnis seien demnach nach den allgemeinen Hauptzielen der Marktorganisation und weniger nach dem Buchstaben der Ermächtigung zu beurteilen.[450] Zwischenzeitlich hat der Gerichtshof auch eine Definition für die „wesentlichen Grundzüge" geliefert: Hiernach sind nur solche Bestimmun-

---

Wesentliche (grundlegende Rechte und Pflichten und die Bedingungen ihrer Umsetzung) beschränken und es der Exekutive überlassen, technische Einzelheiten durch 'sekundäre' Durchführungsbestimmungen auszufüllen." Zum Weißbuch „Europäisches Regieren" *Hayder*, ZG 2002, S. 49 ff.; sodann *Kommission*, Bericht über Europäisches Regieren, 2003; siehe auch *Curtin*, Evolving EU Executive, S. 10 ff.; *Priebe*, in: FS Steinberger, S. 1347 (1348).

[447] EuGH, Rs. 25/70 – Köster, Slg. 1970, 1161 (Rn. 6). Siehe auch EuGH, Rs. C-240/90 – Deutschland/Kommission, Slg. 1992, I-5383 (Rn. 36).

[448] EuGH, Rs. 25/70 – Köster, Slg. 1970, 1161 (Rn. 14 ff.).

[449] EuGH, Rs. 23/75 – Rey Soda, Slg. 1975, 1279 (Rn. 10/14). Siehe auch z.B. EuGH, Rs. C-239/01 – Deutschland/Kommission, Slg. 2003, I-10333 (Rn. 54); EuG, Rs. T-19/01 – Chiquita/Kommission (Rn. 184).

[450] Vgl. *Möllers*, EuR 2002, S. 483 (487): „Ermächtigungen an die Kommission seien final".

Die Rechtsetzungsebene der gemeinschaftlichen Leistungsverwaltung 129

gen wesentlich, durch die die grundsätzlichen Ausrichtungen der Gemeinschaftspolitik umgesetzt werden.[451] Für die gemeinschaftliche Leistungsverwaltung von besonderem Interesse ist, daß dies bei einer Sanktion, durch die ein Wirtschaftsteilnehmer von der Gewährung einer Beihilfe ausgeschlossen wird, nicht der Fall sei. Eine restriktivere Tendenz zeichnet sich auch durch das jüngste Urteil zur Problematik der obligatorischen nationalen Kofinanzierung[452] nicht ab. Daß der Gerichtshof die Anordnung einer solchen in einer Durchführungsverordnung für unzulässig hielt, beruhte nicht auf einer Auslegung der Ermächtigung zur Durchführung, sondern auf einer sorgfältigen Untersuchung des Finanzierungssystems der gemeinschaftlichen Agrarmarktausgaben.

Durchführungsvorschriften beruhen auf einer sekundärrechtlichen Grundlage. Sie sind deshalb gegenüber dem ermächtigenden Sekundärrechtsakt – wie auch im Verhältnis zum Primärrecht – nachrangig.[453] Im Rahmen seiner Rechtmäßigkeitskontrolle prüft der Gerichtshof deshalb, ob die Durchführungsvorschrift den Rahmen des ermächtigenden Rechtsakts einhält, und dabei vor allem, ob die wesentlichen Grundzüge respektiert und die festgelegten Verfahrensvorschriften beachtet worden sind.[454]

3. Durchführungsmaßnahmen

Die abstrakt-generelle Durchführung des Gemeinschaftsrechts im Bereich der gemeinschaftlichen Leistungsverwaltung erfolgt entweder durch Verordnungen (Art. 249 Abs. 2 EGV) oder durch Beschlüsse.[455] Eine eigene

---

[451] EuGH, Rs. C-240/90 – Deutschland/Kommission, Slg. 1992, I-5383 (Rn. 37).
[452] EuGH, Rs. C-239/01 – Deutschland/Kommission, Slg. 2003, I-10333. Siehe oben Kap. 2 B.V.
[453] *Knemeyer*, Durchführungsrechtsetzung, S. 123 m.w.N.; *H. Hofmann*, Normenhierarchien, S. 211. Auch *Bast*, Handlungsformen, in: von Bogdandy, Europäisches Verfassungsrecht. S. 479 (510 f.), der sich (a.a.O. S. 511 f.) weitergehend mit der Frage beschäftigt, ob nicht nur ein Vorrang des habilitierenden Rechtsaktes, sondern auch jedes anderen Rechtsaktes besteht, der mit diesem auf derselben Stufe steht.
[454] EuGH, Rs. C-239/01 – Deutschland/Kommission, Slg. 2003, I-10333 (Rn. 55); vgl. EuG, Rs. T-19/01 – Chiquita/Kommission (Rn. 184, 186); *Knemeyer*, Durchführungsrechtsetzung, S. 123; *Hummer/Obwexer*, in: Streinz, EUV/EGV, Art. 202 EGV Rn. 60; *Breier*, in: Lenz/Borchardt, EUV/EGV³, Art. 202 EGV Rn. 5; *Bast*, Handlungsformen, in: von Bogdandy, Europäisches Verfassungsrecht, S. 479 (510).
[455] Richtlinien und Entscheidungen kommen als abstrakt-generelle Durchführungsrechtsakte im Bereich der gemeinschaftlichen Leistungsverwaltung kaum in Betracht. Jedenfalls erläßt die Kommission im Komitologie-Verfahren nur Rechtsakte, hingegen keine Handlungen, die dem Bereich des „Soft Law" zuzurechnen sind. Zum Begriff des „Soft Law" siehe *Senden*, Soft Law, S. 111 f. *Senden* hat drei Kernelemente von „Soft Law" herausgearbeitet und hieraus folgende Definition entwickelt: rules of conduct that are laid down in instruments which have not been attributed legally binding force as such, but nevertheless may have certain (indirect) legal effects, and that are aimed at and may

Rechtsform für die abstrakt-generelle Durchführung, vergleichbar der Verordnung im deutschen Recht, kennt das Gemeinschaftsrecht nicht.[456] Auf die Verordnung als Durchführungsrechtsakt wird zurückgegriffen, wenn in den Vollzug die Mitgliedstaaten eingeschaltet sind, d.h. bei Anwendung der sog. geteilten Mittelverwaltung. Beschlüsse sind hingegen in den Bereichen anzutreffen, in denen der Vollzug auf Gemeinschaftsebene erfolgt, d.h. bei Anwendung der sog. zentralen Mittelverwaltung.

a. Durchführungsverordnungen

Durchführungsverordnungen haben besondere Bedeutung im Bereich der Agrarmarktausgaben[457]: Die Einzelheiten der Vorgaben für den Vollzug und das Finanzierungssystem sind nicht in den Rechtsakten des Rates, sondern in den Durchführungsverordnungen der Kommission enthalten. Bei manchen Beihilferegelungen wird die Höhe der Leistungen in Durchführungsverordnungen festgelegt. Bestimmte Beihilferegelungen, insbesondere zeitlich befristete in Krisensituationen, werden sogar erst durch Durchführungsverordnungen geschaffen.

Die Verordnung als Durchführungsrechtsakt liegt nahe für die Bereiche, in denen die Mittelverwaltung zwischen Kommission und Mitgliedstaat geteilt ist. Denn die Verordnung ist gemäß Art. 249 Abs. 2 S. 2 EGV in allen ihren Teilen verbindlich und gilt unmittelbar in jedem Mitgliedstaat. Sie bindet daher sowohl die vollziehenden nationalen Behörden als auch die potentiellen Empfänger gemeinschaftlicher Leistungen.[458]

b. Durchführungsbeschlüsse

Im Sokrates-Beschluß ist vorgesehen, daß nach dem Verwaltungsverfahren bestimmte Maßnahmen zu dessen Durchführung erlassen werden,[459] u.a. ein jährlicher Arbeitsplan (einschließlich der Prioritäten, der Themen für gemeinsame Aktionen sowie der Auswahlkriterien und -verfahren), die finanzielle Unterstützung seitens der Gemeinschaft (Höhe, Dauer und Empfänger) und die allgemeinen Leitlinien des Programms sowie die Art und Weise der Programmüberwachung und -bewertung. Entsprechende Be-

---

produce practical effects. Siehe auch *Beveridge/Nott*, Soft Law, in: Craig/Harlow, Lawmaking in the EU, S. 285 ff.

[456] *Möllers*, EuR 2002, S. 483 (511 f.).

[457] Siehe schon die Darstellung der für die Agrarmarktausgaben maßgeblichen Rechtsakte oben Kap. 1 B.I.1.b.aa.

[458] Vgl. *Gudrun Schmidt*, in: Groeben/Schwarze, EUV/EGV IV[6], Art. 249 EGV Rn. 30 f.; *Bievert*, in: Schwarze, EU-Kommentar, Art. 249 EGV Rn. 20; *Streinz*, Europarecht[7], Rn. 429; *H. P. Ipsen*, Europäisches Gemeinschaftsrecht, § 21 Rn. 9.

[459] Art. 7 Abs. 1 Beschluß 253/2000/EG (Sokrates).

Die Rechtsetzungsebene der gemeinschaftlichen Leistungsverwaltung 131

stimmungen finden sich in anderen Basisrechtsakten.[460] So ist für die Durchführung der spezifischen Programme zur Durchführung[461] des Sechsten Rahmenprogramms der Europäischen Gemeinschaft im Bereich der Forschung, technologischen Entwicklung und Demonstration[462] und damit auch für deren abstrakt-generelle Durchführung die Kommission zuständig.[463] Sie stellt ein Arbeitsprogramm auf, das die Ziele und die wissenschaftlichen und technologischen Prioritäten sowie den Zeitplan für die Durchführung genauer darlegt.[464] Bei der Aufstellung und Aktualisierung des Arbeitsprogramms ist die Kommission an das Verwaltungsverfahren gebunden.[465] Die Arbeitsprogramme werden nach ihrer Annahme in der jeweils aktuellen Fassung im Internet veröffentlicht, allerdings ausschließlich in englischer Sprache.[466]

Diese Durchführungsmaßnahmen erläßt die Kommission in aller Regel in Form von Beschlüssen.[467] Diese werden zumeist nicht im Amtsblatt veröffentlicht,[468] es sei denn, die Veröffentlichung ist in dem durchzuführenden Rechtsakt ausdrücklich angeordnet. Derartige Beschlüsse können erst nach einem erneuten Komitologie-, also insbesondere nach einem erneuten Verwaltungsverfahren geändert werden. Sie führen deshalb zu einer Bindung der Kommission.[469]

Gegenüber Dritten, also insbesondere im Verhältnis zu potentiellen Leistungsempfängern, können die Durchführungsbeschlüsse zwar unmittelbar keine Verbindlichkeit beanspruchen. Die Kommission ist jedoch verpflich-

---

[460] Z.B. Art. 4 Abs. 1 Beschluß 508/2000/EG (Kultur 2000).
[461] Durchführung i.S.v. Art. 166 Abs. 3 EGV, nicht i.S.v. Art. 202 Spstr. 3, Art. 211 Spstr. 4 EGV!
[462] Beschluß 1513/2002/EG (Sechstes Rahmenprogramm Forschung).
[463] Art. 6 Abs. 1 Entscheidung 2002/834/EG (Europäischer Forschungsraum – Integration und Stärkung).
[464] Art. 5 Abs. 1 Entscheidung 2002/834/EG (Europäischer Forschungsraum – Integration und Stärkung).
[465] Art. 6 Abs. 2 lit. a, Art. 7 Abs. 2 Entscheidung 2002/834/EG (Europäischer Forschungsraum – Integration und Stärkung) i.V.m. Art. 4, Art. 7 Beschluß 1999/468/EG (Komitologie).
[466] Das Arbeitsprogramm zur Entscheidung 2002/834/EG (Europäischer Forschungsraum – Integration und Stärkung) ist beispielsweise zu finden unter http://www.cordis.lu/fp6/sp1_wp.htm (Stand: 14. April 2006).
[467] So auch die Auskunft eines vertrauenswürdigen Beamten der Kommission. Siehe z.B. Beschluß 2004/192/EG (Öffentliche Gesundheit – Arbeitsplan 2004; bezogen auf Beschluß 1786/2002/EG) sowie den – allerdings nur als Entwurf veröffentlichten – Beschluß zur Annahme des in Fn. 466 angeführten Arbeitsprogramms zur Entscheidung 2002/834/EG (Europäischer Forschungsraum – Integration und Stärkung).
[468] Eine Ausnahme bildet der Beschluß 2004/192/EG (Öffentliche Gesundheit – Arbeitsplan 2004).
[469] Vgl. http://europa.eu.int/comm/secretariat_general/regcomito/registre.cfm?CL=de (Stand: 14. April 2006).

tet, ihnen bei der Leistungsvergabe Geltung zu verschaffen: Sie darf also beispielsweise die Leistungen nur im Einklang mit den beschlossenen Arbeitsplänen bzw. Arbeitsprogrammen vergeben. Sie muß dafür Sorge tragen, daß die Leistungsempfänger sich zur Einhaltung von Bestimmungen verpflichten, die in den Beschlüssen ausdrücklich oder der Sache nach vorgesehen sind. Auf diese Weise können Durchführungsbeschlüsse mittelbar gegenüber Dritten Rechtswirkungen entfalten.

In der neuen Haushaltsordnung ist nunmehr vorgesehen, daß Finanzhilfen in einen von der Kommission angenommenen Jahresplan aufzunehmen sind, der zu Beginn des Haushaltsjahres veröffentlicht wird.[470] In anderen Normen wird dieser Jahresplan auch als Arbeitsplan oder jährliches Arbeitsprogramm bezeichnet.[471] Er enthält Angaben über den Basisrechtsakt, die Ziele, den Zeitplan für die Aufforderung zur Einreichung von Vorschlägen sowie deren Richtbetrag und die erwarteten Ergebnisse.[472] Die Veröffentlichung soll bis spätestens 31. Januar eines jeden Haushaltsjahres auf der Internetseite der Kommission betreffend Finanzhilfen erfolgen.

Mit diesen Vorschriften knüpft die Haushaltsordnung an die Bestimmungen in den Basisrechtsakten an und stellt eine allgemeine Pflicht der Kommission auf. In einem im Amtsblatt veröffentlichten Beschluß zur Annahme eines derartigen Arbeitsplans werden als Rechtsgrundlagen die entsprechenden Bestimmungen in der Haushaltsordnung und in dem Basisrechtsakt gemeinsam angegeben.[473] Vorrangig ist jedoch, insbesondere hinsichtlich des Erlaßverfahrens, auf die jeweiligen Ermächtigungen zur Durchführung abzustellen, die als leges speciales der Haushaltsordnung vorgehen. Eigenständige Bedeutung kommt jedoch der Veröffentlichungspflicht zu. Die mit ihr bezweckte Transparenz des Kommissionshandelns wird jedoch nicht erreicht, wenn diese Pflicht – wie derzeit – nur sehr eingeschränkt erfüllt wird.

C. Abschließende Anmerkungen zur Rechtsetzungsebene

Die Rechtsetzungsebene der gemeinschaftlichen Leistungsverwaltung ist zunächst gekennzeichnet durch das Spannungsverhältnis, das durch die unterschiedlichen Gesetzgebungskompetenzen von Rat und Europäischem Parlament aufgeworfen wird. Eine große Zahl der angesprochenen Problembereiche, beispielsweise die Frage nach der Erforderlichkeit eines Ba-

---

[470] Art. 110 Abs. 1 UAbs. 1 HO 2002, Art. 166 Abs. 1 UAbs. 1 S. 1 DVO HO 2002.
[471] Siehe Art. 110 Abs. 1 UAbs. 2 HO 2002, Art. 166 DVO HO 2002.
[472] Art. 166 Abs. 1 UAbs. 2 DVO HO 2002.
[473] Siehe die im Beschluß 2004/192/EG (Öffentliche Gesundheit – Arbeitsplan 2004) angegebenen Rechtsgrundlagen.

sisrechtsakts, folgt aus der gemeinschaftlichen Besonderheit, daß Sach- und Haushaltsgesetzgebungskompetenz nicht in einer Hand liegen. Durch Erweiterung der Kompetenzen des Parlaments ist das Spannungsverhältnis zwar ein wenig entschärft worden. Eine Situation, wie sie in den Mitgliedstaaten üblich ist, ist aber bei weitem noch nicht erreicht. Insbesondere die mangelnde Beteiligung des Parlaments an der Gesetzgebung im Bereich der Agrarmarktausgaben wird seiner Rolle als einzigem unmittelbar demokratisch legitimiertem Gemeinschaftsorgan nicht gerecht.

Die Rechtsetzungsebene ist auch durch das Unvermögen der Vertragsparteien gekennzeichnet, offen zutage getretenen Problemen durch eine Änderung der Verträge im Sinne der Rechtssicherheit zu begegnen. Die Unterscheidung zwischen obligatorischen und nichtobligatorischen Ausgaben kann allein mit juristischen Methoden nicht getroffen werden, sondern bedarf letztendlich einer klärenden politischen Entscheidung. Den fehlenden Regelungen über eine mehrjährige Finanzplanung im Primärrecht wurde durch die Finanziellen Vorausschauen begegnet. Diese Praxis steht allerdings auf rechtlich unsicherer Grundlage. Für die Finanzausstattung der Gemeinschaft sieht das Primärrecht hingegen zwar mit dem Eigenmittelbeschluß ein Instrument vor. Solange allerdings der Begriff der Eigenmittel in einem formellen Sinne zu verstehen ist und die Mitgliedstaaten den Eigenmittelbeschluß gemäß ihren verfassungsrechtlichen Vorschriften annehmen müssen, kann von einer wirklichen Finanzautonomie der Gemeinschaft keine Rede sein.

An primärrechtlichen Kompetenzen zur Erbringung von gemeinschaftlichen Leistungen mangelt es hingegen nicht. Kommt eine politische Einigung zustande und können die erforderlichen Finanzmittel aufgebracht werden, so werden die entsprechenden Maßnahmen auch durchgeführt. Notfalls wird hierfür Art. 308 EGV herangezogen. Das dort aufgestellte Einstimmigkeiterfordernis stellt sicher, daß kein Mitgliedstaat gegen die Maßnahmen gerichtlich vorgehen wird. Auch ist dies nicht von Seiten des Europäischen Parlaments zu befürchten. Dieses muß ja dazu beitragen, daß die Maßnahme durch die Bereitstellung entsprechender Finanzmittel realisiert werden kann.

Im Bereich der Durchführungsrechtsetzung schließlich kann erstmals eine stärkere und eigenverantwortlichere Stellung der Kommission festgestellt werden. Sie ist nicht mehr auf eine Beteiligung an der Vorbereitung von Entscheidungen beschränkt, sondern trifft solche grundsätzlich selbst. Die Durchführungskompetenz eröffnet der Kommission die Möglichkeit, in einem nicht zu unterschätzenden Umfang eigene politische Zielsetzungen zu verfolgen. Völlig im Mittelpunkt stehen wird die Kommission allerdings auf der Vollzugsebene, auf die nunmehr einzugehen ist.

Kapitel 3

Die Vollzugsebene der gemeinschaftlichen Leistungsverwaltung

Zur Vollzugsebene gehört, wie bereits oben ausgeführt worden ist, einerseits die Durchführung in Form des Verwaltungsvollzugs, andererseits die Ausführung des Haushaltsplans, der Haushaltsvollzug. Auf dieser Ebene stellen sich zunächst Kompetenzfragen. Die Frage nach den *Verwaltungsvollzugskompetenzen* bezüglich des Gemeinschaftsrechts ist bereits ausführlich Gegenstand wissenschaftlicher Untersuchungen gewesen;[1] demzufolge genügt eine zusammenfassende Darstellung dieser komplexen Thematik (A.I). Dagegen ist die *Haushaltsvollzugskompetenz* der Europäischen Gemeinschaft von der Rechtswissenschaft bislang noch nicht intensiver behandelt worden (A.II.). Insbesondere ist das sich aus dem Primärrecht ergebende Verhältnis von Verwaltungs- und Haushaltsvollzug auf Gemeinschaftsebene zu bestimmen; dieses Verhältnis hat für die gemeinschaftliche Leistungsverwaltung grundlegende Bedeutung.

Die Leistungserbringung durch die Gemeinschaft folgt verschiedenen Modellen. Einerseits kann die Leistungserbringung ausschließlich auf Gemeinschaftsebene erfolgen; andererseits können staatliche, aber auch private Einrichtungen und internationale Organisationen in die Leistungserbringung eingeschaltet sein. Die verschiedenen *Modelle* sollen im weiteren dargestellt und untersucht werden (B).

A. Grundlagen: Verwaltungsvollzugskompetenzen und Haushaltsvollzugskompetenz

I. Die Verwaltungsvollzugskompetenzen der Europäischen Gemeinschaft

Das deutsche Grundgesetz enthält – insbesondere in den Art. 83 ff. – ausdrückliche Regelungen über die Kompetenz zur Ausführung des Bundesrechts; sie ist grundsätzlich Angelegenheit der Länder, Art. 83 Hs. 1 GG.

---

[1] Insbesondere *von Borries*, in: FS Everling I, S. 127 ff; *Schreiber*, Verwaltungskompetenzen; *Klepper*, Vollzugskompetenzen.

Demgegenüber sieht der EG-Vertrag keine allgemeine Bestimmung über die Zuständigkeit zur Aktualisierung der Vorschriften des Gemeinschaftsrechts für den Einzelfall[2] vor.[3] Insbesondere ergibt sich aus der Regelzuständigkeit der Kommission zur Durchführung des Gemeinschaftsrechts nach Art. 202 Spstr. 3, Art. 211 Spstr. 4 EGV, die auch die Anwendung von Vorschriften auf den Einzelfall durch den Erlaß individueller Rechtsakte erfaßt,[4] nicht, daß in der Regel die Kommission für den Verwaltungsvollzug des Gemeinschaftsrechts zuständig ist.[5] Nach diesen Vorschriften ist der Rat zwar grundsätzlich verpflichtet, der Kommission die Durchführung des Gemeinschaftsrechts zu übertragen.[6] Der Rat kann der Kommission aber nur Befugnisse übertragen, die ihm und somit auch der Europäischen Gemeinschaft zustehen. Das Bestehen einer Verwaltungsvollzugskompetenz der Gemeinschaft ist also Voraussetzung einer Übertragung durch den Rat auf die Kommission. Es richtet sich gleichfalls nach dem Grundsatz der begrenzten Einzelermächtigung.[7] Infolgedessen muß jede Ermächtigungsgrundlage daraufhin untersucht werden, ob sie eine Verwaltungszuständigkeit der Gemeinschaft begründet.[8]

Der EG-Vertrag enthält einige Vorschriften, die eine Verwaltungsvollzugszuständigkeit auf Gemeinschaftsebene, namentlich der Kommission, ausdrücklich vorsehen. So ist das Verfahren der gemeinschaftlichen Beihilfenaufsicht nach Art. 88 EGV als solches zwischen der Kommission und dem Mitgliedstaat vorgegeben.[9] Das gemeinschaftliche Kartellrecht eröffnet in Art. 83 ff. EGV zumindest die Möglichkeit eigener Verwaltungstä-

---

[2] Vgl. *Schwarze*, Europäisches Verwaltungsrecht I, S. 25; *Schreiber*, Verwaltungskompetenzen, S. 21; *Schroeder*, AöR 2004, S. 3 (9).

[3] *Schmidt-Aßmann*, Ordnungsidee[2], Kap. 7 Tz. 8; *Schroeder*, AöR 2004, S. 3 (11). Siehe auch *M. Rodi*, Subventionsrechtsordnung, S. 279: Der Vertrag hält sich „bei der Frage der Verwaltungskompetenzen im allgemeinen sehr zurück"; *Jarass*, AöR 1996, S. 173 (181 ff.).

[4] Siehe oben Kap. 2 B.VII.2.

[5] *Schreiber*, Verwaltungskompetenzen, S. 71.

[6] *Möllers*, EuR 2002, S. 483 (485).

[7] *Schmidt-Aßmann*, Ordnungsidee[2], Kap. 7 Tz. 8; *Schreiber*, Verwaltungskompetenzen, S. 54 f.; *Schroeder*, AöR 2003, S. 3 (11); *Hatje*, in: Schwarze, EU-Kommentar, Art. 10 EGV Rn. 34; *Stettner*, in: Dauses, HdbEUWiR I (Grundwerk), B III Rn. 6.

[8] *Winter*, EuR 2005, S. 255 (260).

[9] Zu den Einzelheiten des Verfahrens VO (EG) 659/1999 (Beihilfenverfahren) und DurchführungsVO (EG) 794/2004 (Beihilfenverfahren); dazu *Sinnaeve*, EuZW 1999, S. 270 ff.; *dies.*, in: Heidenhain, Europäisches Beihilfenrecht, §§ 32-39; *Lübbig/Martin-Ehlers*, Beihilfenrecht, Rn. 495 ff.; *Mederer*, in: Groeben/Schwarze, EUV/EGV III[6], Art. 88 EGV Rn. 5 f.; *Koenig/Kühling/Ritter*, EG-Beihilfenrecht[2], Rn. 359 ff.; *Bartosch*, EuZW 2004, S. 43 ff. Siehe auch schon *Caspari*, in: FS von der Groeben, S. 69 ff.; *Klingbeil*, Beihilfeverfahren.

tigkeit der Kommission.[10] Für den Bereich der gemeinschaftlichen Leistungsverwaltung ist vordringlich auf Art. 147 Abs. 1 EGV hinzuweisen; hiernach obliegt die Verwaltung des Europäischen Sozialfonds der Kommission.[11] Letztgenannte Vorschrift, die im übrigen schon in der ursprünglichen Fassung des EWG-Vertrages enthalten war,[12] bestätigt auch, daß das Primärrecht, sobald es die Errichtung eines Fonds vorsieht oder zumindest gestattet, grundsätzlich auch stets den Fonds betreffende Vollzugsmaßnahmen durch Gemeinschaftsinstitutionen gestattet.

Auch andere Kompetenztitel des EG-Vertrages trennen nicht streng zwischen legislativem und exekutivem Handeln. Ermächtigt der Vertrag schlicht zu Maßnahmen, beispielsweise im Bereich der beruflichen Bildung in Art. 150 Abs. 4 EGV oder des Verbraucherschutzes in Art. 153 Abs. 3 lit. b, Abs. 4 EGV, so ist hierauf gestützt auch Vollzugstätigkeit der Gemeinschaft grundsätzlich zulässig.[13] Auch Fördermaßnahmen nach Art. 149 Abs. 4 und Art. 151 Abs. 5 EGV ermöglichen vollziehendes Gemeinschaftshandeln; dieses ist allerdings durch die nähere Umschreibung der Maßnahmen als fördernde inhaltlich auf eine bestimmte, nämlich die leistungsgewährende Natur festgelegt.[14] Dasselbe gilt für Fördermaßnahmen im Sinne von Art. 152 Abs. 4 UAbs. 1 lit. c EGV.[15]

Läßt sich nicht schon aus dem Wortlaut einer primärrechtlichen Kompetenzgrundlage eine Vollzugszuständigkeit der Gemeinschaft ermitteln, so kann sich unter Heranziehung der Theorie von den implied powers[16] eine solche ergeben. Verwaltungsbefugnisse der Gemeinschaft ergeben sich

---

[10] Zum Verfahren in Kartellsachen nunmehr VO (EG) 1/2003 (Kartellverfahren); dazu nur *Hossenfelder/Lutz*, WuW 2003, S. 118 ff.; *K. Schmidt*, BB 2003, S. 1237 ff.; *Weitbrecht*, EuZW 2003, S. 69 ff.; *Klees*, Kartellverfahrensrecht, insbesondere § 5; *Schwarze/Weitbrecht*, Kartellverfahrensrecht, S. 51 ff.; *Sauter*, in: Dauses, HdbEUWiR II (EL 13), H I § 3. Siehe auch die im ABl. EU 2004 Nr. C 101 abgedruckten Bekanntmachungen der Kommission zum neuen Kartellverfahrensrecht, insbesondere die „Bekanntmachung der Kommission über die Zusammenarbeit innerhalb des Netzes der Wettbewerbsbehörden", ABl. EU 2004 Nr. C 101/43, und die „Bekanntmachung der Kommission über die Behandlung von Beschwerden durch die Kommission gemäß Artikel 81 und 82 EG-Vertrag", ABl. EU 2004 Nr. C 101/65; dazu *Schweda*, WuW 2004, S. 1133 ff. Zuvor VO Nr. 17 (Kartellverfahren); dazu *Brinker*, in: Schwarze, EU-Kommentar, Art. 83 EGV Rn. 17 ff.

[11] Dazu *Högl*, in: Groeben/Schwarze, EUV/EGV III[6], Art. 147 EGV Rn. 1 ff.

[12] Art. 124 EWGV u.F.

[13] Bezüglich Art. 150 Abs. 4 EGV *Schreiber*, Verwaltungskompetenzen, S. 111; vgl. auch *Niedobitek*, EuR 1995, S. 349 (368 f.). Bezüglich Art. 153 Abs. 3 lit. b, Abs. 4 EGV *Schreiber*, a.a.O. S. 117.

[14] *Niedobitek*, EuR 1995, S. 349 (368, 372); *Schreiber*, Verwaltungskompetenzen, S. 112, 114.

[15] *von Borries*, in: FS Everling I, S. 127 (142); *Schreiber*, Verwaltungskompetenzen, S. 115 f.

[16] Ausführlich *Schreiber*, Verwaltungskompetenzen, S. 137 ff.

hiernach, soweit dies zur wirksamen und einheitlichen Anwendung der Gemeinschaftsregelung zwingend erforderlich ist.[17] Allerdings erscheint die Notwendigkeit eines Rückgriffs auf diese Theorie angesichts der Weite der primärrechtlichen Kompetenztitel gering. Sie stellt sich vor allem bezüglich der Binnenmarktkompetenz des Art. 95 Abs. 1 EGV[18] und damit für einen Bereich, der für die gemeinschaftliche Leistungsverwaltung unerheblich ist.

Schließlich ermöglicht auch Art. 308 EGV Verwaltungsvollzugstätigkeit auf Gemeinschaftsebene.[19] Bei Vorliegen seiner Tatbestandsvoraussetzungen darf der Rat die „geeigneten Vorschriften" erlassen. Die Norm enthält keine Beschränkung auf materiell-rechtliche Regelungen.[20] Tatsächlich sind bedeutende Bereiche der gemeinschaftlichen Eigenverwaltung auf Art. 308 EGV gestützt, etwa die Fusionskontrolle durch die Kommission[21] und die Tätigkeit des Harmonisierungsamts für den Binnenmarkt in Alicante bezüglich der Gemeinschaftsmarke[22]. Auch die ursprüngliche Verordnung über zentralisierte Arzneimittelzulassungsverfahren[23] war auf Art. 308 EGV gestützt.[24] Für den Vollzug im Bereich der gemeinschaftlichen Leistungsverwaltung ist diese Kompetenznorm unter anderem deshalb von Bedeu-

---

[17] *Schreiber*, Verwaltungskompetenzen, S. 145.
[18] Hierzu das Urteil zur RL 92/59/EWG (Produktsicherheit) EuGH, Rs. C-359/92, Slg. 1994, I-3681 – Deutschland/Rat; dazu *von Borries*, in: FS Everling I, S. 127 (133 ff.); *Micklitz*, EuZW 1994, S. 631; *Schreiber*, Verwaltungskompetenzen, S. 129 ff., 143 ff.; *Schroeder*, AöR 2004, S. 3 (12 f.); *Sydow*, DV 2001, S. 517 (529 ff.); *Winter*, EuR 2005, S. 255 (260); zu Art. 95 EGV als Rechtsgrundlage siehe auch jüngst EuGH, Rs. C-66/04 – Vereinigtes Königreich/Parlament und Rat.
[19] *Schreiber*, Verwaltungskompetenzen, S. 145 ff., insbesondere S. 158 ff.
[20] Vgl. *Rossi*, in: Calliess/Ruffert, EUV/EGV², Art. 308 EGV Rn. 53 f.: „Begriff der Vorschriften ... als Synonym für Maßnahmen".
[21] Nunmehr VO (EG) 139/2004 (Fusionskontrolle) und DurchführungsVO (EG) 802/2004; dazu *Rosenthal*, EuZW 2004, S. 327 ff.; *Hellmann*, EWS 2004, S. 289 ff.; *Klees*, Kartellverfahrensrecht, § 13; *Farbmann*, Fusionskontrollverordnung. Die VO (EG) 139/2004 ist, wie schon die VO (EWG) 4064/89 (Fusionskontrolle) dazu *Sedemund/Montag*, in: Dauses, HdbEUWiR II [EL 12], H I § 2), zwar auch auf Art. 83 EGV gestützt, aber „vor allem auf Artikel 308 des Vertrages", Erwgrd. 7 S. 2 VO (EG) 139/2004.
[22] VO (EG) 40/94 (Gemeinschaftsmarke); dazu *Eisenführ/Schennen*, Gemeinschaftsmarkenverordnung. Entsprechend der gemeinschaftliche Sortenschutz aufgrund VO (EG) 2100/94 (Sortenschutz).
[23] VO (EG) 2309/93 (Gemeinschaftsverfahren Arzneimittel und Arzneimittelagentur).
[24] Die neue VO (EG) 726/2004 (Gemeinschaftsverfahren Arzneimittel und Arzneimittelagentur) ist hingegen auf Art. 95 und 152 Abs. 4 lit. b EGV gestützt. Dies erscheint – vor allem auch vor dem Hintergrund des Urteils des EuGH zur Produktsicherheitsrichtlinie (EuGH, Rs. C-359/92, Slg. 1994, I-3681 – Deutschland/Rat) – nicht unproblematisch, da nicht nur subsidiäre Verwaltungsbefugnisse in besonderen Fällen eingeräumt werden; vielmehr findet ein reguläres Genehmigungsverfahren auf Gemeinschaftsebene statt. Es entspricht aber den Ausführungen zur Wahl von Rechtsgrundlagen in *Kommission*, Europäische Regulierungsagenturen, KOM(2002) 718 endg., S. 8.

tung, weil sie als Grundlage für die Verordnung zur Festlegung des Statuts der Exekutivagenturen[25] dient.[26]

Insgesamt ist somit festzuhalten, daß gemeinschaftliches Verwaltungsvollzugshandeln grundsätzlich in sehr vielen Bereichen zulässig ist. Es gilt jedoch zu beachten, daß die Kompetenzausübungsschranken, insbesondere die Grundsätze der Verhältnismäßigkeit und der Subsidiarität gemeinschaftliches Vollzugshandeln in vielen Bereichen einschränken oder gänzlich ausschließen und somit den Vorrang des indirekten Vollzuges bestätigen.[27] Insofern erscheint es auch folgerichtig, daß die Vertragsstaaten ihre Bekräftigung, daß „die administrative Durchführung des Gemeinschaftsrechts grundsätzlich Sache der Mitgliedstaaten gemäß ihren verfassungsrechtlichen Vorschriften" ist, als „Erklärung zum Protokoll über die Anwendung der Grundsätze der Subsidiarität und der Verhältnismäßigkeit"[28] abgegeben haben.

Für den Bereich der gemeinschaftlichen Leistungsverwaltung gilt dabei die Besonderheit, daß stets ein gemeinschaftliches Vollzugshandeln erforderlich ist; es müssen nämlich auf Gemeinschaftsebene immer zumindest die erforderlichen Mittel bereitgestellt werden. Schon diese Überlegung, die unabhängig von der nunmehr im Anschluß zu behandelnden Bedeutung des Art. 274 Abs. 1 EGV erfolgt, zeigt, daß die Gemeinschaft, sobald sie eine Finanzierungszuständigkeit besitzt, schon denknotwendig Vollzugszuständigkeiten, sei es auch nur im Verhältnis zu weiteren Leistungsmittlern, haben muß. Deren Umfang ist dann stets im Einzelfall zu erarbeiten. Dies erklärt auch, warum keine primärrechtliche Kompetenzvorschrift ersichtlich ist, die eine Finanzierungszuständigkeit, nicht aber zugleich eine Verwaltungsvollzugszuständigkeit der Gemeinschaft begründet.

II. Die Haushaltsvollzugskompetenz der Kommission

Die Rechtslage im Bereich der Haushaltsvollzugskompetenz[29] ist demgegenüber eindeutig. Der Vertrag enthält in den Finanzvorschriften im fünften

---

[25] VO (EG) 58/2003 (Statut der Exekutivagenturen).
[26] Zu den Exekutivagenturen ausführlich unten Kap. 3 B.II.2.
[27] Ähnlich v. *Bogdandy/Bast*, EuGRZ 2001, S. 441 (447): „nicht aufgrund einer beschränkten Verbandskompetenz, sondern aufgrund (...) der Anwendung des Subsidiaritäts- und Verhältnismäßigkeitsgrundsatzes". Tendenziell auch *Schreiber*, Verwaltungskompetenzen, S. 175; *Kuntze*, VBlBW 2001, S. 5 (6); *Winter*, EuR 2005, S. 255 (261). Anders *Schmidt-Aßmann*, Ordnungsidee², Kap. 7 Tz. 8; *Hatje*, in: Schwarze, EU-Kommentar, Art. 10 EGV Rn. 34; *David*, Inspektionen, S. 22 f.: Vorrang für den indirekten Vollzug aus Art. 5 Abs. 1 EGV. Überlegungen zur praktischen Anwendung der beiden Prinzipien bei *Winter*, a.a.O. S. 261 f.
[28] 43. Erklärung zur Schlußakte über den Vertrag von Amsterdam.
[29] Hierzu schon *Schenk*, Leistungsverwaltung, in: Schmidt-Aßmann/Schöndorf-Haubold, Europäischer Verwaltungsverbund, S. 265 (272 ff.).

Teil eine ausdrückliche Regelung zum gemeinschaftlichen Haushaltsvollzug in Art. 274 Abs. 1 S. 1 EGV[30]:

> „Die Kommission führt den Haushaltsplan gemäß der nach Artikel 279 festgelegten Haushaltsordnung in eigener Verantwortung und im Rahmen der zugewiesenen Mittel entsprechend dem Grundsatz der Wirtschaftlichkeit der Haushaltsführung aus."

Diese Bestimmung legt die Autonomie der Kommission bei der Ausführung des gemeinschaftlichen Haushaltsplans fest.[31] Bei Maßnahmen, die dem Haushaltsvollzug zuzurechnen sind, kann die Kommission insbesondere nicht an ein über das Anhörungsverfahren hinausgehendes Komitologie-Verfahren gebunden werden.[32] Zum einen enthält dieser Artikel die Zuweisung einer Verbandskompetenz an die Gemeinschaft und zugleich einer Organkompetenz an die Kommission: Die Kommission ist das Gemeinschaftsorgan, das schon aufgrund des Vertrages berechtigt ist, den Haushaltsplan auszuführen. Zum anderen erlegt er der Kommission aber auch eine Verpflichtung auf:[33] Es ist ihre vertraglich zugewiesene Aufgabe, den Haushaltsplan nach dessen Inkrafttreten auszuführen.[34] Art. 274 Abs. 1 S. 1 EGV bezieht sich sowohl auf die Einnahmen- als auch auf die Ausgabenseite.[35] Die nachfolgenden Ausführungen beschränken sich jedoch auf

---

[30] Art. 274 Abs. 1 S. 1 EGV wurde in Form von Art. 48 Abs. 1 in die neue Haushaltsordnung übernommen und – zur Betonung der grundlegenden Bedeutung dieser Vorschrift – an die Spitze der Vorschriften über den Haushaltsvollzug gestellt, vgl. *Kommission*, Vorschlag Haushaltsordnung, KOM(2000) 461 endg., S. 21.

[31] EuGH, Rs. 93/85 – Kommission/Vereinigtes Königreich, Slg. 1986, 4011 (Rn. 21); *Magiera*, in: Grabitz/Hilf, Recht der EU, Altband II, Art. 205 EGV (EL 7) Rn. 1; *Niedobitek*, in: Streinz, EUV/EGV, Art. 274 EGV Rn. 2. Auch schon *H. P. Ipsen*, Europäisches Gemeinschaftsrecht, § 18 Rn. 21.

[32] *Geiger*, EUV/EGV[4], Art. 274 EGV Rn. 1; *Magiera*, in: Grabitz/Hilf, Recht der EU, Altband II, Art. 205 EGV (EL 7) Rn. 5; vgl. auch *Bieber*, in: Groeben/Schwarze, EUV/EGV IV[6], Art. 274 EGV Rn. 15; *Fugmann*, in: Dauses, HdbEUWiR I (EL 4), A III Rn. 76.

[33] Deutlich *Forman*, CMLR 1990, S. 872 (874). Dahingehend auch *Bieber*, in: ders./Epiney/Haag, Europäische Union[6], § 5 Rn. 35; *Fugmann*, Gesamthaushalt, S. 442; *Geiger*, EUV/EGV[4], Art. 274 EGV Rn. 1; *Niedobitek*, in: Streinz, EUV/EGV, Art. 274 EGV Rn. 1.

[34] Dies ergibt sich schon aus der klaren Formulierung des Art. 274 Abs. 1 S. 1 EGV; vgl. auch die französische Sprachfassung: „La commission exécute le budget ..."; noch deutlicher die englische Sprachfassung: „The commission *shall implement* the budget ...".

[35] *Bieber*, in: GTE, Handbuch Europarecht, Art. 205 (369. Lfg.) Rn. 1; *Magiera*, in: Grabitz/Hilf, Recht der EU, Altband II, Art. 205 EGV (EL 7) Rn. 1. Unklar *Waldhoff*, in: Calliess/Ruffert, EUV/EGV[2], Art. 274 Rn. 1. Dies läßt sich vor allem mit systematischen Erwägungen begründen: Abs. 1 S. 2 und Abs. 2 des Art. 274 EGV beschränken sich dem Wortlaut nach („Mittel ... verwendet werden" bzw. „Vornahme ihrer Ausgaben") ausdrücklich auf die Ausgabenseite. In den Haushaltsplan, der ausgeführt werden soll, werden allerdings gemäß Art. 268 Abs. 1 EGV alle Einnahmen und Ausgaben der Gemeinschaft

die für die gemeinschaftliche Leistungsverwaltung in erster Linie interessante Ausgabenseite.

1. Art. 274 Abs. 1 S. 1 EGV als Kompetenznorm

Aus Art. 274 Abs. 1 S. 1 EGV ergibt sich keine besondere Verwaltungsvollzugskompetenz der Kommission für den Bereich der gemeinschaftlichen Leistungsverwaltung. Eine derart weitreichende Bedeutung wird dieser Vorschrift zwar, zumindest soweit ersichtlich, nicht ausdrücklich beigemessen. Denkt man jedoch etliche Ausführungen im Schrifttum[36], die sich insbesondere mit einem Urteil des Europäischen Gerichtshofs aus dem Jahre 1989[37] auseinandersetzen, sowie die Aussagen des Generalanwalts in dieser Rechtssache konsequent zu Ende, so würden diese gerade hierauf hinauslaufen. Die Auslegung der Vorschrift in diesem Sinne steht jedoch schon in deutlichem Widerspruch zum grundlegenden Gemeinschaftsprinzip der begrenzten Einzelermächtigung und entspricht sicherlich auch nicht dem Willen der vertragschließenden Staaten. Sie läßt sich gleichfalls nur schwerlich mit dem Wortlaut des Art. 274 Abs. 1 S. 1 EGV in Einklang bringen. Die Kompetenz der Kommission bezieht sich – lediglich – auf die Ausführung des Haushaltsplans entsprechend dem Grundsatz der Wirtschaftlichkeit der Haushaltsführung[38], nicht hingegen auf die Aus- bzw.

---

eingesetzt. Auch in Art. 248 EGV ist bezüglich der Haushaltsführung sowohl die Einnahmen- als auch die Ausgabenseite genannt. Zu berücksichtigen gilt es jedoch, daß die Einnahmenseite wesentlich durch den aufgrund von Art. 269 Abs. 2 EGV ergangenen Eigenmittelbeschluß bestimmt wird. Hierzu oben Kap. 2 A.II.1.

[36] Insbesondere *Bieber*, in: Groeben/Schwarze, EUV/EGV IV[6], Art. 274 EGV Rn. 15 f.: „Danach gehören alle individuellen Entscheidungen über die Verwendung von Haushaltsmitteln auf der Grundlage einer materiellen Ausgabebewilligung des Rates zur Haushaltsausführung im Sinne des Artikels 274 Absatz 1 und fallen deshalb in die alleinige Entscheidungszuständigkeit der Kommission."; weiterhin *Bieber*, in: ders./Epiney/Haag, Europäische Union[6], § 5 Rn. 35; *Fugmann*, in: Dauses, HdbEUWiR I (EL 4), A III Rn. 76; *Magiera*, in: Grabitz/Hilf, Recht der EU, Altband II, Art. 205 EGV (EL 7) Rn. 5; *ders.*, Verwaltungsorganisation, in: Schweitzer, Europäisches Verwaltungsrecht, S. 115 (123); *Niedobitek*, in: Streinz, EUV/EGV, Art. 274 EGV Rn. 10.

[37] EuGH, Rs. 16/88 – Kommission/Rat, Slg. 1989, 3457. Zu diesem Urteil *Blumann*, RTDE 1990, S. 175 ff.; *Forman*, CMLR 1990, S. 872 ff.; *J. Hilf*, Dezentralisierungstendenzen, S. 171 f.

[38] Dieser Grundsatz (vgl. Art. 114 Abs. 2 S. 1 GG; zur dogmatischen Einordnung des Wirtschaftlichkeitsgebots als finanzrechtliche Ausprägung des rechtsstaatlichen Verhältnismäßigkeitsprinzips und zur Bindung auch des Haushaltsgesetzgebers NWVerfGH NVwZ 2004, 217 [218 f.]; siehe auch *Schmidt-Aßmann*, Ordnungsidee[2], Kap. 5 Tz. 52; umfassend *von Arnim*, Wirtschaftlichkeit) findet sich erst seit dem Haushaltsvertrag von 1975 ausdrücklich als Grundsatz des Haushaltsvollzuges im EG-Vertrag. Die Verpflichtung auf seine Beachtung wurde der Kommission allerdings nur indirekt durch die Bestimmung auferlegt, daß der durch diesen Vertrag errichtete Rechnungshof sich von der Wirtschaftlichkeit der Haushaltsführung überzeugt. Stillschweigend setzte das Primärrecht

Durchführung der Basisrechtsakte, die die Einzelheiten der gemeinschaftlichen Leistungen regeln.[39]

Dem angesprochenen Urteil liegt eine einfache Sachverhaltskonstellation zugrunde: Eine Ratsverordnung, die unter anderem auch auf die Erbringung gemeinschaftlicher Leistungen gerichtet war,[40] band die Kommission auch hinsichtlich der individuellen Förderentscheidungen an ein Ausschußverfahren, das weitgehend dem Verwaltungsausschußverfahren im Sinne des Komitologie-Beschlusses[41] entsprach. Das Verfahren ermöglichte dem Rat, bei Ablehnung des vorgelegten Kommissionsentwurfs durch den Ausschuß selbst individuelle Förderungsmaßnahmen zu beschließen. Hiergegen wandte sich die Kommission mit der Begründung, diese Erstreckung verstoße gegen Art. 274 Abs. 1 EGV.

Das Urteil ist überaus kurz gefaßt und kaum begründet, was angesichts der Bedeutung der Fragestellung und der gegenteiligen Ausführungen des Generalanwalts überrascht. Der Gerichtshof geht in zwei Schritten vor: Zunächst sieht er vom Begriff der Durchführung im Sinne von Art. 202 Spstr. 3, 211 Spstr. 4 EGV auch die Anwendung von Vorschriften auf den

---

jedoch schon von Anfang an die Einhaltung dieses Grundsatzes voraus (vgl. *Heck*, in: Groeben/Boeckh/Thiesing, EWGV II², Art. 205 I.; *H. P. Ipsen*, Europäisches Gemeinschaftsrecht, § 18 Rn. 21). Zuvor war jedoch schon im Sekundärrecht bestimmt, daß die Haushaltsmittel nach den Grundsätzen der Sparsamkeit und Wirtschaftlichkeit der Haushaltsführung zu verwenden sind (Art. 2 HO 1960, übernommen in Art. 2 Abs. 1 HO 1977; zu frühen Interpretationsversuchen des Grundsatzes *Strasser*, Finanzen Europas³, S. 73). In der geltenden Fassung des EG-Vertrages findet sich der Grundsatz in drei Bestimmungen: in Art. 274 Abs. 1 S. 1, in Art. 274 Abs. 1 S. 2 und in Art. 248 Abs. 2 UAbs. 1 EGV. Die neue Haushaltsordnung sieht den Grundsatz der Wirtschaftlichkeit der Haushaltsführung in vertragskonformer Weise und im Einklang mit der international allgemein anerkannten Auslegung durch drei Elemente geprägt: Sparsamkeit, Wirtschaftlichkeit im engeren Sinne und Wirksamkeit (Art. 27 Abs. 1 HO 2002; die Haushaltsordnung greift hier die international üblichen „drei e" [economy, efficiency, effectiveness] auf; vgl. *Niedobitek,* in: Streinz, EUV/EGV, Art. 268 EGV Rn. 30). Dabei bedeutet Wirtschaftlichkeit im engeren Sinne eine optimale Relation zwischen den eingesetzten Mitteln und den erzielten Ergebnissen. Angesprochen sind hiermit das Minimal- und das Maximalprinzip: Bei ersterem besteht die geforderte optimale Zweck-Mittel-Relation, wenn ein bestimmtes Ergebnis mit einem möglichst geringen Einsatz von Mitteln erreicht wird, bei letzterem, wenn mit einem bestimmten Einsatz von Mitteln das bestmögliche Ergebnis erzielt wird (Art. 27 Abs. 2 UAbs. 2 HO 2002).

Siehe auch BVerwG NVwZ-RR 2004, 413 (415): Die haushaltsrechtlichen Gründe der Wirtschaftlichkeit und Sparsamkeit zwingen bei Vorliegen von Widerrufsgründen im Regelfall zum Widerruf einer Subvention; es müssen keine besonderen Ermessenserwägungen angestellt werden. Nur außergewöhnliche Umstände des Einzelfalles können eine andere Entscheidung rechtfertigen. Zur Bedeutung von Wirtschaftlichkeitsüberlegungen bei der Ermessensausübung auch *Schmidt-Aßmann*, Ordnungsidee², Kap. 6 Tz. 69.

[39] Siehe oben Kap. 2 B.VII.
[40] VO (EWG) 3252/87 (Forschung in der Fischwirtschaft).
[41] Art. 4 Beschluß 1999/468/EG (Komitologie); siehe oben Kap. 2 B.VII.1.

Einzelfall durch den Erlaß individueller Rechtsakte erfaßt.[42] Anschließend wirft er die Frage auf, ob der Rat die Befugnis der Kommission nach Artikel 274 EGV, den Haushaltsplan in eigener Verantwortung auszuführen, beeinträchtigt hat, indem er den Erlaß der Beschlüsse, zu denen er sie ermächtigt, dem Verwaltungsausschußverfahren unterworfen hat. „Dazu ist festzustellen, daß die Zuständigkeit der Kommission für die Ausführung des Haushaltsplans die Zuständigkeitsverteilung nicht ändern kann, wie sie sich aus den verschiedenen Vorschriften des EWG-Vertrags, die den Rat und die Kommission zum Erlaß allgemeiner oder individueller Rechtsakte in bestimmten Bereichen ermächtigen (...), und aus den Vorschriften der Artikel 145 dritter Gedankenstrich und 155 über die Organe ergibt."[43]

Die ausgreifenden Ausführungen des Generalanwalts, denen vermutlich ein enges Verständnis des Begriffs der Durchführung zugrunde liegt[44], knüpfen am Begriff der Mittelbindung an. Dieser Begriff werde auch im französischen Haushaltsrecht benutzt. Nach französischem Verständnis schließe die Mittelbindung den Erlaß rechtlicher Entscheidungen, die zu einer Verwendung der Mittel führen, ein. Das Haushaltsrecht der Gemeinschaft, insbesondere die Haushaltsordnung enthalte keinen Anhaltspunkt für ein abweichendes Begriffsverständnis. Er folgert hieraus, „daß die Mittelbindung als ein Abschnitt des Ausgabenhaushalts im Sinne der Haushaltsordnung Sachentscheidungen oder individuelle Rechtsakte über die Mittelverwendung umfaßt"[45]. Andernfalls ergebe sich die „Folge, daß die Festlegung des Umfangs der tatsächlichen Entscheidungsbefugnis der Kommission völlig dem Belieben, dem guten Willen des Rates anheimgestellt ist. Damit wäre der Ausführung des Haushaltsplans nämlich jeder echte Entscheidungsaspekt genommen, und für eine Befugnis der Kommission zu Sachentscheidungen hinsichtlich der Verwendung der bewilligten Mittel wäre nur insoweit Platz, als der Rat es für zweckmäßig hielte, ihr nach Artikel 145 dritter Gedankenstrich eine Durchführungsbefugnis zu übertragen, ohne sie mit einem Ausschußverfahren zu verbinden, oder indem er nur die Unterstützung durch einen beratenden Ausschuß vorsieht"[46].

Diese Ausführungen des Generalanwalts sind in mehrerlei Hinsicht bedenklich. Zunächst erscheint der Schluß von einem dem nationalen Recht zugrundegelegten Begriffsverständnis auf das Gemeinschaftsrecht äußerst problematisch[47], auch wenn zuzugeben ist, daß das gemeinschaftliche Haushaltsrecht Anleihen aus dem französischen genommen hat. Es ist

---

[42] EuGH, Rs. 16/88 – Kommission/Rat, Slg. 1989, 3457 (insbesondere Rn. 11).
[43] EuGH, Rs. 16/88 – Kommission/Rat, Slg. 1989, 3457 (Rn. 15 f.).
[44] *GA Darmon*, in: Rs. 16/88 – Kommission/Rat, Slg. 1989, 3457 (Tz. 13 ff.).
[45] *GA Darmon*, in: Rs. 16/88 – Kommission/Rat, Slg. 1989, 3457 (Tz. 35).
[46] *GA Darmon*, in: Rs. 16/88 – Kommission/Rat, Slg. 1989, 3457 (Tz. 48).
[47] Kritisch auch *M. Rodi*, Subventionsrechtsordnung, S. 462 f.

demzufolge nicht überraschend, daß der Gerichtshof diese Überlegungen überhaupt nicht aufgreift. Methodisch äußerst fragwürdig ist weiterhin, daß der Generalanwalt zur Auslegung des Art. 274 Abs. 1 S. 1 EGV das Sekundärrecht, insbesondere die auf der Grundlage von Art. 279 Abs. 1 UAbs. 1 lit. a EGV erlassene Haushaltsordnung heranzieht. In der Haushaltsordnung darf die Ausführung des Haushaltsplans lediglich „im Einzelnen" geregelt werden; der primärrechtlich gesetzte Rahmen ist dabei jedoch einzuhalten. Daß die gemeinschaftliche Haushaltsordnung keine gegenteiligen Anhaltspunkte enthalte, erscheint zudem zweifelhaft. Die Vorschriften in den HO 1960 und 1977 trennen streng zwischen der Mittelbindung und den Maßnahmen, die zu einer Ausgabe zu Lasten des Haushaltsplans führen können: „Für alle Maßnahmen, die zu einer Ausgabe zu Lasten des Haushaltsplans führen können, muß der Anweisungsbefugte vorher einen Mittelbindungsantrag stellen; er kann rechtliche Verpflichtungen gegenüber Dritten erst eingehen, nachdem der Finanzkontrolleur seinen Sichtvermerk erteilt hat"[48]. Und wenn die Haushaltsordnung von 1977 vorsah, daß bestimmte Beschlüsse der Kommission als Mittelbindungen „gelten"[49], so kommt hierin klar zum Ausdruck, daß sie es gerade nicht „sind". Es geht also nicht um einen „Unterschied zwischen dem rechtlichen und dem buchhalterischen Aspekt der Mittelbindung". Weiterhin liegt es sehr nahe, daß bei der Einführung des Begriffs der Mittelbindung in das Primärrecht durch den Haushaltsvertrag von 1975 gerade das zuvor in der Haushaltsordnung im Sekundärrecht ausgedrückte Verständnis des Begriffs der Mittelbindung zugrundegelegt wurde. Mittelbindung im Sinne des EG-Vertrages ist folglich ein ausschließlich intern wirkender Vorgang; die Finanzierungsbeschlüsse[50] und das Eingehen der rechtlichen Verpflichtung sind nicht vom Begriff der Mittelbindung erfaßt. In diesem Sinne definiert die neue Haushaltsordnung in vertragskonformer Weise die Mittelbindung als den Vorgang, durch den Mittel vorgemerkt werden, die erforderlich sind, um Zahlungen, die sich aus einer rechtlichen Verpflichtung ergeben, zu einem späteren Zeitpunkt leisten zu können[51]. Aus Art. 248 Abs. 2 UAbs. 1 und 3 EGV ergibt sich des weiteren, daß zur rechtmäßigen Vornahme einer Mittelbindung die Rechtmäßigkeit und Ordnungsmäßigkeit der Ausgabe sowie die Beachtung des Grundsatzes der Wirtschaftlichkeit der Haushaltsführung zu überprüfen sind.

Der gemeinschaftliche Haushaltsvollzug besteht folglich in erster Linie in der finanztechnischen Abwicklung der im Verwaltungsvollzug getroffenen Entscheidungen über gemeinschaftliche Ausgaben. Verwaltungs-

---

[48] Art. 36 Abs. 1 S. 1 HO 1977.
[49] Art. 36 Abs. 2 UAbs. 1 S. 1 HO 1977.
[50] Vgl. Art. 75 Abs. 2 HO 2002. Siehe unten Kap. 3 B.I.2.a.aa.
[51] Art. 76 Abs. 1 UAbs. 1 HO 2002. Siehe hierzu unten Kap. 3 B.I.2.a.bb.

vollzug und Haushaltsvollzug auf Gemeinschaftsebene sind demgemäß zwar notwendig aufeinander bezogen. Eine bestimmte Maßnahme kann jedoch nach der primärrechtlichen Konzeption niemals zugleich eine Maßnahme des Verwaltungsvollzugs wie auch des Haushaltsvollzugs darstellen.[52] Art. 274 Abs. 1 S. 1 EGV steht also dem Verwaltungsvollzug und der Bewirtschaftung von Gemeinschaftsmitteln durch Dritte und dabei insbesondere durch die Mitgliedstaaten nicht entgegen. Vielmehr geht schon Art. 274 Abs. 1 S. 2 EGV gerade von letzterem Verwaltungsmodell aus. Die Bewirtschaftung von Gemeinschaftsmitteln durch die Mitgliedstaaten stellt dabei keine Ausführung des Haushaltsplans im Sinne von Art. 274 Abs. 1 S. 1 EGV dar.[53] Der Gemeinschaftshaushalt wird nur[54] durch die Kommission vollzogen.[55] Die Kompetenz der Kommission aus Art. 274 Abs. 1 S. 1 EGV ist eine ausschließliche, die nicht, auch nicht zur bloßen Ausübung auf die Mitgliedstaaten, delegiert werden kann. Auch dies ergibt sich schon aus Art. 274 Abs. 1 S. 2 EGV, der in Bezug auf die Mitgliedstaaten von der Verwendung der Mittel, nicht aber von der Ausführung des Haushaltsplans spricht. Es ergibt sich weiterhin daraus, daß das Europäische Parlament im Rahmen der letzten Phase des gemeinschaftlichen Haushaltskreislaufs nur der Kommission, nicht aber den Mitgliedstaaten oder gar sonstigen Dritten gemäß Art. 276 Abs. 1 S. 1 EGV Entlastung zur Ausführung des Haushaltsplans[56] erteilt.

---

[52] Vgl. *EuGH*, Rs. 16/88 – Kommission/Rat, Slg. 1989, 3457 (insbesondere Rn. 16); *Rechnungshof*, Stellungnahme Nr. 2/2001 – Haushaltsordnung, ABl. EG 2001 Nr. C 162/1 (44 f.). Anders etwa *Bieber*, in: Groeben/Schwarze, EUV/EGV IV⁶, Art. 274 EGV Rn. 15 f.; *Magiera*, in: Grabitz/Hilf, Recht der EU, Altband II, Art. 205 EGV (EL 7) Rn. 5; *Niedobitek*, in: Streinz, EUV/EGV, Art. 274 EGV Rn. 10.

[53] Vgl. *Ausschuß unabhängiger Sachverständiger*, Zweiter Bericht, I-3.1.6.: „Es ist die Kommission, die für die Ausführung des Haushaltsplans zuständig ist, eine Zuständigkeit, die sie sich nicht mit anderen Organen oder den Mitgliedstaaten teilt." Unklar *Niedobitek*, in: Streinz, EUV/EGV, Art. 274 EGV Rn. 12 f.

[54] Eine Ausnahme bildet lediglich die verselbständigte Stellung der anderen Organe bei der Ausführung ihrer Einzelpläne gemäß Art. 274 Abs. 2 EGV. Auf Art. 274 Abs. 2 EGV beruht u.a. Art. 50 HO 2002; hiernach erkennt die Kommission den anderen Organen (vgl. Art. 1 Abs. 2 HO 2002) die erforderlichen Befugnisse zur Ausführung der sie betreffenden Einzelpläne an (frz. „La commission reconnaît ..."). Diese Formulierung ist nicht ganz einleuchtend; denn die Kommission ist bei der eigentlichen Beschlußfassung über die Haushaltsordnung gar nicht beteiligt (vgl. Art. 279 Abs. 1 UAbs. 1 EGV). Noch gewagter erscheint allerdings die engl. Fassung: „The commission shall confer ...".

[55] Deshalb hebt Art. 53 Abs. 1 HO 2002 konsequenterweise hervor, daß bei Anwendung aller dort vorgesehenen (Mittel-)Verwaltungsmodelle stets nur die Kommission den Haushalt vollzieht. Zu den Verwaltungsmodellen ausführlich unten Kap. 3 B.
Es ist deshalb wohl auch sprachlich ungenau, von der „haushaltsrechtlichen Letztverantwortung" der Kommission zu sprechen, so aber *J.-P. Schneider*, VVDStRL 2005, S. 238 (262).

[56] Siehe unten Kap. 4 D.

2. Bedeutung für die gemeinschaftliche Leistungsverwaltung

Die Kommission führt nach Art. 274 Abs. 1 S. 1 EGV den Haushaltsplan allerdings „in eigener Verantwortung" aus. Infolgedessen verlangt Art. 274 Abs. 1 S. 1 EGV, daß jede aus dem Gemeinschaftshaushalt finanzierte Leistung der Kommission in der Weise zugerechnet werden kann, daß sie die Verantwortung für diese Ausgabe gegenüber dem Parlament als Entlastungsbehörde übernehmen kann.[57] Art. 274 Abs. 1 S. 1 EGV hat insofern auch eine bedeutende organisations- und verfahrensrechtliche Dimension, die den weiteren Verlauf der Untersuchung maßgeblich mitbestimmen wird.

In den Bereichen, in denen die Kommission selbst über die Förderung entscheidet, kann sie diese Verantwortung in aller Regel unproblematisch übernehmen. Sie kann unmittelbar bei der Entscheidung über die Förderung auf die Einhaltung der maßgeblichen rechtlichen Vorgaben achten. Sie kann sicherstellen, daß sie die Verwendung der Haushaltsmittel kontrollieren und zu Unrecht gezahlte Beträge zurückfordern kann.[58]

In Bereichen jedoch, in denen die Förderentscheidungen von Dritten getroffen werden, also insbesondere aufgrund der fehlenden gemeinschaftlichen Verwaltungsvollzugskompetenz bei den Mitgliedstaaten, ansonsten aufgrund Übertragung bei einem sonstigen Dritten liegen, erfordert Art. 274 Abs. 1 S. 1 EGV zwingend, daß der Kommission ein bestimmtes rechtliches Instrumentarium zur Verfügung steht. Dieses muß es ihr ermöglichen, Ausgaben, die der Dritte rechtswidrig zulasten des Gemeinschaftshaushaltsplans vornehmen möchte oder schon vorgenommen hat, von der gemeinschaftlichen Finanzierung auszuschließen; die Kommission muß also entweder die Finanzierung gegenüber dem Dritten verweigern oder bereits an diesen zur weiteren Bewirtschaftung zur Verfügung gestellte gemeinschaftliche Mittel zurückfordern können.[59] Erfolgt die Bewirtschaftung von Haushaltsmitteln durch Dritte aufgrund gemeinschaftlichen Sekundärrechts, so ist der Gemeinschaftsgesetzgeber verpflichtet, die Beziehungen zwischen Kommission und Drittem in diesem Sinne auszugestalten. Überträgt die Kommission selbst die Bewirtschaftung von gemeinschaftlichen Haushaltsmitteln auf Dritte, so ist sie aufgrund der zwingenden Vorgabe aus Art. 274 Abs. 1 S. 1 EGV verpflichtet, sich bei der Übertragung die ent-

---

[57] *Magiera*, in: Grabitz/Hilf, Recht der EU, Altband II, Art. 205 EGV (EL 7) Rn. 1; *Bieber*, in: Groeben/Schwarze, EUV/EGV IV⁶, Art. 274 EGV Rn. 7; siehe auch *Ausschuß unabhängiger Sachverständiger*, Zweiter Bericht, I-3.1.6.: „Die gemeinschaftlichen Rechtsvorschriften (...) müssen diese vertraglichen Bestimmungen beachten und der Kommission die Mittel an die Hand geben, dieser Verantwortung (...) gerecht zu werden."

[58] Vgl. EuG, Rs. T-137/01 – Stadtsportverband Neuss/Kommission, Slg. 2003, II-3103 (Rn. 45).

[59] Dieses Verständnis des Art. 274 Abs. 1 S. 1 EGV liegt auch Art. 53 Abs. 5 HO 2002 zugrunde. Vgl. insbesondere auch *Ausschuß unabhängiger Sachverständiger*, Zweiter Bericht, I-3.1.6. Siehe ferner *Graf*, Finanzkontrolle, S. 46, 52.

sprechenden rechtlichen Möglichkeiten vorzubehalten. Steht der Kommission ein derartiges Instrumentarium nicht zur Verfügung, so erfolgt die Bewirtschaftung von Haushaltsmitteln durch den Dritten unter Verstoß gegen Art. 274 Abs. 1 S. 1 EGV. Mittelbar wird in dem Fall, daß der Rat als alleiniger Gemeinschaftsgesetzgeber das Sekundärrecht unzureichend ausgestaltet, auch die Entlastungskompetenz des Europäischen Parlaments in unzulässiger Weise eingeschränkt, da die Kommission nicht für dessen Vertragswidrigkeit zur Verantwortung gezogen werden kann. Voll zur Verantwortung gezogen werden kann die Kommission hingegen, wenn ihr zwar das rechtliche Instrumentarium zur Verfügung steht, sie davon aber nicht konsequent Gebraucht macht, indem sie etwa in Verhandlungen mit den Mitgliedstaaten zu Zugeständnissen trotz klarer Verstöße gegen das Gemeinschaftsrecht bereit ist.[60]

B. Die Vollzugsmodelle für die gemeinschaftliche Leistungsverwaltung

Die neue Haushaltsordnung aus dem Jahr 2002 stellt unter der Überschrift „Arten des Haushaltsvollzugs" verschiedene Modelle für die Organisation des Vollzugs der gemeinschaftlichen Leistungsverwaltung zur Verfügung. Die das Kapitel einleitende Bestimmung, der Art. 53 Abs. 1, lautet:

„Der Haushaltsvollzug durch die Kommission erfolgt
a) nach dem Prinzip der zentralen Mittelverwaltung oder
b) nach dem Prinzip der geteilten oder dezentralen Verwaltung oder
c) nach dem Prinzip der gemeinsamen Verwaltung mit internationalen Organisationen."

Der Wortlaut dieser Bestimmung legt es zunächst nahe, daß sie lediglich Modelle für den Haushaltsvollzug vorgeben möchte. Der Haushaltsvollzug liegt aber nach Art. 274 Abs. 1 EGV in den Händen der Kommission; Dritte, insbesondere die Mitgliedstaaten führen niemals den gemeinschaftlichen Haushaltsplan aus. Schon dies macht deutlich, daß sich diese Modelle auch und in erster Linie auf den Verwaltungsvollzug und auf die dem Haushaltsvollzug durch die Kommission nachfolgende weitere Bewirtschaftung der gemeinschaftlichen Finanzmittel durch Dritte beziehen müssen.[61] Eine nähere Betrachtung der weiteren Vorschriften bestätigt diese Vermutung:

---

[60] Vgl. *Ausschuß unabhängiger Sachverständiger*, Zweiter Bericht, I-3.1.6., auch I-3.1.7.: „Die gemeinschaftlichen Errungenschaften in diesem Bereich sollten sich nicht auf Rechtstexte beschränken."

[61] In diesem Sinne auch *Craig*, ELRev 2003, S. 840 (841): „The new Financial Regulation now provides a legal framework for the structure of Community administration."

Zwar heißt es dort oftmals, daß Haushaltsvollzugsaufgaben von der Kommission übertragen werden[62] – dies jedoch zu Unrecht, da tatsächlich niemals derartige Aufgaben übertragen werden.[63] Es ist jedoch an prominenter Stelle auch die Rede von der Durchführung der aus dem Gemeinschaftshaushalt zu finanzierenden Maßnahmen durch die Mitgliedstaaten[64] und der Übertragung von Durchführungsbefugnissen, die durch den Vertrag der Kommission zugewiesen werden,[65] und somit von Bereichen, die nicht dem Haushaltsvollzug im Sinne des Art. 274 Abs. 1 EGV zuzurechnen sind.

Das vordergründige Abstellen auf den Haushaltsvollzug dürfte sich vor allem damit erklären, daß die vertragliche Grundlage der Gemeinschaft zum Erlaß der Haushaltsordnung, Art. 279 Abs. 1 EGV, dem Wortlaut nach lediglich zur Regelung der Ausführung des Haushaltsplans im Einzelnen ermächtigt. Es bestehen jedoch keine Bedenken dagegen, die über den eigentlichen Haushaltsvollzug hinausgreifenden Regelungen dieses Kapitels aufgrund des Gedankens der implied powers von der Ermächtigungsgrundlage mit umfaßt zu sehen. Es kann deshalb, wie auch schon im Einleitungssatz zu diesem Abschnitt geschehen, von Modellen für die Organisation des Vollzugs der gemeinschaftlichen Leistungsverwaltung oder – verkürzt – von Vollzugsmodellen gesprochen werden.

Bei der zentralen Mittelverwaltung[66] gilt es zu unterscheiden zwischen dem zentralen direkten und dem zentralen indirekten Modell.[67] Letzterem wiederum ordnet die Haushaltsordnung drei Untermodelle zu: den Vollzug durch eine Exekutivagentur, den Vollzug durch eine Gemeinschaftsagentur und den Vollzug durch eine oder mehrere nationale Agenturen, gegebenenfalls über ein „Netz nationaler Agenturen".[68] Insgesamt sieht die Haushaltsordnung somit, wohl als abschließend gedacht, sieben Modelle für die Organisation des Vollzugs der gemeinschaftlichen Leistungsverwaltung vor.

Bevor diese Modelle vorgestellt und auf spezifische Probleme hin untersucht werden, soll noch auf die Bedeutung der Art. 53 ff. der neuen Haushaltsordnung eingegangen werden. In nahezu euphorischer Weise überschreibt *Paul Craig* im Hinblick auf diese Bestimmungen einen Beitrag mit „The Constitutionalization of Community Administration"; die Prinzipien, die die Gemeinschaftsverwaltung leiteten, seien nun in einer Norm „of

---

[62] Art. 53 Abs. 3, Abs. 4, Art. 54 Abs. 2 HO 2002.

[63] Zu einer scheinbaren Ausnahme bei den gemeinschaftlichen Exekutivagenturen siehe unten Kap. 3 B.II.2.b.cc.

[64] Art. 53 Abs. 6 UAbs. 1 HO 2002.

[65] Art. 54 Abs. 1, Art. 55 Abs. 1 HO 2002.

[66] Zu den Vorstellungen bei einem Rückgriff auf das Modell der zentralen Mittelverwaltung *Craig*, ELRev 2003, S. 840 (843).

[67] Art. 53 Abs. 2 HO 2002.

[68] Art. 54 Abs. 2 HO 2002.

constitutional importance" enthalten.[69] Die Beurteilung dieser Vorschriften kann aber auch durchaus nüchterner ausfallen. In den Art. 53 ff. ist in erster Linie der – zugegebenermaßen gelungene – Versuch unternommen worden, die Möglichkeiten der Organisation der gemeinschaftlichen Leistungsverwaltung zu systematisieren. Nahezu alle diese Modelle sind schon zuvor in einem oder mehreren Bereichen der gemeinschaftlichen Leistungsverwaltung praktiziert worden. Lediglich die Möglichkeit der Einbeziehung einer gemeinschaftlichen Exekutivagentur stellt eine wirkliche Neuerung dar. Weitere Modelle sind kaum vorstellbar; insoweit wird auch der Kreativität des Gemeinschaftsgesetzgebers kaum eine Grenze gesetzt, zumal ohnehin zweifelhaft ist, ob überhaupt in der Haushaltsordnung eine abschließende Regelung getroffen werden kann. Die weiteren allgemeinen Regelungen knüpfen entweder an bereits bestehende sektorspezifische Regelungen an, so z.B. der Hinweis auf das Finanzkorrektur- bzw. das Rechnungsabschlußverfahren[70] in Art. 53 Abs. 5, oder greifen bestimmte, schon zuvor anerkannte Grundsätze des Gemeinschaftsrechts auf, wie insbesondere die Regelung über die Grenzen der Übertragung von Aufgaben an Dritte in Art. 54 Abs. 1. Grundlegende Neuerungen enthalten die Art. 53 ff. hingegen kaum. Dennoch ist die vollbrachte Systematisierungsarbeit zu begrüßen, weist sie doch in die richtige Richtung: weg von der herkömmlicherweise einzelfallbezogenen Regelung der Verwaltungsorganisation und -verfahren hin zu übergreifenden, in einem Rechtsakt niedergelegten Prinzipien bei der Verwaltung des Gemeinschaftsraums, möglicherweise entsprechend den Art. 83 ff. des deutschen Grundgesetzes.

I. Die zentrale direkte Mittelverwaltung

Im Rahmen der zentralen direkten Mittelverwaltung werden die erforderlichen Verwaltungsaufgaben direkt in den Dienststellen der Kommission wahrgenommen.[71] Nur im Rahmen der zentralen direkten Mittelverwaltung wird die Kommission als Verwaltungsbehörde gegenüber den (potentiellen) Leistungsempfängern tätig (1). Hierfür enthalten die neue Haushaltsordnung sowie die zu ihrer Durchführung ergangene Verordnung eine Vielzahl allgemeiner Regeln; diese lassen es durchaus als berechtigt erscheinen, von einer Kodifizierung allgemeinen Leistungsverwaltungsrechts zu sprechen (2). Ein wichtiger Bereich, der zentral direkt verwaltet wird, ist die gemeinschaftliche Forschungs- und Technologieförderung (3).

---

[69] *Craig*, ELRev 2003, S. 840 (840); zustimmend *Curtin*, Evolving EU Executive, S. 9 f.

[70] Siehe hierzu unten Kap. 3 B.III.5.c.cc.iv. und Kap. 3 B.III.4.b.bb.

[71] Vgl. Art. 53 Abs. 2 Alt. 1 HO 2002; *Craig*, ELRev 2003, S. 840 (841).

1. Tätigwerden der Kommission als Verwaltungsbehörde gegenüber den (potentiellen) Leistungsempfängern

Bei der zentralen direkten Mittelverwaltung kommt es zu einem direkten Vollzug durch die Kommission; d.h. sie nimmt Verwaltungsaufgaben unmittelbar – insbesondere ohne Einschaltung der mitgliedstaatlichen Verwaltungen – gegenüber dem Bürger wahr.[72] Der *Begriff der Kommission* hat eine enge und eine weite Bedeutung.[73] In seiner engen Bedeutung bezeichnet er das Kollegialorgan, dem ein Staatsangehöriger jedes Mitgliedstaats angehört (Art. 213 Abs. 1 EGV) und das seine Tätigkeit unter der politischen Führung ihres Präsidenten ausübt (Art. 217 Abs. 1 EGV).[74] In seiner weiten Bedeutung umfaßt er auch die dem Kollegialorgan zur Vorbereitung und zur Durchführung seiner Amtstätigkeit zur Verfügung stehenden Dienststellen[75], d.h. den aus Generaldirektionen und sonstigen Diensten zusammengesetzten,[76] streng hierarchisch organisierten Verwaltungsunterbau[77]. Grundsätzlich werden durch das Primär- und das Sekundärrecht der Kommission als Kollegialorgan Befugnisse zugewiesen. Das Kollegialorgan kann jedoch die Ausübung bestimmter Befugnisse auf einzelne seiner

---

[72] Vgl. nur *Craig*, ELRev 2003, S. 840 (843); *Rengeling*, Rechtsgrundsätze beim Verwaltungsvollzug des EG-Rechts, S. 9 f.; *Schmidt-Aßmann*, Ordnungsidee², Kap. 7 Tz. 7 ff.; *Stettner*, in: Dauses, HdbEUWiR I (Grundwerk), B III Rn. 18 ff. Speziell zur Verwaltungskultur der Kommission *Priebe*, DV 2000, S. 379 ff.; *Mehde*, ZEuS 2001, S. 403 (411 ff., 445 ff.); *Reichenbach/von Witzleben*, Verwaltungsmodernisierung, in: Siedentopf, Europäischer Verwaltungsraum, S. 39 (40 f.). Zu den „executive tasks" des Rates siehe *Curtin*, Evolving EU Executive, S. 15 ff. Zur gemeinschaftlichen Funktionenordnung als Entsprechung des mitgliedstaatlichen Systems der Gewaltenteilung *Hummer/Obwexer*, in: Streinz, EUV/EGV, Art. 202 EGV Rn. 6.
[73] Siehe *Ruffert*, in: Calliess/Ruffert, EUV/EGV², Art. 218 EGV Rn. 3; *Mehde*, ZEuS 2001, S. 403 (404); *Schmidt-Aßmann*, Ordnungsidee², Kap. 7 Tz. 4. Für einen Überblick über Arbeitsweise und Funktionen der Kommission *Mehde*, a.a.O. S. 406 ff.; weiterhin *Harlow*, Accountability in the EU, S. 53 ff. Siehe auch http://www.europa.eu.int/comm/atwork/basicfacts/index_de.htm (Stand: 14. April 2006).
[74] Hierzu *Hatje*, EuR 2001, S. 143 (148 ff.); *Monar*, Integration 2001, S. 114 ff.; *Schloh*, in: Dauses, HdbEUWiR I (EL 11), A II Rn. 252 ff.; *Craig/de Búrca*, EU Law, S. 55 f.; Speziell zur Kommission als Kollegialgremium *Groß*, Kollegialprinzip, S. 329 ff.; *Coutron*, RTDE 2003, S. 247 ff.; *Mehde*, CMLR 2003, S. 423 (429 ff.); *J.-P. Schneider*, VVDStRL 2005, S. 238 (258 f.); vgl. auch *Mehde*, ZEuS 2001, S. 403 (435).
[75] Vgl. Art. 218 Abs. 2 S. 1 EGV sowie Art. 19 Abs. 1 der Geschäftsordnung der Kommission vom 29. November 2000, ABl. EG 2000 Nr. L 308/26, zuletzt geändert durch Beschluß 2006/25/EG, Euratom vom 23. Dezember 2005, ABl. EU 2006 Nr. L 19/20 (im folgenden: KOM-GO).
[76] Art. 19 Abs. 2 KOM-GO (Fn. 75). Für einen Überblick siehe http://www.europa.eu.int/comm/dgs_de.htm (Stand: 14. April 2006).
[77] *Mehde*, ZEuS 2001, S. 403 (409, 437); *Schmidt-Aßmann*, Ordnungsidee², Kap. 7 Tz. 4.

Mitglieder oder auf die Dienststellenleiter delegieren.[78] So werden im Rahmen der zentralen direkten Verwaltung die individuellen Förderentscheidungen in aller Regel auf der Ebene der Generaldirektionen getroffen.[79]

2. Ausgestaltung des Verwaltungsverfahrens und des Haushaltsvollzugs

Jede Ausgabe, die im Anwendungsbereich der gemeinschaftlichen Haushaltsordnung erfolgt, ist Gegenstand von vier Vorgängen, die zur Ausführung des Haushaltsplans im Sinne von Art. 274 Abs. 1 S. 1 EGV gehören: Mittelbindung, Feststellung, Zahlungsanordnung und Zahlung.[80] Der Haushaltsvollzug wird gemeinhin zum gemeinschaftsinternen direkten Vollzug gerechnet,[81] obwohl die Zahlung über den Innenbereich der Gemeinschaft hinausgeht.

Der Ausgabe hat grundsätzlich ein, wie sich aus der Systematik ergibt, lediglich gemeinschaftsintern wirkender Finanzierungsbeschluß vorauszugehen.[82] Die Mittelbindung ist hingegen Voraussetzung für die rechtliche Verpflichtung.[83] Das Eingehen der rechtlichen Verpflichtung gehört zum gemeinschaftsexternen direkten Vollzug. Insgesamt ergibt sich hieraus folgender Ablauf für die Vornahme einer Ausgabe:

---

[78] Art. 13 Abs. 1 i.V.m. Abs. 3, Art. 14 KOM-GO (Fn. 75). Das Verhältnis des einzelnen Kommissionsmitglieds zu der Dienststelle, für die sie oder er „zuständig" (vgl. Art. 217 Abs. 2 S. 1 EGV) ist, und insbesondere die Frage, ob ein Weisungsrecht des Kommissionsmitglieds besteht, sind nicht eindeutig zu klären; dies führt zu der Problematik, inwieweit die einzelne Kommissarin oder der einzelne Kommissar für das Handeln „seiner" oder „ihrer" Dienststelle verantwortlich ist; vgl. *Curtin*, Evolving EU Executive, S. 14 f.; *Mehde*, ZEuS 2001, S. 403 (407, 409, 433 ff.); *J.-P. Schneider*, VVDStRL 2005, S. 238 (258 f.). Zur Zuständigkeitsverteilung innerhalb der Kommission vgl. auch EuGH, Rs. 249/02 – Portugal/Kommission (Rn. 44 ff.).

[79] Vgl. z.B. Art. 1 Abs. 2 Beschluß 2004/192/EG (Öffentliche Gesundheit – Arbeitsplan 2004).

[80] Art. 75 Abs. 1 HO 2002. Mittelbindung und Zahlung sind als Elemente des Haushaltsvollzugs in Art. 248 Abs. 2 UAbs. 3 EGV primärrechtlich vorgegeben.

[81] *Kahl*, NVwZ 1996, S. 865 (866); *Streinz*, Europarecht[7], Rn. 534; *Stettner*, in: Dauses, HdbEUWiR I (Grundwerk), B III Rn. 17.

[82] Art. 75 Abs. 2 HO 2002.

[83] Art. 76 Abs. 1 UAbs. 1 HO 2002.

Tabelle 3: Ablauf eines gemeinschaftlichen Ausgabenvorgangs (im Rahmen der zentralen direkten Mittelverwaltung)

Elemente des Verwaltungsvollzugs	Elemente des Haushaltsvollzugs
Finanzierungsbeschluß	
	Mittelbindung
Rechtliche Verpflichtung	
	Feststellung
	Zahlungsanordnung
	Zahlung

a. Die Regelungen im einzelnen

aa. Der Finanzierungsbeschluß

Die Haushaltsordnung sieht vor, daß grundsätzlich jeder Ausgabe im Rahmen der zentralen direkten Mittelverwaltung ein Finanzierungsbeschluß der Kommission voranzugehen hat. Er bestimmt, so die wenig aussagekräftige Legaldefinition in der Verordnung zur Durchführung der Haushaltsordnung, die wesentlichen Aspekte einer Maßnahme, die eine Ausgabe zulasten des Haushalts bewirkt.[84] Hieraus ergibt sich lediglich, daß sich der Finanzierungsbeschluß nicht auf eine konkrete Ausgabe, bei der Empfänger, Höhe und Verwendungszweck schon genau festliegen, beziehen muß.[85] Finanzierungsbeschlüsse erläßt die Kommission aufgrund der Durchführungsbefugnisse, die ihr der Rat gemäß Art. 202 Spstr. 3 EGV überträgt.[86] Sie haben rein kommissionsinterne Wirkung.

Nach unveröffentlichten internen Kommissionsvorschriften gelten bestimmte Beschlüsse zur Annahme der Jahresarbeitsprogramme für Finanzhilfen[87] als Finanzierungsbeschlüsse.[88] Aufgrund derartiger Finanzierungs-

---

[84] Art. 90 DVO HO 2002.
[85] Siehe z.B. Art. 5 Abs. 3 Beschluß 803/2004/EG (DAPHNE II): „Auf der Grundlage der Finanzierungsbeschlüsse werden Finanzhilfevereinbarungen zwischen der Kommission und den Begünstigten der Finanzhilfe geschlosssen."
[86] *Kommission*, Geänderter Vorschlag Haushaltsordnung, KOM(2001) 691 endg./2, S. 14.
[87] Art. 110 Abs. 1 UAbs. 1 HO 2002. Siehe oben Kap. 2 B.VII.3.b.
[88] Vgl. Erwgrd. 3 Beschluß 2004/192/EG (Öffentliche Gesundheit – Arbeitsplan 2004). Siehe auch Art. 4 Abs. 2 lit. a Beschluß 2005/56/EG (Einrichtung „Exekutivagentur Bildung, Audiovisuelles und Kultur"): „Verwaltung der Projekte von der Entstehung bis zum Abschluß im Rahmen der Durchführung der ihr anvertrauten Gemeinschaftsprogramme auf der Grundlage des Jahresarbeitsprogramms, das als Finanzierungsbeschluss für die Gewährung von Finanzhilfen (…) in den Bereichen Bildung, Audiovisuelles und Kultur von der Kommission angenommen wurde, oder auf der Grundlage spezifischer Finanzierungsbeschlüsse der Kommission".

beschlüsse kann, da zumindest die Empfänger der Finanzhilfen noch nicht feststehen, nur eine globale Mittelbindung erfolgen. In verschiedenen Rechtsakten finden sich aber auch Vorschriften über Finanzierungsbeschlüsse, die sich auf konkrete Ausgaben beziehen.[89] Derartige Finanzierungsbeschlüsse bilden die Grundlage für eine Einzelmittelbindung.

Die Regelungen in der Haushaltsordnung über die Finanzierungsbeschlüsse, die eigentlich zur Klarstellung aufgenommen wurden,[90] sind für sich genommen für einen Außenstehenden wenig aufschlußreich. Insbesondere ist eine einleuchtende Erklärung dafür, daß in den Fällen, in denen kein Basisrechtsakt erforderlich, auch kein Finanzierungsbeschluß ergehen muß,[91] nicht ersichtlich. In diesen Fällen erscheint eine Festlegung der Kommission, soweit es um die Erbringung von Leistungen geht, eigentlich sogar dringender.

bb. Die Mittelbindung

Die Mittelbindung[92] ist ein *Buchführungsvorgang*[93] und besteht nach der Legaldefinition darin, die Mittel vorzumerken, die erforderlich sind, um Zahlungen, die sich aus einer rechtlichen Verpflichtung ergeben, zu einem späteren Zeitpunkt leisten zu können.[94] Die Haushaltsordnung sieht zwei grundlegende Arten von Mittelbindungen vor: Bei der *Einzelmittelbindung* stehen der Begünstigte und der Betrag der Ausgabe fest; bei der *globalen Mittelbindung* steht hingegen zumindest eines dieser beiden Elemente noch nicht fest.[95] Die Mittelbindung ist bei nicht getrennten Mitteln der erste Schritt zur Inanspruchnahme eines Mittelansatzes im Haushaltsplan; bei

---

[89] Z.B. Art. 4 Abs. 1 VO (EG) 1734/94 (Westjordanland und Gazastreifen). Siehe auch Art. 4 Abs. 2 lit. a Beschluß 2005/56/EG (Einrichtung „Exekutivagentur Bildung, Audiovisuelles und Kultur").

[90] *Kommission*, Geänderter Vorschlag Haushaltsordnung, KOM(2001) 691 endg./2, S. 14.

[91] Art. 75 Abs. 2 HO 2002.

[92] Engl.: „budgetary commitment"; frz.: „engagement budgétaire".

[93] *Kommission*, Vorschlag Haushaltsordnung, KOM(2000)461 endg., S. 18.

[94] Art. 76 Abs. 1 UAbs. 1 HO 2002.

[95] Art. 76 Abs. 2 UAbs. 1, UAbs. 2 HO 2002. In Art. 76 Abs. 2 UAbs. 3 HO 2002 ist weiterhin die vorläufige Mittelbindung vorgesehen; eine solche darf außer bei Verwaltungsausgaben nur im Rahmen der geteilten Mittelverwaltung der EAGFL-Garantie-Ausgaben vorgenommen werden, siehe dazu Kap. 3 B.III.4.b.aa. Bei von der Gemeinschaft finanzierten Maßnahmen, deren Durchführung sich über mehrere Haushaltsjahre erstreckt, muß sich die Mittelbindung gemäß Art. 76 Abs. 3 S. 1 HO 2002 auf die gesamte Gemeinschaftsfinanzierung beziehen, außer der Basisrechtsakt sieht vor, daß Mittelbindungen in Jahrestranchen vorgenommen werden dürfen, siehe dazu Kap. 3 B.III.5.c.cc.i.

getrennten Mitteln wird durch eine Mittelbindung eine Verpflichtungsermächtigung in Anspruch genommen.[96]

Eine Mittelbindung kann nur wirksam vorgenommen werden, wenn der jeweilige Gemeinschaftsbedienstete *anweisungsbefugt* ist.[97] Den Anweisungsbefugten eines Organs, auf die primärrechtlich lediglich in Art. 279 Abs. 1 UAbs. 1 lit. b EGV hingewiesen wird, obliegt es, dessen Einnahmen und Ausgaben nach den Grundsätzen der Wirtschaftlichkeit der Haushaltsführung auszuführen sowie deren Rechtmäßigkeit und Ordnungsmäßigkeit zu gewährleisten.[98] Dazu müssen sie sich neben der Richtigkeit der haushaltsmäßigen Zuordnung und der Verfügbarkeit der Mittel insbesondere von der Übereinstimmung der Ausgabe mit den maßgeblichen Rechtsakten überzeugen.[99] Nach der Konzeption der Haushaltsordnung übt das Organ als solches, also beispielsweise „die Kommission", die Funktion des Anweisungsbefugten aus.[100] Es hat in seinen internen Verwaltungsvorschriften festzulegen, welche Bediensteten in welchem Umfang die Anweisungsbefugnis ausüben und somit zu bevollmächtigten Anweisungsbefugten werden.[101] Das Kommissionskollegium hat die Ausübung auf die Generaldirektoren, d.h. auf die ranghöchsten Fachbeamten übertragen.[102]

Mit der neuen Haushaltsordnung wurde das bislang geltende System mit einer zusätzlichen ex-ante-Finanzkontrolle aufgehoben: Der jeweilige Anweisungsbefugte mußte einen Mittelbindungsantrag bei dem Finanzkontrolleur der Kommission stellen.[103] Der Finanzkontrolleur[104], der einer eigenständigen Generaldirektion Finanzkontrolle vorstand, war als interne Prüfungsinstanz gedacht, die bei Ausübung ihrer Tätigkeit völlig unabhängig war.[105] Er prüfte die beabsichtigte Mittelbindung unter denselben Ge-

---

[96] Vgl. *Schenk*, Leistungsverwaltung, in: Schmidt-Aßmann/Schöndorf-Haubold, Europäischer Verwaltungsverbund, S. 265 (277 mit Fn. 51). Zur Unterscheidung von getrennten und nicht getrennten Mitteln siehe oben Kap. 2 A.I.1.a.

[97] Art. 76 Abs. 1 UAbs. 3, Art. 77 Abs. 1 HO 2002.

[98] Art. 60 Abs. 1 HO 2002.

[99] Art. 78 Abs. 1 HO 2002.

[100] Art. 59 Abs. 1 HO 2002; vgl. *Craig*, ELRev 2003, S. 840 (845).

[101] Art. 59 Abs. 2 HO 2002. Weiterhin kann auch die Möglichkeit der Weiterübertragung der Ausübung der Anweisungsbefugnis vorgesehen sein („nachgeordnet bevollmächtigte Anweisungsbefugte"); in diesem Fall bleibt der bevollmächtigte Anweisungsbefugte allerdings für die Effizienz der Verwaltungssysteme und der Systeme der internen Kontrolle sowie für die Wahl des nachgeordnet bevollmächtigten Anweisungsbefugten verantwortlich, Art. 66 Abs. 3 HO 2002.

[102] Vgl. *J.-P. Schneider*, VVDStRL 2005, S. 238 (252); *Reichenbach/von Witzleben*, Verwaltungsmodernisierung, in: Siedentopf, Europäischer Verwaltungsraum, S. 39 (41); auch schon *Graf*, Finanzkontrolle, S. 52.

[103] Art. 36 Abs. 1 Hs. 1 HO 1977.

[104] Siehe insbesondere Art. 24 HO 1977.

[105] *Strasser*, Finanzen Europas³, S. 246.

sichtspunkten wie der Anweisungsbefugte und genehmigte sie durch Erteilung eines Sichtvermerks.[106] Dieses System hat sich zunehmend als problematisch erwiesen: Es „vermittelt den Anweisungsbefugten ein falsches Gefühl von Sicherheit und hat eine Mittelbewirtschaftungskultur zur Folge, bei der die Zuständigen den Eindruck haben, sie stünden nicht mehr in der Verantwortung"[107]; es hatte sich geradezu ein „System der Unverantwortlichkeit"[108] entwickelt. Nach der Neufassung der Haushaltsordnung obliegt die ex-ante-Finanzkontrolle ausschließlich dem Anweisungsbefugten,[109] der damit auch die alleinige Verantwortung für eine Ausgabe zu tragen hat.[110]

cc. Die rechtliche Verpflichtung

Die rechtliche Verpflichtung[111] ist nach der Legaldefinition diejenige Handlung, durch die eine Verpflichtung eingegangen wird, die eine Belastung zur Folge hat.[112] Grundsätzlich soll derjenige Anweisungsbefugte, der die Mittelbindung vorgenommen hat, auch die entsprechende(n) rechtliche(n) Verpflichtung(en) eingehen.[113] Die Finanzverantwortung ist somit nicht nur innerhalb der Kommission dezentralisiert, sondern auch mit der inhaltlichen Verantwortung für die Erreichung der Programmziele verbunden worden. Die Generaldirektoren als bevollmächtigte Anweisungsbefugte nehmen folglich eine herausragende Stellung[114] ein; sie müssen infolgedessen gegenüber der Kommission über ihre Tätigkeiten, zu denen auch die

---

[106] Art. 38 Abs. 1 HO 1977.
[107] *Kommission*, Vorschlag Haushaltsordnung, KOM(2000) 461 endg., S. 16. Vgl. auch *Strasser*, Finanzen Europas³, S. 247; *Ausschuß unabhängiger Sachverständiger*, Zweiter Bericht, I-4.5.2., I-4.6.; *Craig*, ELRev 2003, S. 840 (845); *Curtin*, Evolving EU Executive, S. 8.
[108] *J.-P. Schneider*, VVDStRL 2005, S. 238 (252). *Fugmann* (in: Dauses, HdbEUWiR I [EL 4], A III Rn. 77) bezeichnet dieses System hingegen als vorbildlich.
[109] Vgl. Erwgrd. 19 Abs. 5 S. 3 HO 2002.
[110] Vgl. *Kommission*, Vorschlag Haushaltsordnung, KOM(2000) 461 endg., S. 16; siehe auch *dies.*, Fortschrittsbericht 2004, KOM(2004) 93 endg., S. 12; *Reichenbach/von Witzleben*, Verwaltungsmodernisierung, in: Siedentopf, Europäischer Verwaltungsraum, S. 39 (41); *Mehde*, ZEuS 2001, S. 403 (425). Da die internen Auditaufgaben, der ursprünglich zweite wesentliche Aufgabenbereich des Finanzkontrolleurs, diesem schon durch die VO (EG) 762/2001 (Trennung interne Auditaufgaben und Ex-ante-Finanzkontrolle) entzogen und auf den neugeschaffenen Internen Auditdienst übertragen worden waren (vgl. hierzu *Kommission*, Vorschlag ex-ante-Finanzkontrolle, KOM[2000] 341 endg., S. 2; *Rechnungshof*, Stellungnahme Nr. 1/2000 – ex-ante-Finanzkontrolle), konnte die Position des Finanzkontrolleurs und die diesem zugeordnete Generaldirektion abgeschafft werden.
[111] Engl.: „legal commitment"; frz.: „engagement juridique".
[112] Art. 76 Abs. 1 UAbs. 2 HO 2002.
[113] Art. 76 Abs. 1 UAbs. 3, Art. 77 Abs. 1 HO 2002.
[114] Vgl. *J.-P. Schneider*, VVDStRL 2005, S. 238 (252): „Schlüsselfunktion" des Anweisungsbefugten; *Craig*, ELRev 2003, S. 840 (846); *Reichenbach/von Witzleben*, Verwaltungsmodernisierung, in: Siedentopf, Europäischer Verwaltungsraum, S. 39 (41).

Einführung von Organisationsstrukturen sowie interner Verwaltungs- und Kontrollsysteme gehören, die für die Ausführung ihrer Aufgaben geeignet sind,[115] Rechenschaft ablegen: In einem jährlichen Bericht haben sie zu erläutern, inwieweit sie die ihnen vorgegebenen Ziele realisiert haben, welche Risiken mit diesen Maßnahmen verbunden sind, wie sie die ihnen zur Verfügung gestellten Mittel verwendet haben und wie das interne Kontrollsystem funktioniert.[116]

Im Rahmen der zentralen direkten Mittelverwaltung wird die rechtliche Verpflichtung gegenüber dem Leistungsempfänger eingegangen. Einer Einzelmittelbindung entspricht eine rechtliche Einzelverpflichtung; globale Mittelbindungen decken die Gesamtkosten ihnen entsprechender rechtlicher Einzelverpflichtungen.[117] Im folgenden soll auf das Verfahren, das auf das Eingehen der rechtlichen Verpflichtung gerichtet ist, und auf die abzuschließende Finanzierungsvereinbarung eingegangen werden.

i. Das auf das Eingehen der rechtlichen Verpflichtung gerichtete Verfahren: Das Gewährungsverfahren

Bei der Gewährung gemeinschaftlicher Finanzhilfen im Modell der zentralen direkten Mittelverwaltung handelt es sich in der Regel um die Vergabe begrenzter und knapper Mittel[118] mit Auswahlermessen[119] der Verwaltung.[120] Sie erfolgt – so eine Bestimmung an hervorgehobener Stelle des Titels über „Finanzhilfen" in der neuen Haushaltsordnung – nach den Grundsätzen der Transparenz, der Gleichbehandlung, des Kumulierungsverbots, des Rückwirkungsverbots und der Kofinanzierung.[121] Ein eigener rechtlicher Gehalt kommt diesen „Grundsätzen" jedoch nicht zu. Vielmehr wird mit ihnen lediglich schlagwortartig der Inhalt der nachfolgend angeführten Regelungen zusammengefaßt.

---

[115] Art. 60 Abs. 4 HO 2002; vgl. *Craig*, ELRev 2003, S. 840 (846).

[116] Vgl. Art. 60 Abs. 7 HO 2002. Diese Berichte sind dem Internen Prüfer (siehe unten Kap. 4 B.) zu übermitteln. Die Kommission muß weiterhin für die Haushaltsbehörde eine Zusammenfassung der Berichte erstellen; zuletzt *Kommission*, Synthese jährliche Tätigkeitsberichte 2003, KOM(2004) 418 endg. Siehe auch *J.-P. Schneider*, VVDStRL 2005, S. 238 (252 f.); *Reichenbach/von Witzleben*, Verwaltungsmodernisierung, in: Siedentopf, Europäischer Verwaltungsraum, S. 39 (42).

[117] Art. 77 Abs. 2 UAbs. 1, UAbs. 2 HO 2002.

[118] Nicht zuletzt aus diesem Grunde darf der Empfänger einer Finanzhilfe keinen Gewinn anstreben oder erzielen, Art. 109 Abs. 2 HO 2002. Gewinn in diesem Sinne ist zu verstehen als Überschuß, d.h. als der Betrag, um den die Einnahmen die Ausgaben übersteigen; vgl. EuG, Rs. T-137/01 – Stadtsportverband Neuss/Kommission, Slg. 2003, II-3103 (Rn. 48).

[119] Vgl. EuG, Rs. T-145/98 – ADT Projekt Gesellschaft/Kommission, Slg. 2000, II-387 (Rn. 147).

[120] *J.-P. Schneider*, VVDStRL 2005, S. 238 (253).

[121] Art. 109 Abs. 1 HO 2002.

(1) Grundsätze des Gewährungsverfahrens

So bezieht sich der *Grundsatz der Kofinanzierung* darauf, daß mit einer Finanzhilfe nicht der Gesamtbetrag der förderfähigen Kosten einer Maßnahme finanziert werden darf.[122] Die Gewährung gemeinschaftlicher Finanzhilfen soll also auch mit der Aktivierung eigener Mittel der in der Regel privaten Empfänger verbunden sein, die damit auch zur Erreichung des auf Gemeinschaftsebene gesetzten Leistungszwecks eingesetzt werden.[123] Mit dem *Grundsatz des Rückwirkungsverbots* wird die Regelung zusammengefaßt, daß für eine bereits begonnene Maßnahme eine Finanzhilfe nur gewährt werden kann, wenn der Antragsteller in der Lage ist nachzuweisen, daß die Maßnahme noch vor Unterzeichnung der betreffenden Vereinbarung anlaufen mußte.[124] Der *Grundsatz des Kumulierungsverbots* bezieht sich wie schon derjenige der Kofinanzierung auf den Umfang der gemeinschaftlichen Förderung und kennzeichnet das Verbot, für eine Maßnahme einem bestimmten Empfänger mehr als eine Finanzhilfe aus dem Gemeinschaftshaushalt zu gewähren.[125]

Die *Grundsätze der Gleichbehandlung* und *der Transparenz* beschreiben schließlich ein ganzes Bündel von Regelungen, die nicht materielle Vorgaben für das Gewährungsverfahren, sondern überwiegend die Grundzüge dessen Ablaufs betreffen.[126] Diese Regelungen nehmen die schon zuvor bestehenden bereichsspezifischen Kodifikationen auf und ergänzen sie.

(2) Aufforderung zur Einreichung von Vorschlägen

Das Gewährungsverfahren ist auf eine quasi-wettbewerbliche Auswahlentscheidung durch den Anweisungsbefugten ausgerichtet.[127] Die Vergabe von Finanzhilfen hat deshalb aufgrund einer Aufforderung zur Einreichung von Vorschlägen zu erfolgen; lediglich in „ordnungsgemäß begründeten dringenden Ausnahmefällen" oder bei Vorliegen der Konstellation, daß nur eine einzige Person[128] als Empfänger einer Finanzhilfe in Betracht kommt, kann hiervon abgewichen werden.[129] Damit die Aufforderung den Kreis potentieller Antragsteller auch erreicht, ist sie umfassend, insbesondere im

---

[122] Art. 113 Abs. 1 UAbs. 1 HO 2002.

[123] Vgl. schon *Schenk*, Leistungsverwaltung, in: Schmidt-Aßmann/Schöndorf-Haubold, Europäischer Verwaltungsverbund, S. 265 (266 f.).

[124] Art. 112 Abs. 1 UAbs. 1 HO 2002.

[125] Art. 111 Abs. 1 HO 2002.

[126] Eine Ausnahme bildet die auch der Transparenz dienende Bestimmung des Art. 110 Abs. 2 HO 2002, wonach alle im Laufe eines Haushaltsjahres gewährten Finanzhilfen jährlich öffentlich bekannt gegeben werden müssen.

[127] *J.-P. Schneider*, VVDStRL 2005, S. 238 (253).

[128] In der Regel eine juristische Person, ausnahmsweise auch eine natürliche Person, wenn dies im Basisrechtsakt vorgesehen ist, vgl. Art. 114 Abs. 1 HO 2002.

[129] Art. 110 Abs. 1 UAbs. 2 HO 2002; hierzu Art. 168 DVO HO 2002.

Internet und im Amtsblatt der Europäischen Union, zu veröffentlichen.[130] Angebracht ist auch zumindest ein Hinweis in der einschlägigen Fachliteratur. Die Aufforderung muß, um die Erarbeitung eines erfolgversprechenden Vorschlags zu ermöglichen, vor allem die mit der Maßnahme angestrebten Ziele sowie die Auswahl- und Gewährungskriterien, anhand derer die eingereichten Vorschläge beurteilt werden, ferner bestimmte Finanzierungs- und Verfahrensmodalitäten enthalten.[131] Die Gewährungskriterien beziehen sich auf die Qualität der Vorschläge im Hinblick auf die gesetzten Ziele und Prioritäten, die Auswahlkriterien auf die Fähigkeit des Antragstellers, seinen Vorschlag auch tatsächlich umzusetzen.[132] Diese Kriterien sind vorab in dem veröffentlichungsbedürftigen Jahresarbeitsplan für das jeweilige Programm festzusetzen.[133]

(3) Bewertungsausschuß

Die ordnungsgemäß eingereichten Vorschläge sind sodann anhand der Kriterien einer Beurteilung zu unterziehen.[134] Eigens zu diesem Zweck ist von dem zuständigen Anweisungsbefugten ein Ausschuß einzuberufen, der sich aus mindestens drei Personen zusammensetzt, die mindestens zwei organisatorische Einheiten der Kommission vertreten und in keinem hierarchischen Verhältnis zueinander stehen.[135] Der zuständige Anweisungsbefugte kann auch externe Sachverständige zur Unterstützung des Ausschusses heranziehen.[136] Anders als für die Kommissionsvertreter[137] existiert für diese allerdings erstaunlicherweise keine ausdrückliche Regelung, die mögliche Interessenkonflikte ausschließen soll. Gleichfalls ungeregelt ist das bei der Heranziehung der Sachverständigen anzuwendende Verfahren. Solche Regelungen hätten jedoch angesichts der Kritik an der Praxis der Heranziehung von Sachverständigen[138] nahe gelegen. Der Bewertungsausschuß hat aufgrund seiner Prüfungen diejenigen Vorschläge zu ermitteln, die für eine Finanzierung in Betracht kommen; sind zu viele finanzierungsfähige Vorschläge eingereicht worden, hat er zusätzlich eine Rangliste zu erstellen.[139] Gegebenenfalls kann er einen Antragsteller unter Fristsetzung auffordern,

---

[130] Art. 167 Abs. 2 DVO HO 2002.
[131] Art. 116 Abs. 1 HO 2002, Art. 167 Abs. 1 DVO HO 2002.
[132] Art. 115 Abs. 1, Abs. 2 HO 2002.
[133] Art. 110 Abs. 1 HO 2002. Zu den Jahresarbeitsplänen siehe oben Kap. 2 B.VII.3.b.
[134] Art. 115, Art. 116 Abs. 1 HO 2002.
[135] Art. 116 Abs. 1 HO 2002; Art. 178 Abs. 1 UAbs. 1, UAbs. 2 S. 1 DVO HO 2002.
[136] Art. 178 Abs. 1 UAbs. 4 HO 2002.
[137] Die entsprechende Regelung findet sich in Art. 178 Abs. 1 UAbs. 2 S. 2 DVO HO 2002.
[138] *Rechnungshof*, Sonderbericht Nr. 11/2003 – LIFE, Tz. 30.
[139] Art. 116 Abs. 1 HO 2002; Art. 178 Abs. 3 DVO HO 2002.

die Nachweise seiner finanziellen und operativen Leistungsfähigkeit zu ergänzen oder zu erläutern.[140]

(4) Beschluß des Anweisungsbefugten

Der zuständige Anweisungsbefugte faßt sodann einen Beschluß darüber, welche Antragsteller in eine Liste mit den Empfängern und den für sie vorgesehenen Beträgen aufgenommen und welche Antragsteller abgelehnt werden.[141] Er ist dabei nicht an die Ergebnisse des Bewertungsausschusses gebunden.[142] Allerdings muß er Abweichungen hiervon gesondert begründen,[143] so daß der Stellungnahme des Bewertungsausschusses erhebliches Gewicht zukommt. Der Beschluß wird in aller Regel im Verfahren der Komitologie erlassen. Hierfür findet sich jedoch keine allgemeine Regelung in der Haushaltsordnung; vielmehr ist auf die Basisrechtsakte der einzelnen Programme abzustellen. Nach den – allerdings unverbindlichen[144] – Kriterien des Komitologie-Beschlusses soll der Gemeinschaftsgesetzgeber, da es um die Durchführung von Programmen mit erheblichen Auswirkungen auf den Haushalt geht, das Verwaltungsverfahren[145] wählen.[146] Auch hinsichtlich der Zusammensetzung der Komitologie-Ausschüsse hat es der Gemeinschaftsgesetzgeber bislang versäumt, Regelungen über die Vermeidung von Interessenkollisionen bei den mitgliedstaatlichen Vertretern zu erlassen.[147]

Ein derartiger Beschluß des Anweisungsbefugten ist nach der Rechtsprechung eine *anfechtbare Entscheidung* im Sinne von Art. 230 Abs. 4 EGV.[148] Von dem Beschluß gehen insofern verbindliche Rechtswirkungen[149] aus, als die Nichtaufnahme eines Vorschlags in die Liste dessen

---

[140] Art. 178 Abs. 2 HO 2002.

[141] Art. 116 Abs. 2 HO 2002, Art. 178 Abs. 4 DVO HO 2002.

[142] Vgl. Art. 116 Abs. 2 HO 2002: Der Beschluß soll lediglich „im Lichte" der Ergebnisse des Bewertungsausschusses ergehen.

[143] Art. 178 Abs. 4 lit. b DVO HO 2002.

[144] EuGH, Rs. C-378/00 Kommission/Parlament und Rat, Slg. 2003, I-937 (Rn. 43 ff.). Siehe oben Kap. 2 B.VII.1.

[145] Art. 4 Beschluß 1999/468/EG (Komitologie). Siehe oben Kap. 2 B.VII.1.

[146] Art. 2 lit. a Beschluß 1999/468/EG (Komitologie). Siehe *Pfeiffer*, Forschungs- und Technologiepolitik, S. 159.

[147] Vgl. zu dieser Problematik EuG, Rs. T-183/97 – Micheli, Slg. 2000, II-287 (Rn. 31).

[148] EuGH, Rs. C-48/96 P – Windpark Groothusen, Slg. 1998, I-2873 (Rn. 20, 25 f.); EuG, Rs. T-109/94 – Windpark Groothusen, Slg. 1995, II-3007 (Rn. 22); EuG, Rs. T-183/97 – Micheli, Slg. 2000, II-287 (Rn. 34).

[149] Zu dieser Voraussetzung der Entscheidung i.S.v. Art. 230 Abs. 4 EGV siehe nur *Borchardt*, in: Lenz/Borchardt, EUV/EGV³, Art. 230 EGV Rn. 9; *Röhl*, ZaöRV 2000, S. 331 (341 ff.); *Burgi*, in: Rengeling/Middeke/Gellermann, Rechtsschutz in der EU², § 7 Rn. 37.

endgültige Ablehnung bedeutet.[150] Diese Ablehnung stellt dogmatisch lediglich die Ablehnung einer Vergünstigung für den Antragsteller, nicht jedoch die Verkürzung dessen Rechtssphäre dar, so daß die Wahl der Handlungsform des Beschlusses[151] gerechtfertigt ist. Hingegen entsteht durch die Aufnahme in die Liste noch kein Anspruch des Antragstellers auf gemeinschaftliche Förderung, die Gemeinschaft ist durch den Beschluß also noch nicht rechtlich zur Leistung verpflichtet.[152] Dies ergibt sich schon aufgrund einer systematischen Auslegung der Haushaltsordnung, die den Auswahlbeschluß und das Eingehen der rechtlichen Verpflichtung klar voneinander trennt.

Sowohl für die Aufnahme eines Antragstellers in die Liste als auch für die Ablehnung ist ausdrücklich bestimmt, daß diese begünstigende bzw. die Begünstigung verweigernde Maßnahme zu begründen ist.[153] Diese *Begründungspflicht* für den Beschluß ergibt sich zwar nicht schon aus Art. 253 EGV, da sich dieser nur auf die verbindlichen Rechtsakte des Art. 249 EGV bezieht.[154] Die Begründungspflicht gilt jedoch über die in Art. 253 EGV aufgeführten Rechtsakte hinaus als allgemeiner Rechtsgrundsatz für alle rechtsverbindlichen Maßnahmen der Gemeinschaft,[155] so daß der Bestimmung über die Begründung des Auswahl- und Ablehnungsbeschlusses im Grundsatz nur klarstellende Funktion zukommt. Der Umfang der angeordneten Begründung scheint jedoch über die Anforderungen hinauszugehen, die der Gerichtshof für derartige Auswahlbeschlüsse aufgestellt hat. Nach seiner Rechtsprechung kann nämlich „keine ins einzelne gehende Begrün-

---

[150] Vgl. EuGH, Rs. C-48/96 P – Windpark Groothusen, Slg. 1998, I-2873 (Rn. 19); EuG, Rs. T-109/94 – Windpark Groothusen, Slg. 1995, II-3007 (Rn. 23); EuG, Rs. T-183/97 – Micheli, Slg. 2000, II-287 (Rn. 41).

[151] Dazu *Bast*, Beschluss als Handlungsform. Im Falle der gleichheitswidrigen Versagung einer gemeinschaftlichen Finanzierung liegt hingegen eine Belastung des Antragstellers in Form eines Grundrechtsverstoßes vor; der Beschluß ist dann aber rechtswidrig und mit der Nichtigkeitsklage erfolgversprechend angreifbar.

[152] Zum Entstehen der rechtlichen Verpflichtung durch Abschluß der Finanzierungsvereinbarung siehe unten Kap. 3 B.I.2.a.cc.ii.

[153] Art. 178 Abs. 4 lit. b, lit. c HO 2002.

[154] Problematisch daher EuGH, Rs. C-48/96 P – Windpark Groothusen, Slg. 1998, I-2873 (Rn. 34), da die fragliche Mitteilung der Kommission an den Kläger keine Entscheidung i.S.v. Art. 249 Abs. 4 EGV darstellt; siehe auch *Pfeiffer*, Forschungs- und Technologiepolitik, S. 161.

[155] *Müller-Ibold*, Begründungspflicht, S. 55; *Calliess*, in: ders./Ruffert, EUV/EGV², Art. 253 EGV Rn. 2; vgl. auch *Kuntze*, VBlBW 2001, S. 5 (9); *Schoo*, in: Schwarze, EU-Kommentar, Art. 253 EGV Rn. 1; *Shapiro*, European Adminstrative Space, in: Sweet u.a., Institutionalization, S. 94 (99); *Tomkins*, Yearbook of European Law 19 (1999-2000), S. 217 (220 f.). Zu Funktionen des Begründungserfordernisses im Europarecht *Schoch*, Europäische Perspektive, in: Schmidt-Aßmann/Hoffmann-Riem, Strukturen des Europäischen Verwaltungsrechts, S. 279 (298); *Stoye*, Entwicklung des europäischen Verwaltungsrechts, S. 101 ff.

dung der Entscheidung über die Ablehnung eines Beihilfeantrags verlangt werden, die insbesondere vergleichende Angaben zu den Vorhaben enthält, denen der Vorzug gegeben wurde".[156]

Das Gewährungsverfahren endet mit der *schriftlichen Mitteilung* des zuständigen Anweisungsbefugten an die Antragsteller, wie über ihre Anträge beschieden wurde.[157] Auch mit der Mitteilung, daß die beantragte Finanzhilfe gewährt wird, geht die Kommission noch nicht für die Gemeinschaft die rechtliche Verpflichtung ein; dies erfolgt vielmehr erst durch den Abschluß einer Finanzierungsvereinbarung.[158] Für den Fall, daß eine beantragte Finanzhilfe nicht gewährt wird, sieht die Haushaltsordnung vor, daß die Gründe für die Ablehnung des Antrags mitzuteilen sind,[159] erstaunlicherweise jedoch nicht, daß der eigentliche Auswahlbeschluß, der ja seinerseits sowohl im Hinblick auf die positiven als auch die negativen Auswahlentscheidungen zu begründen ist, zu übermitteln ist. Diese Regelung erklärt sich vermutlich damit, daß schon durch die Mitteilung, die die Begründung der Ablehnung des einzelnen Vorschlags enthält, der abgelehnte Antragsteller Kenntnis von dem Beschluß im Sinne von Art. 230 Abs. 5 EGV erlangt und damit die zweimonatige Klagefrist zu laufen beginnt. Nach der Rechtsprechung beginnt nämlich die Klagefrist, wenn die Entscheidung weder im Amtsblatt veröffentlicht, d.h. im Sinne von Art. 230 Abs. 5 EGV bekanntgegeben[160], noch individuell bekanntgegeben, d.h. im Sinne von Art. 230 Abs. 5 EGV mitgeteilt[161], worden ist, zu dem Zeitpunkt zu laufen, zu dem der Betroffene genaue Kenntnis vom Inhalt und von der Begründung erlangt.[162] Dies wird durch die begründete schriftliche Mitteilung erreicht. Sie sorgt also nicht nur dafür, daß die Antragsteller über das Ergebnis des Auswahlverfahrens informiert werden, sondern bewirkt auch, daß zeitnah

---

[156] EuGH, Rs. C-48/96 P – Windpark Groothusen, Slg. 1998, I-2873 (Rn. 39).

[157] Art. 116 Abs. 3 S. 1 HO 2002.

[158] Dazu Art. 108 Abs. 1 UAbs. 2 HO 2002 und ausführlich sogleich Kap. 3 B.I.2.a.cc.ii.

[159] Art. 116 Abs. 3 S. 2 HO 2002.

[160] *W. Cremer*, in: Calliess/Ruffert, EUV/EGV², Art. 230 EGV Rn. 64; *Koenig/Pechstein/Sander*, EU-/EG-Prozessrecht², Rn. 421.

[161] *W. Cremer*, in: Calliess/Ruffert, EUV/EGV², Art. 230 EGV Rn. 65; *Koenig/Pechstein/Sander*, EU-/EG-Prozessrecht², Rn. 424.

[162] EuGH, Rs. C-48/96 P – Windpark Groothusen/Kommission, Slg. 1998, I-2873 (Rn. 25). Erfährt ein Betroffener lediglich von dem Erlaß der Entscheidung, so obliegt es ihm aufgrund der „Erfordernisse der Rechtssicherheit", sich um eine vollständige Kenntniserlangung zu bemühen, d.h. den vollständigen Wortlaut der fraglichen Handlung anzufordern (EuGH, a.a.O. Rn. 25 f.). Die Zweimonatsfrist beginnt dann erst mit dessen Erhalt. Kommt der Betroffene dieser Obliegenheit hingegen innerhalb „angemessener Frist" nicht nach, so ist ihm der Einwand verwehrt, er habe tatsächlich erst später vollständig Kenntnis erlangt. Die begründete schriftliche Mitteilung verhindert demnach auch, daß dem abgelehnten Bewerber eine derartige Anforderungsfrist zusteht.

Klarheit darüber besteht, ob der Auswahlbeschluß Gegenstand eines Rechtsstreits ist oder aber nicht mehr durch ein Rechtsmittel angegriffen werden kann. Verbindliche Rechtswirkungen kommen ihr aber nicht zu, so daß sie nicht Gegenstand einer Nichtigkeitsklage nach Art. 230 Abs. 4 EGV sein kann.

ii. Die Handlungsform für das Eingehen der rechtlichen Verpflichtung: Die Finanzierungsvereinbarung

Die rechtliche Verpflichtung entsteht erst durch den Abschluß einer schriftlichen Finanzierungsvereinbarung, d.h. eines Vertrages zwischen der Gemeinschaft und dem Empfänger der Finanzhilfe, in der die Rechte und Pflichten der Gemeinschaft und des Empfängers festgelegt werden und die Wahrung dieser Rechte gewährleistet wird.[163] Die begründete schriftliche Mitteilung kann also in dem Fall, daß die Gewährung einer Finanzhilfe beabsichtigt ist, als Aufforderung an den Antragsteller zum Eintritt in Vertragsverhandlungen mit der Kommission angesehen werden.

Der Einsatz des Vertrages als Handlungsform der zentralen direkten Mittelverwaltung erklärt sich in erster Linie mit den beschränkten Kompetenzen der Gemeinschaft in den entsprechenden Politikbereichen. Diese erlauben es der Gemeinschaft nicht, die Leistungsempfänger zur Durchführung einer bestimmten, im Gemeinschaftsinteresse liegenden Maßnahme mit gemeinschaftlicher Finanzierung zu verpflichten.[164] Durch einen einseitigen Rechtsakt kann die Gemeinschaft nur die Finanzierung einer Maßnahme verbindlich zusagen; deren Durchführung liegt dann aber im Belieben des Empfängers. Ein Anspruch der Gemeinschaft auf Durchführung einer bestimmten Maßnahme kann folglich nur aufgrund der Mitwirkung des Empfängers und somit in erster Linie vertraglich begründet werden.[165]

---

[163] Erwgrd. 31 HO 2002. Vor Inkrafttreten der neuen Haushaltsordnung hatte die Kommission häufig Zuschüsse durch Zuwendungsbescheid bewilligt; allerdings machte der Zuwendungsbescheid die Gewährung des Zuschusses davon abhängig, daß der Empfänger einen Vordruck unterzeichnete, in dem die allgemeinen Verpflichtungen dargelegt wurden, die er zu erfüllen hatte (siehe z.B. EuG, Rs. T-137/01 – Stadtsportverband Neuss/Kommission, Slg. 2003, II-3103; EuG, Rs. T-331/94 – IPK-München/Kommission, Slg. 2001, II-779). Nach der Rechtsprechung des Gerichts erwarb ein Zuschußempfänger, dessen Antrag die Kommission stattgegeben hatte, erst dann einen endgültigen Anspruch auf volle Auszahlung des Zuschusses, wenn er die an die Unterstützung geknüpften Bedingungen eingehalten hatte (EuG, Rs. T-137/01 [Rn. 46]).

[164] Vgl. *Grunwald*, EuR 1984, S. 227 (235): Die Programme „formulieren gemeinschaftspolitisch vorrangige Ziele, die sich ohne die freiwillige Mitwirkung privater oder öffentlicher Interessenten von den Gemeinschaftsorganen allein nicht verwirklichen lassen."

[165] Vgl. *Pfeiffer*, Forschungs- und Technologiepolitik, S. 162.

(1) Inhalt der Finanzierungsvereinbarungen

Der Gemeinschaftsgesetzgeber hat einen umfassenden Katalog mit Gesichtspunkten aufgestellt, die in den Finanzierungsvereinbarungen zwingend zu regeln sind.[166] Dabei sind wesentliche Inhalte weitestgehend vorgegeben und insoweit den Vertragsverhandlungen entzogen: Die detaillierte Beschreibung der zu finanzierenden Maßnahme ergibt sich schon aus dem eingereichten und durch den Beschluß des Anweisungsbefugten ausgewählten Vorschlag. Dem Auswahlbeschluß sind gleichfalls Einzelheiten der Finanzierung zu entnehmen. Auch die Haushaltsordnung und die zu ihrer Durchführung ergangene Verordnung sehen etliche Bestimmungen vor, die zwingend in den Vertrag zu übernehmen sind. Hierbei zu nennen sind insbesondere diejenigen, die der Kommission und dem Rechnungshof die Befugnis gewähren, Kontrollen an Ort und Stelle und Belegkontrollen bei allen Auftragnehmern und Unterauftragnehmern durchzuführen, die Gemeinschaftsmittel erhalten haben.[167] Durch letzteres sollen die Finanzierungsvereinbarungen sogar Einfluß auf die Gestaltung von Verträgen nehmen, die im Rahmen der Durchführung der von der Gemeinschaft finanzierten Maßnahme geschlossen werden. Ausdrücklich ist schließlich vorgesehen, daß vorher von der Kommission festgelegte „allgemeine Bedingungen für alle Vereinbarungen derselben Art" zu erstellen und in den Vertrag zu übernehmen sind. Diese sollen zuvörderst die Festlegung des ergänzend[168] auf den Vertrag anwendbaren Rechts eines Mitgliedstaates und eine Schiedsklausel umfassen. Angesichts dessen dürfte der Spielraum, der sich für die Kommission, aber auch für den erfolgreichen Antragsteller für die Vertragsverhandlungen ergibt, äußerst gering sein und sich nur auf weniger bedeutsame Gesichtspunkte erstrecken. Die weitgehende inhaltliche Vorfestlegung kommt auch in der Regelung zum Ausdruck, daß Änderungen des Vertrags nicht bezwecken oder bewirken dürfen, daß der Beschluß über die Gewährung der betreffenden Finanzhilfe in Frage gestellt wird;[169] dies muß erst recht für den Abschluß der Finanzierungsvereinbarung gelten.

(2) Einseitige Anordnungsrechte der Kommission

Nicht mehr in den vertraglichen Rahmen der Beziehung zwischen der Gemeinschaft und dem Empfänger passen jedoch die einseitigen Anord-

---

[166] Art. 164 Abs. 1 DVO HO 2002.
[167] Art. 120 Abs. 2 HO 2002. Siehe auch *J.-P. Schneider*, VVDStRL 2005, S. 238 (254).
[168] Zum ergänzenden Charakter vgl. EuGH, Rs. 426/85 – Kommission/Zoubek, Slg. 1986, 4057 (Rn. 4, 7); EuGH, Rs. C-69/97 – Kommission/SNUA, Slg. 1999, I-2363 (Rn. 23); *Gaitanides*, in: Groeben/Schwarze, EUV/EGV IV⁶, Art. 238 EGV Rn. 17; *Ehricke*, in: Streinz, EUV/EGV, Art. 238 EGV Rn. 14.
[169] Art. 164 Abs. 3 S. 2 DVO HO 2002.

nungsrechte,[170] die der Kommission zustehen, wenn der Empfänger seine in den Rechtsvorschriften und der Finanzierungsvereinbarung vorgesehenen Pflichten verletzt oder sonstige Gewährungsvoraussetzungen nicht eingehalten werden, insbesondere die Maßnahme überhaupt nicht, schlecht, nur teilweise oder verspätet durchgeführt wird[171]. In diesen Fällen kann die Kommission in Person des zuständigen Anweisungsbefugten unter Wahrung des Grundsatzes der Verhältnismäßigkeit[172] die Finanzhilfe aussetzen[173], kürzen oder streichen und gegebenenfalls zurückfordern[174], nachdem dem Empfänger Gelegenheit zur Stellungnahme gegebenen worden ist.[175]

Ohne daß dies ausdrücklich noch einmal in der Haushaltsordnung angeordnet ist, gilt für die entsprechenden Entscheidungen die *Begründungspflicht*. Nach der Rechtsprechung des Gerichts Erster Instanz muß eine Entscheidung über die Kürzung eines finanziellen Zuschusses der Gemeinschaft, die schwerwiegende Folgen für den Zuschußempfänger haben kann, die Gründe klar wiedergeben, die diese Kürzung gegenüber dem ursprünglich zugesagten Betrag rechtfertigen.[176] Diese Anforderung muß erst recht für die Streichung einer Finanzhilfe gelten. Dem Begründungserfordernis kann allerdings zumindest im Grundsatz auch dadurch nachgekommen werden, daß in der Entscheidung auf einen dem Empfänger übermittelten Prüfungsbericht Bezug genommen wird.[177]

Das Gericht Erster Instanz ist bislang der Kommission hinsichtlich der *Beweislastverteilung* und des *Prüfungsumfangs* bei Anfechtungsklagen gegen derartige Rückforderungsentscheidungen äußerst entgegengekommen. Es obliege zum einen dem Empfänger eines finanziellen Zuschusses,

---

[170] Art. 119 Abs. 2 HO 2002; Art. 183 DVO HO 2002; *J.-P. Schneider*, VVDStRL 2005, S. 238 (254).

[171] Art. 183 Abs. 1 lit. a, Abs. 2 DVO HO 2002.

[172] Vgl. EuG, Rs. T-305/00 – Conserve Italia, Slg. 2003, II-5659 (Rn. 111 ff.).

[173] Eine Aussetzung der Zahlung konnte zeitweise schon aufgrund mutmaßlicher Vertragsverstöße erfolgen, vgl. Art. 183 Abs. 2 HO 2002 in seiner ursprünglichen Fassung.

[174] Nach den allgemeinen Regeln der Haushaltsordnung über die Einziehung von Forderungen (Art. 71 ff. HO 2002). Dabei kann aus Gründen der Verhältnismäßigkeit auf die Einziehung einer Forderung verzichtet werden, Art. 73 Abs. 2 HO 2002. Vgl. hierzu *J.-P. Schneider*, VVDStRL 2005, S. 238 (254): Der zuständige Anweisungsbefugte hat eine „multidimensionale Abwägungsentscheidung" zu treffen.

[175] Zur schon primärrechtlich gebotenen Erforderlichkeit einer Anhörung vor Erlaß einer den Adressaten belastenden Entscheidung vgl. nur EuG, Rs. T-141/01 – Entorn/Kommission (Rn. 113).

[176] EuG, verb. Rs. T-46/98 u. T-151/98 – CCRE/Kommission, Slg. 2000, II-167 (Rn. 48); EuG, Rs. T-137/01 – Stadtsportverband Neuss/Kommission, Slg. 2003, II-3103 (Rn. 53); EuG, Rs. T-305/00 – Conserve Italia, Slg. 2003, II-5659 (Rn. 45); EuG, Rs. T-180/01 – Euroagri/Kommission, Slg. 2005, II-369 (Rn. 42). Siehe auch EuGH, Rs. C-32/95 P – Kommission/Lisrestal, Slg. 1996, I-5373 (Rn. 21).

[177] EuG, Rs. T-137/01 – Stadtsportverband Neuss/Kommission, Slg. 2003, II-3103 (Rn. 56 f.).

die tatsächliche Entstehung der Ausgaben und ihren Zusammenhang mit der zugesagten Maßnahme nachzuweisen; er sei nämlich dazu am besten in der Lage, und er müsse nachweisen, daß der Empfang von öffentlichen Mitteln gerechtfertigt sei.[178] Zum anderen verfüge die Kommission, da bei derartigen Entscheidungen die Beurteilung komplexer Sachverhalte erforderlich sei, über einen Spielraum, der dazu führe, daß das Gericht seine Prüfung auf die Frage zu beschränken habe, ob der Kommission ein offensichtlicher Fehler unterlaufen sei.[179]

Die einseitigen Anordnungsrechte führen dazu, daß die Kommission im Rahmen der an sich vertraglichen Beziehung eine privilegierte Stellung innehat und die Einleitung eines eventuellen Prozesses stets dem Empfänger der Finanzhilfe obliegt. Sollte die Rechtsprechung ihre bisherige kommissionsfreundliche Haltung weiterführen, so würde die Stellung der Kommission noch weiter betont. Ein effektives Finanzmanagement ist zwar wünschenswert. Da in Streitfällen jedoch ohnehin eine gerichtliche Klärung zu erwarten ist, hätte die dem vertraglichen Rahmen angemessene Normierung von Leistungsverweigerungsrechten bzw. Rückforderungsansprüchen genügt; sie hätte aber in erster Linie nicht zu einem derartigen *Fremdkörper* im Rahmen einer vertraglichen Beziehung geführt.

(3) Finanzierungsvereinbarungen als Verwaltungsverträge

Die Befugnis der Gemeinschaft zum Abschluß von Verträgen wird im Primärrecht in Art. 238 und Art. 288 Abs. 1 EGV[180] vorausgesetzt.[181] Beim Abschluß eines Vertrages vertritt die Kommission die Gemeinschaft nach Art. 282 S. 2 EGV. Für die Finanzierungsvereinbarung ist ausdrücklich die Schriftform vorgesehen.[182]

---

[178] EuG, Rs. T-81/95 – Interhotel/Kommission, Slg. 1997, II-1265 (Rn. 47); EuG, Rs. T-137/01 – Stadtsportverband Neuss/Kommission, Slg. 2003, II-3103 (Rn. 56 f.).

[179] EuG, Rs. T-80/00 – Associação Comercial de Aveiro/Kommission, Slg. 2002, II-2465 (Rn. 51); EuG, Rs. T-137/01 – Stadtsportverband Neuss/Kommission, Slg. 2003, II-3103 (Rn. 85)

[180] Schon an diesen Bestimmungen wird im übrigen auch deutlich, daß Art. 249 EGV keinen abschließenden Handlungsformenkatalog aufstellen möchte.

[181] *Bleckmann*, DVBl. 1981, S. 889 (892); *Grunwald*, EuR 1984, S. 227 (233). Die Befugnis zum *Abschluß eines bestimmten Vertrages* muß sich hingegen aus anderen Normen des Primärrechts ergeben. Bezüglich der Finanzierungsvereinbarungen sind dies diejenigen Rechtsgrundlagen, die schon für den Erlaß des jeweiligen Basisrechtsakts herangezogen worden sind; siehe auch *Grunwald*, a.a.O. S. 234: Die Kompetenz der Gemeinschaften zu vertraglicher Betätigung folgt „generell aus der Sachkompetenz zur Behandlung des jeweiligen Vertragsgegenstandes und bedarf daher grundsätzlich keiner weiteren (expliziten) rechtlichen Begründung".

[182] Art. 108 Abs. 1 UAbs. 2 HO 2002.

Von der Gemeinschaft abgeschlossene Verträge können öffentlich-rechtlicher[183] oder privatrechtlicher Natur sein, Art. 238 EGV. Allerdings sind noch keine anerkannten Kriterien für die Einordnung eines bestimmten Vertrages entwickelt worden.[184] Daß ein öffentlich-rechtlicher Verwaltungsvertrag[185] der Gemeinschaft ein Vertrag sein soll, den die EG mit einer Behörde oder einer unterstaatlichen juristischen Person des öffentlichen Rechts der Mitgliedstaaten oder mit Verbänden oder Individuen auf dem Gebiet des öffentlichen Rechts abschließt,[186] ein privatrechtlicher Vertrag hingegen eine Vereinbarung, die dem Zivilrecht eines Mitgliedstaates oder eines Drittlandes unterliegt,[187] erscheint nicht wirklich weiterführend.

Auch welches Recht auf öffentlich-rechtliche Verwaltungsverträge der Gemeinschaft anwendbar ist, wird nicht einheitlich beurteilt. Haben die Vertragsparteien das anwendbare Recht nicht ausdrücklich oder stillschweigend vereinbart, so ist nach der überwiegenden Ansicht nur Gemeinschaftsrecht anwendbar, das allerdings zumeist mangels gemeinschaftlicher Kodifikation durch den Rückgriff auf die den Rechtsordnungen der Mitgliedstaaten gemeinsamen Rechtsgrundsätze zu ermitteln sei.[188] Der öffentlich-rechtliche Vertrag ist aber noch nicht einmal in allen Mitgliedstaaten als Handlungsform bekannt.[189] Um die Regelungslücke dennoch

---

[183] Siehe schon *Bleckmann*, NJW 1978, S. 464 ff.; aus jüngerer Zeit *Stelkens*, EuZW 2005, S. 299 ff.

[184] Die Kommentierungen zu Art. 238 EGV nehmen zu dieser Frage kaum Stellung. Der EuGH hat in einer frühen Entscheidung (Rs. 44/59 – Fiddelaar/Kommission, Slg. 1960, 1115 [1133 f.]) die Rechtsnatur eines Anstellungsvertrages anhand zweier Kriterien bestimmt. Ein öffentlich-rechtlicher Anstellungsvertrag erfordert zunächst, daß der anstellende Vertragspartner eine juristische Person des öffentlichen Rechts ist; weiterhin muß die Tätigkeit, auf die der Anstellungsvertrag gerichtet ist, öffentlich-rechtlicher Natur sein. Da das letztgenannte Kriterium kaum verallgemeinerungsfähig ist, sind dem Urteil keine allgemeinen Aussagen über die Abgrenzung zu entnehmen.

[185] Die Abgrenzungsschwierigkeiten ergeben sich in erster Linie zwischen Verwaltungs- und privatrechtlichen Verträgen.

[186] So *Bleckmann*, DVBl 1981, S. 889 (889); *Gilsdorf/Niejahr*, in: Groeben/Schwarze, EUV/EGV IV⁶, Art. 288 EGV Rn. 4; *Karpenstein*, in: Grabitz/Hilf, Recht der EU, Band II, Art. 238 EGV (EL 16) Rn. 17.

[187] *Karpenstein*, in: Grabitz/Hilf, Recht der EU, Band II, Art. 238 EGV (EL 16) Rn. 16.

[188] *Borchardt*, in: Lenz/Borchardt, EUV/EGV³, Art. 238 EGV Rn. 12; *Ehricke*, in: Streinz, EUV/EGV, Art. 238 EGV Rn. 15; *Gaitanides*, in: Groeben/Schwarze, EUV/EGV IV⁶, Art. 238 EGV Rn. 18. Siehe auch *Bleckmann*, DVBl 1981, S. 889 (894); *Pfeiffer*, Forschungs- und Technologiepolitik, S. 205; *Schöpe*, Förderung der Forschung, S. 145. Die Existenz eines derartigen Verwaltungsvertragsrecht der EG bedeutet, daß die Gemeinschaft beim Abschluß von öffentlich-rechtlichen Verwaltungsverträgen keine Rechtswahl treffen darf (so *Röhl*, Verwaltung durch Vertrag, § 2 A. 2. b) in Fn. 238).

[189] Vgl. *Bleckmann*, DVBl 1981, S. 889 (894); *Gaitanides*, in: Groeben/Schwarze, EUV/EGV IV⁶, Art. 238 EGV Rn. 18.

schließen zu können, muß daher im Einzelfall der Rückgriff auf das mitgliedstaatliche öffentliche Recht eröffnet sein, wenn es zu dieser Vertragsform einschlägige öffentlich-rechtliche Vorschrift gibt.[190] Entsprechend hat das OVG Münster[191] „angesichts des Umstandes, daß sich bisher im EG-Recht noch keine allgemein anerkannten Verfahrensgrundsätze für die Abwicklung öffentlich-rechtlicher Verträge herausgebildet haben," die deutschen Verfahrensgrundsätze für die Behandlung öffentlich-rechtlicher Verträge nach §§ 54 ff. VwVfG zur Anwendung kommen lassen. Allerdings begründet es dies mit der Besonderheit des Vertrages, daß dieser von einer deutschen Behörde im Namen und für Rechnung des Rates und der Kommission abgeschlossen wurde.

Für die Einordnung der hier zu behandelnden Finanzierungsvereinbarungen sollte ausschlaggebend sein, daß sie unmittelbar zur Durchführung einer primärrechtlich vorgesehenen Gemeinschaftspolitik geschlossen werden.[192] Es liegt also nahe, diese als öffentlich-rechtlich einzuordnen.[193] Mit einer Rechtswahlklausel wird dann aber auf das Privatrecht eines Mitgliedstaats als ergänzend anwendbare Rechtsordnung verwiesen.[194] Die Gemeinschaft ist nämlich angesichts des Grundsatzes, daß die Normen des öffentlichen Rechts nur dem jeweiligen Hoheitsträger zur Verfügung stehen, nicht befugt, die Geltung nationalen öffentlichen Rechts zu bestimmen.[195] Die sich hieraus ergebende Konstellation, daß auf einen Verwaltungsvertrag ergänzend Zivilrecht anwendbar ist, sollte zumindest aus deutscher Sicht nicht befremdlich sein; § 62 S. 2 VwVfG ordnet sie ausdrücklich an. Dem steht auch nicht entgegen, daß in dem Falle, daß keine Schiedsklausel im Sinne des Art. 238 EGV zur Zuständigkeit der europäischen Gerichtsbar-

---

[190] *Gaitanides*, in: Groeben/Schwarze, EUV/EGV IV[6], Art. 238 EGV Rn. 18.

[191] OVG Münster, NVwZ 2001, 691 (692). Der öffentlich-rechtliche Charakter des Vertrages lag nahe, da der Vertrag geschlossen wurde im Hinblick auf den Ersatz des Schadens, der durch hoheitliches Handeln der Organe der EG ausgelöst worden war und eine außervertragliche Haftung der Gemeinschaft nach Art. 288 Abs. 2 EGV begründet hatte.

[192] In Anlehnung an *Karpenstein*, in: Grabitz/Hilf, Recht der EU, Band II, Art. 238 EGV (EL 16) Rn. 17. Im Ergebnis wohl die Einordnung anhand dieses Kriteriums vornehmend *Bleckmann*, DVBl 1981, S. 889 (890); *Pfeiffer*, Forschungs- und Technologiepolitik, S. 206 ff. Vgl. auch *Schöpe*, Förderung der Forschung, S. 163 f.: Ausgestaltung sollte öffentlich-rechtlich sein.

[193] Anderer Ansicht wohl die Kommission; vgl. die Wiedergabe ihrer Ausführungen in EuG, Rs. T-85/01 – IAMA Consulting/Kommission, Slg. 2003, II-4973 (Rn. 37). Siehe auch *Epiney*, in: Bieber/Epiney/Haag, Europäische Union[6], § 8 Rn. 8; weiterhin auch *Schöpe*, Förderung der Forschung, S. 164.

[194] Siehe EuGH, Rs. C-69/97 – Kommission/SNUA, Slg. 1999, I-2363 (Rn. 21 ff.); vgl. *Ehricke*, in: Streinz, EUV/EGV, Art. 238 EGV Rn. 15; *Schöpe*, Förderung der Forschung, S. 144.

[195] *Pfeiffer*, Forschungs- und Technologiepolitik, S. 204 f.; *Schöpe*, Förderung der Forschung, S. 144 f.

keit[196] führt, nationale Gerichte zur Entscheidung über Streitigkeiten im Zusammenhang mit öffentlich-rechtlichen Verträgen der Gemeinschaft berufen sind. Art. 240 EGV sieht in Verbindung mit Art. 238 EGV eine derartige Zuständigkeit gerade vor. Der hier favorisierten Lösung steht auch Art. 288 Abs. 1 EGV nicht entgegen.

dd. Feststellung, Zahlungsanordnung und Zahlung

Nachdem durch das Eingehen der rechtlichen Verpflichtung ein Zahlungsanspruch begründet worden ist, beginnt mit der *Feststellung einer Ausgabe* die Phase der Erfüllung dieses Anspruchs. Die Feststellung einer Ausgabe ist nach der sprachlich wenig geglückten Legaldefinition diejenige Handlung, durch die der zuständige Anweisungsbefugte den Anspruch des Zahlungsempfängers prüft, das Bestehen und die Höhe der Forderung bestimmt oder prüft und die Fälligkeit der Forderung prüft.[197] Sie ergeht auf der Grundlage bestimmter Belege, aus denen die Ansprüche des Zahlungsempfängers hervorgehen.[198]

Welche Belege für eine bestimmte Zahlung erforderlich sind, richtet sich nach deren Art. Vorfinanzierungen, d.h. Zahlungen, die dem Empfänger die Durchführung einer Maßnahme erst ermöglichen sollen,[199] stützen sich auf die diese vorsehende Bestimmung in der jeweiligen Finanzierungsvereinbarung.[200] Zwischenzahlungen sollen die von dem Empfänger seinerseits getätigten Ausgaben erstatten, wenn die finanzierte Maßnahme einen bestimmten Ausführungsgrad erreicht hat.[201] Sie stützen sich dementsprechend auf Belege, anhand deren überprüft werden kann, ob die finanzierten Maßnahmen im Einklang mit den Bestimmungen der Finanzierungsvereinbarung durchgeführt worden sind.[202] Derartige Belege stellen zumeist die technischen und finanziellen Zwischenberichte dar, zu deren regelmäßigen Erstellung die Finanzhilfeempfänger vertraglich verpflichtet sind.[203] Die Zahlung des Restbetrages schließlich erfolgt auf der Grundlage eines Schlußberichts, den der Finanzhilfeempfänger über die Maßnahme vorzulegen hat.

Zur Feststellung der Ausgabe unterzeichnet der zuständige Anweisungsbefugte oder ein von diesem Bevollmächtigter einen Zahlbarkeitsvermerk,

---

[196] Vgl. EuGH, Rs. 426/85 – Kommission/Zoubek, Slg. 1986, 4057 (Rn. 4); EuG, Rs. T-85/01 – IAMA Consulting/Kommission, Slg. 2003, II-4973 (Rn. 42).
[197] Art. 79 HO 2002.
[198] Art. 97 Abs. 1 DVO HO 2002.
[199] Art. 81 Abs. 1 lit. b i) HO 2002, Art. 105 Abs. 1 S. 1 DVO HO 2002.
[200] Vgl. Art. 104 Abs. 1 S. 1 DVO HO 2002.
[201] Art. 105 Abs. 2 S. 1 DVO HO 2002.
[202] Vgl. Art. 104 Abs. 1 S. 2 DVO HO 2002.
[203] Art. 104 Abs. 2 S. 2 DVO HO 2002.

Die Vollzugsebene der gemeinschaftlichen Leistungsverwaltung 169

einen sog. „bon à payer".[204] Mit diesem Vermerk wird insbesondere bestätigt, daß die vom Begünstigten durchgeführte Maßnahme oder das von ihm abgewickelte Arbeitsprogramm in allen Punkten der Finanzierungsvereinbarung entspricht.[205]

Auf die Feststellung der Ausgabe folgt ihre *Anordnung*. Sie ist diejenige Handlung, mit der der zuständige Anweisungsbefugte, nachdem er die Verfügbarkeit der Mittel überprüft hat, durch Ausstellung einer Auszahlungsanordnung den Rechnungsführer anweist, den Betrag der von ihm festgestellten Ausgabe auszuzahlen.[206] Die Auszahlungsanordnung muß insbesondere diejenige Mittelbindung angeben, auf die die angeordnete Auszahlung anzurechnen ist.[207]

Die *Zahlung* ist sodann der erste und einzige Schritt bei der Vornahme einer Ausgabe, der nicht mehr durch einen Anweisungsbefugten vorgenommen wird. Sie erfolgt durch den Rechnungsführer der Kommission.[208] Der Rechnungsführer ist im Primärrecht in Art. 279 Abs. 1 UAbs. 1 lit. b EGV als Finanzakteur vorgesehen. Neben der Tätigung von Zahlungen ist er insbesondere für die Annahme der Einnahmen und Einziehung der Forderungen sowie für die Rechnungsführung und die Rechnungslegung zuständig.[209] Der Rechnungsführer, derzeit der stellvertretende Generaldirektor der Generaldirektion Haushalt, kann bestimmte Aufgaben auf ihm unterstehende Mitarbeiter übertragen.[210] Anweisungsbefugnis und Rechnungsführung sind getrennte Funktionen und nicht miteinander vereinbar.[211]

Die Zahlung stützt sich auf den Nachweis, daß die betreffenden Maßnahmen mit dem Basisrechtsakt oder dem betreffenden Vertrag in Einklang stehen; als Arten von Zahlungen sind die Zahlung des vollen geschuldeten Betrags sowie – oben bereits angesprochen – Vorfinanzierungen, Zwischenzahlungen und Zahlung des geschuldeten Restbetrags vorgesehen.[212] Zahlungen sind zu verbuchen.[213]

---

[204] Art. 97 Abs. 3 S. 1 DVO HO 2002.
[205] Art. 99 lit. b S. 2 DVO HO 2002.
[206] Art. 80 HO 2002; zu den für sie vorgeschriebenen Angaben Art. 103 Abs. 1 DVO HO 2002.
[207] Art. 103 Abs. 1 lit. d DVO HO 2002; vgl. auch Art. 102 lit. b DVO HO 2002.
[208] Art. Art. 82 HO 2002; zu den bei der Zahlung einzuhaltenden Fristen Art. 106 DVO HO 2002, insbesondere Abs. 2 und Abs. 3.
[209] Art. 61 HO 2002; zur Rechnungsführung Art. 132 ff. HO 2002; zur Rechnungslegung Art. 121 ff. HO 2002.
[210] Art. 62 HO 2002.
[211] Art. 58 HO 2002.
[212] Art. 81 Abs. 1 HO 2002.
[213] Art. 81 Abs. 2 HO 2002.

b. Kodifizierung allgemeinen Eigenleistungsverwaltungsrechts

Insbesondere die allgemeinen Vorschriften über das Gewährungsverfahren und die Finanzierungsvereinbarungen in der Haushaltordnung, die die bisher bereichsspezifischen Regelungen aufgreifen und ergänzen, stellen eine beachtliche Kodifizierung allgemeinen Leistungsverwaltungsrechts für den Bereich der zentralen direkten Mittelverwaltung dar. Sie werden zukünftig die Grundlage für diese Verwaltungsform darstellen. Die Basisrechtsakte werden sich auf die Kodifizierung der Besonderheiten des jeweiligen Programms beschränken können. Die Regelungen über das Gewährungsverfahren und die Finanzierungsvereinbarungen folgen dabei einer „europarechtlich modifizierten Zweistufentheorie"[214]. Auf der ersten Stufe steht der das Gewährungsverfahren abschließende, einseitig ergangene Auswahlbeschluß, der jedoch anders als der gewährende Verwaltungsakt keinerlei Rechtswirkungen gegenüber dem ins Auge gefaßten Finanzhilfeempfänger erzeugt. Auf der zweiten Stufe folgt die Finanzierungsvereinbarung, die jedoch nach der hier favorisierten Auffassung keinen zivilrechtlichen, sondern einen öffentlich-rechtlichen Vertrag darstellt.

Allerdings bestehen erhebliche Bedenken, ob diese Vorschriften von der Rechtsgrundlage der Haushaltsordnung gedeckt sind. Das Eingehen der rechtlichen Verpflichtung gehört nicht zur Ausführung des Haushaltsplans im Sinne von Art. 274 Abs. 1 S. 1 EGV;[215] die sie betreffenden Regelungen sind demzufolge scheinbar nicht von Art. 279 Abs. 1 UAbs. 1 lit. a EGV gedeckt.[216] Daß die Europäische Gemeinschaft ermächtigt ist, nicht nur bereichsspezifische, sondern auch allgemeine Vorschriften für den Bereich des direkten Vollzugs zu erlassen, darf zwar als gesichert gelten.[217] Als vertragliche Rechtsgrundlage soll hierfür allerdings nur Art. 308 EGV in Betracht kommen.[218] Die Haushaltsordnung hat sich jedoch wegen des notwendigen Ineinandergreifens von Haushalts- und Verwaltungsvollzug als Regelungsort für die betreffenden Vorschriften geradezu aufgedrängt. In-

---

[214] Zur Zweistufentheorie siehe nur *Schmidt-Aßmann*, Ordnungsidee², Kap. 2 Tz. 22 f.; *Maurer*, AllgVerwR¹⁵, § 17 Rn. 11 ff.; *Ehlers*, in: Erichsen/Ehlers, AllgVerwR¹², § 2 Rn. 36 f.; *Kopp/Ramsauer*, VwVfG⁹, § 35 Rn. 41 ff.

[215] Siehe oben Kap. 3 A.II.

[216] Vgl. *Rechnungshof*, Stellungnahme Nr. 2/2001 – Haushaltsordnung, ABl. EG 2001 Nr. C 162/1 (45): „Das Eingehen einer rechtlichen Verpflichtung (...) stellt keine Maßnahme des Haushaltsvollzugs dar und *muss* (Hervorhebung durch den *Verf.*) folglich nicht in der Haushaltsordnung definiert werden."

[217] Vgl. *Wahl*, Verhältnis, in: Hill/R. Pitschas, Europäisches Verwaltungsverfahrensrecht, S. 357 (364).

[218] *Streinz*, Einfluß des Europäischen Verwaltungsrechts, in: Schweitzer, Europäisches Verwaltungsrecht, S. 241 (248); *Kahl*, NVwZ 1996, S. 865 (869); siehe auch *Stettner*, in: Dauses, HdbEUWiR I (Grundwerk), B III Rn. 41 mit einem Katalog des schon ohnehin geltenden „Verwaltungsrechts des primären Bereichs".

sofern könnte man erwägen, daß Art. 279 Abs. 1 EGV den Erlaß allgemeiner Vorschriften für den Bereich der Leistungsverwaltung kraft Sachzusammenhangs mit umfaßt.[219] Eine Kompetenz kraft Sachzusammenhangs als Unterfall der „implied powers" setzt voraus,[220] daß das Haushaltsvollzugsrecht verständlicherweise nicht geregelt werden kann, ohne daß gleichzeitig bestimmte Aspekte allgemeinen Leistungseigenverwaltungsrechts mitgeregelt werden. Diese Anforderung dürfte erfüllt sein. Die Abstimmung zwischen den bereichsspezifischen Kodifikationen und den Regelungen über den Haushaltsvollzug hat sich als schwierig erwiesen. Teilweise finden sich auch in Basisrechtsakten Bestimmungen, die eigentlich dem Haushaltsvollzugsrecht zuzuordnen sind. Die Haushaltsordnung erscheint einzig geeignet, den Rechtsakt für die Normierung des Zusammenspiels zwischen den beiden Verfahrensrechtsregimen zu bilden, zumal für die Haushaltsordnung mit Art. 279 Abs. 1 EGV eine ausdrückliche Rechtsgrundlage zur Verfügung steht.

Die Annahme einer derartigen Kompetenz führt auch nicht zu einer Ausweitung der Kompetenzen der Gemeinschaft. Sie betrifft nämlich nicht die Frage, ob ein bestimmter Leistungsbereich zentral direkt verwaltet werden darf, sondern erst die nachgelagerte Frage, welche Verfahren gegebenenfalls anzuwenden sind. Ob diese Verfahren jeweils vollständig bereichsspezifisch geregelt sind oder auf einheitlichen Vorgaben aufbauen, ist im Hinblick auf die Kompetenzverteilung zwischen der Gemeinschaft und den Mitgliedstaaten unerheblich. Im übrigen erscheint es auch nicht unproblematisch, allgemeine verwaltungsrechtliche Regelungen auf Art. 308 EGV zu stützen. Insofern ist die vom Gemeinschaftsgesetzgeber gewählte „haushaltsrechtliche" Lösung, die aus den soeben genannten Gründen jedenfalls nicht beanstandet werden kann, sogar die angebrachtere.

3. Beispiel: Die Vergabe von Mitteln für indirekte Aktionen im Bereich der Forschung und technologischen Entwicklung

Für die Durchführung der spezifischen Programme gemäß Art. 166 Abs. 3, Abs. 4 EGV[221] ist die Kommission zuständig.[222] Dabei fällt unter die administrative Durchführung auch die Billigung der Finanzierung von indirekten

---

[219] Es soll ausdrücklich betont werden, daß sich die Kompetenz der Gemeinschaft, einen bestimmten Bereich der gemeinschaftlichen Leistungsvergabe zentral zu verwalten, hingegen keinesfalls aus Art. 279 Abs. 1 EGV ergibt; siehe oben Kap. 3 A.I.

[220] Siehe *Nettesheim*, Kompetenzen, in: von Bogdandy, Europäisches Verfassungsrecht, S. 415 (433 f.).

[221] Siehe oben Kap. 1 B.I.3.

[222] Art. 6 Abs. 1 Entscheidung 2002/834/EG (Europäischer Forschungsraum – Integration und Stärkung), Art. 6 Abs. 1 Entscheidung 2002/835/EG (Europäischer Forschungsraum – Ausgestaltung).

Aktionen,²²³ d.h. derjenigen Maßnahmen, durch die die Gemeinschaft Dritte vertraglich zur Durchführung eines Forschungsprojekts verpflichtet und grundsätzlich einen anteiligen Kostenbeitrag aus dem Gesamthaushaltsplan der Europäischen Gemeinschaften leistet.²²⁴ Die hierfür maßgeblichen Regelungen finden sich vor allem in der auf der Grundlage von Art. 167 EGV erlassenen Verordnung (EG) Nr. 2321/2002 „über Regeln für die Beteiligung von Unternehmen, Forschungszentren und Hochschulen an der Durchführung des Sechsten Rahmenprogramms der Europäischen Gemeinschaft (2002-2006) sowie für die Verbreitung der Forschungsergebnisse"²²⁵. Diese Verordnung wurde nach der Haushaltsordnung erlassen. Dennoch beschränkt sie sich nicht darauf, auf die Vorschriften über die Vergabe von Finanzhilfen in der Haushaltsordnung zu verweisen und nur auf Besonderheiten für den Bereich der Forschung und technologischen Entwicklung einzugehen. Der mit der Normierung allgemeinen Leistungsverwaltungsrechts eigentlich bezweckte Entlastungseffekt wird somit in diesem Bereich nicht erreicht. Vielmehr enthält die Verordnung umfassende Vorschriften über das Gewährungsverfahren und den zwischen der Gemeinschaft und den Finanzhilfeempfängern abzuschließenden Vertrag, die den Regelungen in der Haushaltsordnung als leges speciales vorgehen.²²⁶ Im folgenden soll nur auf die Besonderheiten gegenüber diesen Regelungen eingegangen werden. Dabei fällt das Bemühen des Gesetzgebers auf, wissenschaftliche Kreise auch in die Vergabe von Mitteln für indirekte Aktionen im Bereich der Forschung und der technologischen Entwicklung einzubeziehen.²²⁷

Die *Aufforderungen zur Einreichung von Vorschlägen*²²⁸, die die in den Arbeitsprogrammen²²⁹ enthaltenen Vorgaben aufzunehmen haben, können

---

²²³ Art. 6 Abs. 2 lit. b Entscheidung 2002/834/EG (Europäischer Forschungsraum – Integration und Stärkung), Art. 6 Abs. 2 Spstr. 2 Entscheidung 2002/835/EG (Europäischer Forschungsraum – Ausgestaltung).

²²⁴ *Pfeiffer*, Forschungs- und Technologiepolitik, S. 151.

²²⁵ Vgl. *Pfeiffer*, Forschungs- und Technologiepolitik, S. 147 ff., insbesondere 148: „Die Aufgabe der Beteiligungs- und Verbreitungsregeln besteht im wesentlichen darin, die verschiedenen Abschnitte des Förderverfahrens von der Antragstellung über die Auswahl und den Abschluss des Fördervertrages bis zur Verbreitung und Verwertung der Forschungsergebnisse operabel zu machen."

²²⁶ Zum Gewährungsverfahren und zum Forschungsförderungsvertrag siehe schon *Schöpe*, Förderung der Forschung, S. 111 ff.

²²⁷ Vgl. *Pfeiffer*, Forschungs- und Technologiepolitik, S. 153 f.

²²⁸ Art. 9 VO (EG) 2321/2002 (Beteiligungsregeln und Verbreitung der Forschungsergebnisse). Z.B. *Kommission*, Aufruf zur Einreichung von Vorschlägen für indirekte FTE-Maßnahmen im Rahmen des spezifischen Programms für Forschung, technologische Entwicklung und Demonstration „Ausgestaltung des Europäischen Forschungsraums", ABl. EU 2005 Nr. C 63/13.

²²⁹ Gemäß Art. 9 Abs. 3 VO (EG) 2321/2002 (Beteiligungsregeln und Verbreitung der Forschungsergebnisse) kann die Kommission auch Aufforderungen zur Interessensbekun-

Die Vollzugsebene der gemeinschaftlichen Leistungsverwaltung 173

auch ein zweistufiges Bewertungsverfahren vorsehen: Zunächst sind lediglich kurz gefaßte Vorschläge einzureichen; werden diese positiv bewertet, so werden die entsprechenden Bewerber ersucht, in der zweiten Stufe einen vollständigen Vorschlag einzureichen. Damit wird dem Umstand Rechnung getragen, daß die Erstellung von detaillierten Vorschlägen einen erheblichen Aufwand an Zeit und Kosten mit sich bringen kann. Die Kommission stellt den Antragstellern Leitfäden zur Verfügung, die Informationen zur Abfassung und Einreichung von Vorschlägen enthalten, desgleichen Leitlinien für die Vorschlagsbewertungs- und -auswahlverfahren.[230]

Bei der *Bewertung der Vorschläge*[231], für die ein umfangreicher Katalog von Kriterien besteht, muß die Kommission in aller Regel unabhängige Sachverständige hinzuziehen. Für deren Bestellung sind bestimmte Verfahren vorgegeben.[232] Die Kommission muß sich dabei vergewissern, daß Interessenkonflikte bei den Sachverständigen ausgeschlossen sind. Für die Beteiligung von Komitologie-Ausschüssen bei den *Auswahlbeschlüssen* sind nach Art der Projekte, der Themenbereiche und der Höhe der Gemeinschaftsbeteiligung differenzierende Regelungen vorgesehen. In der Regel wird auf das Verwaltungsverfahren verwiesen; die Förderung von Maßnahmen, bei denen menschliche Embryonen und humane embryonale Stammzellen verwendet werden sollen, besonders heikle und politisch sowie gesellschaftlich umstrittene Forschungsbereiche, kann hingegen nur im Regelungsverfahren erfolgen.[233] Bei den Auswahlbeschlüssen kommt der Kommission ein Beurteilungsspielraum zu,[234] der aber aufgrund der Ausschußbeteiligung gegebenenfalls auf den Rat übergehen kann. Der Stellungnahme des Ausschusses soll in der Praxis für die Entscheidung der Kommission eine große Bedeutung zukommen.[235] Da der Komitologie-Ausschuß mit seiner Stellungnahme jedoch eher das Steuerungsinteresse der Mitgliedstaaten als den wissenschaftsgerechten Abschluß des Antragsverfahrens

---

dung veröffentlichen, die sie darin unterstützen sollen, die Ziele und Bedürfnisse festzulegen, die in die Arbeitsprogramme und Aufforderungen zur Einreichung von Vorschlägen aufgenommen werden.

[230] Art. 10 Abs. 7 S. 2 VO (EG) 2321/2002 (Beteiligungsregeln und Verbreitung der Forschungsergebnisse). Siehe *Kommission*, Aufruf (Fn. 228), ABl. EU 2005 Nr. C 63/13 (14). Vgl. auch *Pfeiffer*, Forschungs- und Technologiepolitik, S. 156.

[231] Hierzu und zur Auswahl der Vorschläge Art. 10 VO (EG) 2321/2002 (Beteiligungsregeln und Verbreitung der Forschungsergebnisse).

[232] Art. 11 VO (EG) 2321/2002 (Beteiligungsregeln und Verbreitung der Forschungsergebnisse).

[233] Art. 6 Abs. 2 lit. b, Abs. 3 Spstr. 2, Art. 7 Entscheidung 2002/834/EG (Europäischer Forschungsraum – Integration und Stärkung); Art. 6 Abs. 2 Spstr. 2, Art. 7 Entscheidung 2002/835/EG (Europäischer Forschungsraum – Ausgestaltung).

[234] Vgl. EuG, Rs. T-183/97 R – Micheli, Slg. 1997, II-1476 (Rn. 46 f.).

[235] Hierzu und zum folgenden *Pfeiffer*, Forschungs- und Technologiepolitik, S. 159 f.

verfolgen dürfte, wird die Ausschußbeteiligung in der Literatur kritisch aufgenommen.[236]

Da im Bereich der Forschung und technologischen Entwicklung zumeist nur Projekte gefördert werden, an denen mehrere Forschungseinrichtungen beteiligt sind,[237] wird die Finanzierungsvereinbarung, der sog. *Forschungsvertrag*[238], zumeist zwischen der durch die Kommission vertretenen Gemeinschaft und mehreren Finanzhilfeempfängern, dem sog. Konsortium[239], geschlossen. Einer der Finanzhilfeempfänger übernimmt dabei mit Zustimmung der Kommission die Rolle des Koordinators.[240] Dieser fungiert als Bindeglied zwischen Kommission und den übrigen Projektteilnehmern. Er ist insbesondere für die Aufteilung des von der Gemeinschaft an ihn ausgezahlten finanziellen Beitrags auf die übrigen Teilnehmer zuständig.[241] Zur Erleichterung der Ausarbeitung der Finanzierungsvereinbarungen hat die Kommission einen Modellvertrag bereitzuhalten, der „nach Rücksprache mit Betroffenen aus den Mitgliedstaaten und den assoziierten Staaten", d.h. unter Beteiligung der Wissenschaft und der Forschungsträger, zu erstellen war.[242] In dem Vertrag werden die Rechte und Pflichten aller Teilnehmer festgelegt. Der Vertrag tritt nach Unterzeichnung durch die Kommission und den Koordinator in Kraft; die anderen im Vertrag aufgeführten Teilnehmer treten ihm gemäß den darin festgelegten Bedingungen bei und

---

[236] Siehe auch *Schmidt-Aßmann*, in: FS Everling II, S. 1281 (1285); *Trute/Groß*, WissR 1994, S. 203 (234). *Pfeiffer*, Forschungs- und Technologiepolitik, S. 161 möchte deshalb de lege ferenda die Beteiligung von Komitologie-Ausschüssen auf ein reines Beratungsverfahren beschränken.

[237] Vgl. Art. 5 Abs. 1, Abs. 3 VO (EG) 2321/2002 (Beteiligungsregeln und Verbreitung der Forschungsergebnisse).

[238] Hierzu ausführlich *Pfeiffer*, Forschungs- und Technologiepolitik, S. 165 ff. Vgl. die Legaldefinition in Art. 2 Nr. 5 VO (EG) 2321/2002 (Beteiligungsregeln und Verbreitung der Forschungsergebnisse): „Vereinbarung zwischen der Gemeinschaft und den Teilnehmern über einen Zuschuss zur Durchführung einer indirekten Maßnahme, die wechselseitige Rechte und Pflichten der Gemeinschaft und der Teilnehmer der indirekten Maßnahme einerseits und der Teilnehmer dieser indirekten Maßnahme untereinander andererseits begründet".

[239] Gemäß Art. 2 Nr. 9 VO (EG) 2321/2002 (Beteiligungsregeln und Verbreitung der Forschungsergebnisse) die Gesamtheit der Teilnehmer derselben indirekten Maßnahme.

[240] Siehe Art. 2 Nr. 10 VO (EG) 2321/2002 (Beteiligungsregeln und Verbreitung der Forschungsergebnisse): „der Teilnehmer, der von den Teilnehmern derselben indirekten Maßnahme ernannt und von der Kommission akzeptiert worden ist, für den diese Verordnung und der Vertrag spezifische zusätzliche Pflichten begründen".

[241] Art. 13 Abs. 1 UAbs. 2 VO (EG) 2321/2002 (Beteiligungsregeln und Verbreitung der Forschungsergebnisse).

[242] Art. 12 Abs. 1 UAbs. 2 VO (EG) 2321/2002 (Beteiligungsregeln und Verbreitung der Forschungsergebnisse). Der Modellvertrag ist in verschiedenen Sprachfassungen zu finden unter http://www.europa.eu.int/comm/research/fp6/index_en.cfm?p=0_contracts (Stand: 15. April 2006).

Die Vollzugsebene der gemeinschaftlichen Leistungsverwaltung 175

übernehmen die mit dem Status eines Teilnehmers verbundenen Rechte und Pflichten.[243]

Die Beteiligten müssen weiterhin zur Regelung ihres Verhältnisses untereinander eine sog. *Konsortialvereinbarung* abschließen, sofern in der Aufforderung zur Einreichung von Vorschlägen nicht anderes festgelegt ist.[244] Die Kommission soll, wiederum nach Rücksprache mit den Betroffenen, unverbindliche Leitlinien zu Punkten veröffentlichen, die in dieser Vereinbarung geregelt werden können.[245] Als derartige Punkte sind beispielhaft die interne Organisation des Konsortiums, Vereinbarungen über Rechte des geistigen Eigentums und die Beilegung interner Streitfälle genannt.[246]

Die Verordnung (EG) Nr. 2321/2002 enthält wie schon die Haushaltsordnung Bestimmungen, die sich nicht in den vertraglichen Rahmen der Beziehungen zwischen Kommission und Finanzhilfeempfängern einfügen: So berührt der Abschluß eines Vertrags nicht das Recht der Kommission, eine Rückforderungsentscheidung zu treffen, die einen vollstreckbaren Titel gemäß Artikel 256 des EG-Vertrags darstellt, um von einem Teilnehmer einen geschuldeten Betrag zurückzuerhalten; immerhin muß die Kommission diesen auffordern, sich innerhalb einer festgesetzten Frist zu äußern.[247] Weiterhin ist es der Kommission gestattet, gleichfalls zur Wahrung der finanziellen Interessen bei Verstößen gegen die Verordnung oder den Vertrag den finanziellen Beitrag der Gemeinschaft einseitig zu ändern oder die indirekte Maßnahme zu unterbrechen.[248] Derartige Maßnahmen ergehen einerseits auf der Grundlage der Auswertung der Tätigkeitsberichte, die die Teilnehmer der Kommission übermitteln müssen. Auch hierbei wird die Kommission grundsätzlich von unabhängigen Sachverständigen unterstützt. Andererseits hat die Kommission das Recht, bei den Teilnehmern wissenschaftliche, technologische und finanzielle Überprüfungen durchzuführen, um sich zu vergewissern, daß die indirekte Maßnahme unter den von den Teilnehmern angegebenen Bedingungen und in Übereinstimmung mit dem Vertrag durchgeführt wird bzw. durchgeführt wurde.

---

[243] Art. 12 Abs. 2 UAbs. 2 VO (EG) 2321/2002 (Beteiligungsregeln und Verbreitung der Forschungsergebnisse).

[244] Hierzu und zum folgenden Art. 12 Abs. 5 VO (EG) 2321/2002 (Beteiligungsregeln und Verbreitung der Forschungsergebnisse).

[245] Siehe http://www.europa.eu.int/comm/research/fp6/model-contract/pdf/checklist_-en.pdf (Stand: 15. April 2006).

[246] Zur Anwendung des Wettbewerbsrechts auf derartige Vereinbarungen *Schöpe*, Förderung der Forschung, S. 164 ff.

[247] Art. 12 Abs. 4 VO (EG) 2321/2002 (Beteiligungsregeln und Verbreitung der Forschungsergebnisse).

[248] Hierzu und zum folgenden Art. 18 VO (EG) 2321/2002 (Beteiligungsregeln und Verbreitung der Forschungsergebnisse).

Die Eigenart der Forschungsförderung bringt es schließlich mit sich, daß Regelungen über die erzielten *Forschungsergebnisse* getroffen werden müssen. Die in der Verordnung (EG) Nr. 2321/2002 vorgesehenen Bestimmungen sollen den Schutz des geistigen Eigentums sowie die Nutzung und Verbreitung dieser Ergebnisse fördern.[249] Dabei geht sie davon aus, daß die Kenntnisse, die im Rahmen von indirekten Maßnahmen erworben sind, grundsätzlich „Eigentum" desjenigen Teilnehmers sind, der die hierzu führenden Arbeiten vollbracht hat.[250]

Aufgrund dieser Besonderheiten ist abschließend festzuhalten: So bedauerlich es ist, daß die Verordnung (EG) Nr. 2321/2002 nicht auf der Haushaltsordnung aufbaut, so zeigt diese Verordnung doch auch klar die Grenzen der Kodifizierung allgemeinen Leistungsverwaltungsrechts auf. Die Art der vergebenen Finanzhilfen wird stets auch bedeutende Auswirkungen auf das Vergabeverfahren und die abzuschließenden Finanzierungsvereinbarungen haben und somit umfassendere bereichsspezifische Kodifikationen erforderlich machen.

II. Die zentrale indirekte Mittelverwaltung

Wird ein Gemeinschaftsprogramm zentral indirekt verwaltet, so hat die Kommission hoheitliche Aufgaben der Programmverwaltung auf bestimmte Einrichtungen übertragen. Eine derartige Aufgabenübertragung soll in Zukunft aufgrund eines im Rahmen der Reform der Kommission ausgearbeiteten Konzepts erfolgen (1). Die Aufgaben wahrnehmende Einrichtungen können einerseits von der Kommission eingerichtete Exekutivagenturen (2) sowie die Gemeinschaftsagenturen (3), andererseits aber auch sog. nationale Agenturen (4) sein.[251]

1. Ein Konzept der Externalisierung

Die Übertragung bestimmter Aufgaben auf andere Einrichtungen durch die Kommission wird unter dem Begriff der Externalisierung zusammengefaßt.[252] Die Externalisierung ist keine neuartige Erscheinung. So wurde eine schon in den fünfziger Jahren des vergangenen Jahrhunderts erfolgte Aufgabenübertragung durch die Kommission Auslöser für die berühmt gewordene Meroni-Entscheidung des Gerichtshofs[253].

---

[249] Erwgrd. 8 S. 1 VO (EG) 2321/2002 (Beteiligungsregeln und Verbreitung der Forschungsergebnisse); siehe Art. 21 ff. VO (EG) 2321/2002.

[250] Art. 21 Abs. 2 S. 2 VO (EG) 2321/2002 (Beteiligungsregeln und Verbreitung der Forschungsergebnisse).

[251] Art. 54 Abs. 2 HO 2002.

[252] *Planungs- und Koordinierungsgruppe Externalisierung*, Bericht, S. 4. Kritische Anmerkungen zur Externalisierung bei *Mehde*, ZEuS 2001, S. 403 (444 f.).

[253] EuGH, Rs. 9/56 – Meroni, Slg. 1958, 9.

Die Forderung nach der Ausarbeitung eines Externalisierungskonzepts wurde von dem sog. Ausschuß unabhängiger Sachverständiger in seinem zweiten Bericht gestellt.[254] Der erste Bericht dieses vom Europäischen Parlament eingesetzten Ausschusses über „Anschuldigungen betreffend Betrug, Mißmanagement und Nepotismus in der Europäischen Kommission" vom 15. März 1999 hatte zum Rücktritt der damaligen Kommission geführt. In dem zweiten Bericht wurden weite Bereiche des Verwaltungshandelns der Kommission umfassend analysiert und detaillierte Vorschläge zur Beseitigung der zahlreich festgestellten Mängel gemacht. Die nachfolgende Kommission verfolgte als eine ihrer Hauptaufgaben die sog. Reform der Kommission[255]. In diesem Rahmen nahm die Entwicklung einer Politik der kohärenten und kontrollierten Externalisierung einen bedeutenden Platz ein.[256]

a. Hintergrund der Externalisierung und Ziele des Externalisierungskonzepts

Die Programmverwaltung ist spätestens ab den achtziger Jahren des vergangenen Jahrhunderts zu einem immer bedeutenderen Tätigkeitsbereich der Kommission geworden. Mit der Zunahme der Verwaltungsaufgaben ist aber die Personalausstattung nicht in entsprechendem Maße erhöht worden,[257] so daß es erforderlich wurde, auf externe verwaltungstechnische Unterstützung zurückzugreifen. Weiterhin verfügten die Kommissionsdienststellen in vielen Fällen auch nicht über die für die Programmverwaltung notwendige Fachkompetenz,[258] so daß auch deswegen die Kommission auf externe Ressourcen angewiesen war. Ein weiterer Grund hierfür ist schließlich auch darin zu sehen, daß bei den Kommissionsbediensteten zumindest bislang die Tätigkeit in der Finanzverwaltung unbeliebt und kaum mit Prestige versehen gewesen sein soll.[259]

Die Übertragung bestimmter Aufgaben auf Dritte ist an sich keineswegs unzulässig; sie kann vielmehr aus Effizienz-, Zweckmäßigkeits- und Wirt-

---

[254] *Ausschuß unabhängiger Sachverständiger*, Zweiter Bericht, I-2.3.18.ff.
[255] Hierzu insbesondere *Kommission*, Reform der Kommission, KOM(2000) 200 endg./2. Weiterhin *dies.*, Fortschrittsbericht 2003, COM(2003) 40 endg./2; *dies.*, Fortschrittsbericht 2004, KOM(2004) 93 endg. Siehe schon oben Einleitung.
[256] Siehe insbesondere *Planungs- und Koordinierungsgruppe Externalisierung*, Bericht; *Kommission*, Externalisierung und Vorschlag Exekutivagenturen, KOM(2000) 788 endg. und *dies.*, Verwaltung über ein Netz nationaler Agenturen, KOM(2001) 648 endg.
[257] *Planungs- und Koordinierungsgruppe Externalisierung*, Bericht, S. 7; vgl. auch *Craig*, ELRev 2003, S. 840 (843); *Curtin*, Evolving EU Executive, S. 6; *Mehde*, ZEuS 2001, S. 403 (407); *J.-P. Schneider*, VVDStRL 2005, S. 238 (250); *Graf*, Finanzkontrolle, S. 54.
[258] Vgl. *Kommission*, Externalisierung und Vorschlag Exekutivagenturen, KOM(2000) 788 endg., S. 3.; *Craig*, ELRev 2003, S. 840 (843).
[259] *Graf*, Finanzkontrolle, S. 54.

schaftlichkeitsgründen sogar geboten sein.²⁶⁰ Die Externalisierung erfolgte allerdings ohne ein dahinter stehendes Konzept und führte mit den BAT (bureaux d'assistance technique/Büros für technische Unterstützung) zu einem undurchsichtigen und weitgehend auch unkontrollierten Apparat von Einrichtungen, die vielfältige Aufgaben im Rahmen der Programmverwaltung wahrnahmen;²⁶¹ es war eine „Schattenwirtschaft für politisch-administrative Dienstleistungen"²⁶² entstanden. Bei den BAT handelte es sich nicht um eine einheitliche Organisationsform, sondern um eine Vielzahl unterschiedlichster privatrechtlicher Einrichtungen, die von der Kommission vertraglich zur Erbringung von Verwaltungsleistungen herangezogen wurden.²⁶³

Die Externalisierung soll nunmehr in vorgezeichneten Bahnen ablaufen,²⁶⁴ die insbesondere die vorgegebenen Grenzen²⁶⁵ beachten. Das Externalisierungskonzept soll so gestaltet sein, daß sich die Kommission auf ihre „Kerntätigkeiten", d.h. ihre vorrangigen Tätigkeiten und Aufgaben, insbesondere die Konzeption der Gemeinschaftspolitiken konzentrieren kann.²⁶⁶ Soweit dies möglich erscheint, sollen rechtliche Regelungen die Möglichkeiten, aber auch die Grenzen der Externalisierung aufzeigen. Das Externalisierungskonzept dürfte als unter demokratietheoretischem Gesichts-

---

²⁶⁰ *Ausschuß unabhängiger Sachverständiger*, Zweiter Bericht, I-2.3.1; *Craig*, ELRev 2003, S. 840 (855 f.).
²⁶¹ Ausführlich *Ausschuß unabhängiger Sachverständiger*, Zweiter Bericht, I-2.3.4.ff. Vgl. auch *Mehde*, ZEuS 2001, S. 403 (423) und *J.-P. Schneider*, VVDStRL 2005, S. 238 (250): „Wildwuchs"; *Craig*, ELRev 2003, S. 840 (844); *Koch*, EuZW 2005, S. 455 (455).
²⁶² *J.P. Schneider*, VVDStRL 2005, S. 238 (250).
²⁶³ *Ausschuß unabhängiger Sachverständiger*, Zweiter Bericht, I-2.1.13 f. Siehe auch *Lübbe-Wolff*, VVDStRL 2001, S. 246 (270 f.); *Kommission*, Externalisierung und Vorschlag Exekutivagenturen, KOM(2000) 788 endg., S. 3.
²⁶⁴ *Kommission*, Reform der Kommission I, KOM(2000) 200 endg./2, S. 11: „Ordnung in die bereits eingeführte Praxis".
²⁶⁵ Siehe unten Kap. 3 B.II.1.c.
²⁶⁶ *Kommission*, Reform der Kommission I, KOM(2000) 200 endg./2., S. 11; *dies.*, Externalisierung und Vorschlag Exekutivagenturen, KOM(2000) 788 endg., S. 3. Vgl. auch *Craig*, ELRev 2003, S. 840 (844); *Curtin*, Evolving EU Executive, S. 14; *Graf*, Finanzkontrolle, S. 54; *Mehde*, ZEuS 2001, S. 403 (423); *Priebe*, in: FS Steinberger, S. 1347 (1348).
Ähnlich die Argumentation der Kommission bei der Neuordnung des Kartellverfahrensrechts; siehe *Kommission*, Weißbuch Kartellverfahren, 1999, Tz. 42: „Die Kommission vertritt die Auffassung, daß sie (...) über einen verfahrensrechtlichen Rahmen verfügen muß, der es ihr ermöglicht, ihre Tätigkeit wieder auf die Bekämpfung schwerer Rechtsverletzungen zu konzentrieren.". Die Neuordnung des Kartellverfahrensrecht erfolgte sodann durch VO (EG) 1/2003 (Kartellverfahren); zur Rolle der Kommission hiernach *Schöler*, Reform des Kartellverfahrensrechts, S. 157 ff.; ferner *Pace*, EuZW 2004, S. 301 ff.; *Sauter*, in: Dauses, HdbEUWiR II (EL 13), H I § 3 Rn. 25 ff.

punkt begrüßenswertem Nebeneffekt mit sich bringen, daß die Verwaltungsstruktur der Gemeinschaft transparenter wird.[267]

b. Formen der Externalisierung

Externalisierung kann in Form der Dekonzentration, der Dezentralisierung und des Outsourcing erfolgen.[268] Dabei meint *Dekonzentration* die Übertragung von Zuständigkeiten auf bestehende oder neu geschaffene öffentliche Einrichtungen der Gemeinschaft mit ausführender Funktion; diese Einrichtungen werden als Teil einer erweiterten Verwaltungsarchitektur der Gemeinschaft bezeichnet. Hierunter fällt die Verwaltung der Gemeinschaftsprogramme durch Exekutivagenturen sowie durch die Gemeinschaftsagenturen.[269] *Dezentralisierung* bezeichnet die Übertragung von Zuständigkeiten an nationale öffentliche Einrichtungen, die als zwischengeschaltete Stellen für die Durchführung bestimmter Gemeinschaftspolitiken fungieren. Hierunter fällt die Verwaltung der Gemeinschaftsprogramme über ein Netz nationaler Agenturen.[270]

Bei der Auftragsvergabe an Private (*Outsourcing*) schließlich werden durch Vertrag bestimmte Aufgaben an Einrichtungen des Privatsektors übertragen. Sofern diese Einrichtungen nicht als nationale Agentur tätig werden, dürfen ihnen nur Aufgaben übertragen werden, die im Bereich der technischen Beratung oder aber vorbereitender oder untergeordneter Art sind und weder die Ausübung hoheitlicher Befugnisse noch eine Ermessensbefugnis umfassen.[271] Durch diese Bestimmung wird die frühere Praxis der

---

[267] Vgl. *Koch*, EuZW 2005, S. 455 (459).
[268] *Planungs- und Koordinierungsgruppe Externalisierung*, Bericht, S. 4 f. Die Terminologie in den verschiedenen Dokumenten der Gemeinschaft, die sich mit der Externalisierung beschäftigen, ist allerdings nicht einheitlich. In *Kommission*, Reform der Kommission II, KOM(2000) 200 endg./2, S. 20 wird sogar die Übertragung von Zuständigkeiten auf nationale öffentliche Einrichtungen, die als zwischengeschaltete Stellen für die Durchführung bestimmter Gemeinschaftspolitiken fungieren, sowohl der Dekonzentration als auch der Dezentralisierung zugeordnet. Siehe auch *Koch*, Externalisierungspolitik, S. 25 f.; *ders.*, EuZW 2005, S. 455 (456).
[269] Dazu unten Kap. 3 B.II.2. bzw. Kap. 3 B.II.3.
[270] Dazu unten Kap. 3 B.II.4.
[271] Art. 57 Abs. 2 HO 2002. Vom Outsourcing zu unterscheiden ist wiederum die Wahrnehmung von Aufgaben durch einen neuen „Typ von Ämtern mit unterstützenden und adminstrativen Aufgaben bei der Europäischen Kommission"; vgl. *Kommission*, Neuer Typ von Ämtern, KOM(2002) 264 endg. Damit sind gesonderte administrative Einrichtungen gemeint, die die Aktivitäten anderer Dienststellen der Kommission und möglicherweise auch anderer EU-Organe unterstützen sollen, die allerdings nicht rechtlich verselbständigt sind. Die Ämter sollen ein Mittel sein, mit dem die Kommission wie auch andere EU-Organe den berechtigten Forderungen nach optimalem Ressourceneinsatz und nach höchster Leistungsqualität nachkommen könnten, insbesondere dadurch, daß Fachzentren mit klarem Profil entstünden. Siehe nunmehr das Amt für die Feststellung und Abwicklung indi-

Kommission, Private mit nach außen gerichteten Entscheidungsbefugnissen auszustatten, nunmehr ausdrücklich für unzulässig erklärt. Bei der Heranziehung Privater sind weiterhin die Vorschriften über die Auftragsvergabe einzuhalten.[272] Da das Outsourcing nur zu einem nachrangigen und lediglich intern wirkenden Tätigwerden Privater führen darf, nimmt es in den nachfolgenden Ausführungen keine eigenständige Rolle ein. Allerdings sollte nicht der Hinweis unterbleiben, daß es sicherlich zu Abgrenzungsschwierigkeiten zwischen den Aufgaben im Bereich der technischen Beratung und vorbereitender oder untergeordneter Art einerseits und hoheitlichen Aufgaben andererseits kommen dürfte.[273]

c. Grenzen der Externalisierung

Nach einer zentralen Bestimmung in der neuen Haushaltsordnung[274] darf die Kommission im Rahmen der zentralen indirekten Mittelverwaltung[275] Dritten keine Durchführungsbefugnisse übertragen, die ihr durch die Verträge zugewiesen werden, wenn mit diesen Befugnissen ein großer Ermessensspielraum für politische Optionen verbunden ist. Die Erfüllung der genau

---

vidueller Ansprüche (Beschluß 2003/522/EG) sowie die Ämter für Gebäude, Anlagen und Logistik in Brüssel bzw. Luxemburg (Beschluß 2003/523/EG bzw. Beschluß 2003/524/EG). Siehe auch die interinstitutionellen Ämter für Personalauswahl (Beschlüsse 2002/620/EG und 2002/621/EG) und für amtliche Veröffentlichungen (Beschluß 2000/459/EG, EGKS, Euratom). Zum Amt für Betrugsbekämpfung (OLAF) siehe ausführlicher unten Kap. 4 A.

[272] Art. 40 DVO HO 2002 i.V.m. Art. 88 ff. HO 2002, Art. 116 ff. DVO HO 2002.
[273] Vgl. *Craig*, ELRev 2003, S. 840 (852).
[274] Art. 54 Abs. 1 S. 1 HO 2002.
[275] Ob sich diese Bestimmung nur auf die zentrale indirekte Mittelverwaltung bezieht oder ob sie auch für die geteilte, die dezentrale und die gemeinsame Mittelverwaltung gelten soll, kann nicht eindeutig festgestellt werden. Ihr Wortlaut läßt den weiten Geltungsbereich zu: Vom Begriff des „Dritten" können Mitgliedstaaten, Drittstaaten und internationale Organisationen durchaus erfaßt sein. Auch systematische Argumente sprechen für den weiten Geltungsbereich: Art. 54 Abs. 2 und Abs. 3 HO 2002 beschränken sich ausdrücklich auf die zentrale indirekte Mittelverwaltung, Art. 54 Abs. 1 HO 2002 hingegen nicht. Auch Erwgrd. 17 S. 1 HO 2002 läßt sich keinerlei Einengung entnehmen. Allerdings wird die Aufgabenverteilung bei der geteilten Mittelverwaltung nicht durch die Kommission, sondern durch den Gemeinschaftsgesetzgeber festgelegt: Dieser und nicht die Kommission weist den Mitgliedstaaten die Durchführungsbefugnisse zu, so daß die Vorschrift zumindest bei der geteilten Mittelverwaltung ins Leere laufen würde. Auch noch ein weiteres systematisches Argument, das auf eine Beschränkung auf die zentrale indirekte Mittelverwaltung hindeutet, kann angeführt werden: Nur im Hinblick auf die zentrale indirekte Mittelverwaltung wird ausdrücklich auf Art. 54 ff. HO 2002 verwiesen (Art. 53 Abs. 2 HO 2002), nicht aber im Hinblick auf die anderen Verwaltungsmodelle.

Die Vollzugsebene der gemeinschaftlichen Leistungsverwaltung

festzulegenden Durchführungsaufgaben ist weiterhin von der Kommission in vollem Umfang zu kontrollieren.[276]

Die Zielrichtung dieser Bestimmungen ist eindeutig: Die Kommission als das zur Durchführung des Gemeinschaftsrechts in der Regel zuständige Gemeinschaftsorgan muß diejenigen Verwaltungsaufgaben selbst wahrnehmen, in denen Entscheidungen getroffen werden, die rechtlich nicht im einzelnen, sondern nur in groben Umrissen vorgegeben sind, solche Aufgaben also, mit denen „Politik" gemacht werden kann. Neben der Durchführungsrechtsetzung sind damit im Bereich der gemeinschaftlichen Leistungsverwaltung in erster Linie die ein- und mehrjährige Programmplanung angesprochen, da in dieser für den Planungszeitraum die Prioritäten der Förderung festgelegt wird. In Einzelfällen kann aber durchaus auch mit einer individuellen Förderentscheidung die Ausübung eines politischen Spielraums verbunden sein, z.B. bei der Entscheidung über die Förderung bestimmter Forschungsvorhaben.[277] Die Kommission möchte aber vor allem auch nur diese Verwaltungsaufgaben selbst wahrnehmen. Die Konzentration auf die Kerntätigkeiten[278] meint die Konzentration auf gerade diese „politischen Entscheidungen". Bei Massenverwaltungsvorgängen hingegen, die zwar möglicherweise noch mit einem gewissen Entscheidungsspielraum verbunden sind, der jedoch nicht zur Politikgestaltung genutzt werden kann, genügt es, daß die Kommission die Durchführung der Verwaltungsaufgaben kontrolliert. Im Grundsatz besteht somit eine klare Trennung zwischen den „auch politischen" und den „rein vollziehenden" Verwaltungsaufgaben. Die Zuordnung einer konkreten Durchführungsaufgabe zu einer dieser beiden Arten dürfte aber nicht immer einfach sein, zumal faßbarere Kriterien für die Abgrenzung kaum aufgestellt werden können. Im Zweifel scheint es eher angebracht, die Kommission als zu ihrer Wahrnehmung verpflichtet anzusehen.

In diesen Bestimmungen kommt jedoch nicht nur die Vorstellung der Kommission über ihre zukünftig wahrzunehmende Rolle zum Ausdruck. In ihnen wird vielmehr ein in der Meroni-Entscheidung hinsichtlich der Aufgabenauslagerung aufgestellter Grundsatz[279] kodifiziert. In dieser Entscheidung nahm der Gerichtshof eine Aufteilung in „genau umgrenzte Ausführungsbefugnisse" und „Befugnisse, die nach freiem Ermessen auszuüben sind und die einen weiten Ermessensspielraum voraussetzen", vor. Letztere ermöglichen, „je nach der Art ihrer Ausübung, die Verwirklichung einer ausgesprochenen Wirtschaftspolitik". Politische Entscheidungen dürfe die

---

[276] Art. 54 Abs. 1 S. 2 HO 2002. Zur Spezialfrage der Haftung der Gemeinschaft bei der Externalisierung siehe jüngst *Koch*, EuZW 2005, S. 455 (457 f.).
[277] Siehe oben Kap. 3 B.I.3.
[278] Siehe schon oben Kap. 3 B.II.1.
[279] Zum folgenden EuGH, Rs. 9/56 – Meroni, Slg. 1958, 9 (43 f.).

Kommission nicht auf Dritte übertragen. Eine Übertragung sei nur bei den genau umgrenzten Ausführungsbefugnissen zulässig; Voraussetzung für die Übertragung ist allerdings, daß die Kommission ihre Ausübung „in vollem Umfang beaufsichtigt". Der Gemeinschaftsgesetzgeber hat diese Ausführungen nahezu wörtlich in die Bestimmungen in der Haushaltsordnung übernommen. Ob allerdings tatsächlich eine Bindung aufgrund einer primärrechtlichen Vorgabe bestand, ist fraglich. Die Sachverhaltskonstellation, die der Meroni-Entscheidung zugrunde lag, fiel in den Anwendungsbereich des EGKSV. Dieser Vertrag sah die Schaffung von Einrichtungen durch die Kommission vor, die sie zur Durchführung ihrer Aufgaben für erforderlich hielt und die unter ihrer Kontrolle tätig werden sollten (Art. 53 Abs. 1 lit. a). Eine vergleichbare Bestimmung über die Externalisierung sieht der EGV allerdings gerade nicht vor. Ob dieser Aspekt einer Bindung möglicherweise entgegensteht, ist bislang nicht hinreichend berücksichtigt worden.[280] Die Annahme einer Bindung erklärt sich allerdings wohl vor allem mit dem Teil der Begründung des Gerichtshofs, der nicht auf diese Vertragsbestimmung abstellt: Eine Übertragung von Aufgaben, die die Ausübung bedeutsamer Ermessensspielräume beinhalten, verletze „das für den organisatorischen Aufbau der Gemeinschaft kennzeichnende Gleichgewicht der Gewalten", also das später auch bezüglich des EGV als solches bezeichnete „institutionelle Gleichgewicht"[281]. Ob dieses allerdings tatsächlich verletzt wäre, ist gleichfalls fraglich. Schließlich geht es nicht darum, daß Befugnisse, die das Primärrecht einem Organ zuweist, von einem anderen Organ ausgeübt werden sollen. Vielmehr geht es um die Frage, inwieweit ein Organ die ihm zugewiesenen Befugnisse selbst ausüben muß bzw. die Ausübung dieser Befugnisse auf Dritte übertragen darf. Im Ergebnis jedoch können diese Fragen im vorliegenden Untersuchungszusammenhang dahingestellt bleiben. Die Bestimmungen in der Haushaltsordnung, die sicherlich nicht gegen das Primärrecht verstoßen, gelten für die Kommission nunmehr jedenfalls kraft sekundärrechtlicher Anordnung.[282]

---

[280] Die Übertragbarkeit ohne weiteres annehmend EuG, Rs. T-369/94 u. T-85/95 – DIR International Film, Slg. 1998, II-357 (Rn. 52); in der Sache auch EuGH, Gutachten 1/76 – Stillegungsfonds für die Binnenschiffahrt, Slg. 1977, 741 (Rn. 15 f.).

[281] Siehe nur EuGH, Rs. C-316/91 – Parlament/Rat, Slg. 1994, I-625 (Rn. 11 f.); *Calliess*, in: ders./Ruffert, EUV/EGV², Art. 7 EGV Rn. 8 ff.; *Brenner*, Gestaltungsauftrag, S. 177 ff.; *Koch*, Externalisierungspolitik, S. 142 ff. Speziell im Hinblick auf die Externalisierungsproblematik *Winter*, EuR 2005, S. 255 (263). Vgl. auch Erwgrd. 5 S. 1 VO (EG) 58/2003 (Statut der Exekutivagenturen): „Bei der Auslagerung der Verwaltungsaufgaben sollten jedoch die Grenzen gewahrt werden, die sich aus dem mit dem Vertrag geschaffenen institutionellen System ergeben."

[282] Erwägen könnte man auch, daß Art. 54 Abs. 1 HO 2002 durch Art. 274 Abs. 1 S. 1 EGV primärrechtlich vorgegeben ist. Aus dieser Vorschrift ergibt sich immerhin auch eine Verpflichtung der Kommission zur Ausführung des Haushaltsplans. Bei dem hier vertretenen Verständnis des Verhältnisses von Verwaltungsvollzug und Haushaltsvollzug ist

2. Die Exekutivagentur als besondere Organisationsform der gemeinschaftlichen Leistungsverwaltung

Im Rahmen der Reform der Kommission wurde die Exekutivagentur als neue, mit eigener Rechtsfähigkeit ausgestattete Organisationsform der gemeinschaftlichen Leistungsverwaltung entwickelt. Die Kommission bezeichnet die Exekutivagenturen[283] als die größte Neuerung,[284] als das innovativste Instrument in ihrer Externalisierungsstrategie.[285] Die Exekutivagenturen sollen an die Stelle der bisherigen BAT treten.

Exekutivagenturen sind nach einer Legaldefinition[286] von der Kommission geschaffene juristische Personen des Gemeinschaftsrechts[287], die beauftragt werden können, für Rechnung und unter Aufsicht der Kommission ein gemeinschaftliches Programm oder Vorhaben ganz oder teilweise durchzuführen. Nach einer weiteren Legaldefinition[288] sind Exekutivagenturen mit einer gemeinwirtschaftlichen Aufgabe betraute Gemeinschaftseinrichtungen, die die Kommission unter ihrer Kontrolle und Verantwortung mit bestimmten Aufgaben zur Verwaltung der Gemeinschaftsprogramme beauftragen kann.[289] Aus der erstgenannten Definition ergibt sich schon ein bedeutender Unterschied zu den herkömmlichen Agenturen, den Gemeinschaftsagenturen[290]: Anders als diese werden die Exekutivagenturen nicht

---

dieser Begründungsansatz jedoch zum Scheitern verurteilt, da es um die Übertragung von Aufgaben des Verwaltungsvollzuges geht, für die Art. 274 Abs. 1 S. 1 EGV keinerlei Regelungen enthält.

[283] Dieser Begriff geht auf *Ausschuß unabhängiger Sachverständiger*, Zweiter Bericht, I-2.3.27. zurück.

[284] *Kommission*, Externalisierung und Vorschlag Exekutivagenturen, KOM(2000) 788 endg., S. 16.

[285] *Kommission*, Verwaltung über ein Netz nationaler Agenturen, KOM(2001) 648 endg., S. 5.

[286] Art. 55 Abs. 1 HO 2002.

[287] Eine öffentlich-rechtliche Gemeinschaftseinrichtung, so *Kommission*, Externalisierung und Vorschlag Exekutivagenturen, KOM(2000) 788 endg., S. 17.

[288] Art. 1, Art. 4 Abs. 1 VO (EG) 58/2003 (Statut der Exekutivagenturen).

[289] Zur Charakterisierung auch *Kommission*, Externalisierung und Vorschlag Exekutivagenturen, KOM(2000) 788 endg., S. 16 f.

[290] Der Gemeinschaftsgesetzgeber hat schon früher als Agenturen bezeichnete Einrichtungen geschaffen: Europäische Agentur für Zusammenarbeit (VO [EWG] 3245/81; diese Agentur hat ihre Tätigkeit allerdings niemals aufgenommen), Europäische Umweltagentur (VO [EWG] 1210/90; zu dieser Agentur *Breier*, NuR 1995, S. 516 ff.; *Ladeur*, NuR 1997, S. 8 ff.; *Sommer*, Verwaltungskooperation am Beispiel administrativer Informationsverfahren, insbesondere S. 519 ff.; *Runge*, DVBl. 2005, S. 542 ff.), Europäische Arzneimittelagentur (VO [EWG] 2309/93, nunmehr VO [EG] 726/2004; zu dieser Agentur *Spalcke*, Arzneimittelzulassungsverfahren, S. 10 ff., 20 ff.; *Blattner*, Produktzulassungsverfahren, S. 81 f.; *Sydow*, Verwaltungsmodelle, in: Bauschke u.a., Pluralität des Rechts, S. 9 [23]), Europäische Agentur für Sicherheit und Gesundheitsschutz am Arbeitsplatz (VO [EG] 2062/94), Europäische Agentur für den Wiederaufbau (VO [EG] 2454/1999,

durch einen Gründungsakt des Rates, sondern durch einen solchen der Kommission geschaffen.[291] Schon dies legt eine deutlich engere Anbindung der Exekutivagenturen an die Kommission nahe. In beiden Definitionen wird

---

nunmehr VO [EG] 2667/2000), Europäische Agentur für die Sicherheit des Seeverkehrs (VO [EG] 1406/2002), Europäische Agentur für Flugsicherheit (VO [EG] 1592/2002, zu dieser Agentur *Riedel*, Gemeinschaftsagenturen, in: Schmidt-Aßmann/Schöndorf-Haubold, Europäischer Verwaltungsverbund, S. 103 [105 ff.]; *ders.*, Gemeinschaftszulassung für Luftfahrtgerät), Europäische Agentur für Netz- und Informationssicherheit (VO [EG] 460/2004), Europäische Eisenbahnagentur (VO [EG] 881/2004, dazu *Kommission*, Vorschlag Eisenbahnagentur, KOM[2002] 23 endg.) und Europäische Fischereiaufsichtsagentur (VO [EG] 768/2005, dazu *Kommission*, Vorschlag Fischereiaufsichtsbehörde, KOM[2004] 289 endg.). Die Errichtung einer „Europäischen Agentur für chemische Stoffe" ist geplant; vgl. *Kommission*, Vorschlag Chemikalienrecht, KOM(2003) 644 endg.; dazu *Rengeling*, DVBl. 2005, S. 393 ff.

Parallele Strukturen, insbesondere die Gründung durch einen Akt des Gemeinschaftsgesetzgebers, weisen auf: Europäisches Zentrum für die Förderung der Berufsbildung (VO [EWG] 337/75), Europäische Stiftung zur Verbesserung der Lebens- und Arbeitsbedingungen (VO [EWG] 1365/75), Europäische Stiftung für Berufsbildung (VO [EWG] 1360/90), Europäische Beobachtungsstelle für Drogen und Drogensucht (VO [EWG] 302/93), Harmonisierungsamt für den Binnenmarkt (Marken, Muster und Modelle) (VO [EG] 40/94; zu diesem Amt *Eisenführ/Schennen*, Gemeinschaftsmarkenverordnung, S. 925 ff. [Kommentierung der Art. 111 ff.]), Gemeinschaftliches Sortenamt (VO [EG] 2100/94), Übersetzungszentrum für die Einrichtungen der Europäischen Union (VO [EG] 2965/94), Europäische Stelle zur Beobachtung von Rassismus und Fremdenfeindlichkeit (VO [EG] 1035/97; diese Stelle soll in einer „Agentur der Europäischen Union für Grundrechte" aufgehen, vgl. *Kommission*, Agentur für Grundrechte, KOM[2005] 280 endg.), Europäische Behörde für Lebensmittelsicherheit (VO [EG] 178/2002) und Europäisches Zentrum für die Prävention und die Kontrolle von Krankheiten (VO [EG] 851/2004).

Zu den Gemeinschaftsagenturen siehe *Europäische Union*, Dezentrale Einrichtungen, und aus rechtswissenschaftlicher Sicht ausführlich *Fischer-Appelt*, Agenturen; *Berger*, Einrichtungen des Gemeinschaftsrechts; *Priebe*, Entscheidungsbefugnisse vertragsfremder Einrichtungen; weiterhin *Schmidt-Aßmann*, in: FS Häberle, S. 395 (401); *Riedel*, Gemeinschaftsagenturen, in: Schmidt-Aßmann/Schöndorf-Haubold, Europäischer Verwaltungsverbund, S. 103 (110 ff.); *ders.*, Gemeinschaftszulassung für Fluggerät, § 8; *Koch*, Externalisierungspolitik, S. 56 ff.; *ders.*, EuZW 2005, S. 455 (455 ff.); *Uerpmann*, AöR 2000, S. 551 (554 ff.); vgl. auch *Groß*, EuR 2005, S. 54 ff.; *Craig/de Búrca*, Evolution, S. 45 ff.; *Winter*, EuR 2005, S. 255 (257). *Fischer-Appelt* definiert die Gemeinschaftsagenturen als relativ unabhängige Einrichtungen, die auf Dauer angelegt, mit speziellen eigenständigen Aufgaben befaßt und als Einrichtungen des Gemeinschaftsrechts mit eigener Rechtspersönlichkeit ausgestattet sind (a.a.O. S. 38). Die Europäische Union (a.a.O. S. 3) beschreibt die Gemeinschaftsagenturen wie folgt: „Eine Gemeinschaftsagentur ist eine nicht mit den Gemeinschaftsinstitutionen (Rat, Parlament, Kommission usw.) zusammenhängende Einrichtung des europäischen öffentlichen Rechts mit eigener Rechtspersönlichkeit. Ihre Schaffung erfolgt durch einen Rechtsakt des abgeleiteten Gemeinschaftsrechts, in dem die technischen, wissenschaftlichen und administrativen Aufgaben der Agentur geregelt sind."

[291] Siehe auch *Koch*, EuZW 2005, S. 455 (457).

denn auch die starke Stellung der Kommission gegenüber den Exekutivagenturen besonders hervorgehoben.[292]

a. Der Rechtsrahmen, insbesondere die Verordnung (EG) Nr. 58/2003

Einige wenige Regelungen über die Exekutivagenturen finden sich in der neuen Haushaltsordnung. Im wesentlichen wird allerdings auf eine aus damaliger Sicht noch zu erlassende Ratsverordnung verwiesen,[293] die die Bedingungen und Modalitäten der Einrichtung und Funktionsweise der Exekutivagenturen regeln soll. Diese Verordnung erging in Form der „Verordnung (EG) Nr. 58/2003 des Rates vom 19. Dezember 2002 zur Festlegung des Statuts der Exekutivagenturen, die mit bestimmten Aufgaben bei der Verwaltung von Gemeinschaftsprogrammen beauftragt werden"[294]. Durch diese Verordnung wird keine Exekutivagentur gegründet;[295] vielmehr will sie nur einen allgemeinen Rahmen setzen, der bei jeder zukünftig erfolgenden Errichtung einer Exekutivagentur einzuhalten ist.[296] Die Verordnung (EG) Nr. 58/2003 enthält damit *allgemeines Verwaltungsorganisationsrecht*.

Gestützt ist die Verordnung (EG) Nr. 58/2003 auf Art. 308 EGV und damit auf eine Bestimmung, der sich nicht ohne weiteres entnehmen läßt, daß sie zur Schaffung einer erweiterten gemeinschaftlichen Organisationsstruktur ermächtigt. Im Hinblick auf die Errichtung von Gemeinschaftsagenturen ist die Heranziehung von *Art. 308 EGV als Rechtsgrundlage* schon ausführlich erörtert worden: Dabei bildet den Ausgangspunkt, daß der weit gefaßte Wortlaut der Vorschrift die Befugnis zur Gründung einer rechtlich selbständigen Gemeinschaftsagentur jedenfalls nicht ausschließt.[297] „Vorschriften" umfaßten auch solche Bestimmungen, die nichts vorschrieben, sondern eine Einrichtung schafften.[298] Die gebotene Abgrenzung zu Art. 48 EUV[299] möge zwar eine einschränkende Auslegung des Art. 308

---

[292] Ausführlich unten Kap. 3 B.II.2.b. Siehe auch schon *Schenk*, Leistungsverwaltung, in: Schmidt-Aßmann/Schöndorf-Haubold, Europäischer Verwaltungsverbund, S. 265 (281 ff.).

[293] Art. 55 Abs. 1 HO 2002.

[294] Siehe dazu den Verordnungsvorschlag vom Dezember 2000 *Kommission*, Externalisierung und Vorschlag Exekutivagenturen, KOM(2000) 788 endg., S. 16 ff.

[295] Vgl. *Kommission*, Externalisierung und Vorschlag Exekutivagenturen, KOM(2000) 788 endg., S. 17.

[296] Siehe Art. 3 Abs. 5 VO (EG) 58/2003 (Statut der Exekutivagenturen).

[297] *Fischer-Appelt*, Agenturen, S. 96.

[298] *Schwartz*, in: Groeben/Schwarze, EUV/EGV IV⁶, Art. 308 EGV Rn. 196; *Remmert*, EuR 2003, S. 134 (137) unter Hinweis auf andere Sprachfassungen; auch *Streinz*, in: ders., EUV/EGV, Art. 308 EGV Rn. 34; speziell im Hinblick auf die Errichtung eines Europäischen Kartellamts *Merz*, EuZW 1990, S. 405 (406 ff.); siehe auch *Pühs*, Vollzug, S. 357 ff.

[299] Siehe hierzu *Häde/Puttler*, EuZW 1997, S. 13 ff.; *Remmert*, EuR 2003, S. 134 (138 f.); *Uerpmann*, AöR 2000, S. 551 (559 f.).

EGV rechtfertigen; eine solche eröffne aber kein spezielles Argument für einen generellen Ausschluß einer Agenturgründung nach Art. 308 EGV.[300] Vielmehr sei es gerade Zweck dieser Vorschrift, im Einzelfall ungenügende Handlungsmittel der Organe zu ergänzen.[301] Grenzen für die Gründung von Agenturen ließen sich besser aus anderen Vorschriften entwickeln.[302] Die prinzipielle Zulässigkeit der Gründung einer Gemeinschaftsagentur auf der Grundlage des Art. 308 EGV ist jedenfalls zu Recht allgemein anerkannt. Im übrigen stützt die Gemeinschaft Agenturgründungen mittlerweile vermehrt auf die – ohnehin im Vergleich zu Art. 308 EGV vorrangigen[303] – Sachkompetenzen.[304] So haben das Europäische Parlament und der Rat für die Verordnung (EG) Nr. 1592/2002 zur Festlegung gemeinsamer Vorschriften für die Zivilluftfahrt und zur Errichtung einer Europäischen Agentur für Flugsicherheit auf Art. 80 Abs. 2 EGV zurückgegriffen.[305]

Im Hinblick auf die Verordnung (EG) Nr. 58/2003 ist eine Behandlung der Problematik unter erweiterten Vorzeichen angebracht. Durch diese Verordnung wird, wie bereits erwähnt, keine Exekutivagentur geschaffen, sondern der Kommission lediglich die Möglichkeit eröffnet, auf ihrer Grundlage derartige Einrichtungen zu errichten. Es ist also zu fragen, ob Art. 308 EGV es auch erlaubt, allgemeines Verwaltungsorganisationsrecht zu erlassen, das es gestattet, mittelbar auf seiner Grundlage durch Rechtsakt der Kommission die Organisationsstruktur der Gemeinschaft zu erweitern, mithin eine Kreationsbefugnis der Kommission zu schaffen[306].

In dem auf die Wahl der Rechtsgrundlage bezogenen Erwägungsgrund[307] heißt es: „Im Vertrag sind für die Annahme der vorliegenden Verordnung keine anderen Befugnisse als die aus Artikel 308 vorgesehen."[308] Diese Aussage kann jedenfalls die aufgeworfene Frage nicht zufriedenstellend

---

[300] *Fischer-Appelt*, Agenturen, S. 96.

[301] *Remmert*, EuR 2003, S. 134 (137).

[302] So *Fischer-Appelt*, Agenturen, S. 96 f. Vgl. auch *Uerpmann*, AöR 2000, S. 551 (560) mit dem Hinweis auf das „institutionelle Gleichgewicht" (siehe schon oben Kap. 3 B.II.1.c.).

[303] Zur Subsidiarität des Art. 308 EGV („sind in diesem Vertrag die erforderlichen Befugnisse nicht vorgesehen") *Streinz*, in: ders., EUV/EGV, Art. 308 EGV Rn. 28 ff.; *Bitterlich*, in: Lenz/Borchardt, EUV/EGV³, Art. 308 EGV Rn. 16 f.; *H. P. Ipsen*, Europäisches Gemeinschaftsrecht, § 20 Rn. 42. Vgl. auch *Fischer-Appelt*, Agenturen, S. 86 f.

[304] Vgl. *Kommission*, Europäische Regulierungsagenturen, KOM(2002) 718 endg., S. 4.

[305] Dazu *Riedel*, Gemeinschaftszulassung für Luftfahrtgerät, § 9 A. Die Verordnung, mit der die Europäische Agentur für chemische Stoffe geschaffen werden soll (siehe oben Fn. 290), soll auf Art. 95 EGV gestützt werden.

[306] Vgl. *Koch*, EuZW 2005, S. 455 (457).

[307] Erwgrd. 20 VO (EG) 58/2003 (Statut der Exekutivagenturen).

[308] Siehe auch *Kommission*, Externalisierung und Vorschlag Exekutivagenturen, KOM(2000) 788 endg., S. 6: „Rahmenverordnung des Rates, die gemäß Artikel 308 EG-Vertrag anzunehmen ist".

beantworten. Sie läuft darauf hinaus, daß Art. 308 EGV stets dann herangezogen werden darf, wenn sich keine andere Kompetenz aus dem Vertrag ergibt, der Rat aber ein Tätigwerden der Gemeinschaft für wünschenswert hält. Damit stünde allerdings der Gemeinschaft die Kompetenz-Kompetenz zur Verfügung. Art. 308 EGV knüpft jedoch die Kompetenz an die Erforderlichkeit zur Verwirklichung der Ziele des Vertrages; die Vorschrift bildet also nicht die Grundlage für eine Vertragserweiterung, sondern für eine Vertragsanwendung, nicht für eine Kompetenzausdehnung, sondern für eine Kompetenzwahrnehmung.[309]

Zur Beantwortung der Frage ist zunächst zu bedenken, daß die Exekutivagenturen Aufgaben im Rahmen von Basisrechtsakten erfüllen sollen, die sich in der Regel nicht auf Art. 308 EGV, sondern auf andere Vertragsbestimmungen stützen werden. Auf der Grundlage dieser Sachkompetenzen könnte der Gemeinschaftsgesetzgeber auch in der Regel selbst Exekutivagenturen schaffen. Bei einem derartigen Vorgehen würde jedoch die mit der Verordnung (EG) Nr. 58/2003 beabsichtigte Kohärenz der Externalisierung nur ungleich schwerer erreicht, da der Gemeinschaftsgesetzgeber immer dieselben Organisationsstrukturen schaffen müßte. Vor allem aber würde nicht die Kommission über die Externalisierung entscheiden. Soll dies gewährleistet sein, so bleibt für die Rechtsgrundlage des Organisationsstatuts nur ein Rückgriff auf Art. 308 EGV.

Zuzugeben ist zwar, daß der sachgerechte Vollzug des Gemeinschaftsrechts nicht ausdrücklich als Ziel der Gemeinschaft erwähnt wird. Jedoch gehört zu den Zielen der Gemeinschaft im Sinne von Art. 308 EGV auch die in Art. 2 EGV genannte Durchführung der in den Artikeln 3 und 4 genannten gemeinsamen Politiken und Maßnahmen.[310] Zu der Durchführung in diesem Sinne kann man aber auch den gegebenenfalls gemeinschaftseigenen Vollzug im Bereich dieser Gemeinschaftspolitiken rechnen. Der sachgerechte gemeinschaftseigene Vollzug bildet dann auch ein Ziel der Gemeinschaft im Sinne von Art. 308 EGV.[311] Und dessen Kohärenz kann durch die Schaffung

---

[309] So prägnant *Schwartz*, in: Groeben/Schwarze, EUV/EGV IV⁶, Art. 308 EGV Rn. 13. Weiterhin *Häde/Puttler*, EuZW 1997, S. 13 (14); *Bitterlich*, in: Lenz/Borchardt, EUV/EGV³, Art. 308 EGV Rn. 10.

[310] *Schwartz*, in: Groeben/Schwarze, EUV/EGV IV⁶, Art. 308 EGV Rn. 13; ferner *Zuleeg*, in: Groeben/Schwarze, EUV/EGV I⁶, Art. 2 EGV Rn. 13; *Streinz*, in: ders., EUV/EGV, Art. 308 EGV Rn. 18; *Schreiber*, in: Schwarze, EU-Kommentar, Art. 308 EGV Rn. 10.

[311] Art. 308 EGV verlangt nach seinem Wortlaut weiterhin die Verwirklichung des Ziels im Rahmen des Gemeinsamen Marktes. Die Bedeutung dieses Begriffs ist zwar umstritten; siehe *Streinz*, in: ders., EUV/EGV, Art. 308 EGV Rn. 18; *Bitterlich*, in: Lenz/Borchardt, EUV/EGV³, Art. 308 EGV Rn. 10. Jedenfalls aber hat die VO (EG) 58/2003 keinerlei negative Auswirkungen auf das System des Gemeinsamen Marktes, so daß auch diese Voraussetzung erfüllt ist.

einer einheitlichen Organisationsform erreicht werden. Die Erforderlichkeit hierfür wird durch die frühere Externalisierungspraxis eindrucksvoll belegt.[312]

Damit ist aber noch nichts darüber ausgesagt, daß der Rat der Kommission die Entscheidung über die Errichtung der jeweiligen Exekutivagentur überlassen darf. Hierfür sollte zunächst einmal darauf abgestellt werden, daß Art. 308 EGV und auch den übrigen Bestimmungen des Vertrages nicht entnommen werden kann, daß die Schaffung einer mit Rechtsfähigkeit ausgestatteten Organisationsform der Gemeinschaft dem Rat bzw. dem Rat und dem Europäischen Parlament vorbehalten sein muß.

Die Verordnung (EG) Nr. 58/2003 überläßt weiterhin der Kommission nur Spielraum hinsichtlich des „ob" einer Errichtung. Entscheidet sie sich hierfür, so ist sie an die engen Vorgaben dieser Verordnung gebunden. Diese sorgen dafür, daß die Kommission für das Handeln der Exekutivagentur, wie sogleich aufzuzeigen ist, voll zur Verantwortung gezogen werden kann. Damit ermöglicht die Verordnung (EG) Nr. 58/2003 der Kommission nicht, sich unliebsamer Verwaltungsaufgaben durch Externalisierung zu entledigen. Jedenfalls bei einer derartigen Ausgestaltung muß die Schaffung einer Kreationsbefugnis der Kommission auf der Grundlage von Art. 308 EGV zulässig sein.

Im Ergebnis ist es somit unbedenklich, daß die Gemeinschaft, bei Gemeinschaftsagenturen unmittelbar, bei Exekutivagenturen mittelbar auf der Grundlage von Art. 308 EGV juristische Personen des Gemeinschaftsrechts schafft. Spannender erscheint vielmehr die Frage, ob die jeweiligen Aufgaben von der Gemeinschaft überhaupt und, soweit man dies bejaht, von einer Gemeinschafts- bzw. Exekutivagentur wahrgenommen werden dürfen.[313]

b. Die Exekutivagenturen als der Kommission nachgeordnete Verwaltungseinheiten

Die Exekutivagenturen sind durch ihre enge Anbindung an die Kommission gekennzeichnet, die sie deutlich von den Gemeinschaftsagenturen abhebt.[314]

---

[312] Im übrigen werden durch die Normierung allgemeinen Gemeinschaftsverwaltungsorganisationsrechts die Kompetenzen der Mitgliedstaaten in keiner Weise berührt, so daß unter diesem Gesichtspunkt keine restriktive Auslegung des Art. 308 EGV geboten ist; zu einer ähnlichen Argumentation siehe oben Kap. 3 B.I.2.b.

[313] Siehe hierzu *M. Hilf*, Organisationsstruktur, S. 138: „Die Verleihung der Rechtspersönlichkeit durch den Rat (...) ist im Rahmen des Einstimmigkeit erfordernden Beschlußverfahrens nach Art. 235 EWGV unbedenklich, zumal die Wahl dieser Rechtsform nichts über den Umfang der übertragenen Befugnisse und über die Freistellung oder Anbindung gegenüber den Hauptorganen der Gemeinschaft aussagt."

[314] Siehe schon oben Kap. 3 B.II.2. Vgl. *Curtin*, Evolving EU Executive, S. 9: „separately from a Commission department but remaining under its direct control".

Die Vollzugsebene der gemeinschaftlichen Leistungsverwaltung 189

Anhand dieses Kriteriums sollen im folgenden der Gründungsvorgang, der Aufbau und die Arbeitsweise der Exekutivagenturen dargestellt werden.

aa. Errichtung und Fortbestand der Exekutivagenturen

Schon der Beschluß über die *Errichtung* einer Exekutivagentur liegt in den Händen der Kommission.[315] Dieser ergeht auf der Grundlage einer Kosten-Nutzen-Analyse[316]; ihm liegen somit im wesentlichen Wirtschaftlichkeitsüberlegungen zugrunde: Der mit der Einrichtung einer Exekutivagentur verbundene Aufwand muß in einem angemessenen Verhältnis zu der Verbesserung der Qualität der Verwaltung stehen, die mit der Schaffung einer spezialisierten, rechtlich selbständigen[317], nicht auf Dauer angelegten[318] Einrichtung verbunden ist. Dabei muß insbesondere auch der Aufwand der Kommission berücksichtigt werden, der sich aus der ihr obliegenden Kontrolle der Exekutivagentur ergibt.[319] Die Kommission hat die Haushaltsbehörde lediglich über ihre Absicht zu unterrichten, für die Durchführung eines anzunehmenden Gemeinschaftsprogramms gegebenenfalls eine Exekutivagentur einzusetzen.[320] Die Haushaltsbehörde trägt nämlich zur Umsetzung des Beschlusses der Kommission dadurch bei, daß sie den Zuschuß aus dem Gesamthaushaltsplan an den Verwaltungshaushaltsplan der Exekutivagentur und deren Stellenplan festsetzt.[321] Dadurch können Rat und Parlament zwar nicht über die Einrichtung einer Exekutivagentur, jedoch über den Umfang ihrer Tätigkeit mitbestimmen. Die Kommission entscheidet weiterhin über den *Fortbestand* der Exekutivagentur über den ursprünglich vorgesehenen Zeitraum hinaus und über deren Auflösung. Wie bei der Einrichtung der Exekutivagentur bildet auch bei diesen Beschlüssen

---

[315] Im Verordnungsvorschlag geht die Kommission davon aus, daß der Rechtsakt zur Aufstellung des Gemeinschaftsprogramms, für dessen Durchführung eine Exekutivagentur herangezogen werden soll, den „Rückgriff auf eine externe technische Unterstützung" gestatten muß; *Kommission*, Externalisierung und Vorschlag Exekutivagenturen, KOM(2000) 718 endg., S. 17. Aus der VO (EG) 58/2003 (Statut der Exekutivagenturen) ergibt sich aber kein derartiges Erfordernis einer besonderen, auf den jeweiligen Einzelfall bezogenen Rechtsgrundlage.
Soweit ersichtlich enthält die Entscheidung 1230/2003/EG (Intelligente Energie) als erster Rechtsakt nach Verabschiedung der Haushaltsordnung einen Hinweis auf die Möglichkeit der Errichtung einer Exekutivagentur (im Anhang unter Anmerkung 3).
[316] Art. 3 Abs. 1 UAbs. 1 VO (EG) 58/2003 (Statut der Exekutivagenturen). Siehe *Craig*, ELRev 2003, S. 840 (847 f.).
[317] Art. 4 Abs. 1 VO (EG) 58/2003 (Statut der Exekutivagenturen).
[318] Vgl. Art. 3 Abs. 1 UAbs. 1 S. 2 VO (EG) 58/2003 (Statut der Exekutivagenturen): In dem Beschluß über die Errichtung der Exekutivagentur muß die Dauer deren Bestehens festgelegt werden.
[319] Vgl. Art. 3 Abs. 1 UAbs. 2 VO (EG) 58/2003 (Statut der Exekutivagenturen).
[320] Art. 3 Abs. 4, Art. 13 Abs. 6 VO (EG) 58/2003 (Statut der Exekutivagenturen).
[321] Siehe auch unten Kap. 3 B.II.2.b.cc.

eine Untersuchung über deren Erforderlichkeit und Wirtschaftlichkeit die Grundlage.[322]

Die Stellung der Kommission bei diesen die Existenz der Exekutivagentur betreffenden Beschlüssen wird jedoch dadurch geschwächt, daß sie an das strenge Regelungsverfahren des Komitologie-Beschlusses gebunden ist.[323] Diese Bindung bewirkt, daß diese Beschlüsse nur mit ausdrücklicher oder zumindest stillschweigender Zustimmung der Mitgliedstaaten ergehen dürfen. Hierin zeigt sich das Mißtrauen der Mitgliedstaaten gegenüber einer eigenständigen Organisationsgewalt der Kommission, die zur Entwicklung einer immer stärker ausdifferenzierten gemeinschaftlichen Verwaltungsorganisation[324] führen könnte.

bb. Organisation der Exekutivagenturen

Hinsichtlich der maßgeblichen Personen, insbesondere der Besetzung der Organe der Exekutivagentur, ist jedoch die Anbindung an die Kommission kaum enger zu gestalten.[325] Die Exekutivagentur weist eine dualistische Leitungsstruktur auf, die sich offensichtlich wie bei den Gemeinschaftsagenturen auch an diejenige von Kapitalgesellschaften anlehnt. Sie setzt sich aus einem *Lenkungsausschuß* und einem Direktor zusammen.[326] Die Hauptaufgabe des Lenkungsausschusses besteht in der Annahme des jährlichen Arbeitsprogramms der Exekutivagentur, das detaillierte Zielvorgaben und Leistungsindikatoren enthalten muß, die eine Bewertung der Arbeit der Exekutivagentur zulassen.[327] Weiterhin nimmt der Lenkungsausschuß den Verwaltungshaushaltsplan der Exekutivagentur an,[328] beschließt über deren organisatorische Gestaltung[329] und legt einige Bestimmungen für die Verwaltung des Personals fest.[330] Die strategische Grundausrichtung der Exekutivagentur liegt also beim Lenkungsausschuß. Diesem gehören fünf Mitglieder an, die von der Kommission ernannt werden. Dem Lenkungsausschuß müssen allerdings nicht notwendig Gemeinschaftsbedienstete angehören.[331]

---

[322] Art. 3 Abs. 2 VO (EG) 58/2003 (Statut der Exekutivagenturen).
[323] Art. 3 Abs. 3, Art. 24 Abs. 2 VO (EG) 58/2003 (Statut der Exekutivagenturen) i.V.m. Art. 5 Beschluß 1999/468/EG (Komitologie); siehe auch *Craig*, ELRev 2003, S. 840 (848).
[324] Vgl. *Uerpmann*, AöR 2000, S. 551 (553).
[325] Vgl. *Koch*, EuZW 2005, S. 455 (457).
[326] Art. 7 Abs. 1 VO (EG) 58/2003 (Statut der Exekutivagenturen).
[327] Art. 9 Abs. 2 S. 1 VO (EG) 58/2003 (Statut der Exekutivagenturen).
[328] Art. 9 Abs. 3 VO (EG) 58/2003 (Statut der Exekutivagenturen).
[329] Art. 9 Abs. 5 VO (EG) 58/2003 (Statut der Exekutivagenturen).
[330] Art. 18 Abs. 3 VO (EG) 58/2003 (Statut der Exekutivagenturen).
[331] *Craig*, ELRev 2003, S. 840 (848).

Der *Direktor* ist hingegen in erster Linie für den Entwurf und die Durchführung des jährlichen Arbeitsprogramms zuständig.[332] Darüber hinaus untersteht ihm das Personal der Exekutivagentur,[333] und er führt deren Verwaltungshaushaltsplan aus.[334] Somit liegen bei dem Direktor die „Geschäfte der laufenden Verwaltung". Auch der Direktor wird durch die Kommission ernannt, als Direktor kommt dabei nur ein Beamter im Sinne des Beamtenstatuts[335] und damit in aller Regel ein Kommissionsbeamter in Betracht. Die Kommission kann ihn auch vor Ablauf seiner zunächst auf vier Jahre befristeten Amtszeit abberufen.[336] Die Abberufung darf zwar erst nach Einholung einer Stellungnahme des Lenkungsausschusses erfolgen; diese ist allerdings für die Kommission unverbindlich.

Sonstige Führungsaufgaben in der Exekutivagentur sollen von auf Zeit *abgeordneten Kommissionsbeamten* wahrgenommen werden.[337] Damit ist neben der personellen Anbindung auch gesichert, daß in der Exekutivagentur ausreichend Personal mit Verwaltungserfahrung zur Verfügung steht.

cc. Arbeitsweise der Exekutivagentur und Kontrolle durch die Kommission

Auch der Einfluß der Kommission auf die Tätigkeit der Exekutivagentur ist nicht unerheblich.[338] So bedarf deren Arbeitsprogramm ihrer Zustimmung; die Bestimmungen über die Verwaltung des Personals werden im Einvernehmen mit der Kommission festgelegt.[339] Noch bedeutender sind die im folgenden zu behandelnden Regelungen, die in der Verordnung (EG) Nr. 58/2003 in einem einzigen Artikel unter der Überschrift „Kontrolle der Rechtmäßigkeit" zusammengefaßt sind. Diese Kontrolle baut auf zwei Säulen auf:

Auf *Beschwerde eines Dritten* muß die Kommission Handlungen der Exekutivagentur auf ihre „Rechtmäßigkeit" hin überprüfen.[340] Der Dritte muß allerdings – außer im Falle der Mitgliedstaaten – durch die jeweilige

---

[332] Art. 11 Abs. 2 S. 1, Abs. 3 VO (EG) 58/2003 (Statut der Exekutivagenturen).
[333] Art. 7 Abs. 2, Art. 11 Abs. 6 VO (EG) 58/2003 (Statut der Exekutivagenturen).
[334] Art. 11 Abs. 4, Art. 14 Abs. 1 VO (EG) 58/2003 (Statut der Exekutivagenturen). Entlastung für die Ausführung des Verwaltungshaushaltsplans wird der Exekutivagentur durch das Europäische Parlament erteilt, siehe Art. 14 Abs. 3 VO (EG) 58/2003 (Statut der Exekutivagenturen).
[335] Art. 10 Abs. 1 VO (EG) 58/2003 (Statut der Exekutivagenturen).
[336] Art. 10 Abs. 2 VO (EG) 58/2003 (Statut der Exekutivagenturen).
[337] Art. 18 Abs. 1 S. 1 VO (EG) 58/2003 (Statut der Exekutivagenturen).
[338] Vgl. wiederum auch *Koch*, EuZW 2005, S. 455 (457).
[339] Art. 9 Abs. 2 S. 1 und Art. 18 Abs. 3 VO (EG) 58/2003 (Statut der Exekutivagenturen).
[340] Art. 22 Abs. 1 UAbs. 1 VO (EG) 58/2003 (Statut der Exekutivagenturen). Zur Frage, wer innerhalb der Kommission über die Beschwerde entscheiden soll, *Craig*, ELRev 2003, S. 840 (851).

Handlung unmittelbar und individuell betroffen sein. Die Voraussetzungen der Beschwerdebefugnis sind also denjenigen der Klagebefugnis nach Art. 230 Abs. 1, Abs. 4 EGV nachgebildet.

Die Beschwerdebefugnis hindert die Kommission dennoch nicht an einer umfassenden Kontrolle der Handlungen der Exekutivagentur. Sie kann sich nämlich auch *von Amts wegen* mit jeglicher Handlung der Exekutivagentur befassen.[341] Auch die Beschwerde einer Person, die nicht beschwerdebefugt ist, kann den Anstoß zu einer derartigen Kontrolle geben. Ob sich diese Befassung allerdings gleichfalls nur wie bei der obligatorisch zu behandelnden Verwaltungsbeschwerde auf eine Prüfung der „Rechtmäßigkeit" beschränkt, ergibt sich nicht eindeutig aus der Verordnung Nr. 58/2003, da bei der Befassung von Amts wegen ein ausdrücklicher Hinweis auf den Prüfungsumfang der Kommission fehlt.

Wenig hilfreich ist jedenfalls der Hinweis in den Erwägungsgründen, daß die Kommission die „Verwaltungsaufsicht" über die Exekutivagentur führt.[342] Es könnte sich anbieten, auf die – weitgehenden – Entscheidungsmöglichkeiten der Kommission abzustellen: Sie kann bei der Befassung von Amts wegen die Ausführung der betreffenden Handlung aussetzen oder vorläufige Maßnahmen erlassen; in ihrer endgültigen Entscheidung kann sie die Handlung der Exekutivagentur aufrechterhalten oder entscheiden, daß diese sie teilweise oder vollständig ändert.[343] In letzterem Falle ist die Exekutivagentur verpflichtet, die im Hinblick auf die Kommissionsentscheidung erforderlichen Maßnahmen zu treffen.[344] Sie kann sich trotz ihrer rechtlichen Verselbständigung zumindest nach dem Willen der Verordnung (EG) Nr. 58/2003 gegen die Entscheidung der Kommission nicht gerichtlich zur Wehr setzen.[345] Die Kommission kann lediglich nicht selbst endgültige Entscheidungen erlassen; ein Selbsteintrittsrecht steht ihr nicht zu. Diese Entscheidungsmöglichkeiten könnten es nahelegen, daß die Kommission sich nicht nur mit der Rechtmäßigkeit der Handlungen der Exekutivagentur im Sinne der Übereinstimmung mit den rechtlichen Vorgaben, sondern auch mit deren Zweckmäßigkeit beschäftigen und somit die Fachaufsicht über diese ausüben darf. Für eine derartige Auslegung kann weiterhin auch darauf verwiesen werden, daß nach der Haushaltsordnung

---

[341] Art. 22 Abs. 2 S. 1 VO (EG) 58/2003 (Statut der Exekutivagenturen).

[342] Erwgrd. 17 S. 2 VO (EG) 58/2003 (Statut der Exekutivagenturen).

[343] Art. 22 Abs. 3 VO (EG) 58/2003 (Statut der Exekutivagenturen).

[344] Art. 22 Abs. 4 VO (EG) 58/2003 (Statut der Exekutivagenturen). Vgl. zum Anordnungsrecht der Widerspruchsbehörde gegenüber der Ausgangsbehörde im deutschen Verwaltungsprozeßrecht, das hier auf Gemeinschaftsebene eine Entsprechung gefunden hat, *Pietzner/Ronellenfitsch*, Assessorexamen[11], § 42 Rn. 16 ff.

[345] *Craig*, ELRev 2003, S. 840 (851); *Curtin*, Evolving EU Executive, S. 9.

die Erfüllung der Durchführungsaufgaben durch die Kommission „in vollem Umfang zu kontrollieren"[346] ist.

Allerdings stehen die Entscheidungsmöglichkeiten der Kommission auch bei einer Verwaltungsbeschwerde zu, bei der der Prüfungsumfang ja ausdrücklich beschränkt ist. Letztlich sollte ausschlaggebend sein, daß die gesamte Regelung über die Verwaltungsbeschwerde und die Befassung ex officio unter der Überschrift „Kontrolle der Rechtmäßigkeit" zusammengefaßt ist. Eine weitgehende Fachaufsicht über die Exekutivagentur besteht folglich nicht. Jedenfalls muß die Kommission die Exekutivagentur und im Falle der Verwaltungsbeschwerde auch die betroffene Person bzw. den betroffenen Mitgliedstaat vor Erlaß einer Entscheidung anhören.

Die Kommissionsentscheidungen sind allerdings nicht nur Aufsichtsinstrumente. Die Entscheidungen, mit denen eine Verwaltungsbeschwerde zurückgewiesen wird, dienen vielmehr zugleich der Eröffnung des Rechtsweges des einzelnen und der Mitgliedstaaten gegen Handlungen der Exekutivagentur.[347] Dieser wäre ohne ausdrückliche Regelung nicht eröffnet, da Art. 230 EGV Handlungen vertraglich nicht vorgesehener Einrichtungen nicht erfaßt. Hierin würde dann allerdings ein Verstoß gegen den schon in der Meroni-Entscheidung[348] aufgestellten Grundsatz liegen, daß die Übertragung von Gemeinschaftsaufgaben auf selbständige gemeinschaftliche Einrichtungen die Wahrung ausreichenden Rechtsschutzes durch den Gerichtshof erfordert.[349] Dieser ergibt sich einerseits aus der insbesondere sich aus Art. 220 EGV ergebenden Stellung des Gerichtshofs als Hüter des Gemeinschaftsrechts[350]; er folgt andererseits und vor allem aus dem gemeinschaftsrechtlichen Grundsatz eines effektiven Individualrechtsschutzes[351].[352] Allerdings ist der Rechtsweg gegen die Exekutivagentur nur mit-

---

[346] Art. 54 Abs. 1 S. 2 HO 2002.

[347] Vgl. Art. 22 Abs. 5 VO (EG) 58/2003 (Statut der Exekutivagenturen); *Curtin*, Evolving EU Executive, S. 9. Im Verordnungsentwurf war noch vorgesehen, daß der Gerichtshofs unmittelbar gegen Handlungen der Exekutivagentur, die bindende Rechtswirkungen erzeugen, angerufen werden kann *(Kommission,* Externalisierung und Vorschlag Exekutivagenturen, KOM[2000] 788 endg., S. 35; vgl. auch *Craig*, ELRev 2003, S. 840 [849], der die Vereinbarkeit dieses Modells mit Art. 230 EGV in Frage stellt). Dies hätte allerdings die Anbindung der Exekutivagenturen an die Kommission wesentlich verringert.

[348] EuGH, Rs. 9/56 – Meroni, Slg. 1958, 9 (40).

[349] Siehe *Fischer-Appelt*, Agenturen, S. 308; *M. Hilf*, Organisationsstruktur, S. 349; *Remmert*, EuR 2003, S. 134 (139 f.); *Uerpmann*, AöR 2000, S. 551 (561 f.).

[350] Vgl. nur *Hirsch*, Gerichtshof, S. 6 ff.; *Gündisch/Wienhues*, Rechtsschutz in der EU, S. 73 ff.; *Gaitanides*, in: Groeben/Schwarze, EUV/EGV IV⁶, Art. 220 EGV Rn. 11.

[351] Vgl. nur EuGH, Rs. C-97/91 – Borelli/Kommission, Slg. 1992, I-6313 (Rn. 14); *Gaitanides*, in: Groeben/Schwarze, EUV/EGV IV⁶, Art. 220 EGV Rn. 4; *Wegener*, in: Calliess/Ruffert, EUV/EGV², Art. 220 EGV Rn. 10; *Schmidt-Aßmann*, Ordnungsidee², Kap. 7 Tz. 30; *Böcker*, Rechtsbehelfe zum Schutz der Grundrechte der EU, S. 40 ff.

telbar eröffnet. Gegenstand der Klage ist nämlich die Entscheidung, mit der die Kommission die Verwaltungsbeschwerde ablehnt; die Klage ist gegen die Kommission zu richten. Wird die Kommissionsentscheidung für nichtig erklärt, so muß sie sich erneut mit der Beschwerde beschäftigen; ihr stehen dabei die genannten Entscheidungsmöglichkeiten zu.

Die Exekutivagentur zeichnet sich schließlich auch im Hinblick auf das Finanzmanagement durch eine enge Anbindung an die Kommission aus. Besonders hervorzuheben ist, daß die von der Exekutivagentur im Rahmen der Programmverwaltung bewirtschafteten operativen Mittel nicht in ihren Haushaltsplan eingestellt werden. Diese werden vielmehr weiterhin ausschließlich im Gesamthaushaltsplan ausgewiesen.[353] Deshalb ist der jeweilige Direktor der Exekutivagentur von Amts wegen bevollmächtigter Anweisungsbefugter der Kommission.[354] Er belastet folglich unmittelbar den Teileinzelplan der Kommission; die in diesem Rahmen ausgeführten Handlungen gehören zur „Ausführung des Haushaltsplans" durch die Kommission im Sinne von Art. 274 Abs. 1 S. 1 EGV. Dies bedeutet, daß der Direktor hierbei an die Regelungen über den Haushaltsvollzug in der Haushaltsordnung für den Gesamthaushaltsplan gebunden ist[355] und damit auch der Kontrolle des Internen Prüfers[356] unterliegt. Die Regelungen über die Gewährung von Finanzhilfen finden auf die Exekutivagentur gleichfalls Anwendung.[357] Zahlungen erfolgen dann nicht einmal mehr im organisatorischen Rahmen der Exekutivagentur, sondern durch den Rechnungsführer der Kommission.[358] Die Entlastung für die Verwendung der operativen Mittel ist Bestandteil der Entlastung der Kommission für die Ausführung des Gesamthaushaltsplans.[359]

---

[352] *Remmert*, EuR 2003, S. 134 (139); vgl. auch *Koch*, Externalisierungspolitik, S. 150.

[353] Art. 16 Abs. 1 VO (EG) 58/2003 (Statut der Exekutivagenturen).

[354] Art. 11 Abs. 3 S. 3, Art. 16 Abs. 2 VO (EG) 58/2003 (Statut der Exekutivagenturen). Art. 11 Abs. 3 S. 3 VO (EG) 58/2003 ist eine besondere Vorschrift (lex specialis) im Verhältnis zu Art. 59 Abs. 2 Hs. 1 HO 2002, die *durch Ratsverordnung* bevollmächtigte Anweisungsbefugte der Kommission kraft Amtes (ex officio) festlegt. Allerdings bestimmt die Kommission doch indirekt die Person des Anweisungsbefugten und den Umfang der Befugnis, indem sie den Direktor der Agentur ernennt und über die Übertragung der Verwaltung von Gemeinschaftsprogrammen entscheidet.

[355] Deklaratorisch deshalb Art. 16 Abs. 2 VO (EG) 58/2003 (Statut der Exekutivagenturen); siehe auch Erwgrd. 2 S. 2 VO (EG) 1653/2004 (Standardhaushaltsordnung der Exekutivagenturen).

[356] Hierzu unten Kap. 4 B.

[357] Siehe oben Kap. 3 B.I.2.a.cc.i.

[358] Vgl. Art. 82 HO 2002.

[359] Art. 16 Abs. 3 VO (EG) 58/2003 (Statut der Exekutivagenturen).

Die Annahme des Verwaltungshaushaltsplans[360] der Exekutivagentur bedarf zwar nicht der Zustimmung der Kommission. Er ermächtigt jedoch lediglich zu Personal- und sonstigen Verwaltungsausgaben und wird durch die Höhe des Zuschusses aus dem Gesamthaushaltsplan weitgehend vorgegeben, so daß ihm nur eine äußerst geringe Bedeutung zukommt. Die Kommission hat dennoch eine für alle Exekutivagenturen geltende Standardhaushaltsordnung erlassen,[361] mit der das eigene Finanzgebaren der Exekutivagentur gesteuert wird. Schließlich nimmt der Interne Prüfer der Kommission seine Funktion auch bezüglich der Ausführung des Verwaltungshaushaltsplans der Exekutivagentur wahr.[362]

dd. Abschließende Bemerkungen

Die Exekutivagenturen sind somit trotz ihrer Rechtsfähigkeit im wesentlichen der Kommission nachgeordnete Verwaltungseinheiten.[363] Dies kommt insbesondere in ihrer Befugnis zum Ausdruck, sich von Amts wegen mit jeglicher Handlung der Exekutivagentur zu befassen. Die Kommission kann hierdurch die Verantwortung für die Rechtmäßigkeit der Handlungen der Exekutivagentur übernehmen.[364] Bezeichnend ist auch, daß Exekutivagenturen ihren Sitz am Dienstort der Kommission und ihrer Dienststellen nehmen müssen.[365] Lediglich im (Außen-)Verhältnis zu den potentiellen Leistungsempfängern tritt die Exekutivagentur weitgehend selbständig auf. Der Rat und das Parlament sind nur über das Haushaltsverfahren beteiligt. Die Mitgliedstaaten können lediglich über das Komitologie-Verfahren Einfluß auf die Frage der Existenz der Exekutivagentur nehmen.

---

[360] Die Ausstattung mit einem eigenen Haushaltsplan ist Folge der Verleihung der Rechtspersönlichkeit an die Exekutivagentur. Sie begegnet deshalb keinen Bedenken. So gehen auch die Kommission in ihrem Verordnungsvorschlag und der Rechnungshof in seiner Stellungnahme hierzu ohne weiteres von der Zulässigkeit eines eigenen (Verwaltungs-)Haushaltsplans aus, siehe *Kommission*, Externalisierung und Vorschlag Exekutivagenturen, KOM(2000) 788 endg., S. 18 f.; *Rechnungshof*, Stellungnahme Nr. 8/2001 – Vorschlag Exekutivagenturen, Tz. 12 ff. Bezüglich der Gemeinschaftsagenturen vgl. Erwgrd. 1 VO (EG, Euratom) 2343/2002 (Rahmenfinanzregelung Gemeinschaftsagenturen): „Die (…) Gemeinschaftseinrichtungen sind mit Rechtspersönlichkeit ausgestattet und verfügen *folglich* über einen eigenen Haushaltsplan." Kritisch im Hinblick auf Art. 268 Abs. 1 EGV aber *Waldhoff*, in: Calliess/Ruffert, EUV/EGV², Art. 268 EGV Rn. 20.

[361] VO (EG) 1653/2004 (Standardhaushaltsordnung der Exekutivagenturen), gestützt auf Art. 15 S. 1 VO (EG) 58/2003 (Statut der Exekutivagenturen).

[362] Art. 20 Abs. 2 VO (EG) 58/2003 (Statut der Exekutivagenturen).

[363] *Schmidt-Aßmann*, in: FS Häberle, S. 395 (401 in Fn. 31a); *ders.*, ZHR 2004, S. 125 (128 in Fn. 16); auch *Curtin*, Evolving EU Executive, S. 9, der sie deshalb als „Commission bodies" bezeichnet.

[364] Vgl. *Craig*, ELRev 2003, S. 840 (851).

[365] Art. 5 Abs. 1 VO (EG) 58/2003 (Statut der Exekutivagenturen).

c. Auf die Exekutivagenturen übertragbare Aufgaben

Nach der neuen Haushaltsordnung[366] darf die Kommission Dritten keine Durchführungsbefugnisse übertragen, die ihr durch die Verträge zugewiesen werden, wenn mit diesen Befugnissen ein großer Ermessensspielraum für politische Optionen verbunden ist. Nach ihrer systematischen Stellung sind Dritte im Sinne dieser Bestimmung auch Exekutivagenturen. Deshalb ist es erstaunlich, daß sich in der Verordnung (EG) Nr. 58/2003[367] folgende besondere Bestimmung findet: Die Kommission kann die Exekutivagentur „mit jeder Aufgabe zur Durchführung eines Gemeinschaftsprogramms beauftragen, ausgenommen solche, die einen Ermessensspielraum zur Umsetzung politischer Entscheidungen voraussetzen".

Die Bestimmung in der Verordnung (EG) Nr. 58/2003 schränkt die Möglichkeit der Aufgabenübertragung auf die Exekutivagenturen im Vergleich zur Haushaltsordnung wesentlich ein. Die Exekutivagentur ist nicht nur daran gehindert, zwischen verschiedenen politischen Optionen zu wählen; sie soll vielmehr auch keinen Spielraum bei der Umsetzung der getroffenen Entscheidungen für eine politische Option haben.[368] Diese Einschränkung ist keinesfalls durch die Meroni-Entscheidung vorgegeben. Sie ist aber auch nicht abgestimmt mit der Aufzählung der Aufgaben, die einer Exekutivagentur „insbesondere" übertragen werden dürfen:[369] die Verwaltung einiger oder aller Phasen des Zyklus spezifischer Projekte im Rahmen der Ausführung des Gemeinschaftsprogramms und die Durchführung der dazu erforderlichen Kontrollen durch sachdienliche Entscheidungen sowie die Annahme der Rechtsakte für den Haushaltsvollzug bei Einnahmen und Ausgaben und die Vornahme aller für die Durchführung des Gemeinschaftsprogramms erforderlichen Maßnahmen, insbesondere jener, die mit der Vergabe von Aufträgen und Subventionen im Zusammenhang stehen.[370] Bei diesen Aufgaben handelt es sich keinesfalls um rein technische Vollzugstätigkeiten; die Programmverwaltung und vor allem die Vergabe der Subventionen ist stets mit gewissen Bewertungen verbunden. Es liegt deshalb nahe, den Begriff des Ermessensspielraums in diesem Zusammenhang im Hinblick auf die ausdrücklich genannten Aufgaben so auszulegen, daß er Entscheidungsspielräume bei der Aufgabenerfüllung durch die Exekutivagentur nicht gänzlich ausschließt. Dafür bietet es sich unter Rückgriff auf die Haushaltsordnung an, den Ermessensspielraum gleichfalls auf „Ermessensspielraum für politische Optionen" zu beschränken.[371] Zuzugestehen ist

---

[366] Art. 54 Abs. 1 S. 1 HO 2002.
[367] Art. 6 Abs. 1 VO (EG) 58/2003 (Statut der Exekutivagenturen).
[368] Vgl. hierzu und zum folgenden *Craig*, ELRev 2003, S. 840 (849).
[369] Nicht ganz eindeutig *Craig*, ELRev 2003, S. 840 (848 f.).
[370] Art. 6 Abs. 2 VO (EG) 58/2003 (Statut der Exekutivagenturen).
[371] Vgl. *Curtin*, Evolving EU Executive, S. 9.

allerdings , daß sich dabei erneut die Frage stellt, in welchen Fällen Entscheidungen mit politischen Optionen verbunden sind; sie läßt gleichfalls nur im Einzelfall und dort in Grenzfällen nur schwer beantworten.

d. Beispiel: Exekutivagentur für intelligente Energie

Durch Beschluß der Kommission vom 23. Dezember 2003[372], der mit der Stellungnahme des Ausschusses der Exekutivagenturen übereinstimmt,[373] wurde nunmehr auch die erste Exekutivagentur eingerichtet, die „Exekutivagentur für intelligente Energie". Sie ist zunächst für einen Zeitraum von fünf Jahren vorgesehen[374] und zuständig für die Durchführung bestimmter, in dem Einrichtungsbeschluß näher beschriebener Aufgaben im Zusammenhang mit der Gemeinschaftsförderung im Rahmen des Programms „Intelligente Energie – Europa".[375] In dessen übrigen Bestimmungen wird zumeist in lediglich deklaratorischer Weise auf die sich ohne aus der Verordnung (EG) Nr. 58/2003 ergebende Rechtslage hingewiesen. In den Lenkungsausschuß hat die Kommission keine externen Personen, sondern ausschließlich ranghohe Bedienste aus den Generaldirektionen Umwelt, Energie und Verkehr sowie Haushalt berufen, davon eine Generaldirektorin und vier Direktoren.[376]

In den Erwägungsgründen des Beschlusses[377] wird besonders hervorgehoben, daß bei der Durchführung des Programms eine deutliche Trennung zwischen den Programmplanungsphasen, die in die Zuständigkeit der Kommissionsdienststellen fielen, und den Phasen der Projektdurchführung, für welche die Exekutivagentur verantwortlich sei, vorgenommen werden könne. Die Verwaltung des Programms ziele auf die Durchführung techni-

---

[372] Beschluß 2004/20/EG (Einrichtung „Exekutivagentur für intelligente Energie"). Aufgrund dieses Beschlusses wurde ein Berichtigungshaushaltsplan erforderlich, siehe „Endgültige Feststellung des Berichtigungshaushaltsplans Nr. 6 der Europäischen Union für das Haushaltsjahr 2004 (2004/378/EG, Euratom)", ABl. EU 2004 Nr. L 148/171.
Siehe mittlerweile Beschlüsse 2004/858/EG (Einrichtung „Exekutivagentur für das Gesundheitsprogramm") und 2005/56/EG (Einrichtung „Exekutivagentur Bildung, Audiovisuelles und Kultur").

[373] Erwgrd. 11 Beschluß 2004/20/EG (Einrichtung „Exekutivagentur für intelligente Energie").

[374] Art. 3 Beschluß 2004/20/EG (Einrichtung „Exekutivagentur für intelligente Energie").

[375] Art. 2 Abs. 1 Beschluß 2004/20/EG (Einrichtung „Exekutivagentur für intelligente Energie"). Das Programm beruht auf der Entscheidung 1230/2003/EG („Intelligente Energie").

[376] Siehe „Mitteilung der Kommission vom 26. März 2004 zur Ernennung der fünf Mitglieder des Lenkungsausschusses der Exekutivagentur für intelligente Energie", ABl. EU 2004 Nr. C 79/12.

[377] Erwgrd. 5 und 6 Beschluß 2004/20/EG (Einrichtung „Exekutivagentur für intelligente Energie").

scher Projekte, die keine politische Entscheidung voraussetzten. Mit letzterem wird Bezug genommen auf die Vorschrift über die den Exekutivagenturen übertragbaren Aufgaben. Indem sie darauf abstellt, daß die Exekutivagentur keine politische Entscheidung treffe, Ermessensentscheidungen der Exekutivagentur aber nicht ausgeschlossen werden, läßt sie erkennen, daß zumindest auch die Kommission von der hier vorgeschlagenen Auslegung dieser Vorschrift[378] ausgeht.

3. Die Einbindung der Gemeinschaftsagenturen in die Verwaltung der Gemeinschaftsprogramme

Gemäß Art. 54 Abs. 2 lit. b der neuen Haushaltsordnung kann die Kommission im Rahmen der zentralen indirekten Mittelverwaltung hoheitliche Aufgaben, insbesondere Haushaltsvollzugsaufgaben, an durch die Gemeinschaften geschaffene Einrichtungen im Sinne von Artikel 185 übertragen, sofern diese Aufgaben mit dem im Basisrechtsakt festgelegten Auftrag der betreffenden Einrichtung zu vereinbaren sind.

a. Einrichtungen im Sinne von Art. 185 der neuen Haushaltsordnung: Die Gemeinschaftsagenturen

Eine Einrichtung im Sinne von Art. 185 der neuen Haushaltsordnung muß drei Merkmale aufweisen: Sie muß von der Gemeinschaft geschaffen worden sein, sie muß mit Rechtspersönlichkeit ausgestattet sein, und sie muß wirklich Zuschüsse zulasten des Haushalts erhalten.[379] Das erste Merkmal führt dazu, daß keinesfalls erneut die Exekutivagenturen angesprochen sind. Die Haushaltsordnung unterscheidet nämlich ausdrücklich zwischen von der Gemeinschaft und von der Kommission geschaffenen Gemeinschaftseinrichtungen. Für die Exekutivagentur besagt aber schon die Legaldefinition[380], daß diese durch die Kommission geschaffen werden. Damit sind mit den Einrichtungen im Sinne von Art. 185 der Haushaltsordnung in erster Linie die meisten der durch Verordnung des Rates bzw. des Rates und des Parlaments geschaffenen Gemeinschaftsagenturen gemeint.[381] In ihrer weit überwiegenden Mehrheit erhalten diese Zuschüsse aus dem Gesamthaushaltsplan, sind also finanziell von der Gemeinschaft abhängig.[382]

---

[378] Siehe oben Kap. 3 B.II.2.c.
[379] Art. 185 Abs. 1 S. 1 HO 2002.
[380] Art. 55 Abs. 1 HO 2002.
[381] Überblick über die Gemeinschaftsagenturen schon in Fn. 290. Im weiteren wird zur Vereinfachung nicht mehr von Einrichtungen i.S.v. Art. 185 HO 2002, sondern von Gemeinschaftsagenturen gesprochen.
[382] Ausnahmen bilden lediglich derzeit das Harmonisierungsamt für den Binnenmarkt (gegründet durch VO [EG] 40/94 [Gemeinschaftsmarke]) und das Gemeinschaftliche Sortenamt (gegründet durch VO [EG] 2100/94 [Sortenschutz]): Gesamthaushaltsplan der

Unter dem Begriff der Gemeinschaftsagenturen[383] werden rechtlich selbständige Einrichtungen zusammengefaßt, bei denen parallele Strukturen festgestellt werden können. Diese beziehen sich weniger auf die Art der wahrgenommenen Tätigkeiten, die erheblich voneinander abweichen können.[384] Vielmehr bestehen die parallelen Strukturen insbesondere im Bereich der Organisation der Einrichtung. Wie die Exekutivagenturen weisen sie eine dualistische Leitungsstruktur auf. Einem für die strategische Ausrichtung zuständigen Ausschuß[385] steht ein für das operative Tagesgeschäft zuständiger Verwaltungschef[386] gegenüber. Der Ausschuß wird jedoch anders als die Lenkungsausschüsse der Exekutivagenturen von Vertretern der Mitgliedstaaten dominiert; die Vertreter der Kommission spielen im Verhältnis zu den mitgliedstaatlichen Vertretern lediglich eine untergeordnete Rolle. Der Ausschuß der Gemeinschaftsagenturen ist daher als Instrument zur Sicherung des Einflusses der Mitgliedstaaten auf die EG-Verwaltung ausgestaltet.[387] Der Verwaltungschef wird auch nicht wie der Direktor der Exekutivagentur von der Kommission, sondern von dem Ausschuß und damit im Ergebnis von den Mitgliedstaaten ernannt.[388]

Europäischen Union für das Haushaltsjahr 2004, ABl. EU 2004 Nr. L 105/II-714 bzw. II-941. Diese beiden Einrichtungen, die für eine Einbindung in die Verwaltung von Gemeinschaftsprogrammen kaum in Betracht kommen, finanzieren sich in erster Linie über Gebühren. Eine ausschließliche Gebührenfinanzierung kommt langfristig auch bei der Europäischen Agentur für Flugsicherheit (gegründet durch VO [EG] 1592/2002 [Zivilluftfahrt und Agentur für Flugsicherheit] in Betracht, vgl. Erwgrd. 16 S. 1 VO (EG) 1592/2002.

[383] Zu den Gemeinschaftsagenturen als Teil der EG-Administration *Schmidt-Aßmann*, Ordnungsidee², Kap. 7 Tz. 4; *Uerpmann*, AöR 2000, S. 551 (552 ff.).

[384] Zu verschiedenen Agenturtypen *Riedel*, Gemeinschaftsagenturen, in: Schmidt-Aßmann/Schöndorf-Haubold, Europäischer Verwaltungsverbund, S. 103 (110 ff.); *ders.*, Gemeinschaftszulassung für Luftfahrtgerät, § 8 B.; *Fischer-Appelt*, Agenturen, S. 46 ff.

[385] Der Ausschuß trägt zumeist die Bezeichnung „Verwaltungsrat" (Art. 24 Abs. 1 VO [EG] 1592/2002 [Zivilluftfahrt und Agentur für Flugsicherheit]; Art. 121 Abs. 1 S. 1 VO [EG] 40/94 [Gemeinschaftsmarke]); Art. 4 Abs. 1 VO (EG) 2667/2000 (Agentur für Wiederaufbau).

[386] Dieser trägt unterschiedliche Bezeichnungen, z.B. Exekutivdirektor (Art. 29 Abs. 1 VO [EG] 1592/2002 [Zivilluftfahrt und Agentur für Flugsicherheit]); Präsident (Art. 119 Abs. 1 VO [EG] 40/94 [Gemeinschaftsmarke]); Verwaltungsdirektor (Art. 64 VO [EG] 726/2004 [Gemeinschaftsverfahren Arzneimittel und Arzneimittelagentur]; Direktor (Art. 7 Abs. 1 VO [EG] 460/2004 [Agentur für Netz- und Informationssicherheit]).

[387] Vgl. *Schmidt-Aßmann*, in: FS Häberle, S. 395 (401); *Fischer-Appelt*, Agenturen, S. 228 f.; *Riedel*, Gemeinschaftszulassung für Luftfahrtgerät, § 5 B.I.2.; ferner *Koch*, EuZW 2005, S. 455 (455 f.).

[388] Z.B. Art. 24 Abs. 2 lit. a VO (EG) 1592/2002 (Zivilluftfahrt und Agentur für Flugsicherheit); Art. 64 Abs. 1 S. 1 VO (EG) 726/2004 (Gemeinschaftsverfahren Arzneimittel und Arzneimittelagentur); anders jedoch der Präsident des Harmonisierungsamtes für den Binnenmarkt, der vom Rat ernannt wird (Art. 120 Abs. 1 VO [EG] 40/94 [Gemeinschaftsmarke]).

Eine umfassende Aufsicht der Kommission über die Gemeinschaftsagenturen besteht nicht. Die Kommission kann zumeist außer über ihre Vertreter im Ausschuß überhaupt keinen Einfluß auf die Tätigkeit der Gemeinschaftsagenturen nehmen.[389] Die Gemeinschaftsagenturen sind also durch ihre weitestgehende Unabhängigkeit von der Kommission und der Gemeinschaft im allgemeinen gekennzeichnet.[390] Die Haushaltsbehörde kann immerhin zumindest den Umfang der Tätigkeit durch die Höhe des Zuschusses steuern. Bei Gemeinschaftsagenturen, die sich selbst finanzieren können, steht hingegen nicht einmal mehr dieses Steuerungsmittel zur Verfügung.[391] Diese im Grundsatz bestehende Unabhängigkeit der Gemeinschaftsagenturen muß aber, wenn sie in die Verwaltung von Gemeinschaftsprogrammen eingebunden werden sollen, eingeschränkt werden, damit die Kommission auch bei diesem Verwaltungsmodell ihrer Haushaltsverantwortung umfassend gerecht werden kann.

b. Programmverwaltung durch Gemeinschaftsagenturen

Allgemeine Regelungen für die Programmverwaltung durch Gemeinschaftsagenturen sind lediglich in der Haushaltsordnung und in der Verordnung zur Durchführung der Haushaltsordnung enthalten. Es handelt sich dabei zum einen um dieselben Regelungen, die auch für die Exekutivagenturen gelten: die Bestimmungen über die Aufgaben, die der Gemeinschaftsagentur zugewiesen werden dürfen,[392] und über die Anforderungen an den Übertragungsbeschluß.[393] Zum anderen ist eine Regelung über die „Modalitäten der Inanspruchnahme der indirekten zentralen Mittelverwaltung" zu beachten.[394]

aa. Bewirtschaftung von Gemeinschaftsmitteln durch die Gemeinschaftsagentur

Anders als bei den Exekutivagenturen wird der nach der internen Organisation der Gemeinschaftsagentur zuständigen Person nicht die Anweisungsbefugnis der Kommission übertragen. Die Verordnung zur Durchfüh-

---

[389] Eine Ausnahme gilt für die Gemeinschaftsagenturen, gegen deren Handlungen eine Art Widerspruchsverfahren vor der Kommission vorgesehen ist, vgl. *Fischer-Appelt*, Agenturen, S. 309 ff. und unten Kap. 3 B.II.5.c.

[390] Siehe *Koch*, EuZW 2005, S. 455 (455 f.).

[391] Bei diesen muß allerdings die Haushaltsbehörde immerhin noch den Stellenplan genehmigen. Vgl. für das Harmonisierungsamt für den Binnenmarkt z.B. Gesamthaushaltsplan für das Haushaltsjahr 2005, ABl. EU 2005 Nr. L 60/I-140. Zur Entlastungskompetenz des Europäischen Parlaments bei den Gemeinschaftsagenturen siehe *Koch*, EuZW 2005, S. 455 (458 f.).

[392] Art. 54 Abs. 1 HO 2002; hierzu oben Kap. 3 B.II.1.c.

[393] Art. 56 Abs. 1, Abs. 3 HO 2002.

[394] Art. 41 DVO HO 2002.

rung der Haushaltsordnung legt ausdrücklich fest, daß die Gemeinschaftsagenturen nicht die Eigenschaft von bevollmächtigten Anweisungsbefugten haben.[395] Hieraus folgt, daß aus dem Gesamthaushaltsplan nicht nur ein Zuschuß für das Personal und die sachlichen Verwaltungsmittel, sondern auch ein Zuschuß für operative Ausgaben der Gemeinschaftsagentur finanziert werden muß. Die Einzelheiten der Gewährung des Zuschusses richten sich nach einer zwischen der Kommission und der Gemeinschaftsagentur geschlossenen Vereinbarung.[396] Bei der Vergabe dieser Mittel ist die Gemeinschaftsagentur dann auch nicht an die Vorschriften über den Haushaltsvollzug in der Haushaltsordnung gebunden. Vielmehr wird der Haushaltsplan der Gemeinschaftsagentur nach den hierfür geltenden speziellen Vorschriften ausgeführt. Die Haushaltsordnungen der Gemeinschaftsagenturen sind jedoch durch eine Rahmenfinanzregelung[397], die die Kommission aufgrund einer Ermächtigung in der Haushaltsordnung erlassen hat,[398] weitestgehend vorherbestimmt. Die Haushaltsordnung der Gemeinschaftsagentur darf von dieser Rahmenfinanzregelung nur abweichen, wenn dies wegen ihrer Funktionsweise erforderlich ist; eine derartige Abweichung bedarf weiterhin der Zustimmung der Kommission.[399] Ferner übt der Interne Prüfer der Kommission[400] gegenüber den Gemeinschaftsagenturen die gleichen Befugnisse wie gegenüber den Dienststellen der Kommission aus.[401] Die Kommission hat somit ausschlaggebenden Einfluß auf das Regelwerk für den Haushaltsvollzug der Gemeinschaftsagenturen. Dies ist zwar keinesfalls dafür ausreichend, daß die Kommission ihrer Verantwortung für den Haushaltsvollzug aus Art. 274 Abs. 1 S. 1 EGV gerecht werden kann – sie muß vielmehr auch die zweckentsprechende Verwendung der Mittel kontrollieren können –, bildet aber einen ersten Aspekt hierfür.

---

[395] Art. 41 Abs. 3 DVO HO 2002.

[396] Vgl. Art. 50 VO (EG) 2343/2002 (Rahmenfinanzregelung Gemeinschaftsagenturen). Diese Vereinbarung ist zu unterscheiden von der sogleich zu behandelnden Vereinbarung über das Tätigwerden der Agentur im Bereich der Leistungsverwaltung. Vgl. auch Art. 108 Abs. 2 lit. c HO 2002, wonach der Zuschuß der Gemeinschaft an die Gemeinschaftsagentur keine Finanzhilfe darstellt; diese Klarstellung ist erforderlich, da die Kommission somit der Gemeinschaftsagentur ohne Durchführung einer vorherigen Ausschreibung übertragen darf.

[397] VO (EG) 2343/2002 (Rahmenfinanzregelung Gemeinschaftsagenturen), dazu *Rechnungshof*, Stellungnahme Nr. 11/2002 – Rahmenfinanzregelung. Vgl. auch *Kommission*, Vorschlag Änderung Gründungsrechtsakte, KOM(2002) 406 endg.

[398] Art. 185 Abs. 1 S. 1 HO 2002.

[399] Art. 185 Abs. 1 S. 2 HO 2002.

[400] Siehe unten Kap. 4 B.

[401] Art. 185 Abs. 3 HO 2002.

bb. Voraussetzung und Verfahren der Einbindung

Die Kommission darf eine Gemeinschaftsagentur nur dann in die Verwaltung eines Gemeinschaftsprogramms einbinden, wenn ihre Gründungsverordnung dies zuläßt. Der Rat bzw. der Rat und das Parlament als Gemeinschaftsgesetzgeber müssen also zumindest die Möglichkeit der Programmverwaltung durch die Gemeinschaftsagentur vorgesehen haben.[402] Die allgemeinen Regelungen gehen aber zugleich davon aus, daß der Gemeinschaftsgesetzgeber nicht schon die Programmverwaltung durch eine Gemeinschaftsagentur anordnen darf. Die Entscheidung über die Einbindung einer Gemeinschaftsagentur liegt also wie die Entscheidung über die Gründung und Einbindung einer Exekutivagentur in den Händen der Kommission.

Für die Einbindung ist ein zweistufiges Verfahren vorgesehen: zunächst ein Beschluß der Kommission, mit dem die Gemeinschaftsagentur mit Durchführungsaufgaben beauftragt wird,[403] sodann eine „entsprechende" Vereinbarung zwischen der Kommission und der Gemeinschaftsagentur.[404] Der *Übertragungsbeschluß* enthält „alle Bestimmungen, die geeignet sind, die Transparenz der durchgeführten Tätigkeiten zu gewährleisten", und „auf jeden Fall" bestimmte weitere Bestimmungen, vor allem über die Verfahren der Leistungsvergabe, über die interne Kontrolle dieser Verfahren und über eine unabhängige externe Prüfung.[405] In der *Vereinbarung zwischen der Kommission und der Gemeinschaftsagentur* sollen die jeweiligen Rechte und Pflichten festgelegt werden. Sie soll insbesondere die übertragenen Aufgaben und die Modalitäten für ihre Wahrnehmung festlegen sowie Bestimmungen über die Berichterstattung an die Kommission und die von der Kommission ausgeübten Kontrollen enthalten.[406]

Unklar ist zunächst schon, welche Gründe dafür ausschlaggebend waren, daß der Übertragungsbeschluß in der Haushaltsordnung, die Vereinbarung hingegen lediglich in der Verordnung zur Durchführung der Haushaltsordnung geregelt ist. Die Vereinbarung zwischen der Kommission und der Gemeinschaftsagentur stellt insbesondere dadurch, daß sie die Modalitäten der Kontrolle der Kommission über die Gemeinschaftsagentur enthalten soll und damit der Kommission die Wahrnehmung ihrer Verantwortung für die Ausführung des Haushaltsplans ermöglichen muß, den bedeutenderen

---

[402] Vgl. *Koch*, EuZW 2005, S. 455 (456): Der Rat entscheidet bei den Gemeinschaftsagenturen letztverbindlich über das Aufgabenfeld.

[403] Art. 56 Abs. 1 HO 2002 spricht – wohl zu Unrecht – von der „Entscheidung" der Kommission; siehe hingegen die niederländische Sprachfassung: „besluiten", vgl. *Vogt*, Entscheidung, S. 16 ff.

[404] Art. 41 Abs. 1 DVO HO 2002.

[405] Art. 56 Abs. 1 HO 2002.

[406] Art. 41 Abs. 2 DVO HO 2002.

Rechtsakt für das hier zu behandelnde Verwaltungsmodell dar.[407] Der Übertragungsbeschluß allein reicht im Grundsatz auch nicht dafür aus, daß die Gemeinschaftsagentur zur Wahrnehmung der durch den Beschluß übertragenen Verwaltungsaufgaben verpflichtet ist.[408] Bei den Exekutivagenturen ist ein weiterer Rechtsakt neben dem Einrichtungsbeschluß nicht erforderlich, da die Kommission durch ihre umfangreichen Einflußmöglichkeiten die Tätigkeit der Agentur ohnehin umfassend steuern und kontrollieren kann. Bei den Gemeinschaftsagenturen hingegen müssen diese Möglichkeiten durch die Vereinbarung geschaffen werden.

Unklarheiten bestehen weiterhin im Hinblick auf das Verhältnis von Übertragungsbeschluß und Vereinbarung. Die nach den Vorschriften erforderlichen Inhalte von Übertragungsbeschluß und Vereinbarung sind weitgehend deckungsgleich. Es liegt nahe, in dem Beschluß der Kommission lediglich den Rechtsakt zu sehen, in dem sich die Kommission selbst auf ein bestimmtes Vorgehen für die Ausarbeitung der Vereinbarung festgelegt. Dieser Beschluß ist als formaler Rechtsakt erforderlich, weil er in aller Regel im Verfahren der Komitologie getroffen werden dürfte. Die Mitgliedstaaten müssen in diesem Stadium ihre Interessen an der Ausgestaltung der Durchführung geltend machen; an der anschließenden Abschluß der Vereinbarung können sie nur schwerlich beteiligt werden. Die Vereinbarung zwischen der Kommission und der Gemeinschaftsagentur kann nur als öffentlich-rechtlicher Verwaltungsvetrag der Gemeinschaft eingeordnet werden, mit dem die Komission Durchführungsaufgaben auf eine Gemeinschaftseinrichtung überträgt. Für die Frage, welche Aufgaben auf eine Gemeinschaftsagentur übertragen dürfen, gilt ausschließlich die allgemeine Regelung in der Haushaltsordnung.

c. Beispiel: Die Europäische Agentur für Wiederaufbau – Verwaltung von Gemeinschaftshilfen für den westlichen Balkan

Die Europäische Agentur für Wiederaufbau ist derzeit die einzige Gemeinschaftsagentur, die in nennenswertem Umfang leistungsverwaltungsrechtliche Aufgaben wahrnimmt. Sie ist für die Verwaltung der wichtigsten EU-Hilfsprogramme, insbesondere aufgrund der Verordnung (EG) Nr. 2666/2000, für die Bundesrepublik Jugoslawien (Republik Serbien, Republik Montenegro, das unter UN-Verwaltung stehende Kosovo) sowie für die frühere jugoslawische Republik Mazedonien verantwortlich.[409] Die Europäische Agentur für Wiederaufbau wurde durch die Verordnung (EG)

---
[407] Vgl. *Planungs- und Koordinierungsgruppe Externalisierung*, Bericht, S. 10.
[408] Siehe aber unten Kap. 3 B.II.3.c. hinsichtlich der Agentur für Wiederaufbau.
[409] Vgl. Art. 1 Abs. 1 VO (EG) 2667/2000 (Agentur für Wiederaufbau).

Nr. 2454/1999[410] geschaffen und wird derzeit auf der Grundlage der Verordnung (EG) Nr. 2667/2000 des Rates über die Europäische Agentur für Wiederaufbau tätig. Sie besteht ausschließlich zu dem Zweck, diese Gemeinschaftshilfen durchzuführen.[411] Aus diesem Grunde war die Agentur auch nicht auf Dauer angelegt, sondern die Verordnung (EG) Nr. 2667/2000 galt zunächst nur bis 31. Dezember 2004. Ihre weitere Geltung bis Ende 2006 wurde im November 2004 beschlossen.[412] Hierfür wurde auch maßgeblich auf die positive Bewertung der Tätigkeiten der Agentur abgestellt.[413]

Die *Organisation* der Agentur weist keine Besonderheiten gegenüber den anderen Gemeinschaftsagenturen auf. Sie ist gekennzeichnet durch einen Verwaltungsrat, der sich aus je einem Vertreter der Mitgliedstaaten und zwei Vertretern der Kommission zusammensetzt,[414] und einem Direktor, der vom Verwaltungsrat auf Vorschlag der Kommission ernannt wird und jederzeit auch wieder abberufen werden kann.[415] Bemerkenswert ist jedoch, daß die Agentur für Wiederaufbau, die ihren Sitz in Thessaloniki hat, sog. Einsatzzentralen einrichten darf.[416] Damit wird dem Umstand Rechnung getragen, daß die Wiederaufbauprogramme nach einer Verwaltung vor Ort verlangen.[417] Von dieser Möglichkeit hat die Agentur Gebrauch gemacht: Sie verfügt über operative Zentren in Belgrad, Pristina, Podgorica und Skopje. Nach der Verordnung (EG) Nr. 2667/2000 sollen die Einsatzzentralen mit weitgehender Verwaltungsautonomie ausgestattet sein. Damit soll nicht ein zweistufiger Verwaltungsaufbau der Agentur ermöglicht werden. Vielmehr sollen die Einsatzzentralen als Untereinheiten der Agentur vor Ort die eigentliche Programmverwaltung vornehmen, während am Sitz der Agentur lediglich übergreifende Dienste, die „Infrastruktur" der Agentur, eingerichtet sein sollen.

Die Gemeinschaftshilfen, für deren Vergabe die Europäische Agentur für Wiederaufbau zuständig ist und die in Form nicht rückzahlbarer Zuschüsse gewährt werden[418], werden aufgrund einer *dreistufigen Planung* bereitgestellt: In einem strategischen Rahmen (Länderstrategie) für den Zeitraum

---

[410] Die VO (EG) 2454/1999 (Agentur für Wiederaufbau) änderte die VO (EG) 1628/96 (Hilfe für den westlichen Balkan). Deshalb besagt Erwgrd. 2 VO (EG) 2667/2000 (Agentur für Wiederaufbau), daß die Agentur durch die VO (EG) 1628/96 geschaffen worden sei.

[411] Art. 1 Abs. 2 VO (EG) 2667/2000 (Agentur für Wiederaufbau).

[412] Art. 1 Abs. 6 VO (EG) 2068/2004 (Agentur für Wiederaufbau).

[413] Erwgrd. 6 VO (EG) 2068/2004 (Agentur für Wiederaufbau). Siehe aber auch den äußerst kritischen Bericht *Rechnungshof*, Jahresabschluss 2003 Agentur für Wiederaufbau.

[414] Art. 4 Abs. 1 VO (EG) 2667/2000 (Agentur für Wiederaufbau).

[415] Art. 5 Abs. 1 UAbs. 1 VO (EG) 2667/2000 (Agentur für Wiederaufbau).

[416] Hierzu und zum folgenden Art. 3 Abs. 2, Abs. 3 VO (EG) 2667/2000 (Agentur für Wiederaufbau).

[417] Erwgrd. 14 VO (EG) 2454/1999 (Agentur für Wiederaufbau).

[418] Art. 6 Abs. 1 VO (EG) 2666/2000 (Hilfe für den westlichen Balkan).

2000-2006 werden die langfristigen Ziele der Hilfe und die vorrangigen Förderbereiche in den Empfängerländern festlegt.[419] Auf dieser Grundlage wird für jedes Empfängerland der Gemeinschaftshilfe ein Mehrjahresrichtprogramm für einen Dreijahreszeitraum erstellt.[420] Diese Programme tragen den im Rahmen des Stabilisierungs- und Assoziierungsprozesses[421] festgelegten Prioritäten wie auch den Prioritäten Rechnung, die mit den betreffenden Partnerländern ermittelt und vereinbart worden sind. In ihnen werden Richtbeträge sowie die Kriterien für die Mittelausstattung des betreffenden Programms genannt. Auf dieser Grundlage wiederum wird für jedes Empfängerland ein jährliches Aktionsprogramm erstellt.[422] Diese Aktionsprogramme beschränken sich nun nicht mehr darauf, allgemeine Ziele der Förderung vorzugeben, sondern sie enthalten ein detailliertes Verzeichnis der zu finanzierenden Projekte und weisen die entsprechenden Beträge aus.

Der strategische Rahmen, die Mehrjahresrichtprogramme und die jährlichen Aktionsprogramme werden von der Kommission beschlossen; sie ist dabei an das Verwaltungsverfahren aufgrund des Komitologie-Beschlusses gebunden.[423] Die Rolle der Agentur beschränkt sich auf eine Beteiligung an der Vorbereitung der Kommissionsbeschlüsse: Der Verwaltungsrat darf Empfehlungen abgeben, denen immerhin „in höchstem Maße" Rechnung getragen werden muß;[424] die Erstellung des Entwurfs des jährlichen Aktionsprogramms obliegt dem Direktor der Agentur.[425] Diese Aufgabenzuweisung an den Direktor liegt deshalb nahe, weil die Durchführung dieser Aktionsprogramme seine Hauptaufgabe bildet.[426] Durch die genauen Vorgaben, die die Agentur in dieser dritten Planungsstufe erhält, ist unproblematisch gewährleistet, daß die Übertragung der Durchführung der Gemeinschaftshilfe der Agentur keinen „Ermessensspielraum für politische Optionen"[427] eröffnet. Die Kommission und die Mitgliedstaaten legen die Politik der Gemeinschaft für den Wiederaufbau und die Instrumente zu ihrer

---

[419] Art. 3 Abs. 1 lit. a VO (EG) 2666/2000 (Hilfe für den westlichen Balkan). Siehe *Kommission*, CARDS Regional Strategy Paper 2002-2006, 2001; *dies.*, Federal Republic of Yugoslavia Country Strategy Paper 2002-2006.

[420] Art. 3 Abs. 1 lit. b VO (EG) 2666/2000 (Hilfe für den westlichen Balkan). Siehe *Kommission*, Federal Republic of Yugoslavia Country Strategy Paper, 2002-2006, Annex 5 (Multi-annual Indicative Programme 2002-2004).

[421] Vgl. *Kommission*, Gemeinschaftshilfe westlicher Balkan, KOM(2000) 281 endg., S. 3: Der Stabilisierungs- und Assoziierungsprozeß soll jedem Land der Region den Weg nach Europa ebnen.

[422] Art. 3 Abs. 1 lit. c VO (EG) 2666/2000 (Hilfe für den westlichen Balkan).

[423] Art. 3 Abs. 2, Art. 10 Abs. 2 VO (EG) 2666/2000 (Hilfe für den westlichen Balkan).

[424] Art. 4 Abs. 1 lit. a VO (EG) 2666/2000 (Hilfe für den westlichen Balkan).

[425] Art. 4 Abs. 1 lit. b VO (EG) 2666/2000 (Hilfe für den westlichen Balkan), Art. 5 Abs. 1 UAbs. 2 lit. a VO (EG) 2667/2000 (Agentur für Wiederaufbau).

[426] Art. 5 Abs. 1 UAbs. 2 lit. a VO (EG) 2667/2000 (Agentur für Wiederaufbau).

[427] Vgl. Art. 54 Abs. 1 HO 2002. Siehe oben Kap. 3 B.II.1.c.

Durchführung fest, während die Agentur die Projekte durchführt. Die jährlichen Aktionsprogramme sorgen zugleich dafür, daß die Agentur kein eigenes jährliches Arbeitsprogramm mehr aufstellen muß. Hierin liegt ein entscheidender Unterschied zu anderen Gemeinschaftsagenturen, bei denen die Leitungsausschüsse und damit die Mitgliedstaaten durch dieses Instrument die Tätigkeit der Gemeinschaftsagentur steuern. Für die Mitgliedstaaten ist diese geringere Bedeutung des Verwaltungsrats der Agentur für Wiederaufbau jedoch hinnehmbar. Sie können die Agenturtätigkeit über das Verwaltungsverfahren bei der Annahme der jährlichen Aktionsprogramme steuern. Der Beschluß der Kommission über das jährliche Aktionsprogramm gilt zugleich wieder als Finanzierungsbeschluß.[428] Auf seiner Grundlage bindet die Kommission die entsprechenden Mittel und leitet sie an die Agentur für Wiederaufbau zur weiteren Bewirtschaftung.[429]

Bei der ihr übertragenen Verwaltung der Wiederaufbauprogramme ist die Agentur an die Vorgaben aus den Verordnungen (EG) Nr. 2666/2000 und Nr. 2667/2000 und aus ihrer eigenen Finanzregelung gebunden. Letztere erläßt der Verwaltungsrat unter Beachtung der Rahmenfinanzregelung der Kommission.[430] Die Vergabe von Aufträgen zur Durchführung der Projekte und Programme geschieht grundsätzlich aufgrund einer Ausschreibung. In den Finanzierungsbeschlüssen der Agentur sowie den sich daraus ergebenden Durchführungsverträgen muß insbesondere ausdrücklich festgelegt sein, daß der Rechnungshof und das OLAF erforderlichenfalls bei den Empfängern der Agenturmittel eine Kontrolle an Ort und Stelle durchführen können. Die Agentur führt ihre Tätigkeit nach der Verordnung (EG) Nr. 2667/2000 weiterhin im Einklang mit den Beschlüssen der Kommission aus.[431] Diese Bestimmung macht den Abschluß der in den allgemeinen Vorschriften vorgesehen Vereinbarung zwischen Kommission und Gemeinschaftsagentur entbehrlich, da der Kommission eine einseitige Steuerung der Agenturtätigkeit weitestgehend eröffnet ist. Bei der Europäischen Agentur ist demnach das Verfahren der Einbindung durch das Sekundär-

---

[428] Vgl. *Rechnungshof*, Finanzausweise Agentur für Wiederaufbau 2000, Anhang 3. Zu Finanzierungsbeschlüssen siehe schon oben Kap. 3 B.I.2.a.aa.

[429] Der Zuschuß an die Agentur ist nicht schon als solcher im Gesamthaushaltsplan ausgewiesen. Er wird ihr von der Kommission im Rahmen der verfügbaren Mittel zugewiesen. Allerdings enthält der Haushaltsplan einen vorläufigen „Ansatz der Einnahmen und Ausgaben der Agentur", vgl. für das Haushaltsjahr 2005 ABl. EU 2005 Nr. L 60/II-1091. Siehe sodann die vom Verwaltungsrat der Agentur gemäß Art. 7 Abs. 6 S. 1 VO (EG) 2667/2000 (Agentur für Wiederaufbau) festgestellten „Einnahmen- und Ausgabenansätze der Europäischen Agentur für Wiederaufbau (EAR) für das Haushaltsjahr 2005", ABl. EU 2005 Nr. L 96/195.

[430] Art. 9 VO (EG) 2667/2000 (Agentur für Wiederaufbau).

[431] Art. 2 Abs. 1, Art. 1 Abs. 1 lit. a VO (EG) 2667/2000 (Agentur für Wiederaufbau).

recht anders ausgestaltet, als es in den nachfolgend erlassenen Regelungen in der Haushaltsordnung vorgesehen ist.

4. Die Einbindung nationaler Agenturen in die Verwaltung der Gemeinschaftsprogramme

Gemäß Art. 54 Abs. 2 lit. c der neuen Haushaltsordnung kann die Kommission hoheitliche Aufgaben, insbesondere Haushaltsvollzugsaufgaben, auf innerstaatliche öffentliche Einrichtungen oder auf privatrechtliche Einrichtungen übertragen, die im öffentlichen Auftrag tätig werden, ausreichende Finanzsicherheiten bieten und die Durchführungsbestimmungen beachten. Demnach fällt unter die zentrale indirekte Mittelverwaltung auch ein Verwaltungsmodell, das Einrichtungen einbezieht, die – anders als die Exekutivagenturen und die Gemeinschaftsagenturen – nicht der gemeinschaftlichen, sondern der mitgliedstaatlichen Ebene zugeordnet sind. Es kommt zu einer Programmverwaltung durch nationale Agenturen (a), die derzeit beispielsweise schon im Bereich der gemeinschaftlichen Bildungsförderung Anwendung findet (b).

a. Programmverwaltung durch nationale Agenturen

Auch für die Programmverwaltung durch nationale Agenturen[432] sind nur wenige allgemeine Vorschriften in der Haushaltsordnung und der zu ihrer Durchführung ergangenen Verordnung vorgesehen. Die Aufstellung eines abstrakten Rechtsaktes zu diesem Verwaltungsmodell vergleichbar dem Statut der Exekutivagenturen hat sich gleichfalls nicht angeboten. Zu Recht hat die Kommission auf die Schwierigkeiten hingewiesen, „eine Rahmenverordnung auszuarbeiten, die sämtliche möglichen Fälle abdeckt und gleichzeitig einheitliche und ausreichend detaillierte Bestimmungen vorsieht"; auch ist die Zahl der denkbaren Anwendungsfälle gering.[433] Dennoch lassen die allgemeinen Vorschriften die Grundzüge dieses Verwaltungsmodells deutlich erkennen. Die Kommission hat ihre Vorstellungen über dieses Verwaltungsmodell weiterhin in einer Mitteilung[434] niedergelegt.

---

[432] Vgl. *R. Pitschas*, Gemeinschaftliche Verwaltungskooperation, in: Hill/R. Pitschas, Europäisches Verwaltungsverfahrensrecht, S. 301 (332).

[433] *Kommission*, Verwaltung über ein Netz nationaler Agenturen, KOM(2001) 648 endg., S. 13. Vgl. auch *Koch*, Externalisierungspolitik, S. 106, der allerdings maßgeblich darauf abstellt, „dass die möglichen – entsprechend des nationalen Rechts variierenden – Rechtsformen kaum durch eine einheitliche Rahmenverordnung hinreichend berücksichtigbar wären"; weiterhin *Craig*, ELRev 2003, S. 840 (852).

[434] *Kommission*, Verwaltung über ein Netz nationaler Agenturen, KOM(2001) 648 endg.

aa. Die allgemeinen Vorschriften für die Programmverwaltung durch nationale Agenturen

Die Möglichkeit der Nutzung dieses Verwaltungsmodells muß in dem jeweiligen Basisrechtsakt vorgesehen sein.[435] Die Kommission kann also auch auf dieses Verwaltungsmodell nur zurückgreifen, wenn der Gemeinschaftsgesetzgeber und dabei insbesondere die im Rat versammelten Vertreter der Mitgliedstaaten ihre grundsätzliche Zustimmung hierzu gegeben haben.[436] Hierin zeigt sich erneut, daß die Mitgliedstaaten einer weitreichenden Organisationsgewalt der Kommission äußerst skeptisch gegenüberstehen, zumal wenn dabei ein Übergriff auf die mitgliedstaatliche Ebene erfolgt.[437] In dem Durchgriff auf eine bestimmte Einrichtung auf mitgliedstaatlicher Ebene liegt jedenfalls der entscheidende Unterschied zur geteilten Mittelverwaltung[438], bei der der Mitgliedstaat als solcher für die Verwaltung der Gemeinschaftsmittel verantwortlich ist.[439]

In die Verwaltung der Gemeinschaftsprogramme können sowohl öffentlich-rechtliche als auch privatrechtliche *Einrichtungen* einbezogen werden. Hierbei ist in erster Linie an eine Einbeziehung bestehender Einrichtungen auf der mitgliedstaatlichen Ebene gedacht.[440] Der Bereich, in dem sie bislang tätig gewesen sind, muß sie für die Verwaltung von Gemeinschaftsprogrammen qualifizieren.[441] Sollen privatrechtliche Einrichtungen eingebunden werden, so müssen sie besondere Anforderungen erfüllen, damit sie die Funktion einer Gemeinschaftsverwaltungsbehörde übernehmen können. Sie müssen im öffentlichen Auftrag tätig werden, ausreichende Finanzsicherheiten bieten und die Durchführungsbestimmungen beachten.[442] Während letzteres unmittelbar einleuchtet und eigentlich eine Selbstverständlichkeit darstellt, bereiten die beiden anderen Anforderungen Schwierigkeiten und werfen Fragen auf, die sich aus der Haushaltsordnung und der zu

---

[435] Art. 54 Abs. 2 lit. c i) HO 2002; siehe auch *Kommission*, Verwaltung über ein Netz nationaler Agenturen, KOM(2001) 648 endg., S. 4, 13.

[436] Siehe *Craig*, ELRev 2003, S. 840 (856): The use of national agencies will be „legitimated through Community legislation in the specific areas where they are used".

[437] Siehe schon oben Kap. 3 B.II.2.b.aa.

[438] Siehe unten Kap. 3 B.III.

[439] *Craig*, ELRev 2003, S. 840 (852).

[440] *Kommission*, Verwaltung über ein Netz nationaler Agenturen, KOM(2001) 648 endg., S. 6 ff, 11.; vgl. *Craig*, ELRev 2003, S. 840 (852).

[441] Ähnlich *Craig*, ELRev 2003, S. 840 (852): „national agencies with experience of a particular policy".

[442] Art. 54 Abs. 2 lit. c S. 1 HO 2002. Zwar könnte sich der Relativsatz „die im öffentlichen Auftrag tätig werden, ausreichende Finanzsicherheiten bieten und die Durchführungsbestimmungen beachten" nach seiner Stellung auch auf die öffentlichen Einrichtungen beziehen. Es ist jedoch kaum sinnvoll zu fordern, daß öffentliche Einrichtungen im öffentlichen Auftrag tätig werden sollen. Der Relativsatz bezieht sich demnach ausschließlich auf die privatrechtlichen Einrichtungen.

ihrer Durchführung ergangenen Verordnung nicht mit Sicherheit beantworten lassen. Bezüglich des Tätigwerdens im öffentlichen Auftrag: Wann wird eine privatrechtliche Einrichtung im öffentlichen Auftrag tätig? Genügt hierfür, daß der Mitgliedstaat entweder der Benennung einer nationalen Agentur durch die Kommission zustimmt oder diese selbst vornimmt?[443] Oder muß der Mitgliedstaat einen besonderen „Beauftragungsakt" erlassen? Wie würde gegebenenfalls ein derartiger Akt aussehen? Und bezüglich der ausreichenden Finanzsicherheiten: Muß der Mitgliedstaat gegebenenfalls für die nationale Agentur einstehen? Kann ein (privater) Dritter die ausreichenden Finanzsicherheiten bieten, z.B. durch eine Bankbürgschaft? Oder genügt es, daß die privatrechtliche nationale Agentur selbst eigene Sicherheiten zur Verfügung stellt? Der Sinn und Zweck dieser Regelung kann zwar nur in der Absicherung der Gemeinschaft für Haftungsfälle bestehen. Hieraus läßt sich jedoch kaum eine Aussage über die Art der Finanzsicherheiten ableiten.

Für die *Einbindung* gelten dieselben Vorschriften und damit dasselbe zweistufige Verfahren wie bei der Einbindung von Gemeinschaftsagenturen: Die Kommission muß einen Übertragungsbeschluß fassen und sodann mit der Einrichtung eine entsprechende Vereinbarung schließen.[444] Nach ihrer Vorstellung, die allerdings weder in die Haushaltsordnung noch in die zu ihrer Durchführung ergangene Verordnung übernommen worden ist, von diesen Rechtsakten aber auch nicht ausgeschlossen wird, möchte die Kommission mit den nationalen Agenturen zwei Arten von Vereinbarungen abschließen:[445] einerseits – als eine Art Rahmenabkommen – eine *operationelle Vereinbarung* über ein jährliches oder mehrjähriges Arbeitsprogramm, das insbesondere die Rolle und die Tätigkeiten der nationalen Agentur sowie den Finanzbeitrag der Gemeinschaft zu ihren Betriebskosten festlegen soll; andererseits – als eine Art Durchführungsabkommen – *Vereinbarungen über dezentralisierte Maßnahmen*, die die Modalitäten der Übertragung operativer Mittel für die Durchführung konkreter dezentralisierter Maßnahmen, die verwaltungsrechtlichen und finanziellen Bestimmungen über die Verwaltung der Gemeinschaftsmittel und die Kontrollmodalitäten zum Inhalt haben sollen. Wichtig ist dabei, daß die Kommission aufgrund geeigneter Vertragsklauseln, z.B. durch die Schaffung von Einwirkungsrechten, auch für die Durchführung der Gemeinschaftspolitik durch die nationale Agentur verantwortlich gemacht werden kann.[446]

---

[443] Siehe sogleich unten.

[444] Art. 56 Abs. 1 HO 2002, Art. 41 DVO HO 2002. Auch *Kommission*, Verwaltung über ein Netz nationaler Agenturen, KOM(2001) 648 endg., S. 4.

[445] Zum folgenden *Kommission*, Verwaltung über ein Netz nationaler Agenturen, KOM(2001) 648 endg., S. 14 f.

[446] Vgl. *Craig*, ELRev 2003, S. 840 (852).

Bei diesem Verwaltungsmodell muß weiterhin durch geeignete Vertragsbestimmungen besonders sichergestellt werden, daß der *Gemeinschaftscharakter der Maßnahme nach außen sichtbar* wird; die von der nationalen Agentur verwalteten Programme müssen als solche der Gemeinschaft wahrgenommen werden.[447] Entsprechende Regelungen, die die nationale Agentur zu Hinweisen auf die Gemeinschaft als Urheber und Finanzier der Maßnahme verpflichten, soll die operationelle Vereinbarung enthalten.

Hinzu kommen soll bei diesem Verwaltungsmodell weiterhin ein Beschluß der Kommission über die Aufgaben der Mitgliedstaaten und der Kommission im Hinblick auf die nationalen Agenturen. Dieser Beschluß bestimmt die Leitlinien für die von der nationalen Agentur durchzuführenden internen Kontrollen sowie die Regeln in bezug auf die Zugangsberechtigung von nationalen Behörden, des Rechnungshofs und den zuständigen Diensten der Kommission zu den Dokumenten der nationalen Agentur, soweit diese die administrative und finanzielle Verwaltung der Gemeinschaftsmittel betreffen.[448] Eine Einrichtung kann nur dann als nationale Agentur tätig werden, wenn sie sich den Bedingungen des Beschlusses unterwirft. Die Modalitäten des Beschlusses sollen es der Kommission ermöglichen, ihrer Verantwortung für die Ausführung des Haushaltsplans dadurch gerecht zu werden, daß sie die von der nationalen Agentur getätigten Ausgaben auf ihre Übereinstimmung mit den rechtlichen Bestimmungen hin überprüfen und gegebenenfalls notwendige Konsequenzen, insbesondere die Rückforderung von Gemeinschaftsmitteln, ziehen kann.

Für die Einbindung nationaler Agenturen gilt wiederum die bereits oben angesprochene Regelung über die übertragbaren Aufgaben.[449] „Angesichts der Besonderheiten dieser Verwaltungsform" sollen jedoch, ohne daß sich dies aus der Haushaltsordnung ergibt, den nationalen Agenturen weniger Aufgaben als den Exekutivagenturen übertragen werden können.[450] Die Kommission stellt hierbei maßgeblich darauf ab, daß sie die nationalen Agenturen niemals in gleichem Umfang wie die Exekutivagenturen kontrollieren kann.[451] Überdies ist aber auch ein Einfluß der Kommission auf die personelle Zusammensetzung der nationalen Agentur nahezu ausgeschlossen.

---

[447] *Kommission*, Verwaltung über ein Netz nationaler Agenturen, KOM(2001) 648 endg., S. 9.

[448] Hierzu und zum folgenden *Kommission*, Verwaltung über ein Netz nationaler Agenturen, KOM(2001) 648 endg., S. 15.

[449] Art. 54 Abs. 1 HO 2002; siehe oben Kap. 4 B.II.1.c.

[450] *Kommission*, Verwaltung über ein Netz nationaler Agenturen, KOM(2001) 648 endg., S. 5; siehe auch *Craig*, ELRev 2003, S. 840 (852).

[451] *Kommission*, Verwaltung über ein Netz nationaler Agenturen, KOM(2001) 648 endg., S. 12.

Sieht der Basisrechtsakt nicht die Benennung von mindestens einer Einrichtung je Mitgliedstaat vor, so benennt die Kommission die Einrichtungen im Einvernehmen mit den betroffenen Mitgliedstaaten.[452] Bei der Festlegung der Zahl nationaler Agenturen, die in die Verwaltung des jeweiligen Programms eingeschaltet werden sollen, sowie bei der Auswahl der Einrichtungen stehen – wie schon bei der Einbindung von Exekutivagenturen[453] – Wirtschaftlichkeitsüberlegungen im Vordergrund; diese finden jedoch darin ihre Grenze, daß sie nicht zu einer Diskriminierung zwischen den Mitgliedstaaten führen dürfen.[454]

Sieht der Basisrechtsakt hingegen die Benennung von mindestens einer Einrichtung je Mitgliedstaat vor, so spricht die Kommission von „Verwaltung der Gemeinschaftsprogramme über ein Netz nationaler Agenturen" oder – verkürzt – von „Verbundverwaltung".[455] „Das Netz nationaler Agenturen ist", so die Charakterisierung durch die Kommission[456], „ein strukturiertes Ganzes, dem miteinander kommunizierende Einrichtungen angehören und bei dem jedes Mitglied einen Teil der Verantwortung für die Verwirklichung gemeinsamer Ziele übernimmt". Die Kommission übernimmt dabei die Rolle des Netzkoordinators.[457] Diese Verbundverwaltung soll sich besonders eignen zur Durchführung von umfangreichen Programmen, die Nähe zu den Endbegünstigten erfordern,[458] sowie von Programmen, bei denen die Haushaltsmittel nach Mitgliedstaaten aufgeschlüsselt

---

[452] Art. 39 Abs. 3 UAbs. 2 DVO HO 2002.
[453] Siehe oben Kap. 3 B.II.2.b.aa.
[454] Art. 39 Abs. 2 DVO HO 2002; *Kommission*, Verwaltung über ein Netz nationaler Agenturen, KOM(2001) 648 endg., S. 11 f.
[455] Art. 39 Abs. 3 UAbs. 1 DVO HO 2002; *Kommission*, Externalisierung und Vorschlag Exekutivagenturen, KOM(2000) 788 endg., S. 6; *dies.*, Verwaltung über ein Netz nationaler Agenturen, KOM(2001) 648 endg., S. 4.
[456] *Kommission*, Verwaltung über ein Netz nationaler Agenturen, KOM(2001) 648 endg., S. 6. Der Gedanke der Netzverwaltung ist nicht nur im Europäischen Leistungsverwaltungsrecht anzutreffen: Nach der grundlegenden Reform des Kartellverfahrensrechts durch die VO (EG) 1/2003 (Kartellverfahren) sollen die Kommission und die Wettbewerbsbehörden der Mitgliedstaaten „gemeinsam ein Netz von Behörden bilden, die die EG-Wettbewerbsregeln in enger Zusammenarbeit anwenden", so Erwgrd. 15; hierzu insbesondere die „Bekanntmachung der Kommission über die Zusammenarbeit innerhalb des Netzes der Wettbewerbsbehörden", ABl. EU 2004 Nr. C 101/43; *Frenz*, Handbuch Europarecht Bd. 2, Rn. 1429 ff.; *Schwarze/Weitbrecht*, Kartellverfahrensrecht, S. 169 ff.; *Klees*, Kartellverfahrensrecht, § 7 Rn. 63 ff.; *Schöler*, Reform des Kartellverfahrensrechts, S. 170 ff.; *Schweda*, WuW 2004, S. 1133 ff.; *Böge*, EWS 2003, S. 441 ff.; *ders./Scheidgen*, EWS 2002, S. 201 ff.; siehe nunmehr § 50a GWB in der Fassung der Bekanntmachung vom 15. Juli 2005 (BGBl. I S. 2114).
[457] *Kommission*, Verwaltung über ein Netz nationaler Agenturen, KOM(2001) 648 endg., S. 6, 13.
[458] Vgl. *Craig*, ELRev 2003, S. 840 (852).

oder durch Mitgliedstaaten kofinanziert werden.[459] Die Benennung der jeweiligen nationalen Einrichtung erfolgt in diesem Fall durch den Mitgliedstaat.[460]

bb. Die Einbindung nationaler Agenturen – eine gemeinschaftliche Beleihung?

Nach der deutschen Verwaltungsrechtsdogmatik können (private) Dritte durch Beleihung zur selbständigen Erfüllung von Verwaltungsaufgaben herangezogen werden. Somit liegt zunächst im Hinblick auf die Einbeziehung nationaler Agenturen der Gedanke an eine „gemeinschaftliche Beleihung" vielleicht nicht ganz fern. Die Einbeziehung nationaler Agenturen in die Verwaltung der Gemeinschaftsprogramme weist denn auch gewisse parallele Züge, jedoch auch einen grundlegenden Unterschied zu einer Beleihung auf.

In beiden Fällen ist eine gesetzliche Grundlage für die Rechtmäßigkeit der Wahrnehmung der Verwaltungsaufgaben durch den Dritten erforderlich. Hinsichtlich der Beleihung ergibt sich dies aus einem ungeschriebenen institutionellen Gesetzesvorbehalt.[461] Dieser erklärt sich mit der Grundrechtsrelevanz der Organisationsentscheidung, zu der die Beleihung führt,[462] und hat somit Verfassungsrang. Hinsichtlich der Einbeziehung nationaler Agenturen ergibt sich das Erfordernis aus einer ausdrücklichen Anordnung in der Haushaltsordnung.[463] Ob auch diese sekundärrechtliche Anordnung durch das gemeinschaftliche Verfassungsrecht[464] vorgegeben ist, erscheint hingegen zweifelhaft. Die Kommission war vor Erlaß der neuen Haushaltsordnung der Ansicht, daß sie auch ohne eine rechtliche Verankerung in bestimmten Situationen auf eine derartige Form der Verwaltung zurückgreifen könnte;[465] sie betrachtet also eine gesetzliche Regelung über die Möglichkeit, eine nationale Agentur in die Verwaltung der Gemeinschaftsprogram-

---

[459] *Kommission*, Verwaltung über ein Netz nationaler Agenturen, KOM(2001) 648 endg., S. 4, 7, 10 f.
[460] Art. 39 Abs. 3 UAbs. 1 DVO HO 2002.
[461] *Freitag*, Beleihungsrechtsverhältnis, S. 71; *Burgi*, in: Erichsen/Ehlers, AllgVerwR[12], § 54 Rn. 24; *Schmidt-Aßmann*, Ordnungsidee[2], Kap. 5 Tz. 57; *Maurer*, AllgVerwR[15], § 23 Rn. 58.
[462] *Burgi*, in: Erichsen/Ehlers, AllgVerwR[12], § 52 Rn. 4; *Schmidt-Aßmann*, Ordnungsidee[2], Kap. 5 Tz. 27.
[463] Art. 54 Abs. 2 lit. c i) HO 2002. Vgl. *Koch*, Externalisierungspolitik, S. 39.
[464] Zum Charakter des Primärrechts als gemeinschaftliches Verfassungsrecht siehe nur *Möllers*, Verfassung, in: von Bogdandy, Europäisches Verfassungsrecht, S. 1 (18 ff.); *Pernice*, VVDStRL 2001, S. 148 ff.; *Läufer*, in: GS Grabitz, S. 355 ff.; *Müller-Graff*, in: Dauses, HdbEUWiR I (EL 8), A I Rn. 82 ff.; vgl. auch *Winter*, EuR 2005, S. 255 (259): „gemeinschaftsverfassungsrechtliche Maßstäbe".
[465] *Kommission*, Verwaltung über ein Netz nationaler Agenturen, KOM(2001) 648 endg., S. 13 (in Fn. 7).

me einzubeziehen, nicht als primärrechtlich geboten. Eine Begründung hierfür gibt sie jedoch nicht. Im Kern geht es darum, ob die Kommission zur Durchführung des Gemeinschaftsrechts im Sinne von Art. 202 Spstr. 3, Art. 211 Spstr. 4 EGV auch auf mitgliedstaatliche Einrichtungen ohne besondere Ermächtigung zurückgreifen und diesen dabei nach außen gerichtete Entscheidungsbefugnisse übertragen darf. Diese Fragen sind bislang selten angesprochen worden, bedürfen jedoch auch im Rahmen dieser Untersuchung angesichts der ausdrücklichen sekundärrechtlichen Anordnung keiner abschließenden Erörterung. Auf zwei wichtige Aspekte soll hier allerdings aufmerksam gemacht werden. Zunächst ist darauf hinzuweisen, daß die Kommission nicht nur zur Durchführung des Gemeinschaftsrechts befugt ist. Sie ist hierzu gemäß Art. 211 Spstr. 4 EGV auch verpflichtet, sobald der Rat ihr in den von ihm angenommenen Rechtsakten Befugnisse zur Durchführung übertragen hat.[466] Schon dieser Gesichtspunkt spricht dafür, daß die Kommission nicht ohne besondere sekundärrechtliche Rechtsgrundlage mitgliedstaatlichen Einrichtungen im Rahmen der Durchführung bestehende Entscheidungsbefugnisse übertragen darf. Grundsätzlicher Natur ist der zweite Gesichtspunkt: Die Rechtsstaatlichkeit als Strukturprinzip der Gemeinschaft (Art. 6 Abs. 1 EUV) umfaßt auch einen institutionellen Gesetzesvorbehalt, dessen Inhalt und Reichweite allerdings bislang kaum geklärt sind.[467] Die Einbeziehung nationaler Agenturen stellt nun aber eine derart wesentliche Frage der Verwaltungsorganisation dar, die vor allem auch zu Verpflichtungen der Mitgliedstaaten führt, daß der Gemeinschaftsgesetzgeber hierfür eine besondere Ermächtigung vorsehen muß. Somit spricht vieles dafür, daß auch das europäische Verfassungsrecht vorschreibt, daß für den Rückgriff auf nationale Agenturen bei Übertragung von nach außen gerichteten Entscheidungsbefugnissen eine gesetzliche Grundlage erforderlich ist.[468]

Eine weitere Parallele läßt sich im Hinblick auf die Modalitäten der Einbindung feststellen. Damit der Private tatsächlich Verwaltungsaufgaben wahrnehmen kann, muß die beleihende Verwaltung entweder einen an ihn gerichteten Verwaltungsakt erlassen, dessen Rechtmäßigkeit allerdings von seiner Zustimmung abhängt, oder mit ihm einen Verwaltungsvertrag abschließen;[469] jedenfalls hängt eine Verpflichtung zur Ausübung von Verwaltungsaufgaben stets vom Einverständnis des Privaten ab. Entsprechendes gilt für die Einbindung nationaler Agenturen in die Verwaltung von Ge-

---

[466] Vgl. *Möllers*, EuR 2002, S. 483 (485).
[467] *Koch*, Externalisierungspolitik, S. 40.
[468] Im Ergebnis auch *Koch*, Externalisierungspolitik, S. 106. Vgl. auch *Priebe*, Aufgaben des Rechts, in: Schmidt-Aßmann/Hoffmann-Riem, Strukturen des Europäischen Verwaltungsrechts, S. 71 (84).
[469] *Freitag*, Beleihungsrechtsverhältnis, S. 142; *Burgi*, in: Erichsen/Ehlers, Allg-VerwR[12], § 54 Rn. 27.

214   Kapitel 3

meinschaftsprogrammen. Diese werden aufgrund der in der Vereinbarung übernommenen Verpflichtung tätig.

Der erhebliche Unterschied besteht in folgendem: Beliehene nehmen Staatsaufgaben in den Handlungsformen des öffentlichen Rechts wahr;[470] sie handeln also in den Rechtsformen des beleihenden Staates. Die nationalen Agenturen sollen hingegen dem Recht des Mitgliedstaates unterliegen, in dem sie errichtet wurden.[471] Die Entscheidungen, die die nationalen Agenturen im Rahmen der Programmverwaltung treffen, ergehen demzufolge nicht als gemeinschaftliche, sondern als nationale Rechtsakte und somit nicht in den Rechtsformen der „beleihenden" Gemeinschaft. Eine Entscheidung einer nationalen Agentur kann nicht der Kommission zugerechnet werden. Die Übertragung eines Urteils, in dem das Gericht eine derartige Zurechnung vorgenommen hat,[472] auf das hier zu behandelnde Verwaltungsmodell ist ausgeschlossen.[473] Dies führt dazu, daß um Rechtsschutz gegen die nationale Agentur nur vor einem zuständigen nationalen Gericht ersucht werden kann. Dieser Unterschied sollte davon abhalten, von einer gemeinschaftlichen Beleihung zu sprechen, zumal die Übertragung nationaler Rechtsinstitute auf die Gemeinschaft ohnehin nur vorsichtig erfolgen sollte. Die Einbindung nationaler Agenturen ist deshalb als eine auf vertraglicher Grundlage zustande kommende Verwaltungskooperation spezifisch gemeinschaftsrechtlicher Art einzuordnen.[474]

b. Beispiel: Die Vergabe der Erasmus-Mobilitätsstipendien

Das Modell der Verbundverwaltung kommt derzeit zur Anwendung bei der Verwaltung bestimmter Aktionen des Sokrates-Programms[475], unter anderem der Aktion Erasmus, für die mehr als die Hälfte der Gesamtmittel des Programms zur Verfügung stehen soll.[476] Die Aktion Erasmus fördert im wesentlichen die Mobilität von Studenten und Hochschullehrern durch Vergabe von Gemeinschaftszuschüssen. Diese Möglichkeit haben seit Beginn der ersten Erasmus-Aktion im Jahre 1987 mehr als eine Million Stu-

---

[470] *Burgi*, in: Erichsen/Ehlers, AllgVerwR[12], § 54 Rn. 24.

[471] Art. 39 Abs. 1 DVO HO 2002.

[472] EuG, Rs. T-369/94 u. T-85/95 – DIR International Film, Slg. 1998, II-357 (Rn. 52 f.).

[473] Zudem bestand in diesem Fall die Besonderheit, daß jede Entscheidung des eingeschalteten deutschen eingetragenen Vereins „praktisch" der vorherigen Zustimmung eines Kommissionsvertreters bedurfte (EuG, Rs. T-369/94 u. T-85/95 – DIR International Film, Slg. 1998, II-357 [Rn. 52 f.]).

[474] Vgl. *Craig*, ELRev 2003, S. 840 (852): „The agencies then act as partners in the implementation of Community policies."

[475] Beschluß 253/2000/EG (Sokrates). Siehe oben Kap. 1 B.II.4.b. Vgl. auch *Rechnungshof*, Sonderbericht Nr. 2/2002 – Sokrates, Tz. 39 ff.

[476] IV.B.1.b) des Anhangs des Beschlusses 253/2000/EG (Sokrates).

denten wahrgenommen.[477] Die geförderten Auslandsaufenthalte sollen nicht nur die eigentlichen Studien weiterführen und bereichern, sondern den teilnehmenden Studenten auch ermöglichen, eine andere Sprache (vertieft) zu erlernen und eine andere Kultur kennenzulernen.

Die individuellen Mobilitätszuschüsse für Studierende werden von den Hochschulen selbst vergeben, die damit auch funktional als Gemeinschaftsverwaltungsbehörde tätig werden (cc). Bis es jedoch hierzu kommt, müssen die Hochschulen aufwendige Verfahren durchlaufen haben. Sie müssen sich erfolgreich bei der Europäischen Kommission um eine Erasmus-Hochschulcharta beworben haben (aa), und die nationale Sokrates/Erasmus-Agentur muß ihnen Mobilitätszuschüsse zugewiesen haben (bb). Der Sokrates-Beschluß enthält nur sehr wenige Vorschriften über diese Verwaltungsstrukturen.

aa. Die Erasmus-Hochschulcharta

Die Erasmus-Hochschulcharta[478] ist eine von der Kommission, genauer: für die Kommission vom Direktor für Bildung unterzeichnete Bescheinigung, die die grundlegenden Prinzipien darlegt, die allen Erasmus-Aktivitäten zugrunde liegen und von der Hochschule beachtet werden müssen. Eine Hochschule in diesem Sinne ist eine von einer zuständigen Behörde des jeweiligen Staates als solche anerkannte Bildungseinrichtung. Die Bescheinigung ist Voraussetzung dafür, daß die Hochschule erfolgreich bei ihrer zuständigen nationalen Agentur Mittel für Mobilitätszuschüsse beantragen kann; sie ist deshalb eine Art Eintrittskarte. Bewerbungen um eine Erasmus-Hochschulcharta können bei der Kommission einmal jährlich eingereicht werden. Ist einer Hochschule eine Charta verliehen worden, so gilt diese für die gesamte Restlaufzeit des Sokrates-Programms.

Bei der Bewerbung muß die Hochschule eine Erklärung, ein sog. European Policy Statement[479], abgeben. In dieser soll die Hochschule ihre beabsichtigte Gesamtstrategie zur Inanspruchnahme der Förderung durch das Sokrates-Programm darlegen. Im Hinblick auf die hier zu behandelnden Mobilitätszuschüsse für Studenten muß die Erklärung die Maßnahmen anführen, die die Hochschule zu treffen gedenkt, um eine hohe Qualität bei den Austauschprogrammen sicherzustellen. Das European Policy Statement ist

---

[477] *Kommission*, Zwischenbericht Sokrates, KOM(2004) 153 endg., S. 22. Die Kommission hat sich aber das bewußt ehrgeizige Ziel gesetzt, bis 2010 mehr als drei Millionen sog. Erasmus-Studenten gefördert zu haben, vgl. *Kommission*, a.a.O.

[478] Hierzu *Kommission*, Socrates – Guidelines, 2004, S. 55 f. Die Erasmus-Hochschulcharta hat ab dem akademischen Jahr 2003/2004 die sog. „Institutional Contracts" (Erasmus-Hochschulverträge) ersetzt.

[479] Z.B. *Ruprecht-Karls-Universität Heidelberg*, European Policy Statement (im Internet unter http://www.socleoyouth.be/eps/showquestions.do?id=217588; Stand: 26. August 2005).

ein Mittel zur Beurteilung der Übereinstimmung zwischen den Maßnahmen, die die Einrichtung einzuführen beabsichtigt, und der Art und Weise, in der sich diese in ihre Gesamtstrategie einfügen.

bb. Die Zuweisung von Zuschüssen durch die nationale Agentur

In Deutschland nimmt der Deutsche Akademische Austauschdienst (DAAD), ein eingetragener Verein, „im Auftrag des Bundesministeriums für Bildung und Forschung (BMBF)"[480] die Aufgabe der nationalen Agentur im Bereich Sokrates/Erasmus wahr.

Die Kommission und die jeweilige nationale Erasmus-Agentur haben die *operationelle Vereinbarungen* geschlossen, in denen die Rolle und die Aktivitäten der nationalen Agentur bei der Durchführung der dezentralen Erasmus-Aktionen des Sokrates-Programms festgelegt worden sind. Jedes Jahr wird zwischen der Europäischen Kommission und der nationalen Agentur ein *Vertrag über dezentrale Erasmus-Aktionen* geschlossen. In diesem Vertrag verpflichtet sich die nationale Agentur, die Bedingungen einzuhalten, die für die Verwaltung der unter den Vertrag fallenden Aktionen festgelegt wurden und in einem von der Generaldirektion Bildung und Kultur der Europäischen Kommission herausgegebenen Handbuch („*Operatives Handbuch für dezentrale Aktionen im Rahmen von Erasmus*") beschrieben werden.[481] Dieses Handbuch soll den nationalen Agenturen einen gemeinsamen administrativen Rahmen für die Durchführung und Verwaltung der dezentralen Erasmus-Aktionen an die Hand geben; gewährleistet werden soll durch das Handbuch eine einheitliche Verwaltung der Aktivitäten innerhalb des Gesamtprogramms und in allen Teilnehmerländern.[482]

Der Vertrag über dezentrale Erasmus-Aktionen ist als öffentlich-rechtlicher Vertrag der Gemeinschaft einzuordnen, mit dem einer mitgliedstaatlichen Einrichtung die Verwaltung von Gemeinschaftsmitteln übertragen wird. Bezüglich des ergänzend anwendbaren Rechts heißt es in dem Mustervertrag für das akademische Jahr 2004/05: „The Community contribution is covered by the terms of the agreement, the Community rules applicable and, on a subsidiary basis, by the Belgium law applicable to grants."[483] Nicht der

---

[480] Siehe im Internet unter http://www.eu.daad.de/sokrates/aufgaben/aufgaben.html (Stand: 26. August 2005).

[481] Article I.1 des dem Verfasser als Muster vorliegenden „Agreement on decentralised actions – Erasmus" für das Vertragsjahr 2004 (akademisches Jahr 2004/05). Siehe auch den Hinweis in dem Vertragsmuster auf „Commission Decision C(2000)1537 of 6 June 2000 on the Provisions relating to the responsibilities of the Member State and the Commission with regard to the Socrates National Agencies".

[482] *Kommission*, Handbuch für dezentrale Aktionen, 2004, Tz. 1.

[483] Article I.9 (Fn. 481). Diese Bestimmung legt auch die Zuständigkeit der europäischen Gerichtsbarkeit fest (vgl. Art. 238 EGV), allerdings dem Wortlaut nach nur für Streitsachen, die von der nationalen Agentur angestrengt werden.

Vertrag als ganzes also, sondern nur der Gemeinschaftsbeitrag soll nach dem Wortlaut subsidiär dem belgischen Recht der Finanzhilfen unterliegen. Eine derartige Rechtswahl scheint jedoch kaum möglich zu sein. Da der Vertrag als Hauptgegenstand aber den Gemeinschaftsbeitrag betrifft, liegt es nahe, entgegen dem Wortlaut den gesamten Vertrag ergänzend dem belgischen Recht zu unterwerfen. Die Wahl des belgischen Rechts, nicht jedoch des Rechts des Mitgliedstaates, für den die Einrichtung die nationale Agentur bildet, gewährleistet, daß die von der Kommission geschlossenen Verträge über dezentrale Erasmus-Aktionen einem einheitlichen Rechtsregime unterfallen.

Der Vertrag über dezentrale Erasmus-Aktionen im Rahmen von Erasmus darf erst nach Genehmigung eines *nationalen Aktionsplans*[484] durch die Kommission ausgefertigt werden. Der nationale Aktionsplan ist eine politische Erklärung einer nationalen Agentur, in der die Prioritäten und Leitlinien für die Verwaltung der Mobilitätszuschüsse sowie für die Überwachung der Mobilität im Rahmen von Sokrates/Erasmus festgelegt sind. Die nationale Agentur muß dafür sorgen, daß die Hochschulen nach der Genehmigung über die aktuellen Prioritäten und Grundsätze informiert werden.

Die Kommission legt jährlich für jeden Mitgliedstaat einen Betrag fest, der in diesem für Mobilitätszuschüsse zur Verfügung steht.[485] Der Sokrates-Beschluß nennt die für diese Festlegung maßgeblichen Kriterien. Allerdings wird keine Gewichtung dieser einzelnen Maßstäbe vorgegeben. Es ist deshalb nicht erstaunlich, daß diese grundlegende Entscheidung im Verwaltungsverfahren aufgrund des Komitologie-Beschlusses getroffen wird. Den festgelegten Betrag muß die nationale Agentur auf die antragstellenden Hochschulen aufteilen; sie ist dabei an gleichfalls im Verwaltungsverfahren erlassene „allgemeine Leitlinien für die Durchführung des Programms" gebunden.[486] Das Handbuch enthält einen Musterantrag mit den Mindestanforderungen und eine notwendig von der Hochschule abzugebende Erklärung, in der sie unter anderem zusichert, finanziell und organisatorisch in der Lage zu sein, den eingereichten Vorschlag durchzuführen, und der nationalen Agentur die Vornahme geeigneter Prüfungen bei Zweifeln hieran gestattet.[487] Die Höhe des Zuschusses an eine einzelne Hochschule richtet sich in erster Linie nach der Zahl der Studenten dieser Einrichtung, die in vorausgehenden Jahren eine Förderung durch das Erasmus-Programm in

---

[484] *Kommission*, Handbuch für dezentrale Aktionen, 2004, Tz. 2.

[485] Hierzu und zum folgenden Anhang IV.1. i.V.m. Art. 7 Abs. 1 lit. d, Art. 8 Abs. 2 Beschluß 253/2000/EG (Sokrates).

[486] Vgl. Anhang III.1.b) i.V.m. Art. 7 Abs. 1 lit. b, Art. 8 Abs. 2 Beschluß 253/2000/EG (Sokrates).

[487] *Kommission*, Handbuch für dezentrale Aktionen, 2004, Tz. 3.1 und Anhang 1.

Anspruch genommen haben („past performance"). Den Leitlinien für Antragsteller ist weiterhin jedoch zu entnehmen: „Other factors may also be taken into account."[488] Welche Faktoren dabei maßgeblich sein können, bleibt unklar. Im Handbuch wird auf die tatsächliche Nachfrage verwiesen. Auch muß wohl dafür gesorgt werden, daß erstmals antragsberechtigten Hochschulen ausreichend Mittel zugewiesen werden. Der nationalen Agentur verbleibt somit ein gewisser Spielraum, der jedoch dadurch begrenzt ist, daß keine förderfähige Hochschule, kein Studienniveau und kein Studiengebiet von vornherein von der finanziellen Unterstützung ausgeschlossen sollten. Sie ist aber jedenfalls verpflichtet, für Einheitlichkeit und Transparenz bei der Festlegung der Höhe der individuellen Zuschüsse sowie der Kriterien für die Mittelzuweisung zu sorgen.[489]

Die nationale Agentur schließt mit der Hochschule einen auf ein akademisches Jahr beschränkten Vertrag über die Gewährung eines Betrages für Mobilitätszuschüsse („Zuschußvertrag"). Er muß dabei von der Kommission festgelegte Anforderungen beachten. Das Handbuch führt entsprechend eine lange Liste von Punkten auf, die in diese Verträge aufgenommen werden müssen.[490] Die Hochschule muß sich insbesondere verpflichten, den Leitlinien des von der Kommission genehmigten nationalen Aktionsplans für die Verteilung von Gemeinschaftszuschüssen im Rahmen von Erasmus zu entsprechen und die vorgegebenen maximalen Zuschußbeträge an Einzelperson einzuhalten. Sie wird dadurch an die Einhaltung der Kriterien bei der Vergabe der individuellen Mobilitätszuschüsse gebunden. Weiterhin von besonderer Bedeutung ist, daß sich die Hochschule neben Kontrollen durch Beauftragte der nationalen Agentur auch mit Kontrollen der Kommission, des Europäischen Amtes für Betrugsbekämpfung und des Europäischen Rechnungshofs einverstanden erklärt und zu diesem Zweck alle erforderlichen Unterlagen langfristig aufbewahrt. Auch muß die Hochschule über die Verwendung des Gemeinschaftszuschusses Berichte vorlegen. Schließlich muß sich die Hochschule verpflichten, alle nicht ausgegebenen Zuschüsse unverzüglich an die nationale Agentur zurückzuzahlen und die Haftung für die Rückzahlung für den Fall zu übernehmen, daß sie den aus dem Vertrag entspringenden Pflichten nicht nachgekommen ist, also insbesondere rechtswidrig Gemeinschaftszuschüsse gewährt und ausbezahlt hat. Für das Hochschuljahr 2004/05 hat der DAAD als nationale Agentur beispielsweise Mobilitätsmittel an 265 deutsche Hochschulen vergeben.

Die Kommission zahlt den für den Mitgliedstaat zur Verfügung stehenden Betrag spätestens 45 Tage nach Abschluß des Vertrages über dezentrale

---

[488] *Kommission*, Socrates – Guidelines, S. 57.
[489] *Kommission*, Handbuch für dezentrale Aktionen, 2004, Tz. 3.2.
[490] *Kommission*, Handbuch für dezentrale Aktionen, 2004, Tz. 7.4.

Die Vollzugsebene der gemeinschaftlichen Leistungsverwaltung 219

Maßnahmen an die nationale Agentur.[491] Zahlungen von der nationalen Agentur an die Hochschule[492] wiederum erfolgen grundsätzlich in Form eines auf den Vertragsschluß folgenden Vorschusses, einer Zahlung nach Vorlage eines Zwischenberichts und einer Schlußzahlung nach Prüfung des Abschlußberichts. Die Prüfung des Abschlußberichts durch die nationale Agentur kann aber auch zur Rückforderung von Beträgen führen, die nicht oder für nicht förderfähige Ausgaben verwendet wurden. Die Hochschule ist gegebenenfalls zur Übermittlung weiterer Informationen verpflichtet.

Die nationale Agentur ihrerseits ist umfassend gegenüber der Kommission über ihre Tätigkeiten berichtspflichtig.[493] Vorgesehen sind ein Zwischenbericht, ein abschließender Tätigkeitsbericht und ein Abschlußbericht. Im *Zwischenbericht* müssen lediglich bestimmte Angaben finanzieller Art über bereits gewährte und voraussichtlich noch aufzuwendende Erasmus-Mittel getroffen werden. Der *abschließende Tätigkeitsbericht* ist schon kurz nach Ende der Vertragslaufzeit vorzulegen. Er muß einerseits einen vollständigen statistischen und finanziellen Bericht („Abrechnung und Ergebnisbericht") über die durchgeführten Aktivitäten enthalten, der auf den Abschlußberichten der Hochschulen basiert. Er ist deshalb vorläufiger Natur, da die sogleich zu behandelnde Finanzkontrolle und das Audit zu diesem Zeitpunkt noch nicht stattgefunden haben. Der abschließende Tätigkeitsbericht muß andererseits einen beschreibenden Bericht umfassen. Der *Abschlußbericht* der nationalen Agentur setzt sich auch wiederum aus Teilberichten zusammen, zum einen aus einem Kontroll-, Überwachungs- und Auditbericht, zum zweiten aus einer Schlußabrechnung und einem abschließenden Ergebnisbericht und zum dritten aus einer Bescheinigung der Abrechnungen. Ersterer soll Einzelheiten zu den von der nationalen Agentur nach Ablauf der Verträge mit den Hochschulen durchgeführten Audits und Kontrollen enthalten. Die Schlußabrechnung und der abschließende Ergebnisbericht bilden die überarbeitete Fassung des im abschließenden Tätigkeitsberichts enthaltenen statistischen und finanziellen Berichts; sie enthalten die abschließenden Zahlen nach Berichtigung der Angaben infolge der Audits und Kontrollen sowie nach Berücksichtigung aller überarbeiteten oder zwischenzeitlich eingereichten verspäteten Berichte. Auf der Grundlage des Abschlußberichts leitet die Kommission Verfahren zum Abschluß der Verträge und zur Rückzahlung nicht ausgegebener Mittel ein.

Die nationale Agentur ist zur Finanzkontrolle, zum Audit und zur Überwachung verpflichtet.[494] Mit Finanzkontrolle ist dabei die systematische Überprüfung bestimmter Finanzdokumente daraufhin umschrieben, daß die

---

[491] Article I.4.1 (Fn. 481).
[492] Siehe *Kommission*, Handbuch für dezentrale Aktionen, 2004, Tz. 7.4, 7.5, 7.6.
[493] Siehe *Kommission*, Handbuch für dezentrale Aktionen, 2004, Tz. 10 und Anhang 4.
[494] *Kommission*, Handbuch für dezentrale Aktionen, 2004, Tz. 11.

Ausgaben im Einklang mit den relevanten Finanzbestimmungen stehen. Audits sind Vor-Ort-Prüfungen, deren Gegenstand die Verwaltungs-, Finanz- und Managementabläufe in den Hochschulen sind. Die Überwachung ist hingegen breiter und eher im Sinne einer Evaluierung angelegt und umfaßt die Sammlung von Daten und analytische Beschreibung der Fortschritte eines Programms oder Vertrags sowie die Ermittlung auftretender Probleme, Fragen oder Diskrepanzen. Für die Durchführung dieser Aufgaben enthält das Handbuch sehr detaillierte Vorgaben bezüglich des Zeitpunkts, des Umfangs und der Gegenstände der Prüfungen. Die Zusammensetzung der Audit- und Überwachungsteams ist ebenso angesprochen wie die Vorgehensweise bei diesen Überprüfungen.

cc. Vergabe der individuellen Mobilitätszuschüsse durch die Hochschulen

Die individuellen Mobilitätszuschüsse für Studierende, die die zusätzlichen Kosten der Mobilität ausgleichen, nicht aber die gesamten Kosten des Auslandsaufenthalts decken sollen,[495] werden ausschließlich von den Hochschulen selbst vergeben. Der Höchstzuschuß aus den Erasmus-Mitteln der Kommission beträgt pro Studierendem 5000 Euro für ein ganzes akademisches Jahr. Der Höchstbetrag für kürzere Zeiträume beträgt 500 Euro pro Monat. Die Höchstsätze dürfen nur in Ausnahmefällen überschritten werden; Voraussetzung ist allerdings eine vorherige schriftliche Genehmigung durch die nationale Agentur.[496]

Für die Auswahl der Studierenden hat die Kommission allgemeine Leitlinien vorgegeben.[497] Die Teilnehmerländer sind verpflichtet, Verfahren für die Auswahl festzulegen und sicherzustellen, daß die Aufgabe in fairer, transparenter und einheitlicher Weise durchgeführt wird. Die Festlegung muß im Einklang mit den allgemeinen Leitlinien erfolgen, d.h. die Auswahlkriterien und -prioritäten, die im Leitfaden für Antragsteller für Sokrates und in der jährlichen Aufforderung zur Einreichung von Vorschlägen dargelegt sind, müssen dabei uneingeschränkt eingehalten werden. Es dürfen jedenfalls keine Zuschüsse an Studierende vergeben werden, die das erste Jahr ihres Grundstudiums noch nicht abgeschlossen haben.[498]

Das Handbuch der Kommission geht davon aus, daß auch die Hochschule mit dem Studierenden einen Vertrag, eine sog. *Mobilitätsvereinbarung*, schließt. Darin ist insbesondere zu regeln, welche Leistungen der Studierende während seines Auslandsaufenthaltes erbringen muß. Alle Studierenden, die an einer Erasmus-Mobilitätsmaßnahme teilnehmen, sind weiterhin

---

[495] *Kommission*, Handbuch für dezentrale Aktionen, 2004, Tz. 3.3.
[496] *Kommission*, Handbuch für dezentrale Aktionen, 2004, Tz. 3.3.
[497] Hierzu und zum folgenden *Kommission*, Handbuch für dezentrale Aktionen, 2004, Tz. 4.1.
[498] *Kommission*, Handbuch für dezentrale Aktionen, 2004, Tz. 4.3.

zu verpflichten, nach Abschluß der Maßnahme einen Bericht zu erstellen.[499] Die Hochschule muß die Zuschüsse für Studierende vor deren Abreise zu ihrem Auslandsaufenthalt auszahlen.[500] Sie muß berechtigt sein, von den Studierenden jeglichen Betrag zurückzufordern, der nicht gemäß den Vertragsbestimmungen verwendet wurde.[501]

dd. Anmerkungen

Die Strukturen bei der Vergabe der Erasmus-Stipendien sind sehr komplex und unübersichtlich. Die allgemein zugänglichen Quellen waren für die Darstellung nicht ausreichend. Es ist somit zunächst ein erhebliches Transparenzdefizit festzustellen.

Im Zentrum stehen drei einander nachgeschaltete Vertragsbeziehungen: zwischen der Kommission und der nationalen Agentur, zwischen der nationalen Agentur und der Hochschule und zwischen der Hochschule und dem Studierenden. Die Kommission verpflichtet also zunächst einmal nur die nationalen Agenturen zu einem bestimmten Vorgehen. Dies geschieht nicht zuletzt dadurch, daß die nationalen Agenturen das Handbuch für dezentrale Erasmus-Aktionen zu beachten haben, das wiederum auch auf die Vorgaben aus dem Leitfaden für Antragsteller und der Aufforderung zur Einreichung von Vorschlägen verweist. Die nationale Agentur muß sodann aufgrund des Vertrages mit der Kommission den Hochschulen Vorgaben zu deren Vorgehen bei der Vergabe der individuellen Mobilitätszuschüsse, insbesondere hinsichtlich der Auswahlkriterien machen. Auf diese Weise können die Hochschulen mittelbar auf die Einhaltung der Bestimmungen des Handbuches verpflichtet werden. Die Hochschule schließlich muß bestimmte schon im Handbuch für den Studenten angelegte Pflichten diesem in dem Vertrag über die Gewährung eines individuellen Mobilitätszuschusses auferlegen. Somit entsteht eine Situation, in der durch Vertrag eine große Zahl von Rechten und Pflichten der Beteiligten (Kommission, nationale Agentur, Hochschule, Student) begründet wird. Die Mitgliedstaaten nehmen hingegen eine lediglich flankierende Rolle ein.

Besondere Bedeutung kommt dem Handbuch zu. Es erweist sich als das zentrale Dokument für die Verwaltung der Mobilitätszuschüsse. Als solchem kommt ihm keine Rechtsverbindlichkeit zu. Dennoch steuert es in erheblichem Umfang die auf nationaler Ebene im Rahmen der Programmverwaltung tätigen Einrichtungen.[502] Seine Wirkungen von der Kommission über die nationale Agentur und die Hochschulen bis zu den Endempfängern

---

[499] *Kommission*, Handbuch für dezentrale Aktionen, 2004, Tz. 7.6 und Anhang 4
[500] *Kommission*, Handbuch für dezentrale Aktionen, 2004, Tz. 7.4.
[501] *Kommission*, Handbuch für dezentrale Aktionen, 2004, Tz. 7.6.
[502] Ausführlich zur Steuerung der mitgliedstaatlichen Verwaltungen durch „atypische Kommissionsdokumente" *Schöndorf-Haubold*, Strukturfonds der EG, S. 399 ff.

der Zuschüsse entfaltet es erst durch die Einbeziehung in die vertraglichen Beziehungen; dem Handbuch kommt so eine konsentierte Bindungswirkung[503] zu.

Eine erstaunliche, sogar noch auf dem Handbuch aufbauende Wirkungsweise entfalten die Leitlinien des nationalen Aktionsplans. Die Kommission muß diese genehmigen. Aufgrund der Einbeziehung des Handbuchs in die vertraglichen Beziehungen von Kommission und nationaler Agentur muß letztere wiederum die Hochschulen auf die Beachtung der Leitlinien verpflichten.

Bei den Erasmus-Mobilitätsstipendien ist die erste grundlegende Entscheidung schon durch den Sokrates-Beschluß getroffen worden: Studenten sollen gefördert durch die Gemeinschaft einen Teil ihres Studiums im Ausland verbringen. Damit steht der wesentliche Inhalt der gemeinschaftlichen Förderung schon fest. Die zweite bedeutende Entscheidung, die Zuweisung der insgesamt zur Verfügung stehenden Mittel auf die einzelnen Mitgliedstaaten, wird auch noch auf der gemeinschaftlichen Ebene, nämlich durch die Kommission im Verfahren der Komitologie vorgenommen. Die Entscheidungen über die Anzahl der Studierenden je Hochschule sowie über die individuelle Förderung sind hingegen eindeutig für die Gemeinschaft von geringer Bedeutung und können deshalb Dritten überlassen werden. Die Grenzen der Externalisierung sind deshalb bei der Vergabe der Erasmus-Stipendien sicherlich eingehalten.

5. Übergreifende Fragestellungen der zentralen indirekten Mittelverwaltung

a. Grundsätzliche Überlegungen

Die Anwendung aller drei Modelle der zentralen indirekten Mittelverwaltung erfolgt letztendlich nur, wenn hierüber zwischen den Mitgliedstaaten und der Kommission Übereinstimmung herrscht. Der erste Eindruck einer unabhängigen Stellung der Kommission bei der Externalisierung von Aufgaben der Leistungsverwaltung, den die Haushaltsordnung vermittelt, erweist sich also bei näherer Betrachtung als unzutreffend. Eine Exekutivagentur wird im Regelungsausschußverfahren des Komitologie-Beschlusses gegründet; eine Gemeinschaftsagentur darf in die Verwaltung von Gemeinschaftsprogrammen nur einbezogen werden, wenn dies mit dem Gründungsrechtsakt zu vereinbaren ist; die Einbindung nationaler Agenturen in die Verwaltung von Gemeinschaftsprogrammen schließlich muß im Basisrechtsakt ausdrücklich als Möglichkeit vorgesehen sein. Hiermit ist die Säule der Mitgliedstaaten angesprochen, die die Einrichtung der Programmverwaltung stützt und die notwendige Ergänzung zu der Säule der

---

[503] Begriff bei *Schöndorf-Haubold*, Strukturfonds der EG, S. 403.

Kommission bildet. Stets ist ein Beschluß der Kommission über die Inanspruchnahme eines Verwaltungsmodells erforderlich. Dieser ist aber nur im Falle der Exekutivagenturen hinreichend. Zur Einbindung der Gemeinschaftsagenturen und nationaler Agenturen sind weiterhin vertragliche Beziehungen zwischen der Kommission und der jeweiligen Einrichtung erforderlich. Schon hierin zeigt sich auch die Stellung von Exekutivagenturen einerseits und Gemeinschaftsagenturen und nationalen Agenturen andererseits. Letztere stehen prinzipiell in einem Verhältnis der Gleichberechtigung zur Kommission, die den Vertrag als Handlungsform der Verwaltungskooperation erfordert. Das Verhältnis der Kommission zu den Exekutivagenturen ist hingegen durch eine Nachordnung gekennzeichnet, die einen einseitigen Zugriff der Kommission auf die eigentlich rechtlich selbständige Gemeinschaftseinrichtung gestattet.

Diese Stellung der Kommission zu den Exekutivagenturen einerseits und zu den Gemeinschaftsagenturen und den nationalen Agenturen andererseits bringt es mit sich, daß an sich den Exekutivagenturen mehr und von der Art her bedeutendere Aufgaben als den Gemeinschaftsagenturen und den nationalen Agenturen übertragen werden dürfen. Aber auch zwischen letzteren bestehen Unterschiede im Hinblick auf das Verhältnis der Kommission zu der Einrichtung, insbesondere dadurch, daß die Kommission Vertreter in die Leitungsausschüsse der Gemeinschaftsagenturen entsenden darf, sie bei den nationalen Agenturen hingegen über keine derartige Einfluß- und Kontrollmöglichkeit verfügt. Folglich kann die Aufgabenübertragung bei den Exekutivagenturen quantitativ und qualitativ am umfassendsten sein, während sie bei den nationalen Agenturen erheblich eingeschränkt ist. Diese Feststellung, die insbesondere auch die Kommission getroffen hat,[504] wird allerdings durch die oben besprochene Vorschrift über die übertragbaren Aufgaben in der Verordnung (EG) Nr. 58/2003 zur Festlegung des Statuts der Exekutivagenturen in Frage gestellt.

b. Legitimationsfragen der zentralen indirekten Mittelverwaltung

Die Demokratie als Grundsatz der Europäischen Union (Art. 6 Abs. 1 EUV) verlangt, daß jegliche Verwaltungstätigkeit der Gemeinschaft und damit auch die Vergabe gemeinschaftlicher Finanzhilfen demokratisch legitimiert ist.[505] Bei allen drei behandelten Formen der Externalisierung muß das Tä-

---

[504] Vgl. *Kommission*, Verwaltung über ein Netz nationaler Agenturen, KOM(2001) 648 endg., S. 5.
[505] *Schmidt-Aßmann*, Ordnungsidee², Kap. 7 Tz. 38. Umfassend zur demokratischen Legitimation der europäischen Gemeinschaft *Kluth*, Demokratische Legitimation; *Lübbe-Wolff*, VVDStRL 2001, S. 246 (255 ff); siehe auch *Hrbek*, in: GS Grabitz, S. 171 ff.; *Craig/de Búrca*, EU Law, S. 167 ff.; *von Bogdandy*, Prinzipienlehre, in: ders., Europäi-

tigwerden der jeweiligen Agentur für die Gemeinschaft in personeller und sachlicher Hinsicht einen hinreichenden Bezug zu den Bürgerinnen und Bürgern Europas (vgl. Art. I-1 Abs. 1 EV) aufweisen. Die Agenturen müssen dafür verantwortlich gemacht werden können, daß die Mittel der europäischen Steuerzahler rechtmäßig und wirtschaftlich vergeben werden.

Die personelle Legitimation der Exekutivagenturen wird ausschließlich durch die personelle Legitimation der Kommission vermittelt. Diese stützt sich einerseits auf die Benennung des Präsidenten der Kommission und deren übrigen Mitglieder durch die Regierungen der Mitgliedstaaten (Art. 214 Abs. 2 UAbs. 1 Hs. 1, UAbs. 2 EGV), andererseits auf die Zustimmung des Europäischen Parlaments zur Benennung des Präsidenten und des gesamten Kollegiums (Art. 214 Abs. 2 UAbs. 1 Hs. 2, UAbs. 3 S. 1 EGV).[506] Durch die Ernennung des Direktors und der Mitglieder des Lenkungsausschusses wird diese gemischt mitgliedstaatlich-gemeinschaftliche Legitimation an die Organe der Exekutivagentur weitergegeben.

Da die Vertreter der Kommission in den Leitungsausschüssen der Gemeinschaftsagenturen nur eine untergeordnete Rolle einnehmen, stützt sich die personelle Legitimation der Gemeinschaftsagenturen in erster Linie auf die personelle Legitimation derjenigen Mitglieder, die die Mitgliedstaaten ernannt haben. Der Verwaltungschef der Gemeinschaftsagentur leitet seine personelle Legitimation wiederum aufgrund der Ernennung durch dieses Gremium vorrangig von den mitgliedstaatlichen Vertretern ab. Da diese Ernennung jedoch auf Vorschlag der Kommission erfolgen muß, ist die personelle Legitimation des Verwaltungschefs wenngleich nicht in demselben Umfang, so doch auch über die Kommission vermittelt. Festzuhalten bleibt jedoch, daß – anders als bei den Exekutivagenturen – bei den Gemeinschaftsagenturen die personelle Anbindung an die Mitgliedstaaten ganz im Vordergrund steht.[507]

Die personelle Legitimation der nationalen Agenturen schließlich erfolgt bei öffentlich-rechtlichen Einrichtungen ausschließlich über die Mitgliedstaaten. Die Kommission benennt als eine nationale Agentur eine Einrichtung als solche; sie verfügt jedoch über keinerlei Einfluß auf deren personelle Zusammensetzung. Ein solcher erscheint auch durch das Primärrecht ausgeschlossen. Bei privatrechtlichen Einrichtungen, die als nationale Agentur tätig werden, kann eine personelle Legitimation der für die Gemeinschaft Handelnden allenfalls über den Mitgliedstaat erfolgen. In aller Regel

---

sches Verfassungsrecht, S. 149 (174); speziell zum Demokratiedefizit als Thema der Verwaltungsreform *Mehde*, ZEuS 2001, S. 403 (440 ff.).

[506] Zum Verfahren der Einsetzung der Kommission *Georgopoulos/Lefèvre*, RTDE 2001, S. 597 (598 ff.); *Kugelmann*, in: Streinz, EUV/EGV, Art. 214 EGV Rn. 2 ff.; *Craig/de Búrca*, EU Law, S. 54 f.

[507] Vgl. *Fischer-Appelt*, Agenturen, S. 184 ff.

Die Vollzugsebene der gemeinschaftlichen Leistungsverwaltung

dürfte jedoch bei diesen Einrichtungen jegliche personelle Legitimation fehlen. Das Einvernehmen des Mitgliedstaats mit der Benennung durch die Kommission bzw. die Benennung durch den Mitgliedstaat selbst ist hierfür nicht geeignet.

Die gemeinschaftliche Legitimation der Handlungsträger in den Exekutivagenturen, den Gemeinschaftsagenturen und den nationalen Agenturen läßt also stufenweise nach. Ihre geringe Intensität bzw. ihr Fehlen muß folglich insbesondere bei den nationalen Agenturen und dabei in noch erhöhtem Umfange bei den privatrechtlichen Einrichtungen durch eine umfassendere sachliche Legitimation aufgefangen werden. Es ist folglich sicherzustellen, daß diesen Agenturen detaillierte Vorgaben für die Wahrnehmung ihrer Aufgaben gemacht werden und sie umfassend rechenschaftspflichtig sind[508]. Besonders bedenklich erscheint die – allerdings eher fernliegende – Konstellation, daß eine öffentlich-rechtliche nationale Agentur für ein Gebiet zuständig ist, das über das Gebiet des jeweiligen Mitgliedstaates hinausgeht. Das bestehende Stufenverhältnis kann im übrigen auch zur Begründung für das oben ermittelte unterschiedliche Ausmaß der übertragbaren Aufgaben beitragen.

c. Rechtsschutzfragen

Auch bei der Externalisierung muß ein angemessenes Rechtsschutzniveau aufrechterhalten bleiben. Das ist im Zusammenhang mit den Exekutivagenturen bereits angesprochen worden.[509] Dies gilt aber in gleicher Weise bei der Übertragung von nicht rein auf den verwaltungsinternen Bereich beschränkten Aufgaben auf Gemeinschaftsagenturen und muß konsequenterweise auch bei der Einbeziehung nationaler Agenturen gelten.[510] Unerheblich ist, daß es um Verwaltungstätigkeiten im Bereich der Leistungsverwaltung geht. Diese sind nicht grundsätzlich von der gerichtlichen Kontrolle ausgeschlossen. Ablehnungs- und Konkurrenzsituationen erfordern eine Rechtsschutzmöglichkeit des Betroffenen. Es liegt lediglich eine Zurücknahme des gerichtlichen Kontrollniveaus nahe, die den Verwaltungsstellen einen gerichtlich nur eingeschränkt überprüfbaren Spielraum bei der Bewertung der Förderungswürdigkeit eines Antragstellers zuerkennt.

---

[508] Vgl. *Mehde*, ZEuS 2001, S. 403 (441).
[509] Siehe oben Kap. 3 B.II.2.b.cc.; dort auch zur dogmatischen Herleitung. *Koch*, Externalisierungspolitik, S. 148 verweist hingegen für das Erfordernis hinreichenden Rechtsschutzes allgemeiner auf das Rechtsstaats- und das Demokratieprinzip, zu deren Beachtung die Union gemäß Art. 6 Abs. 1 EUV verpflichtet ist. Ausführlich zur Garantie effektiven Rechtsschutzes im Gemeinschaftsrecht auch *J. Hofmann*, Rechtsschutz und Haftung, S. 188 ff.
[510] Vgl. *Koch*, Externalisierungspolitik, S. 156.

Der *Rechtsschutz bei den Gemeinschaftsagenturen*[511] ist nicht einheitlich ausgestaltet. Teilweise besteht eine direkte Klagemöglichkeit gegen das Agenturhandeln:[512] Der Gerichtshof wird in der Gründungsverordnung nach Maßgabe des Art. 230 EGV für Entscheidungen über Klagen, die gegen die Agentur erhoben werden, für zuständig erklärt. Teilweise ist dem gerichtlichen Rechtsschutz wie bei den Exekutivagenturen ein Widerspruchsverfahren vor der Kommission vorgeschaltet:[513] Beschwerden gegen Handlungen der Agentur können zur Kontrolle ihrer Rechtmäßigkeit vor die Kommission gebracht werden. Die Kommission trifft eine Entscheidung innerhalb einer bestimmten Frist. Trifft sie innerhalb dieses Zeitraums keine Entscheidung, so gilt dies als Ablehnung. Gegenstand eines gerichtlichen Verfahrens ist sodann die Entscheidung der Kommission bzw. deren Ablehnung. Der Rechtsschutz ist folglich nur mittelbar gegen das Agenturhandeln gerichtet; er beschränkt sich auch auf den Umfang der Prüfdichte der Kommission.[514] Das Widerspruchsverfahren dient in erster Linie der Entlastung der Gemeinschaftsgerichtsbarkeit.[515] Das letzte Rechtsschutzmodell schließlich besteht darin, der direkten Klagemöglichkeit ein agenturinternes Beschwerdeverfahren vor besonderen Beschwerdekammern vorzuschalten:[516] Hilft die Agentur einer Beschwerde nicht selbst ab, so wird sie von einer mit unabhängigen Mitgliedern besetzten, bei der Agentur eingerichteten Beschwerdekammer überprüft. Gegen die Beschwerdeentscheidungen kann Nichtigkeitsklage erhoben werden. Das Beschwerdeverfahren sorgt gleichfalls für eine Entlastung der Gerichte; es dient daneben aber auch der Selbstkontrolle der Agentur und der Förderung einer einheitlichen Entscheidungspraxis.[517]

Bei der Europäischen Agentur für Wiederaufbau wurde auf keines dieser drei Modelle zurückgegriffen. Die Verordnung (EG) Nr. 2667/2000 sieht

---

[511] Hierzu ausführlich *Fischer-Appelt*, Agenturen, S. 309 ff.; *Uerpmann*, AöR 2000, S. 551 (571 ff.); *Koch*, Externalisierungspolitik, S. 149 ff.; siehe auch *ders.*, EuZW 2005, S. 455 (458).

[512] Z.B. Art. 15 Abs. 3 VO (EG) 1035/97 (Beobachtungsstelle Fremdenfeindlichkeit); siehe auch Art. 42 VO (EG) 1592/2002 (Zivilluftfahrt und Agentur für Flugsicherheit): direkte Klagemöglichkeit der Mitgliedstaaten und der Gemeinschaftsorgane; zur Zulässigkeit siehe *Koch*, Externalisierungspolitik, S. 149 f.

[513] Z.B. Art. 18 VO (EWG) 337/75 (Zentrum Berufsbildung); dazu *Priebe*, Entscheidungsbefugnisse vertragsfremder Einrichtungen, S. 54 f.

[514] *Fischer-Appelt*, Agenturen, S. 311 f.

[515] Siehe schon *M. Hilf*, ZaöRV 1976, S. 551 (579).

[516] Z.B. Art. 57 ff., Art. 130 f. VO (EG) 40/94 (Gemeinschaftsmarke); Art. 31 ff. VO (EG) 1592/2002 (Zivilluftfahrt und Agentur für Flugsicherheit). Hierzu ausführlich *Dammann*, Beschwerdekammern; im Hinblick auf die Beschwerdekammern bei der Agentur für Flugsicherheit *Riedel*, Gemeinschaftszulassung für Luftfahrtgerät,§ 12 B. II.

[517] *Dammann*, Beschwerdekammern, S. 21 ff.

keinen Primärrechtsschutz gegen das Handeln der Agentur vor.[518] Aufgrund ihrer Tätigkeit im Bereich der gemeinschaftlichen Leistungsverwaltung besteht allerdings neben dem rechtlichen auch ein praktisches Bedürfnis nach gerichtlicher Kontrolle. Für Agenturen, bei denen eine Rechtsschutzmöglichkeit nicht ausdrücklich vorgesehen ist, sind verschiedene Überlegungen angestellt worden, wie diese der Kontrolle durch die Gemeinschaftsgerichtsbarkeit unterworfen werden können.[519] Denkbar ist zunächst, die Agenturhandlungen der Kommission zuzurechnen.[520] Die Agenturen verfügen jedoch über eigene Rechtspersönlichkeit und nehmen – dies gilt auch für die Agentur für Wiederaufbau – ihre Tätigkeiten in eigenem Namen wahr.[521] Beides steht einer Zurechnung entgegen. Denkbar ist weiterhin, die Zuständigkeit der Gemeinschaftsgerichtsbarkeit als Folge der Übertragung der Aufgabenwahrnehmung anzusehen: Es gelte der Grundsatz, daß kein sekundäres Gemeinschaftsrecht die dem Gerichtshof nach den Verträgen zuerkannte Zuständigkeit nehmen dürfe.[522] Allerdings unterwirft das Primärrecht an keiner Stelle das Agenturhandeln der Gemeinschaftsgerichtsbarkeit, so daß von einem „Nehmen" nicht die Rede sein kann. Weiterhin wird die primärrechtlich vorgesehene Zuständigkeit der Gemeinschaftsgerichte für Klagen gegen die Organe durch die Übertragung nicht berührt.[523] Schließlich könnte die Zuständigkeit der Gemeinschaftsgerichte analog Art. 230 EGV in Erwägung gezogen werden. Die hierfür notwendige Regelungslücke vorausgesetzt, liege die Heranziehung des Art. 230 EGV nahe, da auf diese Norm bei anderen Verordnungen bereits zurückgegriffen worden sei, so daß angenommen werden könne, daß der Verordnungsgeber die Rechtslage ähnlich ausgestaltet hätte, soweit er die Notwendigkeit einer entsprechenden Regelung erkannt hätte.[524] Durch die Analogie werde auch

---

[518] Gemäß Art. 13 Abs. 2 UAbs. 2 VO (EG) 2667/2000 (Agentur für Wiederaufbau) entscheidet der Gerichtshof in Streitfällen betreffend Schadensersatz aufgrund außervertraglicher Haftung; siehe ferner Art. 13a Abs. 3 VO (EG) 2667/2000 betreffend Streitigkeiten im Zusammenhang mit dem Zugang der Öffentlichkeit zu Dokumenten der Agentur.
[519] Vgl. *Fischer-Appelt*, Agenturen, S. 318 ff.; *Berger*, Einrichtungen des Gemeinschaftsrechts, S. 105 ff.; *Koch*, Externalisierungspolitik, S. 153 ff.
[520] Vgl. *Collatz*, Zulassungsverfahren für Arzneimittel, S. 136 f.: Zurechnung, „wenn anderenfalls für den Betroffenen effektiver Rechtsschutz nicht mehr gewährleistet wäre".
[521] *Berger*, Einrichtungen des Gemeinschaftsrechts, S. 122; vgl. auch *Koch*, Externalisierungspolitik, S. 154.
[522] *M. Hilf*, ZaöRV 1976, S. 551 (576).
[523] *Berger*, Einrichtungen des Gemeinschaftsrechts, S. 110.
[524] *Koch*, Externalisierungspolitik, S. 155; *ders.*, EuZW 2005, S. 455 (458). Vgl. auch *Jung*, in: Groeben/Schwarze, EUV/EGV IV[6], Art. 224 bis 225a EGV Rn. 84: Erstreckung der im Vertrag vorgesehenen Klagearten „unter Berücksichtigung des Grundsatzes der effektiven und umfassenden Rechtsschutzgewährung auf Klagen gegen andere, nicht ausdrücklich genannte Gemeinschaftsorgane oder -einrichtungen". *Fischer-Appelt*, Agenturen, S. 319 verweist für die unterschiedliche Ausgestaltung der Rechtsschutzbestim-

der rechtlichen Selbständigkeit der Einrichtungen in prozessualer Hinsicht Rechnung getragen.[525] Zumindest bei der Agentur für Wiederaufbau ist jedoch keine Planwidrigkeit einer möglichen Regelungslücke anzunehmen. Die Verordnung enthält ausdrückliche Regelungen über die Zuständigkeit der Gemeinschaftsgerichtsbarkeit für Schadensersatzklagen[526]. Es liegt auch fern, daß noch im Jahre 1999 bei Errichtung der Agentur für Wiederaufbau[527] die Notwendigkeit der Gewährleistung hinreichenden Rechtsschutzes verkannt worden ist. Im übrigen ist die Annahme einer Analogie in Fragen der gerichtlichen Zuständigkeit auch insgesamt bedenklich. Für den Rechtsschutzsuchenden ist eine Unsicherheit bei der Frage der zuständigen Gerichtsbarkeit kaum hinnehmbar. Eine derart grundlegende Weichenstellung bedarf einer ausdrücklichen Festlegung. Im Falle ihres Fehlens ist somit keine umfassende Zuständigkeit der Gemeinschaftsgerichtsbarkeit begründet. Daß die Gründungsverordnungen und das Tätigwerden der Agenturen deshalb mit dem Primärrecht unvereinbar sind, ist mit dieser Feststellung jedoch noch nicht verbunden.

Möglicherweise zieht die fehlende Zuständigkeit der Gemeinschaftsgerichtsbarkeit nämlich die Zuständigkeit nationaler Gerichte nach sich. Das Gemeinschaftshandeln ist gemäß Art. 240 EGV, soweit durch oder aufgrund des Vertrages keine Zuständigkeit des Gerichtshofs besteht, der Zuständigkeit der einzelstaatlichen Gerichte nicht entzogen. Allerdings muß die „Gemeinschaft" Partei des Rechtsstreites sein. Die Agenturen sind jedoch lediglich von der Gemeinschaft errichtet worden; sie verfügen über eine eigene, von derjenigen der Gemeinschaft (vgl. Art. 281 EGV) getrennte Rechtspersönlichkeit. Dies ist zugegebenermaßen nur ein formales Argument, zumal bei der Einfügung dieser Bestimmung in den ursprünglichen EWGV[528] die Gründung von Gemeinschaftsagenturen kaum vorhersehbar war. Allerdings begründet Art. 240 EGV weiterhin keine Zuständigkeit zugunsten innerstaatlicher Gerichte, sondern knüpft nur an diese an.[529] Es stellt sich folglich die Frage, inwieweit nationale Gerichte überhaupt zur Entscheidung von Rechtsstreitigkeiten über den Vollzug von Gemeinschaftsrecht durch Gemeinschaftsagenturen zuständig sind.[530] Läßt dies das

---

mungen darauf, daß unterschiedliche Generaldirektionen die Gründungsverordnungen ausgearbeitet haben.

[525] *Berger*, Einrichtungen des Gemeinschaftsrechts, S. 125.

[526] Siehe oben Fn. 518.

[527] Durch VO (EG) 2454/1999 (Agentur für Wiederaufbau).

[528] Art. 183 EWGV u.F.

[529] *Ehricke*, in: Streinz, EUV/EGV, Art. 240 EGV Rn. 4 f.; *Borchardt*, in: Lenz/Borchardt, EUV/EGV³, Art. 240 EGV Rn. 4.

[530] Vgl. *Berger*, Einrichtungen des Gemeinschaftsrechts, S. 114. Daß nationale Gerichte allein auf der Grundlage des Gemeinschaftsrechts über Klagen gegen Gemeinschaftseinrichtungen entscheiden müßten, erscheint meines Erachtens hingegen als solches

Gemeinschaftsrecht zu? Kann oder muß gegebenenfalls das nationale Recht eine derartige Zuständigkeit begründen? Diese Fragen lassen sich kaum beantworten. Somit bereitet der Rechtsschutz gegen diese Gemeinschaftsagenturen und damit auch der Primärrechtsschutz gegen das Handeln der Agentur für Wiederaufbau erhebliche Probleme. Effektiver Rechtsschutz gegen die Handlungen der Gemeinschaftsagenturen sollte einheitlich durch die Gemeinschaftsgerichte gewährleistet werden.[531] Die Verordnung (EG) Nr. 2667/2000 sollte deshalb dahingehend geändert werden, daß nicht nur um Sekundärrechtsschutz, sondern auch um Primärrechtsschutz vor den Gemeinschaftsgerichten ersucht werden kann.

Um *Rechtsschutz gegen nationale Agenturen* kann nur auf nationaler Ebene ersucht werden. Die nationalen Agenturen werden nur funktional als Gemeinschaftsverwaltungsbehörde tätig, sie bleiben jedoch formal Einrichtungen der mitgliedstaatlichen Ebene; sie unterliegen dem Recht des Mitgliedstaates, in dem sie errichtet wurden.[532] Hierbei kann sich nun in dem Fall, daß eine nationale Agentur über das Territorium ihres Mitgliedstaats hinaus für die Verwaltung eines Gemeinschaftsprogramms zuständig ist, die ungewöhnliche Konstellation einstellen, daß eine (natürliche oder juristische) Person einen Prozeß gegen eine nationale Agentur in einem anderen Mitgliedstaat als demjenigen, dem sie angehört, führen muß. Dadurch daß sowohl innerstaatliche öffentliche als auch privatrechtliche Einrichtungen tätig werden können, lassen sich kaum allgemeine Aussagen über den Rechtsschutz gegen das Handeln nationaler Agenturen treffen. Vom Standpunkt des europäischen Rechts aus „ist es gleichgültig, welche Gerichtsbarkeit die Kontrolle über die Verwaltung ausübt, solange gerichtlicher Schutz überhaupt zur Verfügung steht"[533]. Die nationalen Gerichte werden jedenfalls gleichfalls funktional als Gemeinschaftsverwaltungsgerichte tätig. Die Zuständigkeit der nationalen Gerichte bildet eine Gemeinsamkeit der Verwaltung unter Einbeziehung nationaler Agenturen und der sogleich zu behandelnden geteilten Mittelverwaltung.

In Deutschland könnten „privatrechtliche Einrichtungen, die im öffentlichen Auftrag tätig werden,"[534] auch als Beliehene verwaltend tätig werden. Dies könnte je nach Ausgestaltung der Leistungsvergabe zur Zuständigkeit der Verwaltungsgerichte gemäß § 40 Abs. 1 VwGO führen. Der DAAD als

---

nicht problematisch. Auch in Rechtsstreitigkeiten im Bereich des indirekten Vollzuges müssen nationale Gerichte Gemeinschaftsrecht, z.B. die komplizierten Regelungen des Agrarmarktrechtes, anwenden. In Zweifelsfragen steht das Vorabentscheidungsverfahren nach Art. 234 EGV zur Verfügung.

[531] *Berger*, Einrichtungen des Gemeinschaftsrechts, S. 114.
[532] Art. 39 Abs. 1 DVO HO 2002. Siehe schon oben Kap. 3 B.II.4.a.bb.
[533] *Kadelbach*, Verwaltungskontrollen, in: Schmidt-Aßmann/Hoffmann-Riem, Verwaltungskontrolle, S. 205 (231).
[534] Vgl. Art. 54 Abs. 2 lit. c HO 2002.

nationale Sokrates/Erasmus-Agentur handelt jedoch ausschließlich auf privatrechtlicher Grundlage. Insbesondere handelt es sich bei den von ihm mit den Hochschulen geschlossenen Verträgen um zivilrechtliche Verträge, so daß Streitigkeiten durch die ordentlichen Gerichte zu entscheiden sind.

6. Abschließende Bemerkungen

Die drei Modelle der zentralen indirekten Mittelverwaltung ermöglichen der Gemeinschaft, bei der Verwaltung von Programmen, die die Kommission nicht insgesamt selbst durchführen möchte, deren Durchführung aber dennoch eng an die Gemeinschaft gebunden bleiben soll, eine den jeweiligen Bedürfnissen entsprechende Verwaltungsorganisation einzurichten. Die Einbeziehung nationaler Agenturen bietet sich in erster Linie dann an, wenn ein größerer Kreis von Leistungsempfängern zu erwarten ist. Die Einbeziehung von Gemeinschaftsagenturen kommt insbesondere dann in Frage, wenn zwischen deren Tätigkeitsgebiet und den Programminhalten ein enger Zusammenhang besteht. In den übrigen Fällen steht mit der Exekutivagentur eine flexible Organisationsform zur Verfügung, die umfassend einsetzbar ist und deren Errichtung am unproblematischsten ist.

III. Die geteilte Mittelverwaltung

Die geteilte Mittelverwaltung ist dadurch gekennzeichnet, daß am Vollzug der normativen Vorgaben über gemeinschaftliche Leistungen sowohl die Kommission als auch die Mitgliedstaaten bzw. mitgliedstaatliche Behörden beteiligt sind; die mitgliedstaatlichen Behörden treffen dabei stets die individuellen Förderentscheidungen und leisten die Zahlungen an die Begünstigten.[535] Die geteilte Mittelverwaltung beinhaltet somit eine geteilte Verantwortung von Kommission und mitgliedstaatlichen Verwaltungen für die wirksame Verwaltung der Gemeinschaftspolitiken und im Hinblick auf die Gewährleistung, daß die sowohl in den Verträgen als auch in den Verordnungen enthaltenen Bestimmungen beachtet werden.[536] Dieses Verwaltungsmodell drängt sich insbesondere für Bereiche auf, in denen eine Vielzahl von gleichartigen Leistungen gewährt wird und die endgültigen Entscheidungen über gemeinschaftliche Förderungen, die durch die Mitgliedstaaten zu treffen sind, weitgehend vorgegeben sind. Paradebeispiel für

---

[535] Ungenau Art. 53 Abs. 3 HO 2002, vgl. oben Kap. 3 B. Siehe auch *Ausschuß unabhängiger Sachverständiger*, Zweiter Bericht, I-3.2.2.: gemeinsame Verwaltung „Verwaltung jener Gemeinschaftsprogramme, bei denen die Kommission und Mitgliedstaaten unterschiedliche Verwaltungsaufgaben haben, die interdependent sind und wo die Kommission als auch die einzelstaatlichen Verwaltungen die Entlastung von Aufgaben im Rahmen der Gemeinschaftspolitik zur Umsetzung benötigen." In der Sache besagt diese etwas sperrige Definition dasselbe wie die hier gewählte.

[536] *Ausschuß unabhängiger Sachverständiger*, Zweiter Bericht, I-3.3.1.

einen solchen Bereich sind die zumeist rechtlich gebundenen Agrarmarktausgaben. Es ist offensichtlich aus den verschiedensten Gründen ausgeschlossen, daß die Kommission über die unzähligen Förderanträge von Landwirten aus der gesamten Europäischen Union entscheidet. Nicht ganz so eindeutig wie bei den Agrarmarktausgaben verhält es sich bei den Strukturfondsausgaben. Bei diesen ist die Verwaltung zwar auch geteilt; doch ist die geteilte Verwaltung hier wesentlich komplexer ausgestaltet. Die Formulierungen der neuen Haushaltsordnung schließen zwar nicht aus, daß für weitere Bereiche der gemeinschaftlichen Leistungsverwaltung dieses Verwaltungsmodell eingeführt wird. Doch ist derzeit kein zusätzlicher Bereich vorstellbar, in denen eine Teilung der Mittelverwaltung tatsächlich angebracht erscheint.

1. Teilung der Mittelverwaltung aufgrund Art. 5 EGV

Das Modell der geteilten Mittelverwaltung wird im Grundsatz am ehesten den Anforderungen aus Art. 5 Abs. 2 und Abs. 3 EGV gerecht, kann folglich durchaus als idealtypisches Verwaltungsmodell bezeichnet werden.[537] Gegen die Zulässigkeit des Modells der geteilten Mittelverwaltung bestehen vor diesem Hintergrund keinerlei Bedenken. Rechtfertigungsbedürftig ist im Gegenteil der Einsatz der anderen Verwaltungsmodelle. Im Hinblick auf die Subsidiarität und die Verhältnismäßigkeit haben sich gemeinschaftliche Vollzugstätigkeiten auf das unerläßliche Maß zu beschränken, das sich insbesondere daraus ergibt, daß die Kommission den Mitgliedstaaten die erforderlichen Finanzmittel zur Verfügung stellen und ihrer Verpflichtung aus Art. 274 Abs. 1 S. 1 EGV[538] nachkommen können muß.[539] Es gilt weiterhin stets bei der Ausgestaltung des Verwaltungsmodells zu berücksichtigen, daß sich der Mitgliedstaat bei der geteilten Mittelverwaltung in einem offenkundigen Spannungsverhältnis befindet: Er ist einerseits zum rechtmäßigen

---

[537] Vgl. *Schroeder*, AöR 2004, S. 3 (12 ff.) mit der allerdings deutlich zu weit gehenden Annahme (siehe auch schon oben Kap. 3 A.I.), daß die Gemeinschaft die Wahl habe, ob sie die Durchführung des von ihr geschaffenen Rechts durch zentralisierte Organisationen und Verfahren selbst regele oder diese Aufgabe teilweise oder gar vollständig den Mitgliedstaaten überlasse. Siehe auch EuG, Rs. T-166/98 – Cantina sociale die Dolianova (Rn. 66): Es ist „darauf hinzuweisen, daß es nach den Bestimmungen über die Beziehungen zwischen der Gemeinschaft und den Mitgliedstaaten in Ermangelung einer gegenteiligen gemeinschaftsrechtlichen Vorschrift Sache der Mitgliedstaaten ist, in ihrem Hoheitsgebiet für die Durchführung der Gemeinschaftsregelungen namentlich im Rahmen der gemeinsamen Agrarpolitik zu sorgen. Insbesondere fällt die Durchführung der gemeinschaftsrechtlichen Bestimmungen über die gemeinsamen Marktorganisationen in die Zuständigkeit der dazu bestimmten nationalen Stellen. Die Dienststellen der Kommission sind zum Erlass von Entscheidungen über die Durchführung dieser Bestimmungen nicht befugt".

[538] Siehe oben Kap. 3 A.II.

[539] Siehe auch *Graf*, Finanzkontrolle, S. 47.

Vollzug der gemeinschaftlichen Rechtsvorschriften verpflichtet; andererseits hat er aber großes Interesse daran, daß möglichst viele gemeinschaftliche Mittel in seinem Hoheitsgebiet ausgezahlt werden.[540] Den sich hieraus ergebenden Gefahren für die Gemeinschaftsfinanzen gilt es angemessen vorzubeugen.

2. Allgemeine Regelungen für die geteilte Mittelverwaltung

Die unterschiedlichen Strukturen der beiden Bereiche mit geteilter Mittelverwaltung, die durch die Natur der erbrachten Leistungen weitestgehend vorgegeben sind, haben kaum allgemeine Regelungen über die geteilte Mittelverwaltung in der neuen Haushaltsordnung zugelassen. All die getroffenen Regelungen sind obendrein entbehrlich. Die eigentliche Ausgestaltung der geteilten Mittelverwaltung bleibt folglich weiterhin den sektorspezifischen Rechtsakten vorbehalten.

Mit der Regelung, daß sich die Kommission im Fall der geteilten Mittelverwaltung davon überzeugt, daß die Mittel entsprechend der geltenden Regelung verwendet worden sind, indem sie Rechnungsabschluß- oder Finanzkorrekturverfahren durchführt, die es ihr ermöglichen, gemäß Artikel 274 EG-Vertrag „die oberste Verantwortung"[541] für den Haushaltsvollzug zu übernehmen,[542] wird lediglich auf die beiden sektorspezifischen Finanzkontrollverfahren verwiesen.

Die Verpflichtung der Mitgliedstaaten, regelmäßig zu prüfen, ob die aus dem Gemeinschaftshaushalt zu finanzierenden Maßnahmen ordnungsgemäß durchgeführt wurden,[543] ergibt sich schon aus Art. 10 EGV. Aufgrund dieser Bestimmung haben die mitgliedstaatlichen Verwaltungen das Gemeinschaftsrecht vollständig, einheitlich und effektiv zu vollziehen.[544] Der sich aus Art. 10 EGV ergebende Grundsatz der loyalen Zusammenarbeit bedeutet – so die Formulierung des Gerichtshofs[545] – „für die Mitgliedstaaten die Verpflichtung, alle geeigneten Maßnahmen zu treffen, um die Geltung und die Wirksamkeit des Gemeinschaftsrechts zu gewährleisten". Die Rege-

---

[540] Speziell im Hinblick auf das Agrarrecht *David*, Inspektionen, S. 42. Vgl. auch die allgemeinen Aussagen zur problematischen Doppelrolle der Mitgliedstaaten bei der nationalen Durchführung des Gemeinschaftsrechts von *Schroeder*, AöR 2004, S. 3 (4 f.).

[541] Diese Formulierung steht nicht in Einklang mit Art. 274 Abs. 1 S. 1 EGV: Nur die Kommission führt den Haushaltsplan in eigener Verantwortung aus, siehe oben Kap. 3 A.II.1.

[542] Art. 53 Abs. 5 HO 2002.

[543] Art. 53 Abs. 6 UAbs. 1 HO 2002.

[544] Siehe nur *Kahl*, in: Calliess/Ruffert, EUV/EGV², Art. 10 EGV Rn. 23; *Schroeder*, AöR 2004, S. 3 (14); *Streinz*, in: ders., EUV/EGV, Art. 10 EGV Rn. 23 ff. Speziell im Hinblick auf das Agrarrrecht siehe auch *David*, Inspektionen, S. 43.

[545] EuGH, Rs. C-344/01 – Deutschland/Kommission, Slg. 2004, I-2081 (Rn. 79).

Die Vollzugsebene der gemeinschaftlichen Leistungsverwaltung 233

lung in der Haushaltsordnung konkretisiert lediglich diese allgemeine Verpflichtung der Mitgliedstaaten für die geteilte Mittelverwaltung.

Daß die Mitgliedstaaten schließlich Maßnahmen zur Verhinderung von Unregelmäßigkeiten und Betrug ergreifen und gegebenenfalls gerichtliche Schritte einleiten, um rechtsgrundlos gezahlte Beträge wieder einzuziehen,[546] bedurfte gleichfalls nicht notwendig einer eigenen Regelung in der Haushaltsordnung, da schon das Primärrecht in Art. 280 EGV[547] die Mitgliedstaaten auf ein derartiges Verhalten festlegt.

3. Strukturen der geteilten Mittelverwaltung bei den Agrarmarkt- und den Strukturfondsausgaben

Die beiden herkömmlichen Bereiche mit geteilter Mittelverwaltung, die Agrarmarkt- und die Strukturfondsausgaben, lassen sich nur teilweise miteinander vergleichen. Die Empfänger und die Höhe der Agrarmarktausgaben stehen zumeist schon aufgrund der Vorgaben in den Sekundärrechtsakten (bzw. in Rechtsakten, die zur Durchführung der Sekundärrechtsakte erlassen worden sind) fest. Die mitgliedstaatlichen Verwaltungsbehörden treffen lediglich die fast ausnahmslos rechtlich gebundenen individuellen Förderentscheidungen und nehmen die erforderlichen Auszahlungen vor.[548] Aus dem Sekundärrecht im Bereich der Strukturfonds können sich aufgrund deren deutlich komplexeren Aufgabenstellung hingegen naturgemäß noch keine konkreten Leistungen der Gemeinschaft ergeben; es ist vielmehr ein mehrstufiger Vollzug erforderlich. So setzt die Verwaltung der Strukturfonds zunächst einige grundlegende Vorentscheidungen der Kommission voraus. In einem nächsten Schritt werden die normativen Vorgaben in Plänen konkretisiert; diese als Programmplanung bezeichnete Phase erfolgt in enger Abstimmung zwischen der Kommission und den Mitgliedstaaten bzw. mitgliedstaatlichen Behörden. Diese beiden Abschnitte heben die Strukturfondsverwaltung deutlich von der Verwaltung der Agrarmarktausgaben ab. Die Umsetzung der Pläne in Form der Entscheidung über die Förderung konkreter Vorhaben und die Auszahlung der Mittel liegen hingegen weitestgehend, insofern entsprechend dem einstufigen Vollzug im Bereich der Agrarmarktausgaben, in den Händen der mitgliedstaatlichen Verwaltungen.

Aufgrund der beiden ersten Phasen liegt die Einordnung der Verwaltung der Strukturfonds als geteilte Mittelverwaltung auf der Hand. Wie bei der Durchführung der Pläne im Strukturfondsbereich ist die Kommission aber

---

[546] Art. 53 Abs. 6 UAbs. 2 HO 2002.

[547] Die Einfügung des Art. 280 EGV durch den Vertrag von Maastricht erfolgte sogar im Hinblick auf die massiv aufgetretenen Unregelmäßigkeiten bei der geteilten Agrarmarkt- und Strukturfondsverwaltung, vgl. *Ausschuß unabhängiger Sachverständiger*, Zweiter Bericht, I-3.1.2. f.

[548] Vgl *Priebe*, in: FS Steinberger, S. 1347 (1362).

auch an den Agrarmarktausgaben mittelbar durch Bereitstellung der erforderlichen Mittel und durch nachträglich ansetzende Finanzkontrollverfahren beteiligt, so daß auch im Agrarmarktbereich von einer geteilten Mittelverwaltung gesprochen werden kann, auch wenn diese schwächer ausgeprägt ist. Das Finanzkontrollverfahren ist im Agrarmarktbereich das Rechnungsabschlußverfahren[549], im Strukturfondsbereich das gemeinschaftliche Finanzkorrekturverfahren[550]. Diesen Verfahren kommt die Aufgabe zu, der Kommission zu ermöglichen, daß sie ihrer Verantwortung für die Ausführung des Haushaltsplans aus Art. 274 Abs. 1 S. 1 EGV gerecht werden kann, indem sie gemeinschaftsrechtswidrige Leistungen von der gemeinschaftlichen Finanzierung ausschließen kann.

Tabelle 4: Überblick über die Ausgestaltung der beiden Bereiche der geteilten Mittelverwaltung

Strukturfondsausgaben	*Agrarmarktausgaben*
Vorentscheidungen durch die Kommission	(keine Entsprechung)
Programmplanung durch Kommission und Mitgliedstaaten	(keine Entsprechung)
Förderentscheidungen durch Mitgliedstaaten in Durchführung der Pläne, mittelbare Beteiligung der Kommission über das Finanzierungsverfahren	Förderentscheidungen durch Mitgliedstaaten in Durchführung der Sekundärrechtsakte, mittelbare Beteiligung der Kommission über das Finanzierungsverfahren

4. Die Verwaltung der aus der Abteilung Garantie des EAGFL finanzierten Leistungen im Agrarmarktbereich

Die Mitgliedstaaten haben der Kommission Dienststellen und Einrichtungen mitzuteilen, die zur Zahlung der Agrarmarktausgaben zugelassen sind (a). Mittelbar am Vollzug der Agrarmarktvorschriften beteiligt ist die Kommission über das Finanzierungsverfahren (b). Eine große Rolle bei der Vergabe der Leistungen nimmt das intgrierte Verwaltungs- und Kontrollsystem ein (c).

---

[549] Rechnungsabschlußverfahren: Art. 7 VO (EG) 1258/1999 (Finanzierung GAP), ausführlich unten Kap. 3 B.III.4.b.bb.
[550] Finanzkorrekturverfahren: Art. 39 VO (EG) 1260/1999 (StrukturfondsVO), ausführlich unten Kap. 3 B.III.5.c.cc.iv.

a. Zahlstellen

Die Dienststellen und Einrichtungen, die die Mitgliedstaaten zur Zahlung der Agrarmarktausgaben zulassen, werden verkürzt als Zahlstellen bezeichnet.[551] Die Auszahlung der Ausgaben aus der Abteilung Garantie erfolgt fast ausschließlich über diese.[552] Grundlegende Vorschriften über die Zahlstellen enthält die Verordnung (EG) Nr. 1258/1999 des Rates über die Finanzierung der Gemeinsamen Agrarpolitik. Einzelheiten sind in der Verordnung (EG) Nr. 1663/95 der Kommission mit Durchführungsbestimmungen bezüglich des Rechnungsabschlußverfahrens, insbesondere auch in deren Anhang enthalten. Dieser Anhang ist überschrieben mit „Orientierungen für Zulassungskriterien einer Zahlstelle"[553].

Diese Orientierungen sind vom Mitgliedstaat bei der Zulassung als Zahlstelle lediglich zu „berücksichtigen"[554]. Dies deutet auf eine fehlende rechtliche Verbindlichkeit der dort enthaltenen Aussagen hin. Allerdings dürfte das Ausmaß der von diesen Leitlinien ausgehenden Bindungswirkung angesichts der Detailverliebtheit, durch die sich diese auszeichnen, im Einzelfall durchaus über das „Berücksichtigungserfordernis" hinausgehen.[555] Diese Vermutung wird durch einen Blick in die Rechtspraxis bestätigt.[556]

aa. Aufgaben der Zahlstellen

Die Zahlstellen haben im wesentlichen drei Hauptaufgaben zu erfüllen: Sie haben[557]

– den Betrag festzustellen, der einem Antragsteller zu zahlen ist, die Zahlung also zu bewilligen,
– eine Anweisung an ihre Bankverbindung oder gegebenenfalls an eine staatliche Kassenstelle zu erteilen, dem Antragsteller oder seinem Bevollmächtigten den bewilligten Betrag auszuzahlen, die Zahlung also auszuführen, und

---

[551] Vgl. Art. 4 Abs. 1 lit. a VO (EG) 1258/1999 (Finanzierung GAP).
[552] *Rechnungshof*, Jahresbericht 2002, Tz. 4.3.
[553] Engl.: „Guidelines for criteria for accreditation as a paying agency"; frz.: „Orientations pour les critères d'agrément d'un organisme payeur".
[554] Art. 1 Abs. 3 UAbs. 1 S. 3 VO (EG) 1663/95 (Rechnungsabschlußverfahren).
[555] *Mögele*, Behandlung fehlerhafter Ausgaben, S. 54.
[556] Vgl. § 29d LLG BW: Das bad.-württ. Ministerium für Ernährung und Ländlichen Raum als für Ausgaben zu Lasten des EAGFL, Abteilung Garantie, zugelassene Zahlstelle kann durch Verwaltungsvorschrift die ihr obliegende Bewilligungsfunktion auf die unteren Landwirtschaftsbehörden übertragen. In dieser Verwaltungsvorschrift „werden insbesondere die Anforderungen, die die Europäische Kommission an die Übertragung, die Ausübung und die Kontrolle der (…) Zahlstellenfunktion stellt und die in Orientierungen und Leitlinien zum Rechnungsabschluss des EAGFL, Abteilung Garantie" enthalten sind, zu verbindlichen Anweisungen an die unteren Verwaltungsbehörden zusammengefasst und näher ausgeführt."
[557] Zum folgenden Nr. 2 Anhang VO (EG) 1663/95 (Rechnungsabschlußverfahren), vgl. auch Art. 4 Abs. 1 lit. a, Abs. 2 VO (EG) 1258/1999 (Finanzierung GAP).

– die Zahlung in der Buchführung der Zahlstelle sowie in periodischen Ausgabenübersichten zu verzeichnen, diese also zu verbuchen.

In der Verordnung (EG) Nr. 1258/1999 ist in Konkretisierung der die Mitgliedstaaten aus Art. 10 EGV treffenden Mitwirkungspflicht, jedoch immer noch relativ allgemein bestimmt, daß diese verpflichtet sind, gemäß ihren nationalen Rechts- und Verwaltungsvorschriften sicherzustellen, daß die aus Gemeinschaftsmitteln finanzierten Maßnahmen tatsächlich und ordnungsgemäß durchgeführt, daß Unregelmäßigkeiten verhindert und verfolgt sowie daß die infolge von Unregelmäßigkeiten abgeflossenen Beträge wiedereingezogen werden.[558] Dieser Pflichtenkatalog macht deutlich, daß das Gemeinschaftsrecht der Durchführung möglichst wirksamer Kontrollen zum Schutz ihrer finanziellen Interessen besondere Bedeutung zumißt.[559] Wegen der Unzulänglichkeiten der mitgliedstaatlichen Verwaltungen sind diese Vorgaben jedoch mehr und mehr gemeinschaftsrechtlich überlagert. Einen vermutlich nicht nur vorläufigen Höhepunkt bildet insofern das integrierte Verwaltungs- und Kontrollsystem[560].

Die Bewilligungsaufgabe kann unter bestimmten strengen Voraussetzungen ganz oder teilweise auf andere Einrichtungen übertragen werden.[561] Es müssen die Zuständigkeiten und Pflichten dieser anderen Einrichtungen, insbesondere hinsichtlich der Kontrolle und Überprüfung der Einhaltung der Gemeinschaftsvorschriften, eindeutig definiert sein.[562] Des weiteren treffen diese Einrichtungen umfangreiche Berichts- und Dokumentationspflichten gegenüber der Zahlstelle über ihre Tätigkeiten.[563] Diese sollen es der Zahlstelle ermöglichen, sich selbst hinreichend von der Rechtmäßigkeit der Bewilligung zu vergewissern.[564]

bb. Zulassung, Organisation und Verfahren der Zahlstellen

Die Zahl der zugelassenen Zahlstellen in einem Mitgliedstaat soll sich unter Berücksichtigung seiner verfassungsrechtlichen Bestimmungen auf das

---

[558] Art. 8 Abs. 1 UAbs. 1 VO (EG) 1258/1999 (Finanzierung GAP). Vgl. *Mögele*, in: Dauses, HdbEUWiR I (EL 8), G Rn. 174.

[559] *David*, Inspektionen, S. 43. Vgl. auch EuGH, Rs. 366/88 – Frankreich/Kommission, Slg. 1990, I-3571 (Rn. 20).

[560] Ausführlich unten Kap. 3 B.III.4.c.; zu den Vorgaben hinsichtlich der Rückforderung gemeinschaftsrechtswidriger Zahlungen siehe Kap. 3 B.III.4.b.bb.ii.(8). Vgl. weiterhin *Mögele*, Behandlung fehlerhafter Ausgaben, S. 108.

[561] Nr. 4 Anhang VO (EG) 1663/95 (Rechnungsabschlußverfahren); schon Art. 4 Abs. 3 VO (EG) 1258/1999 (Finanzierung GAP) geht von dieser Delegationsmöglichkeit durch die Zahlstelle aus.

[562] Nr. 4 i) Anhang VO (EG) 1663/95 (Rechnungsabschlußverfahren).

[563] Nr. 4 iv), v) Anhang VO (EG) 1663/95 (Rechnungsabschlußverfahren), siehe auch Art. 4 Abs. 3 S. 2 VO (EG) 1258/1999 (Finanzierung GAP).

[564] *Mögele*, Behandlung fehlerhafter Ausgaben, S. 53.

Mindestmaß beschränken.[565] Die Kommission und der Mitgliedstaat sollen hierüber Einvernehmen erzielen.[566] Hintergrund dieser Forderung ist, daß sich die ohnehin bestehenden Schwierigkeiten der Kommission, die Verwaltungstätigkeiten der Mitgliedstaaten im Rahmen des Finanzierungsverfahrens zu kontrollieren,[567] noch vergrößern, wenn in den Mitgliedstaaten zu viele Zahlstellen bestehen.[568] In der Praxis besteht wegen der fehlenden Eindeutigkeit der Bestimmung („Mindestmaß") dennoch eine sehr große Anzahl von Zahlstellen in den einzelnen Mitgliedstaaten, von denen etliche deutlich weniger als 1 % der über die Zahlstellen insgesamt abgewickelten Zahlungen vornehmen.[569]

Läßt der Mitgliedstaat mehr als eine Zahlstelle für sein Hoheitsgebiet zu, so muß er weiterhin eine sog. *Koordinierungsstelle* benennen, die einerseits als Sprachrohr der einzelnen Zahlstellen gegenüber der Kommission tätig werden soll, indem sie die für die Kommission bestimmten Auskünfte sammelt und an diese weiterleitet; andererseits soll sie mit der Förderung der einheitlichen Anwendung des Gemeinschaftsrechts beauftragt werden.[570]

Die Zulassung als Zahlstelle durch die „zuständige Behörde" des jeweiligen Mitgliedstaats[571] ist Voraussetzung dafür, daß die Gemeinschaft eine von einer Zahlstelle getätigte Ausgabe finanziert.[572] Die Kriterien, die das Gemeinschaftsrecht für die Zulassung als Zahlstelle aufstellt, orientieren sich an den Prinzipien der internen Kontrolle und der Funktionentrennung.[573] Sie lassen den Mitgliedstaaten wenig Spielraum; von einer Autonomie der Mitgliedstaaten bei der Verwaltungsorganisation kann im Bereich der Zahlstellen kaum mehr gesprochen werden. So muß die Verwaltungsstruktur der Zahlstelle getrennte Untereinheiten für die Bewilligungs-, die Ausführungs- und die Verbuchungsaufgabe aufweisen.[574] Des weiteren muß die Zahlstelle über einen von den anderen Abteilungen unabhängigen und der Zahlstellenleitung unmittelbar unterstellten internen Revisionsdienst

---

[565] Art. 4 Abs. 5 VO (EG) 1258/1999 (Finanzierung GAP).
[566] Art. 1 Abs. 1 S. 1 VO (EG) 1663/95 (Rechnungsabschlußverfahren).
[567] Siehe unten Kap. 3 B.III.4.b.
[568] Vgl. Erwgrd. 6 S. 5 VO (EG) 1258/1999 (Finanzierung GAP); *Mögele*, Behandlung fehlerhafter Ausgaben, S. 54.
[569] *Rechnungshof*, Jahresbericht 2002, Tabelle Tz. 4.5.
[570] Art. 4 Abs. 1 lit. b VO (EG) 1258/1999 (Finanzierung GAP).
[571] Vgl. Erwgrd. 6 S. 2, Art. 4 Abs. 1, Abs. 7 VO (EG) 1258/1999 (Finanzierung GAP), Art. 1 VO (EG) 1663/95 (Rechnungsabschlußverfahren). Die Zahlstellen werden nicht von der Kommission zugelassen; zumindest mißverständlich deshalb *Kopp*, in: Streinz, EUV/EGV, Art. 34 EGV Rn. 115.
[572] Art. 4 Abs. 4 VO (EG) 1258/1999 (Finanzierung GAP).
[573] *Borchardt*, in: Lenz/Borchardt, EUV/EGV³, Art. 34 EGV Rn. 125.
[574] Nr. 5 Anhang VO (EG) 1663/95 (Rechnungsabschlußverfahren).

und über einen technischen Prüfdienst verfügen.[575] Der interne Revisionsdienst hat sicherzustellen, daß das interne Kontrollsystem der Zahlstelle wirksam funktioniert; der technische Prüfdienst muß die Tatbestände überprüfen, auf die sich die Zahlungen des Antragstellers stützen.

Die von der Zahlstelle eingerichteten Verfahren müssen eine rasche Bearbeitung aller eingegangenen Anträge gewährleisten.[576] Auch hierfür hält das Gemeinschaftsrecht umfassende Vorgaben, die die Autonomie der Mitgliedstaaten bezüglich des Verfahrens in den Zahlstellen einschränken.[577] Diese betreffen einerseits das eingesetzte Personal: Kein Bediensteter der Zahlstelle darf eine Aufgabe wahrnehmen, ohne daß seine Arbeit unter der Aufsicht eines zweiten Bediensteten steht; das Personal „mit Aufgaben relativer Bedeutung" soll wahlweise durch eine entsprechende Personalpolitik einer Rotation unterliegen oder einer verstärkten Dienstaufsicht unterworfen werden; Interessenkonflikte sind durch geeignete Maßnahmen auszuschließen. Sie betreffen andererseits das Verfahren als solches: So darf etwa ein Antrag erst zur Auszahlung bewilligt werden, nachdem hinreichende Kontrollen stattgefunden haben, um die Übereinstimmung mit den Gemeinschaftsvorschriften zu überprüfen.

Die gemeinschaftlichen Regeln über die Organisation und das Verfahren der Zahlstellen, die zugleich die Kriterien für die Zulassung als Zahlstelle vorgeben, schränken die Mitgliedstaaten also erheblich ein. Die Verwaltung der Garantieausgaben durch die Mitgliedstaaten ist wohl auch der Bereich, in denen der indirekte Vollzug durch die Mitgliedstaaten am dichtesten gemeinschaftsrechtlich geregelt ist. Dies läßt sich nicht zuletzt mit den erheblichen finanziellen Interessen der Gemeinschaft begründen.

cc. Das Verhältnis der Kommission zu den Zahlstellen

Dennoch werden mitgliedstaatliche Zahlstellen durch die Zulassung nicht zu der Kommission nachgeordnete Verwaltungseinheiten. Sie bleiben mitgliedstaatliche Verwaltungseinheiten und stehen in keinem Hierarchieverhältnis zur Kommission. Insbesondere bestehen grundsätzlich keine Weisungsrechte der Kommission an die Zahlstellen;[578] auch hat die Kommission keine Kompetenz zum Erlaß von verbindlichen Verwaltungsvorschriften. Allerdings bestehen im Hinblick auf die gemeinschaftliche Finanzierung umfassende Informationspflichten der Mitgliedstaaten und Kontrollbefug-

---

[575] Nr. 3 Anhang VO (EG) 1663/95 (Rechnungsabschlußverfahren).

[576] Nr. 12 Anhang VO (EG) 1663/95 (Rechnungsabschlußverfahren). Vgl. *Graf*, Finanzkontrolle, S. 152.

[577] Zum folgenden Nr. 6 Anhang VO (EG) 1663/95 (Rechnungsabschlußverfahren). Zum „Prinzip der nationalen Verfahrensautonomie" umfassend *Schroeder*, AöR 2004, S. 3 ff.

[578] Vgl. *Graf*, Finanzkontrolle, S. 151.

nisse der Kommission. Das sogleich zu behandelnde Finanzierungsverfahren ist denn auch das Verfahren, über das der mitgliedstaatliche Vollzug in erheblichem Maße gesteuert wird und das eine umfassende Aufsicht der Kommission erlaubt.

Die Kommission weigert sich beispielsweise, Ausgaben der Mitgliedstaaten zu übernehmen, die ihnen übersandte „Informationsvermerke" zur Auslegung des Gemeinschaftsrechts nicht berücksichtigen.[579] Für derartige Auslegungshilfen besteht keine rechtliche Grundlage; sie können daher nicht unmittelbar Verbindlichkeit gegenüber den Mitgliedstaaten beanspruchen. Die Mitgliedstaaten werden es jedoch kaum darauf ankommen lassen, aufgrund einer abweichenden Auslegung letztlich eine Klärung durch den Europäischen Gerichtshof zur Vermeidung einer finanziellen Belastung herbeiführen zu müssen.

dd. Exkurs: Zahlstellenorganisation in der Bundesrepublik Deutschland

Aufgrund ihrer föderalen Struktur und seit der weitgehenden Umstellung der gemeinschaftlichen Förderung auf produktionsunabhängige Direktzahlungen gibt es in der Bundesrepublik Deutschland sehr viele Zahlstellen.[580] In der Regel besteht für jedes Bundesland eine Zahlstelle.[581] Zentrale Zahlstellen für bestimmte Ausgaben sind das Hauptzollamt Hamburg-Jonas, insbesondere für Ausfuhrerstattungen,[582] und die Bundesanstalt für Landwirtschaft und Ernährung (BLE)[583] für die Übernahme, Abgabe und Ver-

---

[579] *Graf*, Finanzkontrolle, S. 150.
[580] Im Jahr 2002 waren unter den europaweit zugelassenen 86 Zahlstellen allein 21 deutsche Einrichtungen; siehe *Rechnungshof*, Jahresbericht 2002, Tabelle 4.5.
[581] Ausnahmen: Bayern und Nordrhein-Westfalen.
[582] Vgl. § 2 S. 3 Nr. 2 der Ausfuhrerstattungsverordnung vom 24. Mai 1996 (BGBl. I S. 766), zuletzt geändert durch Gesetz vom 21. Juli 2004 (BGBl. I S. 1763, 1774); § 1 Abs. 1 Nr. 4, § 12 des Gesetzes über die Finanzverwaltung (FVG) in der Fassung vom 30. August 1971 (BGBl. I S. 1426), zuletzt geändert durch Gesetz vom 23. Dezember 2003 (BGBl. I S. 2928, 2931). Die Ausfuhrerstattungsverordnung ist gestützt auf einige Vorschriften des Gesetzes zur Durchführung der Gemeinsamen Marktorganisationen und der Direktzahlungen (MOG) in der Fassung der Bekanntmachung vom 24. Juni 2005 (BGBl. I S. 1847). Siehe auch http://www.zoll.de/b0_zoll_und_steuern/c0_marktordnung/i0_hza_-hh_jonas/ (Stand: 15. April 2006): „Die Hauptaufgabe ist unverändert die Zahlung von Ausfuhrerstattungen. Ferner werden Rohtabakprämien und Produktionserstattungen ausgezahlt. ... Das Auszahlungsvolumen steigerte sich von rund 250 Mio. DM im Jahre 1968 auf über 4 Mrd. DM Anfang der 90er Jahre. Wegen internationaler Abkommen der Europäischen Gemeinschaft im Rahmen der Welthandelsorganisation (WTO) sank das Auszahlungsvolumen im Jahr 2000 auf ca. 1,6 Mrd. DM."
[583] Errichtet durch Gesetz vom 2. August 1994 (BGBl. I S. 2018), zuletzt geändert durch Gesetz vom 31. März 2004 (BGBl. I S. 484). Die BLE hat nunmehr ihren Sitz in Bonn; siehe „Bekanntmachung über den Dienstsitz der Bundesanstalt für Landwirtschaft und Ernährung" vom 8. April 2005 (BGBl. I S. 1060).

wertung von Marktordnungswaren („Interventionen")[584]. Deutsche Koordinierungsstelle ist das Bundesministerium für Verbraucherschutz, Ernährung und Landwirtschaft.

b. Das Finanzierungsverfahren

Die Verordnung (EG) Nr. 1258/1999 über die Finanzierung der Gemeinsamen Agrarpolitik geht von dem Grundsatz aus, daß aus dem Gesamthaushaltsplan endgültig nur solche Ausgaben finanziert werden dürfen, die von den Mitgliedstaaten „in Übereinstimmung mit den Gemeinschaftsvorschriften getätigt worden sind".[585] Sie sieht ein zweistufiges Finanzierungsverfahren zwischen Kommission und dem jeweiligen Mitgliedstaat vor: Im Laufe eines Finanzjahres leistet die Kommission „Vorschüsse" an die Mitgliedstaaten (aa). Grundsätzlich nach Abschluß eines Finanzjahres erfolgt das Rechnungsabschlußverfahren (bb). Weitestgehend letzterem ist die endgültige Klärung der Finanzierungsfähigkeit einer bestimmten Ausgabe vorbehalten ist.

aa. Das Vorschußverfahren

Die zur Deckung der Ausgaben erforderlichen Mittel müssen zunächst von den Mitgliedstaaten bereitgestellt werden.[586] Diese müssen sodann der Kommission regelmäßig und innerhalb kurzer Zeitabstände Informationen über die getätigten Ausgaben mitteilen,[587] insbesondere jeden Monat den Gesamtbetrag der Ausgaben des Vormonats sowie dazugehörige Unterlagen.[588] Auf der Grundlage dieser Mitteilungen beschließt die Kommission in Form einer an den jeweiligen Mitgliedstaat gerichteten Entscheidung über die zur Deckung der Ausgaben erforderlichen monatlichen „Vorschüsse" und zahlt diese spätestens am Anfang des nachfolgenden Monats aus.[589] Die

---

[584] § 5 MOG (Fn. 582). Die Zuständigkeit der BLE ergibt sich aus § 7 Abs. 1 S. 1 MOG; hiernach ist Interventionsstelle die Marktordnungsstelle. Marktordnungsstelle wiederum ist nach § 3 Abs. 1 MOG die BLE.

[585] Vgl. insbesondere Art. 7 Abs. 4 UAbs. 1, weiterhin Art. 2 Abs. 1, Abs. 2, Art. 3 Abs. 1 bis Abs. 3 VO (EG) 1258/1999 (Finanzierung GAP); *Mögele*, in: Dauses, HdbEUWiR I (EL 8), G Rn. 232.

[586] Art. 5 Abs. 2 VO (EG) 1258/1999 (Finanzierung GAP).

[587] Siehe die ausführlichen Mitteilungspflichten in Art. 3 VO (EG) 296/96 (Übernahme EAGFL-Ausgaben).

[588] Art. 3 Abs. 3 UAbs. 1, Abs. 5 VO (EG) 296/96 (Übernahme EAGFL-Ausgaben). Zu den Unterlagen gehören gemäß Art. 3 Abs. 6 VO (EG) 296/96 insbesondere Mengenangaben (Tonnen, Hektoliter, Hektar, Stück Vieh, usw.) in bezug auf die getätigten Ausgaben.

[589] Art. 5 Abs. 1 UAbs. 1, Art. 7 Abs. 2 UAbs. 1, UAbs. 2 S. 2, Abs. 1 VO (EG) 1258/1999 (Finanzierung GAP); siehe auch Art. 14 Abs. 1 VO (EG) 2040/2000 (Haushaltsdisziplin).

Verwendung des Begriffes „Vorschuß" in den einschlägigen Vorschriften ist irreführend; der Sache nach handelt es sich um Abschlagszahlungen für bereits getätigte Ausgaben.[590]

Schon aufgrund des engen Zeitkorsetts kann eigentlich eine eingehende Prüfung der Finanzierungsfähigkeit der von den Mitgliedstaaten getätigten Ausgaben im Rahmen des Vorschußverfahrens nicht erfolgen. Die Kommission beschließt die monatlichen Vorschüsse denn nach der Verordnung (EG) Nr. 1258/1999 auch „auf der Grundlage der buchmäßigen Erfassung der von den zugelassenen Zahlstellen getätigten Ausgaben".[591] Die Entscheidungen der Kommission gelten als vorläufige Mittelbindungen.[592] Die Mittelbindung ist deshalb vorläufig, weil eben noch nicht endgültig über die Finanzierungsfähigkeit der Ausgaben entschieden wird.

Doch verleiht die Verordnung (EG) Nr. 2040/2000 betreffend die Haushaltsdisziplin[593] der Kommission die Kompetenz, die Vorschüsse vorübergehend zu kürzen oder ganz auszusetzen.[594] Hierfür bestehen aber strenge Voraussetzungen: In verfahrensmäßiger Hinsicht muß die Kommission, wenn sie aufgrund der übermittelten Informationen nicht in der Lage ist „festzustellen, dass die Mittelbindung den geltenden Gemeinschaftsvorschriften entspricht"[595], den betreffenden Mitgliedstaat zur Mitteilung zusätzlicher Daten auffordern.[596] Eine vorübergehende Kürzung oder Aussetzung darf weiterhin nur dann erfolgen, wenn die Antwort des Mitgliedstaats auf eine „offensichtliche Missachtung der Vorschriften *und* eine offensichtlich missbräuchliche Verwendung von Gemeinschaftsmit-

---

[590] *Mögele*, in: Dauses, HdbEUWiR I (EL 8), G Rn. 233; vgl. auch *ders.*, Behandlung fehlerhafter Ausgaben, S. 59 f.; *Borchardt*, in: Lenz/Borchardt, EUV/EGV³, Art. 34 EGV Rn. 124.

[591] Art. 7 Abs. 2 UAbs. 1, Art. 5 Abs. 1 UAbs. 1 VO (EG) 1258/1999 (Finanzierung GAP). Siehe auch Art. 14 VO (EG) 2040/2000 (Haushaltsdisziplin): monatliche Vorauszahlungen „auf der Grundlage der Daten, die die Mitgliedstaaten für jedes Ausgabenkapitel mitteilen".

[592] Art. 150 Abs. 2 i.V.m. Art. 76 Abs. 2 UAbs. 3 HO 2002.

[593] Vgl. Art. 270 EGV. Umfassend *Kuhlmann*, Haushaltsdisziplin. Siehe auch *Niedobitek*, in: Streinz, EUV/EGV, Art. 270 EGV Rn. 1 ff.

[594] Art. 14 Abs. 3 VO (EG) 2040/2000 (Haushaltsdisziplin); *Borchardt*, in: Lenz/Borchardt, EUV/EGV³, Art. 34 EGV Rn. 124. Diese Bestimmung geht somit über Art. 4 Abs. 5 VO (EG) 296/96 (Übernahme EAGFL-Ausgaben) hinaus, nach der die Kommission die Zahlung der Vorschüsse unter bestimmten Voraussetzungen lediglich „zurückhalten" kann. Zur Rechtslage vor Annahme der VO (EG) 2040/2000 (Haushaltsdisziplin) *Mögele*, Behandlung fehlerhafter Ausgaben, S. 61 f.

[595] Diese Formulierung ist nicht ganz zutreffend, da eine Mittelbindung eigentlich nur vorgenommen werden darf, wenn die hierauf erfolgende Ausgabe gemeinschaftsrechtskonform ist.

[596] Art. 14 Abs. 2 VO (EG) 2040/2000 (Haushaltsdisziplin).

teln" schließen läßt.[597] Durch das Verlangen nach der Evidenz der Fehlerhaftigkeit der getätigten Ausgabe wird die Kürzung oder Aussetzung nur in seltenen Fällen zur Anwendung kommen können. Eine Entscheidung zugunsten einer Kürzung oder Aussetzung und damit gegen die Finanzierungsfähigkeit ist zudem nicht endgültig; sie nimmt eine Entscheidung im Rechnungsabschlußverfahren nicht vorweg.[598]

Damit wird die endgültige Klärung der Frage nach der Finanzierungsfähigkeit in das nach Ablauf des Finanzjahres ansetzende Rechnungsabschlußverfahren verschoben. Das Vorschußverfahren ist demnach im wesentlichen nur als Verfahren zur unter Vorbehalt stehenden Bereitstellung der erforderlichen Mittel ausgestaltet.

bb. Das Rechnungsabschlußverfahren

Das Rechnungsabschlußverfahren[599] muß also die Entscheidung der Kommission ermöglichen, welche von den mitgliedstaatlichen Zahlstellen getätigten Ausgaben deshalb von der gemeinschaftlichen Finanzierung auszuschließen sind, weil sie nicht in Übereinstimmung mit den Gemeinschaftsvorschriften getätigt worden sind, welche fehlerhaften Ausgaben also den Mitgliedstaaten anzulasten sind. Es ist seinerseits in zwei Phasen aufgeteilt, eine finanztechnische Kontenabschluß- und eine rechtsbezogene Konformitätsphase[600].

i. Die finanztechnische Kontenabschlußphase („Rechnungsabschlußphase")

Die erste Phase, die bis zum 30. April des auf das betreffende Haushaltsjahr folgenden Jahres abgeschlossen sein soll, ist auf die Entscheidung der Kommission über die Vollständigkeit, Genauigkeit und sachliche Richtigkeit der übermittelten Rechnungen gerichtet.[601] Der Sache nach wird mit ihr festgelegt, welche Ausgaben vom EAGFL anerkannt werden können; von die-

---

[597] Art. 14 Abs. 3 VO (EG) 2040/2000 (Haushaltsdisziplin); Hervorhebung durch den *Verfasser*. Weiterhin hat die Kommission bei dem Beschluß den Grundsatz der Verhältnismäßigkeit zu beachten, Art. 14 Abs. 3 S. 2 VO (EG) 2040/2000 (Haushaltsdisziplin); hierzu zu Recht kritisch *Mögele*, Behandlung fehlerhafter Ausgaben, S. 64.

[598] Art. 14 Abs. 4 VO (EG) 2040/2000 (Haushaltsdisziplin).

[599] Siehe schon *Joachim Scherer*, EuR 1986, S. 52 ff.; *Mögele*, NJW 1987, S. 1118 ff.; *Magiera*, Verwaltungsorganisation, in: Schweitzer, Europäisches Verwaltungsrecht, S. 115 (134 f.)

[600] *Mögele*, in: Dauses, HdbEUWiR I (EL 8), G Rn. 237; *ders.*, Behandlung fehlerhafter Ausgaben, S. 187; *Hix*, in: Schwarze, EU-Kommentar, Art. 34 EGV Rn. 93.

[601] Art. 7 Abs. 3 UAbs. 2 S. 1 VO (EG) 1258/1999 (Finanzierung GAP). Zuletzt Entscheidungen 2003/313/EG (Rechnungsabschluß Haushaltsjahr 2002), 2004/451/EG (Rechnungsabschluß Haushaltsjahr 2003), 2005/385/EG (Rechnungsabschluß Haushaltsjahr 2004) und 2005/738/EG (Rechnungsabschluß Haushaltsjahr 2003).

sem Betrag werden sodann die geleisteten Vorschüsse abgezogen, so daß entweder ein bestimmter Betrag vom Mitgliedstaat wieder einzuziehen oder diesem zu erstatten ist.[602] Auch in dieser Phase wird somit noch nicht abschließend darüber entschieden, welche gemeldeten Ausgaben in Übereinstimmung mit dem Gemeinschaftsrecht getätigt wurden.[603] Es ist ausdrücklich bestimmt, daß die Entscheidung einer späteren Konformitätsentscheidung nicht vorgreift.[604] In der Verordnung (EG) Nr. 1258/1999 wird nur diese Entscheidung als Rechnungsabschlußentscheidung bezeichnet.[605]

Allerdings ist die Kommission, wenn sie feststellt, daß die Rechnungen der Zahlstellen Ausgaben enthalten, die entgegen den Gemeinschaftsvorschriften getätigt wurden, bereits im Stadium der Entscheidung über den Rechnungsabschluß befugt, daraus sämtliche Konsequenzen zu ziehen und damit finanzielle Berichtigungen an den Jahresrechnungen der Zahlstellen vorzunehmen.[606] Der Gerichtshof leitet dies zunächst aus dem Umstand ab, daß die Kommission nach der Durchführungsverordnung (EG) Nr. 1663/95 dem betroffenen Mitgliedstaat vor dem 31. März des Jahres, das auf das Haushaltsjahr folgt, die Ergebnisse ihrer Überprüfungen der von den Mitgliedstaaten vorgelegten Informationen zusammen mit etwaigen Änderungsvorschlägen mitteilen muß.[607] Da allerdings die Auslegung einer Durchführungsverordnung allenfalls als Anhaltspunkt für die Auslegung des Habilitationsaktes[608] herangezogen werden kann, stützt sich der Gerichtshof maßgeblich auf das allgemein gehaltene Argument, daß die Kommission nicht befugt sei, bei der Durchführung der Gemeinsamen Agrarpolitik Mittelbindungen entgegen den Vorschriften der fraglichen gemeinsamen Marktorganisationen vorzunehmen. Allerdings muß der von der finanziellen

---

[602] Vgl. Art. 7 Abs. 1 UAbs. 1, UAbs. 2 S. 1 VO (EG) 1663/95 (Rechnungsabschlußverfahren).

[603] Vgl. Art. 7 Abs. 1 UAbs. 1 VO (EG) 1663/95 (Rechnungsabschlußverfahren): „die vom EAGFL zur Finanzierung anzuerkennenden Ausgaben".

[604] Art. 7 Abs. 4 VO (EG) 1258/1999 (Finanzierung GAP); Art. 7 Abs. 1 UAbs. 1 VO (EG) 1663/95 (Rechnungsabschlußverfahren).

[605] In der VO (EWG) 729/70 (Finanzierung GAP) war nur eine einzige Entscheidung vorgesehen. Die Aufspaltung in zwei Phasen erfolgte erst durch die VO (EG) 1287/95 (Finanzierung GAP). Als Oberbegriff für die beiden Phasen wird aber – so auch im Rahmen dieser Untersuchung – weiterhin „Rechnungsabschlußverfahren" verwendet. Siehe auch *Rechnungshof*, Sonderbericht Nr. 22/2000 – Geändertes Rechnungsabschlußverfahren, Tz. 2 ff.

[606] EuGH, Rs. C-287/02 – Spanien/Kommission (Rn. 31 ff, insbesondere 35). Bei diesen Berichtigungen im Rahmen der Rechnungsabschlußentscheidungen gelten sodann die bezüglich der Konformitätsphase getroffenen Ausführungen über die Fehlerhaftigkeit einer Ausgabe (unten Kap. 3 B.III.4.b.bb.ii.(1)) und über die Beweislast (unten Kap. 3 B.III.4.b.bb.ii.(7)) entsprechend, EuGH, a.a.O. Rn. 52 ff.

[607] Art. 7 Abs. 2 VO (EG) 1663/95 (Rechnungsabschlußverfahren).

[608] Siehe oben Kap. 2 B.VII.1.

Berichtigung betroffene Mitgliedstaat seinen Standpunkt in sachdienlicher Weise vortragen dürfen.[609] Dies gebiete der „fundamentale Grundsatz" des Gemeinschaftsrechts, daß die Verteidigungsrechte in allen Verfahren, die zu einer den Betroffenen beschwerenden Maßnahme führen können, zu beachten seien; dieser Grundsatz müsse auch dann sichergestellt werden, wenn eine Regelung für das betreffende Verfahren fehle.[610]

ii. Die rechtsbezogene Konformitätsphase

Auf die finanztechnische Kontenabschlußphase folgt die rechtsbezogene Konformitätsphase. Diese ist gerichtet auf den Erlaß einer an den jeweiligen Mitgliedstaat gerichteten Konformitätsentscheidung. Mit dieser Entscheidung legt die Kommission nunmehr wirklich abschließend fest, welche Ausgaben deshalb von der gemeinschaftlichen Finanzierung auszuschließen sind, weil sie nicht in Übereinstimmung mit den Gemeinschaftsvorschriften getätigt worden sind.[611]

(1) Die Gemeinschaftsrechtswidrigkeit („Fehlerhaftigkeit") einer Ausgabe als Voraussetzung einer Konformitätsentscheidung

Der Gerichtshof legt die Verordnung (EG) Nr. 1258/1999[612] dahingehend aus, daß aus dem Gemeinschaftshaushalt nur solche Ausgaben finanziert werden dürfen, die *objektiv rechtmäßig* sind.[613] Auch wenn der nationale Amtsträger die Rechtswidrigkeit der Ausgabe nicht zu vertreten hat, ist diese gemeinschaftsrechtswidrig und folglich dem Mitgliedstaat anzulasten. Da die Durchführung der Gemeinsamen Agrarpolitik die Gleichheit zwischen den Marktbürgern der Mitgliedstaaten gewährleisten müsse, könnten nationale Behörden eines Mitgliedstaats nicht über eine weite Auslegung der Voraussetzungen für die Übernahme der Ausgaben zu Lasten des EAGFL die Marktbürger dieses Staates gegenüber denjenigen anderer Mitgliedstaaten begünstigen, in denen eine engere Auslegung vertreten werde; eine solche Wettbewerbsverzerrung sei mit dem Gebot der einheitlichen

---

[609] EuGH, Rs. C-287/02 – Spanien/Kommission (Rn. 37).

[610] Siehe auch EuGH, Rs. C-32/95 P – Kommission/Lisrestal, Slg. 1996, I-5373 (Rn. 21).

[611] Art. 7 Abs. 4 UAbs. 1 VO (EG) 1258/1999 (Finanzierung GAP). Zuletzt z.B. Entscheidungen 2003/364/EG, 2004/561/EG, 2005/354/EG und 2005/579/EG (Konformitätsentscheidungen). Siehe auch *Columbus*, AgrarR 2003, S. 40 (42).

[612] Insbesondere aufgrund der Art. 2 und Art. 3 sowie Art. 8 Abs. 2.

[613] Ständige Rechtsprechung seit EuGH, Rs. 11/76 – Niederlande/Kommission, Slg. 1979, 245 (Rn. 8), damals zur VO (EWG) 729/70 (Finanzierung GAP), mit der jedoch die VO (EG) 1258/1999 (Finanzierung GAP) in den maßgeblichen Passagen sogar im Wortlaut identisch ist; zuletzt etwa EuGH, Rs. C-300/02 – Griechenland/Kommission, Slg. 2005, I-1341 (Rn. 32). Siehe auch *Craig*, ELRev 2003, S. 840 (862 f.); *Magiera*, Verwaltungsorganisation, in: Schweitzer, Europäisches Verwaltungsrecht, S. 115 (134).

Durchführung des Gemeinschaftsrechts in der gesamten Gemeinschaft nicht vereinbar.[614] Eine Ausgabe ist demnach gemeinschaftsrechtswidrig und somit fehlerhaft, wenn sie formell oder materiell nicht mit den Gemeinschaftsvorschriften in Einklang steht.

In der Verordnung (EG) Nr. 1258/1999 wird im Grundsatz zwischen zwei Arten gemeinschaftsrechtswidriger Ausgaben unterschieden: zum einen diejenigen Ausgaben, deren Gemeinschaftsrechtswidrigkeit durch die mitgliedstaatlichen Verwaltungen verursacht wird, zum anderen diejenigen Ausgaben, deren Gemeinschaftsrechtswidrigkeit auf eine Verursachung durch Dritte zurückgeht.[615] Nur im letzteren Fall liegt eine *Unregelmäßigkeit* im Sinne dieser Verordnung[616] vor,[617] für die zusätzlich besondere Bestimmungen gelten. Das finanzielle Risiko von Unregelmäßigkeiten trägt die Gemeinschaft, sofern diese nicht den Verwaltungen oder Einrichtungen der Mitgliedstaaten anzulasten sind.[618]

Die Unterscheidung zwischen Unregelmäßigkeiten und sonstigen fehlerhaften Ausgaben zieht nahezu zwangsläufig die Frage nach sich, wie diejenigen Ausgaben zu behandeln sind, deren Gemeinschaftsrechtswidrigkeit sich kumulativ aus einem Fehlverhalten einer mitgliedstaatlichen Verwaltung und eines Dritten ergibt. Im Hinblick auf die Rechtslage aufgrund der Verordnung (EG) Nr. 1258/1999 erscheint es einzig sachgerecht, für alle Fälle von Unregelmäßigkeiten die Einhaltung der auf sie zugeschnittenen besonderen Verfahrensbestimmungen zu verlangen.[619]

(2) Die Maßstäbe und der Inhalt der Konformitätsentscheidung

Mit einer Konformitätsentscheidung, einer Entscheidung im Sinne von Art. 249 Abs. 4 EGV,[620] lehnt die Kommission die Übernahme bestimmter

---

[614] EuGH, Rs. 11/76 – Niederlande/Kommission, Slg. 1979, 245 (Rn. 9); ausführlich *Mögele*, Behandlung fehlerhafter Ausgaben, S. 140 ff.

[615] Siehe Art. 2 Abs. 2 VO (EG) 2988/95 VO (EG) 2988/95 (Schutz der finanziellen Interessen), unten Kap. 4 A.II.1.a. Vgl. *Graf*, Finanzkontrolle, S. 154; *Borchardt*, in: Lenz/Borchardt, EUV/EGV³, Art. 34 EGV Rn. 126 ff.

[616] Art. 8 Abs. 1, Abs. 2 VO (EG) 1258/1999 (Finanzierung GAP).

[617] Gleichfalls ständige Rechtsprechung seit EuGH, Rs. 11/76 – Niederlande/Kommission, Slg. 1979, 245 (Rn. 8); *van Rijn*, in: Groeben/Schwarze, EUV/EGV I⁶, Art. 34 EGV Rn. 70.

[618] Art. 8 Abs. 2 VO (EG) 1258/1999 (Finanzierung GAP). Siehe sogleich Kap. 3 B.III.4.b.bb.ii.(2).

[619] Die abweichende Ansicht von *Mögele*, Behandlung fehlerhafter Ausgaben, S. 106 f., stützt sich auf die Rechtslage vor Inkrafttreten der VO (EG) 1287/95 (Finanzierung GAP); damals war noch nicht ausdrücklich geregelt, daß die Anlastung von Unregelmäßigkeiten im Rahmen einer Konformitätsentscheidung erfolgt (siehe unten Fn. 624).

[620] Z.B. aus jüngerer Vergangenheit Entscheidungen 2003/364/EG, 2004/561/EG und 2005/354/EG (Konformitätsentscheidung); *Vogt*, Entscheidung, S. 107 ff.; vgl. *Mögele*, Behandlung fehlerhafter Ausgaben, S. 189 ff.

durch den Mitgliedstaat getätigter Ausgaben durch den EAGFL ab. Im Falle der Gemeinschaftsrechtswidrigkeit, die durch die mitgliedstaatlichen Verwaltungen verursacht worden ist, überträgt die Kommission damit zugleich dem Mitgliedstaat das Risiko, daß die entsprechenden Ausgaben nicht wieder zurückgefordert werden können.[621] Weisen Ausgaben Unregelmäßigkeiten auf, so muß der Mitgliedstaat zunächst versuchen, die Beträge wieder einzuziehen.[622] Wiedereingezogene Beträge fließen den zugelassenen Zahlstellen zu, die sie von den durch den Fonds finanzierten Ausgaben abziehen.[623] Erfolgt keine vollständige Wiedereinziehung, so legt die Kommission in einer Konformitätsentscheidung fest, daß der Mitgliedstaat die finanziellen Folgen der Unregelmäßigkeit trägt.[624] Voraussetzung hierfür ist allerdings, daß dem Mitgliedstaat die Unregelmäßigkeit anzulasten ist. Anderenfalls trägt die Gemeinschaft die finanziellen Folgen. Dementsprechend kommt es für die Risikoverteilung im Falle von Unregelmäßigkeiten auf die Auslegung des Merkmals an, daß dem Mitgliedstaat die Unregelmäßigkeit anzulasten ist.

Angesichts des Wortlauts der Verordnung (EG) Nr. 1258/1999 („Unregelmäßigkeiten oder Versäumnisse, die den Verwaltungen oder Einrichtungen der Mitgliedstaaten anzulasten sind") soll es naheliegen, auf solche Verstöße der nationalen Behörden abzustellen, die im Zusammenhang mit der ausgabewirksamen Unregelmäßigkeit standen und diese ermöglicht oder erleichtert haben.[625] *Bezugspunkt für die Anlastung* ist hiernach die Vornahme der Ausgabe. Nach der Rechtsprechung des Europäischen Gerichtshofs ist hingegen auf die Erfüllung der Verpflichtung des Mitgliedstaates abzustellen, die zur raschen Behebung von Unregelmäßigkeiten bestimmten Maßnahmen zu ergreifen.[626] Bezugspunkt für die Anlastung ist hiernach die

---

[621] Vgl. *Craig*, ELRev 2003, S. 840 (863).

[622] Art. 8 Abs. 1 UAbs. 1 lit. c VO (EG) 1258/1999 (Finanzierung GAP).

[623] Art. 8 Abs. 2 UAbs. 2 S. 1 VO (EG) 1258/1999 (Finanzierung GAP).

[624] Daß diese Entscheidung auch Gegenstand einer Konformitätsentscheidung i.S.v. Art. 7 Abs. 4 UAbs. 1 VO (EG) 1258/1999 (Finanzierung GAP) ist, ergibt sich aus Art. 7 Abs. 4 UAbs. 6 lit. a i.V.m. UAbs. 5 VO (EG) 1258/1999; hiernach kann die Ablehnung der Finanzierung auch die finanziellen Auswirkungen von Unregelmäßigkeiten betreffen. Auch kann Art. 8 Abs. 2 VO (EG) 1258/1999 keine ausdrückliche Entscheidungskompetenz der Kommission entnommen werden, *Mögele*, Behandlung fehlerhafter Ausgaben, S. 102. Siehe die besondere Konformitätsentscheidung 2003/481/EG über die zu ziehenden finanziellen Konsequenzen aus bestimmten von den Wirtschaftsbeteiligten begangenen Unregelmäßigkeiten. Siehe weiterhin *Rechnungshof*, Sonderbericht Nr. 3/2004 – Wiedereinziehung GAP, Tz. 35.

[625] Vgl. *Mögele*, Behandlung fehlerhafter Ausgaben, S. 99.

[626] EuGH, Rs. C-34/89 – Italien/Kommission, Slg. 1990, I-3603 (insbesondere Rn. 12); EuGH, Rs. 28/89 – Deutschland/Kommission, Slg. 1991, I-581 (Rn. 31 f.). Siehe auch *Rechnungshof*, Sonderbericht Nr. 7/93 – Unregelmäßigkeiten, Tz. 4.28: „Erkennt die Kommission an, daß einen Mitgliedstaat keine Schuld an der Nichtwiedereinziehung trifft,

Nichtwiedereinziehung. Denkbar ist aber auch, Fehlverhalten der nationalen Behörden in beiden Phasen als Grundlage einer Anlastung ausreichen zu lassen.[627] Bei dieser Betrachtung würde der Begriff der Versäumnisse eine eigenständige Bedeutung erlangen, indem er das vorwerfbare Verhalten der Verwaltung des Mitgliedstaates kennzeichnete. Sie kommt auch der einheitlichen Anwendung des Agrarrechts in den Mitgliedstaaten und den finanziellen Interessen der Gemeinschaft, somit dem Sinn und Zweck der Verordnung am meisten entgegen.[628] Die Rechtspraxis der Kommission soll ihr denn auch folgen.[629] Jedenfalls muß die Kommission diejenigen Tatsachen beweisen, aus denen sich ergibt, daß dem Mitgliedstaat die Unregelmäßigkeit anzulasten ist. Gelingt ihr dies nicht, so gilt der Grundsatz der finanziellen Verantwortung der Gemeinschaft.[630]

Nach der Rechtsprechung des Gerichtshofs trägt die Gemeinschaft allerdings nicht nur die finanziellen Folgen einer Ausgabe, bei der eine dem Mitgliedstaat nicht anzulastende Unregelmäßigkeit besteht.[631] Sie darf auch keine Ausgabe von der gemeinschaftlichen Finanzierung ausschließen, deren Gemeinschaftsrechtswidrigkeit zwar durch die mitgliedstaatliche Verwaltung verursacht worden ist, deren Fehlverhalten jedoch wiederum auf ein Gemeinschaftsorgan, also insbesondere auf die Kommission zurückgeht. Die Mitgliedstaaten können also das Anlastungsrisiko in bestimmtem Umfang dadurch abwenden, daß sie sich bei Zweifeln über die ordnungsgemäße Anwendung und Auslegung des Gemeinschaftsrechts an die Kommission mit der Bitte um Aufklärung wenden. Die Kommission kann zwar nur ihre eigene Ansicht über die richtige Auslegung des Gemeinschaftsrechts äußern, die für die mitgliedstaatlichen Verwaltungen nicht verbindlich ist.[632] Sie ist aufgrund des Grundsatzes des „venire contra factum proprium" an gegebenenfalls erteilte Auskünfte bei der Konformitätsentscheidung aber auch in dem Falle gebunden, daß diese unrichtig sind.[633] Da die mitgliedstaatli-

---

so ist der Betrag, der hätte eingezogen werden sollen, zu Lasten künftiger Gemeinschaftseinnahmen zu verbuchen."

[627] *van Rijn*, in: Groeben/Schwarze, EUV/EGV I⁶, Art. 34 EGV Rn. 79 (mit Fn. 111): „jedes Fehlverhalten einer Verwaltung eines Mitgliedstaates, das den üblichen Sorgfaltsanforderungen nicht gerecht wird und für den Verlust mitursächlich ist". „Das Fehlverhalten kann zur Unregelmäßigkeit des Dritten oder zum Fehlschlagen des Rückforderungsverfahrens beigetragen haben."

[628] Ähnlich *Mögele*, Behandlung fehlerhafter Ausgaben, S. 100.

[629] *Mögele*, Behandlung fehlerhafter Ausgaben, S. 99.

[630] Dies ergibt sich aus der klaren Formulierung des Art. 8 Abs. 2 UAbs. 1 VO (EG) 1258/1999 (Finanzierung GAP).

[631] Zum folgenden siehe auch *Borchardt*, in: Lenz/Borchardt, EUV/EGV³, Art. 34 EGV Rn. 127.

[632] *van Rijn*, in: Groeben/Schwarze, EUV/EGV I⁶, Art. 34 EGV Rn. 71. Siehe schon oben Kap. 3 B.III.4.a.cc.

[633] Vgl. EuGH, Rs. 11/76 – Niederlande/Kommission, Slg. 1979, 245 (Rn. 5).

chen Verwaltungen dieses Auskunftsverfahren wegen der damit verbundenen Abwälzung des Finanzierungsrisikos gerne nutzen und der Kommission hierin ein Mittel zur Förderung der einheitlichen Anwendung des Agrarrechts zur Verfügung steht, also eine „win-win"-Situation zu verzeichnen ist, hat sich ein faktisches Anweisungsrecht der Kommission entwickelt.[634] Entsprechendes gilt für die bereits oben[635] erwähnten Informationsvermerke.

Die Verteilung des finanziellen Risikos ist somit eine Frage der Zurechnung der Gemeinschaftsrechtswidrigkeit einer Ausgabe („objektive Fehlerzurechnung"[636]). Alle Fehler der mitgliedstaatlichen Verwaltungen, auch schuldlos begangene sowie durch Dritte mitverursachte, verlagern das finanzielle Risiko auf den Mitgliedstaat. Auf die Gemeinschaft zurückzuführende Fehler sowie die ausschließlich durch Dritte verursachte Gemeinschaftsrechtswidrigkeit belasten die Gemeinschaft. Diese Risikoverteilung erscheint angesichts der Zuständigkeit der Mitgliedstaaten zur Verwaltung der Agrarmarktausgaben angemessen.[637]

Kann die Kommission feststellen, daß eine bestimmte Zahlung nicht mit den Gemeinschaftsvorschriften übereinstimmt, so lehnt sie deren Finanzierung ab.[638] In anderen Fällen, etwa bei der Feststellung eines unzureichenden Kontrollsystems, ist die Ermittlung der Höhe der Berichtigungen jedoch komplizierter. In der Verordnung (EG) Nr. 1258/1999 finden sich hierzu bestimmte Merkmale, die den Spielraum der Kommission umreißen:[639] Sie bemißt die von der gemeinschaftlichen Finanzierung auszuschließenden Beträge insbesondere unter Berücksichtigung der Tragweite der festgestellten Nichtübereinstimmung; sie trägt dabei der Art und Schwere des Verstoßes sowie dem der Gemeinschaft entstandenen finanziellen Schaden Rechnung.[640] Diese Bestimmung gilt erst seit 1995.[641] Zuvor durfte die Kommission bei sog. Systemmängeln nach der Rechtsprechung des EuGH für die gesamten von ihnen betroffenen Beträge die Ü-

---

[634] *van Rijn*, in: Groeben/Schwarze, EUV/EGV I[6], Art. 34 EGV Rn. 71.
[635] Kap. 3 B.III.4.a.cc.
[636] *Mögele*, Behandlung fehlerhafter Ausgaben, S. 48 f., 100.
[637] Vgl. *Mögele*, Behandlung fehlerhafter Ausgaben, S. 49: „Nichtfinanzierung fehlerhafter Ausgaben durch den EAGFL das Korrelat zur umfassenden Vollzugsverantwortung der Mitgliedstaaten".
[638] *Kommission*, Rechnungsabschlussverfahren, S. 5; *Borchardt*, in: Lenz/Borchardt, EUV/EGV[3], Art. 34 EGV Rn. 131; *Hix*, in: Schwarze, EU-Kommentar, Art. 34 EGV Rn. 93; *Kopp*, in: Streinz, EUV/EGV, Art. 34 EGV Rn. 128; *Mögele*, Behandlung fehlerhafter Ausgaben, S. 164 f.; vgl. auch EuGH, Rs. C-300/02 – Griechenland/Kommission, Slg. 2005, I-1341 (Rn. 53).
[639] *Mögele*, in: Dauses, HdbEUWiR I (EL 8), G Rn. 237: „ermessensleitende Merkmale"; zum ganzen siehe auch *dens.*, Behandlung fehlerhafter Ausgaben, S. 165 ff.
[640] Art. 7 Abs. 4 UAbs. 4 VO (EG) 1258/1999 (Finanzierung GAP).
[641] Aufgrund Art. 1 Abs. 2 VO (EG) 1287/95 (Finanzierung GAP).

bernahme zu Lasten des EAGFL ausschließen.[642] Er hatte allerdings auch die – letztlich als Ausfluß des Verhältnismäßigkeitsgrundsatzes[643] – eingeführte Praxis der Kommission, nicht die Finanzierung der gesamten Ausgaben abzulehnen, sondern Leitlinien aufzustellen, die nach Maßgabe dessen differenzieren, welche Gefahr für den EAGFL Kontrollmängel unterschiedlichen Grades darstellen, ausdrücklich gebilligt[644]. Weiterhin hat er hervorgehoben, daß die Kommission in solchen Fällen – anders als bei der Frage, ob überhaupt eine Anlastung vorzunehmen ist,[645] – über ein Ermessen bei der Schätzung des Ausgabenbetrags verfüge, mit dem der EAGFL zu belasten sei.[646] Allerdings unterliegt auch die Praxis der Ermessensentscheidung der Kontrolle durch den Rechnungshof und der politischen Kontrolle durch das Europäische Parlament im Rahmen des Entlastungsverfahrens.[647]

Nunmehr besteht die – allerdings auch zuvor kaum genutzte – Möglichkeit, die Übernahme der „infizierten" Ausgaben ganz abzulehnen, also grundsätzlich nicht mehr. Bei der Konkretisierung der oben aufgeführten Kriterien greift die Kommission weiterhin auf „Richtlinien zur Berechnung der finanziellen Konsequenzen bei der Vorbereitung der Entscheidung zum Rechnungsabschluß EAGFL-Garantie"[648] zurück. Hiernach können je nach Schwere und Risikograd unterschiedlich hohe prozentuale *Pauschalkorrekturen* (2%, 5 %, 10 %, 25 %) vorgenommen werden.[649] „Der Berichtigungssatz soll auf den Teil der Ausgaben angewendet werden, für den ein Verlustrisiko bestand. Ergibt sich der Mangel aus dem Versäumnis des

---

[642] EuGH, Rs. C-197/90 – Italien/Kommission, Slg. 1992, I-1 (Rn. 39). „Daher kann die italienische Regierung der Kommission nicht vorwerfen, daß sie sich darauf beschränkt hat, einen pauschalen Abschlag von 10 % vorzunehmen" (EuGH, a.a.O.). Siehe auch EuGH, Rs. C-50/94 – Griechenland/Kommission, Slg. 1996, I-3331 (Rn. 26).
[643] Vgl. EuGH, Rs. C-50/94 – Griechenland/Kommission, Slg. 1996, I-3331 (Rn. 28): Der EuGH läßt als Einwand gegen diese Leitlinien nur zu, daß sie willkürlich und unbillig seien; EuGH, Rs. C-300/02 – Griechenland/Kommission, Slg. 2005, I-1341 (Rn. 113). Vgl. weiterhin *Mögele*, Behandlung fehlerhafter Ausgaben, S. 167: Einsicht der Kommission, daß „die Nichtfinanzierung sämtlicher kontaminierter Ausgaben zur Festlegung von Anlastungsbeträgen führen würde, die der Sache nach nicht angemessen und von ihrer politischen Wirkung her kaum zu vertreten wären".
[644] EuGH, Rs. C-50/94 – Griechenland/Kommission, Slg. 1996, I-3331 (Rn. 28).
[645] Vgl. *Mögele*, Behandlung fehlerhafter Ausgaben, S. 174.
[646] EuGH, Rs. C-281/89 – Italien/Kommission, Slg. 1991, I-347 (Rn. 24). Ausführlicher *Mögele*, Behandlung fehlerhafter Ausgaben, S. 174 ff.
[647] Siehe hierzu Kap. 4 C. und Kap. 4 D.
[648] Vgl. den Hinweis bei *Kopp*, in: Streinz, EUV/EGV, Art. 34 EGV Rn. 128 in Fn. 188.
[649] Vgl. EuGH, Rs. C-130/99 – Spanien/Kommission, Slg. 2002, I-3005 (Rn. 9 ff.); *Kopp*, in: Streinz, EUV/EGV, Art. 34 EGV Rn. 129. Siehe auch EuGH, Rs. C-344/01 – Deutschland/Kommission, Slg. 2004, I-2081 (Rn. 13): „In Ausnahmefällen können höhere Berichtigungen bis hin zu einem vollständigen Ausschluß der Ausgaben von der gemeinschaftlichen Finanzierung beschlossen werden."

Mitgliedstaats, ein adäquates Kontrollsystem aufzubauen und anzuwenden, sollte die Berichtigung auf die gesamte Ausgabe angewendet werden, für die diese Kontrollen erforderlich sind. Gibt es Gründe für die Annahme, dass der Mangel auf die unzulängliche Anwendung eines von dem Mitgliedstaat genehmigten Kontrollsystems durch eine bestimmte Dienststelle oder eine bestimmte Region beschränkt ist, sollte die Berichtigung auf die Ausgaben, die von dieser Dienststelle bzw. Region kontrolliert werden, beschränkt werden."[650] Eine pauschale Berichtigung in Höhe von 25 % ist beispielsweise vorzunehmen, wenn ein Mitgliedstaat ein Kontrollsystem überhaupt nicht oder nur in äußerst mangelhafter Weise angewendet hat und es Beweise für weit verbreitete Unregelmäßigkeiten und für Fahrlässigkeit bei der Bekämpfung betrügerischer und unregelmäßiger Praktiken gibt. Festzuhalten bleibt an dieser Stelle, daß sich die Kommission also für die Ermessensausübung hinsichtlich der Höhe der Anlastungen in Form der Richtlinien abstrakt-generelle Vorgaben gesetzt hat.

Der Sache nach legen die in der Regel an mehrere Mitgliedstaaten gerichteten Konformitätsentscheidungen fest, welche Beträge, die der Mitgliedstaat als Vorschüsse für getätigte Ausgaben erhalten hat, an die Gemeinschaft zurückzuerstatten sind. Zur haushaltsrechtlichen Abwicklung wird das Ergebnis der Rechnungsabschlußentscheidungen in einem einzigen Artikel als Mehr- oder Minderausgaben ausgewiesen.[651] Im Jahr 2003 traf die Kommission beispielsweise drei Konformitätsentscheidungen, durch die sie 377 Millionen Euro von der Finanzierung ausschloß.[652]

(3) Einschub: Die an die Bundesrepublik Deutschland gerichtete Konformitätsentscheidung

Die Konformitätsentscheidung ist an den Mitgliedstaat als solchen, also z.B. an die Bundesrepublik Deutschland, gerichtet.[653] Dieser haftet im Außenverhältnis gegenüber der Gemeinschaft. In der Bundesrepublik Deutschland stellt sich sodann die Frage nach einem Rückgriffsanspruch des Bundes, wenn die Berichtigungen Ausgaben betreffen, die von auf Länderebene angesiedelten Zahlstellen getätigt wurden. Als Anspruchsgrundlage hierfür

---

[650] EuGH, Rs. C-344/01 – Deutschland/Kommission, Slg. 2004, I-2081 (Rn. 14).

[651] Art. 154 HO 2002.

[652] Siehe *Rechnungshof*, Jahresbericht 2003, Tz. 4.70.
Columbus, AgrarR 2003, S. 40 (42) weist im übrigen darauf hin, daß es die Behörden aufgrund der Risiken im Rahmen des Anlastungsverfahrens immer auf einen Rechtsstreit ankommen lassen und daß sie sich auch auf dringendes Anraten der Gerichte nicht vergleichen.

[653] Z.B. Art. 2 Entscheidung 2003/364/EG (Konformitätsentscheidung) und Art. 2 Entscheidung 2005/354/EG (Konformitätsentscheidung). Siehe auch *Borchardt*, in: Lenz/Borchardt, EUV/EGV³, Art. 34 EGV Rn. 132; *Columbus*, AgrarR 2003, S. 40 (42); *Koenig/Braun*, NJ 2004, S. 97 (99); *Vogt*, Entscheidung, S. 109 f.

kommt insbesondere Art. 104a Abs. 5 S. 1 Hs. 2 GG in Betracht:[654] Der Bund und die Länder haften im Verhältnis zueinander für eine ordnungsgemäße Verwaltung. Es ist allerdings umstritten, ob diese Vorschrift unmittelbar anwendbar ist und ob sie gegebenenfalls auch eine Haftung der Länder gegenüber dem Bund für die nicht ordnungsgemäße Verwaltung im Bereich unmittelbar anwendbaren Gemeinschaftsrechts begründet. Erster wird zu Recht überwiegend angenommen.[655] Letzteres hat das Bundesverwaltungsgericht abgelehnt. Seiner Ansicht nach besteht nur eine Verpflichtung der Länder gegenüber der Gemeinschaft,[656] nicht aber gegenüber dem Bund, die ihnen im Rahmen ihrer Zuständigkeit zur Verfügung gestellten Gemeinschaftsmittel in Übereinstimmung mit dem unmittelbar anwendbaren Gemeinschaftsrecht zu bewirtschaften.[657]

Das Bundesverwaltungsgericht sympathisiert mit einer entsprechenden Anwendung des Art. 104a Abs. 5 S. 1 Hs. 2 GG in Form einer verschuldensunabhängigen Verwaltungshaftung der Länder zugunsten des Bundes im Rahmen des Vollzugs unmittelbar anwendbaren Gemeinschaftsrechts: „Ohne das Risiko eines Regresses nämlich besäßen die Länder gleichsam einen Freibrief zum ,großzügigen' Umgang mit ihren europarechtlichen Pflichten; sie wären der Verantwortung für eigene Verstöße gegen gemeinschaftsrechtliche Regeln enthoben, wenn die finanziellen Folgen ausschließlich und endgültig beim Bund anfielen."[658] Da diese Frage jedoch eine aus der Finanzverfassung des Grundgesetzes zu ermittelnde bzw. gegebenenfalls eine Entscheidung erst noch vom Verfassungsgeber zu treffen sei, war das Bundesverwaltungsgericht angesichts des Vorliegens einer Streitigkeit verfassungsrechtlicher Art (§ 50 Abs. 1 Nr. 1, § 40 Abs. 1 S. 1 VwGO) an der Entscheidung gehindert. Das Bundesverfassungsgericht, dem das Bundesverwaltungsgericht die Sache gemäß § 50 Abs. 3 VwGO vorgelegt hatte, mußte mangels Einhaltung der Antragsfrist bedauerlicherweise nicht in der Sache entscheiden.[659]

---

[654] Zu weiteren Anspruchsgrundlagen *Koenig/Braun*, NJ 2004, S. 97 (101 ff.); vgl. neuerdings auch *Meyer/Luttmann*, NVwZ 2006, S. 144 (145 f.).

[655] Hierzu BVerwGE 104, 29 (32 ff.) sowie ausführlich und mit zahlreichen weiteren Nachweisen *Koenig/Braun*, NJ 2004, S. 97 (99 f.); ferner *M. Kaufmann*, NVwZ 2004, S. 438 (440). Ein Bundesgesetz i.S.v. Art. 104a Abs. 5 S. 2 GG ist bislang noch nicht erlassen worden.

[656] Diese Verpflichtung soll sich aus Art. 10 EGV ergeben; vgl. EuGH, Rs. C-8/88 – Deutschland/Kommission, Slg. 1990, I-2321 (Rn. 13) sowie *Koenig/Braun*, NJ 2004, S. 97 (100).

[657] BVerwGE 116, 234 (241).

[658] BVerwGE 116, 234 (242). Siehe auch *Columbus*, AgrarR 2003, S. 40 (42).

[659] BVerfGE 109, 1; dazu im Hinblick auf die prozessualen Fragestellungen *M. Kaufmann*, NVwZ 2004, S. 438 (438 ff.); *Sachs*, JuS 2004, S. 434; *Winkler*, JA 2004, S. 437. Nach dem Bundesverfassungsgericht hätte das Land Mecklenburg-Vorpommern seine Klage vor dem Bundesverwaltungsgericht binnen sechs Monaten nach Bekanntwerden der

Die Annahme des Bundesverwaltungsgerichts, die Länder seien dem Bund gegenüber nicht zur Bewirtschaftung der Gemeinschaftsmittel in Übereinstimmung mit dem unmittelbar anwendbaren Gemeinschaftsrecht verpflichtet, ist zu Recht nicht ohne Widerspruch geblieben. Teilweise wird darauf abgestellt, die Verpflichtung gegenüber dem Bund ergebe aus Art. 23 Abs. 1 GG und dem Grundsatz der Bundestreue.[660] Naheliegender erscheint es meines Erachtens demgegenüber, hierfür auf die Art. 83 ff. GG abzustellen. Diese sind entsprechend auf den Vollzug des unmittelbar anwendbaren Gemeinschaftsrechts anzuwenden.[661] Sie begründen jedoch nicht nur Verwaltungs*kompetenzen*. Die Länder sind durch Art. 83 GG nicht nur berechtigt, sondern auch verpflichtet, die Bundesgesetze auszuführen.[662] Diese Verwaltungs*verpflichtung* gegenüber dem Bund muß entsprechend für den Vollzug des unmittelbar anwendbaren Gemeinschaftsrechts gelten. Hierfür könnte man auch ergänzend auf Art. 23 Abs. 1 GG abstellen.[663] Die Vollzugsverpflichtung der Länder umfaßt jedenfalls auch die ordnungsgemäße Ausführung des Gemeinschaftsrechts.[664] Diese Pflicht zu einer ordnungsgemäßen Verwaltung führt zu einer Haftung der Länder gegenüber dem Bund gemäß Art. 104a Abs. 5 S. 1 Hs. 2 GG. Im Anwendungsbereich des Agrarmarktrechts muß diese Haftung des weiteren unabhängig von einem Verschulden sein.[665] Dies folgt daraus, daß auch die Berichtigungen

---

werden der beanstandeten Maßnahme, d.h. der Aufforderung der Bundesrepublik, ihr die an die Kommission geleistete Zahlung zu erstatten, erheben müssen (§ 69 i.V.m. § 64 Abs. 3 BVerfGG), siehe BVerfGE 109, 1 (9 f.).

[660] *Koenig/Braun*, NJ 2004, S. 97 (100) mit zahlreichen weiteren Nachweisen; ferner *Winkler*, DVBl. 2003, S. 79 (81); *Streinz*, in: Isensee/Kirchhof, HdbStR VII, § 182 Rn. 45; vgl. auch – in krassem Widerspruch zu der späteren Behauptung (siehe Fn. 657) – BVerwGE 116, 234 (240 f.): „Die Verpflichtung der Länder zur Bundestreue auferlegt ihnen gegenüber dem Bund beim Vollzug von Gemeinschaftsrecht (…) die Pflicht, die Grundsätze des ordnungsgemäßen Verwaltungshandelns zu beachten." Kritisch allerdings – entgegen *Koenig/Braun* a.a.O. – *Isensee*, in: FS 50 Jahre BVerfG, S. 719 (759). Zur Bundestreue siehe umfassend *Bauer*, Bundestreue (insbesondere S. 198 ff.).

[661] *Isensee*, in: FS 50 Jahre BVerfG, S. 719 (759); *Hatje*, Gemeinschaftsrechtliche Steuerung, S. 51; ausführlich und im Ergebnis danach differenzierend, ob die gemeinschaftsrechtliche Regelung nach der Gesetzgebungskompetenzverteilung in die Zuständigkeit des Bundes fallen würde, *Suerbaum*, Kompetenzverteilung, S. 231 ff. (insbesondere 243 f.); ferner *Hermes*, in: Dreier, GG III, Art. 83 Rn. 10; *Trute*, in: v. Mangoldt/Klein/Starck, GG III[4], Art. 83 Rn. 66; *Kadelbach*, Verwaltungsrecht unter europäischem Einfluß, S. 237.

[662] BVerfGE 37, 363 (385); 55, 274 (318); *Hermes*, in: Dreier, GG III, Art. 83 Rn. 10; *Trute*, in: v. Mangoldt/Klein/Starck, GG III[4], Art. 83 Rn. 75.

[663] Ähnlich *Isensee*, in: FS 50 Jahre BVerfG, S. 719 (759).

[664] *Winkler*, DVBl. 2003, S. 79 (81).

[665] *Winkler*, DVBl. 2003, S. 79 (81). Anderer Ansicht *Koenig/Braun*, NJ 2004, S. 97 (101), die die Anwendung nur unter denjenigen Kriterien zulassen möchten, die für die

nur an die objektiv zu bestimmende Fehlerhaftigkeit einer Ausgabe anknüpfen.[666] Art. 104a Abs. 5 S. 1 Hs. 2 GG ist deshalb europarechtlich überformt anzuwenden.

(4) Das Verfahren der Konformitätsentscheidung

Dem Erlaß einer Konformitätsentscheidung hat ein besonderes Verfahren voranzugehen, das sich in einen obligatorischen bilateralen, einen fakultativen Schlichtungs- und schließlich einen wiederum obligatorischen gemeinschaftlichen Abschnitt aufgliedern läßt. Die Regelungen über das Verfahren sind wegen der Aufteilung auf drei Rechtsakte[667] unübersichtlich. In der Praxis scheint das Verfahren noch aufwendiger ausgestaltet zu sein.[668]

Der *obligatorische bilaterale Abschnitt* beginnt mit einem schriftlichen Teil. Das Verfahren wird eröffnet durch die Mitteilung der Kommission an den betreffenden Mitgliedstaat, daß sie aufgrund von Nachforschungen von der Fehlerhaftigkeit bestimmter Ausgaben ausgehe (sog. „Zusammenfassender Bericht über die Ergebnisse der Kontrollen im Rahmen des Rechnungsabschlusses"[669]); sie kann dem Mitgliedstaat Korrekturmaßnahmen vorschlagen, die künftig die Beachtung der einschlägigen Gemeinschaftsvorschriften sicherstellen sollen.[670] Auf diese Mitteilung hin hat der Mitgliedstaat in der Regel innerhalb von zwei Monaten zu antworten.[671] Im Anschluß hieran haben bilaterale Besprechungen zwischen Kommission und Mitgliedstaat zu erfolgen, die darauf gerichtet sein sollen, Einvernehmen über die zu ergreifenden Maßnahmen zu erzielen sowie die Schwere des Verstoßes und den der Europäischen Union entstandenen finanziellen Schaden zu schätzen.[672] Der Mitgliedstaat setzt die Kommission schnellstmöglich über die von ihm zur Einhaltung von Gemeinschaftsvorschriften getroffenen Korrekturmaßnahmen und über das Datum ihrer tatsächlichen

---

unmittelbare Anwendbarkeit im Rahmen der Verwaltung nationaler Rechtsvorschriften gelten.

[666] Siehe oben Kap. 3 B.III.4.b.bb.ii.(1).

[667] VO (EG) 1258/1999 (Finanzierung GAP), VO (EG) 1663/95 (Rechnungsabschlußverfahren), Entscheidung 94/442/EG (Schlichtungsverfahren).

[668] Vgl. z.B. die Schilderung der Verfahren in EuGH, Rs. C-344/01 – Deutschland/Kommission, Slg. 2004, I-2081 (Rn. 15 ff.); EuGH, Rs. C-335/03 – Portugal/Kommission (Rn. 22 ff.).

[669] Vgl. z.B. EuGH, Rs. C-300/02 – Griechenland/Kommission, Slg. 2005, I-1341 (Rn. 3).

[670] Art. 8 Abs. 1 UAbs. 1 VO (EG) 1663/95 (Rechnungsabschlußverfahren); vgl. auch Art. 7 Abs. 4 UAbs. 2 Hs. 1 VO (EG) 1258/1999 (Finanzierung GAP).

[671] Art. 8 Abs. 1 UAbs. 2 S. 2 und 3 VO (EG) 1663/95 (Rechnungsabschlußverfahren); vgl. auch Art. 7 Abs. 4 UAbs. 2 Hs. 1 VO (EG) 1258/1999 (Finanzierung GAP).

[672] Art. 7 Abs. 4 UAbs. 2 Hs. 2 VO (EG) 1258/1999 (Finanzierung GAP), Art. 8 Abs. 1 UAbs. 3 VO (EG) 1663/95 (Rechnungsabschlußverfahren).

Anwendung in Kenntnis.[673] Kommission und Mitgliedstaat können auch darüber übereinkommen, daß letzterer der Kommission innerhalb einer bestimmten Frist zusätzliche Angaben übermittelt. Die bilateralen Besprechungen enden damit, daß die Kommission dem Mitgliedstaat nach Ablauf der Frist ihre Schlußfolgerungen förmlich mitteilt und dabei festlegt, welche Ausgaben sie von der gemeinschaftlichen Finanzierung auszuschließen beabsichtigt.[674] Dieser Verfahrensabschnitt dient somit einerseits der Gewährung des rechtlichen Gehörs;[675] andererseits ist er aber schon auf eine einvernehmliche Entscheidungsfindung gerichtet.

Konnte kein umfassendes Einvernehmen erzielt werden, so kann der Mitgliedstaat regelmäßig[676] ein *Schlichtungsverfahren* beantragen, das die jeweiligen Standpunkte innerhalb von vier Monaten miteinander in Einklang bringen soll.[677] Es wird vor einer bei der Kommission eingerichteten Schlichtungsstelle durchgeführt, die aus fünf aufgrund ihrer Sachkunde von der Kommission nach Anhörung des EAGFL-Aussschusses ernannten Mitgliedern besteht.[678] Das Schlichtungsverfahren wird stets durch einen Bericht der Schlichtungsstelle abgeschlossen.[679] Diesem kommt allerdings keine rechtliche Verbindlichkeit zu: Er greift vor allem nicht der endgültigen Konformitätsentscheidung der Kommission vor.[680] Selbst wenn das Schlichtungsverfahren erfolgreich verlaufen ist, fehlt einer Nichtigkeitsklage des Mitgliedstaates gegen die anschließende Konformitätsentscheidung nach Art. 230 Abs. 2 EGV nicht das Rechtsschutzbedürfnis.[681] Insofern ist es auch nicht bedenklich, daß die Mitglieder der Schlichtungsstelle, obgleich ihnen rechtlich eigentlich eine unabhängige Stellung zugedacht

---

[673] Art. 8 Abs. 1 UAbs. 4 S. 1 VO (EG) 1663/95 (Rechnungsabschlußverfahren).

[674] Art. 8 Abs. 1 UAbs. 3 S. 3 und 4 VO (EG) 1663/95 (Rechnungsabschlußverfahren).

[675] *Borchardt*, in: Lenz/Borchardt, EUV/EGV³, Art. 34 EGV Rn. 135.

[676] Vgl. Art. 2 Abs. 2 Entscheidung 94/442/EG (Schlichtungsverfahren).

[677] Art. 7 Abs. 4 UAbs. 3 Hs. 1 VO (EG) 1258/1999 (Finanzierung GAP), Art. 1 Abs. 1 lit. a, lit. b Entscheidung 94/442/EG (Schlichtungsverfahren). Aus der Nichtanrufung dürfen sich keinerlei Nachteile für den Mitgliedstaat ergeben, vgl. Art. 1 Abs. 2 lit. b Entscheidung 94/442/EG (Schlichtungsverfahren). Zur Praxis *Craig*, ELRev 2003, S. 840 (862).

[678] Art. 3 Abs. 1 Entscheidung 94/442/EG (Schlichtungsverfahren).

[679] Art. 7 Abs. 4 UAbs. 3 Hs. 2 VO (EG) 1258/1999 (Finanzierung GAP), Art. 1 Abs. 1 lit. c Entscheidung 94/442/EG (Schlichtungsverfahren).

[680] Art. 1 Abs. 2 lit. a Alt. 1 Entscheidung 94/442/EG (Schlichtungsverfahren). Siehe EuGH, Rs. C-130/99 – Spanien/Kommission, Slg. 2002, I-3005 (Rn. 39): „Daher ist die Kommission bei Erlass ihrer Entscheidung nicht an das Ergebnis der Schlichtungsstelle gebunden." Auch *Craig*, ELRev 2003, S. 840 (862).

[681] Klarstellend Art. 1 Abs. 2 lit. a Alt. 2 Entscheidung 94/442/EG (Schlichtungsverfahren).

ist,[682] faktisch zumindest aufgrund der Möglichkeit der Verlängerung ihrer Amtszeit durch die Kommission eher eine Tendenz zu kommissionsfreundlichem Verhalten haben dürften.

Weder in bezug auf die bilateralen Besprechungen noch auf das Schlichtungsverfahren sind in den rechtlichen Grundlagen Ausführungen bezüglich eines „Verhandlungsspielraums" enthalten. Daraus daß sich die Finanzierungsfähigkeit einer Ausgabe aber einzig nach rechtlichen Kriterien beurteilt,[683] politische Opportunitätsgründe also keine Rolle spielen dürfen, und daß die verbindliche Auslegung einer Gemeinschaftsvorschrift dem Europäischen Gerichtshof vorbehalten bleibt, läßt sich aber schließen, daß die Verhandlungen sich in erster Linie auf Unterschiede bei der Beurteilung des Sachverhalts zu beziehen haben; ein Verhandlungsspielraum besteht aber bei der Höhe der Anlastungen, für die der Kommission, wie soeben[684] dargelegt, in bestimmten Umfang ein Ermessen eingeräumt ist.[685]

Den letzten Verfahrensabschnitt kann man als *gemeinschaftlichen Verfahrensabschnitt* bezeichnen,[686] da dessen beiden Elemente, die Beteiligung des in erster Linie aus Vertretern der Mitgliedstaaten zusammengesetzten Ausschusses des Europäischen Ausrichtungs- und Garantiefonds[687] für die Landwirtschaft und der abschließende Entscheidungsfindungsprozeß innerhalb der Kommission, allein auf gemeinschaftlicher Ebene angesiedelt sind.[688] Die Beteiligung des Fondsausschusses beschränkt sich bei der Konformitätsentscheidung, anders als im Fall des Erlasses von Durchführungsbestimmungen,[689] auf eine bloße Anhörung des Ausschusses.[690] Eine unterbliebene Anhörung eines Ausschusses stellt zwar eine Verletzung wesentlicher Formvorschriften im Sinne von Art. 230 Abs. 2 EGV dar.[691] Die Kommission wird aber durch eine bloße Anhörung in keinerlei Hinsicht gebunden; die Konformitätsentscheidung bleibt also stets „ihre" Entscheidung.

Die weitgehende Beteiligung des betroffenen Mitgliedstaats an dem Verfahren der Ausarbeitung der Entscheidung bewirkt, daß der Mitgliedstaat die Gründe kennt, derentwegen die Kommission der Ansicht ist, die

---

[682] Art. 5 Abs. 1, Art. 3 Abs. 1 UAbs. 1 S. 1 Entscheidung 94/442/EG (Schlichtungsverfahren).
[683] Oben Kap. 3 B.III.4.b.bb.ii.(1).
[684] Dazu oben Kap. 3 B.III.4.b.bb.ii.(2).
[685] Ähnlich *Mögele*, Behandlung fehlerhafter Ausgaben, S. 74, 76.
[686] Vgl. *Mögele*, Behandlung fehlerhafter Ausgaben, S. 78.
[687] Art. 11 f. VO (EG) 1258/1999 (Finanzierung GAP).
[688] Ähnlich *Mögele*, Behandlung fehlerhafter Ausgaben, S. 70, 78 ff.
[689] Vgl. Art. 7 Abs. 5 i.V.m. Art. 13 VO (EG) 1258/1999 (Finanzierung GAP).
[690] Art. 7 Abs. 1 VO (EG) 1258/1999 (Finanzierung GAP).
[691] *Gaitanides*, in: Groeben/Schwarze, EUV/EGV IV⁶, Art. 230 EGV Rn. 124 f.; *Ehricke*, in: Streinz, EUV/EGV, Art. 230 EGV Rn. 74.

streitigen Beträge nicht zulasten des Fonds übernehmen zu müssen. Aus diesem Grund bedürfen die Konformitätsentscheidungen nach der Rechtsprechung des Gerichtshofs keiner detaillierten Begründung.[692] Bedauerlicherweise bedeutet dies aber auch, daß die im Amtsblatt veröffentlichten Konformitätsentscheidungen für einen Außenstehenden wenig aussagekräftig sind, da sie lediglich den Mitgliedstaat als solchen bezeichnen, nicht aber dessen Versäumnisse bei der Verwaltung der Agrarmarktausgaben im einzelnen offenlegen. Der Gerichtshof trifft bei Klagen gegen die Konformitätsentscheidungen seine Entscheidungen in der Regel auf der Grundlage der im Verfahren erstellten Berichte.[693]

Die Kommission darf eine Ausgabe nicht mehr von der gemeinschaftlichen Finanzierung ausschließen, wenn sie über 24 Monate vor dem Zeitpunkt getätigt worden ist, zu dem sie dem betroffenen Mitgliedstaat die Ergebnisse ihrer Überprüfungen schriftlich mitgeteilt hat.[694] Diese Regelung soll dazu dienen, daß die Verhandlungen über die Fehlerhaftigkeit einer Ausgabe noch einigermaßen zeitnah stattfinden können und die Konformitätsentscheidungen sich nicht auf allzu lang zurückliegende Ausgaben be-

---

[692] EuGH, Rs. C-54/95 – Deutschland/Kommission, Slg. 1999, I-35 (Rn. 91); EuGH, Rs. C-335/03 – Portugal/Kommission (Rn. 84).

[693] Z.B. EuGH, Rs. C-54/95 – Deutschland/Kommission, Slg. 1999, I-35 (Rn. 4, 21, 83); vgl. z.B. auch EuGH, Rs. C-153/01 – Spanien/Kommission, Slg. 2004, I-9009 (Rn. 46); EuGH, Rs. C-300/02 – Griechenland/Kommission, Slg. 2005, I-1341 (Rn. 56).

[694] Art. 7 Abs. 4 UAbs. 5 lit. a VO (EG) 1258/1999 (Finanzierung GAP). In seiner ursprünglichen Fassung verlangte Art. 8 Abs. 1 UAbs. 1 VO (EG) 1663/95 (Rechnungsabschlußverfahren), daß die Kommission dem Mitgliedstaat auch eine Schätzung der Beträge angibt, die möglicherweise von der gemeinschaftlichen Finanzierung ausgeschlossen werden. Da die Kommission nach der Rechtsprechung des Gerichtshofs im Rahmen ihrer Beziehungen zu den Mitgliedstaaten auch die Bedingungen erfüllen muß, die sie für sich selbst in einer Durchführungsverordnung aufgestellt hat (EuGH, Rs. C-170/00 – Finnland/Kommission, Slg. 2002, I-1007 [Rn. 34]; EuGH, Rs. C-300/02 – Griechenland/Kommission, Slg. 2005, I-1341 [Rn. 70]), konnte eine Mitteilung der Kommission, die diese Anforderung nicht oder nicht in vollem Umfang erfüllte, den Ablauf der Frist von 24 Monaten nicht aufhalten (EuGH, Rs. C-300/02 [Rn. 80 ff.]). Der Gerichtshof legte dabei den Begriff der Schätzung – eigentlich kommissionsfreundlich – so aus, daß eine Bezifferung des Betrages der entsprechenden Ausgaben nicht notwendig sei, daß es vielmehr genüge, die Einzelheiten anzugeben, die die Berechnung dieses Betrages zumindest annähernd ermöglichten; dies ergebe sich nicht zuletzt daraus, daß der Mitgliedstaat am besten in der Lage sei, die für den Rechnungsabschluß des EAGFL notwendigen Angaben beizubringen und zu prüfen (EuGH, Rs. C-375/99 – Spanien/Kommission, Slg. 2001, I-5983 [Rn. 16]; EuGH, Rs. C-300/02 [Rn. 74 f.]; zu einer entsprechenden Argumentation im Hinblick auf die Beweislastverteilung siehe unten Kap. 3 B.III.4.b.bb.ii.(7)). Die Mitteilung, daß der Betrag auf der Grundlage der auf diesem Gebiet anwendbaren Vorschriften zu bestimmen sei, enthält jedoch keine dieser Rechtsprechung genügende Schätzung (EuGH, Rs. C-300/02 [Rn. 73, 78]).

ziehen.⁶⁹⁵ Sie verschafft somit den Mitgliedstaaten Rechtssicherheit⁶⁹⁶ und dient der Verfahrensbeschleunigung.

(5) Informationsgewinnung durch die Kommission

Insbesondere die Konformitätsentscheidung kann nur ergehen, wenn die Kommission umfassend mit den die Ausgabenvorgänge betreffenden Informationen ausgestattet ist.⁶⁹⁷ Diese Informationen sind in erster Linie von den Mitgliedstaaten zu übermitteln; die Kommission verfügt aber auch über weitgehende eigene Befugnisse zur Informationsbeschaffung:

So können von der Kommission mit Prüfungen vor Ort beauftragte bevollmächtigte Vertreter bei den mitgliedstaatlichen Behörden und auch bei den Begünstigten gemeinschaftlicher Leistungen die Bücher und alle sonstigen Unterlagen einsehen, die sich auf die vom Fonds finanzierten Ausgaben beziehen.⁶⁹⁸ Die Prüfungen sind insbesondere darauf gerichtet, ob die Verwaltungspraxis mit den Gemeinschaftsvorschriften in Einklang steht und unter welchen Bedingungen die vom Fonds finanzierten Maßnahmen durchgeführt und geprüft werden, und somit eher auf Systemkontrollen als auf jeden einzelnen Leistungsvorgang.⁶⁹⁹ Die Kontrollen bei den Begünstigten bezwecken entsprechend in erster Linie, „die Genauigkeit der von den Mitgliedstaaten durchgeführten Kontrollen nachzuprüfen"⁷⁰⁰. Die Kommission muß den betroffenen Mitgliedstaat rechtzeitig vor der Prüfung informieren. Bedienstete des Mitgliedstaates dürfen an den Kommissionsprüfungen teilnehmen. Auf diese Weise soll das Vertrauen der Mitgliedstaaten in die Richtigkeit der im weiteren Verfahren von der Kommission verwendeten Erkenntnisse gestärkt werden.⁷⁰¹

Die *Mitgliedstaaten* haben der Kommission alle für das reibungslose Funktionieren des Fonds erforderlichen Auskünfte zur Verfügung zu stellen und alle Maßnahmen zu treffen, die geeignet sind, die Kontrollen der Kommission zu erleichtern.⁷⁰² Mit letzterem wird eine Pflicht der Mit-

---

⁶⁹⁵ Vgl. Erwgrd. 10 VO (EG) 1258/1999 (Finanzierung GAP).
⁶⁹⁶ Vgl. EuGH, Rs. C-300/02 – Griechenland/Kommission, Slg. 2005, I-1341 (Rn. 70): „Verfahrensgarantie".
⁶⁹⁷ Allgemein zur Bedeutung von Informationen für das Verwaltungshandeln siehe nur *Schmidt-Aßmann*, Ordnungsidee², Kap. 6 Tz. 3 ff.
⁶⁹⁸ Hierzu und zum folgenden Art. 9 Abs. 2 VO (EG) 1258/1999 (Finanzierung GAP).
⁶⁹⁹ Vgl. EuGH, Rs. 366/88 – Frankreich/Kommission, Slg. 1990, I-3571 (Rn. 20): „ergänzende Funktion" der Kontrollen. Zu diesen Kontrollen ausführlich *Mögele*, Behandlung fehlerhafter Ausgaben, S. 109 ff.; *David*, Inspektionen, S. 45 ff.
⁷⁰⁰ EuGH, Rs. 366/88 – Frankreich/Kommission, Slg. 1990, I-3571 (Rn. 22); ausführlich *Mögele*, Behandlung fehlerhafter Ausgaben, S. 112.
⁷⁰¹ Vgl. *David*, Inspektionen, in: Schmidt-Aßmann/Schöndorf-Haubold, Europäischer Verwaltungsverbund, S. 237 (243).
⁷⁰² Art. 9 Abs. 1 UAbs. 1 VO (EG) 1258/1999 (Finanzierung GAP).

gliedstaaten zur Amtshilfe aufgestellt.[703] Die zuständigen Stellen der Mitgliedstaaten haben weiterhin auf Ersuchen der Kommission und im Einvernehmen mit dem betreffenden Mitgliedstaat zusätzliche Prüfungen oder Nachforschungen anzustellen.[704] Es besteht also ein an die Zustimmung des Mitgliedstaates geknüpftes Weisungsrecht an die Zahlstellen. Allerdings soll der Mitgliedstaat sein Einvernehmen nur aus stichhaltigen Gründen ablehnen dürfen; anderenfalls kann die Kommission Rückschlüsse auf die Gemeinschaftsrechtskonformität der betreffenden Maßnahme anstellen und eine finanzielle Korrektur vornehmen.[705]

Die soeben dargestellten Mittel der Informationsgewinnung sind in der Verordnung (EG) Nr. 1258/1999 selbst vorgesehen. Daneben sind in einer großen Zahl sektorspezifischer Rechtsakte entsprechende Pflichten der Mitgliedstaaten bzw. Befugnisse der Kommission angeordnet, die zumindest auch den Schutz der finanziellen Interessen der Gemeinschaft bezwecken.[706] Weiterhin ist auf die Verordnung (EG, Euratom) Nr. 2185/96 betreffend die Kontrollen und Überprüfungen vor Ort zum Schutz der finanziellen Interessen der Europäischen Gemeinschaften vor Betrug und anderen Unregelmäßigkeiten hinzuweisen.[707]

(6) Die Besonderheiten des Verfahrens bei Unregelmäßigkeiten

Bei Unregelmäßigkeiten gilt dieses Verfahren kraft ausdrücklicher Anordnung.[708] Es wird jedoch um zeitlich vorausgehende Abschnitte erweitert. Diese Abschnitte ergeben sich aus der Verordnung (EWG) Nr. 595/91 des Rates betreffend Unregelmäßigkeiten und die Wiedereinziehung zu Unrecht gezahlter Beträge im Rahmen der Finanzierung der Gemeinsamen Agrarpolitik,[709] sie betreffen in erster Linie besondere Mitteilungs- und besondere Untersuchungspflichten der Mitgliedstaaten. Die Verordnung (EG)

---

[703] Hierzu ausführlicher *Wettner*, Amtshilfe, S. 65 ff.; weiterhin *David*, Inspektionen, S. 46; *Mögele*, Behandlung fehlerhafter Ausgaben, S. 111. Vgl. VO (EG) 515/97 (AmtshilfeVO); dazu auch *Gemmel*, Kontrollen des OLAF, S. 119 f.

[704] Art. 9 Abs. 2 UAbs. 4 VO (EG) 1258/1999 (Finanzierung GAP).

[705] So *Mögele*, Behandlung fehlerhafter Ausgaben, S. 117.

[706] Siehe z.B. Art. 27 Abs. 1, Abs. 2 VO (EG) 1782/2003 (Direktzahlungen/Stützungsregelungen): „Information und Kontrolle" hinsichtlich des InVeKoS; dazu unten Kap. 3 B.III.4.c.; *David*, Inspektionen, S. 35 ff. (insbesondere 37).

[707] Zu dieser Verordnung siehe unten Kap. 4 A.II.1.a. Allgemein zur Zielsetzung von Kontrollen im Agrarrecht *David*, Inspektionen, S. 35.

[708] Art. 5 Abs. 2 UAbs. 2 S. 2 VO (EWG) 595/91 (Unregelmäßigkeiten und Wiedereinziehung).

[709] Die Mitgliedstaaten müssen aufgrund dieser Verordnung auch der Kommission umfassend über das von ihnen errichtete System zur Verhinderung und Verfolgung von Unregelmäßigkeiten berichten, siehe Art. 2 Abs. 1, Abs. 2 VO (EWG) 595/91 (Unregelmäßigkeiten und Wiedereinziehung).

Die Vollzugsebene der gemeinschaftlichen Leistungsverwaltung 259

Nr. 595/91 soll ein möglichst wirkungsvolles Vorgehen gegen betrügerische Praktiken im Agrarsektor gewährleisten.[710] Die Mitgliedstaaten müssen der Kommission in den auf das Ende jedes Vierteljahres folgenden zwei Monaten eine Aufstellung über diejenigen Unregelmäßigkeiten übermitteln, die sich auf Beträge von 4000 und mehr Euro beziehen[711] und Gegenstand einer ersten amtlichen oder gerichtlichen Feststellung gewesen sind.[712] Die Auslegung des Begriffs der „ersten amtlichen oder gerichtlichen Feststellung" bereitet Schwierigkeiten.[713] Der Rechnungshof hat im Rahmen seiner Untersuchungen festgestellt, daß die Mitgliedstaaten, obwohl die Kommission den Begriff in Arbeitsunterlagen dargelegt habe, diese Vorgabe unterschiedlich auslegen.[714] Auch aus diesem Grunde haben die Mitgliedstaaten der Kommission Unregelmäßigkeiten im Durchschnitt über ein Jahr nach der Entdeckung mitgeteilt.[715] Der Hauptgrund für die Zurückhaltung der Mitgliedstaaten liegt allerdings darin, daß mit der Übermittlung das Risiko einer Anlastung erheblich gesteigert wird.[716] Die Mitgliedstaaten müssen der Kommission mit dieser Aufstellung zugleich umfassende Informationen über die Unregelmäßigkeiten liefern; sie müssen insbesondere die Art und Höhe der von der Unregelmäßigkeit betroffenen Ausgabe, die verletzte Rechtsvorschrift und die Umstände der Entdeckung mitteilen.[717] Die Kommission soll ein klares Bild von den Unregelmäßigkeiten erhalten, die es ihr auch ermöglichen, gegebenenfalls Maßnahmen zur wirkungsvolleren Verhinderung von Unregelmäßigkeiten zu ergreifen oder vorzuschlagen.[718]

---

[710] Vgl. Erwgrd. 1 VO (EWG) 595/91 (Unregelmäßigkeiten und Wiedereinziehung); *David*, Inspektionen, S. 46.

[711] Vgl. Art. 12 Abs. 1 VO (EWG) 595/91 (Unregelmäßigkeiten und Wiedereinziehung).

[712] Art. 3 Abs. 1 UAbs. 1 VO (EWG) 595/91 (Unregelmäßigkeiten und Wiedereinziehung).

[713] Vgl. die englische Sprachfassung: „irregularities which have been the subject of the primary administrative or judicial findings of fact".

[714] *Rechnungshof*, Sonderbericht Nr. 3/2004 – Wiedereinziehung GAP, Tz. 17.

[715] *Rechnungshof*, Sonderbericht Nr. 3/2004 – Wiedereinziehung GAP, Tz. 22. Dabei bestanden erhebliche Differenzen zwischen den einzelnen Mitgliedstaaten: Eine Mitteilung Portugals erfolgte durchschnittlich nach acht Monaten, eine Mitteilung Luxemburgs hingegen erst nach 23 Monaten.

[716] *Mögele*, Behandlung fehlerhafter Ausgaben, S. 105.

[717] Art. 3 Abs. 1 UAbs. 2 VO (EWG) 595/91 (Unregelmäßigkeiten und Wiedereinziehung).

[718] Vgl. Erwgrd. 2 VO (EWG) 595/91 (Unregelmäßigkeiten und Wiedereinziehung): Das Ziel der Verordnung liegt darin, „die Bekämpfung der Unregelmäßigkeiten unter Berücksichtigung der gemachten Erfahrungen zu verstärken"; weiterhin Art. 8 Abs. 3, Abs. 4 VO (EWG) 595/91 (Unregelmäßigkeiten und Wiedereinziehung).

Gleichfalls jeweils in den auf das Ende jedes Vierteljahres folgenden zwei Monaten müssen die Mitgliedstaaten die Kommission über die weitere Behandlung der Unregelmäßigkeit informieren.[719] Diese Mitteilungspflicht betrifft in erster Linie die Maßnahmen zur Wiedereinziehung der zu Unrecht abgeflossenen Beträge. Zur Wiedereinziehung ist der Mitgliedstaat zwar aufgrund der Verordnung (EG) Nr. 1258/1999 gemäß seinen Rechts- und Verwaltungsvorschriften verpflichtet.[720] Damit der Mitgliedstaat dieser Verpflichtung bereitwilliger nachkommt, sieht die Verordnung (EWG) Nr. 595/91 zusätzlich finanzielle Anreize vor: Der Mitgliedstaat darf einerseits grundsätzlich 20 Prozent der wiedereingezogenen Beträge einbehalten; andererseits kann sich die Kommission zur Erstattung der Verfahrenskosten verpflichten, wenn der Mitgliedstaat auf ihr ausdrückliches Verlangen hin die Wiedereinziehung weiter betreibt.[721] Diese Anreize scheinen allerdings die Mitgliedstaaten auch nicht zu einer rechtmäßigen Erfüllung der Mitteilungspflichten anzuhalten.

Ist der Mitgliedstaat der Auffassung, daß eine vollständige Wiedereinziehung nicht vorgenommen oder nicht erwartet werden kann, so muß er der Kommission weiterhin diejenigen Gründe darlegen, aus denen der nicht wiedereingezogene Betrag zu Lasten der Gemeinschaft oder des Mitgliedstaats geht.[722] Zu diesen Mitteilungspflichten des Mitgliedstaates im Vertikalverhältnis zu der Kommission kommen solche im Horizontalverhältnis zu den anderen Mitgliedstaaten hinzu. Sind bei einer Unregelmäßigkeit sehr schnelle Auswirkungen außerhalb seines Hoheitsgebiets zu befürchten, so muß er dies den in Betracht kommenden Mitgliedstaaten unverzüglich mitteilen; dasselbe gilt, wenn ein Mitgliedstaat eine neue betrügerische Praxis erkennen kann.[723] Das System umfassender Mitteilungspflichten wird schließlich abgerundet durch die Pflicht der Kommission, den Fondsausschuß umfassend über Unregelmäßigkeiten zu unterrichten.

Der Kommission steht weiterhin ein besonderes Weisungsrecht an die Mitgliedstaaten zu. Ist sie der Auffassung, daß Unregelmäßigkeiten vorgekommen sind, kann sie von den jeweiligen Mitgliedstaaten die Vornahme besonderer Untersuchungen verlangen, an denen Bedienstete der Kommis-

---

[719] Art. 8 Abs. 1 UAbs. 2 VO (EG) 1258/1999 (Finanzierung GAP), Art. 5 Abs. 1 VO (EWG) 595/91 (Unregelmäßigkeiten und Wiedereinziehung).

[720] Art. 8 Abs. 1 UAbs. 1 VO (EG) 1258/1999 (Finanzierung GAP). Siehe auch *David*, Inspektionen, S. 43.

[721] Art. 7 VO (EWG) 595/91 (Unregelmäßigkeiten und Wiedereinziehung); *Borchardt*, in: Lenz/Borchardt, EUV/EGV³, Art. 34 EGV Rn. 97.

[722] Art. 5 Abs. 2 UAbs. 1 VO (EWG) 595/91 (Unregelmäßigkeiten und Wiedereinziehung).

[723] Art. 4 VO (EWG) 595/91 (Unregelmäßigkeiten und Wiedereinziehung).

sion teilnehmen dürfen.[724] Diese Untersuchungen erfolgen auf der Grundlage des nationalen Rechts; die Rolle der Kommissionsbediensteten ist im wesentlichen auf die Beobachtung der Bediensteten der Mitgliedstaaten beschränkt. Nicht ausdrücklich als Weisungsrecht ausgestaltet ist hingegen die Befugnis der Kommission, die Mitgliedstaaten zur Ergänzung ihrer als unzulänglich anzusehenden Informationsübermittlung anzuhalten.[725]

(7) Die Beweislastverteilung

Für das Kräfteverhältnis von Kommission und Mitgliedstaat im Rechnungsabschlußverfahren ist die Verteilung der Beweislast über die Fehlerhaftigkeit einer Ausgabe von ausschlaggebender Bedeutung.[726] Hierüber enthält die Verordnung (EG) Nr. 1258/1999 allerdings nur wenige Anhaltspunkte. Über die Beweislastverteilung hatte demzufolge der Gerichtshof zu entscheiden. Folgende, der Kommission ausgesprochen zugute kommende *Grundlinien* können der Rechtsprechung entnommen werden:

Aus dem Umstand, daß die Verordnung (EG) Nr. 1258/1999 den Mitgliedstaaten umfassende Informationspflichten auferlegt, folgert der Gerichtshof, daß zunächst die Mitgliedstaaten, die im übrigen ja die endgültige Erstattung ihrer Ausgaben begehren, das Vorliegen der Voraussetzungen für die Übernahme der Finanzierung nachweisen müssen.[727] Nur die Mitgliedstaaten seien nämlich in der Lage, die für die Aufstellung der EAGFL-Rechnungen nötigen Angaben in Erfahrung zu bringen und zu ermitteln, da die Kommission nicht über die erforderliche Nähe zu den Wirtschaftsteilnehmern verfüge, um von ihnen die benötigten Auskünfte zu erlangen.[728]

Die Kommission ist sodann nicht verpflichtet, die Unrichtigkeit der von den Mitgliedstaaten übermittelten Angaben oder die Unzulänglichkeit der von den nationalen Verwaltungen durchgeführten Kontrollen umfassend darzulegen; sie braucht vielmehr nur glaubhaft zu machen, daß an den Angaben und der Ordnungsmäßigkeit der Kontrollen ernsthafte und berechtigte Zweifel bestehen.[729] Kann die Kommission entsprechende Bedenken an-

---

[724] Art. 6 Abs. 1 VO (EWG) 595/91 (Unregelmäßigkeiten und Wiedereinziehung); vgl. auch Erwgrd. 7 VO (EWG) 595/91. Siehe hierzu *David*, Inspektionen, S. 47; *Mögele*, Behandlung fehlerhafter Ausgaben, S. 117; allgemein zur Teilnahme von Kommissionsbediensteten an nationalen Kontrollen *dies.*, Inspektionen, in: Schmidt-Aßmann/Schöndorf-Haubold, Europäischer Verwaltungsverbund, S. 237 (242 f.).
[725] Art. 8 Abs. 1 VO (EWG) 595/91 (Unregelmäßigkeiten und Wiedereinziehung).
[726] Vgl. *Craig*, ELRev 2003, S. 840 (863 f.).
[727] EuGH, Rs. 55/83 – Italien/Kommission, Slg. 1985, 683 (Rn. 24); vgl. *Mögele*, Behandlung fehlerhafter Ausgaben, S. 177: „primäre Darlegungslast der Mitgliedstaaten".
[728] EuGH, Rs. 48/91 – Niederlande/Kommission, Slg. 1993, I-5611 (Rn. 11).
[729] EuGH, Rs. C-48/91 – Niederlande/Kommission, Slg. 1993, I-5611 (Rn. 17); EuGH, Rs. C-54/95 – Deutschland/Kommission, Slg. 1999, I-35 (Rn. 35); EuGH, Rs. C-130/99 – Spanien/Kommission, Slg. 2002, I-3005 (Rn. 34); EuGH, Rs. C-344/01 – Deutsch-

melden, ist es Sache des Mitgliedstaates, eingehend und vollständig nachzuweisen, daß doch die Voraussetzungen für eine von der Kommission abgelehnte Finanzierung vorliegen.[730] Er kann beispielsweise die Feststellungen der Kommission dadurch „erschüttern, dass er seine Behauptungen auf Umstände stützt, mit denen das Vorhandensein eines zuverlässigen und funktionierenden Kontrollsystems nachgewiesen wird; gelingt dem Mitgliedstaat der Nachweis, dass die Feststellungen der Kommission unzutreffend sind, nicht, so können diese Feststellungen ernsthafte Zweifel begründen, ob ein angemessenes und wirksames System von Maßnahmen zur Überwachung und Kontrolle eingeführt worden ist."[731] Die Begründung für diese weitere Erleichterung der Beweislast zugunsten der Kommission ist nahezu identisch mit derjenigen für die primäre Darlegungslast der Mitgliedstaaten: Der Mitgliedstaat sei am besten in der Lage, die für den Rechnungsabschluß erforderlichen Angaben beizubringen und nachzuprüfen, so daß es ihm obliege, die Richtigkeit seiner Kontrollen und seiner Angaben eingehend und vollständig nachzuweisen und so gegebenenfalls die Fehlerhaftigkeit der Berechnungen der Kommission darzutun.[732]

In einem Urteil aus dem Jahr 2004 hat der Gerichtshof ausdrücklich betont, daß die Regeln über die Beweislastverteilung zwischen der Kommission und den Mitgliedstaaten unabhängig von der internen Struktur des Mitgliedstaats gelten.[733] Anlaß war eine Klage der Bundesrepublik Deutschland, in der sie sich dagegen wehrte, daß die Kommission – im übrigen entsprechend den oben[734] zitierten Richtlinien – aus den Gegebenheiten in einzelnen Bundesländern Rückschlüsse auf andere Bundesländer gezogen hatte.[735] Derartige Rückschlüsse müssen lediglich aufgrund der Tatsachen gerechtfertigt sein.[736] Mit dieser Entscheidung hat der Gerichtshof klarge-

---

land/Kommission, Slg. 2004, I-2081 (Rn. 58); EuGH, Rs. C-335/03 – Portugal/Kommission. Siehe EuGH, Rs. C-300/02 – Griechenland/Kommission, Slg. 2005, I-1341 (Rn. 34, 38 f.): Berechtigte Zweifel bestehen beispielsweise, wenn ein Mitgliedstaat Ausgaben für Flächen in einem bestimmten Umfang getätigt hat, dieser jedoch nicht zu der von ihm gemeldeten beihilfefähigen Fläche paßt.

[730] EuGH, Rs. C-48/91 – Niederlande/Kommission, Slg. 1993, I-5611 (Rn. 16); EuGH, Rs. C-335/03 – Portugal/Kommission (Rn. 68).

[731] EuGH, Rs. C-300/02 – Griechenland/Kommission, Slg. 2005, I-1341 (Rn. 35).

[732] EuGH, Rs. C-48/91 – Niederlande/Kommission, Slg. 1993, I-5611 (Rn. 17); EuGH, Rs. C-54/95 – Deutschland/Kommission, Slg. 1999, I-35 (Rn. 35); EuGH, Rs. C-344/01 – Deutschland/Kommission, Slg. 2004, I-2081 (Rn. 58); EuGH, Rs. C-300/02 – Griechenland/Kommission, Slg. 2005, I-1341 (Rn. 36).

[733] EuGH, Rs. C-344/01 – Deutschland/Kommission, Slg. 2004, I-2081 (Rn. 59).

[734] Kap. 3 B.III.4.b.bb.ii.(2). Vgl. EuGH, Rs. C-344/01 – Deutschland/Kommission, Slg. 2004, I-2081 (Rn. 75).

[735] Ein Schluß von einer Situation auf eine andere wird im Rahmen des Rechnungsabschlußverfahrens auch als Extrapolation bezeichnet.

[736] EuGH, Rs. C-344/01 – Deutschland/Kommission, Slg. 2004, I-2081 (Rn. 61).

stellt, daß trotz der Aufteilung der Zuständigkeiten innerhalb eines Mitgliedstaates auf verschiedene Verwaltungsträger, die einer Regelung durch das Gemeinschaftsrecht ja grundsätzlich entzogen ist, der Mitgliedstaat – und nicht etwa die Zahlstellen – im Agrarmarktbereich vorrangiges Bezugssubjekt gemeinschaftlicher Rechte und Pflichten bleibt.[737]

In demselben Urteil verweist der Gerichtshof auch darauf, daß in den Beweislastregeln der sich aus Art. 10 EGV ergebende Grundsatz der loyalen Zusammenarbeit zum Tragen komme; diese wirkten durch den aktiven Beitrag, der sowohl von der Kommission als auch von den Mitgliedstaaten verlangt werde, auf eine loyale Zusammenarbeit zwischen diesen Stellen bei der Feststellung hin, ob ein Verstoß gegen die Vorschriften der gemeinsamen Agrarmarktorganisationen vorliege.[738] Näher liegt es indes, für die Beweislastregeln auf die Verantwortung der Kommission für die Ausführung des Haushaltsplans aus Art. 274 Abs. 1 S. 1 EGV im allgemeinen und auf die Verpflichtung der Mitgliedstaaten aus Art. 274 Abs. 1 S. 2 EGV im besonderen abzustellen.

Nach der Rechtsprechung des Europäischen Gerichtshofs obliegt den Mitgliedstaaten im übrigen auch gegebenenfalls der Beweis dafür, daß der Kommission ein Fehler in bezug auf die aus einem Verstoß gegen die Vorschriften über die gemeinsame Organisation der Agrarmärkte zu ziehenden finanziellen Konsequenzen unterlaufen ist.[739] Allerdings ist die Begründung hierfür sehr allgemein gehalten. Er leitet diese Obliegenheit daraus ab, daß die Kommission nur die vorschriftsmäßig gezahlten Beträge übernehmen darf, während alle sonstigen Beträge, insbesondere diejenigen, die im Rahmen der gemeinsamen Marktorganisationen auszubezahlen sich die nationalen Behörden zu Unrecht für ermächtigt hielten, zu Lasten der Mitgliedstaaten gehen.[740] Dies ist dahingehend zu präzisieren, daß die Kommission grundsätzlich die gesamten von der vorschriftswidrigen Verwaltungspraxis infizierten Zahlungen von der gemeinschaftlichen Finanzierung ausschließen könnte, die Anwendung des Verhältnismäßigkeitsgrundsatzes somit den Mitgliedstaaten entgegenkommt. Dementsprechend verlangt der Gerichtshof auch: Die Mitgliedstaaten müssen nachweisen, daß die Kriterien, die die Kommission für die differenzierte Behandlung der Unregelmäßigkeiten herangezogen hat, willkürlich und unbillig sind.[741]

---

[737] Vgl. Art. 8 Abs. 1 VO (EG) 1258/1999 (Finanzierung GAP), der Verpftichtungen der Mitgliedstaaten, nicht der Zahlstellen aufstellt.
[738] EuGH, Rs. C-344/01 – Deutschland/Kommission, Slg. 2004, I-2081 (Rn. 80).
[739] EuGH, Rs. C-130/99 – Spanien/Kommission, Slg. 2002, I-3005 (Rn. 42).
[740] EuGH, Rs. C-235/97 – Frankreich/Kommission, Slg. 1998, I-7555 (Rn. 38).
[741] EuGH, Rs. C-130/99 – Spanien/Kommission, Slg. 2002, I-3005 (Rn. 44).

(8) Die Rückforderung gemeinschaftsrechtswidriger Zahlungen

Das Gemeinschaftsrecht hält zwar vermehrt, jedoch keineswegs erschöpfende Vorschriften für die Rückforderung gemeinschaftsrechtswidriger Zahlungen bereit; sie muß daher auch und in erster Linie aufgrund nationalen Rechts erfolgen.[742] Vorrangiges Gemeinschaftsrecht gilt es natürlich zu beachten.[743] Das nationale Recht muß – gegebenenfalls – eine Rechtsgrundlage, Verfahrensbestimmungen und materielle Kriterien zur Verfügung stellen. Bei deren Anwendung gilt die vom Gerichtshof in ständiger Rechtsprechung betonte Koordinationsregel[744]: Das nationale Recht ist unterschiedslos auf die Rückforderung rein nationaler und gemeinschaftlicher Finanzhilfen anzuwenden (Äquivalenzgrundsatz bzw. Diskriminierungsverbot), es darf weiterhin die Gemeinschaftsregelung nicht praktisch unmöglich machen oder übermäßig erschweren (Effektivitätsgrundsatz).[745]

---

[742] Vgl. schon BVerwGE 74, 357 (360): „Bei dem derzeitigen Stand der Entwicklung des europäischen Gemeinschaftsrechts sind die Rücknahme gemeinschaftsrechtswidriger Verwaltungsakte und die Rückforderung gemeinschaftsrechtswidrig gewährter Beihilfen wegen des Fehlens entsprechender genereller und umfassender gemeinschaftsrechtlicher Vorschriften im Grundsatz nach nationalem Recht zu beurteilen."; BVerwGE 95, 213 (222); EuGH, Rs. 265/78 – Ferwerda, Slg. 1980, 617 (Rn. 10); EuGH, Rs. 119 und 126/79 – Lippische Hauptgenossenschaft, Slg. 1980, 1863 (Rn. 10); EuGH, Rs. 205 bis 215/82 – Deutsche Milchkontor, Slg. 1983, 2633 (Rn 17 ff., 25); EuGH, Rs. C-336/00 – Österreich/Huber, Slg. 2002, I-7699 (Rn. 55). Siehe auch BVerwG NVwZ-RR 2004, 413 (413): „Das Gemeinschaftsrecht enthält keine Rechtsvorschriften, die die Befugnis der Behörde gegenüber dem Beihilfeempfänger regeln, Bewilligungsbescheide über in Durchführung des Gemeinschaftsrechts gewährte Prämien und Beihilfen zurückzunehmen oder zu widerrufen." Art. 8 Abs. 1 VO (EG) 1258/1999 (Finanzierung GAP) regelt nicht die Beziehung zwischen den Zahlstellen und den betroffenen Wirtschaftsteilnehmern und stellt deshalb keine Rechtsgrundlage dar, aufgrund deren die nationalen Behörden befugt wären, zu Unrecht gezahlte Beihilfen zurückzufordern; EuGH, Rs. 205 bis 215/82 – Deutsche Milchkontor, Slg. 1983, 2633 (Rn 20). Siehe auch *Borchardt*, in: Lenz/Borchardt, EUV/EGV³, Art. 34 EGV Rn. 94; *Columbus*, AgrarR 2003, S. 40 (41); *Tilmann/Schreibauer*, GRUR 2002, S. 212 (215).

[743] Vgl. *Schmidt-Aßmann*, DVBl. 1993, S. 924 (930 f.); *Jarass/Beljin*, NVwZ 2004, S. 1 (insbesondere 4 ff.).

[744] Begriff bei *Schmidt-Aßmann*, Ordnungsidee², Kap. 7 Tz. 22; siehe auch *Scheuing*, Europarechtliche Impulse, in: Hoffmann-Riem/Schmidt-Aßmann, Innovation und Flexibilität, S. 289 (308) und *ders.*, DV 2001, S. 107 (109): „Koordinierungsformel". Ausführlich hierzu *Girerd*, RTDE 2002, S. 53 (insbesondere 78 ff.); *Schmidt-Aßmann*, in: FG BVerwG, S. 487 (488 ff.); *Schroeder*, AöR 2004, S. 3 (14 ff.); *Suerbaum*, VerwArch 2000, S. 169 (175 ff.).

[745] Z.B. EuGH, Rs. C-298/96 – Ölmühle Hamburg, Slg. 1998, I-4767 (Rn. 24); EuGH, Rs. 205 bis 215/82 – Deutsche Milchkontor, Slg. 1983, 2633 (Rn. 17 ff.); EuGH, Rs. 265/78 – Ferwerda, Slg. 1980, 617 (Rn. 10, 12); EuGH, Rs. C-336/00 – Österreich/Huber, Slg. 2002, I-7699 (Rn. 55). Siehe auch EuGH, Rs. C-30/02 – Recheio, Slg. 2004, I-6051 (Rn. 17) zur Erstattung rechtsgrundlos gezahlter Beträge. Siehe auch *Borchardt*, in: Lenz/Borchardt, EUV/EGV³, Art. 34 EGV Rn. 86, 96.

Dabei gilt es zu beachten, daß es nicht um die Rückforderung nationaler Finanzhilfen wegen Unvereinbarkeit mit dem Gemeinsamen Markt im Sinne von Art. 87 EGV[746], sondern um die Rückforderung einer aus Gemeinschaftsmitteln gewährten Finanzhilfe geht. Bei der Rückforderung von Gemeinschaftsfinanzhilfen ist der EuGH in höherem Maße bereit, Vertrauensschutzgesichtspunkte zur Geltung kommen zu lassen.[747] Nationale und gemeinschaftliche Finanzhilfen unterscheiden sich grundlegend dadurch, daß bei den gemeinschaftlichen der den nationalen Unternehmen eingeräumte Wettbewerbsvorteil, der die nationalen Finanzhilfen kennzeichne, fehle.[748] Durch gemeinschaftliche Finanzhilfen werde weiterhin der freie Handels- und Dienstleistungsverkehr zwischen den Mitgliedstaaten nicht beeinträchtigt.[749]

Eine *besondere Rechtsgrundlage*[750] für die Rücknahme und den Widerruf von Bewilligungsbescheiden im Bereich des Agrarmarktrechts findet sich im Gesetz zur Durchführung der Gemeinsamen Marktorganisationen und der Direktzahlungen[751]:

§ 10 *Rücknahme, Widerruf, Erstattung*
(1) ¹Rechtswidrige begünstigende Bescheide (...) sind, auch nachdem sie unanfechtbar geworden sind, zurückzunehmen; § 48 Abs. 2 bis 4 und § 49a Abs. 1 Satz 1 und Abs. 2 des Verwaltungsverfahrensgesetzes sind anzuwenden. ...

---

[746] Hierzu aus der nicht mehr überschaubaren Literatur *Maurer*, AllgVerwR[15], § 11 Rn. 38a ff.; *Schmidt-Aßmann*, Verwaltungsverfahrensrecht, in: Müller-Graff, Perspektiven des Rechts in der EU, S. 131 (141 f.); *ders.*, in: FG BVerwG, S. 487 (493 ff.); *Kuntze*, VBlBW 2001, S. 5 (13); *R. Scholz*, DÖV 1998, S. 261 ff.; *Schroeder*, AöR 2004, S. 3 (5 ff.); *Triantafyllou*, NVwZ 1992, S. 436 ff.; *Bär-Bouyssière*, in: Schwarze, EU-Kommentar, Art. 88 EGV Rn. 28 ff.; *Mederer*, in: Groeben/Schwarze, EUV/EGV II[6], Art. 88 EGV Rn 61 ff. Siehe ferner *Wahl*, Staat 1999, S. 495 (504 f.); *Tilmann/Schreibauer*, GRUR 2002, S. 212 (214 f.).

[747] EuGH, Rs. 265/78 – Ferwerda, Slg. 1980, 617 (Rn. 17); EuGH, Rs. 205 bis 215/82 – Deutsche Milchkontor, Slg. 1983, 2633 (Rn 30 f.); EuGH, Rs. C-366/95 – Steff-Houlberg, Slg. 1998, I-2661 (Rn. 36); EuGH, Rs. C-298/96 – Ölmühle Hamburg, Slg. 1998, I-4767 (Rn. 38); EuGH, Rs. C-336/00 – Österreich/Huber, Slg. 2002, I-7699 (Rn. 56 f.). Zu der unterschiedlichen Behandlung von nationalen und gemeinschaftlichen Finanzhilfen ausführlich *Scheuing*, DV 2001, S. 107 (123 ff.); vgl. auch *Schroeder*, AöR 2004, S. 3 (7); *Tilmann/Schreibauer*, GRUR 2002, S. 212 (215); *Borchardt*, in: Lenz/Borchardt, EUV/EGV[3], Art. 34 EGV Rn. 95.

[748] EuGH, Rs. C-298/96 – Ölmühle Hamburg, Slg. 1998, I-4767 (Rn. 37).

[749] So *Tilmann/Schreibauer*, GRUR 2002, S. 212 (215).

[750] Siehe VGH BW, Urteil vom 22. Juni 2004, 10 S 557/04 = DVBl. 2005, 259 (LS); *Borchardt*, in: Lenz/Borchardt, EUV/EGV[3], Art. 34 EGV Rn. 95; *Columbus*, AgrarR 2003, S. 40 (41).

[751] Siehe Fn. 582. Zum Anwendungsbereich des § 10 MOG BVerwG NVwZ-RR 2004, 413 (414).

(2) ¹Rechtmäßig begünstigende Bescheide (...) sind, auch nachdem sie unanfechtbar geworden sind, zu widerrufen, soweit eine Voraussetzung für den Erlaß des Bescheides nachträglich entfallen oder nicht eingehalten worden ist, insbesondere die gewährte Vergünstigung nicht oder nicht mehr nach Maßgabe des Bescheides verwendet wird; der Bescheid ist mit Wirkung für die Vergangenheit zu widerrufen, soweit Regelungen im Sinne des § 1 Abs. 2 nichts anderes zulassen. ²§ 48 Abs. 4 des Verwaltungsverfahrensgesetzes gilt entsprechend, § 49a Abs. 1 Satz 1 und Abs. 2 des Verwaltungsverfahrensgesetzes ist anzuwenden.

(3) Zu erstattende Beträge werden durch Bescheid festgesetzt.

§ 10 Abs. 1 S. 1 Hs. 1 bzw. § 10 Abs. 2 S. 1 Hs. 1 MOG unterscheidet sich grundlegend dadurch von § 48 Abs. 1 S. 1 bzw. § 49 Abs. 2, Abs. 3 VwVfG, daß der Verwaltung bei der Rücknahme bzw. bei dem Widerruf kein Ermessen eingeräumt ist.[752] Diese Regelung hat die Rechtsprechung des Europäischen Gerichtshofs zum Effektivitätsgrundsatz aufgenommen: Die Ausübung eines Ermessens hinsichtlich der Frage, ob die Rückforderung der zu Unrecht oder vorschriftswidrig gewährten Gemeinschaftsmittel zweckmäßig ist, sei damit unvereinbar, daß das Gemeinschaftsrecht[753] die nationalen Behörden verpflichtet, die zu Unrecht oder vorschriftswidrig ausgezahlten Beträge wiedereinzuziehen.[754]

Durch den Verweis in § 10 Abs. 1 S. 1 Hs. 2 MOG auf § 48 Abs. 2 VwVfG kann die Rücknahme eines rechtswidrigen Bescheides unter Vertrauensschutzgesichtspunkten[755] ausgeschlossen sein.[756] Allerdings enthält eine Verordnung der Kommission zur Durchführung der Verordnung (EG) Nr. 1782/2003 einen Artikel über die „Rückforderung zu Unrecht gezahlter

---

[752] Zumindest mißverständlich deshalb *Columbus*, AgrarR 2003, S. 40 (41).

[753] Art. 8 Abs. 1 VO (EG) 1258/1999 (Finanzierung GAP). Siehe oben Kap. 3 B.III.4.a.aa.

[754] EuGH, Rs. 205 bis 215/82 – Deutsche Milchkontor, Slg. 1983, 2633 (Rn. 22). Bei der Wahrung der gebotenen Verhältnismäßigkeit gehe es nicht um eine Frage der Zweckmäßigkeit des Widerrufs und der anschließenden Rückforderung der Zuwendung, sondern um eine Frage ihrer Rechtmäßigkeit; so BVerwG NVwZ-RR 2004, 413 (416) mit dem Hinweis, dass das auch das Gemeinschaftsrecht nicht anders sehe (vgl. Art. 2 Abs. 1 S. 2 VO [EG, Euratom] 2988/95 [Schutz der finanziellen Interessen]), und der Feststellung: „Weist aber das nationale Recht die Beachtung der gebotenen Verhältnismäßigkeit im Einzelfall dem Bereich des behördlichen Ermessens zu, so kann eine Ermessensausübung, die dem Rechnung trägt, nicht gemeinschaftsrechtswidrig sein."

[755] Zum Grundsatz des Vertrauensschutzes auch BVerwGE 74, 357 (362 f.).

[756] In § 10 Abs. 2 MOG (Fn. 582) sind aus rechtssystematischen Gründen lediglich geringfügige Elemente der Vertrauensschutzabsicherung enthalten (Verweisung auf § 49a Abs. 2 VwVfG). Denn bei den hier geregelten Tatbesänden ist der Begünstigte von vornherein darüber informiert, daß er die Voraussetzungen der hier in Betracht kommenden Bescheide über die gesamte Laufzeit der Vergünstigung stets vollständig und richtig einzuhalten hat, wenn er die erhaltene Vergünstigung auch behalten will.

Beträge"⁷⁵⁷, der auch eine Regelung über den zu gewährenden *Vertrauensschutz* umfaßt: Bei zu Unrecht gezahlten Beträgen ist der Betriebsinhaber zu deren Rückzahlung zuzüglich Zinsen verpflichtet. Diese Verpflichtung gilt jedoch nicht, wenn die Zahlung auf einem Irrtum der zuständigen Behörde oder einer anderen Behörde zurückzuführen ist, der vom Betriebsinhaber billigerweise nicht erkannt werden konnte.⁷⁵⁸ Bezieht sich der Irrtum auf Tatsachen, die für die Berechnung der entsprechenden Zahlung relevant sind, so besteht allerdings nur dann keine Verpflichtung zur Rückzahlung, wenn der Rückforderungsbescheid nicht innerhalb von zwölf Monaten nach der Zahlung übermittelt worden ist. Diese Vertrauensschutzregelung, die die Rechtsprechung des Europäischen Gerichtshofs aufgreift,⁷⁵⁹ ist als abschließend anzusehen. Nur in diesem Fall kann die in den Erwägungsgründen⁷⁶⁰ angestrebte „einheitliche Anwendung des Grundsatzes des guten Glaubens in der gesamten Gemeinschaft" erreicht werden. Eine ergänzende Heranziehung der Vorschriften der Mitgliedstaaten hinsichtlich der Berücksichtigung des schutzwürdigen Vertrauens des Begünstigten in den Bestand des Bewilligungsbescheids ist mit diesem Bestreben unvereinbar.⁷⁶¹ Der Begünstigte kann sich also keinsfalls auf Vertrauensschutz berufen, wenn er selbst – auch schuldlos – gegen das Gemeinschaftsrecht verstoßen hat. Da diese Durchführungsverordnung auf sehr viele Leistungen im Agrarmarktbereich anwendbar ist,⁷⁶² hat § 10 Abs. 1 S. 1 Hs. 2 MOG in Verbindung mit § 48 Abs. 2 VwVfG nur noch einen sehr eingeschränkten Anwendungsbereich.

Das Gemeinschaftsrecht hält auch eine Regelung über die *Rückforderungsfrist* bereit: Der Begünstigte muß den Betrag auch nicht zurückzahlen, wenn zwischen dem Tag der Zahlung und dem Tag, an dem er von der zuständigen Behörde erfahren hat, daß die Beihilfe zu Unrecht gewährt wurde, mehr als zehn Jahre vergangen sind. Die Frist beträgt allerdings nur vier Jah-

---

⁷⁵⁷ Art. 73 VO (EG) 796/2004 (DVO cross compliance, Modulation und InVeKoS); zuvor Art. 49 VO (EG) 2419/2001 (DVO InVeKoS) und Art. 14 VO (EWG) 3887/92 (DVO InVeKoS).
⁷⁵⁸ Gemäß Art. 14 VO (EWG) 3887/92 (DVO InVeKoS), einer Vorgängerbestimmung des Art. 73 VO (EG) 796/2004 (DVO cross compliance, Modulation und InVeKoS), mußte der Betriebsinhaber seinerseits weiterhin in gutem Glauben gehandelt und alle Bestimmungen der geltenden Verordnung eingehalten haben. Eine ausdrückliche Erklärung dafür, daß diese Anforderungen schon in der ersten Nachfolgeregelung, dem Art. 49 VO (EG) 2419/2001 (DVO InVeKoS), nicht mehr enthalten war, liegt soweit ersichtlich nicht vor. Allerdings liegt es nahe, daß die Kommission davon ausgeht, daß derjenige, der sie nicht erfüllt, den behördlichen Irrtum auch nicht billigerweise nicht erkennen konnte, ihn also erkennen mußte.
⁷⁵⁹ EuGH, Rs. 205 bis 215/82 – Deutsche Milchkontor, Slg. 1983, 2633 (Rn 30 f.).
⁷⁶⁰ Erwgrd. 72 VO (EG) 796/2004 (DVO cross compliance, Modulation und InVeKoS).
⁷⁶¹ VGH BW, Urteil vom 22. Juni 2004, 10 S 557/04 = DVBl. 2005, 259 (LS).
⁷⁶² Siehe zum Anwendungsbereich des InVeKoS unten Kap. 3 B.III.4.c.

re, wenn der Begünstigte in gutem Glauben gehandelt hat.[763] Gemäß § 10 Abs. 1 S. 1 Hs. 2 MOG in Verbindung mit § 48 Abs. 4 S. 1 VwVfG ist die Rücknahme hingegen nur innerhalb eines Jahres seit dem Zeitpunkt zulässig, zu dem die Behörde Kenntnis von den Tatsachen erhält, welche die Rücknahme eines rechtswidrigen Verwaltungsaktes rechtfertigen. Diese beiden Bestimmungen unterscheiden sich grundlegend: Das Gemeinschaftsrecht läßt die Frist mit dem Tag der Zahlung und damit einem leicht feststellbaren Termin beginnen. Das deutsche Recht stellt hingegen mit dem Zeitpunkt der Kenntnis der Behörde von den Tatsachen, welche die Rücknahme rechtfertigen, auf einen nicht von vornherein feststehenden Termin ab, der mit zahlreichen Unsicherheiten verbunden ist[764]; immerhin würde sich bei der hier zu behandelnden entsprechenden Anwendung des § 48 Abs. 4 VwVfG nicht die Frage stellen, ob auch die Kenntnis aller für die nach § 48 Abs. 1 S. 1 VwVfG zu treffende Ermessensentscheidung relevanten Tatsachen erforderlich ist,[765] da § 10 Abs. 1 S. 1 Hs. 1 MOG eine gebundene Entscheidung vorsieht. Innerhalb der gemeinschaftlichen Zehn- bzw. Vier-Jahres-Frist muß die zuständige Behörde sodann dem Begünstigten lediglich mitteilen, daß die Begünstigung zu Unrecht erfolgte; die eigentliche Rückforderung kann auch noch nach Fristende erfolgen. Das Gemeinschaftsrecht geht folglich davon aus, daß bereits mit der Mitteilung das Vertrauen des Begünstigten zerstört ist.[766] Der Behörde steht die Frist somit zur Verfügung, um zur Erkenntnis der Rechtswidrigkeit zu gelangen und diese dem Begünstigten mitzuteilen; man könnte deshalb von einer Erkenntnis- und Mitteilungsfrist sprechen. Innerhalb der nationalen Ein-Jahres-Frist muß hingegen die Rücknahme erfolgen; sie erweist sich somit als Entscheidungsfrist.[767] Im Rahmen des Anwendungsbereichs der gemeinschaftlichen Rückforderungsfrist verdrängt diese die entsprechende Anwendung des § 48 Abs. 4 VwVfG.

---

[763] Art. 73 Abs. 5 VO (EG) 796/2004 (DVO cross compliance, Modulation und InVeKoS).

[764] Siehe nur BVerwGE 70, 356; *Schoch*, NVwZ 1985, S. 880 ff.; *Maurer*, AllgVerwR[15], § 11 Rn. 35a; *Sachs*, in: Stelkens/Bonk/Sachs, VwVfG, § 35 Rn. 201 ff.; speziell im Hinblick auf die Rücknahme von Subventionsbescheiden, die gegen das gemeinschaftliche Beihilfeaufsichtsrecht verstoßen, siehe nur BVerwGE 106, 328; *Kopp/Ramsauer*, VwVfG[9], § 48 Rn. 151; *Suerbaum*, VerwArch 2000, S. 169 (194); *Schmidt-Aßmann*, in: FG BVerwG, S. 487 (497) sowie EuGH, Rs. C-24/95 – Alcan, Slg. 1997, I-1591 (Rn. 34 ff.).

[765] Vgl. BVerwGE 70, 356 (362 ff.); *Kopp/Ramsauer*, VwVfG[9], § 48 Rn. 156.

[766] Vgl. EuGH, Rs. C-24/95 – Alcan, Slg. 1997, I-1591 (Rn. 35 f.).

[767] Wenn man mit der überwiegend vertretenen Auffassung davon ausgeht, daß die Frist erst mit der Entscheidungsreife zu laufen beginnt, vgl. die Nachweise in Fn. 765.

cc. Die Doppelfunktion des Finanzierungsverfahrens

Das rechtliche Ausgestaltung des Finanzierungsverfahrens, insbesondere des Rechnungsabschlußverfahrens, die auf eine sehr starke Stellung der Kommission gerichtet ist, sowie die diese Stellung noch verstärkende einschlägige Rechtsprechung des Europäischen Gerichtshofs[768] erklären sich auch und vor allem mit der Kompetenz der Kommission zur Ausführung des Haushaltsplans aus Art. 274 Abs. 1 S. 1 EGV, auch wenn dessen Elemente nicht zum Haushaltsvollzug im Sinne dieser Bestimmung zu rechnen sind.[769] Diese Verknüpfung kommt auch an verschiedenen Stellen in gemeinschaftlichen Rechtsakten zur Sprache.[770] Art. 274 Abs. 1 S. 1 EGV verlangt, daß die Kommission rechtlich bindend die Verantwortung für jede einzelne aus Gemeinschaftsmitteln getätigte Ausgabe übernehmen kann. Dies gilt uneingeschränkt und somit auch im Falle der geteilten Mittelverwaltung, bei der der Verwaltungsvollzug in den Händen der Mitgliedstaaten liegt. Mit den ein bestimmtes Haushaltsjahr betreffenden Konformitätsentscheidungen steht ein rechtliches Instrumentarium zur Verfügung, mit dem der Kommission die Übernahme der Verantwortung ermöglicht wird.[771] Dezentraler Verwaltungsvollzug und die Haushaltsvollzugskompetenz der Kommission werden hierdurch miteinander in Einklang gebracht. Konsequenterweise erfolgt lediglich eine Anhörung des Komitologie-Ausschusses. Die Verfahrensausgestaltung birgt lediglich der Gefahr nicht hinreichend vor, daß die Verhandlungen nicht strikt auf die Rechtmäßigkeit der Konformitätsentscheidung gerichtet sind, sondern zu einem politischen Kompromiß führen können. In der Praxis dürfte die Kommission aber dieser

---

[768] Vgl. *Craig*, ELRev 2003, S. 840 (862 f.).

[769] Vgl. *Nicolaysen*, Europarecht I², S. 259; *Graf*, Finanzkontrolle, S. 152. Siehe auch *Mögele*, Behandlung fehlerhafter Ausgaben, S. 80: Die bloße Anhörung „entzieht die Durchführung der Agrarfinanzierung als Teil des gemeinschaftlichen Haushaltsvollzugs dem unmittelbaren Einfluß der Mitgliedstaaten"; im weiteren wird dort, allerdings in gewissem Widerspruch zu dieser ersten Aussage, wenn auch in Übereinstimmung mit der hier vertretenen Linie, auch von dem Umstand gesprochen, „daß der Rechnungsabschluß eng mit der Verwaltung des Gemeinschaftsbudgets zusammenhängt, die ... in die originäre Zuständigkeit der Kommission fällt".

[770] Vor allem Art. 53 Abs. 5 HO 2002: Das Rechnungsabschlußverfahren soll der Kommission „ermöglichen, gemäß Artikel 274 EG-Vertrag (...) die oberste Verantwortung für den Haushaltsvollzug zu übernehmen". Vgl. auch Erwgrd. 1 S. 3 VO (EG) 1287/95: „Die Kommission, die für die Ausführung des Haushaltsplans der Europäischen Gemeinschaften zuständig ist, muß die Bedingungen überprüfen, unter denen die Zahlungen und die Kontrollen erfolgt sind, und darf die Finanzierung nur übernehmen, wenn diese Bedingungen jede erforderliche Gewähr dafür bieten, daß die Ausgaben in Übereinstimmung mit den Gemeinschaftsvorschriften vorgenommen wurden."

[771] *Mögele*, Behandlung fehlerhafter Ausgaben, S. 90 f.

Gefahr wirksam begegnen.[772] Dies zeigt nicht zuletzt die große Zahl von Klagen gegen die Konformitätsentscheidungen der Kommission.[773]

Im Hinblick auf Art. 274 Abs. 1 S. 1 EGV ist auch die Verantwortungsüberlagerung auf die Kommission aufgrund informeller Abstimmungen nicht bedenklich. Allerdings läuft diese Praxis faktisch auf eine in den Rechtsakten nicht vorgesehene begleitende Rechtsaufsicht einschließlich eines eingeschränkten Weisungsrechts hinaus.[774] Das Rechnungsabschlußverfahren ist aber nicht nur deshalb zugleich ein wirkungsvolles Mittel zur Steuerung des mitgliedstaatlichen Agrarrechtsvollzuges. Es setzt zwar erst ex post an; doch dürften die mitgliedstaatlichen Verwaltung im Hinblick auf die Verweigerung der Übernahme der Kosten zu einem gemeinschaftsrechtskonformen Vollzug angehalten werden. Die fehlenden Hierarchieelemente werden also deutlich kompensiert. Zudem stellt es gegenüber dem schwerfälligen Vertragsverletzungsverfahren des Art. 226 EGV das deutlich flexiblere und wirksamere Instrument dar.

Das Rechnungsabschlußverfahren als „stärkste Waffe der Kommission gegenüber den Mitgliedstaaten, um eine ordnungsgemäße Umsetzung der Gemeinsamen Agrarpolitik sicherzustellen,"[775] ist also insgesamt ein Erfolgsmodell, mit dem zwei Fliegen mit einer Klappe geschlagen werden. Es löst das Spannungsverhältnis zwischen mitgliedstaatlichem Verwaltungsvollzug und der Haushaltsvollzugskompetenz der Kommission auf; und es sichert die einheitliche Anwendung des europäischen Agrarmarktrechts. Es verwundert daher nicht, daß seine Übertragung auf den Bereich der Strukturfonds ernsthaft angedacht worden ist.

---

[772] Siehe auch *Priebe*, in: FS Steinberger, S. 1347 (1364): Die Kommission schließt fehlerhafte Ausgaben „rigoros" von der Gemeinschaftsfinanzierung aus „mit der praktischen Folge einer sehr effizienten Finanzaufsicht der Kommission über die Mitgliedstaaten".

[773] Aus jüngerer Zeit siehe EuGH, Rs. C-332/01 – Griechenland/Kommission, Slg. 2004, I-7699; EuGH, Rs. C-297/02 – Italien/Kommission; EuGH Rs. C-153/01 – Spanien/Kommission, Slg. 2004, I-9009; EuGH, Rs. C-312/02 – Schweden/Kommission, Slg. 2004, I-9247; EuGH, Rs. C-300/02 – Griechenland/Kommission, Slg. 2005, I-1341; EuGH, Rs. C-335/03 – Portugal/Kommission; EuGH, Rs. C-287/02 – Spanien/Kommission; EuGH, Rs. C-5/03 – Griechenland/Kommission. Ein Blick auf die Kläger in den genannten Verfahren belegt, daß bezüglich der Verwaltungsstandards die Gemeinschaft tendenziell ein Nord-Süd-Gefälle aufweist; siehe schon *Graf*, Finanzkontrolle, S. 149. Inwiefern die Verwaltungen der neuen Mitgliedstaaten den hohen Anforderungen gerecht werden, wird sich erst in einigen Jahren erweisen.
Die Konformitätsentscheidungen entfalten keine unmittelbaren Rechtswirkungen gegenüber dem einzelnen Marktbürger; daher besteht kein Klagerecht des Einzelnen; vgl. *Borchardt*, in: Lenz/Borchardt, EUV/EGV³, Art. 34 EGV Rn. 136.

[774] *Mögele*, in: Dauses, HdbEUWiR I (EL 8), G Rn. 241; *David*, Inspektionen, S. 42.

[775] *Priebe*, in: FS Steinberger, S. 1347 (1364). Siehe auch *Borchardt*, in: Lenz/Borchardt, EUV/EGV³, Art. 34 EGV Rn. 132; *David*, Inspektionen, S. 42.

c. Das integrierte Verwaltungs- und Kontrollsystem

Der Steuerung und Gleichförmigkeit des mitgliedstaatlichen Verwaltungsvollzuges dient in erheblichem Maße auch das integrierte Verwaltungs- und Kontrollsystem (InVeKoS),[776] das jeder Mitgliedstaat einrichten muß.[777] Der Rechnungshof hat wiederholt die positiven Wirkungen dieses Systems auf die Qualität des mitgliedstaatlichen Verwaltungsvollzuges hervorgehoben; die Fehlerhaftigkeit der in seinen Anwendungsbereich fallenden Ausgaben ist wesentlich geringer als bei den sonstigen Agrarmarktausgaben.[778] Die grundlegenden Bestimmungen über das InVeKoS sind seit der Agrarreform von 2003, die Änderungen dieses Systems insbesondere wegen der Einführung des cross compliance[779] erforderlich machte, in der Verordnung (EG) Nr. 1782/2003 des Rates mit gemeinsamen Regeln für Direktzahlungen im Rahmen der GAP und mit bestimmten Stützungsregelungen für Inhaber landwirtschaftlicher Betriebe enthalten. Einzelheiten sind in großer Zahl in der Verordnung (EG) Nr. 796/2004 der Kommission mit Durchführungsbestimmungen zur Einhaltung anderweitiger Verpflichtungen, zur Modulation und zum InVeKoS geregelt. Erst diese Durchführungsbestimmungen lassen die Funktionsweise des InVeKoS durchschaubar werden; sie bilden den eigentlich maßgeblichen Rechtsakt. Dennoch sind auch diese Regelungen wie schon die Vorgängerbestimmungen[780] überaus kompliziert. Es ist deshalb nahezu zwangsläufig, daß die Kommission den Mitgliedstaaten

---

[776] *Priebe*, in: FS Steinberger, S. 1347 (1363). Zur Bedeutung verwaltungsverfahrensrechtlicher Vorgaben siehe auch *David*, Inspektionen, S. 34.

[777] Art. 17 Abs. 1 VO (EG) 1782/2003 (Direktzahlungen/Stützungsregelungen). Das InVeKoS wurde durch die VO (EWG) 3508/92 eingeführt. Ein derartiges System wurde erforderlich durch die teilweise Umstellung der landwirtschaftlichen Beihilfenregelungen auf Direktzahlungen, bei denen der Verwaltungs- und Kontrollbedarf gegenüber klassischen Beihilfen erheblich gesteigert ist; vgl. *Rechnungshof*, Sonderbericht Nr. 4/2001 – InVeKoS, Tz. 2; *Thiele*, in: Calliess/Ruffert, EUV/EGV², Art. 34 EGV Rn. 46; *David*, Inspektionen, S. 49; *Hedtmann*, EuR 2002, S. 122 (125); *Ulrich*, Kontrollen der EG-Kommission, S. 94 ff. Zum InVeKoS von 1992 siehe auch *Mögele*, EWS 1993, S. 305 ff.; *Angerer*, AgrarR 1992, S. 288 ff.
Zum Verwaltungs- und Kontrollsystem bei Ausfuhrerstattungen VO (EG) 800/1999 (Ausfuhrerstattungen), VOen (EWG) 386/90 (Kontrolle bei der Ausfuhr), (EWG) 3122/94 (Risikoanalyse) und (EG) 2090/2002 (Kontrolle Ausfuhrerstattungen); vgl. schon oben Kap. 1 Fn. 143; siehe *Hedtmann*, a.a.O. Zur Sanktionsregelung siehe jüngst EuGH, Rs. C-385/03 – Hauptzollamt Hamburg-Jonas/Käserei Champignon Hofmeister (Rn. 20 ff.)

[778] Zuletzt Jahresbericht 2003, Tz. 4.12; Sonderbericht Nr. 3/2004 – Wiedereinziehung GAP, Tz. 13; Jahresbericht 2002, Tz. 4.13; siehe auch den umfassenden Sonderbericht Nr. 4/2001 – InVeKoS, insbesondere Zusammenfassung II.

[779] Siehe oben Kap. 1 B.I.1.b.cc.

[780] VO (EG) 2419/2001 (DVO InVeKoS) und VO (EG) 3887/92 (DVO InVeKoS).

„Auslegungshilfen zu den Verordnungen und gelegentlich allgemeinere Anleitungen und Empfehlungen" liefert.[781]

Das InVeKoS kommt bei bestimmten landwirtschaftlichen Stützungsregelungen zur Anwendung, insbesondere auch bei der neuartigen Betriebsprämienregelung.[782] Es ermöglicht den Verzicht auf umfassende Kodifikationen hinsichtlich einzelner Stützungsregelungen; durch diesen übergreifenden Geltungsanspruch wird es zu einem „integrierten" System.[783] Zum InVeKoS gehören eine elektronische Datenbank, ein System zur Identifizierung landwirtschaftlicher Parzellen, ein System zur Identifizierung und Registrierung von Zahlungsansprüchen, die Beihilfenanträge, ein integriertes Kontrollsystem und ein einheitliches System zur Erfassung jedes Betriebsinhabers, der einen Beihilfeantrag stellt, gegebenenfalls auch ein System zur Kennzeichnung und Registrierung von Tieren.[784] Diese verschiedenen Elemente sollen – so ein Erwägungsgrund der Verordnung (EG) Nr. 1782/2003 – für eine effizientere Verwaltung und Kontrolle sorgen.[785] Dazu werden den mitgliedstaatlichen Verwaltungen umfassende Vorgaben für den Verwaltungsvollzug gemacht, die auch für ein gleichförmiges Vorgehen aller mitgliedstaatlichen Zahlstellen sorgen.[786] Alle Phasen der Verwaltung der unter das InVeKoS fallenden Beihilferegelungen werden durch einen engen Rahmen gemeinschaftlicher Regelungen erfaßt. Die Darstellung der einzelnen Elemente des InVeKoS erweist sich als überaus kompliziert, da sie sich häufig gegenseitig bedingen und nur in ihrer Gesamtheit einen Einblick in die Funktionsweise des Systems ermöglichen.

aa. Die Beihilfeanträge, das System zur Erfassung jedes Betriebsinhabers und die elektronische Datenbank

Schon die Vorgaben für die *Beihilfeanträge*[787] sind außerordentlich umfangreich. Ein Betriebsinhaber darf im Rahmen der *flächenbezogenen Beihilferegelungen* – im Interesse einer wirksamen Kontrolle[788] – nur einen einzigen

---

[781] *Rechnungshof*, Sonderbericht Nr. 4/2001 – InVeKoS, Tz. 37.
[782] Art. 17 Abs. 2 i.V.m. Titel III VO (EG) 1782/2003 (Direktzahlungen/Stützungsregelungen). Der Rechnungshof (Sonderbericht Nr. 4/2001 – InVeKoS, Tz. 6) schätzte, daß im Haushaltsjahr 2004 mehr als 80 % der Ausgaben des EAGFL-Garantie mit Hilfe des InVeKoS bearbeitet würden.
[783] Ähnlich *David*, Inspektionen, S. 49.
[784] Art. 18 Abs. 1, Abs. 2 VO (EG) 1782/2003 (Direktzahlungen/Stützungsregelungen).
[785] Erwgrd. 13 VO (EG) 1782/2003 (Direktzahlungen/Stützungsregelungen).
[786] Siehe hierzu *Rechnungshof*, Sonderbericht Nr. 4/2001 – InVeKoS, Tabelle 2
[787] Art. 22 VO (EG) 1782/2003 (Direktzahlungen/Stützungsregelungen); Art. 11 ff. VO (EG) 796/2004 (DVO cross compliance, Modulation und InVeKoS).
[788] So Erwgrd. 13 VO (EG) 796/2004 (DVO cross compliance, Modulation und InVeKoS).

Sammelantrag pro Jahr einreichen.[789] Die Mitgliedstaaten setzen hierfür einen Endtermin fest, der in aller Regel nicht nach dem 15. Mai des jeweiligen Jahres liegen darf. Der Sammelantrag muß alle zur Feststellung der Beihilfefähigkeit erforderlichen Informationen enthalten.[790] In erster Linie erforderlich sind der Hinweis auf die Beihilferegelungen, die in Anspruch genommen werden sollen, die Identifizierung der Zahlungsansprüche entsprechend dem Identifizierungs- und Registrierungssystem im Rahmen der Betriebsprämienregelung und die zweckdienlichen Angaben zur Identifizierung aller landwirtschaftlichen Parzellen des Betriebs.

Zur Vereinfachung der Antragstellung muß der Mitgliedstaat vorgedruckte Formulare auf der Basis der im vorangegangenen Kalenderjahr ermittelten Flächen und kartografischen Unterlagen mit Angabe ihrer Lage ausgeben.[791] In diesem Formular ist auch die Identifizierung der Zahlungsansprüche entsprechend dem Identifizierungs- und Registrierungssystem anzugeben.[792] Der Betriebsinhaber muß für die Einreichung des Antrags sodann nur den eingetretenen Änderungen entsprechende Berichtigungen vornehmen. Ähnliches gilt hinsichtlich der Identifizierung der landwirtschaftlichen Parzellen: In dem Formular ist die im Rahmen der Betriebsprämienregelung beihilfefähige Höchstfläche je Referenzparzelle anzugeben; in den kartografischen Unterlagen sind die Grenzen der Referenzparzellen und deren individuelle Identifizierung einzutragen. Der Landwirt muß sodann die Lage der einzelnen landwirtschaftlichen Parzellen angeben und gegebenenfalls Berichtigungen vornehmen.

Auch der *Beihilfeantrag für Tierprämien*[793] muß alle zur Feststellung der Beihilfefähigkeit erforderlichen Informationen enthalten. In erster Linie hierbei erforderlich ist die Angabe der Anzahl und der Art der Tiere, für die eine Beihilfe beantragt wird, sowie bei Rindern der jeweiligen Kenncodes[794]. Gegebenenfalls muß sich der Betriebsinhaber in dem Beihilfeantrag verpflichten, die Tiere, für die eine Beihilfe beantragt wird, während des Haltungszeitraums in seinem Betrieb zu halten, und die individuelle Höchst-

---

[789] Dazu und zum folgenden Art. 11 VO (EG) 796/2004 (DVO cross compliance, Modulation und InVeKoS). Zu Änderungen des Antrags siehe Art. 15 VO (EG) 796/2004.
[790] Wiederum dazu und zum folgenden Art. 12 VO (EG) 796/2004 (DVO cross compliance, Modulation und InVeKoS). Siehe auch Art. 13 VO (EG) 796/2004 mit besonderen Antragsvoraussetzungen.
[791] Art. 22 Abs. 2 S. 2 VO (EG) 1782/2003 (Direktzahlungen/Stützungsregelungen).
[792] Dazu und zum folgenden Art. 12 Abs. 2, Abs. 3 VO (EG) 796/2004 (DVO cross compliance, Modulation und InVeKoS).
[793] Art. 16 VO (EG) 796/2004 (DVO cross compliance, Modulation und InVeKoS).
[794] Siehe sogleich unten Kap. 3 B.III.4.c.bb.

grenze[795] bzw. die erzeugerspezifische Obergrenze für die betreffenden Tiere angeben.

Sowohl dem Sammelantrag als auch dem Beihilfeantrag für Tiere ist eine Erklärung des Betriebsinhabers beizufügen, daß er von den Voraussetzungen für die Gewährung der betreffenden Beihilfe Kenntnis genommen hat.[796] Diese Regelung ist darauf gerichtet, schon die Entstehung schutzwürdigen Vertrauens zu verhindern. Der Antragsteller kann sich nicht mehr darauf berufen, die Beantragung von Beihilfen, deren Gewährungsvoraussetzungen tatsächlich nicht erfüllt gewesen sind, beruhe auf einem für ihn nicht erkennbaren Irrtum hierüber.[797]

Für alle Arten von Beihilfeanträgen[798] gelten weitere gemeinsame Bestimmungen. Beihilfeanträge können nach ihrer Einreichung grundsätzlich jederzeit berichtigt werden. Dies gilt allerdings nur, wenn die Behörde offensichtliche Irrtümer anerkennt.[799] Bewußt unrichtige Angaben dürfen hingegen nicht richtiggestellt werden, sondern führen zu den hierfür vorgesehenen finanziellen Nachteilen für den Antragsteller.[800] Finanzielle Nachteile hat auch die verspätete Einreichung des Antrags: Die Beihilfebeträge, auf die der Betriebsinhaber im Fall rechtzeitiger Einreichung Anspruch gehabt hätte, verrringern sich um ein Prozent je Arbeitstag Verspätung; nach mehr als 25 Kalendertagen Verspätung ist der Antrag als unzulässig anzusehen.[801] Ganz oder teilweise zurückgenommen[802] werden kann ein Beihilfeantrag schriftlich; dies gilt allerdings nicht mehr, wenn die zuständige Behörde den Betriebsinhaber bereits auf Unregelmäßigkeiten in diesem Antrag hingewiesen oder ihn von ihrer Absicht eine Vor-Ort-Kontrolle durchzuführen, unterrichtet und dabei Unregelmäßigkeiten festgestellt hat, für diejenigen Teile des Antrags, die von der Unregelmäßigkeit betroffen sind. Die wirksame Rücknahme versetzt den Antragsteller wieder in die Situation, in der er sich vor Einreichung des betreffenden Antrags oder Antragsteils befand. Zur Vereinfachung der Antragstellung können die Mit-

---

[795] Vgl. Art. 125 Abs. 1, Abs. 3, Art. 126 VO (EG) 1782/2003 (Direktzahlungen/Stützungsregelungen), Art. 7 VO (EG) 1254/1999 (GMO Rindfleisch).

[796] Art. 12 Abs. 1 lit. e, Art. 16 Abs. 1 UAbs. 1 lit. g VO (EG) 796/2004 (DVO cross compliance, Modulation und InVeKoS).

[797] Vgl. VGH BW, Urteil vom 22. Juni 2004, 10 S 557/04 = DVBl. 2005, 259 (LS). Zum Vertrauensschutz siehe auch schon oben Kap. 3 B.III.4.b.bb.ii.(8).

[798] Hier nicht besonders behandelt werden soll die Beihilfeanträge auf Milchprämie und Ergänzungszahlungen gemäß Art. 17 VO (EG) 796/2004 (DVO cross compliance, Modulation und InVeKoS).

[799] Art. 19 VO (EG) 796/2004 (DVO cross compliance, Modulation und InVeKoS).

[800] Siehe sogleich unten Kap. 3 B.III.4.c.ee.

[801] Art. 21 Abs. 1 VO (EG) 796/2004 (DVO cross compliance, Modulation und InVeKoS).

[802] Vgl. Art. 22 VO (EG) 796/2004 (DVO cross compliance, Modulation und InVeKoS).

gliedstaaten schließlich beschließen, daß in dem jeweiligen Beihilfeantrag lediglich die Änderungen gegenüber dem für das Vorjahr eingereichten Beihilfeantrag auszuweisen sind.[803]

Bei den Verfahren über die Gewährung von Beihilfen im Agrarmarktbereich handelt es sich um Massenverfahren, in denen eine erschöpfende Prüfung ausgeschlossen ist. Somit kommt schon der Antragstellung eine grundlegende Weichenstellung zu.[804] Es überrascht deshalb nicht, daß das InVeKoS besonderen Wert auf die Regelungen über die Beihilfenanträge legt. Wie sich im folgenden zeigen wird, wird dem Antragsteller auch eine besondere Sorgfalt bei der Stellung seiner Anträge zugemutet.[805] Das InVeKoS, so die Kommission, beruht auf der Mitwirkung und Mitverantwortung des Antragstellers, der mit seinem Antrag bestätige, daß dieser den Prämienvoraussetzungen entspreche.[806] Auch deshalb muß der Antragsteller die Erklärung abgeben, daß er von den Bedingungen für die Gewährung der betreffenden Beihilfen Kenntnis genommen habe.

Das *einheitliche System zur Erfassung jedes Betriebsinhabers*, der einen Beihilfeantrag stellt, muß eine individuelle Identifizierung aller Beihilfeanträge gewährleisten, die von einem Betriebsinhaber eingereicht wurden.[807] In dem System sollen personenbezogene Daten der Betriebsinhaber aufgezeichnet sein. Nähere Vorgaben bestehen allerdings nicht. Das System soll einerseits wirksame Kontrollen gewährleisten, andererseits die Einreichung mehrerer Beihilfeanträge bei verschiedenen Zahlstellen eines Mitgliedstaats verhindern.[808]

---

[803] Art. 22 Abs. 2 S. 1 VO (EG) 1782/2003 (Direktzahlungen/Stützungsregelungen); vgl. auch Art. 18 Abs. 2 VO (EG) 796/2004 (DVO cross compliance, Modulation und InVeKoS).
[804] EuGH, Rs. C-417/00 – Agrargenossenschaft Pretzsch, Slg. 2002, I-11053 (Rn. 52).
[805] Vgl. EuGH, Rs. C-63/00 – Baden-Württemberg/Schilling, Slg. 2002, I-4483 (Rn. 21).
[806] Vgl. EuGH, Rs. C-63/00 – Baden-Württemberg/Schilling, Slg. 2002, I-4483 (Rn. 22). Vgl. auch EuGH, Rs. C-417/00 – Agrargenossenschaft Pretzsch, Slg. 2002, I-11053 (Rn. 45): „Es handelt sich bei der Durchführung der gemäß dem integrierten System gewährten Beihilfen um Verfahren, die eine Vielzahl von Anträgen betreffen. Ein wirksamer Schutz der finanziellen Interessen der Gemeinschaft setzt in einem solchen Kontext voraus, dass die Beihilfeempfänger aktiv an der korrekten Durchführung der Verfahren mitwirken und die Verantwortung für die Richtigkeit der ihnen im Rahmen des integrierten Systems ausgezahlten Beträge übernehmen." Ferner EuGH, Rs. C-304/00 – Regina, Slg. 2002, I-10737 (Rn. 39): Ein wirksames Verwaltungs- und Kontrollverfahren setzt voraus, „dass die vom Beihilfeantragsteller beizubringenden Informationen von vornherein vollständig und richtig sind, damit er einen ordnungsgemäßen Antrag auf Ausgleichszahlungen stellen kann und nicht Gefahr läuft, mit Sanktionen belegt zu werden".
[807] Art. 5 VO (EG) 796/2004 (DVO cross compliance, Modulation und InVeKoS).
[808] Erwgrd. 12 VO (EG) 1782/2003 (Direktzahlungen/Stützungsregelungen); Erwgrd. 6 VO (EG) 796/2004 (DVO cross compliance, Modulation und InVeKoS).

In die *elektronische Datenbank* werden für jeden landwirtschaftlichen Betrieb die Daten aus den Beihilfeanträgen eingespeichert.[809] Grundsätzlich soll eine einzige elektronische Datenbank je Mitgliedstaat eingerichtet werden. Die Mitgliedstaaten können aber auch dezentrale Datenbanken einrichten, sofern diese sowie die Verwaltungsverfahren für die Datenerfassung und -speicherung im ganzen Hoheitsgebiet des Mitgliedstaats einheitlich und im Hinblick auf einen Kontrollabgleich untereinander kompatibel sind.

bb. Die Systeme zur Identifizierung landwirtschaftlicher Parzellen und zur Kennzeichnung und Registrierung von Tieren

Als *System zur Identifizierung landwirtschaftlicher Parzellen*[810] – einem „Schlüsselelement für die ordnungsgemäße Anwendung flächenbezogener Regelungen"[811] – soll ein computergestütztes geographisches Informationssystem (GIS) zum Einsatz kommen. Ein GIS ist ein rechnergestütztes System zur Erfassung, Speicherung, Analyse und Darstellung raumbezogener Daten. Im GIS sind geographisch abgegrenzte Flächen (sog. Referenzparzellen) mit einer individuellen Identifizierungsnummer registriert.[812] Als Referenzparzellen kommen insbesondere Katasterparzellen oder die tatsächlichen landwirtschaftlichen Bewirtschaftungseinheiten („Produktionsblöcke") in Betracht; jedenfalls muß eine individuelle Identifizierung der einzelnen Referenzparzellen gewährleistet sein.[813] Die Heranziehung von Produktionsblöcken erscheint im Hinblick auf die sich hierdurch ergebende Vereinfachung der Antragstellung und der Verwaltungsarbeit angebrachter; Katasterparzellengrenzen stimmen sehr oft mit den Grenzen der landwirtschaftlichen Parzellen nicht überein.

---

[809] Art. 19 Abs. 1 VO (EG) 1782/2003 (Direktzahlungen/Stützungsregelungen).

[810] Art. 20 VO (EG) 1782/2003 (Direktzahlungen/Stützungsregelungen).

[811] Erwgrd. 16 S. 1 VO (EG) 1782/2003 (Direktzahlungen/Stützungsregelungen). Siehe auch EuGH, Rs. C-300/02 – Griechenland/Kommission, Slg. 2005, I-1341 (Rn. 97): „Die Identifizierung der landwirtschaftlichen Parzellen stellt (...) schon für sich allein einen entscheidenden Bestandteil der ordnungsgemäßen Anwendung einer flächengebundenen Regelung dar. Das Fehlen eines verlässlichen Systems der Identifizierung der Parzellen bringt als solches ein hohes Risiko eines Schadens für den Gemeinschaftshaushalt mit sich."

[812] Vgl. Art. 2 (26) VO (EG) 796/2004 (DVO cross compliance, Modulation und InVeKoS).

[813] Art. 6 Abs. 1 UAbs. 1 VO, UAbs. 2 S. 1 (EG) 796/2004 (DVO cross compliance, Modulation und InVeKoS). Siehe § 3 der VO über die Durchführung von Stützungsregelungen und gemeinsamen Regeln für Direktzahlungen nach der VO (EG) 1782/2003 im Rahmen des Integrierten Verwaltungs- und Kontrollsystems sowie zur Änderung der Kartoffelstärkeprämienverordnung vom 3. Dezember 2004 (BGBl. I S. 3194): Ermächtigung an die Länder, als Referenzparzellen Feldblöcke, landwirtschaftliche Parzellen (Schläge), Feldstücke oder Flurstücke zu bestimmen.

Die Vollzugsebene der gemeinschaftlichen Leistungsverwaltung 277

Gegebenenfalls umfaßt das InVeKoS ein *System zur Kennzeichnung und Registrierung von Tieren*. Dieses muß gemäß der Verordnung (EG) Nr. 1760/2000 des Europäischen Parlaments und des Rates zur Einführung eines Systems zur Kennzeichnung und Registrierung von Rindern und über die Etikettierung von Rindfleisch und Rindfleischerzeugnissen und der Verordnung (EG) Nr. 21/2004 des Rates zur Einführung eines Systems zur Kennzeichnung und Registrierung von Schafen und Ziegen eingerichtet werden. Die Regelungen der Verordnung (EG) Nr. 1760/2000[814], die hier näher aufgezeigt werden sollen, sind primär eine Reaktion auf die BSE-Krise.[815] Sie sollen die Produktions- und Vermarktungsbedingungen der entsprechenden Erzeugnisse transparenter gestalten, um das Vertrauen der Verbraucher in die Qualität von Rindfleisch zu erhalten und zu stärken und um Irreführungen der Verbraucher zu vermeiden.[816] Das System zur Kennzeichnung und Registrierung von Rindern leistet jedoch auch wertvolle Dienste im Rahmen der Verwaltung der Direktzahlungen. Es beruht auf Ohrmarken zur Einzelkennzeichnung von Tieren, elektronischen Datenbanken, Tierpässen und Einzelregistern in jedem Betrieb.[817] Grundsätzlich sind alle Tiere eines Betriebs mit von der zuständigen mitgliedstaatlichen Behörde zugelassenen, sodann gemeinschaftsweit gültigen *Ohrmarken* sogleich nach der Geburt an beiden Ohren zu kennzeichnen.[818] Beide Ohrmarken sind mit einem einheitlich gestalteten Kenncode versehen, mit dem die einzelnen Tiere und ihre Geburtsbetriebe identifiziert werden können. Die Ohrmarken dürfen nur mit Genehmigung der zuständigen mitgliedstaatlichen Behörde entfernt oder ersetzt werden. In der *elektronischen Datenbank* sind für jeden Betrieb eine Kennummer und der Name und die Anschrift des Tierhalters sowie umfassende Angaben über jedes Tier, insbesondere dessen Kenncode und die Kennummern aller Betriebe, in denen

---

[814] Zuvor VO (EG) 820/97 (Kennzeichnung und Registrierung von Rindern) und RL 92/102/EWG (Kennzeichnung und Registrierung von Tieren). Siehe auch die DurchführungsVOen (EG) 1825/2000 (Etikettierung von Rindfleisch und Rindfleischerzeugnissen) und 644/2005 (besonderes System zur Kennzeichnung von Rindern).

[815] Die VO (EG) 1760/2000 ist deshalb neben Art. 37 EGV auch auf Art. 152 Abs. 4 UAbs. 1 lit. b EGV gestützt. Dies erklärt, daß sie im Verfahren der Mitentscheidung erlassen wurde und das Parlament folglich als Urheber des Rechtsaktes genannt ist.

[816] Erwgrd. 4 VO (EG) 1760/2000 (Kennzeichnung und Registrierung von Rindern).

[817] Art. 3 Abs. 1 VO (EG) 1760/2000 (Kennzeichnung und Registrierung von Rindern). Zu den Tierpässen und den Registern in jedem Betrieb Art. 6 f. VO (EG) 1760/2000. Zu den mitgliedstaatlichen Kontrollen über die Einhaltung des Systems VO (EG) 1082/2003 (Mindestkontrollen Kennzeichnung und Registrierung von Rindern).

[818] Hierzu und zum folgenden Art. 4 VO (EG) 1760/2000 (Kennzeichnung und Registrierung von Rindern). Die nicht ordnungsgemäße Kennzeichnung der Tiere kann zu einem Ausschluß von Direktzahlungen führen, vgl. VGH BW, Urteil vom 22. Juni 2004, 10 S 557/04 = DVBl. 2005, 259 (LS).

es gehalten wurde, zu speichern.[819] Jeder Tierhalter hat das Recht, ohne Einschränkungen in angemessenen Abständen und ohne übermäßige Wartezeit von der zuständigen Behörde über die ihn und seine Tiere betreffenden Angaben in der elektronischen Datenbank für Rinder informiert zu werden. Bei Einreichung des Beihilfeantrags erklärt der Betriebsinhaber, daß die darin enthaltenen Informationen zutreffend und vollständig sind, berichtigt gegebenenfalls fehlerhafte Angaben bzw. übermittelt fehlende Informationen.[820]

cc. Das System zur Identifizierung und Registrierung von Zahlungsansprüchen

Das System zur Identifizierung und Registrierung von Zahlungsansprüchen[821] besteht in einem elektronischen Register auf einzelstaatlicher Ebene und muß – insbesondere im Hinblick auf die aufgrund des integrierten Systems vorzunehmenden Gegenkontrollen[822] – einen lückenlosen Nachweis der Zahlungsansprüche gewährleisten. Hierfür müssen in dem Register hinsichtlich der Zahlungsansprüche insbesondere Angaben über deren Inhaber, deren Wert, der Ursprung, deren Art, das Datum des Entstehens und das Datum der letzten Aktivierung enthalten sein. Mitgliedstaaten mit mehr als einer Zahlstelle können das elektronische Register auf Ebene der Zahlstellen anwenden. Dabei stellen sie sicher, daß die verschiedenen Register untereinander kompatibel sind.

dd. Das integrierte Kontrollsystem

Das wichtigste Element des InVeKoS ist das integrierte Kontrollsystem.[823] Es sieht „Verwaltungskontrollen" und zu deren Ergänzung „Vor-Ort-Kontrollen" vor. Aufgrund dieser Kontrollen sollen die Zahlstellen (bzw. die bewilligenden Stellen) zuverlässig feststellen können, ob die Voraussetzungen für die Gewährung der Beihilfen und die Anforderungen und Standards für die anderweitigen Verpflichtungen eingehalten wurden.[824] Derartige Kontrollen sind unerläßlich für einen wirksamen Schutz der finanziellen Inte-

---

[819] Art. 5 Abs. 1 VO (EG) 1760/2000 (Kennzeichnung und Registrierung von Rindern) i.V.m. Art. 14 Abs. 3 C. RL 64/432/EWG (Handelsverkehr mit Rindern und Schweinen).

[820] Art. 16 Abs. 2 VO (EG) 796/2004 (DVO cross compliance, Modulation und InVeKoS).

[821] Hierzu Art. 21 VO (EG) 1782/2003 (Direktzahlungen/Stützungsregelungen); Art. 7 VO (EG) 796/2004 (DVO cross compliance, Modulation und InVeKoS). Zu den Zahlungsansprüchen siehe oben Kap. 1 B.I.1.b.bb.iv.

[822] Siehe sogleich unten Kap. 3 B.III.4.c.dd.

[823] Vgl. *Rechnungshof*, Sonderbericht Nr. 4/2001 – InVeKoS, Tz. 6: „Das InVeKoS ist das zentrale Instrument zur Kontrolle der Ausgaben des EAGFL-Garantie."

[824] Art. 23 Abs. 1 VO (EG) 796/2004 (DVO cross compliance, Modulation und InVeKoS); *David*, Inspektionen, S. 50.

ressen der Europäischen Gemeinschaft; insbesondere die Vor-Ort-Kontrollen sollen möglichen Betrugsfällen vorbeugen bzw. deren Entdeckung ermöglichen.[825] Jeder Mitgliedstaat muß eine Behörde benennen, die für die Koordinierung der durch das InVeKoS vorgeschriebenen Kontrollen verantwortlich ist.[826] Beauftragt ein Mitgliedstaat spezialisierte Agenturen oder Unternehmen mit Kontrollaufgaben, so behält die benannte Behörde die Leitung und Verantwortung über diese Tätigkeit.[827]

Die Mitgliedstaaten müssen zunächst alle Beihilfeanträge einschließlich der beihilfefähigen Flächen und der entsprechenden Zahlungsansprüche im Wege der *Verwaltungskontrolle* überprüfen.[828] Die Verwaltungskontrollen müssen es gestatten, daß Unregelmäßigkeiten – insbesondere anhand elektronischer Mittel automatisch – festgestellt werden. Sie umfassen bestimmte Gegenkontrollen, die auch unter Heranziehung der vom InVeKoS geforderten Systeme zur Identifizierung landwirtschaftlicher Parzellen und zur Kennzeichnung und Registrierung von Tieren durchgeführt werden; beispielsweise muß geprüft werden, ob den Zahlungsansprüchen eine entsprechende Hektarzahl beihilfefähiger Flächen gegenübersteht.[829] Die Gegenkontrollen sollen insbesondere sicherstellen, daß die Beihilfen richtig berechnet und Doppelzahlungen vermieden werden.[830] Hinweisen auf Unregelmäßigkeiten, die sich infolge von Gegenkontrollen ergeben, ist durch andere angemessene Verwaltungsmaßnahmen und erforderlichenfalls durch eine Vor-Ort-Kontrolle weiter nachzugehen.[831]

Für die ergänzenden *Vor-Ort-Kontrollen* bei den Beihilfeantragstellern sieht die Verordnung (EG) Nr. 796/2004 vor, daß sich diese jährlich auf mindestens fünf Prozent aller beantragenden Betriebsinhaber erstrecken müssen.[832] Vor-Ort-Kontrollen sollen allgemein die Feststellung ermögli-

---

[825] Vgl. *Hedtmann*, EuR 2002, S. 122 (124 f.); *Columbus*, AgrarR 2003, S. 40 (40). Vgl. zu Kontrollen im Zusammenhang mit Ausfuhrerstattungen auch EuGH, Rs. C-385/03 – Hauptzollamt Hamburg-Jonas/Käserei Champignon Hofmeister (Rn. 28): „Die Kontrolle der Erzeugnisse, für die Erstattung beantragt worden ist, ist ein wichtiges Mittel zur Bekämpfung der Unregelmäßigkeiten und Betrugsfälle im Bereich der Ausfuhrerstattungen."
[826] Art. 23 Abs. 3 UAbs. 1 VO (EG) 1782/2003 (Direktzahlungen/Stützungsregelungen).
[827] Art. 23 Abs. 3 UAbs. 2 VO (EG) 1782/2003 (Direktzahlungen/Stützungsregelungen).
[828] Art. 23 Abs. 1 VO (EG) 1782/2003 (Direktzahlungen/Stützungsregelungen).
[829] Art. 24 Abs. 1 VO (EG) 796/2004 (DVO cross compliance, Modulation und InVeKoS).
[830] Vgl. *Rechnungshof*, Sonderbericht Nr. 4/2001 – InVeKoS, Tz. 23; *David*, Inspektionen, S. 50.
[831] Art. 24 Abs. 2 VO (EG) 796/2004 (DVO cross compliance, Modulation und InVeKoS).
[832] Art. 26 Abs. 1 UAbs. 1 VO (EG) 796/2004 (DVO cross compliance, Modulation und InVeKoS). Die Kontrollkapazitäten der Mitgliedstaaten sowie der Wirtschaftlichkeits-

chen, ob die in den Beihilfeanträgen abgegebenen Erklärungen der Wirklichkeit entsprechen.[833] Sie sollen im Interesse einer größeren Wirksamkeit regelmäßig unangekündigt erfolgen.[834] Vor-Ort-Kontrollen können ergeben, daß bei einer bestimmten Beihilferegelung oder in einem bestimmten Gebiet verstärkt Unregelmäßigkeiten auftreten; in diesem Fall müssen die zuständigen Behörden im laufenden Jahr zusätzliche Vor-Ort-Kontrollen durchführen und im darauffolgenden Jahr einen höheren Prozentsatz von Betriebsinhabern einer Vor-Ort-Kontrollen unterziehen.[835] Nähere Vorgaben hierfür enthält das Gemeinschaftsrecht allerdings nicht.

Die Gegenstände der Vor-Ort-Kontrollen sind im einzelnen vorgegeben und richten sich naturgemäß nach der Art der beantragten Beihilfen.[836] Die Vor-Ort-Kontrollen der Beihilfeanträge für Rinder umfassen beispielsweise die Überprüfung, ob alle für einen Betrieb im elektronischen Register für Rinder gemeldeten Tiere – nicht nur diejenigen, für die ein Beihilfeantrag gestellt worden ist – im Betrieb vorhanden und ordnungsgemäß mit Ohrmarken gekennzeichnet sind.[837] Die Vor-Ort-Kontrollen der Sammelanträge bei flächenbezogenen Beihilferegelungen erstrecken sich grundsätzlich auf alle landwirtschaftlichen Parzellen, für die eine Beihilfe beantragt wurde.[838] Hiergegen verstößt eine nationale Kontrollpraxis, die nicht einmal gewährleistet, daß im Falle der Aufdeckung einer Unregelmäßigkeit auch die übrigen zu dem Betrieb gehördenden Parzellen überprüft werden.[839]

Die Mitgliedstaaten haben ihren Vor-Ort-Kontrollen vorrangig ein aufgrund einer Risikoanalyse[840] und ausgehend von der Representativität der eingereichten Beihilfenanträge zu entwickelndes Kontrollkonzept zugrundezulegen.[841] Unter Risikoanalyse versteht man die Auswahl der zu kon-

---

grundsatz lassen eine umfassende Vor-Ort-Prüfung nicht zu, vgl. *Hedtmann*, EuR 2002, S. 122 (125); ferner EuGH, Rs. C-304/00 – Regina, Slg. 2002, I-10737 (Rn. 43).

[833] Vgl. *Rechnungshof*, Sonderbericht Nr. 4/2001 – InVeKoS, Tz. 29.

[834] Art. 25 Abs. 1 S. 1 VO (EG) 796/2004 (DVO cross compliance, Modulation und InVeKoS).

[835] Art. 26 Abs. 3 VO (EG) 796/2004 (DVO cross compliance, Modulation und InVeKoS)

[836] Art. 29 ff. VO (EG) 796/2004 (DVO cross compliance, Modulation und InVeKoS).

[837] Art. 35 Abs. 2 VO (EG) 796/2004 (DVO cross compliance, Modulation und InVeKoS).

[838] Art. 29 S. 1 VO (EG) 796/2004 (DVO cross compliance, Modulation und InVeKoS).

[839] EuGH, Rs. C-130/99 – Spanien/Kommission, Slg. 2002, I-3005 (Rn. 23 ff.).

[840] Zum Konzept der Risikoanalyse siehe *Borchardt*, in: Lenz/Borchardt, EUV/EGV³, Art. 34 EGV Rn. 88.

[841] Im einzelnen Art. 27 VO (EG) 796/2004 (DVO cross compliance, Modulation und InVeKoS). Zu einer nahezu identischen Vorgängerbestimmung EuGH, Rs. C-130/99 – Spanien/Kommission, Slg. 2002, I-3005 (Rn. 19 ff.): Auswahlkriterien, die die Wahrscheinlichkeit verringern, daß mit den Kontrollen Unregelmäßigkeiten aufgedeckt werden,

trollierenden Operateure anhand abstrakter und konkreter Kriterien, die den spezifischen Unregelmäßigkeitsgefahren des jeweiligen Beihilferegimes Rechnung tragen.[842] Ein Teil der Betriebe ist allerdings auch nach dem Zufallsprinzip auszuwählen. Über jede einzelne vorgenommene Kontrolle ist ein Bericht anzufertigen, der es ermöglicht, die Einzelheiten der vorgenommenen Kontrollschritte nachzuvollziehen.[843] Der Betriebsinhaber kann den Bericht unterzeichnen und dadurch seine Anwesenheit bei der Kontrolle bezeugen und Bemerkungen zu dieser Kontrolle hinzufügen. Werden bei der Kontrolle Unregelmäßigkeiten festgestellt, so erhält der Betriebsinhaber eine Ausfertigung des Berichts.

Daß die Gewährung von Beihilfen nunmehr die *Einhaltung anderweitiger Verpflichtungen* voraussetzt, stellt die mitgliedstaatlichen Verwaltungen vor besondere Herausforderungen. So führt die Bundesregierung in ihrem Entwurf eines Gesetzes zur Umsetzung der Reform der Gemeinsamen Agrarpolitik aus, daß sich durch die notwendige systematische Überprüfung vor Ort[844] zusätzliche, in ihrem Ausmaß jedoch noch nicht quantifizierbare Belastungen ergeben.[845] Die Verordnung (EG) Nr. 796/2004 geht als Regelfall davon aus, daß für diese Kontrollen „spezialisierte Kontrolleinrichtungen" zuständig sind, wohingegen die Zahlstellen aufgrund eventuell festgestellter Verstöße erforderliche Kürzungen oder Ausschlüsse vornehmen.[846] Jedoch können die Mitgliedstaaten auch die Durchführung der vorgegebenen Kontrollen durch die Zahlstellen beschließen, sofern sie garantieren, daß „die so durchgeführten Kontrollen mindestens ebenso wirksam wie bei der Durchführung durch eine spezialisierte Kontrolleinrichtung sind".[847] Auch für diese mitgliedstaatlichen Vor-Ort-Kontrollen sind Mindestkontrollsätze vorgeschrieben.[848]

---

laufen der Verordnung entgegen. Siehe auch Art. 23 Abs. 2 UAbs. 1 S. 2 VO (EG) 1782/2003 (Direktzahlungen/Stützungsregelungen).

[842] *Borchardt*, in: Lenz/Borchardt, EUV/EGV³, Art. 34 EGV Rn. 88.

[843] Hierzu und zum folgenden Art. 28 VO (EG) 796/2004 (DVO cross compliance, Modulation und InVeKoS).

[844] Vgl. Art. 25 Abs. 1 VO (EG) 1782/2003 (Direktzahlungen/Stützungsregelungen). Verwaltungskontrollen erscheinen wenig geeignet zur Überprüfung, ob die anderweitigen Verpflichtungen eingehalten sind; siehe aber Art. 43 VO (EG) 796/2004 (DVO cross compliance, Modulation und InVeKoS).

[845] BR-Drs. 80/04, S. 2.

[846] Art. 42 Abs. 1 VO (EG) 796/2004 (DVO cross compliance, Modulation und InVeKoS).

[847] Art. 42 Abs. 2 VO (EG) 796/2004 (DVO cross compliance, Modulation und InVeKoS).

[848] Art. 44 Abs. 1 VO (EG) 796/2004 (DVO cross compliance, Modulation und InVeKoS). Zu weiteren Details dieser Inspektionen siehe Art. 9, Art. 45 ff. VO (EG) 796/2004.

ee. Berechnung der Direktzahlungen sowie Kürzungen und Ausschlüsse

Das InVeKoS umfaßt weiterhin umfangreiche Regelungen über die Berechnungsgrundlage für die Beihilfen sowie Kürzungen und Ausschlüsse.[849] Diejenigen für Tierprämien sollen nun exemplarisch dargestellt werden.

Bei der *Berechnung* von Tierprämien[850] ist zunächst zu prüfen, ob eine individuelle Höchstgrenze oder eine erzeugerspezifische Obergrenze gilt. Sodann ist die Zahl beihilfefähiger Tiere durch Verwaltungskontrollen oder Vor-Ort-Kontrollen zu ermitteln. Dabei gilt ein Rind, das eine der beiden Ohrmarken verloren hat, als ermittelt, wenn es durch die übrigen Elemente des Systems zur Kennzeichnung und Registrierung von Rindern eindeutig identifiziert werden kann. Andere Verstöße gegen die Kennzeichnungspflicht führen dagegen in der Regel dazu, daß für das betroffene Tier keine Beihilfe gewährt werden darf. Liegt die Zahl der in einem Beihilfeantrag angegebenen Tiere über der Zahl der ermittelten, so wird der Beihilfebetrag grundsätzlich anhand letzterer berechnet.[851] Eigentlich von selbst versteht sich, daß eine Beihilfe nicht für mehr Tiere gewährt werden darf, als im Beihilfeantrag angegeben sind.

Für *Kürzungen und Ausschlüsse* im Bereich der Tierprämien[852] soll wiederum auf die Regelung für Rinder eingegangen werden. Diese differenziert zunächst danach, ob bei bis zu drei oder bei mehr als drei Tieren Unregelmäßigkeiten festgestellt worden sind. Im ersteren Fall ist der Gesamtbetrag, auf den der Betriebsinhaber im Rahmen dieser Beihilferegelungen für den betreffenden Prämienzeitraum eigentlich Anspruch hat, um einen Prozentsatz zu kürzen, der sich daraus ergibt, daß die Gesamtzahl der in dem betreffenden Prämienzeitraum im Rahmen der Beihilferegelungen für Rinder beantragten Rinder, bei denen Unregelmäßigkeiten festgestellt wurden,

---

[849] Art. 24 VO (EG) 1782/2003 (Direktzahlungen/Stützungsregelungen), Art. 49 ff. VO (EG) 796/2004 (DVO cross compliance, Modulation und InVeKoS).

[850] Hierzu Art. 57 VO (EG) 796/2004 (DVO cross compliance, Modulation und InVeKoS).

[851] Siehe auch Art. 138 VO (EG) 1782/2003 (Direktzahlungen/Stützungsregelungen): „Die Direktzahlungen im Rahmen dieses Kapitels werden nur für Tiere gewährt, die entsprechend der Verordnung (EG) 1760/2000 gekennzeichnet und registriert sind."

[852] Hierzu Art. 59 VO (EG) 796/2004 (DVO cross compliance, Modulation und InVeKoS). Zu einer Vorgängerregelung siehe EuGH, Rs. C-63/00 – Baden-Württemberg/Schilling, Slg. 2002, I-4483 (insbesondere Rn. 18 ff.). Die dem EuGH vorgelegte Frage, ob der Beihilfessatz auch dann zu kürzen sei, wenn die Differenz zwischen der Zahl der angegebenen Tiere und der Zahl der bei der Kontrolle festgestellten Tiere nicht auf falschen Angaben des Antragstellers, sondern darauf beruhe, daß hinsichtlich einzelner Tiere die Prämienvoraussetzungen nicht erfüllt seien, ist durch die Fassung des Art. 59 VO (EG) 796/2004 eindeutig beantwortet: Maßgeblich ist die Zahl der „ermittelten", d.h. der beihilfefähigen Tiere; siehe sogleich oben im Text.

Zur Anwendung einer Sanktionsregelung auf bereits abgeschlossene Wirtschaftsjahre siehe EuGH, Rs. C-304/00 – Regina, Slg. 2002, I-10737 (Rn. 40 ff.).

durch die Gesamtzahl der für diesen Prämienzeitraum ermittelten Rinder dividiert wird. Im letzteren Fall ist auch zunächst die entsprechende Berechnung vorzunehmen. Die Höhe des ermittelten Prozentsatzes ist sodann ausschlaggebend für die vorzunehmenden Kürzungen: Beträgt der Prozentsatz nicht mehr als zehn Prozent, so wird der Gesamtbetrag, auf den der Betriebsinhaber im Rahmen der Beihilferegelungen für den betreffenden Prämienzeitraum Anspruch hat, um den ermittelten Prozentsatz gekürzt. Beträgt der Prozentsatz mehr als zehn Prozent, jedoch nicht mehr als 20 Prozent, so wird der Gesamtbetrag um das Doppelte des Prozentsatzes gekürzt. Beträgt der Prozentsatz mehr als 20 Prozent, so darf für den betreffenden Prämienzeitraum überhaupt keine Beihilfe gewährt werden. Beträgt der Prozentsatz schließlich mehr als 50 Prozent, so hat dies für den Betriebsinhaber sogar nachteilige Auswirkungen in bis zu drei nachfolgenden Kalenderjahren. Mit diesen abgestuften Regelungen versucht der Gemeinschaftsgesetzgeber, auch beim Schutz der finanziellen Interessen der Gemeinschaft dem Grundsatz der Verhältnismäßigkeit gerecht zu werden.[853]

Die Antragstellung für Rinder, die nicht beihilfefähig sind, kann für den Betriebsinhaber folglich erhebliche finanzielle Einbußen mit sich bringen.[854] Die Kürzungen und Ausschlüsse finden zwar keine Anwendung, wenn der Betriebsinhaber sachlich richtige Angaben vorgelegt hat oder auf andere Weise belegen kann, daß ihn keine Schuld trifft.[855] Die Beweislast für das fehlende Verschulden wird mit dieser Regelung jedoch zugleich auf den Antragsteller übertragen.[856] Die Kürzungen und Ausschlüsse finden weiterhin auch keine Anwendung, wenn der Betriebsinhaber eine Selbstanzeige vornimmt, d.h. die zuständige Behörde schriftlich von der Fehlerhaftigkeit seines Beihilfeantrags informiert, es sei denn, diese Information erfolgt in Kenntnis einer bevorstehenden Vor-Ort-Kontrolle.[857] Vorsätzliche

---

[853] Vgl. EuGH, Rs. C-304/00 – Regina, Slg. 2002, I-10737 (Rn. 49 f.); *Borchardt*, in: Lenz/Borchardt, EUV/EGV³, Art. 34 EGV Rn. 90.

[854] Vgl. EuGH, Rs. C-295/02 – Gisela Gerken, Slg. 2004, I-6369 (Rn. 42): Mit einer weitgehend entsprechenden Vorgängerregelung des Art. 59 Abs. 2 VO (EG) 796/2004 (DVO cross compliance, Modulation und InVeKoS) „sollen wirksam und abschreckend nicht nur betrügerische oder grob fahrlässige Angaben geahndet werden, sondern alle Unregelmäßigkeiten, die ein Betriebsinhaber in seinem Beihilfeantrag begeht". Siehe auch *Columbus*, AgrarR 2003, S. 40 (41).
Hedtmann, EuR 2002, S. 122 (123) beklagt dennoch weiterhin die mangelnde Abschreckung als einen Grund für die Häufigkeit von Unregelmäßigkeiten. Zu weiteren Gründen siehe unten Fn. 877.

[855] Art. 68 Abs. 1 VO (EG) 796/2004 (DVO cross compliance, Modulation und InVeKoS).

[856] Vgl. *Columbus*, AgrarR 2003, S. 40 (41).

[857] Art. 68 Abs. 2 VO (EG) 796/2004 (DVO cross compliance, Modulation und InVeKoS). Der Beihilfeantrag kann auch nach nachträglich fehlerhaft geworden sein; zu

begangene Unregelmäßigkeiten führen hingegen stets dazu, daß für den betreffenden Prämienzeitraum – und im Falle einer besonders schwerwiegenden vorsätzlichen Falschangabe teilweise wiederum für bis drei Kalenderjahre – überhaupt keine Beihilfe gewährt werden darf. Derartige Kürzungen und Ausschlüsse sind *verwaltungsrechtliche Sanktionen* im Sinne der Verordnung (EG, Euratom) Nr. 2988/95 über den Schutz der finanziellen Interessen der Europäischen Gemeinschaften[858].[859] In der Rechtspraxis soll zumeist nur über den Umfang einer Sanktion, nicht aber über deren Verhängung selbst gestritten werden.[860]

Unter das InVeKoS fallende Direktzahlungen dürfen grundsätzlich erst getätigt werden, wenn die vom Mitgliedstaaten durchzuführenden Kontrollen zur Einhaltung der Beihilfevoraussetzungen abgeschlossen sind.[861] Kann die Kontrolle der Einhaltung von anderweitigen Verpflichtungen nicht vor der Leistung von Zahlungen abgeschlossen werden, so werden zu Un-

---

einer derartigen Konstellation vgl. EuGH, Rs. C-417/00 – Agrargenossenschaft Pretzsch, Slg. 2002, I-11053 (insbesondere Rn. 42 ff.).

[858] Zu dieser Verordnung siehe auch unten Kap. 4 A.II.1.a. Für die Anwendung verwaltungsrechtlicher Sanktionen gelten strafrechtliche Prinzipien entsprechend: Art. 2 Abs. 2 S. 1 VO (EG, Euratom) 2988/95 (Schutz der finanziellen Interessen) ordnet ausdrücklich an, daß verwaltungsrechtliche Sanktionen nur verhängt werden dürfen, wenn sie in einem Rechtsakt der Gemeinschaften vor dem Zeitpunkt der Unregelmäßigkeit vorgesehen waren. Mit dieser Regelung wird der in Art. 7 Abs. 1 EMRK, Art. 103 Abs. 2 GG, § 1 StGB verankerte Grundsatz des „nulla poena sine lege", d.h. das Verbot rückwirkender Strafgesetze (vgl. *Degenhart*, in: Sachs, Grundgesetz³, Art. 103 Rn. 72 ff.; *Frowein*, in: ders./Peukert, EMRK², Art. 7 Rn. 1; siehe *Borchardt*, in: Lenz/Borchardt, EUV/EGV³, Art. 34 EGV Rn. 89) aufgenommen. Weiterhin gelten gemäß Art. 2 Abs. 2 S. 2 VO (EG, Euratom) 2988/95 bei späterer Änderung der in einer Gemeinschaftsregelung enthaltenen Bestimmungen über verwaltungsrechtliche Sanktionen die weniger strengen Bestimmungen rückwirkend; d.h. es besteht ein „Vorrang des mildesten Gesetzes" (vgl. *Eser*, in: Schönke/Schröder, StGB²⁶, § 2 Rn. 16 ff.). Zur Anwendung des „Grundsatzes der rückwirkenden Anwendung" siehe EuGH, Rs. C-295/02 – Gisela Gerken, Slg. 2004, I-6369 (Rn. 51 ff.); vgl. auch *Columbus*, AgrarR 2003, S. 40 (41).
Zum *strafrechtlichen Schutz* der finanziellen Interessen der Europäischen Gemeinschaft siehe Art. 280 Abs. 4 S. 2 EGV sowie *Hedtmann*, EuR 2002, S. 122 (131 ff.).

[859] Vgl. EuGH, Rs. C-295/02 – Gisela Gerken, Slg. 2004, I-6369 (Rn. 50); EuGH, Rs. C-304/00 – Regina, Slg. 2002, I-10737 (Rn. 46); EuGH, Rs. C-63/00 – Baden-Württemberg/Schilling, Slg. 2002, I-4483 (Rn. 26); EuGH, Rs. C-354/95 – National Farmers' Union, Slg. 1997, I-4559 (Rn. 40). Zur Auslegung einer früheren Regelung über Kürzungen und Ausschlüsse bei Flächenzahlungen EuGH, Rs. 417/00 – Agrargenossenschaft Pretzsch, Slg. 2002, I-11053 (Rn. 33 ff.). Zur Kompetenz der Europäischen Gemeinschaft zur Regelung von Verwaltungssanktionen EuGH, Rs. C-240/90 – Deutschland/Kommission, Slg. 1992, I-5383 sowie *Hedtmann*, EuR 2002, S. 122 (129 ff.).

[860] *Columbus*, AgrarR 2003, S. 40 (41).

[861] Hierzu und zum folgenden Art. 10 Abs. 1 VO (EG) 1782/2003 (Direktzahlungen/Stützungsregelungen).

recht geleistete Zahlungen gemäß der oben[862] beschriebenen Regelung zurückgefordert.

ff. Die Rolle der Kommission im Rahmen des InVeKoS

Der Kommission ist nach der Verordnung (EG) Nr. 1782/2003 keine eigenständige aktive Rolle bei der Anwendung des InVeKoS zugewiesen. Ihr kommt vielmehr weitestgehend nur eine Rolle als Überwachungsorgan zu. Zwei Regelungsbereiche sind für diese Rollenbeschreibung ausschlaggebend: Die Mitgliedstaaten müssen sie einerseits regelmäßig über die Anwendung des Systems unterrichten.[863] Die Einzelheiten dieser Verpflichtung der Mitgliedstaaten sind in der Verordnung (EG) Nr. 796/2004 geregelt.[864] Wesentliches Element des jährlich vorzulegenden Berichts ist die Darstellung des Stands der Durchführung des InVeKoS, der darüber informieren soll, inwieweit die geforderten Systeme eingerichtet und funktionsfähig sind. Auf der Grundlage dieser Mitteilungen soll ein „Meinungsaustausch" zwischen der Kommission und dem Mitgliedstaat erfolgen.[865] In diesem Rahmen kann die Kommission dem Mitgliedstaat zwar eine Änderung seiner – ihrer Ansicht nach rechtswidrigen oder aber auch nur unzweckmäßigen – Verwaltungspraxis nahelegen; zu rechtlich verbindlichen Wiesungen ist sie allerdings, wie sich schon aus der Verwendung des Begriff des Meinungsaustauschs ergibt, nicht berechtigt. Die Mitteilungspflichten als solche stellen deshalb nur ein schwaches Aufsichtsmittel dar.[866]

Andererseits ist die Kommission befugt, nach rechtzeitiger Unterrichtung der betroffenen zuständigen Behörden Prüfungen oder Kontrollen in Bezug auf die Maßnahmen vorzunehmen, die zur Einrichtung und Durchführung des InVeKoS getroffen wurden, bzw. Kontrollen bei den eingeschalteten spezialisierten Agenturen und Unternehmen durchzuführen.[867] Die Kontrollen der Kommission haben also in erster Linie die Einhaltung der Bestimmungen über das InVeKoS auf mitgliedstaatlicher Ebene, nicht hingegen die Rechtmäßigkeit der einzelnen im Rahmen des InVeKoS geleisteten Zahlungen zum Gegenstand; sie sind daher gleichfalls Systemkontrollen.[868]

---

[862] Kap. 3 B.III.4.b.bb.ii.(8).
[863] Art. 27 Abs. 1 UAbs. 1 VO (EG) 1782/2003 (Direktzahlungen/Stützungsregelungen).
[864] Art. 76 VO (EG) 796/2004 (DVO cross compliance, Modulation und InVeKoS).
[865] Art. 27 Abs. 1 UAbs. 2 VO (EG) 1782/2003 (Direktzahlungen/Stützungsregelungen).
[866] Vgl. *David*, Inspektionen, S. 51.
[867] Art. 27 Abs. 2 UAbs. 1 VO (EG) 1782/2003 (Direktzahlungen/Stützungsregelungen). Für diese Inspektionsbefugnis gelten gemäß Art. 27 Abs. 2 UAbs. 2 VO (EG) 1782/2003 besondere Voraussetzungen, welche häufig bei Inspektionen der Kommission erfüllt sein müssen, vgl. *David*, Inspektionen, S. 132 ff.
[868] Siehe *David*, Inspektionen, S. 50. Vgl. oben Kap. 3 B.III.4.b.bb.ii.(5).

Gegenstand einer Vor-Ort-Kontrolle der Kommission können insbesondere die von den Mitgliedstaaten zu erstellenden Kontrollberichte sein.[869]

Aufgrund der durch die Mitteilungen und durch die Inspektionen gewonnenen Erkenntnisse kann die Kommission im Rechnungsabschlußverfahren bestimmte Ausgaben von der gemeinschaftlichen Finanzierung ausschließen,[870] da Verstöße gegen die Bestimmungen des InVeKoS dazu führen, daß die betroffenen Ausgaben nicht in Übereinstimmung mit den Gemeinschaftsvorschriften getätigt worden sind[871]. In der Praxis spielt der Ausschluß von Zahlungen wegen unzureichender Vor-Ort-Kontrollen eine große Rolle.[872] Das Rechnungsabschlußverfahren erweist sich somit auch als Instrument zur wirksamen Durchsetzung der Regelungen des InVeKoS.

gg. Abschließende Bemerkungen

Insgesamt stellen die Regelungen des InVeKoS eine beachtliche Kodifizierung des Verfahrensrechts für die Verwaltung der Agrarmarktausgaben, teilweise – mit den Regelungen über Kürzungen und Ausschlüsse sowie über den Vertrauensschutz – auch allgemeinen materiellen Beihilfenrechts dar. Die positiven Wirkungen des InVeKoS auf die Qualität des mitgliedstaatlichen Verwaltungsvollzuges erklären sich sicherlich einerseits mit der Dichte der Regelungen, die die Vorgehensweise der zuständigen Verwaltungen bei der Verwaltung der in seinen Anwendungsbereich fallenden Stützungsregelungen leiten. Andererseits sind hierfür die finanziellen Konsequenzen ausschlaggebend, die den Mitgliedstaaten bei Verstößen gegen die Bestimmungen des InVeKoS im Rahmen des Rechnungsabschlußverfahrens drohen.

Die Einschränkung der Autonomie der Mitgliedstaaten beim indirekten Vollzug[873] durch das InVeKoS ist auch durch den Schutz der finanziellen Interessen der Gemeinschaft gerechtfertigt. Aufgrund der ausschließlichen

---

[869] Siehe EuGH, Rs. C-130/99 – Spanien/Kommission, Slg. 2002, I-3005 (Rn. 30): Die Kontrollberichte können es „der Kommission ermöglichen, die Wirksamkeit der durchgeführten Kontrollen nachzuprüfen".

[870] Vgl. z.B. EuGH, Rs. C-130/99 – Spanien/Kommission, Slg. 2002, I-3005 (Rn. 16 ff.); EuGH, Rs. C-300/02 – Griechenland/Kommission, Slg. 2005, I-1341 (Rn. 53). Vgl. auch BR-Drs. 80/04, D.2: Die Beachtung der Verpflichtung zu systematischen Vor-Ort-Kontrollen „ist notwendig, um finanzielle Berichtigungen (sog. Anlastungen) der Europäischen Union zu Lasten der nationalen öffentlichen Haushalte zu vermeiden".

[871] Vgl. Art. 7 Abs. 4 UAbs. 1 VO (EG) 1258/1999 (Finanzierung GAP) und oben Kap. 3 B.III.4.b.bb.ii.(1). Vgl. EuGH, Rs. C-300/02 – Griechenland/Kommission, Slg. 2005, I-1341 (Rn. 83 ff.)

[872] Siehe z.B. den Anhang der Entscheidung (EG) 2004/561/EG (Konformitätsentscheidung). Vgl. auch EuGH, Rs. C-153/01 – Spanien/Kommission, Slg. 2004, I-9009 (Rn. 143 ff.); EuGH, Rs. C-335/03 – Portugal/Kommission (Rn. 52 ff.).

[873] Vgl. z.B. EuGH, Rs. C-336/00 – Österreich/Huber, Slg. 2002, I-7699 (Rn. 61).

Gemeinschaftsfinanzierung der Agrarmarktausgaben darf die Bewirtschaftung von Gemeinschaftsmitteln durch die Mitgliedstaaten besonderen Vorkehrungen unterworfen werden, die das mangelnde finanzielle Eigeninteresse der handelnden Verwaltungen kompensieren.[874] Aus diesem Grunde ist die Kritik, die Dichte der Regelungen des InVeKoS verstoße gegen das Subsidiaritätsprinzip,[875] nicht gerechtfertigt.[876] Eine radikale Vereinfachung der materiellen Marktordnungsregeln[877] ist zwar sicherlich wünschenswert und könnte unter Umständen eine Vereinfachung der Verfahrensregeln mit sich bringen.[878] Doch kann zum einen nicht außer Acht gelassen werden, daß gerade die Agrarbeihilferegelungen zumeist Gegenstand hart umkämpfter politischer Kompromisse sind und gerade deshalb derart komplizierte Regelwerke bestehen; eine radikale Vereinfachung ist somit politisch kaum durchsetzbar.[879] Zum anderen ist aber auch schon fraglich, ob für einen Verstoß gegen das Subsidiaritätsprinzip tatsächlich auf die denkbare Umgestaltung eines gesamten Politikbereichs abgestellt werden kann. Wesentlich näher liegt – und im übrigen dogmatisch korrekter erscheint – die Anknüpfung an die eingeführten Beihilferegelungen. Und für diese haben sich, wie schon die wesentlich geringere Fehleranfälligkeit der unter das InVeKoS fallenden Ausgaben zeigt, allgemeinere Vorgaben oder

---

[874] Vgl. *Hedtmann*, EuR 2002, S. 122 (123, 124 f., 126). Der Gerichtshof (Rs. 68/88 – Kommission/Griechenland, Slg. 1989, 2965 [Rn. 23 ff.]) hat aufgrund dieser Problematik aus dem Grundsatz der Gemeinschaftstreue (Art. 10 EGV) die Verpflichtung der Mitgliedstaaten zur Durchsetzung des Gemeinschaftsrechts auch durch Sanktionen hergeleitet. Nicht zuletzt deshalb kam es zur Regelung des Art. 280 EGV; vgl. *Mögele*, EWS 1998, S. 1 (5). Siehe ferner *Priebe*, in: FS Steinberger, S. 1347 (1363).
Hingewiesen soll an dieser Stelle auch noch auf die interessante Beobachtung von *Craig* (ELRev 2003, S. 840 [859]): Das Interesse des einzelnen Mitgliedstaates, mit einem möglichst großen Anteil an den gemeinschaftlichen Mitteln zur Agrarfinanzierung beteiligt zu sein, steht im Rahmen der Agrargesetzgebung in einem Spannungsverhältnis zu seinem Interesse, diese Mittel insgesamt zu beschränken.

[875] Vgl. *Ulrich*, Kontrollen der EG-Kommission, S. 95.

[876] Ähnlich *Mögele*, EWS 1993, S. 305 (314); *Josef Scherer*, DVBl. 1993, S. 281 (291); vgl. auch *Craig*, ELRev 2003, S. 840 (860).

[877] Das planwirtschaftliche System staatlich gelenkter und geordneter Agrarmärkte sowie die Unübersichtlichkeit und Kompliziertheit der Marktordnungsregeln werden im übrigen auch häufig als Gründe für die zahlreichen Unregelmäßigkeiten genannt, vgl. *Hedtmann*, EuR 2002, S. 122 (123); *Wolffgang*, Betrugsbekämpfung, in: Ehlers/Wolffgang, Rechtsfragen der Marktordnungen, S. 203 (243 f.). Kritisch zur Charakterisierung als Planwirtschaft *Priebe*, in: FS Steinberger, S. 1347 (1349 in Fn. 1).

[878] Vgl. *Ulrich*, Kontrollen der EG-Kommission, S. 96.

[879] Es ist im übrigen auch schon nicht völlig zweifelsfrei, ob zumindest Teile der Agrarmarktpolitik nicht in die ausschließliche Zuständigkeit der Gemeinschaft fallen und darum nicht dem Maßstab des Subsidiaritätsprinzip unterliegen; vgl. *Thiele*, Recht der GAP, S. 34 ff.; *Calliess*, in: ders./Ruffert, EUV/EGV², Art. 5 EGV Rn. 26; *Mögele*, EWS 1993, S. 305 (313 f.).

gar ausschließlich der mitgliedstaatlichen Ebene überlassene Regelungen als wesentlich ungeeigneter erwiesen.[880] Der Schutz der finanziellen Interessen kann folglich nicht ausreichend auf andere Weise erreicht werden (vgl. Art. 5 Abs. 2 EGV).

Die auf einzelstaatlicher Ebene eingerichteten integrierten Verwaltungs- und Kontrollsysteme sind weitestgehend geschlossene Systeme; insbesondere bestehen keine europaweit angewendeten Datenbanken. Als Regelungen, die „grenzüberschreitende" Sachverhalte erfassen, sieht die Verordnung (EG) Nr. 796/2004 lediglich die Pflicht der Mitgliedstaaten zur gegenseitigen Amtshilfe bei der Durchführung der Kontrollen sowie eine allgemein gehaltene gegenseitige Unterstützungspflicht vor.[881] Die Praxisrelevanz dieser Pflichten ist jedoch äußerst zweifelhaft.

5. Die Verwaltung der aus den Strukturfonds finanzierten Ausgaben

Im Bereich der Agrarmarktausgaben ergeben sich aus dem Sekundärrecht zumeist schon konkrete Leistungspflichten der Europäischen Gemeinschaft. Aus dem Sekundärrecht im Bereich der Strukturfonds[882] lassen sich hingegen wegen deren deutlich komplexeren Aufgabenstellung naturgemäß noch keine förderungsfähigen Vorhaben ableiten.[883] Vielmehr sieht die Verordnung (EG) Nr. 1260/1999 ein mehrstufiges Verfahren vor. In einem ersten Schritt hat die Kommission einige grundlegende Vorentscheidungen getroffen (a). Hieran hat sich die gemeinsame Programmplanung durch Kommission und mitgliedstaatliche Behörden angeschlossen (b). Die Durchführung der abgeschlossenen Planungen, die momentan in vollem Gange ist und im Mittelpunkt der weiteren Untersuchung stehen soll, liegt hingegen weitgehend auf mitgliedstaatlicher Ebene; die Kommission verfügt jedoch über näher aufzuzeigende Einwirkungsmöglichkeiten (c).

a. Vorentscheidungen durch die Kommission

Die Vorentscheidungen der Kommission betreffen zum einen die Förderungsgebiete in den einzelnen Mitgliedstaaten, zum anderen die Aufteilung der für die Programmplanungsphase zur Verfügung stehenden finanziellen

---

[880] Vgl. *Hedtmann*, EuR 2002, S. 122 (124): Es sei „auffällig, dass die vormals häufig nationalen Kontrollvorschriften aufgrund mangelnder Effektivität zunehmend durch solche des Gemeinschaftsrechts ersetzt worden sind". Auch *Graf*, Finanzkontrolle, S. 152.

[881] Art. 75 VO (EG) 796/2004 (DVO cross compliance, Modulation und InVeKoS).

[882] Siehe schon oben Kap. 1 B.I.2.b. Zur Verwaltung der aus den Strukturfonds finanzierten Ausgaben sehr ausführlich *Schöndorf-Haubold*, Strukturfonds der EG, S. 127 ff.; *Holzwart*, Gemeinschaftliche Strukturfonds, S. 197 ff., 278 ff.

[883] Ähnlich *Holzwart*, Gemeinschaftliche Strukturfonds, S. 149.

Ressourcen auf die einzelnen Mitgliedstaaten.[884] In Bezug auf das *Ziel 1* hat die Kommission ein Verzeichnis der unter dieses Ziel fallenden Regionen aufgestellt[885] und die für dieses Ziel zur Verfügung stehenden Verpflichtungsermächtigungen auf die einzelnen Mitgliedstaaten aufgeteilt[886]. In Bezug auf das *Ziel 2* hat die Kommission für jeden Mitgliedstaat eine Bevölkerungshöchstgrenze festgelegt[887] und hierauf aufbauend – schon „in enger Abstimmung mit dem jeweils betroffenen Mitgliedstaat" – ein Verzeichnis der unter Ziel 2 fallenden Gebiete aufgestellt[888]. In finanzieller Hinsicht hat die Kommission gleichfalls die für dieses Ziel zur Verfügung stehenden Verpflichtungsermächtigungen auf die einzelnen Mitgliedstaaten aufgeteilt[889]. In Bezug auf *Ziel 3* schließlich hat die Kommission lediglich eine Entscheidung über die Aufteilung der Verpflichtungsermächtigungen auf die Mitgliedstaaten getroffen[890]. Eine gesonderte gebietsbezogene Festlegung der Förderung ist hingegen nicht erforderlich, da die Finanzierungen im Rahmen von Ziel 3 alle Regionen betreffen, die nicht unter Ziel 1 fallen[891], das Ziel 3 insofern ein „horizontales Ziel"[892] bildet.

Die Aufteilung der Verpflichtungsermächtigungen auf die Mitgliedstaaten berührt in erheblichem Umfang die finanziellen Interessen der Mitgliedstaaten. Aus diesem Grund ist es erstaunlich, daß diese Entscheidungen der Kommission zugewiesen sind. Zwar sind in der Verordnung (EG) Nr. 1260/1999 „objektive Kriterien" als Maßstab für diese Entscheidungen vorgesehen.[893] Diese sind jedoch kaum geeignet, den Inhalt der Entscheidungen vorzuzeichnen: Weder liegen den Entscheidungen rein statistische Werte zugrunde noch ist eine Gewichtung der einzelnen Kriterien vorgegeben. Desgleichen ist die Forderung nach einem transparenten Verfahren unerfüllt geblieben. Es liegt deshalb sehr nahe, daß die Festlegung der

---

[884] Zum folgenden siehe auch *Priebe*, in: Schwarze, EU-Kommentar, Art. 161 EGV Rn. 11 ff.
[885] Entscheidung 1999/502/EG (Regionen Ziel 1) aufgrund Art. 3 Abs. 2 UAbs. 1 VO (EG) 1260/1999 (StrukturfondsVO).
[886] Entscheidung 1999/501/EG (Verpflichtungsermächtigungen Ziel 1) aufgrund Art. 7 Abs. 3 UAbs. 1 VO (EG) 1260/1999 (StrukturfondsVO).
[887] Entscheidung 1999/503/EG (Bevölkerungshöchstgrenzen Ziel 2-Gebiete) aufgrund Art. 4 Abs. 2 VO (EG) 1260/1999 (StrukturfondsVO).
[888] Für die Ziel 2-Gebiete in der Bundesrepublik Deutschland Entscheidung 2000/201/EG (Gebiete Ziel 2 Deutschland) aufgrund Art. 4 Abs. 4 UAbs. 1 VO (EG) 1260/1999 (StrukturfondsVO).
[889] Entscheidung 1999/504/EG (Verpflichtungsermächtigungen Ziel 2) aufgrund Art. 7 Abs. 3 UAbs. 1 VO (EG) 1260/1999 (StrukturfondsVO).
[890] Entscheidung 1999/505/EG (Verpflichtungsermächtigungen Ziel 3) aufgrund Art. 7 Abs. 3 UAbs. 1 und 2 VO (EG) 1260/1999 (StrukturfondsVO).
[891] Art. 5 VO (EG) 1260/1999 (StrukturfondsVO).
[892] *Priebe*, in: Schwarze, EU-Kommentar, Art. 161 EGV Rn. 9.
[893] Art. 7 Abs. 3 UAbs. 1 S. 2, UAbs. 2 VO (EG) 1260/1999 (StrukturfondsVO).

Aufteilung der finanziellen Ressourcen schon Grundlage für die Annahme der allgemeinen Strukturfondsverordnung gewesen ist.[894]

b. Programmplanung durch Kommission und Mitgliedstaaten

Die Vorentscheidungen bilden die Grundlage für die eigentliche Programmplanung. Diese wird definiert als das mehrstufige Organisations-, Entscheidungs- und Finanzierungsverfahren zur mehrjährigen Durchführung der gemeinsamen Aktion der Gemeinschaft und der Mitgliedstaaten, um die Ziele der Strukturpolitik der Gemeinschaft zu erreichen.[895] Die Notwendigkeit einer gemeinsamen Programmplanung als Ausdruck des Grundsatzes der Partnerschaft erklärt sich insbesondere vor dem Hintergrund der Kofinanzierung der Maßnahmen durch Gemeinschaft und Mitgliedstaat, die eine einseitige Entscheidung über die Förderung ausschließt. Die Programmplanung ist „Dreh- und Angelpunkt der gemeinschaftlichen Strukturförderung", da die in ihrem Rahmen erstellten Programmplanungsdokumente den Bezugspunkt für die Durchführung, die Begleitung, die Bewertung und die Kontrolle der Ausgaben[896] darstellt.[897]

Die Programmplanung erfolgt entweder in einem ein- oder in einem zweistufigen Verfahren. Zu Beginn der Programmplanung steht in beiden Fällen die *Vorlage eines Entwicklungsplans* für die Ziele 1, 2 und 3 durch den Mitgliedstaat.[898] In dem Entwicklungsplan analysiert der Mitgliedstaat seine Situation im Hinblick auf die Ziele der Strukturfonds und formuliert Ziele, Strategien und Schwerpunkte für die Entwicklung von Gebieten mit Strukturproblemen.[899] Der Plan wird von den vom Mitgliedstaat auf nationaler, regionaler oder anderer Ebene benannten zuständigen Behörden erstellt.[900] Hierbei sind die von der Kommission erstellten und im Amtsblatt veröffentlichten „Leitlinien für die Programme"[901] zu berücksichtigen. Dies soll dazu führen, daß sich die nationalen Pläne in den Rahmen gemeinschaftlicher Politiken einfügen.[902]

---

[894] Hierzu *Schöndorf-Haubold*, Strukturfonds der EG, S. 155 ff., *Holzwart*, Gemeinschaftliche Strukturfonds, S. 165 ff.

[895] Art. 9 lit. a VO (EG) 1260/1999 (StrukturfondsVO). Ausführlich zur Programmplanung *Holzwart*, Gemeinschaftliche Strukturfonds, S. 197 ff; *Schöndorf-Haubold*, Strukturfonds der EG, S. 158 ff.; siehe auch *dies.*, in: Schmidt-Aßmann/Schöndorf-Haubold, Europäischer Verwaltungsverbund, S. 25 (35 ff.).

[896] Siehe unten Kap. 3 B.III.5.c.

[897] *Priebe*, in: Schwarze, EU-Kommentar, Art. 161 EGV Rn. 32.

[898] Art. 15 Abs. 1 UAbs. 1 VO (EG) 1260/1999 (StrukturfondsVO).

[899] Vgl. Art. 9 lit. b VO (EG) 1260/1999 (StrukturfondsVO).

[900] Art. 15 Abs. 1 UAbs. 1 S. 2 VO (EG) 1260/1999 (StrukturfondsVO).

[901] Siehe oben Kap. 1 B.I.2.b.aa.

[902] *Priebe*, in: Schwarze, EU-Kommentar, Art. 161 EGV Rn. 28.

Im zweistufigen Verfahren ist der erste Abschnitt auf die Genehmigung eines *gemeinschaftlichen Förderkonzepts* (GFK)[903], der zweite auf die Genehmigung der zur Durchführung des GFK erforderlichen *operationellen Programme* (OP)[904] gerichtet. Auf der Grundlage des Entwicklungsplans „erstellt die Kommission die gemeinschaftlichen Förderkonzepte im Einvernehmen mit dem betreffenden Mitgliedstaat" und entscheidet über die Beteiligung des Fonds.[905] Im zweiten Abschnitt beurteilt die Kommission die vom Mitgliedstaat hierauf eingereichten Vorschläge für OP danach, ob diese mit den Zielen der entsprechenden gemeinschaftlichen Förderkonzepte sowie mit den Gemeinschaftspolitiken übereinstimmen und entscheidet im Einvernehmen mit dem betreffenden Mitgliedstaat über eine Beteiligung des Fonds. Die Mitgliedstaaten können aber auch schon gleichzeitig mit ihrem Entwicklungsplan Entwürfe von OP vorlegen, um die Prüfung der Anträge und die Durchführung der Programme zu beschleunigen. In diesem Fall genehmigt die Kommission mit der Entscheidung über das GFK auch die OP. Bei dieser Vorgehensweise nähert sich das zweistufige dem einstufigen Verfahren an. Das zweistufige Verfahren ist als Regelfall für Unterstützung im Rahmen von Ziel 1 vorgesehen.[906]

Das einstufige Verfahren ist auf die Genehmigung eines *Einheitlichen Programmplanungsdokuments* (EPPD)[907] gerichtet. Der Entwicklungsplan wird dabei wie ein Entwurf eines solchen Dokuments behandelt.[908] Die Kommission entscheidet auf der Grundlage des Entwicklungsplans „im Benehmen mit dem betreffenden Mitgliedstaat" über die EPPD und die Beteiligung des Fonds.[909] Das einstufige Verfahren ist als Regelfall für die einen Mitgliedstaat betreffende Unterstützung im Rahmen von Ziel 2 und Ziel 3 vorgesehen.[910]

Die Entscheidungen der Kommission über ein GFK oder ein EPPD und über die Beteiligung der Fonds hieran, nicht aber die Pläne als solche müssen nach der Verordnung (EG) Nr. 1260/1999 im Amtsblatt der EG veröffentlicht werden.[911] Diese Entscheidungen sowie die Entscheidungen über die OP und die Beteiligung der Fonds hieran sind an den Mitgliedstaat

---

[903] Z.B. *Bundesregierung*, GFK Ziel 1.
[904] Z.B. *Wirtschaftsministerium MV*, OP MV.
[905] Hierzu und zum folgenden Art. 15 Abs. 4 VO (EG) 1260/1999 (StrukturfondsVO).
[906] Art. 15 Abs. 1 UAbs. 2 VO (EG) 1260/1999 (StrukturfondsVO).
[907] Z.B. *Ministerium Ernährung und Ländlicher Raum BW*, EPPD Ziel 2.
[908] Art. 15 Abs. 1 UAbs. 1 S. 3 VO (EG) 1260/1999 (StrukturfondsVO).
[909] Art. 15 Abs. 5 S. 1, S. 3 VO (EG) 1260/1999 (StrukturfondsVO).
[910] Art. 15 Abs. 1 UAbs. 3 VO (EG) 1260/1999 (StrukturfondsVO).
[911] Art. 15 Abs. 7 S. 1 VO (EG) 1260/1999 (StrukturfondsVO).

gerichtete Entscheidungen im Sinne von Art. 249 Abs. 4 EGV;[912] es sind – aufgrund des Grundsatzes der Partnerschaft – mitwirkungsbedürftige Entscheidungen, da sie nicht ohne das Einverständnis des Mitgliedstaates getroffen werden dürfen. Mit ihnen geht die Kommission für die Gemeinschaft dem Mitgliedstaat gegenüber eine rechtliche Verpflichtung ein. Die Pläne werden dabei nicht Bestandteil der Entscheidung.[913] Sie erhalten durch die Genehmigungsentscheidung folglich nicht den Charakter eines Gemeinschaftsrechtsakts.[914] In der Praxis sind die Programmplanungsdokumente in der Regel nicht partnerschaftlich erstellt worden; vielmehr hat die Kommission die von den Mitgliedstaaten vorgelegten Pläne akzeptiert.[915]

Die OP und die EPPD als sog. Interventionen der Gemeinschaft[916] enthalten noch keine konkreten Maßnahmen (sog. Operationen[917]) zur Umsetzung ihrer Schwerpunkte. Eine entsprechende Konkretisierungsstufe der Programmplanung wird erst in der sog. *Ergänzung zur Programmplanung* erreicht.[918] In ihr findet sich eine komplette Beschreibung aller konkreten Maßnahmen, die im Programm angekündigt und zusammengefaßt werden.[919] Sie wird ausschließlich auf mitgliedstaatlicher Ebene erstellt. Die Kommission ist an der Ausarbeitung nicht beteiligt; ihr wird das angenommene Dokument lediglich zur Information übermittelt.[920] Der Verzicht auf eine Beteiligung der Kommission an der Ausarbeitung der Ergänzung zur Programmplanung bewirkt, daß diese abschließende Planungsstufe flexibler ist und vor allem während der Durchführungsphase aufgrund der gewonnenen Erkenntnisse und Erfahrungen Anpassungen leichter vorgenommen werden können.

c. Durchführung der abgeschlossenen Planungen

aa. Verwaltungsbehörden und Zahlstellen

Im Bereich der geteilten Mittelverwaltung der Strukturfondsausgaben ist grundsätzlich zwischen Verwaltungsbehörden und Zahlstellen zu unterscheiden.

---

[912] Z.B. hinsichtlich *Bundesregierung*, GFK Ziel 1 Entscheidung 2002/418/EG (Genehmigung GFK Ziel 1 Deutschland), hinsichtlich *Ministerium Ernährung und Ländlicher Raum BW*, EPPD Ziel 2 Entscheidung 2002/390/EG (Genehmigung EPPD Ziel 2 BW).

[913] *Schöndorf-Haubold*, Strukturfonds, in: Schmidt-Aßmann/Schöndorf-Haubold, Europäischer Verwaltungsverbund, S. 25 (37).

[914] Vgl. EuGH, Rs. C-336/00 – Österreich/Huber, Slg. 2002, I-7699 (Rn. 40).

[915] *Priebe*, in: Schwarze, EU-Kommentar, Art. 161 EGV Rn. 30.

[916] Art. 9 lit. a i) VO (EG) 1260/1999 (StrukturfondsVO).

[917] Vgl. Art. 9 lit. k VO (EG) 1260/1999 (StrukturfondsVO): alle von den Endbegünstigten der Intervention durchgeführten Vorhaben und Aktionen.

[918] Vgl. Art. 9 lit. m VO (EG) 1260/1999 (StrukturfondsVO).

[919] *Borchardt*, in: Lenz/Borchardt, EUV/EGV³, Art. 161 EGV Rn. 33.

[920] Art. 15 Abs. 6 UAbs. 2 VO (EG) 1260/1999 (StrukturfondsVO).

i. Verwaltungsbehörden

Verwaltungsbehörde ist nach der Legaldefinition jede öffentlich-rechtliche oder privatrechtliche nationale, regionale oder lokale Stelle oder Einrichtung, die von dem Mitgliedstaat für die Verwaltung einer Intervention benannt wird, oder der Mitgliedstaat, wenn er selbst diese Aufgabe wahrnimmt; benennt der Mitgliedstaat eine Verwaltungsbehörde, die nicht mit ihm identisch ist, so legt er in den Programmplanungsdokumenten[921] alle Einzelheiten seiner Beziehung zu dieser Behörde sowie die Einzelheiten der Beziehung dieser Behörde zur Kommission fest.[922] Aus letzterem folgt schon, daß die Verwaltungsbehörde unmittelbar mit der Kommission in Kontakt treten soll und damit nicht mehr stets der Mitgliedstaat als Bindeglied zwischen der Gemeinschaft und den mitgliedstaatlichen Verwaltungen auftreten muß. Für das Einheitliche Programmplanungsdokument für die Strukturinterventionen der Gemeinschaft in den in der Bundesrepublik Deutschland unter das Ziel 2 fallenden Regionen in Baden-Württemberg ist beispielsweise das Ministerium für Ernährung und Ländlichen Raum Verwaltungsbehörde.[923]

Die Verwaltungsbehörde bildet die zentrale Stelle auf der mitgliedstaatlichen Ebene:[924] Sie trägt die *Verantwortung für die Wirksamkeit und die Ordnungsmäßigkeit* der Verwaltung und Durchführung.[925] Dies bedeutet allerdings nicht, daß die Verwaltungsbehörde selbst die Entscheidungen über die aus Gemeinschaftsmitteln finanzierten Maßnahmen treffen muß.[926] Diese wichtige Aufgabe können auch „zwischengeschaltete Stellen" wahrnehmen, d.h. öffentliche oder private Einrichtungen, die unter der Verantwortung von Verwaltungsbehörden oder Zahlstellen handeln oder Aufgaben für deren Rechnung gegenüber Endbegünstigten oder den die Operationen durchführenden Einrichtungen oder Unternehmen ausführen.[927] Die Tätigkeiten der Verwaltungsbehörde liegen nach den gemeinschaftsrechtlichen Vorgaben vielmehr zum einen im Bereich der Begleitung und Bewertung, u.a. durch die Erstellung jährlicher Durchführungsberichte und eines

---

[921] *Holzwart*, Gemeinschaftliche Strukturfonds, S. 281; *Schöndorf-Haubold*, Strukturfonds der EG, S. 260.
[922] Art. 9 lit. n S. 1 und S. 2 VO (EG) 1260/1999 (StrukturfondsVO).
[923] *Ministerium Ernährung und Ländlicher Raum BW*, EPPD Ziel 2, S. 240.
[924] *Borchardt*, in: Lenz/Borchardt, EUV/EGV³, Art. 161 EGV Rn. 37.
[925] Art. 34 Abs. 1 UAbs. 1 VO (EG) 1260/1999 (StrukturfondsVO).
[926] Ungenau deshalb *Borchardt*, in: Lenz/Borchardt, EUV/EGV³, Art. 161 EGV Rn. 37; *Petzold*, in: Groeben/Schwarze, EUV/EGV III⁶, Art. 161 EGV Rn. 9. Insofern erscheint der Vergleich der Aufgabenbeschreibung der Verwaltungsbehörde mit der des Vorstands einer Aktiengesellschaft (*Holzwart*, Gemeinschaftliche Strukturfonds, S. 281) nicht ganz zutreffend.
[927] Art. 2 Abs. 2 VO (EG) 438/2001 (Verwaltungs- und Kontrollsysteme Strukturfonds). Vgl. *J.-P. Schneider*, VVDStRL 2005, S. 238 (262).

Schlußberichts, zum anderen im Bereich der Finanzkontrolle.[928] Sie wird damit in erster Linie im Gemeinschaftsinteresse tätig.[929]

ii. Zahlstellen

Nicht nur für die EAGFL-Garantieausgaben, sondern auch für die Strukturfondsausgaben sieht das Sekundärrecht auf mitgliedstaatlicher Ebene sog. Zahlstellen vor. Schon aufgrund der soeben beschriebenen Aufgabenzuweisung an die Verwaltungsbehörden, insbesondere aufgrund dessen, daß die Verwaltungsbehörden für die Bewilligung der gemeinschaftlichen Mittel verantwortlich sind, steht jedoch fest, daß sich die Aufgabenbereiche der Zahlstellen im Bereich der Strukturfondsausgaben und im Bereich der Garantieausgaben nicht entsprechen können.

Die Zahlstellen im Bereich der Strukturfondsausgaben sind in erster Linie auf deren finanztechnische Abwicklung beschränkt. Zahlstelle ist nach der Legaldefinition eine vom Mitgliedstaat benannte lokale, regionale oder nationale Behörde oder Stelle, die beauftragt ist, Auszahlungsanträge zu erstellen und bei der Kommission einzureichen und Zahlungen der Kommission zu empfangen.[930] Zahlstelle für eine bestimmte Intervention kann, wenn der betreffende Mitgliedstaat dies beschließt, auch die jeweilige Verwaltungsbehörde sein.[931] Der Mitgliedstaat legt die Einzelheiten seiner Beziehung zur Zahlstelle sowie die Einzelheiten der Beziehung der Zahlstelle zur Kommission fest.[932] Zahlstelle für den EFRE ist auf Bundesebene beispielsweise das Bundesamt für Wirtschaft mit Sitz in Eschborn, eine Bundesoberbehörde im Geschäftsbereich des Bundesministeriums für Wirtschaft und Arbeit.[933]

bb. Verwaltungs- und Kontrollsysteme

Die Verwaltungs- und Kontrollsysteme von Verwaltungsbehörden, Zahlstellen und zwischengeschalteten Stellen müssen erstens für eine eindeutige Definition, eine klare Zuweisung und eine ausreichende Trennung von Aufgaben innerhalb der betreffenden Organisation, zweitens für wirksame Systeme, die gewährleisten, dass die Aufgaben in einer ordnungsgemäßen Weise ausgeführt werden, und drittens im Fall der zwischengeschalteten Stellen für die Berichterstattung an die verantwortliche Verwaltungsbehörde bzw. Zahlstelle über die Erfüllung ihrer Aufgaben und die hierzu einge-

---

[928] Art. 34 Abs. 1 UAbs. 1 lit. a-h VO (EG) 1260/1999 (StrukturfondsVO); siehe auch Erwgrd. 47 S. 2 VO (EG) 1260/1999.
[929] *Schöndorf-Haubold*, Strukturfonds der EG, S. 262 f.
[930] Art. 9 lit. o S. 1 VO (EG) 1260/1999 (StrukturfondsVO).
[931] Art. 9 lit. n S. 3 VO (EG) 1260/1999 (StrukturfondsVO).
[932] Art. 9 lit. o S. 2 VO (EG) 1260/1999 (StrukturfondsVO).
[933] *Ministerium Ernährung und Ländlicher Raum BW*, EPPD Ziel 2, S. 242.

Die Vollzugsebene der gemeinschaftlichen Leistungsverwaltung 295

setzten Mittel sorgen.[934] Sie schließen insbesondere[935] Verfahren ein, in denen die Erbringung der kofinanzierten Wirtschaftsgüter oder Dienstleistungen und die Richtigkeit der in Rechnung gestellten Ausgaben geprüft und die Einhaltung der einschlägigen nationalen und Gemeinschaftsvorschriften sichergestellt werden.[936]

Das Sekundärrecht der Strukturfonds sieht also nicht ein gemeinschaftliches Verwaltungs- und Kontrollsystem vergleichbar dem InVeKoS vor, sondern „beschränkt" sich auf Vorgaben für das auf mitgliedstaatlicher Ebene einzurichtende. Diese Vorgaben beruhen auf der Erkenntnis, daß effiziente Verfahrensregeln auch für eine erfolgreiche Umsetzung der Strukturprogramme unerläßlich sind.[937] Der Mitgliedstaat ist verpflichtet, der Kommission Angaben über die Organisation der Verwaltungsbehörde, der Zahlstelle sowie der zwischengeschalteten Stellen und über die bei diesen bestehenden Verwaltungs- und Kontrollsysteme zu übermitteln.[938]

Das Gemeinschaftsrecht hält mit den Durchführungsverordnungen (EG) Nr. 1685/2000 hinsichtlich der Zuschußfähigkeit der Ausgaben für von den Strukturfonds kofinanzierte Operationen[939] und (EG) Nr. 1159/2000 über die von den Mitgliedstaaten zu treffenden Informations- und Publizitätsmaßnahmen für die Interventionen der Strukturfonds[940] noch weitere, den mitgliedstaatlichen Verwaltungsvollzug betreffende Regelungen bereit. Im wesentlichen muß bei der Entscheidung über eine konkrete Förderung und bei der Überwachung der Vorhabendurchführung jedoch auf das nationale Recht, insbesondere auf das nationale Beihilfenrecht zurückgegriffen werden, das gegebenenfalls den gemeinschaftsrechtlichen Anforderungen angepaßt werden muß.[941] Auch dies ist Ausdruck dafür, daß die Gemeinschaft sich durch die Strukturfonds an der Finanzierung nationaler Förderprogramme beteiligt.

---

[934] Art. 3 VO (EG) 438/2001 (Verwaltungs- und Kontrollsysteme Strukturfonds).
[935] Für weitere Anforderungen siehe Art. 4 Abs. 2, Art. 7, Art. 8 VO (EG) 438/2001 (Verwaltungs- und Kontrollsysteme Strukturfonds).
[936] Art. 4 Abs. 1 VO (EG) 438/2001 (Verwaltungs- und Kontrollsysteme Strukturfonds).
[937] So *Priebe*, in: Schwarze, EU-Kommentar, Art. 161 EGV Rn. 38.
[938] Art. 5 Abs. 1 VO (EG) 438/2001 (Verwaltungs- und Kontrollsysteme Strukturfonds).
[939] Dazu *Schöndorf-Haubold*, Strukturfonds der EG, S. 265 ff.
[940] Dazu ebenfalls *Schöndorf-Haubold*, Strukturfonds der EG, S. 276 ff.
[941] *Schöndorf-Haubold*, Strukturfonds der EG, S. 263 ff. Dieser Grundsatz kommt beispielsweise in Art. 30 Abs. 3 VO (EG) 1260/1999 (StrukturfondsVO) zum Ausdruck, wonach für die zuschußfähigen Ausgaben grundsätzlich die einschlägigen nationalen Vorschriften gelten. Mit der VO (EG) 1685/2000 (Zuschußfähigkeit Ausgaben Strukturfonds) hat die Kommission allerdings von der dort enthaltenen Ermächtigung zum Erlaß gemeinsamer Regeln Gebrauch gemacht.

cc. Das Finanzierungsverfahren

Wie schon die gemeinschaftsrechtlich vorgeschriebene Verwaltungsorganisation gestaltet sich auch das Finanzierungsverfahren im Bereich der Strukturfondsausgaben komplexer als bei den Agrarmarktausgaben, nicht zuletzt deshalb, weil die Strukturfondsausgaben im Haushaltsplan als getrennte Mittel ausgewiesen sind, d.h. der Haushaltsplan zwischen Verpflichtungs- und Zahlungsermächtigungen trennt.[942]

i. Mittelbindungen der Kommission

Die Gemeinschaftsmittel werden auf der Grundlage der im Rahmen der Programmplanung getroffenen Entscheidungen über die Beteiligung der Fonds, mit denen die Kommission jeweils eine rechtliche Verpflichtung gegenüber dem Mitgliedstaat eingegangen ist, gebunden.[943] Mit den Mittelbindungen wird der Haushaltsplan bezüglich der Verpflichtungsermächtigungen vollzogen.[944]

Bei einer mehrjährigen Strukturfondsintervention wird in der Regel *einmal jährlich* eine Mittelbindung vorgenommen: Die erste Mittelbindung erfolgt, wenn die Kommission die Entscheidung über die Genehmigung der Intervention erläßt; die darauffolgenden Mittelbindungen erfolgen in der Regel bis zum 30. April eines jeden Jahres.[945] Bei den Strukturfondsausgaben bestehen also in zweierlei Hinsicht Besonderheiten gegenüber den allgemeinen Regelungen über einen gemeinschaftlichen Ausgabenvorgang: Zum einen wird von der zeitlichen Abfolge abgewichen, indem die Kommission zuerst eine rechtliche Verpflichtung eingeht und erst hierauf eine Mittelbindung vornimmt. Zum anderen werden nicht sogleich Mittel in einem der Höhe der Verpflichtung entsprechenden Umfang gebunden. Die Haushaltsordnung sieht letztere Möglichkeit allerdings ausdrücklich vor.[946] Mittelbindungen in Jahrestranchen sind problematisch, da sie dazu führen, daß diejenigen Teile der Verpflichtungen, für die Mittelbindungen erst in nachfolgenden Jahren vorgenommen werden, in der Rechnungsführung eigentlich nicht ausgewiesen werden.[947] Der Problematik begegnet die Kommission damit, daß sie in einem Anhang „Außerbilanzmäßige Verpflich-

---

[942] Siehe oben Kap. 2 A.I.1.a.
[943] Art. 31 Abs. 1 VO (EG) 1260/1999 (StrukturfondsVO).
[944] Nicht zugleich auch bezüglich der Zahlungsermächtigungen, so aber *Holzwart*, Gemeinschaftliche Strukturfonds, S. 284.
[945] Art. 31 Abs. 2 UAbs. 1 VO (EG) 1260/1999 (StrukturfondsVO).
[946] Art. 76 Abs. 3 HO 2002.
[947] *Rechnungshof*, Stellungnahme Nr. 10/98 – Agenda 2000, Tz. 5.2.; *Holzwart*, Gemeinschaftliche Strukturfonds, S. 285. Siehe auch *Rechnungshof*, Stellungnahme Nr. 2/2001 – Haushaltsordnung, Tz. 29 f.; hierauf wiederum *Kommission*, Geänderter Vorschlag Haushaltsordnung, KOM(2001) 691 endg./2, S. 14.

tungen: Potenzielle Forderungen und Verbindlichkeiten" zur Vermögensübersicht im Rahmen des Rechnungsabschlusses der Europäischen Gemeinschaften auch rechtliche Verpflichtungen aufführt, für die noch keine Haushaltsmittel gebunden wurden.[948] Somit wird zumindest offengelegt, bis zu welcher Höhe für die nachfolgenden Haushaltsjahre Mittel in den Gesamthaushaltsplan eingesetzt werden müssen, um bereits eingegangene rechtliche Verpflichtungen erfüllen zu können.

Die Kommission muß Mittelbindungen *automatisch freigeben*, d.h. – in der Terminologie der Haushaltsordnung – aufheben[949], wenn für einen Teil eines gebundenen Betrags am Ende des zweiten Jahres nach dem Jahr der Mittelbindung keine Vorauszahlung erfolgt ist oder kein zulässiger Auszahlungsantrag bei der Kommission gestellt wurde (sog. „n+2"-Regel[950]); dasselbe gilt, wenn der Schlußbericht der Verwaltungsbehörde zu der Intervention nicht rechtzeitig der Kommission vorliegt.[951] Die Freigabe durch die Kommission hat zur Folge, daß sich der Anspruch des Mitgliedstaats gegen die Gemeinschaft, der durch die Programmgenehmigung begründet worden ist, entsprechend vermindert. Verzögerungen bei der Durchführung der Programme können also die finanziellen Interessen der Mitgliedstaaten erheblich beeinträchtigen. Die „n+2"-Regel dient so der raschen Durchführung der Interventionen. Die Kommission muß allerdings den Mitgliedstaat und die Zahlstelle rechtzeitig unterrichten, wenn das Risiko einer automatischen Freigabe besteht.[952] Angesichts der Zielsetzung der „n+2"-Regel ist es auch konsequent, daß die Kommission die freigewordenen Mittel wieder einsetzen kann, wenn ein offensichtlicher, ausschließlich ihr anzulastender Fehler vorliegt oder ein Fall höherer Gewalt eingetreten ist, der gravierende Folgen für die Abwicklung der Strukturfondsinterventionen hat.[953] Auch die „n+2"-Regel stellt eine Sonderregelung gegenüber dem allgemeinen Haushaltsvollzugsrecht dar. Die Haushaltsordnung und die zu ihrer Durchführung ergangene Verordnung sehen nämlich vor, daß eine Mittelbindung aufzuheben ist, wenn sie nicht innerhalb von drei Jahren nach Unterzeichnung der entsprechenden rechtlichen Verpflichtung zu einer Zahlung geführt hat.[954] Allerdings geht das allgemeine Haushaltsvollzugsrecht hierbei davon aus, daß die Mittelbindungen nicht in Jahrestranchen, sondern einmalig in vollem Umfang erfolgen.

---

[948] Z.B. *Kommission*, Endgültige Rechnungsabschlüsse der Europäischen Gemeinschaften Haushaltsjahr 2003, ABl. EU 2004 Nr. C 294/1 (87 ff., insbesondere 94 f.).

[949] Art. 77 Abs. 3 HO 2002.

[950] Siehe *Kommission*, „n+2"-Regel.

[951] Hierzu und zum folgenden Art. 31 Abs. 2 UAbs. 2 VO (EG) 1260/1999 (StrukturfondsVO).

[952] Art. 31 Abs. 2 UAbs. 4 VO (EG) 1260/1999 (StrukturfondsVO).

[953] Art. 157 Abs. 2 HO 2002.

[954] Art. 77 Abs. 3 UAbs. 3 HO 2002, Art. 93 DVO HO 2002.

ii. Zahlungen

Mit den Zahlungen der Kommission[955] wird der Haushaltsplan bezüglich der Zahlungsermächtigungen vollzogen. Sie erfolgen an die Zahlstelle. Diese muß den Endbegünstigten, d.h. den Stellen und öffentlichen oder privaten Unternehmen, die die Operationen in Auftrag geben,[956] den Betrag der Fondsbeteiligung, auf den sie Anspruch haben, vollständig und möglichst rasch weiterleiten.[957] Zahlungen der Kommission können in Form von Vorauszahlungen, Zwischenzahlungen und Restzahlungen geleistet werden.[958] Sie werden – nicht zuletzt zur Vermeidung des Eingreifens der „n+2"-Regel – der am weitesten zurückliegenden offenen Mittelbindung zugeordnet.

Bei der ersten Mittelbindung leistet die Kommission eine *Vorauszahlung*[959] in Höhe von 7 % der Beteiligung der Fonds an der betreffenden Intervention. Die Zahlstelle ihrerseits leistet Vorauszahlungen auf die Ausgaben, an denen sich die Gemeinschaft beteiligt. Auf die Vorauszahlung der Gemeinschaft hin muß die Zahlstelle innerhalb von 18 Monaten nach der Entscheidung über die Fondsbeteiligung einen Zahlungsantrag bei der Kommission einreichen; ansonsten ist der Betrag der Vorauszahlung zurückzuzahlen. Diese Rückzahlungspflicht hat allerdings noch nicht eine entsprechende Minderung des Anspruchs des Mitgliedstaates gegen die Gemeinschaft zur Folge, da die Mittelbindung zunächst bestehen bleibt und erst aufgrund der „n+2"-Regel möglicherweise aufgehoben wird.

Die *Zwischenzahlungen* und *Restzahlungen* betreffen die tatsächlich getätigten Ausgaben, die sich auf die von den Endbegünstigten getätigten Zahlungen beziehen, welche durch quittierte Rechnungen und gleichwertige Buchungsbelege belegt sind.[960] Diese Ausgaben müssen von der Zahlstelle bescheinigt worden sein;[961] eine entsprechende Ausgabenbescheinigung muß dem Zahlungsantrag beigefügt werden.[962] In ihr bestätigt die Zahlstelle u.a., „dass die Intervention in Übereinstimmung mit den in der Entscheidung[963] vorgesehenen Zielen vorangeht und den Bestimmungen der Ver-

---

[955] Siehe auch *Schöndorf-Haubold*, Strukturfonds der EG, S. 271 ff.

[956] Art. 9 lit. l VO (EG) 1260/1999 (StrukturfondsVO).

[957] Art. 32 Abs. 1 UAbs. 5 VO (EG) 1260/1999 (StrukturfondsVO).

[958] Hierzu und zum folgenden Art. 32 Abs. 1 UAbs. 2, UAbs. 3 S. 1 VO (EG) 1260/1999 (StrukturfondsVO).

[959] Art. 32 Abs. 2 VO (EG) 1260/1999 (StrukturfondsVO).

[960] Art. 32 Abs. 1 UAbs. 3 S. 2, Abs. 3 UAbs. 1 S. 1, Abs. 4 lit. a VO (EG) 1260/1999 (StrukturfondsVO).

[961] Art. 32 Abs. 3 UAbs. 1 S. 1, Abs. 4 lit. a VO (EG) 1260/1999 (StrukturfondsVO).

[962] Für Ausgabenbescheinigungen und Zahlungsanträge muß die Zahlstelle auf Vordrucke zurückgreifen, die in einem Anhang zur VO (EG) 438/2001 (Verwaltungs- und Kontrollsysteme Strukturfonds), einer Durchführungsverordnung der Kommission, enthalten sind.

[963] D.h. in den Kommissionsentscheidungen zur Genehmigung der OP bzw. der EPPD.

ordnung (EG) Nr. 1260/1999 entspricht". Dafür muß sich die Zahlstelle vergewissern, daß die Voraussetzungen der Erstattung der getätigten Ausgaben durch die Gemeinschaft erfüllt sind.[964] Die Aufgabe der Zahlstelle geht also über die rein finanztechnische Abwicklung hinaus. Ist die Zahlstelle nicht mit der Verwaltungsbehörde identisch, so fungiert sie als externe Kontrollinstanz auf mitgliedstaatlicher Ebene. Für den Fall der Identität von Zahlstelle und Verwaltungsbehörde soll die zur Kontrolle notwendige Distanz immerhin dadurch gewahrt werden, daß die Ausgabenbescheinigungen von einer Person oder Abteilung der Zahlstelle zu erstellen ist, die in ihrer Funktion von allen Dienststellen, die Zahlungsanträge bewilligen, unabhängig ist.[965]

Die Zwischenzahlungen werden auf der Ebene der einzelnen Intervention getätigt und auf der Ebene der in dem Finanzierungsplan für die Ergänzung zur Programmplanung enthaltenen Maßnahmen berechnet.[966] Sind die Bedingungen einer Zwischenzahlung erfüllt, so leistet die Kommission vorbehaltlich der Verfügbarkeit von Mitteln innerhalb von zwei Monaten nach Eingang eines zulässigen Auszahlungsantrags.[967] Solche Anträge sollen möglichst zusammengefaßt dreimal jährlich bei der Kommission eingereicht werden.[968] Die Kommission unterrichtet den Mitgliedstaat und die Zahlstelle unverzüglich, wenn eine Erstattungsvoraussetzung nicht erfüllt ist und dem Antrag auf Zahlung deshalb nicht stattgegeben werden kann.[969]

Die Zahlung des Restbetrags hängt insbesondere davon ab, daß die Verwaltungsbehörde der Kommission einen Schlußbericht über die Durchführung der Intervention vorgelegt hat und die Kommission diesen genehmigt hat.[970] Weiterhin muß der Mitgliedstaat der Kommission einen sog. Abschlußvermerk übermittelt haben. Dieser wird von einer in ihrer Funktion von der Verwaltungsbehörde unabhängigen Person oder Stelle erstellt und enthält einen Überblick über die Ergebnisse der durchgeführten Kontrollen sowie eine Schlußfolgerung zur Gültigkeit des Auszahlungsantrags für den Restbetrag und zur Recht- und Ordnungsmäßigkeit der Operationen, die der endgültigen Ausgabenerklärung zugrunde liegen.[971]

---

[964] Art. 9 Abs. 2 VO (EG) 438/2001 (Verwaltungs- und Kontrollsysteme Strukturfonds).
[965] Art. 9 Abs. 1, Abs. 4 VO (EG) 438/2001 (Verwaltungs- und Kontrollsysteme Strukturfonds).
[966] Art. 32 Abs. 3 UAbs. 1 S. 2 VO (EG) 1260/1999 (StrukturfondsVO).
[967] Art. 32 Abs. 1 UAbs. 4 VO (EG) 1260/1999 (StrukturfondsVO).
[968] Art. 32 Abs. 3 UAbs. 3 VO (EG) 1260/1999 (StrukturfondsVO).
[969] Art. 32 Abs. 3 UAbs. 2 Hs. 1 VO (EG) 1260/1999 (StrukturfondsVO).
[970] Art. 32 Abs. 4 VO (EG) 1260/1999 (StrukturfondsVO).
[971] Art. 38 Abs. 1 lit. f VO (EG) 1260/1999 (StrukturfondsVO); siehe auch Art. 15 ff. sowie Anhang III VO (EG) 438/2001 (Verwaltungs- und Kontrollsysteme Strukturfonds).

iii. Die „Verantwortung für die Finanzkontrolle"

Die allgemeine Strukturfondsverordnung sieht eine zweistufige Verantwortung für die Finanzkontrolle vor.[972] Sie weist diese „in erster Linie" den Mitgliedstaaten zu („First-Line-Finanzkontrolle"[973]) und überantwortet diesen damit in erheblichem Umfang den Schutz der finanziellen Interessen der Gemeinschaft.[974] Zugleich bestimmt sie jedoch – aufgrund der primärrechtlichen Vorgabe deklaratorisch –, daß diese Verantwortung „unbeschadet der Zuständigkeit der Kommission für die Ausführung des Gesamthaushaltsplans der Europäischen Gemeinschaften" aus Art. 274 Abs. 1 S. 1 EGV[975] besteht („Second-Line-Finanzkontrolle").[976]

Die *Mitgliedstaaten* sind insbesondere[977] dafür verantwortlich, daß Verwaltungs- und Kontrollsysteme, die eine effiziente und ordnungsgemäße Verwendung der Gemeinschaftsmittel sicherstellen, vorhanden und funktionstüchtig sind, daß die Intervention in Übereinstimmung mit allen geltenden Gemeinschaftsvorschriften verwaltet wird, daß die Gemeinschaftsmittel entsprechend den Grundsätzen der Wirtschaftlichkeit der Hausführung verwendet werden sowie daß bei zu Unrecht aus Gemeinschaftsmitteln finanzierten Maßnahmen (sog. Unregelmäßigkeiten[978]) eine Rückforderung erfolgt. Diese Aufzählung der wichtigsten von den Mitgliedstaaten zu treffenden Maßnahmen macht deutlich, daß die Finanzkontrolle im Sinne der allgemeinen Strukturfondsverordnung auf eine umfassende Kontrolle der Durchführung der Strukturfondsinterventionen durch die Verwaltungsbehörden, die Zahlstellen und die zwischengeschalteten Stellen gerichtet ist.[979]

---

[972] Vgl. *J.-P. Schneider*, VVDStRL 2005, S. 238 (262): „Verantwortungsverbund".

[973] Vgl. *Schöndorf-Haubold*, Strukturfonds der EG, S. 299, 305 f.; *David*, Inspektionen, S. 117 ff.; *dies.*, Inspektionen, in: Schmidt-Aßmann/Schöndorf-Haubold, Europäischer Verwaltungsverbund, S. 237 (239 f.).

[974] *J.-P. Schneider*, VVDStRL 2005, S. 238 (262).

[975] Hierzu ausführlich oben Kap. 3 A.II.

[976] Art. 38 Abs. 1 S. 1 VO (EG) 1260/1999 (StrukturfondsVO). Siehe auch Erwgrd. 51 VO (EG) 1260/1999: „unbeschadet der bestehenden Befugnisse der Kommission im Bereich der Finanzkontrolle".

[977] Zu den die Mitgliedstaaten treffenden Pflichten aufgrund ihrer Finanzkontrollverantwortung im einzelnen Art. 38 Abs. 1 S. 2 VO (EG) 1260/1999 (StrukturfondsVO); weiterhin Art. 10 ff. VO (EG) 438/2001 (Verwaltungs- und Kontrollsysteme Strukturfonds). Siehe auch *J.-P. Schneider*, VVDStRL 2005, S. 238 (262 f.).

[978] Siehe unten Kap. 4 A.II.1.a.

[979] Ähnlich *Schöndorf-Haubold*, Strukturfonds der EG, S. 300. Siehe auch *J.-P. Schneider*, VVDStRL 2005, S. 238 (265): Die Finanzkontrolle sei in der Sprache des New Public Managements „output"-orientiert, da sie im wesentlichen die Durchführung und Rechtmäßigkeit individueller Finanztransaktionen betreffe. Allerdings gilt es zu bedenken, daß eine wirtschaftliche Haushaltsführung auch einen effektiven und effizienten Einsatz der Gemeinschaftsmittel verlangt und deswegen auch der Finanzkontrolle Gesichtspunkte der Evaluation eigentlich nicht fremd sein dürften.

Dementsprechend beansprucht die Verordnung (EG) Nr. 438/2001 der Kommission mit Durchführungsvorschriften in Bezug auf die Verwaltungs- und Kontrollsysteme bei Strukturfondsinterventionen auch, im wesentlichen die Gegenstände der Finanzkontrolle näher zu regeln.[980] Die Finanzkontrolle der Mitgliedstaaten erfolgt auf der Grundlage des nationalen Rechts, das durch die jeweilgen gemeinschaftsrechtlichen Vorgaben überformt ist.[981] Die Mitgliedstaaten können sich in einem bestimmten Umfang zur Finanzkontrolle auch der Verwaltungsbehörde bedienen.[982]

Die Finanzkontrolle der *Kommission* ist ausschließlich auf eine Kontrolle des Vorhandenseins und der Funktionstüchtigkeit der in den Mitgliedstaaten bei den Verwaltungsbehörden, Zahlstellen und zwischengeschalteten Stellen eingerichteten Verwaltungs- und Kontrollsysteme gerichtet.[983] Während also die Finanzkontrolle der Mitgliedstaaten umfassend angelegt ist, beschränkt sich diejenige der Kommission auf eine Systemkontrolle[984]. In ihrem Rahmen kann sie vor Ort die Verwaltungs- und Kontrollsysteme, aber auch die Operationen stichprobenartig kontrollieren.[985] Die Kontrolle von Operationen soll Rückschlüsse auf das eingerichtete Verwaltungs- und Kontrollsystem ermöglichen. Daneben dienen die der Kommission zu übermittelnden Informationen und Berichte als Grundlage ihrer Finanzkontrolltätigkeit.

Die partielle Identität der Kontrollgegenstände führt dazu, daß eine Koordination der mitgliedstaatlichen und der Kommissionskontrollen notwendig erscheint, um ein kohärentes und effizientes Vorgehen der Kontrolltätigkeit zu gewährleisten. Die notwendige Kooperation zwischen Kommission und Mitgliedstaaten erfolgt auf der Grundlage „bilateraler administrativer Vereinbarungen"[986]. Bei der Verwaltung der Strukturfondsausgaben kann so-

---

[980] Siehe Erwgrd. 1, Erwgrd. 3 und Erwgrd. 5 VO (EG) 438/2001 (Verwaltungs- und Kontrollsysteme Strukturfonds).
[981] Art. 38 Abs. 2 UAbs. 2 S. 1 VO (EG) 1260/1999 (StrukturfondsVO).
[982] Siehe *Borchardt*, in: Lenz/Borchardt, EUV/EGV³, Art. 161 EGV Rn. 53.
[983] Art. 38 Abs. 2 UAbs. 1 VO (EG) 1260/1999 (StrukturfondsVO).
[984] *Schöndorf-Haubold*, Strukturfonds der EG, S. 317; *J.-P. Schneider*, VVDStRL 2005, S. 238 (264).
[985] Art. 38 Abs. 2 UAbs. 2 S. 1 VO (EG) 1260/1999 (StrukturfondsVO); siehe auch Art. 6 S. 2 VO (EG) 438/2001 (Verwaltungs- und Kontrollsysteme Strukturfonds).
[986] Art. 38 Abs. 3 UAbs. 1 S. 1 VO (EG) 1260/1999 (StrukturfondsVO); siehe auch schon Art. 38 Abs. 1 S. 2 lit. g VO (EG) 1260/1999. Nach *Schöndorf-Haubold*, Strukturfonds der EG, S. 303 sollen sich aus diesen sog. Kontrollvereinbarungen keine Rechtswirkungen ergeben. Dies erscheint allerdings zweifelhaft. Nach der allgemeinen StrukturfondsVO erfolgt die Zusammenarbeit „auf der Grundlage" dieser Vereinbarungen. Ziel dieser Vereinbarungen soll weiterhin ein koordiniertes Vorgehen bei den von dem jeweiligen Mitgliedstaat und der Kommission vorzunehmenden Kontrollen sein. Beides legt eine Bindung sogar eher nahe. Letztlich dürfte aber auf die jeweilige Vereinbarung und deren einzelne Gegenstände abzustellen sein. Siehe auch die zumindest zurückhaltendere

mit, wenn auch nur in dem Bereich der Finanzkontrolle, eine vertikale Verwaltungskooperation[987] in einer konsensualen Handlungsform ausgemacht werden. Zu dieser auf Partnerschaft angelegten Verwaltungskooperation in scharfem Kontrast steht allerdings eine weitere Befugnis, die der Kommission im Rahmen ihrer Finanzkontrolle zusteht: Sie kann von einem Mitgliedstaat ohne besondere Voraussetzungen die Inspektion einer Operation vor Ort zu verlangen, wobei Vertreter der Kommission an diesen Kontrollen teilnehmen dürfen.[988] Die Finanzkontrolle der Kommission bildet somit ein anschauliches Beispiel für die „Europäische Verwaltung zwischen Kooperation und Hierarchie"[989].

Die Ergebnisse der vom Mitgliedstaat und der Kommission durchgeführten Kontrollen sowie die finanziellen Auswirkungen der festgestellten Unregelmäßigkeiten, die bereits getroffenen oder noch erforderlichen Abhilfemaßnahmen und gegebenenfalls die Änderungen der Verwaltungs- und Kontrollsysteme werden regelmäßig gemeinsam geprüft und bewertet.[990] Dabei kann die Kommission gegenüber dem Mitgliedstaat und der zuständigen Verwaltungsbehörde „Feststellungen" treffen, die durch Aufforderungen zu Abhilfemaßnahmen ergänzt werden können. Der Mitgliedstaat kann sich hierzu äußern. Er ist jedoch nicht verpflichtet, den Aufforderungen nachzukommen.[991] Eine derartige Pflicht besteht im Grundsatz erst, wenn die Kommission „Schlußfolgerungen" einschließlich einer Fristsetzung angenommen hat. Allerdings muß der Mitgliedstaaten auch hier nur die „erforderlichen" Schritte unternehmen. Somit steht der Kommission eine weisungsähnliche Befugnis mit eingeschränkter Verbindlichkeit[992] zur Verfügung.

Aussage von *ders.*, a.a.O. S. 320: Abstimmungen in den Kontrollvereinbarungen, die bei den Kontrollen jeweils beachtet werden müssen.

[987] Vgl. nur *Schmidt-Aßmann*, Ordnungsidee², Kap. 7 Tz. 18.

[988] Art. 38 Abs. 2 UAbs. 3 VO (EG) 1260/1999 (StrukturfondsVO). Hierbei handelt es sich meines Erachtens nicht nur um eine aufsichts- bzw. weisungsähnliche Befugnis, so aber *David*, Inspektionen, S. 132 bzw. *Schöndorf-Haubold*, Strukturfonds der EG, S. 320 f., da die Kommission ein bestimmtes Vorgehen des Mitgliedstaates verlangen kann.

[989] So der Titel des Beitrags von *Schmidt-Aßmann*, in: FS Steinberger, S. 1375 ff.; siehe auch *Schöndorf-Haubold*, Strukturfonds der EG, S. 326.

[990] Hierzu und zum folgenden Art. 38 Abs. 3 UAbs. 2, Abs. 4 VO (EG) 1260/1999 (StrukturfondsVO).

[991] Gemäß Art. 34 Abs. 1 UAbs. 1 lit. f VO (EG) 1260/1999 (StrukturfondsVO) ist die Verwaltungsbehörde auch lediglich zur „Reaktion" auf die Aufforderung zu Abhilfemaßnahmen verpflichtet.

[992] Ähnlich *David*, Inspektionen, S. 252; siehe aber *Schöndorf-Haubold*, Strukturfonds der EG, S. 323: lediglich „eine politische und faktische Befolgungspflicht".

Die Vollzugsebene der gemeinschaftlichen Leistungsverwaltung 303

Die Überprüfung kann auch den Anlaß dafür geben, daß die Kommission Zwischenzahlungen ganz oder teilweise aussetzt.[993] Hierfür bestehen allerdings gesteigerte Anforderungen: Die Kommission muß eine erhebliche Unregelmäßigkeit festgestellt haben, die nicht berichtigt worden ist und die ein unmittelbares Handeln erfordert. Dem Mitgliedstaat stehen sodann fünf Monate zur Verfügung. Beseitigt er in dieser Zeit nicht den die Aussetzung rechtfertigenden Zustand bzw. teilt er dies nicht der Kommission mit, so ist diese zur Vornahme einer gemeinschaftlichen Finanzkorrektur[994] berechtigt.[995]

In Bezug auf Unregelmäßigkeiten besteht mit der Verordnung (EG) Nr. 1681/94 der Kommission eine der Verordnung (EWG) Nr. 595/91 des Rates[996] vergleichbare Regelung. Sie enthält besondere Mitteilungspflichten der Mitgliedstaaten an die Kommission und gegebenenfalls auch an andere Mitgliedstaaten sowie weisungs- und weisungsähnliche Befugnisse der Kommission.

iv. Finanzkorrekturen

Im Rahmen der Finanzkontrolle kann es bei Unregelmäßigkeiten zu sog. Finanzkorrekturen kommen. Das Verfahren zu deren Vornahme richtet sich im wesentlichen nach der Durchführungsverordnung (EG) Nr. 448/2001 der Kommission. Zu unterscheiden sind mitgliedstaatliche und gemeinschaftliche Finanzkorrekturen.

Mitgliedstaatliche Finanzkorrekturen knüpfen an individuelle oder systematische Unregelmäßigkeiten an und bestehen in der Streichung oder Kürzung der Gemeinschaftsbeteiligung an einer Operation.[997] Ist für die betreffende Operation schon eine Zahlung geleistet worden, so muß der Mitgliedstaat den Betrag zurückfordern.[998] Für die Rückforderung von Ausgaben durch den Mitgliedstaat, die zu Unrecht aus Gemeinschaftsmitteln finanziert worden sind, hält das Gemeinschaftsrecht nur wenige Vorschriften

---

[993] Art. 38 Abs. 5 VO (EG) 1260/1999 (StrukturfondsVO). Hierauf bezogen Art. 6 VO (EG) 448/2001 (Verfahren Finanzkorrekturen).

[994] Hierzu sogleich unten Kap. 3 B.III.5.c.cc.iv.

[995] Allerdings liegt in der Möglichkeit, Zwischenzahlungen auszusetzen, kein Druckmittel der Kommission, das ihren Abhilfeaufforderungen zusätzliche Wirkung verleiht (so aber *Schöndorf-Haubold*, Strukturfonds der EG, S. 324. Eine Aufforderung nach Art. 38 Abs. 4 VO (EG) 1260/1999 (StrukturfondsVO) ist nicht Voraussetzung einer Aussetzungsentscheidung nach Abs. 5 diese Artikels; vielmehr ergeht eine solche Entscheidung ausdrücklich „unbeschadet dieses Artikels".

[996] Siehe oben Kap. 3 B.III.4.b.bb.ii.(6).

[997] Art. 39 Abs. 1 UAbs. 2 S. 1 und S. 2 VO (EG) 1260/1999 (StrukturfondsVO); siehe ferner Art. 2 f. VO (EG) 448/2001 (Verfahren Finanzkorrekturen).

[998] Siehe Art. 38 Abs. 1 S. 2 lit. h VO (EG) 1260/1999 (StrukturfondsVO).

bereit; die Regelungen der weiterhin gültigen[999], vom Titel her vielversprechenden Verordnung (EG) Nr. 1681/94 der Kommission „betreffend Unregelmäßigkeiten und die Wiedereinziehung zu Unrecht gezahlter Beträge im Rahmen der Finanzierung der Strukturpolitiken sowie die Einrichtung eines einschlägigen Informationssystems" betrifft nicht das Verfahren der Rückforderung. Die Rückforderung muß deshalb aufgrund nationaler Rechtsvorschriften erfolgen.[1000] Hierfür gelten die im Zusammenhang mit der Rückforderung im Bereich der Agrarmarktausgaben getroffenen Ausführungen entsprechend.[1001]

Eine mitgliedstaatliche Finanzkorrektur führt nicht zu einer Verminderung des Anspruchs gegen die Gemeinschaft aus der Entscheidung der Kommission über die Beteiligung des Fonds. Vielmehr kann der Mitgliedstaat die freigesetzten Mittel grundsätzlich für die jeweilige Intervention anderweitig einsetzen.[1002] Insofern können die Mitgliedstaaten „gefahrlos" Finanzkorrekturen vornehmen. Das im Rahmen der Verwaltung der Agrarmarktausgaben auftretende Problem, daß sich durch Unregelmäßigkeiten die Höhe der in den Mitgliedstaat fließenden Gemeinschaftsmittel verringert, das eher zu Zurückhaltung bei der Verfolgung von fehlerhaften Ausgaben führen dürfte, stellt sich bei der Verwaltung der Strukturfondsausgaben nicht in gleicher Weise.[1003] Die Wiedereinziehung muß der Kommission lediglich mitgeteilt werden und zwar insofern, als die nächste Ausgabenerklärung und der entsprechende Zahlungsantrag an die Kommission um die betreffenden Beträge zu verringern ist.[1004] Diese den finanziellen Interessen sowohl des Mitgliedstaats als auch der Gemeinschaft entgegenkommende Regelung erklärt sich damit, daß einzelne Operationen nicht Teil der von der Kommission genehmigten Programme sind, Umschichtungen vielmehr innerhalb des durch diese Entscheidungen gesetzten Rahmens vorgenommen werden können.

Gemeinschaftliche Finanzkorrekturen sind von der Kommission in erster Linie dann vorzunehmen, wenn der Mitgliedstaat erforderliche Finanzkorrekturen nicht vornimmt.[1005] Die Kommission soll ferner zu diesem Mittel greifen, soweit die Verwaltungs- und Kontrollsysteme beträchtliche Mängel aufweisen, die zu systematischen Unregelmäßigkeiten führen

---

[999] Vgl. Erwgrd. 9 VO (EG) 438/2001 (Verwaltungs- und Kontrollsysteme Strukturfonds).
[1000] *Schöndorf-Haubold*, Strukturfonds der EG, S. 354; *J.-P. Schneider*, VVDStRL 2005, S. 238 (263).
[1001] Siehe oben Kap. 3 B.III.4.b.bb.ii.(8).
[1002] Art. 39 Abs. 1 UAbs. 2 S. 3 VO (EG) 1260/1999 (StrukturfondsVO).
[1003] Siehe auch *Schöndorf-Haubold*, Strukturfonds der EG, S. 336.
[1004] Art. 8 S. 2 VO (EG) 438/2001 (Verwaltungs- und Kontrollsysteme Strukturfonds).
[1005] Vgl. Art. 39 Abs. 2 UAbs. 1 lit. a VO (EG) 1260/1999 (StrukturfondsVO).

könnten.[1006] Ziel der gemeinschaftlichen Finanzkorrekturen ist, den Zustand herbeizuführen, daß aus den Strukturfonds nur solche Ausgaben finanziert werden, die vollständig mit den einschlägigen Bestimmungen des Gemeinschaftsrechts übereinstimmen.[1007]

Der Vornahme einer gemeinschaftlichen Finanzkorrektur, die in Form einer Entscheidung im Sinne von Art. 249 Abs. 4 EGV ergeht,[1008] ist ein aufwendiges Verwaltungsverfahren[1009] gegenüber dem Mitgliedstaat vorgeschaltet, während dessen Verlauf die Kommission die ausstehenden Zwischenzahlungen aussetzt[1010]. Das Verwaltungsverfahren ist grundsätzlich darauf gerichtet, den Erlaß einer Finanzkorrekturentscheidung zu vermeiden, diese also – ganz im Sinne des Grundsatzes der Partnerschaft – nur als letztes Mittel zur Anwendung kommen zu lassen. Zunächst muß die Kommission die im Rahmen ihrer Überprüfungen festgestellten Tatsachen, aufgrund derer sie später möglicherweise eine Finanzkorrektur vornehmen dürfte, mitteilen, dem Mitgliedstaat eine Frist zur Äußerung setzen und ihn zu den aus ihrer Sicht erforderlichen mitgliedstaatlichen Finanzkorrekturen auffordern. Hieran schließt sich, soweit der Mitgliedstaat Einwände gegen die Bemerkungen der Kommission erhebt, eine Dialogphase an, die zu einer Einigung über die Bemerkungen und die daraus zu ziehenden Schlüsse führen soll. Nur wenn keine derartige Einigung zustande kommt, darf die Kommission eine gemeinschaftliche Finanzkorrekturentscheidung erlassen, durch die die Beteiligung der Gemeinschaft an der betreffenden Intervention ganz oder teilweise gestrichen werden kann.[1011] Sie führt dementsprechend zu einer inhaltlichen Änderung der ursprünglichen Entscheidung der Kommission über die Gemeinschaftsbeteiligung.

Die Kommission setzt den Betrag einer Korrektur unter Wahrung des Grundsatzes der Verhältnismäßigkeit und unter Berücksichtigung der Art der Unregelmäßigkeit sowie des Umfangs und der finanziellen Auswirkungen der festgestellten Mängel der Verwaltungs- und Kontrollsysteme der Mitgliedstaaten fest.[1012] Die Höhe der Festsetzung steht folglich wie schon

---

[1006] Vgl. Art. 39 Abs. 2 UAbs. 1 lit. c VO (EG) 1260/1999 (StrukturfondsVO).

[1007] *Schöndorf-Haubold*, Strukturfonds der EG, S. 337 f.

[1008] *Schöndorf-Haubold*, Strukturfonds der EG, S. 340; *Holzwart*, Gemeinschaftliche Strukturfonds, S. 306.

[1009] Art. 39 Abs. 2 VO (EG) 1260/1999 (StrukturfondsVO); Art. 5 VO (EG) 448/2001 (Verfahren Finanzkorrekturen).

[1010] Siehe auch Art. 38 Abs. 5 VO (EG) 1260/1999 (StrukturfondsVO), nach dem die Kommission in dringenden Fällen unabhängig von etwaigen Finanzkorrekturen Zwischenzahlungen aussetzen kann, vgl. *Schöndorf-Haubold*, Strukturfonds der EG, S. 338.

[1011] Art. 39 Abs. 3 UAbs. 1 lit. b VO (EG) 1260/1999 (StrukturfondsVO).

[1012] Art. 39 Abs. 3 UAbs. 2 VO (EG) 1260/1999 (StrukturfondsVO); ausführlicher Art. 4 Abs. 1 und Abs. 2 VO (EG) 448/2001 (Verfahren Finanzkorrekturen) mit den Möglichkeiten der Extrapolation, d.h. der Ermittlung des Betrages über eine repräsentative Stichprobe von Vorgängen, und der Pauschalierung.

die Frage, ob sie überhaupt eine Finanzkorrekturentscheidung erläßt, grundsätzlich in ihrem Ermessen.[1013] Zu Unrecht gezahlte Beträge sind an die Kommission zurückzuzahlen.[1014] Eine gemeinschaftliche Finanzkorrekturentscheidung entbindet die Mitgliedstaaten nicht von der Pflicht, die infolge der Unregelmäßigkeit, die die Grundlage der Entscheidung bildete, verlorengegangenen Beträge zurückzufordern.[1015] Die gemeinschaftliche Finanzkorrekturentscheidung kann nämlich lediglich die finanziellen Interessen der Gemeinschaft wahren; sie kann jedoch nicht den durch die gemeinschaftsrechtswidrige Zahlung herbeigeführten Zustand beseitigen. Gemeinschaftliche Finanzkorrekturen haben in der Praxis im Gegensatz zu den Konformitätsentscheidungen im Rahmen des Rechnungsabschlußverfahrens bislang wenig Bedeutung erlangt.

dd. Begleitung und Bewertung

Mit der Begleitung und der Bewertung soll die Effizienz der Strukturfondsinterventionen überprüft und gegebenenfalls durch geeignete Maßnahmen gesteigert werden.[1016] Sie dienen damit auch der Einhaltung des Grundsatzes der Wirtschaftlichkeit der Haushaltsführung.[1017]

i. Begleitung

Die Durchführung der abgeschlossenen Planungen ist durch die sog. Begleitung gekennzeichnet. Auch in ihr setzt sich das Prinzip der Partnerschaft in der Durchführungsphase fort. Begleitet wird in erster Linie die Verwaltungsbehörde bei der Verwaltung einer Intervention.[1018] Begleitende sind vor allem die Begleitausschüsse und die Kommission.

Jede nach einer Planung genehmigte Intervention, d.h. die OP und die EPPD, sowie jedes GFK wird von einem *Begleitausschuß* überwacht.[1019] Die Begleitausschüsse sind ausschließlich der mitgliedstaatlichen Ebene zugeordnet: Sie „handeln im Rahmen der Zuständigkeit – einschließlich der gerichtlichen Zuständigkeit – des Mitgliedstaates". Infolgedessen ist es konsequent, daß ein Vertreter der Kommission an den Arbeiten des jewei-

---

[1013] *Schöndorf-Haubold*, Strukturfonds der EG, S. 341 f.; *J.-P. Schneider*, VVDStRL 2005, S. 238 (264).

[1014] Art. 39 Abs. 4 VO (EG) 1260/1999 (StrukturfondsVO), Art. 7 Abs. 1 und Abs. 2 VO (EG) 448/2001 (Verfahren Finanzkorrekturen).

[1015] Art. 7 Abs. 3 VO (EG) 448/2001 (Verfahren Finanzkorrekturen).

[1016] Vgl. *Schöndorf-Haubold*, Strukturfonds der EG, S. 279; *Priebe*, in: Schwarze, EU-Kommentar, Art. 161 EGV Rn. 40.

[1017] Vgl. nunmehr auch die allgemeinen Regelungen über die Bewertung des Einsatzes von Gemeinschaftsmitteln in Art. 27 Abs. 3, Abs. 4 HO 2002.

[1018] Daher findet sich die Vorschrift über die Verwaltungsbehörde in der StrukturfondsVO auch am Anfang des Kapitels über die Begleitung.

[1019] Hierzu und zum folgenden Art. 35 Abs. 1 VO (EG) 1260/1999 (StrukturfondsVO).

ligen Begleitausschusses nur mit beratender Stimme teilnimmt.[1020] Die Berechtigung der Kommission zur Entsendung eines Vertreters in den Begleitausschuß dient daher in erster Linie dazu, ihr ungefilterte Informationen über die Durchführung der GFK und der Interventionen vor Ort zu verschaffen. Die Mitglieder des Begleitausschusses werden von dem Mitgliedstaat im Einvernehmen mit der benannten Verwaltungsbehörde der jeweiligen Intervention[1021] und nach Anhörung der an der Partnerschaft beteiligten Akteure, d.h. insbesondere der übrigen zuständigen Behörden sowie der Wirtschafts- und Sozialpartner, innerhalb von höchstens drei Monaten nach der Entscheidung über die Fondsbeteiligung ernannt.[1022] Außer der Bestimmung daß Frauen und Männer ausgewogen zu beteiligen sind,[1023] sieht das Gemeinschaftsrecht keine Vorgaben für die Besetzung der Begleitausschüsse vor. Auch dies ist im Hinblick auf die ausschließliche Zuordnung an die mitgliedstaatliche Ebene konsequent. Den Vorsitz im Begleitausschuß führt grundsätzlich ein Vertreter des Mitgliedstaats oder der Verwaltungsbehörde.[1024] Der Begleitausschuß verständigt sich mit der Verwaltungsbehörde auf eine Geschäftsordnung[1025], die die Wahrnehmung seiner Aufgaben regelt. Sie muß – so betont die allgemeine Strukturfondsverordnung, obwohl die Zuordnung zur mitgliedstaatlichen Ebene nichts anderes zuläßt – das institutionelle, rechtliche und finanzielle System des Mitgliedstaates beachten.[1026]

Zusammengefaßt besteht die *Aufgabe des Begleitausschusses* darin, sich hinsichtlich der Effizienz und Qualität der Durchführung der Intervention zu

---

[1020] Art. 35 Abs. 2 UAbs. 1 VO (EG) 1260/1999 (StrukturfondsVO).

[1021] Für GFK ist keine Verwaltungsbehörde zu bestimmen. Bei einem GFK bezieht sich die Begleitung folglich auf den Mitgliedstaat als solchen.

[1022] Art. 35 Abs. 1 UAbs. 2 S. 1, UAbs. 3 S. 1 VO (EG) 1260/1999 (StrukturfondsVO).

[1023] Diese Bestimmung ist durch die Formulierung, daß die Mitgliedstaaten hierfür „Sorge tragen", obendrein eher als Regelungen mit vermindertem Geltungsanspruch ausgestattet. Siehe auch *Ministerium Ernährung und Ländlicher Raum BW*, EPPD Ziel 2, S. 248: „Die beteiligten Partner tragen im Rahmen ihrer Möglichkeiten dafür Sorge, dass im Begleitausschuss eine ausgewogene Beteiligung von Männern und Frauen angestrebt wird. Ausschlaggebend für die Berufung in dieses Gremium ist aber vorrangig die Zuständigkeit für die in den Ressorts und den Verbänden verfolgte Fachpolitik und deren Bezug zur Umsetzung dieses EPPD."

[1024] Art. 35 Abs. 2 UAbs. 3 VO (EG) 1260/1999 (StrukturfondsVO). Siehe *Ministerium Ernährung und Ländlicher Raum BW*, EPPD Ziel 2, S. 248: Vertreter des Ministeriums Ländlicher Raum.

[1025] Siehe Art. 35 Abs. 2 UAbs. 2 VO (EG) 1260/1999 (StrukturfondsVO).

[1026] Hierauf stützt sich etwa folgende Besonderheit im Rahmen des Ziel-2-Programms für Baden-Württemberg (siehe *Ministerium Ernährung und Ländlicher Raum BW*, EPPD Ziel 2, S. 246 f.): Im Begleitausschuß verfügen nur die Vertreter der Landesministerien über volles Stimmrecht. Der Grund hierfür besteht darin, daß nach dem Landeshaushaltsrecht nur die verantwortlichen Behörden über die Umwidmung öffentlicher Mittel entscheiden dürfen.

vergewissern.[1027] Besondere Bedeutung gewinnt der Begleitausschuß durch zwei Genehmigungsbefugnisse: Er muß die Aufstellung und eventuellen Änderungen der Ergänzung zur Programmplanung bestätigen. Diese Bestätigung bezieht sich auch auf materielle und finanzielle Indikatoren, anhand derer die weitere Begleitung ausgerichtet ist.[1028] Der Begleitausschuß muß auch innerhalb von sechs Monaten nach der Genehmigung der Intervention die Auswahlkriterien für die im Rahmen der einzelnen Maßnahmen finanzierten Operationen billigen. Durch diese beiden Befugnisse weist das Gemeinschaftsrecht die beiden wichtigsten, ausschließlich auf mitgliedstaatlicher Ebene getroffenen Entscheidungen dem Begleitausschuß zu. Um seiner Überwachungsfunktion gerecht werden zu können, stehen dem Begleitausschuß weiterhin Prüfungsbefugnisse hinsichtlich der bislang erreichten Fortschritte und Ergebnisse zu. Geprüft und gebilligt werden müssen auch die von der Verwaltungsbehörde der Kommission zuzuleitenden Durchführungsberichte sowie gegebenenfalls von mitgliedstaatlicher Ebene ausgehende Vorschläge zur Änderung der Entscheidungen der Kommission über die Beteiligung der Strukturfonds. Dem Begleitausschuß steht schließlich auch die Befugnis zu, ausgehend von den aus den Prüfungen gewonnenen Erkenntnissen der Verwaltungsbehörde Vorschläge zur Änderung der Programmplanung und der Verwaltung der Intervention zu unterbreiten.

Die Begleitung der Intervention bzw. des GFK durch die *Kommission*[1029] besteht neben der Teilnahme ihres Vertreters im Begleitausschuß in erster Linie in der Prüfung der von der Verwaltungsbehörde vorgelegten Berichte. Die allgemeine Strukturfondsverordnung geht davon aus, daß im Rahmen dieser Prüfung auch Treffen zwischen der Kommission und der Verwaltungsbehörde stattfinden.[1030] Auf die Prüfung hin kann die Kommission dem Mitgliedstaat und der Verwaltungsbehörde „Bemerkungen" übermitteln. Auf mitgliedstaatlicher Ebene müssen gegebenenfalls Maßnahmen ergriffen werden, um die von der Kommission in den Bemerkungen aufgelisteten Mängel zu beseitigen. Nur wenn diese Maßnahmen der Kommission nicht als ausreichend erscheinen, kann sie konkrete Empfehlungen aussprechen. Aber auch diesen Empfehlungen muß auf mitgliedstaatlicher Ebene nicht unbedingt nachgekommen werden. Die Verwaltungsbehörde ist nämlich berechtigt darzulegen, „warum sie keine (...) Schritte unternommen hat". Befolgt der Mitgliedstaat die Empfehlungen nicht und legt er hierfür keine Gründe dar, so kann die Kommission in bestimmten Fällen Zwischenzahlun-

---

[1027] Hierzu und zu den Aufgaben im einzelnen Art. 35 Abs. 3 VO (EG) 1260/1999 (StrukturfondsVO); siehe auch Art. 34 Abs. 3 UAbs. 1 VO (EG) 1260/1999 hinsichtlich der Ergänzungen zur Programmplanung.
[1028] Art. 36 Abs. 1 S. 1 VO (EG) 1260/1999 (StrukturfondsVO).
[1029] Art. 34 Abs. 2 VO (EG) 1260/1999 (StrukturfondsVO).
[1030] Erwgrd. 47 S. 3 VO (EG) 1260/1999 (StrukturfondsVO).

gen verweigern.[1031] Die Kommission stellt weiterhin Leitlinien für die Ausarbeitung der materiellen und finanziellen Indikatoren der Begleitung auf, denen die Mitgliedstaaten allerdings lediglich Rechnung tragen sollen.[1032] Die Kommission ist demnach nicht mit Weisungsbefugnissen hinsichtlich der mitgliedstaatlichen Programmdurchführung ausgestattet, sie kann jedoch ihre Vorstellungen durch weiche Steuerungsinstrumente[1033] gegenüber dem Mitgliedstaat hinlänglich zum Ausdruck bringen. Als Druckmittel steht ihr dabei stets auch die Möglichkeit gemeinschaftlicher Finanzkorrekturen zur Verfügung.

ii. Bewertung

In engem Zusammenhang mit der Begleitung steht die sog. Bewertung. Sie soll die Beurteilung der Effizienz der Interventionen im Hinblick auf ihre Wirkungen in bezug auf die Ziele der Förderung durch Strukturfonds ermöglichen.[1034] Die allgemeine Strukturfondsverordnung sieht hierfür eine Ex-ante-, eine Halbzeit- und eine Ex-post-Bewertung vor.[1035] Diese Bewertungen erfüllen aufgrund ihrer unterschiedlichen Anknüpfungspunkte im einzelnen unterschiedliche Funktionen und sind unterschiedlichen Stellen zugewiesen. Die *Ex-ante-Bewertung*[1036] erfolgt im Rahmen der Programmplanung. Sie wird deshalb unter der Verantwortung der mitgliedstaatlichen Behörden vorgenommen, die für die Ausarbeitung der Entwicklungspläne, der Interventionen und der Ergänzung zur Programmplanung zuständig sind. Bei der Ex-ante-Bewertung werden Prognosen über die voraussichtlichen Wirkungen einer Intervention getroffen. Diese beeinflussen einerseits den Planungsvorgang; andererseits sind sie auch Voraussetzung für die nachfolgenden Bewertung.[1037] Die *Halbzeitbewertung*[1038] bezieht sich darauf, inwieweit die ersten Ergebnisse der Intervention zur Verwirklichung der angestrebten Ziele beigetragen haben; sie hat des weiteren die Verwendung der Finanzmittel und den Verlauf der Begleitung und Durchführung zum Gegenstand. Die Halbzeitbewertung erfüllt zwei Funktionen: Sie soll zum einen die Schwachpunkte der Planung und Durchführung der Intervention aufdecken und dadurch Grundlage möglicher Anpassungen, z.B. der Ergänzungen zur Programmplanung sein. Sie soll an-

---

[1031] Art. 32 Abs. 3 UAbs. 1 lit. e VO (EG) 1260/1999 (StrukturfondsVO).

[1032] Art. 36 Abs. 1 S. 2 VO (EG) 1260/1999 (StrukturfondsVO); siehe *Schöndorf-Haubold*, Strukturfonds der EG, S. 282 f.

[1033] *Schöndorf-Haubold*, Strukturfonds der EG, S. 294; vgl. auch *J.-P. Schneider*, VVDStRL 2005, S. 238 (265).

[1034] Siehe *Borchardt*, in: Lenz/Borchardt, EUV/EGV³, Art. 161 EGV Rn. 57.

[1035] Art. 40 Abs. 1 VO (EG) 1260/1999 (StrukturfondsVO).

[1036] Art. 41 VO (EG) 1260/1999 (StrukturfondsVO).

[1037] *Schöndorf-Haubold*, Strukturfonds der EG, S. 287.

[1038] Art. 42 VO (EG) 1260/1999 (StrukturfondsVO).

dererseits die Kommission in die Lage versetzen, die sog. leistungsgebundene Reserve [1039] zuzuweisen. Dieses Instrument sorgt für einen beschränkten Wettbewerb zwischen den einzelnen OP bzw. EPPD, indem die Kommission den effizienteren Interventionen zusätzliche Finanzmittel zuweisen darf.[1040] Die Halbzeitbewertung wird – aufgrund der unterschiedlichen Funktionen folgerichtig – unter der Verantwortung der Verwaltungsbehörde in Zusammenarbeit mit der Kommission und dem Mitgliedstaat vorgenommen. Die *Ex-post-Bewertung*[1041] schließlich ist auf die Bewertung der abgeschlossenen Durchführungsphase gerichtet, „damit daraus Lehren für die Politik des wirtschaftlichen und sozialen Zusammenhalts gezogen werden können". Diese Funktion kann die Ex-post-Bewertung allerdings nur bedingt erfüllen, da bei ihrer Vornahme die Planungen für die kommende Strukturfondsförderperiode bereits abgeschlossen sein müssen, soll die Förderung keinen Bruch aufweisen. Sie bringt es weiterhin mit sich, daß die Ex-post-Bewertung unter der Verantwortung der Kommission in Zusammenarbeit mit dem Mitgliedstaat und der Verwaltungsbehörde vorgenommen wird.

d. Die Rolle der Kommission bei der Verwaltung der aus den Strukturfonds finanzierten Ausgaben

Der Kommission kommt insgesamt in allen Phasen der Strukturfondsverwaltung eine bedeutende Rolle zu. Die Vorentscheidungen ergehen – allerdings nur formal – als ihre Rechtsakte. In der Programmplanung kann sie ihre Vorstellung zur Geltung bringen und rechtswidrige bzw. unerwünschte Förderungen verhindern. In dieser Phase steht die Kooperation mit dem Mitgliedstaat ganz im Vordergrund. Über die Durchführung ist sie einerseits durch die Berichte der Verwaltungsbehörde, andererseits durch die Teilnahme an den Sitzungen des Begleitausschusses umfassend mit Informationen ausgestattet. Unmittelbar auf die Durchführung kann sie zwar keinen Einfluß nehmen, doch steht ihr mit der Möglichkeit der Aussetzung von Zwischenzahlungen und gemeinschaftlicher Finanzkorrekturen wirkungsvolle Steuerungsinstrumente zur Verfügung. Im Rahmen der gemeinschaftlichen Finanzkontrolle stehen ihr auch eigene Kontrollbefugnisse sowie Weisungsbefugnisse gegenüber den Mitgliedstaaten zu. In der Durchführungsphase ist zwar auch eine Kooperation mit dem Mitgliedstaat erwünscht. Allerdings steht der Kommission auch das Instrumentarium zur Verfügung, sich gegebenenfalls gegenüber dem Mitgliedstaat durchzusetzen. Dies ist auch notwendig, denn dadurch kann sie stets auch im Bereich der Strukturfondsausgaben die Verantwortung für die Ausführung des Haus-

---

[1039] Art. 42 Abs. 3, Art. 44 VO (EG) 1260/1999 (StrukturfondsVO).
[1040] *Schöndorf-Haubold*, Strukturfonds der EG, S. 297.
[1041] Art. 43 VO (EG) 1260/1999 (StrukturfondsVO).

haltsplans im Sinne von Art. 274 Abs. 1 S. 1 EGV übernehmen. Folgerichtig ergehen Finanzkorrekturentscheidungen nicht im Komitologie-Verfahren.

6. Vergleich der Verwaltung der Agrarmarkt- und der Strukturfondsausgaben

Sind die Mitgliedstaaten in die Vergabe von Gemeinschaftsmitteln eingeschaltet, so befinden sie sich grundsätzlich in einem Interessenkonflikt. Einerseits sind sie dazu verpflichtet, die gemeinschaftlichen Regelungen zu beachten. Andererseits haben sie aber auch ein Interesse daran, daß möglichst viele Gemeinschaftsmittel in ihr Territorium fließen. Das Recht der Agrarmarkt- und der Strukturfondsausgaben ist maßgeblich durch Regelungen gekennzeichnet, die diesen Konflikt zu bewältigen versuchen.

Sowohl im Bereich der Agrarmarkt- als auch im Bereich der Strukturfondsausgaben entscheiden die Mitgliedstaaten über die Finanzierung einer konkreten Maßnahme aus gemeinschaftlichen Mitteln und zahlen diese aus; dafür stellt ihnen die Gemeinschaft die notwendigen Finanzmittel zur Verfügung. Hierin liegt das Kennzeichen der geteilten Mittelverwaltung dar.[1042] Die Ausführungen zu den Agrarmarkt- und den Strukturfondsausgaben haben jedoch ergeben, daß die Verwaltungsstrukturen und -verfahren bei letzteren wesentlich komplexer sind. Bei den Strukturfondsausgaben bilden die Gemeinschaft und der Mitgliedstaat einen Planungs- und Verwaltungsverbund, der in weitem Umfang auf Kooperation angelegt ist, dem aber allerdings auch hierarchische Elemente keineswegs fremd sind.[1043] Bei den Agrarmarktausgaben könnte man hingegen durchaus von einer Auftragsverwaltung durch die mitgliedstaatlichen Zahlstellen sprechen.

Die Unterschiede sind zum einen durch die Art der Ausgaben bedingt. Werden durch die Strukturfonds längerfristige Projekte finanziert, die erst in einer aufwendigen Programmplanung entwickelt werden müssen, so bestehen die Agrarmarktausgaben in einmaligen, in der Höhe leicht ermittelbaren Zahlungen an einzelne Rechtssubjekte. Dies macht beispielsweise eine Begleitung und Bewertung bei den Agrarmarktausgaben entbehrlich; im Haushaltsplan sind dementsprechend diese als nichtgetrennte Mittel, die Strukturfondsausgaben hingegen als getrennte Mittel[1044] ausgewiesen.

Die Unterschiede sind zum anderen dadurch bedingt, daß die Agrarmarktausgaben ausschließlich von der Gemeinschaft finanziert werden, während die Strukturfondsausgaben lediglich auf eine Beteiligung der Ge-

---

[1042] Siehe schon *Schenk*, Leistungsverwaltung, in: Schmidt-Aßmann/Schöndorf-Haubold, Europäischer Verwaltungsverbund, S. 265 (286).
[1043] *Schöndorf-Haubold*, Strukturfonds, in: Schmidt-Aßmann/Schöndorf-Haubold, Europäischer Verwaltungsverbund, S. 25 (33 f.); siehe auch *dies.*, Strukturfonds der EG, S. 346 ff.; *J.-P. Schneider*, VVDStRL 2005, S. 238 (262).
[1044] Siehe oben Kap. 2 A.I.1.a.

meinschaft gerichtet sind. Angesichts dieser Kofinanzierung ist eine Mitsprache beider Ebenen, möglicherweise auch weiterer innerstaatlicher Untereinheiten an den zu finanzierenden Maßnahmen unausweichlich. Einfluß auf die Art der finanzierten Agrarmarktausgaben nehmen die Mitgliedstaaten hingegen lediglich auf der Rechtsetzungsebene über den Rat, der aber als Gemeinschaftsorgan handelt.

Die beiden Arten der Finanzierung erklären aber auch, daß die Gemeinschaft auf das Verfahren der eigentlichen Mittelvergabe bei den Agrarmarktausgaben durch das InVeKoS deutlich größeren Einfluß ausübt als bei den Strukturfondsausgaben, für die ein entsprechendes System nicht besteht. Die allgemeine Strukturfondsverordnung und die Verordnung (EG) Nr. 438/2001 stellen kein gemeinschaftliches Verwaltungs- und Kontrollsystem auf, sondern beschränken sich auf Vorgaben für die vom Mitgliedstaat einzurichtenden Systeme. Die Verfahrensautonomie der Mitgliedstaaten beim Vollzug des Gemeinschaftsrechts wird bei den Strukturfondsausgaben somit deutlich geringeren Belastungen ausgesetzt.

Im Bereich der Strukturfondsverwaltung finden sich Weisungs- und weisungsähnliche Befugnisse der Kommission; das Sekundärrecht im Bereich der Agrarmarktausgaben sieht hingegen keine derartigen Befugnisse vor. Die Kommission hat also – entgegen dem, was man eigentlich vermuten sollte – in dem Bereich, in dem lediglich eine gemeinschaftliche Kofinanzierung stattfindet, deutlich größere direkte Einwirkungsmöglichkeiten auf den Vollzug als in dem Bereich, in dem Zahlungen ausschließlich Leistungen der Gemeinschaft darstellen. Dort hat sich lediglich in der Praxis mit Billigung durch die Rechtsprechung ein faktische Weisungsrecht der Kommission herausgebildet. Dieses Weisungsrecht besteht im Interesse sowohl der Kommission als auch des Mitgliedstaates; es darf nur auf dessen Initiative und damit des zukünftig „Angewiesenen" ausgeübt werden.

Ähnliche Strukturen bestehen für die Finanzkontrolle. Das Gemeinschaftsrecht nimmt in beiden Bereichen die Mitgliedstaaten in die Pflicht und überträgt diesen eine große Verantwortung für den Schutz der finanziellen Interessen der Gemeinschaft. Der Haushaltsverantwortung der Kommission wird dadurch hinlänglich Rechnung getragen, daß sie zu umfassenden Systemkontrollen befugt ist und die Finanzierung von Ausgaben, die nicht in Übereinstimmung mit dem Gemeinschaftsrecht getätigt worden sind, ablehnen darf.

Die entsprechenden Verfahren, das Rechnungsabschlußverfahren und das gemeinschaftliche Finanzkorrekturverfahren, weisen deutliche Gemeinsamkeiten auf.[1045] Zu Recht werden sie in der neuen Haushaltsordnung gemeinsam[1046] genannt und damit als gleichwertig anerkannt. Insofern

---
[1045] *Schöndorf-Haubold*, Strukturfonds der EG, S. 345 f.
[1046] Art. 53 Abs. 5 HO 2002.

verwundert die Diskussion über die Übertragung des Rechnungsabschlußverfahrens auf die Strukturfonds.[1047] Beide Instrumente sollen die Kommission in die Lage versetzen, ihrer Haushaltsverantwortung gerecht zu
werden und die finanziellen Interessen der Gemeinschaft zu wahren. Der
gemeinschaftlichen Finanzkorrekturentscheidung und der Konformitätsentscheidung geht jeweils ein aufwendiges Verwaltungsverfahren voraus;
sie sind an die Mitgliedstaaten gerichtete Entscheidungen im Sinne von
Art. 249 Abs. 4 EGV. Den Gemeinsamkeiten stehen aber auch strukturelle
Unterschiede gegenüber. Das Verfahren der gemeinschaftlichen Finanzkorrekturentscheidung ist im Grundsatz darauf gerichtet, den Erlaß einer
solchen Entscheidung dadurch zu verhindern, daß der Mitgliedstaat dazu
gebracht wird, selbst die erforderlichen Finanzkorrekturen vorzunehmen.
Bei der Konformitätsentscheidungen steht im Verfahren hingegen die Finanzierungsfähigkeit der Ausgaben im Vordergrund. Die Konformitätsentscheidung stellt somit die konsequente Reaktion der Gemeinschaft auf
eine vom Mitgliedstaat zu Unrecht getätigte Ausgabe dar, während die
gemeinschaftliche Finanzkorrekturentscheidung die Reaktion auf einen aus
Sicht der Kommission beharrlich uneinsichtigen Mitgliedstaat bildet, der
nicht selbst die erforderlichen Finanzkorrekturen vornimmt. Mit einer gemeinschaftlichen Finanzkorrekturentscheidung schließlich vermindert sich
die Höhe eines Anspruchs, den der Mitgliedstaat durch die Kommissionsentscheidung über die Fondsbeteiligung erworben hat. Durch eine Konformitätsentscheidung wird hingegen die Übernahme getätigter Ausgaben
verweigert; diese Übernahme stand von Anfang an unter dem Vorbehalt, daß
die Ausgaben in Übereinstimmung mit den Gemeinschaftsvorschriften getätigt werden.

C. Abschließende Anmerkungen zur Vollzugsebene

Die Europäische Verwaltung ist nach einem Kern-Schalen-Modell aufge-
baut:[1048] Neben der Kommission und den mitgliedstaatlichen Verwaltungen,
die den Kern bilden, finden sich als weitere Akteure auf der Ebene der Gemeinschaft Europäische Ämter und Agenturen sowie diverse Ausschüsse,
auf der Ebene der Mitgliedstaaten private Organisationen. Alle diese Akteure sind auch auf der Vollzugsebene der gemeinschaftlichen Leistungsverwaltung anzutreffen: die Kommission in allen Bereichen und stets unter-

---

[1047] Vgl. *Schmidt-Aßmann*, in: FS Steinberger, S. 1375 (1398); *Schöndorf-Haubold*,
Strukturfonds der EG, S. 343 ff. m.w.N.
[1048] *Schmidt-Aßmann*, in: FS Häberle, S. 395 (396); siehe nunmehr auch die Beschreibung der Europäischen Mehrebenenverwaltung von *Winter*, EuR 2005, S. 255 (255
ff.).

stützt von Ausschüssen, insbesondere den Komitologie-Ausschüssen, die mitgliedstaatlichen Verwaltungen bei der Verwaltung der Agrar- und Strukturfondsausgaben, Gemeinschafts- und Exekutivagenturen; die Aufgaben einer nationalen Agenturen kann auch eine juristische Person des Privatrechts übernehmen.

Eine Besonderheit der gemeinschaftlichen Leistungsverwaltung bildet jedoch die überragende Stellung der Kommission aufgrund ihrer Verantwortung für die Ausführung des Haushaltsplans aus Art. 274 Abs. 1 S. 1 EGV. Im Bereich der gemeinschaftlichen Leistungsverwaltung bildet allein die Kommission den Kern. Die mitgliedstaatlichen Verwaltungen können nicht als ihre gleichberechtigten Partner angesehen werden. Die eingeschalteten weiteren Akteure bilden zumeist nur verlängerte Arme der Kommission.

In den beiden mit Abstand bedeutendsten Ausgabenbereichen ist die Mittelverwaltung geteilt. In beiden haben sich eigenständige und überaus komplexe Rechtsregime herausgebildet, die die Kommission, aber vor allem die mitgliedstaatlichen Verwaltungen vor große Herausforderungen stellen. Ihnen werden beide – die Mitgliedstaaten bedauerlicherweise weiterhin auch aufgrund der erheblichen finanziellen Eigeninteressen – nicht immer gerecht und können es wahrscheinlich auch nicht.[1049] Der gemeinschaftsrechtlich vorgegebene Verwaltungsaufwand scheint auch nicht immer in einem angemessenen Verhältnis zu den bewirtschafteten Gemeinschaftsmitteln zu stehen. Eine Vereinfachung ist deshalb auch aufgrund des Wirtschaftlichkeitsgrundsatzes dringend geboten. Es bleibt abzuwarten, inwieweit das Rechtsregime für die kommende Finanzierungsphase im Bereich der Strukturfonds eine solche mit sich bringt. Das Agrarrecht bedarf zunächst deutlicher Veränderungen bei den Beihilferegelungen – sinnvollerweise hin zu einer wie auch immer gearteten allgemeinen Einkommensstützungsregelung; nur in diesem Fall ist eine Vereinfachung der Verfahrensregelungen denkbar.

Eine neuere Entwicklung liegt in der zunehmenden rechtlichen Durchdringung auch im Bereich der zentralen Mittelverwaltung. Das beschriebene allgemeine europäische Leistungsverwaltungsrecht sowie das Statut der Exekutivagenturen stellen möglicherweise einen bedeutenden Zwischenschritt hin zu einer weiteren Vereinheitlichung des Rechts der gemeinschaftlichen Eigenverwaltung dar, die ihren Abschluß in einer europäischen „Verwaltungsverfahrens- und -organisationsordnung" und somit einer tatsächlichen „Constitutionalization of Community Adminsitration"[1050] finden

---

[1049] Vgl. *Craig*, ELRev 2003, S. 840 (864): „The complexity of the legislative norms, combined with the divide between the collective and individual interests of Member States (siehe oben Fn. 874), produced a regime the administration of which is inherently difficult."

[1050] Vgl. oben in den einführenden Bemerkungen zu Kap. 3 B.

könnte. Angesichts der gegenwärtig nicht zu erwartenden Erstreckung der Integration auf weitere Politikfelder könnte ein derartiges – zugegebenermaßen kompliziertes – Projekt zur Konsolidierung des Rechts der Eigenverwaltung durchaus auf die erforderliche allgemeine Zustimmung stoßen.

Schon im Rahmen der Ausführungen zur Vollzugsebene sollte deutlich geworden sein, daß die Gemeinschaft erhebliche Anstrengungen im Hinblick auf die rechtmäßige und wirtschaftliche Verwendung der Gemeinschaftsmittel unternimmt. Die nunmehr noch zu behandelnde Finanzkontrollebene widmet sich in erster Linie diesem Gesichtspunkt, der nicht nur angesichts immer knapper werdender öffentlicher Finanzmittel besondere Aufmerksamkeit verdient.

Kapitel 4

Die Finanzkontrollebene der gemeinschaftlichen Leistungsverwaltung

Mit Finanzkontrolle im Sinne dieses Kapitels ist die Überwachung der Vergabe der gemeinschaftlichen Leistungen durch die Kommission, durch die Mitgliedstaaten oder durch sonstige Dritte angesprochen.[1] Zur Finanzkontrollebene der gemeinschaftlichen Leistungsverwaltung sind deshalb zunächst die Tätigkeiten des Europäischen Amtes für Betrugsbekämpfung (OLAF) und des Internen Prüfers der Kommission (engl.: internal auditor) zu zählen. Sowohl das Amt für Betrugsbekämpfung (A) als auch der Interne Auditdienst, dem der Interne Prüfer der Kommission vorsteht (B), sind Dienststellen der Kommission im Sinne von Art. 218 Abs. 2 S. 1 EGV, die jedoch aufgrund ihrer Aufgabenstellung Besonderheiten gegenüber den übrigen Dienststellen aufweisen. Die beiden Einrichtungen nehmen Aufgaben der internen Finanzkontrolle wahr. Die externe Finanzkontrolle obliegt dem Europäischen Rechnungshof (C) und damit einer Einrichtung der Gemeinschaft, die Art. 7 Abs. 1 EGV mit dem Rang eines Organs ausstattet.[2] Die externe Finanzkontrolle schließlich bildet die Grundlage für die Entlastung der Kommission zur Ausführung des Haushaltsplans durch das Europäische Parlament gemäß Art. 276 Abs. 1 EGV (D).

A. Die Betrugsbekämpfung durch das OLAF

Das Europäische Amt für Betrugsbekämpfung (Office européen de lutte antifraude – OLAF)[3] besteht seit 1999. Es löste die Einheit für die Koordi-

---

[1] Umfassend *Graf*, Finanzkontrolle; ferner *Pache*, Finanzielle Interessen der EG; jüngst *Mähring*, DÖV 2006, S. 195 ff; siehe auch *Schmidt-Aßmann*, Ordnungsidee², Kap. 4 Tz. 92 ff. Vgl. *Tomkins*, Yearbook of European Law 19 (1999-2000), S. 217 (247): „What could be more important to European citizens than to know that those who govern them do not embezzle public moneys? What could be of greater significance to administrative regulation than a system of financial control?"
[2] Nicht mehr allerdings die Europäische Verfassung, siehe Art. I-19 Abs. 1 EV.
[3] Siehe http://www.europa.eu.int/comm/anti_fraud/index_de.html (Stand: 15. April 2006). Ausführlich zu OLAF siehe *Mager*, ZEuS 2000, S. 177 ff.; *Neuhann*, Schatten der

nierung der Betrugsbekämpfung (Unité de coordination de la lutte antifraude – UCLAF)[4] ab.[5] Die Bekämpfung von Betrug und Unregelmäßigkeiten zum Nachteil der finanziellen Interessen der Gemeinschaft genießt spätestens seit dem Vertrag von Maastricht hohe Priorität; sie ist „zur Wahrung der Glaubwürdigkeit der Gemeinschaft von wesentlicher Bedeutung"[6]. Mit dem OLAF hat die Betrugsbekämpfung eine besondere institutionelle Ausprägung erhalten.

I. Die rechtlichen Grundlagen des OLAF

Ursprünglich war beabsichtigt, ein „Europäisches Amt für Untersuchungen zur Betrugsbekämpfung" durch eine auf Art. 308 EGV (und dessen Parallelvorschrift Art. 203 EAGV) gestützte Ratsverordnung zu errichten.[7] Diese Rechtsgrundlage wurde im *Verordnungsvorschlag der Kommission* vom Dezember 1998 herangezogen, da das Amt – so die Überlegung der Kommission –, damit „die für die Wahrnehmung der Untersuchungsaufgaben erforderliche Unabhängigkeit" gewährleistet ist, mit Rechtspersönlichkeit ausgestattet werden sollte.[8] Das geplante Amt sollte für Kontrollen und Überprüfungen vor Ort in den Mitgliedstaaten („externe Kontrollen") und für Untersuchungen in den Organen und den Einrichtungen der Gemeinschaft („interne administrative Untersuchungen") zuständig sein.[9] Für die externen Kontrollen sollte auf Inspektionsbefugnisse der Kommission, die aufgrund anderer Verordnungen bestehen, verwiesen und die Zuständigkeit des Amtes hierauf erstreckt werden. Für die internen Untersuchungen soll-

---

Integration; weiterhin *Gemmel*, Kontrollen des OLAF, S. 49 ff.; *Gleß*, EuZW 1999, S. 618 ff.; *Haus*, EuZW 2000, S. 745 ff.; *Hetzer*, NJW 2004, S. 3746 (3749 f.); *Kadelbach*, Verwaltungskontrollen, in: Schmidt-Aßmann/Hoffmann-Riem, Verwaltungskontrolle, S. 205 (211 f.); *Kuhl/Spitzer*, EuR 2000, S. 671 ff. Zur Verwaltungspraxis des Amtes siehe umfassend *Kommission*, Bewertungsbericht OLAF, KOM(2003) 154 endg.

[4] Zu UCLAF siehe *Rechnungshof*, Sonderbericht Nr. 8/98 – Betrugsbekämpfung; *Gleß*, EuZW 1999, S. 618 (619); *David*, Inspektionen, S. 114; *Prieß/Spitzer*, in: Groeben/Schwarze, EUV/EGV IV[6], Art. 280 EGV Rn. 135 ff.

[5] Art. 1 S. 2 Beschluß 1999/352/EG, EGKS, Euratom (OLAF).

[6] Erwgrd. 1 VO (Euratom, EG) 2185/96 (Kontrollen und Überprüfungen vor Ort). Vgl. *Kommission*, Bewertungsbericht OLAF, KOM(2003) 154 endg., S. 4. Siehe auch *Hedtmann*, EuR 2002, S. 122 ff., der (a.a.O. S. 122) von einem schwerwiegenden ideellen Schaden spricht, der von Unregelmäßigkeiten und Betrügereien zu Lasten des Budgets ausgeht, sowie (a.a.O. S. 134) hierdurch sogar – meiner Einschätzung nach zu weitgehend – den Einigungsprozeß bedroht sieht; *J.-P. Schneider*, VVDStRL 2005, S. 238 (266); *Mähring*, DÖV 2006, S. 195 (195).

[7] *Kommission*, Vorschlag OLAF, ABl. EG 1999 Nr. C 21/10.

[8] Erwgrd. 3 und 4 sowie Art. 8 des Verordnungsvorschlags (Fn. 7).

[9] Art. 3 Abs. 1, Abs. 2 des Verordnungsvorschlages (Fn. 7).

ten alle Organe und Einrichtungen Beschlüsse über die Modalitäten und Bedingungen für die Durchführung der Untersuchungen fassen.[10] Errichtet wurde OLAF dann aber durch *Beschluß der Kommission* vom 28. April 1999[11]. Die Kommission stützte den Rechtsakt auf die Kompetenzen zum Erlaß ihrer Geschäftsordnung (Art. 218 EGV, Art. 16 EGKSV, Art. 131 EAGV). Da diese jedoch die Schaffung einer rechtlich verselbständigten Gemeinschaftseinrichtung nicht decken,[12] wurde OLAF als besondere Dienststelle der Kommission ausgestaltet.[13] Die Geschäftsordnungskompetenzen bildeten auch nicht für alle dem Amt zugedachten Befugnisse eine ausreichende Grundlage, sondern lediglich dafür, ihm die Wahrnehmung bestehender Befugnisse der Kommission gegenüber Dritten und kommissionsinterner Untersuchungen zuzuweisen.[14] Nicht zuletzt deshalb machte der Kommissionsbeschluß sein Wirksamwerden vom Inkrafttreten einer *Verordnung des Europäischen Parlaments und des Rates über die Untersuchungen von OLAF* abhängig.[15] Dies ließ allerdings nicht lange auf sich warten. Zum 1. Juni 1999 trat die Verordnung (EG) Nr. 1073/1999 des Europäischen Parlaments und des Rates vom 25. Mai 1999 über die Untersuchungen des Europäischen Amtes für Betrugsbekämpfung (OLAF) in Kraft.[16] Als Rechtsgrundlage nennt diese Verordnung sodann Art. 280 EGV. Diese beiden Rechtsakte bilden die Basis für die Finanzkontrolltätigkeit von OLAF.

Der Beschluß wurde noch von der kurz zuvor geschlossen zurückgetretenen Santer-Kommission[17] getroffen. Sie wollte damit einen ersten Schritt zur Überwindung der Krise unternehmen, die sie selbst mit ausgelöst hatte. Offensichtlich sollte Druck auf den Rat und das Parlament ausgeübt werden, schleunigst die erforderlichen Regelungen für eine deutlich wirksamere Betrugsbekämpfung zu erlassen. Ob allerdings diese Kommission, die nur noch auf Abruf amtierte (vgl. Art. 215 Abs. 4 EGV[18]), zu einer derart weitreichenden Entscheidung befugt war, erscheint auf den ersten Blick nicht

---

[10] Zu den Nachteilen dieses Vorschlags *Prieß/Spitzer*, in: Groeben/Schwarze, EUV/EGV IV[6], Art. 280 EGV Rn. 141.
[11] Beschluß 1999/352/EG, EGKS, Euratom (OLAF).
[12] Vgl. *Kugelmann*, in: Streinz, EUV/EGV, Art. 218 EGV Rn. 15; *Breier*, in: Lenz/Borchardt, EUV/EGV[3], Art. 218 EGV Rn. 2 („interne Organisation").
[13] Siehe auch *David*, Inspektionen, S. 115: „Amt innerhalb der Verwaltungsstruktur der Kommission".
[14] Vgl. *Prieß/Spitzer*, in: Groeben/Schwarze, EUV/EGV IV[6], Art. 280 EGV Rn. 146 f.
[15] Art. 7 S. 1 Beschluß 1999/352/EG, EGKS, Euratom (OLAF).
[16] Siehe auch die für den Bereich des EAGV geltende, mit der VO (EG) 1073/1999 nahezu identische VO (Euratom) 1074/1999 (OLAF-Untersuchungen).
[17] Siehe schon oben Einleitung.
[18] *Ruffert* (in: Calliess/Ruffert, EUV/EGV[2], Art. 215 EGV Rn. 2) vertritt hingegen die Ansicht, diese Bestimmung sei auf den Rücktritt der Santer-Kommission nicht anwendbar gewesen.

ganz unproblematisch. Das Primärrecht schränkt die Handlungsbefugnisse einer nach freiwilligem Rücktritt übergangsweise amtierenden Kommission jedoch nicht ausdrücklich ein; es beschränkt sie nicht auf die laufenden Geschäfte und dringliche Entscheidungen.[19] Dies legt insbesondere ein Umkehrschluß zu Art. 201 Abs. 2 S. 2 EGV nahe.[20] Rechtlich ist es deshalb wohl unbedenklich, daß noch die Santer-Kommission den Beschluß getroffen hat. Ein negativer Beigeschmack bleibt dennoch zurück.

II. Die Aufgaben des OLAF und die Modalitäten ihrer Erfüllung

1. Verwaltungsuntersuchungen

Auch in dem Errichtungsbeschluß überträgt die Kommission auf das OLAF die Wahrnehmung der ihr übertragenen Befugnisse zur Durchführung *externer Verwaltungsuntersuchungen*, welche auf den Schutz der finanziellen Interessen der Gemeinschaft gerichtet sind.[21] Das Amt wird im Errichtungsbeschluß weiterhin mit der Durchführung *interner Verwaltungsuntersuchungen* beauftragt; diese sind darauf gerichtet, Betrug, Korruption und sonstige rechtswidrige Handlungen zum Nachteil der finanziellen Interessen der Europäischen Gemeinschaften zu bekämpfen und „schwerwiegende Handlungen" im Zusammenhang mit der Ausübung der beruflichen Tätigkeiten aufzudecken.[22] Mit diesen beiden Aufgabenzuweisungen werden nicht zugleich neue Untersuchungsbefugnisse begründet. Der Kommissionsbeschluß betont, daß das Amt die diesbezüglichen Zuständigkeiten der Kommission wahrnimmt.[23] Die Ermittlung dieser Zuständigkeiten führt, ausgehend von der Verordnung (EG) Nr. 1073/1999, zu einer Vielzahl von sektorübergreifenden („horizontalen"[24]) und -spezifischen Rechtsakten. Die Untersuchungsfunktion ist die primäre Funktion des Amtes.[25]

a. Externe Untersuchungen

In der Verordnung (EG) Nr. 1073/1999 wird hinsichtlich der externen Untersuchungen auf die durch die Verordnung (Euratom, EG) Nr. 2185/96 des Rates vom 11. November 1996 betreffend die Kontrollen und Überprüfun-

---

[19] Vgl. *Kugelmann*, in: Streinz, EUV/EGV, Art. 215 EGV Rn. 5; *Jorna*, in: Schwarze, EU-Kommentar, Art. 215 EGV Rn. 6.
[20] *Schmitt von Sydow*, in: Groeben/Schwarze, EUV/EGV IV⁶, Art. 215 EGV Rn. 33.
[21] Art. 2 Abs. 1 UAbs. 1 Beschluß 1999/352/EG, EGKS, Euratom (OLAF).
[22] Art. 2 Abs. 1 UAbs. 2 Beschluß 1999/352/EG, EGKS, Euratom (OLAF).
[23] Art. 2 Abs. 1 UAbs. 3 Beschluß 1999/352/EG, EGKS, Euratom (OLAF); siehe auch Art. 1 Abs. 1 VO (EG) 1073/1999 (OLAF-Untersuchungen): Das Amt nimmt „die der Kommission (...) übertragenen Untersuchungsbefugnisse wahr".
[24] Vgl. *David*, Inspektionen, S. 110 im Hinblick auf die sogleich zu behandelnde VO (Euratom, EG) 2185/96 (Kontrollen und Überprüfungen vor Ort).
[25] *Kommission*, Bewertungsbericht OLAF, KOM(2003) 154 endg., S. 7.

gen vor Ort durch die Kommission zum Schutz der finanziellen Interessen der Europäischen Gemeinschaften vor Betrug und anderen Unregelmäßigkeiten (sog. *Kontrollverordnung*[26]) übertragenen Befugnisse verwiesen.[27] Diese Verordnung, die auf Art. 308 EGV gestützt ist,[28] gewährt der Kommission eine Befugnis zu Inspektionen bei Wirtschaftsteilnehmern, die – unbeschadet der sektorbezogenen Gemeinschaftsregelungen[29] – in allen Tätigkeitsbereichen der Gemeinschaften herangezogen werden kann.[30] Die Inspektionen können die Einnahmen- und die Ausgabenseite betreffen. Allerdings ist die Ausübung dieser Befugnis an das Vorliegen bestimmter – restriktiver[31] – Voraussetzungen geknüpft. Eine Inspektion muß entweder von dem betreffenden Mitgliedstaat beantragt worden oder auf ein bestimmtes Ziel gerichtet sein.[32] Als Ziel kommt dabei einerseits die Aufdeckung von schwerwiegenden oder grenzüberschreitenden Unregelmäßigkeiten[33] oder von Unregelregelmäßigkeiten, an denen in mehreren Mitgliedstaaten handelnde Wirtschaftsteilnehmer beteiligt sein könnten, in Betracht. Andererseits kann eine Untersuchung sich auf die Aufdeckung von Unregelmäßigkeiten beziehen, wenn es sich aufgrund der Lage in einem Mitgliedstaat in einem Einzelfall als erforderlich erweist, die Kontrollen und Überprüfungen vor Ort zu verstärken, um einen wirksamen Schutz der finanziellen Interessen zu erreichen und somit die Interessen innerhalb der Gemeinschaft in gleichem Umfang zu schützen. Diese Voraussetzungen lassen erkennen, daß die Inspektionsbefugnis aufgrund der Verordnung (Euratom, EG) Nr. 2185/96 dann greifen soll, wenn mitgliedstaatliche Kontrollen sich als ungeeignet erweisen; die gemeinschaftlichen Inspektionen sollen also die mitgliedstaatlichen ergänzen.[34] Ausdrücklich betont

---

[26] *David*, Inspektionen, S. 108; *Hedtmann*, EuR 2002, S. 122 (126). Zu den Kontrollen aufgrund dieser Verordnung insbesondere *Kuhl/Spitzer*, EuZW 1998, S. 37 ff.; *Ulrich*, Kontrollen der EG-Kommission; *ders.*, EWS 2000, S. 137 ff.
[27] Art. 3 Abs. 1 VO (EG) 1073/1999 (OLAF-Untersuchungen).
[28] Hierzu *Ulrich*, EWS 2000, S. 137 (139 f.).
[29] Hierzu *Hedtmann*, EuR 2000, S. 122 (127).
[30] Art. 2 i.V.m. Art. 1 Abs. 2 VO (Euratom, EG) 2185/96 (Kontrollen und Überprüfungen vor Ort).
[31] *Hedtmann*, EuR 2002, S. 122 (127).
[32] Art. 2 VO (Euratom, EG) 2185/96 (Kontrollen und Überprüfungen vor Ort); siehe auch Erwgrd. 7 dieser Verordnung und *Ulrich*, EWS 2000, S. 137 (141).
[33] Vgl. *Hedtmann*, EuR 2000, S. 122 (127): „eine bewusst hoch angesetzte Eingriffsschwelle".
[34] Ähnlich *Ulrich*, EWS 2000, S. 137 (140), der (a.a.O. S. 141) auch darauf verweist, daß die Möglichkeit von Kommissionskontrollen der Verpflichtung zu effizienter und wirksamer Durchführung des Gemeinschaftsrechts Nachdruck verleiht. Ähnlich auch *Gemmel*, Kontrollen des OLAF, S. 109 und *Hedtmann*, EuR 2000, S. 122 (127), die auf die Grundsätze der Subsidiarität und der Verhältnismäßigkeit verweisen. Vgl. auch Art. 3 Abs. 2 VO (Euratom, EG) 2185/96 (Kontrollen und Überprüfungen vor Ort).

wird, daß die Verordnung weder die Zuständigkeit der Mitgliedstaaten für die Ahndung von Straftaten noch die Vorschriften über die gegenseitige Rechtshilfe der Mitgliedstaaten berührt.[35]

Weiterhin führt das Amt Kontrollen und Überprüfungen aufgrund der Verordnung (EG, Euratom) Nr. 2988/95 des Rates vom 18. Dezember 1995 über den Schutz der finanziellen Interessen der Europäischen Gemeinschaften durch. Diese Verordnung bildet eine „Rahmenregelung für einheitliche Kontrollen sowie für verwaltungsrechtliche Maßnahmen und Sanktionen bei Unregelmäßigkeiten in bezug auf das Gemeinschaftsrecht".[36] Sie enthält bestimmte Definitionen, die auch für die Verordnung (Euratom, EG) Nr. 2185/96 gelten.[37] Der Tatbestand der Unregelmäßigkeit ist hiernach bei jedem Verstoß gegen eine Gemeinschaftsbestimmung als Folge einer Handlung oder Unterlassung eines Wirtschaftsteilnehmers gegeben, die einen Schaden für den Gesamthaushaltsplan der Gemeinschaften (...) bewirkt hat bzw. haben würde, sei es durch Verminderung oder den Ausfall von Eigenmitteleinnahmen, die direkt für Rechnung der Gemeinschaften erhoben werden, sei es durch eine ungerechtfertigte Ausgabe.[38] Die Definition orientiert sich also allein an einem Ereignis und nicht am Vorliegen subjektiver Elemente.[39] Wirtschaftsteilnehmer ist weiterhin jede natürliche und juristische Person sowie jedes sonstige nach dem einzelstaatlichen Recht anerkannte Rechtssubjekt.[40] Im Zentrum der Verordnung (EG, Euratom) Nr. 2988/95 stehen Regelungen, die einen allgemeinen Teil des europäischen Verwaltungssanktionsrechts darstellen; die Verordnung wird deshalb auch als *Sanktionsverordnung* bezeichnet.[41] Unverkennbar ist

---

[35] Art. 1 Abs. 3 und Erwgrd. 16 VO (Euratom, EG) 2185/96 (Kontrollen und Überprüfungen vor Ort).

[36] Art. 1 Abs. 1 VO (EG, Euratom) 2988/95 (Schutz der finanziellen Interessen). Vgl. EuGH, Rs. C-295/02 – Gisela Gerken, Slg. 2004, I-6369 (Rn. 56): Aus den Erwägungsgründen „folgt, dass der Gemeinschaftsgesetzgeber im Bereich der Kontrollen und Sanktionen der auf dem Gebiet des Gemeinschaftsrechts begangenen Unregelmäßigkeiten mit dem Erlass der Verordnung 2988/95 eine Reihe allgemeiner Grundsätze aufgestellt hat und vorgeschrieben hat, dass grundsätzlich alle sektorbezogenen Verordnungen diese Grundsätze beachten". Siehe weiterhin *Borchardt*, in: Lenz/Borchardt, EUV/EGV³, Art. 34 EGV Rn. 87.

[37] Art. 1 Abs. 1, Art. 5 Abs. 1 VO (Euratom, EG) 2185/96 (Kontrollen und Überprüfungen vor Ort). Die VO (Euratom, EG) 2185/96 ist ausdrücklich als Ergänzung der VO (EG, Euratom) 2988/95 (Schutz der finanziellen Interessen) erlassen worden; sie enthält gemäß Art. 1 Abs. 1 „zusätzliche allgemeine Bestimmungen" i.S.v. Art. 10 VO (EG, Euratom) 2988/95.

[38] Art. 1 Abs. 2 VO (EG, Euratom) 2988/95 (Schutz der finanziellen Interessen). Zur Einbeziehung der Einnahmenseite *Ulrich*, EWS 2000, S. 137 (140 f.).

[39] *Borchardt*, in: Lenz/Borchardt, EUV/EGV³, Art. 34 EGV Rn. 128.

[40] Art. 7 S. 1 VO (EG, Euratom) 2988/95 (Schutz der finanziellen Interessen).

[41] *David*, Inspektionen, S. 109 (in Fn. 419); *Hedtmann*, EuR 2002, S. 122 (129); *Wolffgang*, Betrugsbekämpfung, in: Ehlers/Wolffgang, Rechtsfragen der Marktordnungen,

die entsprechende Übernahme strafrechtlicher Grundsätze, etwa des Gesetzlichkeitsprinzips[42]. Die durch die Verordnung (EG) Nr. 1073/1999 in Bezug genommenen Kontrollen und Überprüfungen sind einerseits solche, zu denen die Kommission aufgrund der Verordnung (EG, Euratom) Nr. 2988/95 ermächtigt ist; Gegenstand dieser Inspektionen ist der mitgliedstaatliche Verwaltungsvollzug einschließlich der Maßnahmen, die die Bewirtschaftung gemeinschaftlicher Finanzmittel mit sich bringt.[43] Andererseits werden über einen Weiterverweis in der Verordnung (EG, Euratom) Nr. 2988/95 sektorbezogene Inspektionsbefugnisse in Bezug genommen.[44] Dies sind in erster Linie die schon im Zusammenhang mit den Finanzierungsverfahren der Agrarmarkt- und der Strukturfondsausgaben genannten.

Die Inspektionsbefugnisse aufgrund der Verordnung (Euratom, EG) Nr. 2185/96 werden exklusiv von dem OLAF wahrgenommen;[45] hingegen besteht für die Inspektionsbefugnisse aufgrund der Verordnung (EG, Euratom) Nr. 2988/95 eine parallele Zuständigkeit von OLAF und den übrigen Dienststellen der Kommission.[46] Letztere soll das OLAF nur in Anspruch nehmen, soweit dies für die Erfüllung der ihm übertragenen Aufgaben notwendig ist.[47] Diese Zuständigkeitsverteilung erklärt sich auch damit, daß die Inspektionen aufgrund der Verordnung (Euratom, EG) Nr. 2185/96 gezielt auf die Betrugsbekämpfung und deshalb auch auf Einleitung disziplinar- und strafrechtlicher Maßnahmen gerichtet sind. Bei den anderen Befugnissen bildet die Betrugsbekämpfung in der Regel nur einen Nebenzweck; diese Inspektionen sind in erster Linie ein Instrument der Aufsicht der Gemeinschaft über die mitgliedstaatlichen Verwaltungen.[48] In sektorspezifi-

---

S. 203 (222 f.). Zur Verjährungsregelung siehe EuGH, Rs. C-226/03 P – José Martí Peix SA/Kommission, Slg. 2004, I-11421.
Der Entzug des rechtswidrig erlangten Vorteils stellt gemäß Art. 4 Abs. 1, Abs. 2 VO (EG, Euratom) 2988/95 noch keine verwaltungsrechtliche Sanktion, sondern lediglich eine „verwaltungsrechtliche Maßnahme" dar; vgl. aber *Hedtmann* (a.a.O.), der diesen als klassisches Sanktionsmittel bezeichnet.

[42] Art. 2 Abs. 2 VO (EG, Euratom) 2988/95 (Schutz der finanziellen Interessen). Siehe schon oben Kap. 3 Fn. 858.
[43] Art. 3 Abs. 2 Alt. 1 VO (EG) 1073/1999 (OLAF-Untersuchungen) i.V.m. Art. 9 Abs. 1 VO (EG, Euratom) 2988/95 (Schutz der finanziellen Interessen).
[44] Art. 3 Abs. 2 Alt. 2 VO (EG) 1073/1999 (OLAF-Untersuchungen) i.V.m. Art. 9 Abs. 2 VO (EG, Euratom) 2988/95 (Schutz der finanziellen Interessen).
[45] *Satzger*, in: Streinz, EUV/EGV, Art. 280 EGV Rn. 7; *Ulrich*, EWS 2000, S. 137 (141).
[46] Dies ergibt sich aus dem Wortlaut der VO (EG) 1073/1999 (OLAF-Untersuchungen): Gemäß Art. 3 Abs. 1 übt das Amt die der Kommission durch die VO (Euratom, EG) 2185/96 übertragenen Befugnisse aus; Kontrollen und Überprüfungen gemäß Art. 9 der VO (EG, Euratom) 2988/96 führt das Amt hingegen lediglich durch.
[47] So *Ulrich*, EWS 2000, S. 137 (141).
[48] Vgl. *Kommission*, Bewertungsbericht OLAF, KOM(2003) 154 endg., S. 11.

schen Rechtsakten wird häufig hinsichtlich des Schutzes der finanziellen Interessen der Gemeinschaft ausdrücklich auf die Verordnungen (EG, Euratom) Nr. 2988/95 und (Euratom, EG) Nr. 2185/96 verwiesen.[49]

b. Interne Untersuchungen

Interne Untersuchungen darf das OLAF bei allen durch das Primärrecht oder auf dessen Grundlage geschaffenen „Organen, Einrichtungen sowie Ämtern und Agenturen" durchführen.[50] Die Befugnis dafür, daß eine Dienststelle der Kommission Inspektionen bei anderen Organisationseinheiten der Gemeinschaft auch gegen deren Willen[51] vornehmen darf, kann natürlich nicht auf der Kompetenz der Kommission zum Erlaß ihrer Geschäftsordnung beruhen. Die Untersuchungen werden deshalb auf der Grundlage der Verordnung (EG) Nr. 1073/1999 und von Beschlüssen der einzelnen Organisationseinheiten, zu deren Fassung sie durch diese Verordnung verpflichtet sind,[52] vorgenommen.[53] Mit diesen Beschlüssen soll deren interne Organisationsautonomie gewahrt bleiben.[54] Dies kommt aber angesichts der grundsätzlichen Verpflichtung nur insoweit in Betracht, als der Beschluß gegebenenfalls bestehende Besonderheiten der Organisationseinheit berücksichtigen kann.[55]

Die Organe sollen die mit diesen Beschlüssen einzuführende Regelung untereinander abstimmen.[56] Zu diesem Zweck haben das Parlament, der Rat und die Kommission eine Interinstitutionelle Vereinbarung geschlossen.[57]

---

[49] Siehe z.B. Art. 20 VO (EG) 2321/2002 (Beteiligungsregeln und Verbreitung der Forschungsergebnisse).

[50] Art. 4 Abs. 1 S. 1 VO (EG) 1073/1999 (OLAF-Untersuchungen). Zu internen Untersuchungen siehe auch *Kommission*, Bewertungsbericht OLAF, KOM(2003) 154 endg., S. 7 ff.

[51] Vgl. *Gemmel*, Kontrollen des OLAF, S. 101.

[52] EuGH, Rs. C-11/00 – Kommission/EZB, Slg. 2003, I-7147 (Rn. 183).

[53] Art. 4 Abs. 1 S. 2 VO (EG) 1073/1999 (OLAF-Untersuchungen); auch Art. 2 Abs. 1 UAbs. 2 Beschluß 1999/352/EG, EGKS, Euratom (OLAF).

[54] *Prieß/Spitzer*, in: Groeben/Schwarze, EUV/EGV IV[6], Art. 280 EGV Rn. 147.

[55] Siehe aber *Kommission*, Bewertungsbericht OLAF, KOM(2003) 154 endg., S. 8: „bei einigen Organen und Einrichtungen Abweichungen, die nicht durch besondere Erfordernisse (…) begründet sind."

[56] Art. 4 Abs. 1 S. 3 VO (EG) 1073/1999 (OLAF-Untersuchungen).

[57] Interinstitutionelle Vereinbarung vom 25. Mai 1999 zwischen dem Europäischen Parlament, dem Rat der Europäischen Union und der Kommission der Europäischen Gemeinschaften über die internen Untersuchungen des Europäischen Amtes für Betrugsbekämpfung (OLAF), ABl. EG 1999 Nr. L 136/15.
Vgl. *Kommission*, Bewertungsbericht OLAF, KOM(2003) 154 endg., S. 56 (Fn. 14): „Eine Interinstitutionelle Vereinbarung ist ein Rechtsakt, der auf eine pragmatische Gestaltung der Zusammenarbeit zwischen zwei oder mehreren Organen in deren jeweiligen Kompetenzbereichen abstellt."

Deren wichtigster Bestandteil ist ein nur sieben Artikel umfassender Standardbeschluß „über die Bedingungen und Modalitäten der internen Untersuchungen zur Bekämpfung von Betrug, Korruption und sonstigen rechtswidrigen Handlungen zum Nachteil der Interessen der Gemeinschaft"[58]. Er geht in seinen Erwägungsgründen davon aus, daß sich erst durch diesen Rechtsakt die generelle Befugnis des OLAF zu internen Untersuchungen auf die beschließende Organisationseinheit erstreckt.[59] Im wesentlichen widmet er sich zwei Themenbereichen:[60] Er sieht erstens umfassende Kooperations- und Mitteilungspflichten für die Mitglieder und Beschäftigten der Organisationseinheit und zweitens Rechte des gegebenenfalls von einer Untersuchung Betroffenen vor.[61] Der Rat und die Kommission haben gestützt auf ihre jeweiligen Geschäftsordnungskompetenzen entsprechende Beschlüsse gefaßt.[62] Das Parlament hat seine Geschäftsordnung geändert und einen entsprechenden Beschluß als weiteren Anhang aufgenommen.[63] Gegen diese Änderung haben 71 Mitglieder erfolglos Nichtigkeitsklage gemäß Art. 230 Abs. 1, Abs. 4 EGV erhoben.[64] Die übrigen Organe, Einrichtungen sowie Ämter und Agenturen werden aufgefordert, dieser Vereinbarung beizutreten.[65] Aufgrund entsprechender Beschlüsse darf das Amt mittlerweile in nahezu allen Gemeinschaftseinrichtungen interne Untersuchungen durchführen.[66]

---

[58] Siehe den Anhang der Interinstitutionellen Vereinbarung vom 25. Mai 1999 (Fn. 57).

[59] Erwgrd. 4 des Standardbeschlusses (Fn. 58): Die beschließende Organisationseinheit überträgt OLAF die Aufgabe, interne Untersuchungen durchzuführen, „aufgrund ihrer Verwaltungsautonomie".

[60] Zum notwendigen Inhalt der Beschlüsse Art. 4 Abs. 6 VO (EG) 1073/1999 (OLAF-Untersuchungen).

[61] Art. 1 f. bzw. 4 f. des Standardbeschlusses (Fn. 58).

[62] Beschluß 1999/394/EG, Euratom (interne Untersuchungen beim Rat); Beschluß 1999/396/EG, EGKS, Euratom (interne Untersuchungen bei der Kommission).

[63] Siehe Anlage XI der Geschäftsordnung des Europäischen Parlaments (ABl. EU 2005 Nr. L 44/1): „Beschluss des Europäischen Parlaments über die Bedingungen und Modalitäten der internen Untersuchungen zur Bekämpfung von Betrug, Korruption und sonstigen rechtswidrigen Handlungen zum Nachteil der Interessen der Gemeinschaft" vom 18. November 1999.

[64] EuG, Rs. T-17/00 R – Willy Rothley u.a./Parlament, Slg. 2000, II-2085 (vorläufiger Rechtsschutz); EuG, Rs. T-17/00 – Willy Rothley u.a./Parlament, Slg. 2002, II-579; EuGH, Rs. C-167/02 P – Willy Rothley u.a./Parlament, Slg. 2004, I-3149. Hierzu unten Kap. 4 A.V.

[65] Dieser Aufforderung ist allerdings keine Einrichtung nachgekommen; siehe *Kommission*, Bewertungsbericht OLAF, KOM(2003) 154 endg., S. 8.

[66] Siehe *Rechnungshof*, Decision No 99-2004 concerning the rules concerning arrangements for cooperation by the Members of the Court in internal investigations in relation to the prevention of fraud, corruption and other illegal activity detrimental to the Communities' financial interests, Annex III des Annex V Decision No 92-2004 laying down the Rules for Implementing the Rules of Procedure of the Court of Auditors

Für die Durchführung interner Untersuchungen kann möglicherweise auch der Zugang zu Informationen erforderlich sein, über die nicht Organisationseinheiten der Gemeinschaft, sondern Dritte verfügen. Daher ist das Amt auch befugt, von jedem Betroffenen die Informationen anzufordern, die es für seine Untersuchungen für sachdienlich hält, sowie nach den in der Verordnung (Euratom, EG) Nr. 2185/96 festgelegten Bedingungen und Modalitäten Kontrollen vor Ort bei den betroffenen Wirtschaftsteilnehmern vorzunehmen.[67]

c. Das Verfahrensrecht der Untersuchungen

aa. Das Verfahrensrecht nach der Verordnung (EG) Nr. 1073/1999

Die bei einer Untersuchung einzuhaltenden Verfahrensbestimmungen ergeben sich in erster Linie aus den speziellen Bestimmungen in demjenigen Rechtsakt, der zu dieser Untersuchung ermächtigt. Die Verordnung (EG) Nr. 1073/1999 enthält jedoch auch *allgemeine Regelungen* über die Durchführung von Untersuchungen durch das OLAF:[68] Stets kann der Direktor des Amtes eine Untersuchung von sich aus einleiten. Die Voraussetzungen hierfür hängen allerdings von der Rechtsgrundlage ab, auf die die Untersuchung gestützt werden soll. Externe Untersuchungen können auch auf Ersuchen eines betroffenen Mitgliedstaates, interne auch auf Ersuchen der jeweiligen Organisationseinheit erfolgen.[69] In allen Fällen bedarf es eines *Beschlusses des Direktors des OLAF über die Einleitung einer Untersuchung*. Im Falle des Ersuchens durch einen Mitgliedstaat oder einer gemeinschaftlichen Organisationseinheit steht dem Direktor bei Vorliegen der jeweiligen Voraussetzungen kein Spielraum bei der Einleitung eines Verfahrens zu.

Bei der *Durchführung der Untersuchung* müssen die Bediensteten des Amtes eine schriftliche Ermächtigung, die über ihre Person und ihre Dienststellung Auskunft gibt, sowie einen vom Direktor ausgestellten schriftlichen Untersuchungsauftrag vorlegen, aus dem deren Gegenstand hervorgeht.[70] Während der Kontrollen und Überprüfungen vor Ort haben sie

---

(http://www.eca.eu.int/eca/rules/docs/modalites_en.pdf; Stand: 15. April 2006); siehe auch den Verweis auf Decision No 98-2004, Erwgrd. 4 Decision No 99-2004. Zur EZB siehe unten Kap. 4.A.V.

[67] Art. 4 Abs. 3 VO (EG) 1073/1999 (OLAF-Untersuchungen). Verwiesen wird auf Art. 5 Abs. 3 VO (Euratom, EG) 2185/96 (Kontrollen und Überprüfungen vor Ort); hierzu sogleich unten Kap. 4.A.II.1.c.aa.

[68] Hierzu ausführlicher *Gemmel*, Kontrollen des OLAF, S. 95 ff.

[69] Art. 5 VO (EG) 1073/1999 (OLAF-Untersuchungen).

[70] Art. 6 Abs. 2, Abs. 3 VO (EG) 1073/1999 (OLAF-Untersuchungen). Vorbild für diese Regelungen ist Art. 6 Abs. 1 VO (Euratom, EG) 2185/96 (Kontrollen und Überprüfungen vor Ort).

sich gemäß den für die Beamten des betreffenden Mitgliedstaats geltenden Vorschriften und Gepflogenheiten, dem Beamtenstatut und den Beschlüssen der einzelnen gemeinschaftlichen Organisationseinheiten zu verhalten.[71] Die Mitgliedstaaten bzw. die gemeinschaftlichen Organisationseinheiten, die von der Untersuchung betroffen sind, trifft eine – allerdings allgemein gehaltene – Unterstützungspflicht.[72]

Nähere Vorgaben enthält die Verordnung (EG) Nr. 1073/1999 für die Durchführung interner Untersuchungen.[73] Das Amt erhält ohne Voranmeldung und unverzüglich Zugang zu den Räumlichkeiten und zu sämtlichen dort verfügbaren Informationen. Es darf Kopien der Dokumente und sonstigen Datenträger anfertigen und die Mitglieder des Personals um mündliche Informationen ersuchen. Für den Zugang zu Informationen, die bei Dritten vermutet werden und die für die interne Untersuchung von Nutzen sein können, ordnet die Verordnung (EG) Nr. 1073/1999 die entsprechende Anwendung der Bestimmungen in der Verordnung (Euratom, EG) Nr. 2185/96 über die Kontrollen und Überprüfungen anderer betroffener Wirtschaftsteilnehmer an und stellt damit gesteigerte Anforderungen an derartige Untersuchungsmaßnahmen.[74] Für seine Untersuchungen sachdienliche Informationen kann das Amt hingegen von jedem Betroffenen anfordern. Das Amt muß weiterhin in der Regel eine gemeinschaftliche Organisationseinheit davon in Kenntnis setzen, daß sich ein Verdacht gegen ein bestimmtes Mitglied des Personals ergeben hat.

Externe wie interne Untersuchungen durch das Amt werden durch einen *Untersuchungsbericht*[75] abgeschlossen. Dieser muß den festgestellten Sachverhalt, die gegebenenfalls ermittelte Schadenshöhe und die Ergebnisse der Untersuchung einschließlich Empfehlungen zu zweckmäßigen Folgemaßnahmen enthalten. Bei der Erstellung dieses Berichts sind die im Recht des betreffenden Mitgliedstaates vorgesehenen Verfahrenserfordernisse zu berücksichtigen. Berichte über externe Untersuchungen sind den zuständigen Behörden der betreffenden Mitgliedstaaten, Berichte über interne Untersuchungen der betreffenden gemeinschaftlichen Organisationseinheit zu übermitteln. Letztere muß die erforderlichen Folgemaßnahmen, insbesondere die Einleitung eines Disziplinarverfahrens oder die Einschaltung einer staatlichen Strafverfolgungsbehörde ergreifen und den Direktor des Amtes hiervon unterrichten. Das OLAF kann allerdings auch von sich aus unmit-

---

[71] Art. 6 Abs. 4 VO (EG) 1073/1999 (OLAF-Untersuchungen).
[72] Art. 6 Abs. 6 VO (EG) 1073/1999 (OLAF-Untersuchungen).
[73] Zum folgenden Art. 4 Abs. 2, Abs. 3, Abs. 5 VO (EG) 1073/1999 (OLAF-Untersuchungen). Ausführlicher *Gemmel*, Kontrollen des OLAF S. 101 ff.
[74] Hierzu siehe sogleich Kap. 4 A.II.1.c.cc.
[75] Hierzu und zum folgenden Art. 9 VO (EG) 1073/1999 (OLAF-Untersuchungen). Vorbild für die Regelung des Art. 9 Abs. 2 VO (EG) 1073/1999 ist Art. 8 Abs. 3 VO (Euratom, EG) 2185/96 (Kontrollen und Überprüfungen vor Ort) gewesen.

telbar den Justizbehörden des betreffenden Mitgliedstaats die bei internen Untersuchungen eingeholten Informationen über gegebenenfalls strafrechtlich zu ahndende Handlungen übermitteln.[76] Die Untersuchungen des Amtes haben also unter Umständen eine strafrechtliche Finalität.[77]

bb. Die Bestimmungen über interne Untersuchungen in den Beschlüssen der gemeinschaftlichen Organisationseinheiten

Die Beschlüsse sehen einerseits weitgehende *Kooperationspflichten* des Personals der jeweiligen Organisationseinheit vor. Sie müssen umfassend mit den Bediensteten des Amtes zusammenarbeiten und jede für die Untersuchung erforderliche Unterstützung gewähren, insbesondere alle zweckdienlichen Hinweise und Erklärungen liefern.[78] Sie müssen weiterhin, sobald sie von rechtswidrigen Handlungen zum Nachteil der finanziellen Interessen der Gemeinschaft erfahren, ihren Vorgesetzten oder direkt das Amt in Kenntnis setzen, damit das OLAF Untersuchungen einleiten kann.[79] Im Gegenzug enthalten die Beschlüsse zur Wahrung der *Verteidigungsrechte*[80] des von einer solchen Untersuchung Betroffenen die Pflicht des OLAF, ihn oder sie rasch zu unterrichten, sofern dies nicht die Untersuchung beeinträchtigt.[81] Dem Betroffenen soll schon frühzeitig die Möglichkeit gegeben werden, sich zu dem Untersuchungsgegenstand zu äußern und gegebenenfalls selbst zur Aufklärung beizutragen. Weiterhin dürfen die Schlußfolgerungen des Amtes am Ende einer Untersuchung nur dann den Namen einer Person nennen, wenn dieser zuvor Gelegenheit gegeben wurde, sich zu den sie betreffenden Tatsachen zu äußern.[82] Die Nichtbeachtung der Verteidi-

---

[76] Art. 10 Abs. 2 S. 1 VO (EG) 1073/1999 (OLAF-Untersuchungen). Vgl. z.B. EuG, Rs. T-193/04 R – Tillack/Kommission (Rn. 9); EuGH, Rs. C-521/04 P(R) – Tillack/Kommission (Rn. 24 ff.).

[77] So *Kommission*, Bewertungsbericht OLAF, KOM(2003) 154 endg., S. 7, 12.

[78] Art. 1 Abs. 1 des Standardbeschlusses (Fn. 58).

[79] Art. 2 Abs. 1 des Standardbeschlusses (Fn. 58). Der Vorgesetzte ist gemäß Art. 1 Abs. 2 des Standardbeschlusses zur Weiterleitung der Information an das Amt verpflichtet. Vgl. auch *Hetzer*, NJW 2004, S. 3746 (3749).
Nunmehr legt auch Art. 22a des Statuts der Beamten eine entsprechende Unterrichtungspflicht fest und bestimmt ausdrücklich, daß dem Beamten keine negativen Auswirkungen aufgrund deren Erfüllung erwachsen dürfen.

[80] EuGH, Rs. C-471/02 P (R) – Gómez-Reino/Kommission, Slg. 2003, I-3207 (Rn. 64); *Kommission*, Bewertungsbericht OLAF, KOM(2003) 154 endg., S. 9; *Gemmel*, Kontrollen des OLAF, S. 103 f.

[81] Art. 4 Abs. 1 S. 1 des Standardbeschlusses (Fn. 58). Daß das OLAF auch durch die Beschlüsse verpflichtet werden kann, ergibt sich aus Art. 4 Abs. 6 lit. b VO (EG) 1073/1999 (OLAF-Untersuchungen); hiernach umfassen die Beschlüsse auch Vorschriften über das Verfahren, an die sich die Bediensteten des Amtes bei der Durchführung der internen Untersuchungen zu halten haben.

[82] Art. 4 Abs. 1 S. 2 des Standardbeschlusses (Fn. 58).

gungsrechte stellt nach der Rechtsprechung des Gerichtshofs einen Verstoß gegen die für das Untersuchungsverfahren geltenden wesentlichen Formvorschriften dar, die allerdings nach den allgemeinen prozeßrechtlichen Regeln nicht selbständig, sondern nur im Rahmen einer Klage gegen die „abschließende Entscheidung der Verwaltung" geltend gemacht kann.[83] Abschließende Entscheidung in diesem Sinne soll allerdings nicht schon der mit gewissen Rechtswirkungen ausgestattete[84] Untersuchungsbericht sein, dessen Bestandteil die Schlußfolgerungen zwangsläufig bilden, sondern erst eine disziplinarrechtliche Maßnahme, die auf den Untersuchungsbericht hin ergeht.[85]

cc. Das Verfahren der Inspektionen im Rahmen externer Untersuchungen nach der Verordnung (Euratom, EG) Nr. 2185/96

Kontrollen und Überprüfungen vor Ort bei den Wirtschaftsteilnehmern aufgrund der Verordnung (Euratom, EG) Nr. 2185/96[86], die unter der Leitung und Verantwortung des OLAF erfolgen,[87] dürfen eingeleitet werden, wenn die „begründete Annahme" besteht, daß Unregelmäßigkeiten begangen worden sind.[88] Derartige Inspektionen dürfen also nicht stichprobenartig oder präventiv erfolgen, sondern nur aus konkretem Anlaß.[89] Eine Inspektion kann bei dem Verdächtigen, gegen den verwaltungsrechtliche Maßnahmen oder Sanktionen der Gemeinschaft ergriffen werden können, sollte sich der Verdacht bestätigen,[90] aber auch bei anderen „betroffenen" Wirtschaftsteilnehmern durchgeführt werden.[91] Betroffen in diesem Sinne ist ein Wirtschaftsteilnehmer, wenn er über einschlägige Informationen für die Untersuchung verfügt. Eine derartige Inspektion ist an besonders strenge Voraussetzungen gebunden; sie ist nur zulässig, wenn sie zur Feststellung einer Unregelmäßigkeit unbedingt erforderlich ist. Derartige Prüfungen

---

[83] EuGH, Rs. C-471/02 P (R) – Gómez-Reino/Kommission, Slg. 2003, I-3207 (Rn. 64 f.).
[84] Siehe unten Kap. 4 A.II.1.c.dd.
[85] EuG, Rs. T-215/02 – Gómez-Reino/Kommission (Rn. 50). Vgl. auch EuG, Rs. T-215/02 R – Gómez-Reino/Kommission (Rn. 44 ff.). Ausführlich unten Kap. 4 A.IV.
[86] Zum Kontrollverfahren nach der VO (Euratom, EG) 2185/96 (Kontrollen und Überprüfungen vor Ort) *Ulrich*, EWS 2000, S. 137 (142 ff.); *ders.*, Kontrollen zum Schutz der finanziellen Interessen, S. 164 ff.; *Gemmel*, Kontrollen des OLAF, S. 108 ff.
[87] Art. 6 Abs. 1 UAbs. 1 S. 1 VO (Euratom, EG) 2185/96 (Kontrollen und Überprüfungen vor Ort).
[88] Art. 5 Abs. 1 VO (Euratom, EG) 2185/96 (Kontrollen und Überprüfungen vor Ort). Auch diese Bestimmung soll Ausdruck des Subsidiaritäts- und des Verhältnismäßigkeitsgrundsatzes sein, so *Hedtmann*, EuR 2002, S. 122 (127).
[89] *Gemmel*, Kontrollen des OLAF, S. 109.
[90] Art. 5 Abs. 1 VO (Euratom, EG) 2185/96 (Kontrollen und Überprüfungen vor Ort).
[91] Art. 5 Abs. 1, Abs. 3 VO (Euratom, EG) 2185/96 (Kontrollen und Überprüfungen vor Ort).

können sich als notwendig erweisen, „um zusätzliche Beweisstücke zu erhalten, die bei den direkt implizierten Wirtschaftsteilnehmern nicht vorliegen, jedoch für die Feststellung einer von einer anderen Person begangenen Unregelmäßigkeit oder zur Aufdeckung eines von anderen Personen organisierten Betrugsrings unerläßlich sind".[92]

Das bei der eigentlichen Durchführung der Kontrollen und Überprüfungen vor Ort und bei der Verarbeitung der erlangten Informationen einzuhaltende Verfahrensrecht erschließt sich nur schwer, da die Verordnung (Euratom, EG) Nr. 2185/96 wiederholt auf nationales Recht verweist.[93] Vorbehaltlich des geltenden Gemeinschaftsrechts haben sich die Kontrolleure des OLAF an die im Recht des betreffenden Mitgliedstaats vorgesehenen Verfahrensvorschriften zu halten. Sie haben weiterhin unter denselben Bedingungen wie die Kontrolleure der einzelstaatlichen Verwaltungen und unter Einhaltung der einzelstaatlichen Vorschriften Zugang zu allen Informationen und Unterlagen über die betreffenden Vorgänge. Sie tragen schließlich Sorge dafür, daß bei der Erstellung ihrer Kontroll- und Überprüfungsberichte die im nationalen Recht des betreffenden Mitgliedstaats vorgesehenen verfahrenstechnischen Erfordernisse berücksichtigt werden. Wegen des Vorrangs des Gemeinschaftsrechts gehen allerdings insbesondere die Bestimmungen der Verordnung (Euratom, EG) Nr. 2185/96 und der Verordnung (EG, Euratom) Nr. 2988/95 den mitgliedstaatlichen Rechtsvorschriften vor.[94] Ohne Einschränkung müssen die Wirtschaftsteilnehmer deshalb dem OLAF Zugang zu den gewerblich genutzten Örtlichkeiten ermöglichen, wenn die Kontrolleure des OLAF eine schriftliche Ermächtigung vorlegen, die über ihre Person und ihre Dienststellung Auskunft gibt und der ein Dokument beigefügt ist, aus dem Ziel und Zweck der Kontrolle oder Überprüfung vor Ort hervorgehen.[95]

Widersetzen sich die Wirtschaftsteilnehmer einer Kontrolle oder Überprüfung vor Ort, so gewährt der betreffende Mitgliedstaat den Kontrolleuren

---

[92] Vgl. den Hinweis auf eine zu Protokoll gegebene Erklärung der Mitgliedstaaten bei *Kuhl/Spitzer*, EuZW 1998, S. 37 (41); ferner *Ulrich*, EWS 2000, S. 137 (141 f.); *David*, Inspektionen, S. 111.

[93] Art. 6 Abs. 1 UAbs. 3, Art. 7 Abs. 1 UAbs. 1 S. 1, Art. 8 Abs. 3 S. 1 VO (Euratom, EG) 2185/96 (Kontrollen und Überprüfungen vor Ort). Zur hieraus folgenden Schwierigkeit der Anwendung dieser Verordnung vgl. *Hedtmann*, EuR 2002, S. 122 (127 f.); *Kommission*, Bewertungsbericht OLAF, KOM(2003) 154 endg., S. 15. Zu den relevanten deutschen Vorschriften ausführlich *Gemmel*, Kontrollen des OLAF, S. 125 ff. (insbesondere 137 ff., 209 ff. und 251 ff.).

[94] *Hedtmann*, EuR 2002, S. 122 (128). Vgl. auch Art. 6 Abs. 1 UAbs. 3 VO (Euratom, EG) 2185/96 (Kontrollen und Überprüfungen vor Ort): „vorbehaltlich des geltenden Gemeinschaftsrechts".

[95] Art. 5 Abs. 2, Art. 6 Abs. 1 UAbs. 2 VO (Euratom, EG) 2185/96 (Kontrollen und Überprüfungen vor Ort); Art. 6 Abs. 2, Abs. 3 VO (EG) 1073/1999 (OLAF-Untersuchungen). Ausführlicher *Gemmel*, Kontrollen des OLAF, S. 112 ff.

des Amtes in Übereinstimmung mit seinen nationalen Rechtsvorschriften die erforderliche Unterstützung, damit sie ihren Auftrag erfüllen können; es ist Aufgabe der Mitgliedstaaten, unter Einhaltung der einzelstaatlichen Rechtsvorschriften etwaige notwendige Maßnahmen zu treffen.[96]

dd. *Verwertbarkeit der Untersuchungsberichte als Beweismittel*

Die partielle Bindung des OLAF an nationales Verfahrensrecht ist offensichtlich das Zugeständnis der Gemeinschaft an die Mitgliedstaaten dafür, daß die Untersuchungsberichte in der gleichen Weise und unter denselben Bedingungen wie die Verwaltungsberichte der Kontrolleure der einzelstaatlichen Verwaltungen zulässige Beweismittel in den Verwaltungs- oder Gerichtsverfahren des Mitgliedstaates, in dem sich ihre Verwendung als erforderlich erweist, darstellen.[97] Diese eingeschränkte Rechtswirkung gilt im übrigen auch für Berichte über interne Untersuchungen, die zu strafrechtlichen Maßnahmen in einem Mitgliedstaat führen können. Die Herausforderungen an das Amt durch die Verweisungen sind aber enorm und eigentlich nicht zu bewältigen. Das OLAF muß Kenntnis von den (Kontroll-)Rechtsordnungen in mittlerweile 25 Mitgliedstaaten besitzen und diese anwenden können.[98]

Den Untersuchungsberichten des OLAF soll aber durch die Anordnung der Verwertbarkeit als Beweismittel kein absoluter Beweiswert verliehen werden.[99] Die Pflicht zur loyalen Zusammenarbeit nach Art. 10 EGV verlangt zwar von den nationalen Justizbehörden eine ernsthafte Befassung mit einer Informationsübermittlung durch das OLAF.[100] In den Erwägungsgründen der Verordnung (EG) Nr. 1073/1999 wird jedoch ausdrücklich hervorgehoben, daß es den zuständigen einzelstaatlichen Behörden obliegt, „auf der Grundlage des von dem Amt erstellten Berichts Folgemaßnahmen zu den abgeschlossenen Untersuchungen zu beschließen".[101] Die in dem Abschlußbericht enthaltenen Ergebnisse müssen also nicht zwangsläufig zur Einleitung eines nationalen Verwaltungs- oder Gerichtsverfahrens führen.[102] Die Informationsübermittlung zwingt, so das Gericht Erster Instanz, die

---

[96] Art. 9 VO (Euratom, EG) 2185/96 (Kontrollen und Überprüfungen vor Ort); hierzu ausführlich *Gemmel*, Kontrollen des OLAF, S. 115, 267 ff.; vgl. *Wettner*, Amtshilfe, S. 131 f. Siehe auch Art. 4 VO (Euratom, EG) 2185/96.

[97] Art. 9 Abs. 2 S. 2 VO (EG) 1073/1999 (OLAF-Untersuchungen); Art. 8 Abs. 3 S. 3 VO (Euratom, EG) 2185/96 (Kontrollen und Überprüfungen vor Ort).

[98] Vgl. *Ulrich*, EWS 2000, S. 137 (142), der auch auf ein von der Kommission erarbeitetes Vademecum mit Regeln verweist, die bei Anwendung der VO (Euratom, EG) 2185/96 (Kontrollen und Überprüfungen vor Ort) zu beachten sind.

[99] *Prieß/Spitzer*, in: Groeben/Schwarze, EUV/EGV IV[6], Art. 280 EGV Rn. 180.

[100] EuG, Rs. T-193/04 R – Tillack/Kommission (Rn. 44).

[101] Erwgrd. 13.

[102] EuG, Rs. T-29/03 – Comunidad Autónoma de Andalucía (Rn. 33).

nationalen Behörden nicht zu bestimmten Schritten, wenn sie der Auffassung sind, daß die vom OLAF übermittelten Informationen solche nicht rechtfertigen. Die von ihnen gegebenenfalls getroffene Entscheidung, auf die Informationsübermittlung durch das OLAF hin tätig zu werden, beruht somit auf der eigenständigen Ausübung der Befugnisse, die diesen Behörden übertragen sind.[103] Mit der Anordnung der Verwertbarkeit soll nur sichergestellt werden, daß die Feststellungen im nationalen Verwaltungs- oder Gerichtsverfahren nicht schon deswegen unberücksichtigt bleiben, weil sie durch das OLAF getroffen wurden; eine darüber hinausgehende Einschränkung des Ermessens bei der Beweisverwendung und -würdigung ist nicht bezweckt.[104]

2. Sonstige Aufgaben des OLAF

Das OLAF ist nicht ausschließlich Untersuchungsbehörde.[105] Es ist auch mit Koordinations-, Konzeptions- und Beratungsaufgaben beauftragt:[106] Es soll zur Zusammenarbeit der Kommission mit den Mitgliedstaaten im Bereich der Betrugsbekämpfung beitragen, Konzepte zur Betrugsbekämpfung erarbeiten und die Gesetzgebungsinitiativen der Kommission im Hinblick auf die Betrugsbekämpfung vorbereiten. Eine besondere Rolle soll das sog. Follow-up einnehmen: Folgemaßnahmen zu OLAF-Untersuchungen sollen auf eine enge Zusammenarbeit zwischen dem Amt und den nationalen Polizei- und Justizbehörden gestützt sein.[107]

III. Stellung und Aufbau des OLAF

Der Errichtungsbeschluß gewährt dem Amt, seine Untersuchungsbefugnisse „in voller Unabhängigkeit" auszuüben.[108] Er verpflichtet es hierzu aber auch: Der *Direktor*, der das Amt leitet,[109] darf bei der Ausübung dieser Befugnisse keine Anweisungen Dritter, insbesondere der Kommission oder einer Regierung erbitten oder entgegennehmen.[110] In der Stellung außerhalb

---

[103] EuG, Rs. T-193/04 R – Tillack/Kommission (Rn. 44).
[104] *Prieß/Spitzer*, in: Groeben/Schwarze, EUV/EGV IV⁶, Art. 280 EGV Rn. 180. Ähnlich *Gemmel*, Kontrollen des OLAF, S. 99.
[105] Zum folgenden siehe auch *Mager*, ZEuS 2000, S. 177 (182).
[106] Art. 2 Abs. 2 ff. Beschluß 1999/352/EG, EGKS, Euratom (OLAF); Art. 1 Abs. 2 VO (EG) 1073/1999 (OLAF-Untersuchungen). Ausführlicher *Kommission*, Bewertungsbericht OLAF, KOM(2003) 154 endg., insbesondere S. 27 ff.; *Gemmel*, Kontrollen des OLAF, S. 60 f.; *Prieß/Spitzer*, in: Groeben/Schwarze, EUV/EGV IV⁶, Art. 280 EGV Rn. 144 f.
[107] Ausführlicher *Kommission*, Bewertungsbericht OLAF, KOM(2003) 154 endg., S. 18 ff.
[108] Art. 3 S. 1 Beschluß 1999/352/EG, EGKS, Euratom (OLAF).
[109] Art. 5 Abs. 1 UAbs. 1 S. 1 Beschluß 1999/352/EG, EGKS, Euratom (OLAF).
[110] Art. 3 S. 2 Beschluß 1999/352/EG, EGKS, Euratom (OLAF). Die Bestimmungen über die Unabhängigkeit des Amtes sind denjenigen über die Stellung der Mitglieder der

des hierarchischen Weisungszusammenhangs liegt der Hauptunterschied zu UCLAF.[111] Die Ressortzuordnung zu einem Kommissar ist bei der Ausübung der Untersuchungsbefugnisse ohne Bedeutung. Während die Exekutivagenturen also zwar mit Rechtspersönlichkeit ausgestattet sind, sie jedoch durch die Ausgestaltung im einzelnen im Ergebnis der Kommission nachgeordnete Behörden bilden,[112] ist das OLAF zwar eine Dienststelle der Kommission, die jedoch mit weitgehender Unabhängigkeit ausgestattet ist. Bei der Erfüllung seiner sonstigen Aufgaben kommt dem Amt hingegen keine Unabhängigkeit zu.[113]

Die Gewährung „voller Unabhängigkeit" wird jedoch durch den Errichtungsbeschluß relativiert.[114] Die Wahrnehmung der Untersuchungsbefugnisse wird der regelmäßigen Kontrolle durch einen *Überwachungsausschuß* unterworfen. Für die Regelung seiner Zusammensetzung und der näheren Ausgestaltung seiner Zuständigkeiten verweist die Kommission in ihrem Beschluß auf eine Festlegung durch den Gemeinschaftsgesetzgeber. In der Verordnung (EG) Nr. 1073/1999 über die Untersuchungen von OLAF wird an die Kontrollfunktion des Überwachungsausschusses noch eine weitere angeknüpft: Der Ausschuß soll durch seine Kontrolltätigkeit auch die Unabhängigkeit des Amtes sicherstellen.[115] Deshalb ist es konsequent, daß zu Mitgliedern nur externe unabhängige Sachverständige aus den Mitgliedstaaten ernannt werden können.[116] Das Europäisches Parlament, der Rat und die Kommission legen die fünf Mitglieder „im gegenseitigen Einvernehmen" für eine Amtszeit von drei Jahren fest, wobei eine Wiederernennung zulässig ist.[117]

Der Überwachungsausschuß kann sich bei seiner Kontrolltätigkeit ausschließlich auf die von OLAF übermittelten Informationen stützen. Zu diesem Zweck sind umfassende Berichtspflichten vorgesehen.[118] Einerseits muß der Direktor das Jahrestätigkeitsprogramm übermitteln; andererseits muß er den Ausschuß regelmäßig über die laufenden Tätigkeiten des Amtes und die aufgrund seiner Untersuchungen ergriffenen Maßnahmen unter-

---

Kommission in Art. 213 Abs. 2 UAbs. 1, UAbs. 2 S. 1 nachgebildet; dazu *Ruffert*, in: Calliess/Ruffert, EUV/EGV², Art. 213 EGV Rn. 4 ff.; siehe auch unten bezüglich des Rechnungshofs Kap. 4 C.II.

[111] *David*, Inspektionen, S. 115.
[112] Siehe oben Kap. 3 B.II.2.b.
[113] *Mager*, ZEuS 2000, S. 177 (182); *Prieß/Spitzer*, in: Groeben/Schwarze, EUV/EGV IV⁶, Art. 280 EGV Rn. 144. Siehe auch *Kommission*, Bewertungsbericht OLAF, KOM(2003) 154 endg., S. 34 f.
[114] Zum folgenden Art. 4 Beschluß 1999/352/EG, EGKS, Euratom (OLAF).
[115] Art. 11 Abs. 1 UAbs. 1 VO (EG) 1073/1999 (OLAF-Untersuchungen).
[116] Art. 11 Abs. 2 S. 1 VO (EG) 1073/1999 (OLAF-Untersuchungen).
[117] Art. 11 Abs. 2 S. 2, Abs. 3 VO (EG) 1073/1999 (OLAF-Untersuchungen).
[118] Art. 11 Abs. 7 VO (EG) 1073/1999 (OLAF-Untersuchungen).

richten. Eigene Untersuchungsbefugnisse gegenüber dem Amt stehen dem Überwachungsausschuß nicht zu; er greift, so ist ausdrücklich bestimmt, nicht in den Ablauf der Untersuchungen ein.[119] Der Überwachungsausschuß ist auf die Erstellung von Berichten und Stellungnahmen begrenzt.[120] Seinen Handlungen kommt keinerlei Rechtswirkung zu. Diese begrenzten Handlungsmöglichkeiten des Überwachungsausschusses verleihen ihm eher die Stellung eines Beratungs- denn eines Kontrollgremiums. Der Überwachungsausschuß kann deshalb nicht mit den Lenkungsausschüssen der Exekutivagenturen bzw. den Verwaltungsschüssen der Gemeinschaftsagenturen verglichen werden. Insofern wirft seine Zusammensetzung auch keinerlei Bedenken im Hinblick auf die Legitimation seiner Mitglieder auf.

Die Untersuchungen des Amtes werden unter der Verantwortung des Direktors durchgeführt.[121] Dieser wird für einen Zeitraum von fünf Jahren von der Kommission ernannt, die sich jedoch mit dem Europäischen Parlament und dem Rat hierüber abstimmen muß.[122] Diesen beiden Organen wird also – unabhängig davon, welche Anforderungen im einzelnen an eine „Abstimmung" in diesem Sinne zu stellen sind – ein Mitspracherecht bei der Ernennung eines Dienststellenleiters der Kommission eingeräumt. Hierdurch wird deren mit der Organstellung verbundene Personalhoheit[123] eingeschränkt. Dies geschieht allerdings durch eine Verpflichtung, die die Kommission im Errichtungsbeschluß selbst begründet hat, so daß schon aus diesem Grunde keine Verletzung ihrer Organautonomie angenommen werden kann. Außerdem ist diese Ausgestaltung durch die Befugnis des Amtes zur Durchführung interner Untersuchungen in den anderen Organen gerechtfertigt.

Der proklamierten „vollen Unabhängigkeit" des Amtes ist nicht förderlich, daß die Möglichkeit einer einmaligen Wiederernennung des Direktors vorgesehen ist.[124] Diese Möglichkeit kann eine konsequente Vorgehensweise gegenüber den an der Ernennung beteiligten Organen hemmen. Der Unabhängigkeit wiederum förderlich ist jedoch, daß ein Disziplinarverfahren gegen den Direktor nur unter erschwerten Umständen eingeleitet werden kann.[125]

---

[119] Art. 11 Abs. 1 UAbs. 2 VO (EG) 1073/1999 (OLAF-Untersuchungen).
[120] Art. 11 Abs. 1 UAbs. 2, Abs. 8 VO (EG) 1073/1999 (OLAF-Untersuchungen).
[121] Art. 5 Abs. 1 UAbs. 2 Beschluß 1999/352/EG, EGKS, Euratom (OLAF).
[122] Art. 5 Abs. 1 UAbs. 1 S. 1 Beschluß 1999/352/EG, EGKS, Euratom (OLAF); Art. 12 Abs. 1 Hs. 1, Abs. 2 S. 2 VO (EG) 1073/1999 (OLAF-Untersuchungen).
[123] Siehe *Oppermann*, Europarecht³, § 5 Rn. 84; *Rogalla*, Dienstrecht², S. 89; *Hatje*, in: Schwarze, EU-Kommentar, Art. 7 EGV Rn. 24. Vgl. Art. 29 Abs. 2 i.V.m. Art. 2 Abs. 1 des Statuts der Beamten.
[124] Art. 5 Abs. 1 UAbs.1 S. 2 Beschluß 1999/352/EG, EGKS, Euratom (OLAF); Art. 12 Abs. 1 Hs. 2 VO (EG) 1073/1999 (OLAF-Untersuchungen).
[125] Art. 12 Abs. 4 VO (EG) 1073/1999 (OLAF-Untersuchungen).

Im übrigen gliedert sich das OLAF in *drei Direktionen*, wobei in der Direktion B „Ermittlungen und operationelle Aktivitäten" die gesamte Untersuchungstätigkeit des Amtes zusammengefaßt ist.[126] In bezug auf das *Personal des Amtes* hat die Kommission dem Direktor die Befugnisse übertragen, die im Beamtenstatut der Anstellungsbehörde zugewiesen werden; in Übereinstimmung mit dem Beamtenstatut legt er die Einstellungsvoraussetzungen und -modalitäten, insbesondere hinsichtlich Vertragsdauer und Vertragsverlängerung, fest.[127] Somit ist sowohl der Unabhängigkeit des Amtes als auch dem Bedarf des Amtes an besonderem Fachwissen Rechnung getragen.[128]

IV. Rechtsschutzfragen

Die Autonomie des Amtes, die durch den Direktor verkörpert wird, wird durch ein eigenes Klagerecht abgesichert. Ist der Direktor der Auffassung, daß eine von der Kommission getroffene Maßnahme seine Unabhängigkeit antastet, so kann er beim Gerichtshof Klage gegen die Kommission einreichen.[129] Die Beschränkung des Klagerechts auf eine Klage gegen die Kommission leuchtet allerdings nicht ein, erstreckt sich doch die Untersuchungsbefugnis des Amtes über die Kommission hinaus.

Einleitend soll noch auf eine weitere Ungereimtheit hingewiesen werden: Obwohl dem OLAF bei der Ausübung seiner Untersuchungsbefugnisse volle Unabhängigkeit zugestanden ist, ist eine Klage nicht gegen das Amt zu richten, sondern gegen die Kommission als demjenigen Organ, dem OLAF als Dienststelle zugeordnet ist. Die direkte Klagemöglichkeit hätte an sich die logische Konsequenz der partiellen Verselbständigung des OLAF dargestellt. Erweist sich diese Verselbständigung als rechtmäßig,[130] so wäre auch eine Durchbrechung der Zuordnung an die Kommission in prozessualer Hinsicht trotz fehlender eigener Rechtspersönlichkeit des Amtes kaum zu beanstanden gewesen.

Nunmehr soll auf die Möglichkeiten des Rechtsschutzes gegen die Untersuchungen des OLAF eingegangen werden. In den beiden Gründungsrechtsakten ist lediglich eine Regelung hinsichtlich der *internen Untersuchungen* vorgesehen. Diese ordnet eine entsprechende Anwendung der beamtenrechtlichen Beschwerde- und Rechtsschutzbestimmungen an: Jeder Beamte und jeder sonstige Bedienstete der Europäischen Gemeinschaften

---

[126] Ausführlich *Prieß/Spitzer*, in: Groeben/Schwarze, EUV/EGV IV⁶, Art. 280 EGV Rn. 152. Siehe den OLAF-Organisationsplan unter http://www.europa.eu.int/comm/dgs/-olaf/directory/org_chart/de.pdf (Stand: 15. April 2006).
[127] Art. 6 Abs. 1 Beschluß 1999/352/EG, EGKS, Euratom (OLAF).
[128] Vgl. *Kommission*, Bewertungsbericht OLAF, KOM(2003) 154 endg., S. 35 f.
[129] Art. 12 Abs. 3 UAbs. 1 S. 2 VO (EG) 1073/1999 (OLAF-Untersuchungen).
[130] Dazu unten Kap. 4 A.V.

sowie auch alle Mitarbeiter der Organisationseinheiten, auf die das Statut der Beamten und die Beschäftigungsbedingungen für die sonstigen Bediensteten der Europäischen Gemeinschaften keine Anwendung finden, können beim Direktor des Amtes eine fristgebundene Beschwerde gegen eine sie „beschwerende Maßnahme" einlegen, die das Amt im Rahmen einer internen Untersuchung ergriffen hat.[131] Gegen die daraufhin ergehende Entscheidung des Direktors ist der Rechtsweg zu den Gemeinschaftsgerichten eröffnet.[132]

Nach erfolgloser Beschwerde[133] kann der Beschwerdeführer eine Klage erheben. Zuständig für eine Entscheidung über eine solche Klage ist bislang das Gericht erster Instanz gewesen.[134] Gegen die Entscheidung des Gerichts ist die Einlegung eines auf Rechtsfragen beschränkten Rechtsmittels beim Europäischen Gerichtshof möglich gewesen.[135] Nach Errichtung des Gerichts für den öffentlichen Dienst der Europäischen Union,[136] einer gerichtlichen Kammer im Sinne von Art. 225a Abs. 1 EGV, ist wegen des Verweises auf die entsprechende Anwendbarkeit der beamtenrechtlichen Rechtsschutzbestimmungen, nunmehr dieses Gericht für die Entscheidung

---

[131] Art. 14 VO (EG) 1073/1999 (OLAF-Untersuchungen). Der Verweis auf die „in Artikel 90 Absatz 2 vorgesehenen Modalitäten" besagt zum einen, daß die Beschwerde innerhalb von drei Monaten einzulegen ist, zum anderen, daß der Direktor des Amtes dem Betreffenden eine begründete Entscheidung binnen vier Monate nach dem Tag der Einreichung der Beschwerde mitzuteilen hat, vgl. Art. 90 Abs. 2 UAbs. 1 S. 2, UAbs. 2 S. 1 des Statuts der Beamten (ggfs. i.V.m. Art. 73 der Beschäftigungsbedingungen der sonstigen Bediensteten). Siehe nun auch Art. 90a des Statuts der Beamten.

[132] Art. 14 Abs. 1 S. 2 VO (EG) 1073/1999 (OLAF-Untersuchungen) i.V.m. Art. 91 des Statuts der Beamten (ggfs. i.V.m. Art. 73 der Beschäftigungsbedingungen der sonstigen Bediensteten). Siehe auch *Mager*, ZEuS 2000, S. 177 (190).

[133] Bzw. Ablauf der Bearbeitungsfrist (siehe oben Fn. 131), ohne daß eine ausdrückliche Entscheidung über die Ablehnung der Beschwerde getroffen worden ist (sog. stillschweigende Ablehnung, Art. 91 Abs. 3 Spstr. 3 des Statuts der Beamten [ggfs. i.V.m. Art. 73 der Beschäftigungsbedingungen der sonstigen Bediensteten]).

[134] Art. 91 des Statuts der Beamten legt die Grenzen und Bedingungen der Zuständigkeit des Gerichtshofs für Streitsachen zwischen der Gemeinschaft und deren Bediensteten i.S.v. Art. 236 EGV fest. Für die Entscheidung über derartige Streitsachen ist gemäß Art. 225 Abs. 1 UAbs. 1 S. 1 EGV grundsätzlich das Gericht erster Instanz zuständig. Vgl. *Ehricke*, in: Streinz, EUV/EGV, Art. 236 EGV Rn. 2; *Wegener*, in: Calliess/Ruffert, Art. 236 EGV Rn. 1.

[135] Art. 225 Abs. 1 UAbs. 2 EGV, Art. 56, Art. 58 Abs. 1 des Protokolls über die Satzung des Gerichtshofs (ABl. EG 2001 Nr. C 80/53; siehe Art. 7 des Vertrages von Nizza), Art. 110 ff. der Verfahrensordnung des Gerichtshofs der Europäischen Gemeinschaften vom 19. Juni 1991 (ABl. EG 1991 Nr. L 176/7, zuletzt geändert am 20. April 2004 (ABl. EU 2004 Nr. L 127/107).

[136] Beschluß 2004/752/EG, Euratom (Gericht für den öffentlichen Dienst). Dieses Gericht ist zwar dem Gericht erster Instanz beigeordnet, genießt bei seiner Rechtsprechung jedoch gegenüber diesem richterliche Unabhängigkeit.

über derartige Streitsachen zuständig.[137] Es ist zwar äußerst fraglich, ob es tatsächlich dem Willen des Rates entspricht, das „Fachgericht für dienstrechtliche Streitsachen"[138] mit der Kontrolle der Rechtmäßigkeit interner Untersuchungen des OLAF zu betrauen. Die gegenwärtige Rechtslage läßt aber keine andere Beurteilung zu, da bei einer solchen Klage sicherlich eine Streitsache zwischen der Gemeinschaft und einem ihrer Bediensteten im Sinne von Art. 236 EGV vorliegt, für die im ersten Rechtszug nunmehr ausschließlich das neue Gericht zuständig sein soll.[139] Gegen eine Entscheidung dieses Gerichts kann ein auf Rechtsfragen beschränktes Rechtsmittel beim Gericht erster Instanz eingelegt werden.[140] Ein weiteres Rechtsmittel zum Europäischen Gerichtshof ist nicht vorgesehen.

Als *beschwerende Maßnahmen* sollen insbesondere der Beschluß des Direktors über die Einleitung einer einen Mitarbeiter betreffenden Untersuchung, die Erstellung des Untersuchungsberichts zusammen mit dem Beschluß des Direktors zur Übermittlung des Berichts an die betreffende Gemeinschaftseinrichtung sowie gegebenenfalls der Beschluß zur Übermittlung an die Justizbehörden und die Information von Europäischem Parlament, Rat, Kommission und Rechnungshof in Betracht kommen.[141] Hingegen hat der Gerichtshof, wie bereits oben im Zusammenhang mit den Verteidigungsrechten erwähnt, die Aufnahme und Durchführung der internen Untersuchung als vorbereitende Maßnahmen eingeordnet, die mangels Beschwer nicht Gegenstand einer eigenständigen Klage sein könnten.[142] Dem Beschluß des EuGH kann aber möglicherweise entnommen werden, daß ein Untersuchungsbericht eine derartige Maßnahme darstellen kann.[143] Zeitlich nach der Entscheidung des EuGH hat das Gericht allerdings auch noch dem Untersuchungsbericht die Anerkennung als beschwerende Maßnahme versagt; erst eine abschließende Entscheidung der Anstellungsbehörde in einem Disziplinarverfahren, die unter Berücksichtigung des Berichts und im be-

---

[137] Siehe Art. 1 des Anhangs I des Protokolls über die Satzung des Gerichtshofs (Fn. 135). Dieser Anhang wurde dem Protokoll auf der Grundlage von Art. 225a EGV durch Art. 2 Beschluß 2004/752/EG, Euratom (Gericht für den öffentlichen Dienst) hinzugefügt.
[138] Erwgrd. 2 Beschluß 2004/752/EG, Euratom (Gericht für den öffentlichen Dienst).
[139] Art. 1 des Anhangs I des Protokolls über die Satzung des Gerichtshofs (Fn. 135).
[140] Art. 9 Abs. 1 Hs. 1, Art. 11 des Anhangs I des Protokolls über die Satzung des Gerichtshofs (Fn. 135), siehe auch Art. 225a Abs. 3 EGV.
[141] *Prieß/Spitzer*, in: Groeben/Schwarze, EUV/EGV IV^6, Art. 280 EGV Rn. 166.
[142] EuGH, Rs. C-471/02 P (R) – Gómez-Reino/Kommission, Slg. 2003, I-3207 (Rn. 65).
[143] EuGH, Rs. C-471/02 P (R) – Gómez-Reino/Kommission, Slg. 2003, I-3207 (Rn. 67).

sonderen dessen Schlußfolgerungen und Empfehlungen ergangen sei, könne einen Beamten belasten.[144]

Die Bestimmung über die Beschwerdemöglichkeit in der Verordnung (EG) Nr. 1073/1999 wäre bei dieser Auslegung allerdings überflüssig, da in diesem Fall das OLAF eigentlich niemals eine beschwerende Maßnahme treffen könnte. Obendrein stellt sich noch die Frage, ob der Hinweis der Gerichte auf die inzidente Prüfung[145] trägt. Dies kann nur der Fall sein, wenn eine unmittelbare Bindung der Anstellungsbehörde an den Untersuchungsbericht besteht. Eine derartige Bindung kann jedoch nicht angenommen werden. Bei der Beurteilung der Frage, welche Folgemaßnahmen „erforderlich" sind, steht der Anstellungsbehörde ein gewisser Spielraum zu, der auch eine Abweichung von den Empfehlungen des OLAF erlaubt. Der Auslegung des Gerichts Erster Instanz kann deshalb nicht gefolgt werden. Eine beschwerende Maßnahme des OLAF kann sicherlich nicht die Untersuchung als solche darstellen. Zumindest der Abschlußbericht des OLAF mit seinen Schlußfolgerungen und Empfehlungen, der jedenfalls eine Vorentscheidung für das sich anschließende Disziplinarverfahren trifft und mit eingeschränkter Rechtswirkung in mitgliedstaatlichen Verwaltungs- und Gerichtsverfahren ausgestattet ist, sollte als möglicher Gegenstand einer Beschwerde nach der Verordnung (EG) Nr. 1073/1999 eingestuft werden.[146]

Abschließend soll noch der – im Ergebnis völlig unzureichende – Rechtsschutz von Wirtschaftsteilnehmern gegen *externe Untersuchungen* angesprochen werden. Als Klageart vor der europäischen Gerichtsbarkeit kommt lediglich die Nichtigkeitsklage nach Art. 230 Abs. 4 EGV in Betracht; erforderlich für die Zulässigkeit sind also Maßnahmen mit verbindlichen Rechtswirkungen. Als solche kommen wiederum etwa Beschluß über die Einleitung einer Untersuchung, der Abschlußbericht oder der Beschluß, diesen den nationalen Justizbehörden zu übermitteln, in Betracht. Unter Hinweis auf den rein vorbereitenden Charakter dieser Maßnahmen werden die Gemeinschaftsgerichte das Vorliegen einer Entscheidung im Sinne von Art. 230 Abs. 4 EGV verneinen.[147] So hat das Gericht hinsichtlich eines

---

[144] EuG, Rs. T-215/02 – Gómez-Reino/Kommission (Rn. 50). Im französischen Original: „adopte compte dudit rapport et, notamment, de ses conclusions et recommandations".

[145] EuGH, Rs. C-471/02 P (R) – Gómez-Reino/Kommission, Slg. 2003, I-3207 (Rn. 65); EuG, Rs. T-215/02 – Gómez-Reino/Kommission (Rn. 50).

[146] Kritisch zu den Rechtsschutzmöglichkeiten auch *Spitzer*, ZEuS 2004, S. 107 (122). Ein Anknüpfungspunkt dafür, daß schon der Beschluß über die Einleitung einer Untersuchung eine beschwerende Maßnahme darstellt, könnte darin zu sehen sein, daß dieser Beschluß die genannten Mitwirkungs- und Duldungspflichten auslöst; *Gemmel*, Kontrollen des OLAF, S. 96; vgl. auch *David*, Inspektionen, S. 340 ff.

[147] Hinsichtlich des Übermittlungsbeschlusses vgl. EuG, Rs. T-193/04 R – Tillack/Kommission (Rn. 46); EuGH, Rs. C-521/04 P(R) – Tillack/Kommission (Rn. 31 ff.);

Abschlußberichts ausdrücklich festgestellt, daß dieser lediglich Empfehlungen oder Stellungnahmen enthält, die keine verbindlichen Rechtswirkungen erzeugen.[148] Allerdings kann der Gerichtshof in einem Vorabentscheidungsverfahren nach Art. 234 EGV mittelbar mit Untersuchungsberichten des OLAF befaßt werden, da Voraussetzung der – beschränkten – Anwendbarkeit als Beweismittel die Einhaltung der gemeinschaftlichen (und ergänzend der nationalen) Verfahrensvorschriften ist.[149]

V. Rechtmäßigkeit der Errichtung und Ausgestaltung des OLAF

Die Schaffung einer Dienststelle der Kommission, die außerhalb der an sich bestehenden hierarchischen Organisationsstruktur steht und mit Unabhängigkeit auch gegenüber dem Kommissionskollegium ausgestattet ist, erscheint keineswegs unproblematisch. Nur auf den ersten Blick stellt sich wegen der organisatorischen Anbindung an die Kommission nicht die Frage nach den Grenzen der Delegation von Kommissionsbefugnissen an Einrichtungen mit eigener Rechtspersönlichkeit.[150] Aufgrund der Verselbständigung gegenüber dem Kommissionskollegium, die durch die Verordnung (EG) Nr. 1073/1999 auch mit Wirkung gegenüber diesem festgeschrieben wurde, ist das Amt bei der Ausübung der Untersuchungsbefugnisse eine eigenständige Organisationseinheit, die hierbei keinem anderen Organ zugeordnet werden kann. Es wäre widersprüchlich, in diesem Sonderfall nicht die Grenzen der Externalisierung[151] entsprechend anzuwenden.

Hierbei[152] ist zunächst darauf abzustellen, daß dem Amt nur Befugnisse übertragen worden sind, die Untersuchungen betreffen. Diese Untersuchungen können zwar bei der Aufdeckung von Betrügereien zu Konse-

---

anderer Ansicht *Prieß/Spitzer*, in: Groeben/Schwarze, EUV/EGV IV⁶, Art. 280 EGV Rn. 184.

Gemmel (Kontrollen des OLAF, S. 96) sieht in dem Beschluß über die Einleitung einer externen Untersuchung wegen der damit verbundenen Duldungspflichten des Betroffenen eine Maßnahme mit unmittelbaren Rechtswirkungen; für die Zulässigkeit eines gerichtlichen Vorgehens gegen diesen Beschluß „als ungekennzeichnete Rechtshandlung mit gleicher Wirkung wie eine Entscheidung" auch *Prieß/Spitzer*, in: Groeben/Schwarze, EUV/EGV IV⁶, Art. 280 EGV Rn. 183.

[148] EuG, Rs. T-29/03 – Comunidad Autónoma de Andalucía (Rn. 33). Ebenso *Gemmel*, Kontrollen des OLAF, S. 99. Vgl. auch oben Kap. 4 A.II.1.c.dd. Anders hingegen *Prieß/Spitzer*, in: Groeben/Schwarze, EUV/EGV IV⁶, Art. 280 EGV Rn. 184: Angesichts des „Status dieser Berichte im nationalen Verwaltungs- oder Gerichtsverfahren wird man nicht mehr annehmen können, daß diese (...) keine verbindliche Rechtswirkung gegenüber dem betroffenen Wirtschaftsbeteiligten entfalten".

[149] *Prieß/Spitzer*, in: Groeben/Schwarze, EUV/EGV IV⁶, Art. 280 EGV Rn. 180, 186.

[150] So aber *Prieß/Spitzer*, in: Groeben/Schwarze, EUV/EGV IV⁶, Art. 280 EGV Rn. 146.

[151] Siehe oben Kap. 3 B.II.1.c.

[152] Zum folgenden ausführlicher *Mager*, ZEuS 2000, S. 177 (183 ff.).

quenzen führen. Diese werden jedoch trotz der eingeschränkten Verbindlichkeit der Untersuchungsberichte nicht mehr von dem OLAF, sondern von Dritten gezogen. Des weiteren ist die Verselbständigung gegenüber der Kommission erforderlich: Hierfür kann zum einen darauf verwiesen werden, daß gerade die Kommission und ihre Mitarbeiter in besonderem Maße von den Untersuchungen des OLAF betroffen sind und deshalb die Unparteilichkeit und die Unvoreingenommenheit der Untersuchenden gegenüber diesen sichergestellt sein muß. Zum anderen ist die Verselbständigung auch Voraussetzung dafür, daß dem Europäischen Parlament und dem Rat Einfluß auf die wesentlichen Personalentscheidungen eingeräumt werden kann. Letzteres wiederum ist notwendige Bedingung für die Übertragung von Untersuchungsbefugnissen durch die anderen Gemeinschaftseinrichtungen auf das OLAF.[153] Insbesondere aus diesen Gründen ist die Ausstattung des OLAF mit weitgehender Unabhängigkeit gegenüber der Kommission bei der Durchführung von Untersuchungen im Ergebnis unbedenklich.

Der für die internen Verwaltungsuntersuchungen ausschlaggebende Rechtsakt ist die Verordnung (EG) Nr. 1073/1999. Die Beschlüsse der einzelnen Organisationseinheiten sind zwar notwendige Voraussetzung für die Durchführung der Untersuchungen. Die Verordnung (EG) Nr. 1073/1999 verpflichtet jedoch zum Erlaß entsprechender Beschlüsse, so daß diese kaum aufgrund der Verwaltungsautonomie der Organisationseinheit ergehen. Es ist nun aber zweifelhaft, ob Art. 280 EGV als Rechtsgrundlage für diese Verordnung im Hinblick auf interne Verwaltungsuntersuchungen herangezogen werden kann. Ziel der Maßnahmen der Gemeinschaft nach dessen Absatz 4 ist die Gewährleistung eines effektiven und gleichwertigen Schutzes „in den Mitgliedstaaten".[154] Auch die übrigen Absätze beziehen sich nach ihrem Wortlaut nicht auf die Betrugsbekämpfung in den gemeinschaftlichen Organisationseinheiten. Insbesondere müssen die Maßnahmen nach Absatz 1 nicht nur abschreckend sein, sondern auch „in den Mitgliedstaaten" einen effektiven Schutz bewirken. Diese Anforderungen müssen also kumulativ, nicht alternativ vorliegen. Es ist deshalb fraglich, ob auf der Grundlage des Art. 280 EGV Maßnahmen zur Bekämpfung von Betrug ergriffen werden dürfen, die innerhalb der durch die Verträge oder auf deren Grundlage geschaffenen Organisationseinheiten auftreten.[155]

---

[153] So *Spitzer*, ZEuS 2004, S, 107 (110).

[154] Zu Art. 280 Abs. 4 EGV als Rechtsgrundlage *Satzger*, in: Streinz, EUV/EGV, Art. 280 EGV Rn. 16 ff.

[155] Verneinend die Europäische Zentralbank, vgl. EuGH, Rs. C-11/00 – Kommission/EZB, Slg. 2003, I-7147 (Rn. 98).

Der Gerichtshof geht bei seiner Argumentation[156] von der berechtigten Annahme aus, Art. 280 EGV verfolge das Ziel, die Bekämpfung von Betrug und Unregelmäßigkeiten zum Nachteil der finanziellen Interessen der Europäischen Gemeinschaft zu stärken. Die weiteren Ausführungen dazu, daß Art. 280 EGV auch für die internen Untersuchungen eine geeignete Rechtsgrundlage bildet, sind auf eine möglichst umfassende Verwirklichung dieses Ziel hin ausgerichtet. Für einen effektiven Schutz der finanziellen Interessen der Europäischen Gemeinschaft sei es unabdingbar, daß die Abschreckung und die Bekämpfung von Betrügereien und anderen Unregelmäßigkeiten auf allen Ebenen erfolgten, auf denen diese Interessen beeinträchtigt werden könnten. Man könnte wohl auch folgendermaßen argumentieren: Die finanziellen Interessen der Gemeinschaft können besonders auf der mitgliedstaatlichen Ebene beeinträchtigt werden. Es ist immer noch die Tendenz festzustellen, daß mitgliedstaatliche Behörden bei der Bewirtschaftung von Gemeinschaftsmitteln nicht dieselbe Sorgfalt und Kontrollintensität wie bei eigenen Einnahmen und Ausgaben anwenden.[157] In der Praxis dürften derartige Betrügereien und Unregelmäßigkeiten trotz einiger spektakulärer Fälle auf der Gemeinschaftsebene ganz im Vordergrund stehen. Es verwundert deshalb nicht, daß die Regelungen des Art. 280 EGV auf die mitgliedstaatliche Ebene zugeschnitten sind. Die gemeinschaftliche Betrugsbekämpfung wäre aber unvollkommen, wenn sie sich nicht auch auf die gemeinschaftliche Ebene erstreckte. Der Wortlaut legt diese Erstreckung zwar nicht nahe, er schließt sie aber auch nicht aus. Deshalb sollte in der Tat die Entstehungsgeschichte sowie der Sinn und Zweck des Art. 280 EGV ausschlaggebend sein.

Bedenken haben auch die Untersuchungsbefugnisse des OLAF gegenüber dem Europäischen Parlament aufgeworfen.[158] Die gegen die entsprechende Änderung der Geschäftsordnung klagenden Abgeordneten beriefen sich auf eine Verletzung der parlamentarischen Immunität und der Freiheit des Mandats; im Wege der Einrede machten sie auch die Rechtswidrigkeit des Errichtungsbeschlusses der Kommission und der Verordnung (EG) Nr. 1073/1999 geltend.[159] Das Gericht wies die Klage schon als unzulässig ab. Zwar sei diese Änderung der Geschäftsordnung eine Handlung des Europäischen Parlaments mit Rechtswirkung gegenüber Dritten im Sinne von Art. 230 Abs. 1 EGV, weil sie vom Gegenstand her und in ihren Wirkungen über den Rahmen der internen Organisation der Arbeit des Parla-

---

[156] EuGH, Rs. C-11/00 – Kommission/EZB, Slg. 2003, I-7147 (Rn. 100 ff.).
[157] *Satzger*, in: Streinz, EUV/EGV, Art. 280 EGV Rn. 3. Weiterhin *Ulrich*, EWS 2000, S. 137 (138).
[158] Hierzu nunmehr ausführlich *Berner*, OLAF-Untersuchungsbefugnisse gegenüber dem Parlament.
[159] Vgl. EuG, Rs. T-17/00 – Willy Rothley u.a./Parlament, Slg. 2002, II-579 (Rn. 35 ff.).

ments hinausgehe.[160] Sie sei aber keine Entscheidung im Sinne von Art. 249 Abs. 4 EGV[161], da sie unbefristet gelte, einen objektiven Tatbestand habe und Rechtswirkungen gegenüber allgemein und abstrakt umschriebenen Personengruppen erzeuge.[162] Die Rechtsprechung des Gerichtshofs, nach der unter einer bestimmten Voraussetzung eine Bestimmung einer generellen Rechtsnorm einzelne Beteiligte individuell betreffe,[163] hält es nicht für einschlägig. Das Vorliegen dieser Voraussetzung – die fragliche Handlung muß die klagende natürliche oder juristische Person wegen bestimmter persönlicher Eigenschaften oder besonderer, sie aus dem Kreis aller übrigen Personen heraushebender Umstände berühren und sie dadurch in ähnlicher Weise individualisieren wie einen Adressaten (sog. Plaumann-Formel)[164] – hätten die klagenden Parlamentarier nicht nachgewiesen.[165]

Der Europäische Gerichtshof bestätigte die Entscheidung des Gerichts. Den neu vorgebrachten Einwand, die Kläger in ihrer Eigenschaft als Parlamentarier seien keine natürliche Personen, so daß eine individuelle Betroffenheit nicht zur Voraussetzung einer Nichtigkeitsklage gemacht werden könne, weist der EuGH mit der Begründung zurück, daß er durch den Verzicht auf eine im EG-Vertrag ausdrücklich vorgesehene Voraussetzung seine Befugnisse überschreiten würde.[166] Mit derselben Argumentation weist er das Vorbringen der Kläger ab, der Grundsatz eines effektiven gerichtlichen Rechtsschutzes gebiete, die gegenwärtige Auslegung der Voraussetzung der individuellen Betroffenheit Art. 230 Abs. 4 EGV zu erweitern.[167] Zudem gebe es keine Anhaltspunkte dafür, daß die Kläger keinen gerichtlichen Rechtsschutz hätten, wenn eine Nichtigkeitsklage gegen die Änderung der Geschäftsordnung vor dem Gemeinschaftsrichter nicht zulässig

---

[160] EuG, Rs. T-17/00 – Willy Rothley u.a./Parlament, Slg. 2002, II-579 (Rn. 57). Zu dieser Entscheidung siehe auch *Kommission*, Bewertungsbericht OLAF, KOM(2003) 154 endg., S. 8.

[161] Zu den Begriffen der Entscheidung i.S.v. Art. 230 Abs. 4 und Art. 249 Abs. 4 EGV vgl. *Röhl*, ZaöRV 2000, S. 331 ff.; *ders.*, Anfechtbare Entscheidung, in: Schmidt-Aßmann/Schöndorf-Haubold, Europäischer Verwaltungsverbund, S. 319 ff.; *Bast*, Handlungsformen, in: von Bogdandy, Europäisches Verfassungsrecht, S. 479 (515 ff.).

[162] EuG, Rs. T-17/00 – Willy Rothley u.a./Parlament, Slg. 2002, II-579 (Rn. 14 ff.)

[163] Vgl. EuGH, Rs. 358/89 – Extramet/Rat, Slg. 1991, I-2501 (Rn. 13); zuletzt EuGH, Rs. C-50/00 P – Unión de Pequeños Agricultores, Slg. 2002, I-6677 (Rn. 36); EuGH, Rs. C-263/02 P – Kommission/Jégo-Quéré, Slg. 2004, I-3425 (Rn. 44). Siehe auch *Röhl*, Jura 2003, S. 830 (833).

[164] EuGH, Rs. 25/62 – Plaumann/Kommission, Slg. 1963, 211 (238); zuletzt EuGH, Rs. C-50/00 P – Unión de Pequeños Agricultores, Slg. 2002, I-6677 (Rn. 36); EuGH, Rs. C-263/02 P – Kommission/Jégo-Quéré, Slg. 2004, I-3425 (Rn. 45). Siehe auch *Röhl*, Jura 2003, S. 830 (833 f.).

[165] EuG, Rs. T-17/00 – Willy Rothley u.a./Parlament, Slg. 2002, II-579 (Rn. 77).

[166] EuGH, Rs. C-167/02 P – Willy Rothley u.a./Parlament, Slg. 2004, I-3149 (Rn. 25).

[167] EuGH, Rs. C-167/02 P – Willy Rothley u.a./Parlament, Slg. 2004, I-3149 (Rn. 47).

sei.¹⁶⁸ Wegen der Unzulässigkeit mußten die Gemeinschaftsgerichte zur Rechtmäßigkeit der Erstreckung der internen Untersuchungen des OLAF auf die Mitglieder des Parlaments sowie der Basisrechtsakte bedauerlicherweise nicht Stellung nehmen. Da die internen Untersuchungsbefugnisse des OLAF gegenüber dem Europäischen Parlament für die gemeinschaftliche Leistungsverwaltung von untergeordneter Bedeutung sind, sollen diese Ausführungen im Hinblick auf die Erstreckung der internen Untersuchungen des OLAF auf die Mitglieder des Parlaments im Rahmen dieser Abhandlung genügen.

Die Europäische Zentralbank¹⁶⁹ hat sich unter Hinweis auf ihre primärrechtlich gemäß Art. 108 EGV garantierte Unabhängigkeit¹⁷⁰ sogar geweigert, den für die Erstreckung der internen Untersuchungen des OLAF erforderlichen Beschluß zu fassen. In ihrem Beschluß über Betrugsbekämpfung vom Oktober 1999 weist sie die Aufgabe der Betrugsbekämpfung ihrer Direktion „Interne Revision" zu.¹⁷¹ Die Kommission hat erfolgreich Klage auf Nichtigerklärung dieses Beschlusses erhoben. In dem außergewöhnlich ausführlich begründeten Urteil kommt der Gerichtshof zu dem Ergebnis, daß die Verordnung (EG) Nr. 1073/1999 auch die Europäische Zentralbank verpflichte, ohne gegen das Primärrecht zu verstoßen. Kernaussage der Argumentation des Gerichtshofs ist, daß nicht ersichtlich sei, inwiefern eine interne Verwaltungsuntersuchung bei der Europäischen Zentralbank deren Fähigkeit beeinträchtigen kann, den ihr durch den EG-Vertrag übertragenen spezifischen Aufgaben in unabhängiger Weise nachzugehen.¹⁷² Gegebenenfalls könne der Beschluß der Europäischen Zentralbank bestimmte Besonderheiten, die sich aus der Erfüllung ihrer Aufgaben ergeben, in ihrem Beschluß berücksichtigen.¹⁷³ Für die internen Untersuchungsbefugnisse des OLAF gegenüber der EZB gilt das schon im Hinblick auf das Europäische Parlament Gesagte. Auch diese Untersuchungsbefugnisse sind für die gemeinschaftliche Leistungsverwaltung von geringer Bedeutung und sollen nicht vertieft behandelt werden.

VI. Ausblick

Das OLAF stellt einen beachtlichen Baustein der gemeinschaftlichen Betrugsbekämpfung dar; sein Bestehen darf jedoch nicht dazu führen, in dem Bemühen um einen immer besseren Schutz der finanziellen Interessen der

---

¹⁶⁸ EuGH, Rs. C-167/02 P – Willy Rothley u.a./Parlament, Slg. 2004, I-3149 (Rn. 28).
¹⁶⁹ Nunmehr hierzu umfassend *Gaitanides*, Recht der EZB.
¹⁷⁰ Vgl. EuGH, Rs. C-11/00 – Kommission/EZB, Slg. 2003, I-7147 (Rn. 113).
¹⁷¹ Art. 2 Beschluß 1999/726/EG (Betrugsbekämpfung).
¹⁷² EuGH, Rs. C-11/00 – Kommission/EZB, Slg. 2003, I-7147 (Rn. 137).
¹⁷³ EuGH, Rs. C-11/00 – Kommission/EZB, Slg. 2003, I-7147 (Rn. 162).

Gemeinschaft nachzulassen.[174] Die Kommission hat im Frühjahr 2003 aufgrund einer Verpflichtung in der Verordnung (EG) Nr. 1073/1999[175] einen äußerst umfangreichen Bericht über die Bewertung der Tätigkeiten des OLAF erstellt und veröffentlicht.[176] Insgesamt zieht sie eine eher positive Zwischenbilanz; sie stellt den mit OLAF gewählten Ansatz nicht in Frage. Sie weist jedoch auch deutlich auf bestehende Schwierigkeiten hin und gibt 17 Empfehlungen, die sich teilweise ohne Änderung des Rechtsrahmens, teilweise aber auch erst nach Tätigwerden des Gemeinschaftsgesetzgebers umsetzen ließen. Ein im Februar 2004 vorgelegter Vorschlag zur Änderung der Verordnung (EG) Nr. 1073/1999[177] ist bislang allerdings noch nicht angenommen worden.

B. Die zentralisierte interne Finanzkontrolle durch den Internen Prüfer der Kommission

Die zentralisierte, d.h. nicht in den einzelnen Generaldirektionen der Kommission wahrgenommene, interne Finanzkontrolle wird neuerdings durch den Internen Prüfer der Kommission wahrgenommen.[178] Ein derartiges Amt muß nach der neuen Haushaltsordnung jedes Organ einrichten.[179] Im Primärrecht findet sich lediglich eine Andeutung über die Erforderlichkeit einer internen Finanzkontrolle in Art. 279 Abs. 1 UAbs. 1 lit. b EGV, ohne daß irgendwelche Vorgaben aufgestellt werden.[180]

---

[174] Vgl. *Hedtmann*, EuR 2002, S. 122 (128, 134).

[175] Art. 15; gleichfalls Art. 15 VO (Euratom) 1074/1999 (OLAF-Untersuchungen).

[176] KOM(2003) 154 endg.; dazu umfassend, auch zu den Reaktionen auf den Bericht, *Spitzer*, ZEuS 2004, S. 107 ff.

[177] *Kommission*, Vorschlag Änderung VO (EG) 1073/1999, KOM(2004) 103 endg.

[178] Zur Bedeutung einer internen Finanzkontrolle *Tomkins*, Yearbook of European Law 19 (1999-2000), S. 217 (249): „Whereas external audit is designed primarily to provide the taxpayer with assurance that public money has beeen well spent, internal audit on the other hand is a more management than a public accountability function." Zur dezentralisierten, d.h. in den Generaldirektionen bestehenden internen Kontrollen siehe *J.-P. Schneider*, VVDStRL 2005, S. 238 (256).

[179] Art. 85 S. 1 HO 2002. Zum Internen Prüfer siehe auch *Craig*, ELRev 2003, S. 840 (847); *Reichenbach/von Witzleben*, Verwaltungsmodernisierung, in: Siedentopf, Europäischer Verwaltungsraum, S. 39 (41).

[180] Erwgrd. 19 Abs. 1, Abs. 5 HO 2002 bestätigt, daß der Interne Prüfer Finanzkontrolleur i.S.v. Art. 279 Abs. 1 UAbs. 1 lit. b EGV sein soll, siehe auch *Kommission*, Vorschlag Haushaltsordnung, KOM(2000) 461 endg., S. 17 f.; *Niedobitek*, in: Streinz, EUV/EGV, Art. 274 EGV Rn. 8; vgl. weiterhin *Bieber*, in: Groeben/Schwarze, EUV/EGV IV[6], Art. 248 EGV Rn 2.

I. Entwicklung der zentralisierten internen Finanzkontrolle

Bis zum Beginn dieses Jahrzehnts setzte die zentralisierte interne Finanzkontrolle[181] sowohl ex ante als auch ex post an. Die *ex-ante-Finanzkontrolle* bestand in der Erteilung von Sichtvermerken; diese waren grundsätzlich für jede Mittelbindung und jede Ausgabenanordnung im Rahmen eines Ausgabenvorgangs und für jede Forderungsfeststellung und jede Einziehung im Rahmen eines Einnahmenvorgangs erforderlich.[182] Durch die Sichtvermerke wurde nicht nur die haushaltsrechtliche Zuordnung des Vorgangs, sondern auch dessen Ordnungs- und Rechtmäßigkeit bestätigt. Die ex-ante-Finanzkontrolle war also in den regulären Haushaltsvollzug eingebettet, beschränkte sich nicht etwa auf Stichprobenkontrollen. Die *ex-post-Finanzkontrolle* bestand in der sog. Innenrevision, d.h. der Beurteilung der Wirksamkeit der Haushaltsführungs- und Kontrollsysteme und der Überprüfung der Rechtmäßigkeit der Vorgänge.[183]

Für beide Arten der zentralisierten internen Finanzkontrolle war in der Kommission die Generaldirektion Finanzkontrolle zuständig, die von ihrem *Finanzkontrolleur* geleitet wurde.[184] Diese Konzeption der internen Finanzkontrolle erwies sich aus zweierlei Gründen als problematisch. Einerseits führte sie zu dem oben[185] beschriebenen System der Verantwortungslosigkeit. Andererseits wurde im Rahmen der ex-post-Finanzkontrolle auch überprüft, was an sich schon bei Erteilung des Sichtvermerks im Rahmen der ex-ante-Finanzkontrolle bestätigt worden war. Mit anderen Worten: Der Finanzkontrolleur sollte sich eigentlich selbst kontrollieren. Dies erwies sich verständlicherweise nicht als besonders wirksam.[186]

Als eine Maßnahme im Rahmen der Reform der Kommission wurde deshalb zunächst der *Interne Auditdienst* geschaffen.[187] Da die Haushaltsordnung die Innenrevision dem Finanzkontrolleur zuwies, mußte dieser Dienst innerhalb der Generaldirektion Finanzkontrolle angesiedelt werden. Eine „de facto" Trennung wurde jedoch, so die Kommission, dadurch erreicht, daß einerseits die Zuständigkeit für die ex-ante-Finanzkontrolle und

---

[181] Hierzu *Graf*, Finanzkontrolle, S. 60 ff.; *Harden/White/Donnelly*, EPL 1995, S. 599 (606 f.); ferner *Tomkins*, Yearbook of European Law 19 (1999-2000), S. 217 (249 f.).

[182] Vgl. Art. 36 Abs. 1, Art. 38 und Art. 47 f. sowie Art. 28 Abs. 1 und Abs. 2 HO 1977. Auch *Harden/White/Donnelly*, EPL 1995, S. 599 (605); *Graf*, Finanzkontrolle, S. 61 ff.

[183] Art. 24 Abs. 5 HO 1977 (Fassung 1999); *Graf*, Finanzkontrolle, S. 64 f.

[184] Art. 24 Abs. 1 HO 1977.

[185] Kap. 3 B.I.2.a.bb. Vgl. auch *Kommission*, Vorschlag Haushaltsordnung, KOM(2000) 461 endg., S. 16; *dies.*, Fortschrittsbericht 2004, KOM(2004) 93 endg., S. 12; *Harden/White/Donnelly*, EPL 1995, S. 599 (607); *Tomkins*, Yearbook of European Law 19 (1999-2000), S. 217 (251).

[186] *Kommission*, Vorschlag Haushaltsordnung, KOM(2000) 461 endg., S. 17; vgl. auch *Craig*, ELRev 2003, S. 840 (845).

[187] Vgl. *Kommission*, Reorganisation of Financial Control, 2001, Tz. 2.

die ex-post-Finanzkontrolle auf unterschiedliche Kommissare übertragen wurde[188] und daß andererseits der Finanzkontrolleur dem Leiter des Internen Auditdienstes die Ausübung seiner Zuständigkeiten übertrug[189].[190] Um die internen Auditaufgaben und die ex-ante-Finanzkontrolle rechtlich voneinander zu trennen, wurde dann noch die alte Haushaltsordnung von 1977 geändert.[191] Die ex-ante-Finanzkontrolle lag nun beim Finanzkontrolleur, die internen Auditaufgaben bei einem vom Finanzkontrolleur unabhängigen Innenrevisor als Leiter des Internen Auditdienstes.[192] Durch die neue Haushaltsordnung wurde schließlich die zentralisierte ex-ante-Finanzkontrolle abgeschafft[193] und die neu strukturierte Finanzkontrolle dem Internen Prüfer zugewiesen. Die bisher im Rahmen der ex-ante-Finanzkontrolle durchgeführten Aufgaben wurden in die sachlich zuständigen Generaldirektionen dezentralisiert. Eine Generaldirektion „Finanzkontrolle" besteht nicht mehr.

II. Aufgaben des Internen Prüfers

Der vom Kollegium der Kommissare benannte[194] Interne Prüfer (der frühere Innenrevisor) nimmt keine Funktion in konkreten Verwaltungsverfahren wahr, sondern ist gegenüber der Kommission als Organ „für die Überprüfung des ordnungsgemäßen Funktionierens der Systeme und der Haushaltsvollzugsverfahren verantwortlich".[195] Insbesondere obliegt ihm eine umfassende Beurteilung der eingerichteten Verwaltungs- und Kontrollsysteme („Systemprüfungsfunktion").[196] Die Verwendung des Begriffs der Verantwortlichkeit in diesem Zusammenhang verwundert allerdings. Bei näherer Betrachtung stellt sich nämlich heraus, daß der Interne Prüfer lediglich zur

---

[188] Die Tragfähigkeit dieser Argumentation ist zweifelhaft, da der Finanzkontrolleur eigentlich mit Unabhängigkeit auch gegenüber den Kommissaren ausgestattet sein sollte.

[189] Auch diese Argumentation ist bedenklich, da der Finanzkontrolleur weiterhin aufgrund der Haushaltsordnung weiterhin für die Innenrevision verantwortlich blieb.

[190] *Kommission*, Reorganisation of Financial Control, 2001, Tz. 3.

[191] VO (EG) 762/2001 (Trennung interne Auditaufgaben und ex-ante-Finanzkontrolle). Vgl. auch *Kommission*, Vorschlag Änderung Finanzkontrolle, KOM(2000) 341 endg., S. 2: Die Trennung soll „zu einer stärkeren Spezialisierung zwischen ex-ante und ex-post Kontrollfunktionen führen und somit zu einem besseren Gleichgewicht und erhöhter Effizienz der beiden Funktionen beitragen".

[192] Art. 24a Abs. 1 UAbs. 1 S. 1 HO 1977; *Kommission*, Reorganisation of Financial Control, 2001, Tz. 5.

[193] Vgl. Erwgrd. 19 Abs. 5 HO 2002 und *Kommission*, Fortschrittsbericht 2004, KOM(2004) 93 endg., S. 12. Siehe schon oben Kap. 3 B.I.2.a.bb.

[194] Zu den Modalitäten der Benennung Art. 109 DVO HO 2002.

[195] Art. 85 S. 2 HO 2002. Siehe auch schon *Kommission*, Vorschlag Haushaltsordnung, KOM(2000) 461 endg., S. 17; *Bieber*, in: Groeben/Schwarze, EUV/EGV IV[6], Art. 248 EGV Rn. 3; *ders.*, in: ders./Epiney/Haag, Europäische Union[6], § 5 Rn. 39.

[196] Art. 86 Abs. 1 HO 2002.

Abgabe von „Feststellungen und Empfehlungen" seinem Organ gegenüber befugt ist. Welche Wirkung diesen Empfehlungen zukommt, ergibt sich nicht mit Bestimmtheit aus dem Haushaltsrecht. Eine Empfehlung[197] ist an sich schon nach dem Wortlaut nicht verbindlich (vgl. auch Art. 249 Abs. 5 EGV). Auch spricht die Haushaltsordnung davon, daß der Interne Prüfer das Organ berät.[198] Hingegen ordnet sie weiterhin an, daß das Organ die Umsetzung der sich aus den Prüfungen ergebenden Empfehlungen „überwacht",[199] was für eine Pflicht zur Befolgung spricht. Eine Beschränkung der Befolgungspflicht ist dabei nicht vorgesehen. Zu Recht geht jedoch wohl auch die Kommission davon aus, daß die Empfehlungen zwar besonders zu berücksichtigen sind, sie aber keine unbedingte Pflicht des Organs auslösen.[200] Die Tätigkeit des Internen Prüfers, der ein von ihm angenommenes Arbeitsprogramm[201] zugrunde liegt, erstreckt sich jedenfalls auf sämtliche Tätigkeitsfelder und Dienststellen der Kommission und soll unter Einhaltung der einschlägigen internationalen Normen ausgeübt werden.[202] Er ist der Kommission und dem Europäischen Parlament gegenüber berichtspflichtig.[203]

III. Stellung des Internen Prüfers

Der Interne Prüfer soll – wie das OLAF bei seinen Untersuchungen – *völlig unabhängig* sein.[204] Er ist insbesondere bei Wahrnehmung seiner Aufgaben an keinerlei Weisungen gebunden, und ihm dürfen hierfür keinerlei Beschränkungen auferlegt werden. Er darf auch weder Anweisungsbefugter noch Rechnungsführer sein.[205] Ausdruck seiner unabhängigen Stellung ist, daß ihm uneingeschränkt Zugang zu sämtlichen für die Wahrnehmung seiner Aufgaben erforderlichen Informationen zu gewähren ist.[206] Weiterhin

---

[197] In der englischen Sprachfassung: „recommendation".
[198] Art. 86 Abs. 1 UAbs. 1 HO 2002.
[199] Art. 86 Abs. 3 S. 2 HO 2002. Diese Überwachung erfolgt auch durch den Auditbegleitausschuß, vgl. *Kommission*, Fortschrittsbericht 2004, KOM(2004) 93 endg., S. 13 f. Dieser Ausschuß soll das Kommissionskollegium dabei unterstützen, seine Pflicht zu erfüllen, die Arbeit des Internen Auditdienstes sorgfältig zu berücksichtigen. It is „an advisory body with no operational powers". Hierzu und zu weiteren Einzelheiten siehe „Charter of the Audit Progress Committee of the European Commission, *Kommission*, Audit Progress Committee, April 2004, S. 3 f.; auch *J.-P. Schneider*, VVDStRL 2005, S. 238 (256).
[200] Vgl. *Kommission*, Fortschrittsbericht 2004, KOM(2004) 93 endg., S. 17; *dies.*, Audit Progress Committee, April 2004, S. 2.
[201] Hierzu Art. 111 DVO HO 2002.
[202] Art. 85 S. 1, Art. 86 Abs. 2 S. 1 HO 2002.
[203] Art. 86 Abs. 3, Abs. 4 HO 2002.
[204] Art. 87 Abs. 1 HO 2002; Art. 113 DVO HO 2002. Siehe auch Art. 86 Abs. 1 UAbs. 1 HO 2002: „unabhängige Stellungnahmen".
[205] Art. 85 S. 3 HO 2002.
[206] Art. 86 Abs. 2 S. 2 HO 2002.

legt er der Kommission sein Arbeitsprogramm lediglich vor; eine Genehmigung durch das Kollegium ist nicht vorgesehen. Die Kommission kann ihren Internen Prüfer allerdings auffordern, Prüfungen durchzuführen, die nicht in dem Arbeitsprogramm vorgesehen sind.

In diesem Zusammenhang soll auf zwei schon entsprechend bei OLAF beobachtete Gesichtspunkte hingewiesen werden: Zur Wahrung seiner Unabhängigkeit gesteht die Verordnung zur Durchführung der Haushaltsordnung dem Internen Prüfer zu, daß er gegen jede Verfügung seines Organs „im Zusammenhang mit der Wahrnehmung seiner Funktion" beim Gerichtshof Klage erheben kann.[207] Eine derartige Klage ist als eine besondere Klage im Sinne des Art. 236 EGV gedacht.[208] Anders als beim direkt auf das Beamtenstatut gestützten Rechtsschutz kann sie „unmittelbar" erhoben werden; das im Beamtenstatut vorgesehene Beschwerdeverfahren braucht also nicht erfolglos durchgeführt worden sein. Die Klage wird nach der Verfahrensordnung des Gerichtshofs der Europäischen Gemeinschaften untersucht und entschieden.[209] Ist der Interne Prüfer dem Statut unterliegender Beamter oder sonstiger Bediensteter, so kann er wegen seiner Unabhängigkeit auch nur unter besonderen Voraussetzungen dienstrechtlich zur Verantwortung gezogen werden.[210]

IV. Der Interne Prüfer als neuer Akteur der gemeinschaftlichen Finanzkontrolle

Die Tätigkeit des Internen Prüfers läßt sich bislang nur schwer bewerten. Ehrgeizig sind jedoch die vom Internen Auditdienst selbst gesetzten Ziele[211]: „The Internal Audit Service (IAS) exists to help the Institution to make the best possible use of the taxpayer's €uro. Traditionally auditors have been seen as people who find out what is wrong and blow the whistle. Modern Internal Auditors should also say how to fix it and help management where necessary to do so. (...) If we are to make a difference we also need to

---

[207] Art. 115 DVO HO 2002.
[208] Eigentlich verweist Art. 236 EGV nur auf das Statut der Beamten bzw. die Beschäftigungsbedingungen für die Bediensteten. Deshalb erscheint es nicht unproblematisch, daß die Klage im Haushaltsrecht vorgesehen ist. Weiterhin ist es bedenklich, ob die Kommission bei ihrer Durchführungsrechtsetzung ohne besondere Ermächtigung im durchzuführenden Rechtsakt eine neue Klageart begründen darf.
[209] Art. 115 Abs. 2 HO 2002 i.V.m. Art. 91 Abs. 5 des Statuts der Beamten.
[210] Art. 114 Abs. 1 DVO HO 2002: Verantwortung des Internen Prüfers „in seiner Eigenschaft als dem Statut unterliegender Beamter". Der soeben beschriebene Rechtsschutz gemäß Art. 115 DVO HO 2002 richtete sich hingegen „gegen jede Verfügung im Zusammenhang mit der Wahrnehmung seiner Funktion als Interner Prüfer".
[211] Zwischenzeitlich im Internet unter http://www.europa.eu.int/comm/dgs/internal_audit/index_en.htm (Stand: 4. September 2005).

help Commission management and the world at large to distinguish the manageable from the unmanageable."

C. Die externe Finanzkontrolle durch den Europäischen Rechnungshof

In seinem Internet-Auftritt beschreibt sich der Europäische Rechnungshof, der seinen Sitz in Luxemburg hat,[212] blumig als „Finanzielles Gewissen der Europäischen Union".[213] Die Bestimmungen im Primärrecht über den Rechnungshof sind hingegen nüchterner gehalten: Auf die einleitende Aufgabenzuweisung in Art. 246 EGV folgen die Regelungen über die Stellung und den Aufbau des Rechnungshofs (Art. 247 EGV) und die Einzelheiten der Aufgabenerfüllung (Art. 248 EGV). Die Arbeitsweise des Rechnungshofs wird durch seine Geschäftsordnung[214] und durch Bestimmungen zu deren Durchführung[215] festgelegt. Für den Erlaß der Geschäftsordnung ist als Besonderheit festzuhalten, daß sie der Zustimmung des Rates bedarf (Art. 248 Abs. 4 UAbs. 5 EGV). Hierin liegt eine erstaunliche Einschränkung der gewöhnlich Organen zukommenden Geschäftsordnungsautonomie.[216]

Der Rechnungshof war ursprünglich nicht im Primärrecht vorgesehen. Geschaffen wurde er aufgrund der Ausweitung der finanziellen Aktivitäten der Gemeinschaft durch den Haushaltsvertrag von 1975; die maßgeblichen Artikel (Art. 206, 206a EWGV) wurden in die Finanzvorschriften des Vertrages eingefügt.[217] In den Rang eines Organs wurde der Europäische

---

[212] Zu den hierfür maßgeblichen Rechtsakten siehe *Niedobitek*, in: Streinz, EUV/EGV, Art. 247 EGV Rn. 2.

[213] http://www.eca.eu.int/index_de.htm (Stand: 15. April 2006). Zur Herkunft dieser Bezeichnung *Inghelram*, CMLR 2000, S. 129 (145).

[214] „Geschäftsordnung des Rechnungshof der Europäischen Gemeinschaften" vom 8. Dezember 2004, ABl. EU 2005 Nr. L 18/1.

[215] Decision No 92-2004 laying down the Rules for Implementing the Rules of Procedure of the Court of Auditors (http://www.eca.eu.int/eca/rules/docs/modalites_en.pdf; Stand: 15. April 2006). Dieser Rechtsakt, der nur in englischer und französischer Sprache verfügbar ist, enthält in seinen Anhängen eine große Anzahl weiterer Rechtsakte des Rechnungshofs, die ihrerseits wiederum Anhänge enthalten. Dadurch kommt es zu schwerfälligen Nachweisen, vgl. unten Fn. 236.

[216] Siehe auch *Niedobitek*, in: Streinz, EUV/EGV, Art. 248 EGV Rn. 24; *Fischer*, Vertrag von Nizza, S. 148.

[217] Art. 15 f. des Haushaltsvertrags von 1975. Grundlegend zum Rechnungshof *Ehlermann*, Rechnungshof; *Brück/Kühne*, DÖV 1977, S. 23 ff.; nunmehr umfassend *Freytag*, Rechnungshof; ferner *Reister*, EuR 1976, S. 69 (77 f.); *Inghelram*, CMLR 2000, S. 129 (130); *House of Lords*, Court of Auditor, 2001, Tz. 2; *Graf*, Finanzkontrolle, S. 75 ff. Zur weiteren Entwicklung des Rechtsrahmens *K. Fischer*, Entwicklung des Vertragsrechts,

Rechnungshof allerdings erst durch den Vertrag von Maastricht erhoben; in das Kapitel über die Organe wurde ein neuer Abschnitt über den Rechnungshof eingefügt, in den die entsprechenden Vorschriften übernommen wurden.[218] Die Qualifizierung als Organ sollte der gewachsenen Bedeutung der externen Finanzkontrolle Rechnung tragen; sie unterstreicht deren Eigenständigkeit und die Unabhängigkeit des Hofes, insbesondere gegenüber der Kommission als dem Organ, das für den Haushaltsvollzug verantwortlich ist.[219]

I. Die Rechnungsprüfung als Aufgabe des Europäischen Rechnungshofs

Dem Rechnungshof ist gemäß Art. 246 EGV die Aufgabe der Rechnungsprüfung (engl.: audit) zugewiesen.

1. Gegenstand und Maßstab der Rechnungsprüfung

Gegenstand der Rechnungsprüfung ist die Rechnung über alle Einnahmen und Ausgaben der Gemeinschaft (Art. 248 Abs. 1 UAbs. 1 S. 1 EGV). Die Rechnungsprüfung des Hofes ist also umfassend und beschränkt sich nicht auf die Vorgänge zur Ausführung des Gesamthaushaltsplans.[220] Sie erstreckt sich deshalb insbesondere auch auf den Europäischen Entwicklungsfonds.[221] Gegenstand der Rechnungsprüfung ist weiterhin die Rechnung über alle Einnahmen und Ausgaben jeder von der Gemeinschaft geschaffenen Einrichtung, soweit der Gründungsrechtsakt dies nicht ausschließt (Art. 248 Abs. 1 UAbs. 1 S. 2 EGV). Durch diese Bestimmung wird dem Rechnungshof insbesondere die Aufgabe der Rechnungsprüfung in den

---

S. 384 ff. Zu dem zuvor bestehenden Kontrollausschuß *Ehlermann*, a.a.O. S. 12 ff.; *Bieber*, in: Groeben/Schwarze, EUV/EGV IV[6], Art. 246 EGV Rn. 1.; *Graf*, Finanzkontrolle, S. 38.

[218] Art. G Nr. 6, 59 des Vertrages von Maastricht.

[219] *Inghelram*, CMLR 2000, S. 129 (130), der durch die Organqualität des Rechnungshofs die externe unabhängige Finanzkontrolle durch den Rechnungshof in denselben Rang wie die klassischen drei Gewalten, die Legislative, die Exekutive und die Judikative erhoben sieht. Zurückhaltender jedoch *Bieber*, in: Groeben/Schwarze, EUV/EGV IV[6], Art. 246 EGV Rn. 1; *Harden/White/Donnelly*, EPL 1995, S. 599 (600): in erster Linie politische Symbolik; zu den mit der Organstellung verbundenen Rechtsfolgen *Bieber*, a.a.O. Rn. 11.

[220] *Inghelram*, CMLR 2000, S. 129 (131); *ders.*, in: Lenz/Borchardt, EUV/EGV[3], Art. 248 EGV Rn. 2; *Magiera*, Verwaltungsorganisation, in: Schweitzer, Europäisches Verwaltungsrecht, S. 115 (125); *Bieber*, in: Groeben/Schwarze, EUV/EGV IV[6], Art. 248 EGV Rn. 5; *Lienbacher*, in: Schwarze, EU-Kommentar, Art. 248 EGV Rn. 5. Zur Bedeutung der Kontrollen des Rechnungshofs im Agrarmarktrecht siehe *Mögele*, Behandlung fehlerhafter Ausgaben, S. 120 f.

[221] *Bieber*, in: Groeben/Schwarze, EUV/EGV IV[6], Art. 248 EGV Rn. 5; *Kallmayer*, in: Calliess/Ruffert, EUV/EGV[2], Art. 248 EGV Rn. 1. Zum EEF siehe oben Kap. 2 A.I.1.b.

Gemeinschaftsagenturen übertragen.[222] Der Vorbehalt einer anderweitigen Regelung im Gründungsrechtsakt macht aber zugleich deutlich, daß der Rechnungshof über kein Prüfungsmonopol verfügt.[223] *Maßstab der Rechnungsprüfung* ist die Zuverlässigkeit der Rechnungsführung sowie die Recht- und Ordnungsmäßigkeit der zugrunde liegenden Einnahmen- und Ausgabenvorgänge und die Wirtschaftlichkeit der Haushaltsführung (vgl. Art. 248 Abs. 1 UAbs. 2, Abs. 2 UAbs. 1 EGV).[224] Eine Einnahme oder Ausgabe ist rechtmäßig, wenn sie mit allen Bestimmungen des Gemeinschaftsrechts, die sich auf die Einnahme oder Ausgabe auswirken können, in Einklang steht.[225] Eine einschränkende Auslegung des Begriffs der *Rechtmäßigkeit*, die nur auf die Übereinstimmung mit bestimmten Normen gerichtet ist, wird durch den Vertragstext ausgeschlossen.[226] Bei diesem Begriffsverständnis ist eine Ausgabe auch rechtswidrig, wenn der Basisrechtsakt nicht mit dem Primärrecht vereinbar ist. Somit hat der Rechnungshof in begrenztem Umfang auch die Befugnis, Rechtsetzungsakte auf ihre Legalität hin zu überprüfen.[227] Der denkbaren Feststellung der Rechtswidrigkeit eines Rechtsetzungsaktes durch den Rechnungshof kommt allerdings keinerlei Verbindlichkeit zu, so daß das Verwerfungsmonopol des Gerichtshofs von dieser Prüfungsbefugnis unberührt bleibt.[228] Die Prüfung der *Ordnungsmäßigkeit* hat im wesentlichen die rechnungstechnische Prüfung der förmlichen und rechnerischen Richtigkeit der Rechnung zum Gegenstand.[229] Die Prüfung der Einnahmen erfolgt anhand der Feststellungen und der Zahlungen an die Gemeinschaft, diejenige der Ausgaben

---

[222] *Inghelram*, CMLR 2000, S. 129 (131); *Niedobitek*, in: Streinz, EUV/EGV, Art. 248 EGV Rn. 8; *Fischer-Appelt*, Agenturen, S. 302.

[223] *Bieber*, in: Groeben/Schwarze, EUV/EGV IV[6], Art. 246 EGV Rn. 8, auch Art. 248 EGV Rn.4.

[224] Hierzu siehe oben Kap. 3 A.II.1. mit Kap. 3 Fn. 38 und *Inghelram*, CMLR 2000, S. 129 (134).

[225] Vgl. GA *Mancini*, in: Rs. 204/86 – Griechenland/Rat, Slg. 1988, 5323 (Tz. 5); *Niedobitek*, in: Streinz, EUV/EGV, Art. 248 EGV Rn. 10; *Inghelram*, in: Lenz/Borchardt, EUV/EGV[3], Art. 248 EGV Rn. 4; *Bieber*, in: Groeben/Schwarze, EUV/EGV IV[6], Art. 248 EGV Rn. 15. Siehe auch Art. 140 Abs. 1 HO 2002 als zutreffende vertragliche Konkretisierung: Prüfung „im Hinblick auf die Verträge, den Haushaltsplan, (die) Haushaltsordnung, die Durchführungsbestimmungen und alle in Umsetzung der Verträge erlassenen Rechtsakte".

[226] *Inghelram*, CMLR 2000, S. 129 (133); *Lienbacher*, in: Schwarze, EU-Kommentar, Art. 248 EGV Rn. 16; vgl. aber EuGH, Rs. 294/83 – Les Verts/Parlament, Slg. 1986, 1339 (Rn. 28): „Der Rechnungshof hat lediglich die Rechtmäßigkeit einer Ausgabe im Hinblick auf den Haushaltsplan und den dieser Ausgabe zugrunde liegenden Akt des abgeleiteten Rechts (...) zu prüfen."

[227] *Inghelram*, CMLR 2000, S. 129 (134); *ders.*, in: Lenz/Borchardt, EUV/EGV[3], Art. 248 EGV Rn. 4.

[228] Vgl. auch *Bieber*, in: Groeben/Schwarze, EUV/EGV IV[6], Art. 248 EGV Rn. 15.

[229] *Niedobitek*, in: Streinz, EUV/EGV, Art. 248 EGV Rn. 10.

anhand der Mittelbindungen und der Zahlungen (Art. 248 Abs. 2 UAbs. 2, UAbs. 3 EGV).

Der Rechnungshof kann natürlich nicht jede einzelne Ausgabe und Einnahme, nicht jedes eingerichtete Verwaltungs- und Kontrollsystem überprüfen. Ein derartiger Prüfungsumfang wäre seinerseits mit dem Grundsatz der Wirtschaftlichkeit nicht zu vereinbaren.[230] Er muß deshalb seiner Prüfungstätigkeit ein repräsentatives Prüfungssystem zugrunde legen.[231] Mit dessen Hilfe soll ermittelt werden, ob und in welchem Ausmaß die Verwaltungs- und Kontrollsysteme, die die Einnahmen und Ausgaben der Gemeinschaft betreffen, ihre Ziele erreichen, die Rechtmäßigkeit und die Ordnungsmäßigkeit der Transaktionen und der Wirtschaftlichkeit der Haushaltsführung zu gewährleisten.[232]

Die *Betrugsbekämpfung* ist in erster Linie eine Aufgabe der Exekutive, vor allem also der Kommission und der mitgliedstaatlichen Behörden, nicht aber eine eigenständige Aufgabe im Rahmen der Rechnungsprüfung. Dem Rechnungshof kommt aber die Aufgabe zu, im Rahmen der Rechnungsprüfung auch die Maßnahmen zur Betrugsbekämpfung zu beurteilen[233] und auf Fälle von Unregelmäßigkeiten und damit auch von Betrügereien besonders zu achten (vgl. Art. 248 Abs. 2 UAbs. 1 S. 2 EGV), ohne dabei allerdings festlegen zu müssen, ob ein Fall eines Betruges vorliegt.[234] Folgerichtig ist der Rechnungshof gemäß Art. 280 Abs. 4 S. 1 EGV auch vor dem Erlaß der erforderlichen Maßnahmen zur Verhütung und Bekämpfung von Betrügereien anzuhören.[235] Ferner arbeitet der Rechnungshof auch mit dem OLAF zusammen; ergibt sich im Rahmen seiner Untersuchungen ein Betrugsverdacht, so schaltet er das OLAF ein.[236] Somit nimmt der Rech-

---

[230] *Graf*, Finanzkontrolle, S. 82; *Bieber*, in: Groeben/Schwarze, EUV/EGV IV[6], Art. 248 EGV Rn. 23; *Lienbacher*, in: Schwarze, EU-Kommentar, Art. 248 EGV Rn. 14.

[231] *Inghelram*, in: Lenz/Borchardt, EUV/EGV[3], Art. 248 EGV Rn. 7; *Niedobitek*, in: Streinz, EUV/EGV, Art. 248 EGV Rn. 16.

[232] *Inghelram*, CMLR 2000, S. 129 (134).

[233] Vgl. *Rechnungshof*, Jahresbericht 1994, Tz. 0.29. ff.; siehe z.B. *ders.*, Sonderbericht Nr. 8/98 – Betrugsbekämpfung.

[234] EuG, Rs. T-277/97 – Ismeri/Rechnungshof, Slg. 1999, II-1825 (Rn. 113, 124); *Inghelram*, CMLR 2000, S. 129 (135). Zum Begriff der Unregelmäßigkeit Art. 1 Abs. 2 VO (EG, Euratom) 2988/95 (Schutz der finanziellen Interessen); siehe oben Kap. 4 A.II.1.a.

[235] Hierzu *Inghelram*, CMLR 2000, S. 129 (135), der – angesichts einer bloßen Anhörungspflicht wohl zu weitgehend – von einer „explicit responsibility in the area of fight against fraud" spricht.

[236] Vgl. den Verweis auf „Decision No 97-2004 of the Court of Auditors laying down rules for cooperation with the Office in respect of access by the latter to audit information", Art. 1 Abs. 2 Annex III des Annex V Decision No 92-2004 (Fn. 215); siehe auch *Inghelram*, CMLR 2000, S. 129 (135). Zu internen Verwaltungsuntersuchungen des OLAF beim

nungshof auch eine, wenn auch nachgeordnete Rolle bei der Verhütung und Bekämpfung von Betrügereien ein.

2. Mittel und Zeitpunkt der Rechnungsprüfung

Als *Mittel der Rechnungsprüfung* nennt das Primärrecht die Prüfung der Rechnungsunterlagen und erforderlichenfalls Prüfungen an Ort und Stelle; letztere können bei den anderen Organen der Gemeinschaft, in den Räumlichkeiten der Einrichtungen, die Einnahmen oder Ausgaben für Rechnung der Gemeinschaft verwalten (d.h. insbesondere der Gemeinschaftsagenturen[237]), und der natürlichen und juristischen Personen, die Zahlungen aus dem Haushalt erhalten, sowie schließlich auch in den Mitgliedstaaten vorgenommen werden (Art. 248 Abs. 3 UAbs. 1 S. 1 EGV).

Damit die *Prüfungen an Ort und Stelle* in den Räumlichkeiten der privaten Mittelempfänger durchgeführt werden können, legt die Haushaltsordnung fest, daß die entsprechenden Finanzierungsvereinbarungen „ausdrücklich" eine derartige Befugnis des Rechnungshofs vorsehen[238] oder, im Falle der Gewährung durch Dritte (also z.B. durch die Mitgliedstaaten), die Empfänger einer Prüfung schriftlich zustimmen;[239] anderenfalls darf keine Zahlung erfolgen.[240] Zumindest der Wortlaut des Primärrechts legt es jedoch nahe, daß der Rechnungshof schon unmittelbar aufgrund des Vertrages zu derartigen Prüfungen ermächtigt ist, daß also eine vertragsunmittelbare Ermächtigungsgrundlage besteht. Angesichts dessen, daß niemand zur Entgegennahme von Gemeinschaftsmitteln gezwungen wird, erscheint dies auch nicht unangemessen.

Die Prüfung in den Mitgliedstaaten, der angesichts der herausragenden Rolle der Mitgliedstaaten bei der Bewirtschaftung von Gemeinschaftsmitteln besondere Bedeutung zukommen muß, erfolgt in Verbindung mit den einzelstaatlichen Rechnungsprüfungsorganen unter Wahrung ihrer Unabhängigkeit oder, wenn diese nicht über die erforderliche Zuständigkeit verfügen, mit den zuständigen einzelstaatlichen Dienststellen (Art. 248 Abs. 3 UAbs. 1 S. 2, S. 3 EGV). Mit einzelstaatlichen Rechnungsprüfungsorganen sind die Organe der externen Kontrolle, d.h. die nationalen Rechnungshöfe,

---

Rechnungshof vgl. oben Kap. 4 A.II.1.b. Siehe auch *Kommission*, Bewertungsbericht OLAF, KOM(2003) 154 endg., S. 24.

[237] Zu den Einrichtungen i.S.v. Art. 248 Abs. 3 UAbs. 1 S. 1 EGV gehören aber nicht nur Einrichtungen i.S.v. Art. 248 Abs. 1 UAbs. 1 S. 2 EGV, sondern auch privat- und öffentlich-rechtliche Einrichtungen in den Mitgliedstaaten, die Gemeinschaftsmittel bewirtschaften, z.B. die nationalen Agenturen, hierzu oben Kap. 3 B.II.4. Eine ausdrückliche Regelung in dem die Kooperation regelnden Vertrag ist nunmehr nicht mehr erforderlich, *Inghelram*, CMLR 2000, S. 129 (141).

[238] Art. 120 Abs. 2 HO 2002.
[239] Art. 142 Abs. 5 HO 2002.
[240] Vgl. *Bieber*, in: Groeben/Schwarze, EUV/EGV IV[6], Art. 248 EGV Rn. 18.

mit den zuständigen einzelstaatlichen Dienststellen die Behörden der internen Kontrolle gemeint.[241] Durch den Ausdruck „in Verbindung mit" sollte ein gewisses Maß an wechselseitigen Verpflichtungen begründet werden.[242] Der Rechnungshof muß insbesondere den jeweiligen nationalen Rechnungshof (oder das sonst zuständige Organ) von einer beabsichtigten Kontrolle an Ort und Stelle unterrichten.[243] Primärrechtlich besonders erwähnt ist die Verpflichtung der zuständigen nationalen Ebene, dem Rechnungshof mitzuteilen, ob sie an der Prüfung teilzunehmen beabsichtigt (Art. 248 Abs. 3 UAbs. 1 S. 4 EGV). Daß sie hierzu nicht verpflichtet ist, bestätigt die Eigenständigkeit der Kontrollen des Rechnungshofs. Aus dieser Vorschrift ergibt sich aber zugleich, daß die nationale Ebene schon aufgrund des Vertrags zur Teilnahme berechtigt ist. Lehnt die zuständige mitgliedstaatliche Stelle die Teilnahme ab, so darf der Rechnungshof die Prüfung alleine durchführen.[244]

Die Einrichtungen und Personen, bei denen Prüfungen an Ort und Stelle durchgeführt werden dürfen, sowie die einzelstaatlichen Rechnungsprüfungsorgane oder Dienststellen müssen dem Rechnungshof weiterhin auf dessen Antrag die für die Erfüllung seiner Aufgabe erforderlichen Unterlagen oder Informationen übermitteln (Art. 248 Abs. 3 UAbs. 1 S. 5 EGV). Diese *Übermittlungspflicht*, die sich auf mündliche und schriftliche Auskünfte sowie die Vorlage von Dokumenten erstreckt, unterliegt nach dem Primärrecht keinerlei Beschränkungen. Damit können insbesondere die Mitgliedstaaten wegen des Vorrangs des Gemeinschaftsrechts die Erfüllung der Verpflichtung unter Hinweis auf nationales Recht nicht verweigern.[245] Gegebenenfalls besteht auch eine Verpflichtung, sich das vom Rechnungshof angeforderte Material zu beschaffen; es sind daher beispielsweise Prüfungen nationaler Prüfungsinstanzen im Auftrag des Rechnungshofs denkbar.[246] Hinsichtlich der „Erforderlichkeit" kommt dem Rechnungshof ein großer Beurteilungsspielraum zu.[247]

---

[241] *Ehlermann*, Rechnungshof, S. 35.

[242] *Inghelram*, CMLR 2000, S. 129 (138).

[243] *Ehlermann*, Rechnungshof, S. 35; *Inghelram*, CMLR 2000, S. 129 (138); *Bieber*, in: Groeben/Schwarze, EUV/EGV IV[6], Art. 248 EGV Rn. 20.

[244] *Ehlermann*, Rechnungshof, S. 35; *Inghelram*, CMLR 2000, S. 129 (139); *ders.*, in: Lenz/Borchardt, EUV/EGV[3], Art. 248 EGV Rn. 9; *Bieber*, in: Groeben/Schwarze, EUV/EGV IV[6], Art. 248 EGV Rn. 20.

[245] *Inghelram*, CMLR 2000, S. 129 (139); *ders.*, in: Lenz/Borchardt, EUV/EGV[3], Art. 248 EGV Rn. 10.

[246] *Ehlermann*, Rechnungshof, S. 36; *Bieber*, in: Groeben/Schwarze, EUV/EGV IV[6], Art. 248 EGV Rn. 22.

[247] *Bieber*, in: Groeben/Schwarze, EUV/EGV IV[6], Art. 248 EGV Rn. 22.

Die Prüfungsbefugnis und die Übermittlungspflicht sind im einzelnen in der neuen Haushaltsordnung ausgestaltet.[248] Hiergegen hatte sich der Rechnungshof im Gesetzgebungsverfahren mit der Begründung gewandt, die vertraglichen Regelungen seien völlig ausreichend: „Der Hof sollte unter allen Umständen in der Lage sein, seinen Auftrag ohne Einschränkung in Übereinstimmung mit dem Vertrag auszuüben."[249] Jedoch besagt Art. 279 Abs. 1 UAbs. 1 lit. a EGV ausdrücklich, daß in der Haushaltsordnung auch die Rechnungsprüfung im einzelnen geregelt werden kann. Der Einwand des Rechnungshofs geht deshalb hinsichtlich der Frage des „Ob" einer näheren Ausgestaltung fehl.[250] Daß dabei die primärrechtlich garantierte Stellung des Rechnungshofs nicht durch restriktive Regelungen beeinträchtigt werden darf, versteht sich von selbst und ist schon in der Formulierung „im einzelnen" angelegt. Die Regelungen beschränken sich denn auch auf das Nötigste zur Präzisierung, wie der Rechnungshof seine Kontrollaufgabe wahrnimmt, und geben teilweise lediglich den Wortlaut des Vertrages wieder. Besondere Erwähnung verdient dabei die Bestimmung, daß der Rechnungshof auf seinen Wunsch zu Kontrollmaßnahmen hinzuziehen ist, die im Rahmen des Haushaltsvollzugs durch oder für Rechnung eines Organs der Gemeinschaft durchgeführt werden.[251] Hierdurch werden die Befugnisse des Rechnungshofs gegenüber dem Primärrecht noch gestärkt, so daß es nicht erstaunt, daß der Rechnungshof gegen diese spezielle Bestimmung keinen Einwand erhoben hat.[252]

Der *Zeitpunkt der Rechnungsprüfung* liegt nicht notwendig nach Abschluß der Rechnung des betreffenden Haushaltsjahres. Die Prüfung der Recht- und Ordnungsmäßigkeit der Einnahmen und Ausgaben sowie der Wirtschaftlichkeit der Haushaltsführung kann schon vor deren Abschluß durchgeführt werden (Art. 248 Abs. 2 UAbs. 4 EGV). Jedenfalls nimmt der Rechnungshof aber nur eine ex-post-Finanzkontrolle wahr, er ist in den laufenden Haushaltsvollzug nicht eingebunden.[253]

---

[248] Art. 140 ff. HO 2002.
[249] *Rechnungshof*, Stellungnahme Nr. 2/2001 – Haushaltsordnung, Tz. 44 und ABl. EG 2001 Nr. C 162/1 (75).
[250] *Kommission*, Geänderter Vorschlag Haushaltsordnung, KOM(2001) 691 endg./2, S. 15. Siehe auch *Bieber*, in: Groeben/Schwarze, EUV/EGV IV[6], Art. 248 EGV Rn. 1.
[251] Art. 140 Abs. 2 UAbs. 2 HO 2002.
[252] *Rechnungshof*, Stellungnahme Nr. 2/2001 – Haushaltsordnung, ABl. EG 2001 Nr. C 162/1 (76).
[253] *Bieber*, in: Groeben/Schwarze, EUV/EGV IV[6], Art. 248 EGV Rn. 17; *Fugmann*, in: Dauses, HdbEUWiR I (EL 4), A III Rn. 79; *Magiera*, Verwaltungsorganisation, in: Schweitzer, Europäisches Verwaltungsrecht, S. 115 (125).

3. Prüfungsberichte

Der Rechnungshof muß über die *Ergebnisse der Rechnungsprüfung* gleichfalls Berichte anfertigen. Der wichtigste Bericht ist der obligatorisch zu erstellende Jahresbericht über ein abgeschlossenes Haushaltsjahr (Art. 248 Abs. 4 UAbs. 1 S. 1 EGV)[254]. Zentraler Bestandteil des Jahresberichts ist eine Erklärung über die Zuverlässigkeit der Rechnungsführung sowie die Rechtmäßigkeit und Ordnungsmäßigkeit der zugrundeliegenden Vorgänge (Art. 248 Abs. 1 UAbs. 2 S. 1 EGV) als formalisierter Zusammenfassung der Ergebnisse.[255] Zu „besonderen Fragen" kann der Rechnungshof von sich aus jederzeit Sonderberichte vorlegen (Art. 248 Abs. 4 UAbs. 2 EGV). Die Sonderberichte sind in der Praxis das vorrangige Mittel des Rechnungshofs, seine Prüfungsergebnisse offenzulegen.[256] Durch sie kann der Rechnungshof die Ergebnisse seiner Jahresberichte in Einzelfragen ergänzen und vertiefen und durch eine aktuellere Berichterstattung die Wirksamkeit seiner Kontrolltätigkeit erhöhen.[257]

Der *Jahresbericht* ist den anderen Organen der Gemeinschaft vorzulegen; diese haben die Möglichkeit, Antworten zu den sie betreffenden Bemerkungen abzugeben. Er ist, einschließlich der Zuverlässigkeitserklärung, schon nach dem Primärrecht zusammen mit den Antworten der Organe im Amtsblatt zu veröffentlichen (Art. 248 Abs. 4 UAbs. 1 EGV).[258] In der Haushaltsordnung werden diese primärrechtlichen Vorgaben im einzelnen ausgestaltet. Sie sieht für das Verhältnis des Rechnungshofs zu den anderen Organen ein vertrauliches kontradiktorisches Verfahren[259] vor:[260] Der Rechnungshof muß der Kommission und den anderen Organen spätestens am 15. Juni die Bemerkungen übermitteln, die seiner Ansicht nach in den Jahresbericht aufzunehmen sind (sog. „preliminary observations"[261]). Alle Organe übersenden sodann dem Rechnungshof ihre Antworten spätestens am 30. September. Im Anschluß nimmt der Rechnungshof die endgültige,

---

[254] Zuletzt *Rechnungshof*, Jahresbericht 2004; ders., Jahresbericht 2003.

[255] *Bieber*, in: Groeben/Schwarze, EUV/EGV IV⁶, Art. 248 EGV Rn. 25; siehe schon *Harden/White/Donnelly*, EPL 1995, S. 599 (612 ff.).

[256] *Inghelram*, CMLR 2000, S. 129 (143): „In the meantime, special reports have become the principal way of making known the Court's audit findings."

[257] *Bieber*, in: Groeben/Schwarze, EUV/EGV IV⁶, Art. 248 EGV Rn. 30; *Lienbacher*, in: Schwarze, EU-Kommentar, Art. 248 EGV Rn. 29.

[258] Siehe auch Art. 25 der Geschäftsordnung (Fn. 214) i.V.m. Art. 67 Abs. 1 Decision No 92-2004 (Fn. 215).

[259] Art. 61 Decision No 92-2004 (Fn. 215). Siehe auch *Inghelram*, CMLR 2000, S. 129 (144); *House of Lords*, Court of Auditors, 2001, Tz. 40.

[260] Art. 143 Abs. 2 HO 2002. Siehe auch Art. 60 ff. und Annex III Decision No 92-2004 (Fn. 215). Vgl. auch EuGH, Rs. C-315/99 P – Ismeri/Rechnungshof, Slg. 2001, I-5281 (Rn. 27).

[261] Art. 58 Abs. 3 Decision No 92-2004 (Fn. 215).

Die Finanzkontrollebene der gemeinschaftlichen Leistungsverwaltung 357

gegebenenfalls gegenüber den „preliminary observations" geänderte Fassung[262] des Jahresberichts an, übermittelt diesen zusammen mit den Antworten der Organe spätestens am 31. Oktober der Entlastungsbehörde und den anderen Organen und sorgt für die Veröffentlichung im Amtsblatt.[263] In der veröffentlichten Fassung müssen die Antworten der Organe unmittelbar auf die Bemerkungen des Rechnungshofs folgen.[264] Die Mitgliedstaaten sind hingegen vor Annahme der endgültigen Fassung nicht in das Verfahren eingeschaltet. Erst nachdem der Rechnungshof der Kommission den Jahresbericht übermittelt hat, teilt diese den betreffenden Mitgliedstaaten unverzüglich die Angaben des Berichts über die Verwaltung der Mittel mit, für die sie aufgrund der geltenden Regelung zuständig sind; die Mitgliedstaaten sind befugt, zu den sie betreffenden Teilen des Jahresberichts Stellung zu nehmen.[265] Derartige Stellungnahmen müssen allerdings nicht veröffentlicht werden.

Für die *Sonderberichte* gilt – allerdings ohne entsprechende primärrechtliche Vorgabe – ein ähnliches Verfahren.[266] Der Rechnungshof nimmt den endgültigen Wortlaut des Sonderberichts erst nach Ablauf der Frist an, innerhalb derer das betreffende Organ sich zu den Bemerkungen des Rechnungshofs äußern konnte. Die Sonderberichte müssen im Amtsblatt zumindest erwähnt werden; über die vollständige Veröffentlichung entscheidet der Rechnungshof im Einzelfall.[267] Beschließt der Rechnungshof die Veröffentlichung eines Sonderberichts im Amtsblatt, so werden diesem die Antworten der betreffenden Organe beigefügt.[268]

Die Berichte des Rechnungshofs sind weder bestimmt noch geeignet, rechtlich bindende Wirkung zu entfalten.[269] Weder Kommission noch die

---

[262] Da der Rechnungshof gemäß Art. 248 Abs. 4 UAbs. 2 EGV jederzeit Bemerkungen zu besonderen Fragen vorlegen darf, ist er auch befugt, den Antworten der Organe eine Replik beizufügen, siehe *Bieber*, in: Groeben/Schwarze, EUV/EGV IV⁶, Art. 248 EGV Rn. 27.

[263] Art. 143 Abs. 5 HO 2002.

[264] Art. 143 Abs. 4 UAbs. 2 HO 2002.

[265] Art. 143 Abs. 6 HO 2002.

[266] Art. 144 Abs. 1 HO 2002. Siehe auch Art. 60 ff. sowie Annex I, Annex II und Annex III Decision No 92-2004 (Fn. 215). Vgl. auch EuGH, Rs. C-315/99 P – Ismeri/Rechnungshof, Slg. 2001, I-5281 (Rn. 27).

[267] Art. 25 der Geschäftsordnung (Fn. 214) i.V.m. Art. 67 Abs. 1 Decision No 92-2004 (Fn. 215).

[268] Art. 144 Abs. 1 UAbs. 5 HO 2002.

[269] EuGH, Rs. C-315/99 P – Ismeri/Rechnungshof, Slg. 2001, I-5281 (Rn. 29); *Inghelram*, CMLR 2000, S. 129 (144); *House of Lords*, Court of Auditors, 2001, Tz. 41; *Niedobitek*, in: Streinz, EUV/EGV, Art. 248 EGV Rn. 20; *Bieber*, in: Groeben/Schwarze, EUV/EGV IV⁶, Art. 248 EGV Rn. 26. Vgl. auch den Vortrag des Rechnungshofs in EuG, Rs. T-277/97 – Ismeri/Rechnungshof, Slg. 1999, II-1825 (Rn. 98): Der Sonderbericht enthalte keine Entscheidung, sondern eine Stellungnahme.

Mitgliedstaaten sind allein aufgrund eines Rechnungshofberichts verpflichtet, die in einem Bericht festgestellte Mängel der Verwaltung zu beseitigen. Völlig ohne jede Bedeutung sind die Berichte jedoch gleichfalls nicht. Die Organe müssen die Prüfungsergebnisse des Rechnungshofs und dessen Empfehlungen sicherlich zur Kenntnis nehmen.[270] Der Jahresbericht und die Sonderberichte werden weiterhin im Rahmen des Entlastungsverfahrens vor dem Europäischen Parlament herangezogen.[271] Doch auch in diesem Zusammenhang ergeben sich keine Verpflichtungen des Parlaments. Auch eine Zuverlässigkeitserklärung, die negativ ausfällt, zwingt es nicht, die Entlastung zu verweigern.[272] Der Gerichtshof hat jedoch einmal beiläufig erwähnt, der Umstand, daß ein Gemeinschaftsorgan wie der Rechnungshof ein sorgfaltswidriges Verhalten der nationalen Behörden aufgezeigt hat, sei „ein besonderer Hinweis" dafür, das Verhalten der nationalen Behörden als Versäumnis anzusehen, das die Rückerstattung einer zu Unrecht gewährten Gemeinschaftsbeihilfe ausschließen könne.[273]

Dem Rechnungshof ist es nicht verwehrt, in seinen Berichten auch Dritte namentlich im Zusammenhang mit Unregelmäßigkeiten zu nennen. Das Gericht Erster Instanz hält eine namentliche Nennung „ausnahmsweise, vor allem bei schweren Störungen, die die Rechtmäßigkeit und Ordnungsmäßigkeit der Einnahmen und Ausgaben oder die Erfordernisse der Wirtschaftlichkeit der Haushaltsführung ernsthaft berühren", für zulässig; diese Nennung sei insbesondere erforderlich, wenn das Verschweigen der Namen zu Verwechslungen Anlaß geben oder gar Zweifel an der Identität der beteiligten Personen hervorrufen könne, wodurch die Interessen von Personen beeinträchtigt werden könnten, die von der Untersuchung des Rechnungshofs betroffen, mit seinen Beanstandungen aber nicht gemeint seien.[274] Eine namentliche Nennung unterliegt also einer strengen Bindung an den Verhältnismäßigkeitsgrundsatz.[275] Das Gericht hat zugleich betont, daß die Beurteilung Dritter, die unter solchen Umständen erfolge, in vollem Umfang der Nachprüfung durch das Gericht unterliegt; diese Nachprüfung soll sich darauf beziehen, ob die Tatsachen falsch dargestellt werden oder die Bewertung richtiger Tatsachen fehlerhaft oder parteiisch ist.[276]

---

[270] *House of Lords*, Court of Auditors, 2001, Tz. 41.
[271] Siehe unten Kap. 4 D. Der Gerichtshof (Rs. 16/88 – Kommission/Rat, Slg. 1989, 3457 [Rn. 19]) spricht davon, daß der Rechnungshof das Parlament unterstützt.
[272] *Inghelram*, CMLR 2000, S. 129 (144).
[273] EuGH, Rs. C-366/95 – Steff-Houlberg, Slg. 1998, I-2661 (Rn. 32). Zu diesem Urteil *Gündisch*, EuZW 1998, S. 502 f.
[274] EuG, Rs. T-277/97 – Ismeri/Rechnungshof, Slg. 1999, II-1825 (Rn. 109); zustimmend EuGH, Rs. C-315/99 P – Ismeri/Rechnungshof, Slg. 2001, I-5281 (Rn. 40).
[275] EuGH, Rs. C-315/99 P – Ismeri/Rechnungshof, Slg. 2001, I-5281 (Rn. 41).
[276] EuG, Rs. T-277/97 – Ismeri/Rechnungshof, Slg. 1999, II-1825 (Rn. 110).

Es drängt sich die Frage auf, ob in einem derartigen Ausnahmefall der Dritte vor der Annahme und Veröffentlichung des Berichts anzuhören ist.[277] Eine Anhörung ist weder im Primär- noch im Sekundärrecht ausdrücklich vorgesehen.[278] Das Recht auf Anhörung in allen Verfahren, die zu einer Entscheidung eines Gemeinschaftsorgans führen können, durch die Interessen eines Dritten spürbar beeinträchtigt werden, ist jedoch ein allgemeiner Rechtsgrundsatz des Gemeinschaftsrechts.[279] Nun sind die Verabschiedung und die Veröffentlichung der Berichte zwar keine Entscheidungen, durch die die Rechte der darin genannten Personen unmittelbar beeinträchtigt werden. Da sie aber für diese Personen folgenschwer sein können, muß nach dem Gerichtshof den Betroffenen vor der endgültigen Verabschiedung der Berichte Gelegenheit gegeben werden, zu den darin enthaltenen Punkten, in denen sie namentlich genannt sind, Stellung zu nehmen; ansonsten dürfe keine namentliche Nennung erfolgen.[280]

Den Berichten kommt also zwar keine rechtlich verbindliche Wirkung, aber doch rechtliche Bedeutung zu.[281] Diese Berichte sind für Außenstehende von besonderem Interesse, da sie häufig offenlegen, wie die Kommission die Vorgaben der Rechtsakte im Bereich der gemeinschaftlichen Leistungsverwaltung umsetzt, insbesondere welche Verfahren sie zur Anwendung bringt. Sie haben auch bei der Recherche für die vorliegende Untersuchung eine bedeutende Rolle eingenommen.

4. Die legislativen Stellungnahmen des Europäischen Rechnungshofs

Der Europäische Rechnungshof ist bei bestimmten Gesetzgebungsvorhaben, die im sachlichen Zusammenhang mit der Rechnungsprüfung stehen, anzuhören (Art. 279 Abs. 1, Abs. 2, Art. 280 Abs. 4 EGV). Damit sollen die Erfahrungen des Rechnungshofs in die Gesetzgebung einfließen, ohne daß allerdings die Verantwortung des Gesetzgebers geschmälert wird. Bei der

---

[277] Offengelassen in EuG, Rs. T-277/97 – Ismeri/Rechnungshof, Slg. 1999, II-1825 (Rn. 105).

[278] Vgl. *Inghelram*, in: Lenz/Borchardt, EUV/EGV³, Art. 248 EGV Rn. 13.

[279] EuGH, Rs. C-315/99 P – Ismeri/Rechnungshof, Slg. 2001, I-5281 (Rn. 28); EuGH, Rs. 17/74 – Transocean Marine Paint, Slg. 1974, 1063 (Rn. 15). Siehe auch *Sydow*, JuS 2005, S. 97 (100); *Stoye*, Entwicklung des europäischen Verwaltungsrechts, S. 76 ff. m.w.N.

[280] EuGH, Rs. C-315/99 P – Ismeri/Rechnungshof, Slg. 2001, I-5281 (Rn. 29, 40). Eine Nachholung einer unterlassenen Anhörung nach Verabschiedung und Veröffentlichung des Berichts läßt der Gerichtshof (a.a.O. Rn. 31 ff.) nicht zu: Es verstehe sich von selbst, daß ein Organ vor der endgültigen Festlegung seines Standpunkts eher bereit ist, Bemerkungen zu entsprechen, als nach dessen Veröffentlichung. Würde es nämlich Beanstandungen nach der Veröffentlichung als begründet anerkennen, so müßte es seine Entscheidung ändern und eine Berichtigung verabschieden.

[281] *Niedobitek*, in: Streinz, EUV/EGV, Art. 248 EGV Rn. 21.

Neufassung der Haushaltsordnung beispielsweise hat der Rechnungshof umfassend Stellung genommen; seine Bemerkungen sind für das weitere Gesetzgebungsverfahren von großer Bedeutung gewesen.[282]

Die anderen Organe können zudem den Rechnungshof auffordern, andere Stellungnahmen abzugeben (Art. 248 Abs. 4 UAbs. 2 Hs. 2 EGV). In der Haushaltsordnung wird diese Kompetenz auf den Wirtschafts- und Sozialausschuß, den Ausschuß der Regionen, den Bürgerbeauftragten und den Datenschutzbeauftragten erweitert.[283] Zur Abgabe einer derartigen Stellungnahme ist der Rechnungshof zum Schutz seiner Unabhängigkeit allerdings grundsätzlich nicht verpflichtet.[284] Er kann sie im Amtsblatt veröffentlichen, muß zuvor dann allerdings den Antragsteller und gegebenenfalls betroffene andere Organe anhören; die Bemerkungen letzterer müssen der Veröffentlichung beigefügt werden.[285]

II. Stellung, Aufbau und Arbeitsweise des Europäischen Rechnungshofs

Als Organ der Gemeinschaft genießt der Europäische Rechnungshof *Unabhängigkeit* von den anderen Organen und den Mitgliedstaaten. Er setzt sich aus einem Staatsangehörigen je Mitgliedstaat zusammen (Art. 247 Abs. 1 EGV). Die Vorschriften über deren Stellung, die diese Unabhängigkeit wesentlich vermitteln,[286] sind an diejenigen über die Kommissare in Art. 213 EGV angelehnt. Sie üben gleichfalls ihre Tätigkeit in voller Unabhängigkeit zum allgemeinen Wohl der Gemeinschaft aus (Art. 247 Abs. 4 UAbs. 1 EGV, vgl. Art. 213 Abs. 2 UAbs. 1 EGV). Sie dürfen, ebenso wie die Kommissare, bei der Erfüllung ihrer Pflichten Anweisungen von einer Regierung oder einer anderen Stelle weder anfordern noch entgegennehmen (Art. 247 Abs. 4 UAbs. 2 S. 1 EGV, vgl. Art. 213 Abs. 2 UAbs. 2 S. 1 EGV). Ihnen ist es schließlich auch untersagt, während ihrer Amtszeit eine andere entgeltliche oder unentgeltliche Berufstätigkeit auszuüben (Art. 247 Abs. 5 S. 1 EGV, vgl. Art. 213 Abs. 2 UAbs. 3 S. 1 EGV).

Eine *Amtsenthebung* kann nur durch den Europäischen Gerichtshof ausgesprochen werden, wenn das Mitglied nicht mehr die erforderlichen Voraussetzungen erfüllt oder den sich aus seinem Amt ergebenden Verpflichtungen nicht mehr nachkommt (Art. 247 Abs. 7 EGV, vgl. Art. 213 Abs. 2

---

[282] *Rechnungshof*, Stellungnahme Nr. 2/2001 – Haushaltsordnung; *ders.*, Stellungnahme Nr. 2/2002 – Haushaltsordnung; *ders.*, Stellungnahme Nr. 13/2002 – Durchführung Haushaltsordnung.

[283] Art. 144 Abs. 2 i.V.m. Art. 1 Abs. 2 HO 2002.

[284] *Bieber*, in: Groeben/Schwarze, EUV/EGV IV[6], Art. 248 EGV Rn. 33; *Ehlermann*, Rechnungshof, S. 24.

[285] Art. 144 Abs. 2 HO 2002.

[286] *Bieber*, in: Groeben/Schwarze, EUV/EGV IV[6], Art. 247 EGV Rn. 14.

UAbs. 3 S. 3 EGV).[287] Antragsberechtigt ist nur der Rechnungshof selbst; auch dies trägt maßgeblich zur Wahrung seiner Unabhängigkeit bei. Die Einleitung eines Amtsenthebungsverfahrens bedarf außerdem einer besonders großen Unterstützung: Vier Fünftel der Mitglieder müssen in geheimer Abstimmung zustimmen.[288]

Die *Ernennung* der Mitglieder erfolgt durch den Rat nach Anhörung des Europäischen Parlaments für eine Amtszeit von sechs Jahren (Art. 247 Abs. 3 UAbs. 1 EGV). Bis zum Inkrafttreten des Vertrages von Nizza war der Rechnungshof das einzige Gemeinschaftsorgan, dessen Mitglieder ausschließlich von einem anderen Organ bestimmt wurden.[289] Bis zu diesem Zeitpunkt war aber auch die Einzelernennung vorgesehen. Diese ist nunmehr durch die Kollektivernennung aufgrund einer Liste abgelöst worden. Diese Änderung soll sich gezielt gegen das Europäische Parlament richten und es davon abhalten, negative Stellungnahmen über einzelne Kandidaten abzugeben; diese Stellungnahmen sind zwar nicht verbindlich, der Rat hat sich jedoch verpflichtet, ihnen „weitestgehend" Rechnung zu tragen.[290] Voraussetzung der Ernennung ist die sachliche[291] und persönliche Eignung der zu ernennenden Persönlichkeit (Art. 247 Abs. 2 EGV). Problematisch ist erneut[292] die Zulässigkeit der Wiederernennung (vgl. Art. 247 Abs. 3 UAbs. 1 S. 3 EGV). Diese sollte entweder – möglicherweise bei gleichzeitiger Verlängerung der Amtszeit – ausgeschlossen oder an die Zustimmung des Europäischen Parlamentes geknüpft werden.[293]

Die Mitglieder wählen ihrerseits aus ihrem Kreis[294] einen *Präsidenten* für eine Amtszeit von drei Jahren (Art. 247 Abs. 3 UAbs. 2 S. 1 EGV), dem allerdings lediglich die Rolle eines primus inter pares zukommt.[295] Der

---

[287] Für eine Erstreckung auf das ursprüngliche Fehlen der Voraussetzungen *Bieber*, in: Groeben/Schwarze, EUV/EGV IV⁶, Art. 247 EGV Rn. 10.

[288] Art. 4 Abs. 5 der Geschäftsordnung (Fn. 214).

[289] *Inghelram*, CMLR 2000, S. 129 (130). Nunmehr werden auch der Präsident und die übrigen Mitglieder der Kommission vom Rat und vom Parlament gemeinsam bestimmt (zuvor von den Regierungen der Mitgliedstaaten „im gegenseitigen Einvernehmen" und dem Parlament). Siehe aus jüngerer Zeit Beschluß 2006/36/EG, Euratom (Ernennung Rechnungshof).

[290] *Bieber*, in: Groeben/Schwarze, EUV/EGV IV⁶, Art. 247 EGV Rn. 5 f.: „Die neue Methode dient nicht der Förderung des Vertrauensverhältnisses zwischen Parlament und Rechnungshof." Siehe auch *House of Lords*, Court of Auditors, 2001, Tz. 29.

[291] Siehe *Bieber*, in: Groeben/Schwarze, EUV/EGV IV⁶, Art. 247 EGV Rn. 3.

[292] Siehe schon oben Kap. 4 A.III. Vgl. auch *House of Lords*, Court of Auditors, 2001, Tz. 26: „immense pressure on members to protect the interests of their own Member State, particularly if they wanted to be re-nominated".

[293] *Bieber*, in: Groeben/Schwarze, EUV/EGV IV⁶, Art. 247 EGV Rn. 14; vgl. auch *Niedobitek*, in: Streinz, EUV/EGV, Art. 247 EGV Rn. 13.

[294] *Bieber*, in: Groeben/Schwarze, EUV/EGV IV⁶, Art. 248 EGV Rn. 40.

[295] *Rechnungshof*, ERH/05/01; *House of Lords*, Court of Auditors, 2001, Tz. 25.

Präsident hat für den effizienten und wirksamen Ablauf der Amtsgeschäfte des Hofes zu sorgen[296] und vertritt das Organ nach außen.[297] Ansonsten hebt er sich nicht von den übrigen Mitgliedern des Hofes ab. Dies wahrt dem Hof den Charakter eines Kollegialorgans.[298] Dieser wird primärrechtlich insbesondere durch die in Art. 248 Abs. 4 UAbs. 3 S. 1 EGV vorgesehene Mehrheitsregelung festgeschrieben:[299] Der Rechnungshof nimmt seine Berichte und Stellungnahmen mit der Mehrheit seiner Mitglieder an. Seit dem Inkrafttreten des Vertrags von Nizza ist es ihm jedoch – im Hinblick auf die Arbeitsfähigkeit in einer erweiterten Gemeinschaft,[300] jedoch zugleich unter Relativierung des Kollegialprinzips[301] – auch gestattet, für die Annahme bestimmter Arten von Berichten oder Stellungnahmen nach Maßgabe seiner Geschäftsordnung Kammern zu bilden (Art. 248 Abs. 4 UAbs. 3 S. 2 EGV).

Die Vorbereitung der Beschlüsse des Rechnungshofs obliegt sog. Prüfungsgruppen („audit groups").[302] Jedes Mitglied des Hofes gehört aufgrund einer Zuweisung auf Vorschlag des Präsidenten einer Prüfungsgruppe an. Derzeit bestehen fünf Prüfungsgruppen: eine horizontale („CEAD" – Coordination, Evaluation, Assurance, Development) und vier vertikale.[303] Innerhalb der Gruppen teilen die Mitglieder die Aufgaben untereinander auf,[304] so daß letztlich jedem Mitglied des Rechnungshofs ein eigener Geschäftsbereich zusteht.

III. Rechtsschutzfragen

1. Rechtsschutzmöglichkeiten des Rechnungshofs

Zunächst soll auf die Möglichkeiten des Rechnungshofs eingegangen werden, Rechtsschutz zu erlangen.[305] Der Rechnungshof kann gegen andere Organe eine Klage erheben, die auf die Wahrung seiner Rechte abzielt (Art. 230 Abs. 3, Abs. 1 EGV); er nimmt die Stellung eines teilprivilegier-

---

[296] Siehe *Harden/White/Donnelly*, EPL 1995, S. 599 (610).
[297] Art. 9 Abs. 1 der Geschäftsordnung (Fn. 214); *Rechnungshof*, ERH/05/01
[298] Art. 1 Abs. 1 Hs. 1 der Geschäftsordnung (Fn. 214).
[299] *Bieber*, in: Groeben/Schwarze, EUV/EGV IV⁶, Art. 248 EGV Rn. 41.
[300] *Inghelram*, in: Lenz/Borchardt, EUV/EGV³, Art. 248 EGV Rn. 15; vgl. auch *House of Lords*, Court of Auditors, 2001, Tz. 23.
[301] *Bieber*, in: Groeben/Schwarze, EUV/EGV IV⁶, Art. 248 EGV Rn. 41.
[302] Hierzu Art. 10 der Geschäftsordnung (Fn. 214), Art. 11 ff. Decision No 92-2004 (Fn. 215).
[303] Art. 11 Abs. 1 Decision No 92-2004 (Fn. 215). Siehe Art. 12 Abs. 3 Decision No 92-2004: Group I (Agricultural policies), Group II (Structural and internal policies), Group III (External actions), Group IV (Own resources, banking activities, administrative expenditure, Institutions and bodies of the Union).
[304] Hierzu im einzelnen Art. 11 Abs. 2 Decision No 92-2004 (Fn. 215). Siehe auch *Inghelram*, in: Lenz/Borchardt, EUV/EGV³, Art. 247 EGV Rn. 5.
[305] Hierzu ausführlich *Friedrich/Inghelram*, DÖV 1999, S. 669 ff.

ten Klägers ein.³⁰⁶ Seine Befugnisse werden also durch die Möglichkeit ihrer gerichtlichen Durchsetzung abgerundet.³⁰⁷ Denkbar ist beispielsweise, daß der Rechnungshof eine Entscheidung der Kommission, ihm ein bestimmtes Dokument nicht zur Verfügung zu stellen, angreift.³⁰⁸ Eine Nichtigkeitsklage kann auch gegen einen Rechtsakt erhoben werden, zu dem der Rechnungshof pflichtwidrig nicht angehört worden ist.³⁰⁹ Mangels Klagebefugnis unzulässig wäre hingegen eine Klage gegen die Kommission, die der Rechnungshof darauf stützt, die Kommission habe die vom Rechnungshof in einem seiner Berichte festgestellten Mängel nicht beseitigt, da der Rechnungshof keinen Anspruch auf eine derartige Maßnahme hat.³¹⁰ Als Organ der Gemeinschaft ist der Rechnungshof grundsätzlich auch zur Erhebung einer Untätigkeitsklage gemäß Art. 232 Abs. 1 EGV berechtigt.

Problematisch ist hingegen, inwieweit der Rechnungshof seine gegenüber den Mitgliedstaaten bestehenden Kompetenzen durchsetzen kann. Der Vorschlag, dem Rechnungshof die Einleitung eines entsprechenden besonderen Vertragsverletzungsverfahrens zuzugestehen,³¹¹ wurde bislang nicht aufgegriffen. Somit besteht lediglich die unbefriedigende Möglichkeit einer Prozeßstandschaft: Die Kommission als selbst geprüfte Instanz und Verantwortliche für den Haushaltsvollzug (oder – noch fernliegender – ein Mitgliedstaat) leitet ein Vertragsverletzungsverfahren gegen den Mitgliedstaat gemäß Art. 226 EGV (bzw. Art. 227 EGV) wegen des Verstoßes gegen die gegenüber dem Rechnungshof bestehenden Pflichten ein.³¹²

---

[306] *Burgi*, in: Rengeling/Middeke/Gellermann, Rechtsschutz in der EU², § 7 Rn. 53; *Schwarze*, in: ders., EU-Kommentar, Art. 230 EGV Rn. 29.
[307] Vgl. *Inghelram*, CMLR 2000, S. 129 (136 f.). Zur Rechtslage vor Einfügung des Art. 230 Abs. 3 EGV durch den Vertrag von Amsterdam *Inghelram*, a.a.O. S. 137 f.; *Friedrich/Inghelram*, DÖV 1999, S. 669 (673).
[308] *Friedrich/Inghelram*, DÖV 1999, S. 669 (673); *Inghelram*, CMLR 2000, S. 129 (137).
[309] *Inghelram*, CMLR 2000, S. 129 (137).
[310] So *Friedrich/Inghelram*, DÖV 1999, S. 669 (673 f.). Es ist freilich fraglich, ob ein derartiges Begehren überhaupt mit der Nichtigkeitsklage verfolgt werden kann. Die Gemeinschaftsgerichte sind nämlich im Rahmen der Rechtmäßigkeitskontrolle nach Art. 230 EGV nicht befugt, den Gemeinschaftsorganen Anordnungen zu erteilen (EuGH, Rs. C-5/93 P – DSM/Kommission, Slg. 1999, I-4695 [Rn. 36]; EuG, Rs. T-145/98 – ADT Projekt Gesellschaft/Kommission, Slg. 2000, II-387 [Rn. 83]; EuG, Rs. T-29/03 – Comunidad Autónoma de Andalucía [Rn. 26]; siehe auch *Burgi*, in: Rengeling/Middeke/Gellermann, Rechtsschutz in der EU², § 7 Rn. 11). In diesem Fall scheint eher eine Untätigkeitsklage nach Art. 232 EGV als Klageart in Betracht zu kommen, die aber jedenfalls wegen der fehlenden Verbindlichkeit des Berichtes unbegründet wäre. Zu Untätigkeitsklagen des Rechnungshofs *Inghelram*, CMLR 2000, S. 129 (137 f.).
[311] Vgl. *Inghelram*, CMLR 2000, S. 129 (140).
[312] *Inghelram*, CMLR 2000, S. 129 (140); ders., in: Lenz/Borchardt, EUV/EGV³, Art. 248 EGV Rn. 17; vgl. auch *Gaitanides*, in: Groeben/Schwarze, EUV/EGV IV⁶, Art. 230 EGV Rn. 2.

Der Zugang zu Informationen bei den Empfängern von Gemeinschaftsmitteln schließlich kann nicht unmittelbar durch eine Klage vor dem Gerichtshof durchgesetzt werden. Der Mitgliedstaat ist jedoch aufgrund Art. 10 EGV verpflichtet, den Rechnungshof bei der Durchsetzung seiner Informationszugangsrechte zu unterstützen.[313] Ein Verstoß gegen diese Verpflichtung könnte wiederum durch ein Vertragsverletzungsverfahren gerichtlich festgestellt werden. Ob dies allerdings dafür ausreicht, daß der Rechnungshof seine Befugnisse wirksam wahrnehmen kann, muß bezweifelt werden.[314]

2. Rechtsschutz gegen den Rechnungshof

Sodann sind die Möglichkeiten des Rechtsschutzes gegen den Rechnungshof aufzuzeigen. Entfalten die Berichte des Rechnungshofs keine rechtlich bindende Wirkung,[315] so ist eine Nichtigkeitsklage mangels Klagegegenstandes hiergegen unzulässig.[316] Dies bedeutet, daß Primärrechtsschutz gegen Berichte des Rechnungshofs nicht eröffnet ist. Denkbar soll aber Sekundärrechtsschutz sein: Nennt der Rechnungshof Dritte namentlich und ergibt die gerichtliche Nachprüfung,[317] daß in dessen Bericht Tatsachen falsch dargestellt oder richtige Tatsachen fehlerhaft oder parteiisch bewertet wurden, so stellt dies eine Pflichtverletzung dar, die gegebenenfalls eine außervertragliche Haftung der Gemeinschaft gemäß Art. 288 Abs. 2 EGV begründet.[318] Allerdings müßte als weitere Anspruchsvoraussetzung zwischen der Pflichtverletzung und dem – behaupteten – Schaden ein unmittelbarer ursächlicher Zusammenhang bestehen.[319] Ob ein solcher Zusammenhang noch besteht, wenn beispielsweise die Kommission aufgrund des Berichts des Rechnungshofs an den Dritten keinen Auftrag oder keine Leistung mehr

---

[313] *Inghelram*, CMLR 2000, S. 129 (143); *ders.*, in: Lenz/Borchardt, EUV/EGV³, Art. 248 EGV Rn. 17.

[314] Vgl. *Harden/White/Donnelly*, EPL 1995, S. 599 (616).

[315] Siehe oben Kap. 4 C.I.3.

[316] *Niedobitek*, in: Streinz, EUV/EGV, Art. 248 EGV Rn. 20; *Inghelram*, in: Lenz/Borchardt, EUV/EGV³, Art. 248 EGV Rn. 18. Unerheblich wäre hingegen, daß der Rechnungshof in Art. 230 Abs. 1 EGV nicht als möglicher Klagegegner genannt ist. Die Gemeinschaftsgerichtsbarkeit hat Nichtigkeitsklagen gegen den Rechnungshof bedenkenlos zugelassen; EuGH, Rs. 193 und 194/87 – Maurissen und Union Syndicale/Rechnungshof, Slg. 1989, 1045 (Rn. 29, 35 ff.); EuGH, Rs. C-416/92 – H./Rechnungshof, Slg. 1994, I-1741 (Rn. 1, 10 ff.); EuG, Rs. T-121/97 – Ryan/Rechnungshof, Slg. 1999, II-3886 (Rn. 15, 23 ff.); siehe auch *Bieber*, in: Groeben/Schwarze, EUV/EGV IV⁶, Art. 246 EGV Rn. 11; *Burgi*, in: Rengeling/Middeke/Gellermann, Rechtsschutz in der EU², § 7 Rn. 28.

[317] Siehe oben Kap. 4 C.I.3.

[318] EuG, Rs. T-277/97 – Ismeri/Rechnungshof, Slg. 1999, II-1825 (Rn. 110).

[319] EuGH, Rs. 308/87 – Alfredo Grifoni, Slg. 1990, I-1203 (Rn. 6); EuG, Rs. T-277/97 – Ismeri/Rechnungshof, Slg. 1999, II-1825 (Rn. 95, 100); *Gellermann*, in: Streinz, EUV/EGV, Art. 288 EGV Rn. 27.

vergibt, ist fraglich. In diesem Fall trifft die Kommission zwar eine durch den Bericht beeinflußte, dennoch eigenständige neue Entscheidung,[320] so daß ein „unmittelbarer" ursächlicher Zusammenhang nicht mehr angenommen werden kann. In diesem Fall könnte der Dritte allenfalls um Rechtsschutz gegen die Nichtberücksichtigung durch die Kommission ersuchen. Insgesamt sind die Rechtsschutzmöglichkeiten des Dritten also unbefriedigend. Der fehlende Primärrechtsschutz gegen die Berichte, die aufgrund der Unabhängigkeit des Rechnungshofs der Hauch besonderer Autorität umgibt, und die geringen Erfolgsaussichten des Sekundärrechtsschutzes lassen eine Lücke im gemeinschaftlichen Rechtsschutzsystem deutlich werden.

IV. Zur Rolle des Europäischen Rechnungshofs

Dem Rechnungshof wird durch das Primärrecht eine wichtige Rolle zum Schutz der finanziellen Interessen der Gemeinschaft beigemessen.[321] Er wird hierfür mit den erforderlichen Befugnissen ausgestattet. Wegen der fehlenden unmittelbaren Verbindlichkeit seiner Stellungnahmen und Berichte hängt sein Einfluß auf das Finanzmanagement jedoch maßgeblich von der Qualität und der Unabhängigkeit seiner Prüfungen ab.[322] Der Rechnungshof muß sich also seine Rolle stets von neuem erarbeiten, sie ist rechtlich nicht abgesichert. Dazu ist es insbesondere wichtig, daß der Rechnungshof über in der Rechnungsprüfung erfahrene Mitglieder und Mitarbeiter verfügt.[323] Zukünftig wird sich insbesondere zeigen müssen, ob die Erweiterung der Gemeinschaft und die mit ihr verbundene Erhöhung der Anzahl der Mitglieder des Rechnungshofs dessen Arbeitsfähigkeit nicht übermäßig beeinträchtigt.[324] Von der Möglichkeit der Bildung von Kammern hat der Rechnungshof erstaunlicherweise in der Neufassung seiner Geschäftsordnung im Jahre 2004 keinen Gebrauch gemacht. Voraussetzung einer starken Stellung des Rechnungshofs ist natürlich auch eine angemessene Mittelausstattung, die ihm insbesondere die aufwendige Prüfungstätigkeit in den 25 Mitgliedstaaten der Gemeinschaft erlaubt. Schließlich tragen auch die anderen Organe der Gemeinschaft sowie die Mitgliedstaaten durch ihre Kooperationsbereitschaft zum Erfolg oder Mißerfolg der externen Finanzkontrolle durch den Rechnungshof bei.

---

[320] Vgl. den Vortrag des Rechnungshofs in EuG, Rs. T-277/97 – Ismeri/Rechnungshof, Slg. 1999, II-1825 (Rn. 47 f.).

[321] *Inghelram*, CMLR 2000, S. 129 (145).

[322] Vgl. *Bieber*, in: Groeben/Schwarze, EUV/EGV IV[6], Art. 247 EGV Rn. 12; *Harden/White/Donelly*, EPL 1995, S. 599 (599); *Tomkins*, Yearbook of European Law 19 (1999-2000), S. 217 (248).

[323] Vgl. *Harden/White/Donnelly*, EPL 1995, S. 599 (609 f.); *House of Lords*, Court of Auditors, 2001, Tz. 27 f.

[324] Vgl. *House of Lords*, Court of Auditors, 2001, Tz. 22 f., 33, 50.

Heikel ist die Beurteilung der Wirtschaftlichkeit der Haushaltsführung durch den Rechnungshof.[325] Sie verlangt klar definierte politische Ziele, die mit einer Ausgabe verbunden sein sollen. Gerade hierbei weist das Gemeinschaftsrecht jedoch große Defizite auf. Sind Ziele unbestimmt, widersprüchlich oder überhaupt nicht erkennbar, so kommt der Rechnungshof nicht darum herum, auf diesen Mangel hinzuweisen. Damit ist mit der Beurteilung der Wirtschaftlichkeit der Haushaltsführung zwangsläufig in einem gewissen Ausmaß eine Beurteilung der gemeinschaftlichen Rechtsetzung verbunden. Der Gesetzgeber wird aber derartige Kritik an seiner Tätigkeit nur ungern aufnehmen und sie als einen Übergriff des Rechnungshofs in seinen Zuständigkeitsbereich ansehen. In diesem Bereich muß der Rechnungshof darauf bedacht sein, nicht offen die Rolle eines politischen Organs einzunehmen.

Die Bewertung der Tätigkeit des Europäischen Rechnungshofs fällt zwiespältig aus.[326] Einerseits sollen die Organe oftmals schon Korrekturmaßnahmen aufgrund von „preliminary observations" treffen. Die Sonderberichte seien wegen ihrer vertieften Auseinandersetzung mit Einzelfragen in den meisten Fällen sehr aufschlußreich. Der Rechnungshof habe zudem zeitweise einen großen Einfluß auf die Kommission bei der Festlegung von vorrangigen Aufgaben gehabt. Andererseits wird dem Rechnungshof auch eine gewisse Selbstherrlichkeit, insbesondere gegenüber dem Europäischen Parlament vorgeworfen. Auch seien die Jahresberichte zu unbestimmt und zu allgemein. Weiterhin führe der Kollegialcharakter des Hofes dazu, daß die einzelnen Mitglieder ihre eigene Rolle im Lichte der sehr unterschiedlichen mitgliedstaatlichen Rechnungsprüfungstraditionen und nicht des gemeinsamen gemeinschaftlichen Rechnungsprüfungsansatzes auslegten.[327] Besonders hervorzuheben ist schließlich, daß es die Kommission wegen des Ansatzes des Rechnungshofs, seine Feststellungen aus Untersuchungen in einzelnen Themenbereichen zu treffen, häufig für äußerst schwierig erachtet, aus diesen Feststellungen konkret zu ergreifende Maßnahmen abzuleiten.[328]

---

[325] *Harden/White/Donnelly*, EPL 1995, S. 599 (615 f.).
[326] Zum folgenden *House of Lords*, Court of Auditors, 2001, Tz. 41 ff. Siehe auch *Tomkins*, Yearbook of European Law 19 (1999-2000), S. 217 (247): „The ECA is a potentially extremely powerful, yet in practice deeply disappointing, body".
[327] *Harden/White/Donnelly*, EPL 1995, S. 599 (611).
[328] *Tomkins*, Yearbook of European Law 19 (1999-2000), S. 217 (248).

D. Die Entlastung der Kommission durch das Europäische Parlament

Gemäß Art. 276 Abs. 1 S. 1 EGV erteilt das Europäische Parlament auf Empfehlung des Rates der Kommission Entlastung zur Ausführung des Haushaltsplans.[329] Die Entlastung bildet den letzten Akt des gemeinschaftlichen Haushaltskreislaufs, den letzten „Akt im Leben eines Gemeinschaftsbudgets"[330]. Durch die Kompetenz zur Entlastung wird dem Parlament eine zweite bedeutende und – anders als die Mitwirkung bei der Aufstellung des Haushaltsplans – ungeteilte Kompetenz im Rahmen des Haushaltsverfahrens zugewiesen,[331] der das Parlament auch selbst große Bedeutung zumißt.[332] Mit ihrer Ausübung kommt es zur demokratischen Kontrolle der Ausführung des Haushaltsplans.[333]

I. Die Entlastung und ihre Wirkungen

Die Entlastung, für die eine absolute Mehrheit der abgegebenen Stimmen erforderlich ist (Art. 198 Abs. 1 EGV), erfüllt eine rechnerische und eine politische Funktion.[334] Einerseits bestätigt sie die Rechnungslegung und schafft damit die zahlenmäßige Grundlage für die Rechnungsabschlüsse der Folgejahre.[335] In der Haushaltsordnung wird dies dahingehend konkretisiert, daß der Entlastungsbeschluß die Rechnung über alle Einnahmen und Ausgaben der Gemeinschaften und den sich daraus ergebenden Saldo sowie das Vermögen und die Schulden der Gemeinschaften betrifft, wie sie in der Vermögensübersicht dargestellt sind.[336] Andererseits wird mit ihr die Ausfüh-

---

[329] So auch Art. 145 Abs. 1 HO 2002. Zuletzt Beschluß 2005/529/EG, Euratom (Entlastung Haushaltsjahr 2003); Beschluß 2004/719/EG (Entlastung Haushaltsjahr 2002); Beschluß 2003/408/EG, EGKS, Euratom (Entlastung Haushaltsjahr 2001). Umfassend zu den Möglichkeiten des Parlaments die Kommission zu kontrollieren, *Seibold*, Kontrollen der Kommission durch das Parlament; weiterhin *Mehde*, ZEuS 2001, S. 403 (442 f.).

[330] *Strasser*, Finanzen Europas³, S. 301.

[331] *Rossi*, Parlament und Haushaltsverfassungsrecht, S. 166; vgl. auch *Graf*, Finanzkontrolle, S. 110: Entlastungskompetenz als „Basis der parlamentarischen Haushaltskompetenzen". Zur Entwicklung der Entlastungskompetenz *Bieber*, in: Groeben/Schwarze, EUV/EGV IV⁶, Art. 276 EGV Rn. 1 f.; *Niedobitek*, in: Streinz, EUV/EGV, Art. 276 EGV Rn. 5; *Rossi*, a.a.O. S. 151 f.; *Theato/Graf*, Parlament und Haushalt, S. 105 ff.; *Seibold*, Kontrolle der Kommission durch das Parlament, S. 136 ff.

[332] *Kannengießer*, DÖV 1995, S. 55 (55 f.); vgl. auch *Magiera*, Verwaltungsorganisation, in: Schweitzer, Europäisches Verwaltungsrecht, S. 115 (126). Zur Bedeutung der Entlastungsbefugnis siehe *Rossi*, Parlament und Haushaltsverfassungsrecht, S. 166 f.

[333] Siehe *Rossi*, Parlament und Haushaltsverfassungsrecht, S. 151.

[334] Vgl. *Niedobitek*, in: Streinz, EUV/EGV, Art. 276 EGV Rn. 1; *Graf*, Finanzkontrolle, S. 110; *Harden/White/Donnelly*, EPL 1995, S. 599 (620).

[335] *Niedobitek*, in: Streinz, EUV/EGV, Art. 276 EGV Rn. 14.

[336] Vgl. Art. 146 Abs. 1 HO 2002.

rung des Haushaltsplanes durch die Kommission beurteilt. Dementsprechend sind die Bindungen der Kommission bei der Ausführung des Haushaltsplanes[337] der Beurteilungsmaßstab für den Entlastungsbeschluß: die Recht- und Ordnungsmäßigkeit sowie die Wirtschaftlichkeit der Einnahmen und Ausgaben.[338] Damit deckt sich der Beurteilungsmaßstab des Parlaments mit dem Prüfungsmaßstab des Rechnungshofs bei der Rechnungsprüfung.

Dem Rat steht im Entlastungsverfahren lediglich die Kompetenz zu, dem Parlament eine – mit qualifizierter Mehrheit beschlossene – Empfehlung zu unterbreiten. Diese bindet das Parlament nicht (vgl. Art. 249 Abs. 5 EGV), sie ist jedoch bei dessen Willensbildung zu berücksichtigen.[339] Entlastet wird sodann allein die – für den gemeinschaftlichen Haushaltsvollzug ausschließlich verantwortliche – Kommission als Organ,[340] genauer: die für die jeweilige Jahresrechnung zuständige Kommission, also nicht notwendig die zum Zeitpunkt des Entlastungsbeschlusses amtierende Kommission.[341] Die Bewirtschaftung von Gemeinschaftsmitteln durch Dritte ist folglich nicht unmittelbar in die Entlastung mit einbezogen.[342] Die Entlastung der Kommission erfolgt in der Parlamentspraxis[343] in Form von zwei Beschlüssen: im Hinblick auf die politische Funktion der Entlastung ein Beschluß über die Entlastung für die Ausführung des Gesamthaushaltsplans[344] und im Hinblick auf die rechnerische Funktion der Entlastung ein Beschluß über den Abschluß der Haushaltsrechnung für die Ausführung des Gesamthaushaltsplans.[345] Durch letzteren wird die Haushaltsrechnung sowohl hinsichtlich der konkret ausgewiesenen Beträge als auch im Hinblick auf ihre rechnerische Vereinbarkeit mit dem Haushaltsplan des betreffenden Jahres endgültig verbindlich festgestellt.[346] Dagegen enthält ersterer lediglich eine politische Bewertung der Haushaltsführung, die keine unmittelbaren

---

[337] Siehe Kap. 3 B.I.2.a.bb sowie Kap. 4 C.I.1.

[338] Siehe auch *Kannengießer*, DÖV 1995, S. 55 (57); *Bieber*, in: Groeben/Schwarze, EUV/EGV IV⁶, Art. 276 EGV Rn. 7.

[339] *Niedobitek*, in: Streinz, EUV/EGV, Art. 276 EGV Rn. 5; kritisch allerdings *Rossi*, Parlament und Haushaltsverfassungsrecht, S. 163.

[340] *Waldhoff*, in: Calliess/Ruffert, EUV/EGV², Art. 276 EGV; *Rossi*, Parlament und Haushaltsverfassungsrecht, S. 161.

[341] *Kannengießer*, DÖV 1995, S. 55 (56); *Rossi*, Parlament und Haushaltsverfassungsrecht, S. 151.

[342] *Niedobitek*, in: Streinz, EUV/EGV, Art. 276 EGV Rn. 7.

[343] Vgl. Art. 3 Abs. 1 der Anlage V der Geschäftsordnung des Europäischen Parlaments (http://www2.europarl.eu.int/omk/sipade2?PUBREF=-//EP//TEXT+RULES-EP+20040720+ANN-05+DOC+XML+V0//DE&HNAV=Y; Stand: 13. Juli 2005)

[344] Siehe oben Fn. 329.

[345] Zuletzt Beschluß 2005/530/EG, Euratom (Rechnungsabschluss Haushaltsjahr 2003), Beschluß 2004/720/EG (Abschluß der Haushaltsrechnung Haushaltsjahr 2002).

[346] *Niedobitek*, in: Streinz, EUV/EGV, Art. 276 EGV Rn. 14; *Schoo*, in: Schwarze, EU-Kommentar, Art. 276 EGV Rn. 4.

Rechtswirkungen entfaltet.³⁴⁷ Insbesondere stellt die Entlastung nicht die Kommissare und die Bediensteten der Kommission von gegebenenfalls bestehenden Ersatzansprüchen frei.³⁴⁸ Die Kommission wird hiermit lediglich von ihrer parlamentarischen Verantwortung für die Haushaltsführung entbunden.³⁴⁹

Das Parlament kann seine Entlastungsbeschlüsse mit Bemerkungen versehen (vgl. Art. 276 Abs. 3 UAbs. 1 EGV). Hierfür erläßt es in der Praxis eine besondere Entschließung („mit den Bemerkungen zu dem Beschluß über die Entlastung für die Ausführung des Gesamthaushaltsplans"³⁵⁰). Die Kommission muß sodann alle „zweckdienlichen Maßnahmen" treffen, um den Bemerkungen – wie im übrigen auch den Erläuterungen, die den Entlastungsempfehlungen des Rates beigefügt sind – nachzukommen, und hierüber Bericht erstatten (Art. 276 Abs. 3 EGV³⁵¹)³⁵². Auf diese Weise kann auch die politische Bewertung der Haushaltsführung mittelbare Rechtswirkungen entfalten.³⁵³ Macht sich dabei das Parlament die Empfehlungen des Rechnungshofs zu eigen, so erlangen weiterhin dessen Berichte doch gewisse Verbindlichkeit gegenüber der Kommission. Es muß allerdings noch näher geklärt werden, was unter „zweckdienlichen Maßnahmen" zu verstehen ist. Die Beurteilung der Zweckdienlichkeit kann nur bei der Kommission liegen. Sie kann sich auf das „Ob" von Maßnahmen, insbesondere jedoch auf deren Art und den Umfang beziehen. Jedenfalls legt der Begriff einen großen Beurteilungsspielraum der Kommission nahe.³⁵⁴

II. Die Prüfungen des Parlaments und das Verfahren der Entlastung

Im Hinblick auf die rechnerische Funktion der Entlastung prüft³⁵⁵ das Parlament die Rechnungslegung der Kommission gemäß Art. 275 EGV³⁵⁶ und

---

³⁴⁷ *Niedobitek*, in: Streinz, EUV/EGV, Art. 276 EGV Rn. 17; *Bieber*, in: Groeben/Schwarze, EUV/EGV IV⁶, Art. 276 EGV Rn. 17.
³⁴⁸ *Kannengießer*, DÖV 1995, S. 55 (58); *Geiger*, EUV/EGV⁴, Art. 276 EGV Rn. 1.
³⁴⁹ *Rossi*, Parlament und Haushaltsverfassungsrecht, S. 151.
³⁵⁰ Zuletzt ABl. EU 2005 Nr. L 196/3 (Entschließung zum Beschluß 2005/529/EG, Euratom [Entlastung Haushaltsjahr 2003]); ABl. EU 2004 Nr. L 330/82 (Entschließung zum Beschluß 2004/719/EG [Entlastung Haushaltsjahr 2002]).
³⁵¹ Auch Art. 147 HO 2002. Diese Vorschrift ist weitgehend deklaratorisch. Sie geht jedoch über das Primärrecht insoweit hinaus, als sie in Abs. 2 S. 2 eine Verpflichtung der Mitgliedstaaten begründet, mit der Kommission zusammenzuarbeiten und ihr diejenigen Maßnahmen mitzuteilen, die diese auf die betreffenden Bemerkungen hin getroffen haben, damit die Kommission diese in ihrem eigenen Bericht entsprechend berücksichtigen kann.
³⁵² Z.B. *Kommission*, Folgemaßnahmen zur Entlastung für den Haushaltsplan 2002, KOM(2004) 648 endg.
³⁵³ Vgl. *Rossi*, Parlament und Haushaltsverfassungsrecht, S. 161.
³⁵⁴ *Kannengießer*, DÖV 1995, S. 55 (59).
³⁵⁵ Vgl. Art. 146 Abs. 2 HO 2002.
³⁵⁶ Art. 121 ff. HO 2002.

die Erklärung über die Zuverlässigkeit der Rechnungsführung[357] des Rechnungshofs. Im Hinblick auf die politische Funktion prüft es die Jahres- und die Sonderberichte des Rechnungshofs sowie dessen Erklärung über die Rechtmäßigkeit der der Rechnungsführung zugrundeliegenden Vorgänge. Das Parlament legt dabei besonderen Wert darauf, daß die politischen Entscheidungen, die es bei der Aufstellung des Haushaltsplans getroffen hat, auch im Haushaltsvollzug beachtet wurden.[358]

Eigene Untersuchungsbefugnisse zur Ergänzung dieser Dokumente stehen dem Parlament nur gegenüber der Kommission in Form eines Auskunftsrechts und eines Rechts auf Vorlage aller notwendigen Informationen gemäß Art. 276 Abs. 2 EGV zu.[359] Das Parlament ist hingegen nicht zur Durchführung eigener Untersuchungen vor Ort berechtigt. Da die Finanzkontrolle des Parlaments somit im wesentlichen auf der Finanzkontrolle durch den Rechnungshof aufbaut, kann man sie als nachgeordnete Finanzkontrolle bezeichnen. Es wird somit deutlich, daß die wirksame Wahrnehmung der Entlastungskompetenz durch das Europäische Parlament eine hohe Qualität der Tätigkeit des Rechnungshofs verlangt. Diese ist sicherlich dann nicht gegeben, wenn sich das Parlament mehr zu Kritik an dem Jahresbericht selbst und dessen Entstehungsprozeß als an den darin aufgeführten Mängeln bei der Verwaltung durch die Kommission und die Mitgliedstaaten veranlaßt sieht.[360]

Die Abstimmung über die Entlastung durch das Plenum wird maßgeblich durch den Haushaltskontrollausschuß, der ein gegenüber dem Haushaltsausschuß eigenständiger Ausschuß ist, vorbereitet.[361] Dieser erstellt einen Bericht betreffend die Entlastung, der insbesondere einen Vorschlag über das weitere Vorgehen des Parlaments (Erteilung der Entlastung oder Aufschub der Entlastung) enthält.[362] Führt die Beschlußfassung im Plenum zu einem Aufschub der Entlastung, so muß der Haushaltskontrollausschuß

---

[357] Die Rechnungsführung (Art. 132 ff. HO 2002) ist das System, mit dem die Organe Haushalts- und Finanzdaten erfassen, klassifizieren und registrieren. Sie erfolgt untergliedert in eine Finanzbuchführung und eine Haushaltsbuchführung, die nach Haushaltsjahren erstellt werden. Die Finanzbuchführung und die Haushaltsbuchführung werden zum Ende des Haushaltsjahres abgeschlossen; sie bilden die Grundlage für die Rechnungslegung.

[358] *Hölscheidt*, DÖV 1989, S. 537 (541); *Rossi*, Parlament und Haushaltsverfassungsrecht, S. 153 f.

[359] Siehe auch Art. 146 Abs. 3 HO 2002.

[360] Vgl. *House of Lords*, Court of Auditors, 2001, Tz. 48.

[361] Zum Verfahren für die Prüfung und Annahme von Entlastungsbeschlüssen siehe Anlage V der Geschäftsordnung des EP (Fn. 343). Zum Haushaltskontrollausschuß, insbesondere auch zur Bedeutung der Verselbständigung gegenüber dem Haushaltsausschuß siehe *Rossi*, Parlament und Haushaltsverfassungsrecht, S. 153 ff.

[362] Art. 3 der Anlage V der Geschäftsordnung des EP (Fn. 343).

erneut tätig werden;[363] nach dem zweiten Durchgang kann er allerdings nur noch die Erteilung oder die Verweigerung der Entlastung vorschlagen. Die erneute Befassung des Plenums führt sodann entweder zur Erteilung der Entlastung oder zu deren Verweigerung.[364]

Damit die Entlastung ihre Funktionen erfüllen kann, sollte sie möglichst zeitnah erfolgen. Anderenfalls beziehen sich die Bemerkungen des Parlaments auf Vorgänge, die schon so lange zurückliegen, daß sie ihre Wirkung verfehlen. Die Entlastung soll deshalb spätestens bis zum 30. April des Jahres n+2 erfolgt sein.[365] Kann diese Frist nicht eingehalten werden, so teilt das Parlament oder der Rat der Kommission die Gründe für den Aufschub des Entlastungsbeschlusses mit. Vertagt das Parlament die Annahme des Entlastungsbeschlusses, so trifft die Kommission so schnell wie möglich Vorkehrungen, um die Hinderungsgründe auszuräumen.

III. Die verweigerte Entlastung

Gemäß Art. 276 Abs. 1 S. 1 EGV „erteilt" zwar das Parlament der Kommission Entlastung. Eine Pflicht zur Entlastung besteht jedoch trotz dieser imperativen Formulierung[366] nur eingeschränkt.[367] Einen Beschluß über den Abschluß der Haushaltsrechnung kann das Parlament nicht dauerhaft verweigern, da er notwendige Voraussetzung für die Erstellung der Rechnungen der nachfolgenden Haushaltsjahre ist.[368] Hiervon geht auch das Parlament in seiner Geschäftsordnung aus.[369] Gegebenenfalls muß ein „Berei-

---

[363] Art. 5 Abs. 1 der Anlage V der Geschäftsordnung des EP (Fn. 343). Problematisch ist allerdings, daß nach dieser Bestimmung die Entlastung als erteilt gilt, wenn der Vorschlag zum Aufschub der Entlastung keine Mehrheit findet. In diesem Fall erfolgt die Entlastung nicht zwangsläufig mit der an sich erforderlichen absoluten Mehrheit der abgegebenen Stimmen.

[364] Siehe Art. 5 Abs. 2 der Anlage V der Geschäftsordnung des EP (Fn. 343). In lit. a UAbs. 2 und lit. b UAbs. 2 finden sich gleichfalls (siehe gerade Fn. 363) problematische Regelungen.

[365] Dazu und zum folgenden Art. 145 HO 2002. Vgl. *Rossi*, Parlament und Haushaltsverfassungsrecht, S. 155.

[366] *Kannengießer*, DÖV 1995, S. 55 (56). Siehe auch *Harden/White/Donnelly*, EPL 1995, S. 599 (623); weiterhin *Rossi*, Parlament und Haushaltsverfassungsrecht, S. 157: Der verbindliche Wortlaut will „eine grundsätzliche parlamentarische Pflichtaufgabe konstituieren".

[367] Siehe aber *Rossi*, Parlament und Haushaltsverfassungsrecht, S. 158, der von einer umfassenden Möglichkeit der Entlastungsverweigerung ausgeht.

[368] *Niedobitek*, in: Streinz, EUV/EGV, Art. 276 EGV Rn. 14; vgl. auch *Geiger*, EUV/EGV⁴, Art. 276 EGV Rn. 9.

[369] Art. 5 Abs. 2 der Anlage V der Geschäftsordnung des EP (Fn. 343). *Kannengießer*, DÖV 1995, S. 55 (58) legt hingegen den Vertrag dahingehend aus, daß nur ein Beschluß über die Entlastung für die Ausführung des Gesamthaushaltsplans gefaßt werden darf, bestreitet somit die Doppelfunktion des Entlastungsverfahrens.

nigungsverfahren" vorgeschaltet werden. Der Beschluß über die Entlastung für die Ausführung des Gesamthaushaltsplans kann hingegen auch endgültig verweigert werden.[370] Verweigert ist die Entlastung, wenn nach dem erneuten Tätigwerden des Haushaltskontrollausschusses dessen Vorschlag zur Erteilung der Entlastung keine Mehrheit oder der Vorschlag zur Verweigerung eine Mehrheit erhält. Die Verweigerung der Entlastung bedarf also nicht unbedingt der absoluten Mehrheit der abgegebenen Stimmen.

Bislang hat das Parlament zweimal der Kommission die Entlastung verweigert: zum einen im Jahre 1984 für die Ausführung des Haushaltsplans für das Jahr 1982[371] – damals stand allerdings die Kommission ohnehin kurz vor Beendigung ihrer regulären Amtszeit; zum anderen im Jahre 1998 für die Ausführung des Haushaltsplans für das Jahr 1996[372] – dies setzte die Ereignisse in Gang, die letztlich zum kollektiven Rücktritt der Santer-Kommission führten.

Die Verweigerung der Entlastung kann schon deshalb nicht in ein Mißtrauensvotum gemäß Art. 201 EGV umgedeutet werden, weil für diese beiden Parlamentsakte unterschiedliche Verfahrens- und Mehrheitserfordernisse bestehen.[373] Eine Verpflichtung der Kommission zum Rücktritt folgt aus der Verweigerung der Entlastung gleichfalls nicht.[374] Die Verweigerung der Entlastung als solche hat demnach rein politische Bedeutung.[375] Dementsprechend stellt sich auch nicht die Frage, ob die Kommission einen Anspruch auf Entlastung hat.[376] Die Verweigerung der Entlastung kann jedoch auch mit Bemerkungen verbunden werden, die die Kommission im Sinne von Art. 276 Abs. 3 EGV zu den zweckdienlichen Maßnahmen verpflichten.[377] In diesem Fall geht die Verpflichtung aber nicht von der Verweigerung der Entlastung aus.

---

[370] *Niedobitek*, in: Streinz, EUV/EGV, Art. 276 EGV Rn. 15; *Harden/White/Donnelly*, EPL 1995, S. 599 (620); zu dieser mittlerweile kaum mehr umstrittenen Fragestellung ausführlich *Kannengießer*, DÖV 1995, S. 55 (57 f.).

[371] Vgl. *Harden/White/Donnelly*, EPL 1995, S. 599 (620 f.); *Rossi*, Parlament und Haushaltsverfassungsrecht, S. 160.

[372] Vgl. *Schoo*, in: Schwarze, EU-Kommentar, Art. 276 EGV Rn. 15. Siehe auch *Fugmann*, EuZW 1999, S. 65.

[373] *Rüping*, EuR 1982, S. 213 (214 ff.); *Kannengießer*, DÖV 1995, S. 55 (59); *Rossi*, Parlament und Haushaltsverfassungsrecht, S. 164; *Niedobitek*, in: Streinz, EUV/EGV, Art. 276 EGV Rn. 17; *Schoo*, in: Schwarze, EU-Kommentar, Art. 276 EGV Rn. 17.

[374] Hierzu ausführlich *Kannengießer*, DÖV 1995, S. 55 (59).

[375] *Schoo*, in: Schwarze, EU-Kommentar, Art. 276 EGV Rn. 17; *Bieber*, in: Groeben/Schwarze, EUV/EGV IV[6], Art. 276 EGV Rn. 13.

[376] Bejahend aber *Kannengießer*, DÖV 1995, S. 55 (59), der jedoch den Anspruch z Recht für „kaum justitiabel" hält.

[377] *Kannengießer*, DÖV 1995, S. 55 (59); *Harden/White/Donnelly*, EPL 1995, S. 59 (621).

E. Abschließende Anmerkungen zur Finanzkontrollebene

Die Finanzkontrollebene der gemeinschaftlichen Leistungsverwaltung besteht mit dem OLAF, dem Internen Prüfer und dem Rechnungshof als den primär zuständigen Einheiten aus drei auf die Finanzkontrolle spezialisierten Einrichtungen. Allen drei Einheiten ist große Unabhängigkeit zugestanden. Alle drei Einheiten sind auf Nachprüfungen beschränkt und legen ihre Prüfungsergebnisse in Berichten nieder. Konsequenzen aus diesen Berichten werden gegebenenfalls von Dritten gezogen, in erster Linie von der Kommission. Macht sich das Parlament die Bemerkungen des Rechnungshofs zueigen, so kann diesen immerhin eine mittelbare Rechtswirkung zukommen. Aufgrund der unterschiedlichen Aufgabenstellungen ist die zentralisierte interne Finanzkontrolle auf gemeinschaftsinterne Untersuchungen beschränkt, während das OLAF und der Rechnungshof auch externe Untersuchungen vornehmen dürfen. Auffallend ist allerdings hier wiederum, daß die externen Untersuchungen des OLAF anders als die des Rechnungshofs umfassend rechtlich geregelt sind.

Das Parlament entlastet die Kommission nahezu ausnahmslos, obwohl deren Finanzmanagement stets sehr kritisch bewertet wird. Dafür macht es in erheblichem Umfang von seiner Möglichkeit zur Abgabe von Bemerkungen Gebrauch; hierbei stützt es sich maßgeblich auf die Berichte des Rechnungshofs. Daß allerdings häufig dieselben Mängel erneut aufgezeigt werden, deutet eher darauf hin, daß die Kommission sich schwer damit tut, zweckdienliche Maßnahmen in angemessener Weise zu ergreifen.

Als unbefriedigend hat sich der Rechtsschutz im Bereich der Finanzkontrollebene erwiesen. Die von Untersuchungen des OLAF und des Rechnungshofs betroffenen Personen können nach der derzeitigen Rechtsprechung der europäischen Gerichte keinen wirksamen Primärrechtsschutz erlangen. Auch die Erfolgsaussichten von Haftungsklagen sind als gering einzuschätzen.

Möglicherweise weist die Finanzkontrollebene zukünftig einen weiteren Akteur auf. Die Europäische Verfassung ermächtigt in Art. III-274 zur Einsetzung einer Europäischen Staatsanwaltschaft.[378] Diese wäre zuständig für die strafrechtliche Untersuchung und Verfolgung sowie die Anklageerhebung in Bezug auf Personen, die als Täter oder Teilnehmer Straftaten zum Nachteil der finanziellen Interessen der Union begangen haben. Zugleich mit der Einsetzung müßten entsprechende Straftatbestände sowie umfassende Regeln über eine derartige Einrichtung geschaffen werden. Die Europäische Staatsanwaltschaft nähme bei diesen Straftaten vor den zu-

---

[378] Siehe auch *Kommission*, Bewertungsbericht OLAF, KOM(2003) 154 endg., S. 51 f.; *Jetzer*, NJW 2004, S. 3746 (3748).

ständigen Gerichten der Mitgliedstaaten die Aufgaben der Staatsanwaltschaft wahr.

Fazit und Ausblick

(1) Die Untersuchung der *drei Ebenen der gemeinschaftlichen Leistungsverwaltung* hat eine intensivere Beschäftigung mit der komplexen gemeinschaftlichen Finanzverfassung und mit dem europäischen Verwaltungsrecht erforderlich gemacht. Angesprochen werden mußten Bereiche, die schon bislang Gegenstand des wissenschaftlichen Interesses bildeten: die Komitologie, die Verwaltungsvollzugskompetenzen, die Gemeinschaftsagenturen oder das OLAF. Zu behandeln waren aber auch neuere, durchaus beachtliche Entwicklungen: die Kodifizierung allgemeinen Eigenleistungsverwaltungsrechts, die Exekutivagenturen und die Neuordnung der dezentralen und zentralen Finanzkontrolle innerhalb der Kommission. Als Problembereiche kristallisierten sich insbesondere diejenigen Bereiche heraus, in denen es zu Überschneidungen zwischen Haushalts- und Sachrecht kommt: die Frage nach der Erforderlichkeit eines Basisrechtsakts oder die Bedeutung der Haushaltsverantwortung der Kommission. Die sich aus letzterer ergebende Forderung, daß jede aus Gemeinschaftsmitteln finanzierte Ausgabe der Kommission zurechenbar sein muß, hat die Darstellung der Vollzugsebene als Leitlinie durchzogen.

Das Gemeinschaftsrecht hat für erkannte, zumeist nicht schon aus den mitgliedstaatlichen Rechtsordnungen bekannte und somit spezifisch gemeinschaftliche Problemlagen angemessene Lösungen entwickelt: Die Interinstitutionelle Vereinbarung zwischen dem Europäischen Parlament, dem Rat und der Komission über die Haushaltsdisziplin und die Verbesserung des Haushaltsverfahrens mit der Finanziellen Vorausschau als wesentlichem Bestandteil hat etliche durch das Primärrecht unzureichend geregelte Themenkomplexe aufgegriffen. Ihr Verdienst liegt darin, daß die Zeiten der großen gemeinschaftlichen Haushaltskrisen längst der Vergangenheit angehören. Das Rechnungsabschlußverfahren ist in seinen wesentlichen Grundzügen seit nunmehr 35 Jahren unverändert geblieben. Schon dies belegt, daß der mit ihm verfolgte Zweck des Schutzes der finanziellen Interessen der Gemeinschaft angesichts der Bewirtschaftung von Gemeinschaftsmitteln durch die Mitgliedstaaten weitgehend erreicht wird. Es bildet ein nicht mehr wegzudenkendes Instrument des europäischen Agrarmarktrechts.

Die Gemeinschaft hat allgemein große Anstrengungen im Hinblick auf die rechtmäßige und wirtschaftliche Verwendung ihrer Mittel unternommen – nicht zuletzt auch aus dem Grunde, daß auch ihre Finanzwirtschaft schon seit längerem nicht mehr allein unter der kritischen Beobachtung der Mitgliedstaaten, sondern auch einer breiteren Öffentlichkeit steht. Ist die Betrugsbekämpfung tatsächlich zur Wahrung der Glaubwürdigkeit der Gemeinschaft von ausschlaggebender Bedeutung[1], so kann man den Gemeinschaftsorganen jedenfalls nicht nachsagen, daß sie sich nicht dementsprechend verhalten würden, möglicherweise sogar unter Außerachtlassung anderer grundlegender Werte der Gemeinschaft wie der Garantie eines effektiven Rechtsschutzes. Eine Europäische Staatsanwaltschaft würde die Anstrengungen der Gemeinschaft weiter abrunden.

(2) In der *Europäischen Verfassung* sind zwei für die gemeinschaftliche Leistungsverwaltung bedeutende Fortentwicklungen der Finanzverfassung[2] vorgesehen. Die mehrjährige Finanzplanung auf der Ausgabenseite erhält in Art. I-55, III-402 EV eine eindeutige primärrechtliche Verankerung: Ein „mehrjähriger Finanzrahmen", in dem jährliche Obergrenzen für die Mittel für Verpflichtungen und Zahlungen der einzelnen Ausgabenkategorien festgesetzt sind, soll durch Europäisches Gesetz festgelegt werden, das eines einstimmigen Beschlusses des Rates und der Zustimmung des Europäischen Parlaments bedarf. Die Verbindlichkeit der Obergrenzen wird besonders betont: „Bei der Aufstellung des jährlichen Haushaltsplans ist der mehrjährige Finanzrahmen einzuhalten." Auch die zweite Fortentwicklung betrifft in erster Linie die Rechtsetzungsebene: Die einstmals konfliktträchtige Unterscheidung zwischen obligatorischen und nichtobligatorischen Ausgaben wird – endlich – aufgegeben. Dies läßt eine deutliche Vereinfachung des Verfahrens zur Festlegung des Jahreshaushaltsplans, das nunmehr in Art. III-403 EV geregelt ist, zu und bringt eine Aufwertung des Europäischen Parlaments in seiner Funktion als Haushaltsgesetzgeber hin zu einem gleichberechtigten Partner des Rates mit sich. Die Europäische Verfassung hätte also die beiden bedeutenden Problembereiche der gegenwärtigen Finanzverfassung beseitigt. Auch aus diesem Grunde ist es bedauerlich, daß das Verfassungsprojekt zumindest vorläufig als gescheitert angesehen werden muß.

(3) Bleibt der gemeinschaftlichen Leistungsverwaltung somit zunächst einmal nichts anderes übrig, als mit den bestehenden primärrechtlichen Grundlagen auszukommen, so muß sie doch auf das Auslaufen der gegenwärtig gültigen Finanziellen Vorausschau und etlicher Gemeinschaftsprogramme zum Ende des Jahres 2006 reagieren, soll die gemeinschaftliche

---

[1] Vgl. oben Kap. 4 A.
[2] Vgl. *Streinz/Ohler/Herrmann*, Verfassung für Europa, S. 58 ff.; *Hartwig*, Integration 2003, S. 520 (522 ff.).

Förderung keine Brüche erfahren. Vorschläge der Kommission[3] für einen neuen Eigenmittelbeschluß und zur Erneuerung der Interinstitutionellen Vereinbarung über die Haushaltsdisziplin und die Verbesserung des Haushaltsverfahrens liegen seit Juli 2004 vor. Eine endgültige Einigung unter allen Beteiligten ist jedoch zum gegenwärtigen Zeitpunkt noch nicht zustande gekommen.

Die Ungewißheit bei der Finanzausstattung verhinderte auch die zügige Verabschiedung der Rechtsakte für die ab 2007 beginnende *neue Finanzierungsperiode*, insbesondere derjenigen für die zur gleichen Zeit beginnende neue Planungsperiode der gemeinschaftlichen Strukturförderung. Die Kommission hat gleichfalls im Juli 2004 ein großes Paket mit Vorschlägen[4] vorgelegt. Das Paket beinhaltet zunächst den „Vorschlag für eine Verordnung des Rates mit allgemeinen Bestimmungen über den Europäischen Fonds für regionale Entwicklung, den Europäischen Sozialfonds und den Kohäsionsfonds". Diese Verordnung ist als Nachfolgeregelung zur Verordnung (EG) Nr. 1260/1999 gedacht. Schon aus dem Titel der Verordnung ergibt sich, daß für den Kohäsionsfonds nicht mehr, für die Förderung der Entwicklung des ländlichen Raums hingegen neuerdings ein eigenständiges Rechtsregime bestehen soll. Der Vorschlag sieht drei neue Ziele der Förderung vor: ein Ziel „Konvergenz", ein Ziel „Regionale Wettbewerbsfähigkeit und Beschäftigung" und ein Ziel „Europäische territoriale Zusammenarbeit". Die Programmplanung und -durchführung sollen vereinfacht und weitergehend dezentralisiert werden; an den Grundsätzen der Strukturförderung soll festgehalten werden.

Das Paket umfaßte weiterhin den „Vorschlag für eine Verordnung des Rates über die Förderung der Entwicklung des ländlichen Raums durch den Europäischen Landwirtschaftsfonds für die Entwicklung des ländlichen Raums (ELER)". Aufgrund dieses Vorschlages wurde die Verordnung (EG) Nr. 1698/2005 des Rates vom 20. September 2005 mit diesem Titel erlassen, die an die Stelle der Verordnung (EG) Nr. 1257/1999 treten wird. Sie sieht drei Ziele der Förderung vor:[5] die Steigerung der Wettbewerbsfähigkeit der Land- und Forstwirtschaft durch Förderung der Umstrukturierung, der Entwicklung und der Innovation, die Verbesserung der Umwelt und der Land-

---

[3] Vorschlag Eigenmittelbeschluß, KOM(2004) 501 endg. (dazu *Rechnungshof*, Stellungnahme Nr. 4/2005) bzw. Vorschlag Interinstitutionelle Vereinbarung, KOM(2004) 498 endg.

[4] Insbesondere Vorschlag Entwicklung des ländlichen Raums, KOM(2004) 490 endg. und Vorschlag Strukturfonds, KOM(2004) 492 endg. (dazu *Rechnungshof*, Stellungnahme Nr. 2/2005); weiterhin Vorschlag ESF, KOM(2004) 493 endg.; Vorschlag Kohäsionsfonds, KOM(2004) 494 endg.; Vorschlag EFRE, KOM(2004) 495 endg.; Vorschlag Fischereifonds, KOM(2004) 497 endg.; ferner Vorschlag lebenslanges Lernen, KOM(2004) 474 endg.

[5] Art. 4 Abs. 1 VO (EG) 1698/2005 (ELER).

schaft durch Förderung der Landbewirtschaftung sowie die Steigerung der Lebensqualität im ländlichen Raum und die Förderung der Diversifizierung der Wirtschaft. Die Maßnahmen zur Entwicklung des ländlichen Raums erfolgen nunmehr auf der Grundlage einer einheitlichen einstufigen Programmplanung[6]: Die Mitgliedstaaten legen der Kommission Vorschläge für „Entwicklungsprogramme für den ländlichen Raum" vor. Die Kommission genehmigt diese Programme bzw. fordert den Mitgliedstaat zur Überarbeitung des entsprechenden Programms auf. Auch bei der Regelung der Durchführung lehnt sich die Verordnung an die Strukturfondsverwaltung an, indem sie Verwaltungsbehörden und Zahlstellen sowie eine Begleitung und Bewertung vorsieht.[7]

Eine Abteilung Ausrichtung des EAGFL wird es nicht mehr geben; Maßnahmen zur Entwicklung des ländlichen Raums werden zukünftig einheitlich aus dem ELER finanziert werden.[8] Die bisherige Abteilung Garantie des EAGFL geht in einem Europäischen Garantiefonds für die Landwirtschaft (EGFL) auf. Die Funktionsweise der beiden Landwirtschaftsfonds wird einem gemeinsamen Rechtsrahmen unterliegen, der durch die neue Verordnung (EG) Nr. 1290/2005 des Rates vom 21. Juni 2005 über die Finanzierung der Gemeinsamen Agrarpolitik[9] geschaffen worden ist. Diese Verordnung ersetzt die Verordnung (EG) Nr. 1258/1999 und erstreckt das Rechnungsabschlußverfahren zugleich auf die Maßnahmen zur Entwicklung des ländlichen Raums.

Insgesamt wird die gemeinschaftliche Fondslandschaft ab dem Jahr 2007 also eine grundlegend veränderte Gestalt aufweisen. In den nächsten Monaten wird der Rechtsrahmen für die gemeinschaftliche Leistungsverwaltung ab diesem Zeitpunkt vervollständigt werden. Dessen wissenschaftliche Durchdringung wird eine Aufgabe der Forschung im Bereich des Europäischen Verwaltungsrechts in den kommenden Jahren bilden.

(4) Sicherlich läßt sich an der gemeinschaftlichen Leistungsverwaltung in mancherlei Hinsicht berechtigte *Kritik* üben. Die Gemeinschaft ist zumindest partiell ein Zweckverband zur Subventionierung der Landwirtschaft und damit einer Branche mit rückläufiger gesamtwirtschaftlicher Bedeutung.[10] Die Ausgestaltung der Agrarfinanzierung erklärt sich zudem eher mit der Notwendigkeit politischer Kompromisse denn mit noch einigermaßen vernünftigen ökonomischen Erwägungen. Sie lädt nach wie vor zu Betrügereien geradezu ein. Auch leuchtet der Nutzen von vielen aus den Strukturfonds kofinanzierten Maßnahmen häufig nicht unmittelbar ein. So hat

---

[6] Art. 18 VO (EG) 1698/2005 (ELER).
[7] Art. 73 ff., 77 ff. VO (EG) 1698/2005 (ELER).
[8] Vgl. Art. 4 VO (EG) 1290/2005 (Finanzierung GAP).
[9] Vgl. dazu *Kommission*, Vorschlag Finanzierung GAP, KOM(2004) 489 endg. und *Rechnungshof*, Stellungnahme Nr. 1/2005.
[10] *Heinemann*, Integration 2003, S. 228 (232).

beispielsweise der Bau einer autobahnähnlichen Straße in ein abgelegenes kleines Dorf auf einer kanarischen Insel beim Verfasser große Verwunderung ausgelöst. Man kann sich des Eindrucks nicht erwehren, daß derartige Maßnahmen in erster Linie beschlossen werden, um die gemeinschaftlichen Mittel in Anspruch nehmen zu können. Die finanzielle Solidarität der reicheren Mitgliedstaaten kann so auf eine harte Probe gestellt werden.

Die gemeinschaftliche Leistungsverwaltung kann aber auch beachtliche *Erfolge* aufweisen: Irland, einst ein Armenhaus Europas, ist nicht zuletzt durch großzügige gemeinschaftliche Hilfen zu beachtlichem Wohlstand gekommen; das Pro-Kopf-Bruttoinlandsprodukt hat sich rasant entwickelt und liegt mittlerweile weit über dem Gemeinschaftsdurchschnitt.[11] Auch Griechenland, Spanien und Portugal und nicht zuletzt die östlichen deutschen Bundesländer haben von gemeinschaftlichem Leistungen in erheblichem Umfang profitiert. Erfolge lassen sich teilweise auch nicht einfach durch statistische Werte nachweisen: Die Aktion ERASMUS hat die Mobilität von Studenten erheblich gesteigert; das gegenseitige Verständnis der jüngeren Generationen der europäischen Völker dürfte dadurch erheblich gefördert worden sein. Die gemeinschaftliche Unterstützung trägt mit zur Existenz einer europäischen Filmindustrie bei, die qualitativ hochstehende Werke schaffen kann. Und schließlich hat sich auch schon der Verfasser an einer Darbietung des Jugendorchesters der Europäischen Union erfreut.

An die Erfolge gilt es anzuknüpfen. Mit der Erweiterung um die mittel- und osteuropäischen Staaten werden für die Gemeinschaft erhebliche finanzielle Belastungen verbunden sein, die es auch in Zeiten immer knapper werdender öffentlicher Finanzmittel zu meistern gilt. Diese Staaten erwarten zu Recht die finanzielle Solidarität der alten Mitgliedstaaten. Langfristig kann sich aber auch die Gemeinschaft ein allzu großes ökonomisches Gefälle zwischen den einzelnen Mitgliedstaaten nicht erlauben. Die gemeinschaftliche Leistungsverwaltung steht demnach vor großen Herausforderungen.

---

[11] Siehe *Heinemann*, Integration 2003, S. 228 (234); Eurostat Jahrbuch 2004, S. 118 (im Internet unter http://epp.eurostat.cec.eu.int/cache/ITY_OFFPUB/KS-CD-04-001/DE-/KS-CD-04-001-DE.PDF; Stand: 1. September 2005).

Verzeichnis der aufgeführten europäischen Rechtsakte

Die im Text zitierten Artikel des EG-Vertrages beziehen sich auf die Fassung des Vertrages, die er durch die Änderungen durch den Vertrag von Nizza, der zum 1. Februar 2003 in Kraft getreten ist, erfahren hat. Soweit Artikel aus älteren Fassungen herangezogen werden, wird hierauf besonders verwiesen. Artikel aus Sekundärrechtsakten beziehen sich jeweils, soweit nichts anderes vermerkt ist, auf die derzeit gültigen Fassungen.

A. Gründungsverträge

Vertrag zur Gründung der Europäischen Wirtschaftsgemeinschaft vom 25. März 1957, BGBl. 1957 II S. 766 ff. (*EWGV*), geändert durch den Vertrag zur Änderung bestimmter Haushaltsvorschriften der Verträge zur Gründung der Europäischen Gemeinschaften und des Vertrages zur Einsetzung eines Gemeinsamen Rates und einer Gemeinsamen Kommission der Europäischen Gemeinschaften vom 22. April 1970, ABl. EG 1971 Nr. L 2/1 (*Haushaltsvertrag von 1970*), geändert durch den Vertrag zur Änderung bestimmter Finanzvorschriften der Verträge zur Gründung der Europäischen Gemeinschaften und des Vertrages zur Einsetzung eines Gemeinsamen Rates und einer Gemeinsamen Kommission der Europäischen Gemeinschaften vom 22. Juli 1975, ABl. EG 1977 Nr. L 359/1 (*Haushaltsvertrag von 1975*), geändert durch die Einheitliche Europäische Akte vom 17. und 28. Februar 1986, ABl. EG 1987 Nr. L 169/1 (*EEA*), geändert und umbenannt in Vertrag zur Gründung der Europäischen Gemeinschaft (*EGV*) durch den Vertrag über die Europäische Union vom 7. Februar 1992, ABl. EG 1992 Nr. C 191/1 (*Vertrag von Maastricht*), geändert durch den Vertrag von Amsterdam zur Änderung des Vertrags über die Europäische Union, der Verträge zur Gründung der Europäischen Gemeinschaften sowie einiger damit zusammenhängender Rechtsakte vom 2. Oktober 1997, ABl. EG 1997 Nr. C 340/1 (*Vertrag von Amsterdam*), geändert durch den Vertrag von Nizza zur Änderung des Vertrags über die Europäische Union, der Verträge zur Gründung der Europäischen Gemeinschaften sowie einiger damit zusammenhängender Rechtsakte vom 26. Februar 2001, ABl. EG 2001 Nr. C 80/1 (*Vertrag von Nizza*); konsolidierte Fasung des Vertrags zur Gründung der Europäischen Gemeinschaft, ABl. EG 2002 Nr. C 325/33.

Vertrag über die Europäische Union vom 7. Februar 1992, ABl. EG 1992 Nr. C 191/1 (*EUV*), geändert durch den Vertrag von Amsterdam zur Änderung des Vertrags über die Europäische Union, der Verträge zur Gründung der Europäischen Gemeinschaften sowie einiger damit zusammenhängender Rechtsakte vom 2. Oktober 1997, ABl. EG 1997 Nr. C 340/1 (*Vertrag von Amsterdam*), geändert durch den Vertrag von Nizza zur Änderung des Vertrags über die Europäische Union, der Verträge zur Gründung der Europäischen Gemeinschaften sowie einiger damit zusammenhängender Rechtsakte vom 26. Februar 2001, ABl. EG 2001 Nr. C 80/1 (*Vertrag von Nizza*); konsolidierte Fasung des Vertrags über die Europäische Union, ABl. EG 2002 Nr. C 325/5.

B. Verordnungen

Haushaltsordnung über die Aufstellung und Ausführung des Haushaltsplans der EWG und über die Verantwortung der Anweisungsbefugten und der Rechnungsführer (Art. 209 a) und c) des Vertrages), ABl. EG 1960, S. 1939/60 (*HO 1960*), aufgehoben durch Art. 70 Abs. 1 der Haushaltsordnung vom 30. Juli 1968, ABl. EG 1968 Nr. L 199/1.

Verordnung Nr. 17: Erste Durchführungsverordnung zu den Artikeln 85 und 86 des Vertrages, ABl. EG 1962, S. 204/62 (*Kartellverfahren*), aufgehoben durch Art. 43 Abs. 1 Verordnung Nr. 1/2003 des Rates vom 16. Dezember 2002, ABl. EG 2003 Nr. L 1/1.

Statut der Beamten der Europäischen Gemeinschaften und Beschäftigungsbedingungen für die sonstigen Bediensteten der Europäischen Gemeinschaften, erlassen als Artikel 2 und 3 der Verordnung (EWG, Euratom, EGKS) Nr. 259/68 des Rates vom 29. Februar 1968 zur Festlegung des Statuts der Beamten der Europäischen Gemeinschaften und der Beschäftigungsbedingungen für die sonstigen Bediensteten dieser Gemeinschaften sowie zur Einführung von Sondermaßnahmen, die vorübergehend auf die Beamten der Kommission anwendbar sind (*Statut der Beamten* bzw. *Beschäftigungsbedingungen der sonstigen Bediensteten*), ABl. EG 1968 Nr. L 56/1, zuletzt geändert durch Verordnung (EG, Euratom) Nr. 723/2004 des Rates vom 22. März 2004, ABl. EU 2004 Nr. L 124/1.

Verordnung (EWG, Euratom, EGKS) Nr. 260/68 des Rates vom 29. Februar 1968 zur Festlegung der Bestimmungen und des Verfahrens für die Erhebung der Steuer zugunsten der Europäischen Gemeinschaften, ABl. EG 1968 Nr. L 56/8 (*Erhebung der Gemeinschaftssteuer*), zuletzt geändert durch Verordnung (EG, Euratom) Nr. 1750/2002 des Rates vom 30. September, ABl. EG 2002 Nr. L 264/15.

Verordnung (EWG) Nr. 1975/69 des Rates vom 6. Oktober 1969 zur Einführung einer Prämienregelung für die Schlachtung von Kühen und die Nichtvermarktung von Milch und Milcherzeugnissen, ABl. EG 1969 Nr. L 252/1 (*Prämienregelung Milchsektor*), zuletzt geändert durch Verordnung (EWG) Nr. 1386/70 des Rates vom 13. Juli 1970, ABl. EG 1970 Nr. L 155/2.

Verordnung (EWG) Nr. 2195/69 der Kommission vom 4. November 1969 betreffend Durchführungsbestimmungen zu der Regelung für die Gewährung von Prämien für die Schlachtung von Kühen und für die Nichtvermarktung von Milch und Milcherzeugnissen, ABl. EG 1969 Nr. L 278/6 (*DVO Prämienregelung Milchsektor*), zuletzt geändert durch Verordnung (EWG) Nr. 2240/70 der Kommission vom 4. November 1970, ABl. EG 1970 Nr. L 242/12.

Verordnung (EWG) Nr. 2517/69 des Rates vom 9. Dezember 1969 zur Festlegung einiger Maßnahmen zur Sanierung der Obsterzeugung in der Gemeinschaft, ABl. EG 1969 Nr. L 318/15 (*Obsterzeugung*), zuletzt geändert durch Verordnung (EWG) Nr. 1153/78 des Rates vom 30. Mai 1978, ABl. EG 1978 Nr. L 144/4.

Verordnung (EWG) Nr. 729/70 des Rates vom 21. April 1970 über die Finanzierung der gemeinsamen Agrarpolitik, ABl. EG 1970 Nr. L 94/13 (*Finanzierung GAP*), aufgehoben durch Art. 16 Abs. 1 Verordnung (EG) Nr. 1258/1999 des Rates vom 17. Mai 1999, ABl. EG 1999 Nr. L 160/103.

Verordnung (EWG) Nr. 337/75 des Rates vom 10. Februar 1975 über die Errichtung eines Europäischen Zentrums für die Förderung der Berufsbildung, ABl. EG 1975 Nr. L 39/1 (*Zentrum Berufsbildung*), zuletzt geändert durch Verordnung (EG) Nr. 2051/2004 des Rates vom 25. Oktober 2004, ABl. EU 2004 Nr. L 355/1.

Verordnung (EWG) Nr. 1365/75 des Rates vom 26. Mai 1975 über die Gründung einer Europäischen Stiftung zur Verbesserung der Lebens- und Arbeitsbedingungen, ABl. EG 1975 Nr. L 139/1 (*Stiftung Lebens- und Arbeitsbedingungen*), zuletzt geändert durch Verordnung (EG) Nr. 1111/2005 des Rates vom 24. Juni 2005, ABl. EU 2005 Nr. L 184/1.

Verordnung (EWG) Nr. 1055/77 des Rates vom 17. Mai 1977 über die Lagerung und das Verbringen der von den Interventionsstellen gekauften Erzeugnisse, ABl. EG 1977 Nr. L 128/1 (*Interventionsstellen*).

Haushaltsordnung vom 21. Dezember 1977 für den Gesamthaushaltsplan der Europäischen Gemeinschaften, ABl. EG 1977 Nr. L 356/1 (*HO 1977*), geändert durch Verordnung (EG, EGKS, Euratom) Nr. 2673/1999 des Rates vom 13. Dezember 1999, ABl. EG 1999 Nr. L 326/1 (*HO 1977 [Fassung 1999]*), aufgehoben durch Art. 186 Abs. 1 Verordnung (EG, Euratom) Nr. 1605/2002 des Rates vom 25. Juni 2002 über die Haushaltsordnung für den Gesamthaushaltsplan der Europäischen Gemeinschaften, ABl. EG 2002 Nr. L 248/1.

Verordnung (EWG) Nr. 1883/78 des Rates vom 2. August 1978 über die allgemeinen Regeln für die Finanzierung der Interventionen durch den Europäischen Ausrichtungs- und Garantiefonds für die Landwirtschaft, Abteilung Garantie, ABl. EG 1978 Nr. L 216/1 (*Finanzierung Interventionen*), zuletzt geändert durch Verordnung (EG) Nr. 695/2005 des Rates vom 26. April 2005, ABl. EU 2005 Nr. L 114/1.

Verordnung (EWG) Nr. 3245/81 des Rates vom 26. Oktober 1981 über die Errichtung einer Europäischen Agentur für Zusammenarbeit, ABl. EG 1981 Nr. L 328/1 (*Agentur für Zusammenarbeit*).

Verordnung (EWG) Nr. 2658/87 des Rates vom 23. Juli 1987 über die zolltarifliche und statistische Nomenklatur sowie den Gemeinsamen Zolltarif, ABl. EG 1987 Nr. L 256/1 (*zolltarifliche und statistische Nomenklatur*), zuletzt geändert durch Verordnung (EG) Nr. 486/2006 des Rates vom 20. März 2006, ABl. EU 2006 Nr. L 88/1.

Verordnung (EWG) Nr. 3252/87 des Rates vom 19. Oktober 1987 zur Koordinierung und Förderung der Foschung in der Fischwirtschaft, ABl. EG 1987 Nr. L 314/17 (*Forschung in der Fischwirtschaft*).

Verordnung (EWG) Nr. 411/88 der Kommission vom 12. Februar 1988 über die Methode und den Zinssatz, die bei der Berechnung der Finanzierungskosten für Interventionen in Form von Ankauf, Lagerung und Absatz anzuwenden sind, ABl. EG 1988 Nr. L 40/25 (*Finanzierungskosten für Interventionen*), zuletzt geändert duch Verordnung (EG) Nr. 956/2005 der Kommission vom 23. Juni 2005, ABl. EG 2005 Nr. L 164/8.

Verordnung (EWG, Euratom) Nr. 1553/89 des Rates vom 29. Mai 1989 über die endgültige einheitliche Regelung für die Erhebung der Mehrwertsteuereigenmittel, ABl. EG 1989 Nr. L 155/9 (*Erhebung der Mehrwertsteuereigenmittel*), zuletzt geändert durch Verordnung (EG) Nr. 807/2003 des Rates vom 14. April 2003, ABl. EU 2003 Nr. L 122/36.

Verordnung (EWG) Nr. 3906/89 des Rates vom 18. Dezember 1989 über Wirtschaftshilfe für bestimmte Länder in Mittel- und Osteuropa, ABl. EG 1989 Nr. L 375/11 (*Wirtschaftshilfe MOEL*), zuletzt geändert durch Verordnung (EG) Nr. 2257/2004 des Rates vom 20. Dezember 2004, ABl. EU 2004 Nr. L 389/1.

Verordnung (EWG) Nr. 4045/89 des Rates vom 21. Dezember 1989 über die von den Mitgliedstaaten vorzunehmende Prüfung der Maßnahmen, die Bestandteil des Finanzierungssystems des Europäischen Ausrichtungs- und Garantiefonds für die Landwirtschaft, Abteilung Garantie, sind, und zur Aufhebung der Richtlinie 77/435/EWG, ABl. EG 1989 Nr. L 388/18 (*Prüfung durch Mitgliedstaaten*), zuletzt geändert durch Verordnung (EG) Nr. 2154/2002 des Rates vom 28. November 2002, ABl. EG 2002 Nr. L 328/4.

Verordnung (EWG) Nr. 4064/89 des Rates vom 21. Dezember 1989 über die Kontrolle von Unternehmenszusammenschlüssen, ABl. EG 1989 Nr. L 395/1 (*Fusionskontrolle*), aufgehoben durch Art. 25 Abs. 1 Verordnung (EG) Nr. 139/2004 des Rates vom 20.

Januar 2004 über die Kontrolle von Unternehmenszusammenschlüssen („EG-Fusionskontrollverordnung"), ABl. EU 2004 Nr. L 24/1.

Verordnung (EWG) Nr. 386/90 des Rates vom 12. Februar 1990 über die Kontrolle bei der Ausfuhr landwirtschaftlicher Erzeugnisse, für die Erstattungen oder andere Zahlungen geleistet werden, ABl. EG 1990 Nr. L 42/6 (*Kontrolle bei der Ausfuhr*), zuletzt geändert durch Verordnung (EG) Nr. 163/94 des Rates vom 24. Januar 1994, ABl. EG 1994 Nr. L 24/2.

Verordnung (EWG) Nr. 1210/90 des Rates vom 7. Mai 1990 zur Errichtung einer Europäischen Umweltagentur und eines Europäischen Umweltinformations- und Umweltbeobachtungsnetzes, ABl. EG 1990 Nr. L 120/1 (*Umweltagentur*), zuletzt geändert durch Verordnung (EG) Nr. 1641/2003 des Europäischen Parlaments und des Rates vom 22. Juli 2003, ABl. EU 2003 Nr. L 245/1.

Verordnung (EWG) Nr. 1360/90 des Rates vom 7. Mai 1990 zur Errichtung einer Europäischen Stiftung für Berufsbildung, ABl. EG 1990 Nr. L 131/1 (*Stiftung Berufsbildung*), zuletzt geändert durch Verordnung (EG) Nr. 1648/2003 des Rates vom 18. Juni 2003, ABl. EU 2003 Nr. L 245/22.

Verordnung (EWG) Nr. 3492/90 des Rates vom 27. November 1990 über die Bestimmung der Elemente, die in den Jahreskonten für die Finanzierung von Interventionsmaßnahmen in Form der öffentlichen Lagerhaltung durch den Europäischen Ausrichtungs- und Garantiefonds für die Landwirtschaft, Abteilung Garantie, Berücksichtigung finden, ABl. EG 1990 Nr. L 337/3 (*Jahreskonten Interventionsmaßnahmen*).

Verordnung (EWG) Nr. 3597/90 der Kommission vom 12. Dezember 1990 mit den Verbuchungsregeln für Ankauf, Lagerung und Verkauf landwirtschaftlicher Erzeugnisse durch die Interventionsstellen, ABl. EG 1990 Nr. L 350/43 (*Verbuchung durch Interventionsstellen*), zuletzt geändert durch Verordnung (EG) Nr. 1392/97 der Kommission vom 18. Juli 1997, ABl. EG 1997 Nr. L 190/22.

Verordnung (EWG) Nr. 147/91 der Kommission vom 22. Januar 1991 zur Definition und zur Festsetzung der Toleranzgrenzen bei Mengenverlusten bei landwirtschaftlichen Erzeugnissen in öffentlicher Lagerhaltung, ABl. EG 1991 Nr. L 17/9 (*Mengenverluste in öffentlicher Lagerhaltung*), zuletzt geändert durch Verordnung (EWG) Nr. 652/92 der Kommission vom 16. März 1992, ABl. EG 1992 Nr. L 70/5.

Verordnung (EWG) Nr. 595/91 des Rates vom 4. März 1991 betreffend Unregelmäßigkeiten und die Wiedereinziehung zu Unrecht gezahlter Beträge im Rahmen der Finanzierung der gemeinsamen Agrarpolitik sowie die Einrichtung eines einschlägigen Informationssystems und zur Aufhebung der Verordnung (EWG) Nr. 283/72, ABl. EG 1991 Nr. L 67/11 (*Unregelmäßigkeiten und Wiedereinziehung*).

Verordnung (EWG) Nr. 1766/92 des Rates vom 30. Juni 1992 über die gemeinsame Marktorganisation für Getreide, ABl. EG 1992 Nr. L 181/21 (*GMO Getreide*), aufgehoben durch Art. 30 Abs. 1 UAbs. 1 Verordnung (EG) Nr. 1784/2003 des Rates vom 29. September 2003 über die gemeinsame Marktorganisation für Getreide, ABl. EU 2003 Nr. L 270/78.

Verordnung (EWG) Nr. 2913/92 des Rates vom 12. Oktober 1992 zur Festlegung des Zollkodex der Gemeinschaften, ABl. EG 1992 Nr. L 302/1 (*Zollkodex*), zuletzt geändert durch Verordnung (EG) Nr. 648/2005 des Europäischen Parlaments und des Rates vom 13. April 2005, ABl. EU 2005 Nr. L 117/13.

Verordnung (EWG) Nr. 3508/92 des Rates vom 27. November 1992 zur Einführung eines integrierten Verwaltungs- und Kontrollsystems für bestimmte gemeinschaftliche Beihilferegelungen, ABl. EG 1992 Nr. L 355/1 (*Einführung InVeKoS*), aufgehoben durch Art. 153 Abs. 1 Verordnung (EG) Nr. 1782/2003 des Rates vom 29. September 2003 mit gemeinsamen Regeln für Direktzahlungen im Rahmen der Gemeinsamen Agrarpolitik und mit bestimmten Stützungsregelungen für Inhaber landwirtschaftlicher Betriebe, ABl. EU 2003 Nr. L 270/1.

Verordnung (EWG) Nr. 3887/92 der Kommission vom 23. Dezember 1992 mit Durchführungsbestimmungen zum integrierten Verwaltungs- und Kontrollsystem für bestimmte gemeinschaftliche Beihilferegelungen, ABl. EG 1992 Nr. L 391/36 (*DVO InVeKoS*), aufgehoben durch Art. 53 Abs. 1 Verordnung (EG) Nr. 2419/2001 der Kommission vom 11. Dezember 2001 mit Durchführungsbestimmungen zum mit der Verordnung (EWG) Nr. 3508/92 des Rates eingeführten integrierten Verwaltungs- und Kontrollsystem für bestimmte gemeinschaftliche Beihilferegelungen, ABl. EG 2001 Nr. L 327/11.

Verordnung (EWG) Nr. 302/93 des Rates vom 8. Februar 1993 zur Schaffung einer Europäischen Beobachtungsstelle für Drogen und Drogensucht, ABl. EG 1993 Nr. L 36/1 (*Beobachtungsstelle Drogen*), zuletzt geändert durch Verordnung (EG) Nr. 1651/2003 des Rates vom 18. Juni 2003, ABl. EU 2003 Nr. L 245/30.

Verordnung (EWG) Nr. 404/93 des Rates vom 13. Februar 1993 über die gemeinsame Marktorganisation für Bananen, ABl. EG Nr. L 47/1 (*GMO Bananen*), zuletzt geändert durch Verordnung (EG) Nr. 2587/2001 des Rates vom 19. Dezember 2001, ABl. EG 2001 Nr. L 345/13.

Verordnung (EG) Nr. 1722/93 der Kommission vom 30. Juni 1993 mit Durchführungsbestimmungen zu den Verordnungen (EWG) Nr. 1766/92 und (EWG) Nr. 1418/76 des Rates hinsichtlich der Produktionserstattungen für Getreide und Reis, ABl. EG 1993 Nr. L 159/112 (*Produktionserstattungen Getreide und Reis*), zuletzt geändert durch Verordnung (EG) Nr. 1548/2004 der Kommission vom 30. August 2004, ABl. EU 2004 Nr. L 280/11.

Verordnung (EWG) Nr. 2131/93 der Kommission vom 28. Juli 1993 über das Verfahren und die Bedingungen für den Verkauf von Getreide aus Beständen der Interventionsstellen, ABl. EG 1993 Nr. L 191/76 (*Verkauf von Getreide*), zuletzt geändert durch Verordnung (EG) Nr. 749/2005 der Kommission vom 18. Mai 2005, ABl. EU 2005 Nr. L 126/10.

Verordnung (EG) Nr. 2273/93 der Kommission vom 28. Juli 1993 zur Festlegung der Interventionsorte für Getreide, ABl. EG 1993 Nr. L 207/1 (*Interventionsorte Getreide*), zuletzt geändert durch Verordnung (EG) Nr. 1805/2004 der Kommission vom 14. Oktober 2004, ABl. EU 2004 Nr. L 318/9.

Verordnung (EWG) Nr. 2309/93 des Rates vom 22. Juli 1993 zur Festlegung von Gemeinschaftsverfahren für die Genehmigung und Überwachung von Human- und Tierarzneimitteln und zur Schaffung einer Europäischen Agentur für die Beurteilung von Arzneimitteln, ABl. EG 1993 Nr. L 214/1 (*Gemeinschaftsverfahren Arzneimittel und Arzneimittelagentur*), aufgehoben durch Art. 88 Abs. 1 Verordnung (EG) Nr. 726/2004 des Europäischen Parlaments und des Rates vom 31. März 2004 zur Festlegung von Gemeinschaftsverfahren für die Genehmigung und Überwachung von Human- und Tierarzneimitteln und zur Errichtung einer Europäischen Arzneimittel-Agentur, ABl. EU 2004 Nr. L 136/1.

Verordnung (EWG) Nr. 2454/93 der Kommission vom 2. Juli 2003 mit Durchführungsvorschriften zu der Verordnung (EWG) Nr. 2913/92 des Rates zur Festlegung des Zollkodex der Gemeinschaften, ABl. EG 1993 Nr. L 253/1 (*DVO Zollkodex*); zuletzt geändert durch Verordnung (EG) Nr. 402/2006 der Kommission vom 8. März 2006, ABl. EU 2006 Nr. L 70/35.

Verordnung (EG) Nr. 3448/93 des Rates vom 6. Dezember 1993 über die Handelsregelung für bestimmte aus landwirtschaftlichen Erzeugnissen hergestellte Waren, ABl. EG 1993 Nr. L 318/18 (Handelsregelung Agrarprodukte), zuletzt geändert durch Verordnung (EG) Nr. 2580/2000 des Rates vom 20. November 2000, ABl. EG 2000 Nr. L 298/5.

Verordnung (EG) Nr. 40/94 des Rates vom 20. Dezember 1993 über die Gemeinschaftsmarke, ABl. EG 1994 Nr. L 11/1 (*Gemeinschaftsmarke*), zuletzt geändert durch Verordnung (EG) Nr. 422/2004 des Rates vom 19. Februar 2004, ABl. EU 2004 Nr. L 70/1.

Verordnung (EG) Nr. 1164/94 des Rates vom 16. Mai 1994 zur Errichtung des Kohäsionsfonds, ABl. EG 1994 Nr. L 130/1 (*Kohäsionsfonds*), zuletzt geändert durch die Akte über die Bedingungen des Beitritts der Tschechischen Republik, der Republik Estland, der Republik Zypern, der Republik Lettland, der Republik Litauen, der Republik Ungarn, der Republik Malta, der Republik Polen, der Republik Slowenien und der Slowakischen Republik und die Anpassungen der die Europäische Union begründenden Verträge, ABl. EU 2003 Nr. L 236/658.

Verordnung (EG) Nr. 1734/94 des Rates vom 11. Juli 1994 über die finanzielle und technische Zusammenarbeit mit dem Westjordanland und dem Gazastreifen, ABl. EG 1994 Nr. L 182/4 (*Westjordanland und Gazastreifen*), zuletzt geändert durch Verordnung (EG) Nr. 669/2004 des Europäischen Parlaments und des Rates vom 31. März 2004, ABl. EU 2004 Nr. L 105/1.

Verordnung (EG) Nr. 1681/94 der Kommission vom 11. Juli 1994 betreffend Unregelmäßigkeiten und die Wiedereinziehung zu Unrecht gezahlter Beträge im Rahmen der Finanzierung der Strukturpolitiken sowie die Einrichtung eines einschlägigen Informationssystems, ABl. EG 1994 Nr. L 178/43 (*Unregelmäßigkeiten*), zuletzt geändert durch Verordnung (EG) Nr. 2035/2005 der Kommission vom 12. Dezember 2005, ABl. EU 2005 Nr. L 328/8.

Verordnung (EG) Nr. 1831/94 der Kommission vom 26. Juli 1994 betreffend Unregelmäßigkeiten und die Wiedereinziehung zu Unrecht gezahlter Beträge im Rahmen der Finanzierung des Kohäsionsfonds sowie die Errichtung eines einschlägigen Informationssystems, ABl. EG 1994 Nr. L 191/9 (*Unregelmäßigkeiten Kohäsionsfonds*), zuletzt geändert durch Verordnung (EG) Nr. 2168/2005 der Kommission vom 23. Dezember 2005, ABl. EU 2005 Nr. L 345/15.

Verordnung (EG) Nr. 2062/94 des Rates vom 18. Juli 1994 zur Errichtung einer Europäischen Agentur für Sicherheit und Gesundheitsschutz am Arbeitsplatz, ABl. EG 1994 Nr. L 216/1 (*Agentur Sicherheit und Gesundheitsschutz am Arbeitsplatz*), zuletzt geändert durch Verordnung (EG) Nr. 1112/2005 des Rates vom 24. Juni 2005, ABl. EG 1995 Nr. L 184/5.

Verordnung (EG) Nr. 2100/94 des Rates vom 27. Juli 1994 über den gemeinschaftlichen Sortenschutz, ABl. EG 1994 Nr. L 227/1 (*Sortenschutz*), zuletzt geändert durch Verordnung (EG) Nr. 873/2004 des Rates vom 29. April 2004, ABl. EU 2004 Nr. L 162/38.

Verordnung (EG) Nr. 2257/94 der Kommission vom 16. September 1994 zur Festsetzung von Qualitätsnormen für Bananen, ABl. EG 1994 Nr. L 245/6 (*Qualitätsnomen Bananen*), zuletzt geändert durch Verordnung (EG) Nr. 228/2006 der Kommission vom 9. Februar 2006, ABl. EU 2006 Nr. L 39/7.

Verordnung (EG) Nr. 2965/94 des Rates vom 28. November 1994 zur Errichtung eines Übersetzungszentrums für die Einrichtungen der Europäischen Union, ABl. EG 1994 Nr. L 314/1 (*Übersetzungszentrum*), zuletzt geändert durch Verordnung (EG) Nr. 1645/2003 des Rates vom 18. Juni 2003, ABl. EU 2003 Nr. L 245/13.

Verordnung (EG) Nr. 3122/94 der Kommission vom 20. Dezember 1994 zur Festlegung der Kriterien für die Risikoanalyse bei landwirtschaftlichen Erzeugnissen, für die eine Erstattung gewährt wird, ABl. EG 1994 Nr. L 330/31 (*Risikoanalyse*), zuletzt geändert durch Verordnung (EG) Nr. 2655/1999 der Kommission vom 16. Dezember 1999, ABl. EG 1999 Nr. L 325/12.

Verordnung (EG) Nr. 3290/94 des Rates vom 22. Dezember 1994 über erforderliche Anpassungen und Übergangsmaßnahmen im Agrarsektor zur Anwendung der im Rahmen der multilateralen Handelsverhandlungen der Uruguay-Runde geschlossenen Übereinkünfte, ABl. EG 1994 Nr. L 349/105 (*Anpassungen und Übergangsmaßnahmen*), zuletzt geändert durch Verordnung (EG) Nr. 1340/98 des Rates vom 24. Juni 1998, ABl. EG 1998 Nr. L 184/1.

Verordnung (EG) Nr. 1287/95 des Rates vom 22. Mai 1995 zur Änderung der Verordnung (EWG) Nr. 729/70 über die Finanzierung der Gemeinsamen Agrarpolitik, ABl. EG 1995 Nr. L 125/1 (*Finanzierung GAP*).

Verordnung (EG) Nr. 1469/95 des Rates vom 22. Juni 1995 über Vorkehrungen gegenüber bestimmten Begünstigten der vom EAGFL, Abteilung Garantie, finanzierten Maßnahmen, ABl. EG 1995 Nr. L 145/1 (*Vorkehrungen gegenüber Begünstigten*).

Verordnung (EG) Nr. 1501/95 der Kommission vom 29. Juni 1995 mit Durchführungsbestimmungen zur Verordnung (EG) Nr. 1766/92 des Rates hinsichtlich der Gewährung von Ausfuhrerstattungen und zur Festlegung der bei Störungen im Getreidesektor zu treffenden Maßnahmen, ABl. EG 1995 Nr. L 147/7 (*Ausfuhrerstattungen/Störungen im Getreidesektor*), zuletzt geändert durch Verordnung (EG) Nr. 777/2004 der Kommission vom 26. April 2004, ABl. EU 2004 Nr. L 123/50.

Verordnung (EG) Nr. 1663/95 der Kommission vom 7. Juli 1995 mit Durchführungsbestimmungen zu der Verordnung (EWG) Nr. 729/70 des Rates bezüglich des Rechnungsabschlußverfahrens des EAGFL, Abteilung Garantie, ABl. EG 1995 Nr. L 158/6 (*Rechnungsabschlußverfahren*), zuletzt geändert durch Verordnung (EG) Nr. 465/2005 der Kommission vom 22. März 2005, ABl. EU 2005 Nr. L 77/6.

Verordnung (EG) Nr. 2236/95 des Rates vom 18. September 1995 über die Grundregeln für die Gewährung von Gemeinschaftszuschüssen für transeuropäische Netze, ABl. EG 1995 Nr. L 228/1 (*Grundregeln TEN*), zuletzt geändert durch Verordnung (EG) Nr. 1159/2005 des Europäischen Parlaments und des Rates vom 6. Juli 2005, ABl. EU 2005 Nr. L 191/16.

Verordnung (EG, Euratom) Nr. 2988/95 des Rates vom 18. Dezember 1995 über den Schutz der finanziellen Interessen der Europäischen Gemeinschaften, ABl. EG 1995 Nr. L 312/1 (*Schutz der finanziellen Interessen*).

Verordnung (EG) Nr. 296/96 der Kommission vom 16. Februar 1996 über die von den Mitgliedstaaten zu übermittelnden Angaben und zur monatlichen Übernahme der vom Europäischen Ausrichtungs- und Garantiefonds für die Landwirtschaft (EAGFL), Abteilung Garantie, finanzierten Ausgaben, ABl. EG 1996 Nr. L 39/5 (*Übernahme EAGFL-Ausgaben*), zuletzt geändert durch Verordnung (EG) Nr. 1607/2005 der Kommission vom 30. September 2005, ABl. EU 2005 Nr. L 256/12.

Verordnung (EG) Nr. 745/96 der Kommission vom 24. April 1996 zur Durchführung der Verordnung (EG) Nr. 1469/95 des Rates über Vorkehrungen gegenüber Begünstigten der vom EAGFL, Abteilung Garantie, finanzierten Maßnahmen, ABl. EG 1996 Nr. L 102/15 (*Vorkehrungen gegenüber Begünstigten*).

Verordnung (Euratom, EG) Nr. 1279/96 des Rates vom 25. Juni 1996 über die Unterstützung der Neuen Unabhängigen Staaten und der Mongolei bei ihren Bemühungen um Gesundung und Neubelebung ihrer Wirtschaft, ABl. EG 1996 Nr. L 165/1 (*TACIS*).

Verordnung (EG) Nr. 1628/96 des Rates vom 25. Juli 1996 über die Hilfe für Bosnien-Herzegowina, Kroatien, die Bundesrepublik Jugoslawien und die ehemalige Jugoslawische Republik Mazedonien, ABl. EG 1996 Nr. L 204/1 (*Hilfe für den westlichen Balkan*), aufgehoben durch Art. 14 Abs. 1 Verordnung (EG) Nr. 2666/2000 des Rates vom 5. Dezember 2000 über die Hilfe für Albanien, Bosnien und Herzegowina,

Kroatien, die Bundesrepublik Jugoslawien und die ehemalige jugoslawische Republik Mazedonien, ABl. EG 2000 Nr. L 306/1.
Verordnung (EG) Nr. 2148/96 der Kommission vom 8. November 1996 mit Vorschriften zur Bewertung und Kontrolle der Mengen der öffentlich eingelagerten landwirtschaftlichen Erzeugnisse, ABl. EG 1996 Nr. L 288/6 (*Bewertung und Kontrolle bei öffentlicher Einlagerung*), zuletzt geändert durch Verordnung (EG) Nr. 808/1999 der Kommission vom 16. April 1999, ABl. EG 1999 Nr. L 102/70.
Verordnung (Euratom, EG) Nr. 2185/96 des Rates vom 11. November 1996 betreffend die Kontrollen und Überprüfungen vor Ort durch die Kommission zum Schutz der finanziellen Interessen der Europäischen Gemeinschaften vor Betrug und anderen Unregelmäßigkeiten, ABl. EG 1996 Nr. L 292/2 (*Kontrollen und Überprüfungen vor Ort*).
Verordnung (EG) Nr. 2223/96 des Rates vom 25. Juni 1996 zum Europäischen System Volkswirtschaftlicher Gesamtrechnungen auf nationaler und regionaler Ebene in der Europäischen Gemeinschaft, ABl. EG 1996 Nr. L 310/1 (*Volkswirtschaftliche Gesamtrechnungen*), zuletzt geändert durch Verordnung (EG) Nr. 1267/2003 des Europäischen Parlaments und des Rates vom 16. Juni 2003, ABl. EU 2003 Nr. L 180/1.
Verordnung (EG) Nr. 515/97 des Rates vom 13. März 1997 über die gegenseitige Amtshilfe zwischen den Verwaltungsbehörden der Mitgliedstaaten und die Zusammenarbeit dieser Behörden mit der Kommission im Hinblick auf die ordnungsgemäße Anwendung der Zoll- und Agrarregelung, ABl. EG 1997 Nr. L 82/1 (*AmtshilfeVO*), zuletzt geändert durch Verordnung (EG) Nr. 807/2003 des Rates vom 14. April 2003, ABl. EU 2003 Nr. L 122/36.
Verordnung (EG) Nr. 820/97 des Rates vom 21. April 1997 zur Einführung eines Systems zur Kennzeichnung und Registrierung von Rindern und über die Etikettierung von Rindfleisch und Rindfleischerzeugnissen, ABl. EG 1997 Nr. L 117/1 (*Kennzeichnung und Registrierung von Rindern*), aufgehoben durch Art. 24 Abs. 1 Verordnung (EG) Nr. 1760/2000 des Europäischen Parlaments und des Rates vom 17. Juli 2000, ABl. EG 2000 Nr. L 204/1.
Verordnung (EG) Nr. 1035/97 des Rates vom 2. Juni 1997 zur Einrichtung einer Europäischen Stelle zur Beobachtung von Rassismus und Fremdenfeindlichkeit, ABl. EG 1997 Nr. L 151/1 (*Beobachtungsstelle Fremdenfeindlichkeit*), zuletzt geändert durch Verordnung (EG) Nr. 1652/2003 des Rates vom 18. Juni 2003, ABl. EU 2003 Nr. L 245/33.
Verordnung (EG) Nr. 659/1999 des Rates vom 22. März 1999 über besondere Vorschriften für die Anwendung von Artikel 93 des EG-Vertrages, ABl. EG 1999 Nr. L 83/1 (*Beihilfenverfahren*).
Verordnung (EG) Nr. 800/1999 der Kommission vom 15. April 1999 über gemeinsame Durchführungsvorschriften für Ausfuhrerstattungen bei landwirtschaftlichen Erzeugnissen, ABl. EG 1999 Nr. L 102/11 (*Ausfuhrerstattungen*), zuletzt geändert durch Verordnung (EG) Nr. 671/2004 der Kommission vom 7. April 2004, ABl. EU 2004 Nr. L 105/5.
Verordnung (EG, Euratom) Nr. 1026/1999 des Rates vom 10. Mai 1999 zur Festlegung der Rechte und Pflichten der von der Kommission mit der Kontrolle der Eigenmittel der Gemeinschaft beauftragten Bediensteten, ABl. EG 1999 Nr. L 126/1 (*Kontrolle der Eigenmittel*).
Verordnung (EG) Nr. 1073/1999 des Europäischen Parlaments und des Rates vom 25. Mai 1999 über die Untersuchungen des Europäischen Amtes für Betrugsbekämpfung (OLAF) (*OLAF-Untersuchungen*), ABl. EG 1999 Nr. L 136/1.
Verordnung (Euratom) Nr. 1074/1999 des Rates vom 25. Mai 1999 über die Untersuchungen des Europäischen Amtes für Betrugsbekämpfung (OLAF) (*OLAF-Untersuchungen*), ABl. EG 1999 Nr. L 136/8.

Verordnung (EG) Nr. 1251/1999 des Rates vom 17. Mai 1999 zur Einführung einer Stützungsregelung für Erzeuger bestimmter landwirtschaftlicher Kulturpflanzen, ABl. EG 1999 Nr. L 160/1 (*Stützungsregelung landwirtschaftliche Kulturpflanzen*), zuletzt geändert durch Verordnung (EG) Nr. 1782/2003 des Rates vom 29. September 2003, ABl. EU 2003 Nr. L 270/1.

Verordnung (EG) Nr. 1254/1999 des Rates vom 17. Mai 1999 über die gemeinsame Marktorganisation für Rindfleisch, ABl. EG 1999 Nr. L 160/21 (*GMO Rindfleisch*), zuletzt geändert durch Verordnung (EG) Nr. 1782/2003 des Rates vom 29. September 2003, ABl. EU 2003 Nr. L 270/1.

Verordnung (EG) Nr. 1255/1999 des Rates vom 17. Mai 1999 über die gemeinsame Marktorganisation für Milch und Milcherzeugnisse, ABl. EG 1999 Nr. L 160/48 (*GMO Milch und Milcherzeugnisse*), zuletzt geändert durch Verordnung (EG) Nr. 186/2004 der Kommission vom 2. Februar 2004, ABl. EU 2004 Nr. L 29/6.

Verordnung (EG) Nr. 1257/1999 des Rates vom 17. Mai 1999 über die Förderung der Entwicklung des ländlichen Raums durch den Europäischen Ausrichtungs- und Garantiefonds für die Landwirtschaft (EAGFL) und zur Änderung bzw. Aufhebung bestimmter Verordnungen, ABl. EG 1999 Nr. L 160/80 (*Förderung ländlicher Raum*), zuletzt geändert durch Verordnung (EG) Nr. 2223/2004 des Rates vom 22. Dezember 2004, ABl. EU 2004 Nr. L 379/1.

Verordnung (EG) Nr. 1258/1999 des Rates vom 17. Mai 1999 über die Finanzierung der Gemeinsamen Agrarpolitik, ABl. EG 1999 Nr. L 160/103 (*Finanzierung GAP*).

Verordnung (EG) Nr. 1259/1999 des Rates vom 17. Mai 1999 zur Festlegung von Gemeinschaftsregeln für Direktzahlungen im Rahmen der Gemeinsamen Agrarpolitik, ABl. 1999 Nr. L 160/113 (*Gemeinschaftsregeln für Direktzahlungen*), aufgehoben durch Art. 153 Abs. 4 Verordnung (EG) Nr. 1782/2003 des Rates vom 29. September 2003, ABl. EU 2003 Nr. L 270/1.

Verordnung (EG) Nr. 1260/1999 des Rates vom 21. Juni 1999 mit allgemeinen Bestimmungen über die Strukturfonds, ABl. EG 1999 Nr. L 161/1 (*StrukturfondsVO*), zuletzt geändert durch Verordnung (EG) Nr. 173/2005 des Rates vom 24. Januar 2005, ABl. EU 2005 Nr. L 29/3.

Verordnung (EG) Nr. 1263/1999 des Rates vom 21. Juni 1999 über das Finanzinstrument für die Ausrichtung der Fischerei, ABl. EG 1999 Nr. L 161/54 (*FIAF*).

Verordnung (EG) Nr. 1266/1999 des Rates vom 21. Juni 1999 zur Koordinierung der Hilfe für die beitrittswilligen Länder im Rahmen der Heranführungsstrategie und zur Änderung der Verordnung (EWG) Nr. 3906/89, ABl. EG 1999 Nr. L 161/68 (*Koordinierung Hilfe für beitrittswillige Länder*).

Verordnung (EG) Nr. 1267/1999 des Rates vom 21. Juni 1999 über ein strukturpolitisches Instrument zur Vorbereitung auf den Beitritt, ABl. EG 1999 Nr. L 161/73, zuletzt geändert durch Verordnung (EG) Nr. 2257/2004 des Rates vom 20. Dezember 2004, ABl. EU 2004 Nr. L 389/1 (*Strukturpolitisches Instrument*).

Verordnung (EG) Nr. 1268/1999 des Rates vom 21. Juni 1999 über eine gemeinschaftliche Förderung für Maßnahmen in den Bereichen Landwirtschaft und Entwicklung des ländlichen Raumes zur Vorbereitung auf den Beitritt der Bewerberländer in Mittel- und Osteuropa während des Heranführungszeitraums, ABl. EG 1999 Nr. L 161/87 (*Förderung Landwirtschaft und ländlicher Raum*), zuletzt geändert durch Verordnung (EG) Nr. 2257/2004 des Rates vom 20. Dezember 2004, ABl. EU 2004 Nr. L 389/1.

Verordnung (EG) Nr. 1783/1999 des Europäischen Parlaments und des Rates vom 12. Juli 1999 über den Europäischen Fonds für regionale Entwicklung, ABl. EG 1999 Nr. L 213/1 (*EFRE*).

Verordnung (EG) Nr. 1784/1999 des Europäischen Parlaments und des Rates vom 12. Juli 1999 betreffend den Europäischen Sozialfonds, ABl. EG 1999 Nr. L 213/5 (*ESF*).

Verordnung (EG) Nr. 2316/1999 der Kommission vom 22. Oktober 1999 mit Durchführungsbestimmungen zur Verordnung (EG) Nr. 1251/1999 des Rates zur Einführung einer Stützungsregelung für Erzeuger bestimmter landwirtschaftlicher Kulturpflanzen, ABl. EG 1999 Nr. L 280/43 (*Stützungsregelung landwirtschaftliche Kulturpflanzen*), aufgehoben durch Art. 172 Abs. 1 Verordnung (EG) Nr. 1973/2004 der Kommission vom 29. Oktober 2004, ABl. EU 2004 Nr. L 345/1.

Verordnung (EG) Nr. 2390/1999 der Kommission vom 25. Oktober 1999 zur Festlegung von Form und Inhalt der der Kommission im Rahmen des Rechnungsabschlusses des EAGFL, Abteilung Garantie, sowie der Beobachtung und Prognose vorzulegenden Buchführungsdaten, ABl. EG 1999 Nr. L 295/1 (*Form und Inhalt Buchführungsdaten*), zuletzt geändert durch Verordnung (EG) Nr. 1769/2004 der Kommission vom 14. Okober 2004, ABl. EU 2004 Nr. L 316/1.

Verordnung (EG) Nr. 2454/1999 des Rates vom 15. November 1999 zur Änderung der Verordnung (EG) Nr. 1628/96 über die Hilfe für Bosnien-Herzegowina, Kroatien, die Bundesrepublik Jugoslawien und die Ehemalige Jugoslawische Republik Mazedonien, insbesondere bezüglich der Schaffung der Europäischen Agentur für den Wiederaufbau, ABl. EG 1999 Nr. L 299/1 (*Agentur für Wiederaufbau*).

Verordnung (EG) Nr. 2771/1999 der Kommission vom 16. Dezember 1999 mit Durchführungsvorschriften zur Verordnung (EG) Nr. 1255/1999 des Rates hinsichtlich der Interventionen auf dem Markt für Butter und Rahm, ABl. EG 1999 Nr. L 333/11 (*Interventionen Butter und Rahm*), zuletzt geändert durch Verordnung (EG) Nr. 2107/2005 der Kommission vom 21. Dezember 2005, ABl. EU 2005 Nr. L 337/20.

Verordnung (EG, Euratom) Nr. 99/2000 des Rates vom 29. Dezember 1999 über die Unterstützung der Partnerstaaten in Osteuropa und Mittelasien, ABl. EG 2000 Nr. L 12/1 (*TACIS*).

Verordnung (EG) Nr. 824/2000 der Kommission vom 19. April 2000 über das Verfahren und die Bedingungen für die Übernahme von Getreide durch die Interventionsstellen sowie die Analysemethoden für die Bestimmung der Qualität, ABl. 2000 Nr. L 100/31 (*Verfahren und Bedingungen Übernahme Getreide*), zuletzt geändert durch Verordnung (EG) Nr. 1068/2005 der Kommission vom 6. Juli 2005, ABl. EU 2005 Nr. L 174/65.

Verordnung (EG, Euratom) Nr. 1150/2000 des Rates vom 22. Mai 2000 zur Durchführung des Beschlusses 94/728/EG, Euratom über das System der Eigenmittel der Gemeinschaften, ABl. EG 2000 Nr. L 130/1 (*Durchführung Eigenmittelbeschluß*).

Verordnung (EG) Nr. 1159/2000 der Kommission vom 30. Mai 2000 über die von den Mitgliedstaaten zu treffenden Informations- und Publizitätsmaßnahmen für die Interventionen der Strukturfonds, ABl. EG 2000 Nr. L 130/30 (*Publizitätsmaßnahmen Strukturfonds*).

Verordnung (EG) Nr. 1291/2000 der Kommission vom 9. Juni 2000 mit gemeinsamen Durchführungsvorschriften für Einfuhr- und Ausfuhrlizenzen sowie Vorausfestsetzungsbescheinigungen für landwirtschaftliche Erzeugnisse, ABl. EG 2000 Nr. L 152/1 (*Ein- und Ausfuhrlizenzen*), zuletzt geändert durch Verordnung (EG) Nr. 1856/2005 der Kommission vom 14. November 2005, ABl. EU 2005 Nr. L 297/7.

Verordnung (EG) Nr. 1520/2000 der Kommission vom 13. Juli 2000 zur Festlegung der gemeinsamen Durchführungsvorschriften für die Gewährung von Ausfuhrerstattungen und der Kriterien zur Festsetzung des Erstattungsbetrags für bestimmte landwirtschaftliche Erzeugnisse, die in Form von nicht unter Anhang I des Vertrages fallenden Waren ausgeführt werden, ABl. EG 2000 Nr. L 177/1 (*Durchführungsvorschriften*

Ausfuhrerstattungen), aufgehoben durch Art. 57 Abs. 1 Verordnung (EG) Nr. 1043/2005 der Kommission vom 30. Juni 2005, ABl. EU 2005 Nr. L 172/24.
Verordnung (EG) Nr. 1655/2000 des Europäischen Parlaments und des Rates vom 17. Juli 2000 über das Finanzierungsinstrument für die Umwelt (LIFE), ABl. EG 2000 Nr. L 192/1 (*LIFE*), zuletzt geändert durch Verordnung (EG) Nr. 1682/2004 des Europäischen Parlaments und des Rates vom 15. September 2004, ABl. EU 2004 Nr. L 308/1.
Verordnung (EG) Nr. 1685/2000 der Kommission vom 28. Juli 2000 mit Durchführungsbestimmungen zur Verordnung (EG) Nr. 1260/1999 des Rates hinsichtlich der Zuschußfähigkeit der Ausgaben für von den Strukturfonds kofinanzierte Operationen, ABl. EG 2000 Nr. L 193/39 (*Zuschußfähigkeit Ausgaben Strukturfonds*), zuletzt geändert durch Verordnung (EG) Nr. 448/2004 der Kommission vom 10. März 2004, ABl. EU 2004 Nr. L 72/66.
Verordnung (EG) Nr. 1760/2000 des Europäischen Parlaments und des Rates vom 17. Juli 2000 zur Einführung eines Systems zur Kennzeichnung und Registrierung von Rindern und über die Etikettierung von Rindfleisch und Rindfleischerzeugnissen sowie zur Aufhebung der Verordnung (EG) Nr. 820/97 des Rates, ABl. EG 2000 Nr. L 204/1 (*Kennzeichnung und Registrierung von Rindern*), zuletzt geändert durch die Akte über die Bedingungen des Beitritts der Tschechischen Republik, der Republik Estland, der Republik Zypern, der Republik Lettland, der Republik Litauen, der Republik Ungarn, der Republik Malta, der Republik Polen, der Republik Slowenien und der Slowakischen Republik und die Anpassungen der die Europäische Union begründenden Verträge, ABl. EU 2003 Nr. L 236/381.
Verordnung (EG) Nr. 1825/2000 der Kommission vom 25. August 2000 mit Durchführungsvorschriften zur Verordnung (EG) Nr. 1760/2000 des Europäischen Parlaments und des Rates hinsichtlich der Etikettierung von Rindfleisch und Rindfleischerzeugnissen, ABl. EG 2000 Nr. L 216/8 (*Etikettierung von Rindfleisch und Rindfleischerzeugnissen*).
Verordnung (EG) Nr. 2040/2000 des Rates vom 26. September 2000 betreffend die Haushaltsdisziplin, ABl. EG 2000 Nr. L 244/27 (*Haushaltsdisziplin*).
Verordnung (EG) Nr. 2222/2000 der Kommission vom 7. Juni 2000 mit finanziellen Durchführungsbestimmungen für die Verordnung (EG) Nr. 1268/1999 des Rates über eine gemeinschaftliche Förderung für Maßnahmen in den Bereichen Landwirtschaft und Entwicklung des ländlichen Raumes zur Vorbereitung des Beitritts der Bewerberländer in Mittel- und Osteuropa während eines Heranführungszeitraums, ABl. EG 2000 Nr. L 253/5 (*Förderung Landwirtschaft und ländliche Entwicklung*), zuletzt geändert durch Verordnung (EG) Nr. 188/2003 der Kommission vom 31. Januar 2003, ABl. EU 2003 Nr. L 27/14.
Verordnung (EG) Nr. 2666/2000 des Rates vom 5. Dezember 2000 über die Hilfe für Albanien, Bosnien und Herzegowina, Kroatien, die Bundesrepublik Jugoslawien und die ehemalige jugoslawische Republik Mazedonien und zur Aufhebung der Verordnung (EG) Nr. 1628/96 sowie zur Änderung der Verordnungen (EWG) Nr. 3906/89 und Nr. 1360/90 sowie der Beschlüsse 97/256/EG und 1999/311/EG, ABl. EG 2000 Nr. L 306/1 (*Hilfe für den westlichen Balkan*), zuletzt geändert durch Verordnung (EG) Nr. 2257/2004 des Rates vom 20. Dezember 2004, ABl. EU 2004 Nr. L 389/1.
Verordnung (EG) Nr. 2667/2000 des Rates vom 5. Dezember 2000 über die Europäische Agentur für Wiederaufbau, ABl. EG 2000 Nr. L 306/7 (*Agentur für Wiederaufbau*), zuletzt geändert durch Verordnung (EG) Nr. 2068/2004 des Rates vom 29. November 2004, ABl. EU 2004 Nr. L 358/2.
Verordnung (EG) Nr. 438/2001 der Kommission vom 2. März 2001 mit Durchführungsvorschriften zur Verordnung (EG) Nr. 1260/1999 des Rates in Bezug auf die Verwal-

tungs- und Kontrollsysteme bei Strukturfondsinterventionen, ABl. EG 2001 Nr. L 63/21 (*Verwaltungs- und Kontrollsysteme Strukturfonds*), zuletzt geändert durch Verordnung (EG) Nr. 2355/2002 der Kommission vom 27. Dezember 2002, ABl. EG 2002 Nr. L 351/42.

Verordnung (EG) Nr. 448/2001 der Kommission vom 2. März 2001 mit Durchführungsvorschriften zur Verordnung (EG) Nr. 1260/1999 des Rates hinsichtlich des Verfahrens für die Vornahme von Finanzkorrekturen bei Strukturfondsinterventionen (*Verfahren Finanzkorrekturen*), ABl. EG 2001 Nr. L 64/13.

Verordnung (EG) Nr. 690/2001 der Kommission vom 3. April 2001 über besondere Marktstützungsmaßnahmen im Rindfleischsektor, ABl. EG 2001 Nr. L 95/8 (*Marktstützungsmaßnahmen Rindfleischsektor*), zuletzt geändert durch Verordnung (EG) Nr. 2595/2001 der Kommission vom 28. Dezember 2001, ABl. EG 2001 Nr. L 345/33.

Verordnung (EG, EGKS, Euratom) Nr. 762/2001 des Rates vom 9. April 2001 zur Änderung der Haushaltsordnung vom 21. Dezember 1977 für den Gesamthaushaltsplan der Europäischen Gemeinschaften betreffend die Trennung zwischen internen Auditaufgaben und Ex-ante-Finanzkontrolle, ABl. EG 2001 Nr. L 111/1 (*Trennung interne Auditaufgaben und ex-ante-Finanzkontrolle*).

Verordnung (EG) Nr. 963/2001 der Kommission vom 17. Mai 2001 mit Durchführungsbestimmungen zur Verordnung (EG) Nr. 1259/1999 des Rates betreffend die zusätzliche Gemeinschaftshilfe und die Übermittlung von Angaben an die Kommission, ABl. EG 2001 Nr. L 136/4 (*zusätzliche Gemeinschaftshilfe und Übermittlung von Angaben*), zuletzt geändert durch Verordnung (EG) Nr. 1655/2004 der Kommission vom 22. September 2004 mit Vorschriften für den Übergang von der fakultativen Modulation gemäß Artikel 4 der Verordnung (EG) Nr. 1259/1999 des Rates zur obligatorischen Modulation gemäß der Verordnung (EG) Nr. 1782/2003 des Rates, ABl. EU 2004 Nr. L 298/3.

Verordnung (EG) Nr. 2419/2001 der Kommission vom 11. Dezember 2001 mit Durchführungsbestimmungen zum mit der Verordnung (EWG) Nr. 3508/92 des Rates eingeführten integrierten Verwaltungs- und Kontrollsystem für bestimmte gemeinschaftliche Beihilferegelungen, ABl. EG 2001 Nr. L 327/11 (*DVO InVeKoS*), aufgehoben durch Art. 80 Abs. 1 Verordnung (EG) Nr. 796/2004 der Kommission vom 21. April 2004, ABl. EU 2004 Nr. L 141/18.

Verordnung (EG) Nr. 2500/2001 des Rates vom 17. Dezember 2001 über die finanzielle Heranführungshilfe für die Türkei und zur Änderung der Verordnungen (EWG) Nr. 3906/89, (EG) Nr. 1267/1999, (EG) Nr. 1268/1999 und (EG) Nr. 555/2000, ABl. EG 2001 Nr. L 342/1 (*Heranführungshilfe Türkei*), zuletzt geändert durch Verordnung (EG) Nr. 850/2005 des Rates vom 30. Mai 2005, ABl. EU 2005 Nr. L 141/1.

Verordnung (EG) Nr. 178/2002 des Europäischen Parlaments und des Rates vom 28. Januar 2002 zur Festlegung der allgemeinen Grundsätze und Anforderungen des Lebensmittelrechts, zur Errichtung der Europäischen Behörde für Lebensmittelsicherheit und zur Festlegung von Verfahren zur Lebensmittelsicherheit, ABl. EG 2002 Nr. L 31/1 (*Behörde für Lebensmittelsicherheit*), zuletzt geändert durch Verordnung (EG) Nr. 1642/2003 des Europäischen Parlaments und des Rates vom 22. Juli 2003, ABl. EU 2003 Nr. L 245/4.

Verordnung (EG) Nr. 445/2002 der Kommission vom 26. Februar 2002 mit Durchführungsvorschriften zur Verordnung (EG) Nr. 1257/1999 des Rates über die Förderung der Entwicklung des ländlichen Raums durch den Europäischen Ausrichtungs- und Garantiefonds für die Landwirtschaft (EAGFL), ABl. EG 2002 Nr. L 74/1 (*Förderung ländlicher Raum*), aufgehoben durch Art. 74 Abs. 1 Verordnung (EG) Nr. 817/2004 der Kommission vom 29. April 2004, ABl. EU 2004 Nr. L 231/24 (berichtige Fassung).

Verordnung (EG) Nr. 1386/2002 der Kommission vom 29. Juli 2002 mit Durchführungsvorschriften zur Verordnung (EG) Nr. 1164/94 des Rates in Bezug auf die Verwaltungs- und Kontrollsysteme bei Kohäsionsfondsinterventionen und das Verfahren für die Vornahme von Finanzkorrekturen, ABl. EG 2002 Nr. L 201/5 (*Verwaltung Kohäsionsfondsinterventionen*).

Verordnung (EG) Nr. 1406/2002 des Europäischen Parlaments und des Rates vom 27. Juni 2002 zur Errichtung einer Europäischen Agentur für die Sicherheit des Seeverkehrs, ABl. EG 2002 Nr. L 208/1 (*Agentur Sicherheit des Seeverkehrs*), zuletzt geändert durch Verordnung (EG) Nr. 724/2004 des Europäischen Parlaments und des Rates vom 31. März 2004, ABl. EU 2004 Nr. L 129/1.

Verordnung (EG) Nr. 1592/2002 des Europäischen Parlaments und des Rates vom 15. Juli 2002 zur Festlegung gemeinsamer Vorschriften für die Zivilluftfahrt und zur Errichtung einer Europäischen Agentur für Flugsicherheit, ABl. EG 2002 Nr. L 240/1 (*Zivilluftfahrt und Agentur für Flugsicherheit*), zuletzt geändert durch Verordnung (EG) Nr. 1643/2003 des Europäischen Parlaments und des Rates vom 22. Juli 2003, ABl. EU 2003 Nr. L 245/7, und Verordnung (EG) Nr. 1701/2003 der Kommission vom 24. September 2003, ABl. EU 2003 Nr. L 243/5.

Verordnung (EG, Euratom) Nr. 1605/2002 des Rates vom 25. Juni 2002 über die Haushaltsordnung für den Gesamthaushaltsplan der Europäischen Gemeinschaften, ABl. EG 2002 Nr. L 248/1 (*HO 2002*).

Verordnung (EG) Nr. 2012/2002 des Rates vom 11. November 2002 zur Errichtung des Solidaritätsfonds der Europäischen Union, ABl. EG 2002 Nr. L 311/3 (*Solidaritätsfonds*).

Verordnung (EG) Nr. 2090/2002 der Kommission vom 26. November 2002 mit Durchführungsbestimmungen zur Verordnung (EWG) Nr. 386/90 des Rates hinsichtlich der Warenkontrolle bei der Ausfuhr landwirtschaftlicher Erzeugnisse, für die eine Erstattung gewährt wird, ABl. EG 2002 Nr. L 322/4 (*Kontrolle Ausfuhrerstattungen*), zuletzt geändert durch Verordnung (EG) Nr. 1454/2004 der Kommission vom 16. August 2004, ABl. EU 2004 Nr. L 269/9.

Verordnung (EG) Nr. 2321/2002 des Europäischen Parlaments und des Rates vom 16. Dezember 2002 über Regeln für die Beteiligung von Unternehmen, Forschungszentren und Hochschulen an der Durchführung des Sechsten Rahmenprogramms der Europäischen Gemeinschaft (2002-2006) sowie die Verbreitung der Forschungsergebnisse, ABl. EG 2002 Nr. L 355/23 (*Beteiligungsregeln und Verbreitung der Forschungsergebnisse*).

Verordnung (EG, Euratom) Nr. 2342/2002 der Kommission vom 23. Dezember 2002 mit Durchführungsbestimmungen zur Verordnung (EG, Euratom) Nr. 1605/2002 des Rates über die Haushaltsordnung für den Gesamthaushaltsplan der Europäischen Gemeinschaften, ABl. EG 2002 Nr. L 357/1 (*DVO HO 2002*), zuletzt geändert durch Verordnung (EG, Euratom) Nr. 1261/2005 der Kommission vom 20. Juli 2005, ABl. EG 2005 Nr. L 201/3.

Verordnung (EG, Euratom) Nr. 2343/2002 der Kommission vom 23. Dezember 2002 betreffend die Rahmenfinanzregelung für Einrichtungen gemäß Artikel 185 der Verordnung (EG, Euratom) Nr. 1605/2002 des Rates über die Haushaltsordnung für den Gesamthaushaltsplan der Europäischen Gemeinschaften, ABl. EG 2002 Nr. L 357/72 (*Rahmenfinanzregelung Gemeinschaftsagenturen*).

Verordnung (EG) Nr. 1/2003 des Rates vom 16. Dezember 2002 zur Durchführung der in den Artikeln 81 und 82 des Vertrags niedergelegten Wettbewerbsregeln, ABl. EG 2003 Nr. L 1/1 (*Kartellverfahren*), zuletzt geändert durch Verordnung (EG) Nr. 411/2004 des Rates vom 26. Februar 2004, ABl. EU 2004 Nr. L 68/1.

Verordnung (EG) Nr. 16/2003 der Kommission vom 6. Januar 2003 mit besonderen Durchführungsbestimmungen zur Verordnung (EG) Nr. 1164/94 des Rates in Bezug auf die Zuschussfähigkeit der Ausgaben im Rahmen von aus dem Kohäsionsfonds kofinanzierten Maßnahmen, ABl. EG 2003 Nr. L 2/7 (*Zuschußfähigkeit Ausgaben Kohäsionsfonds*).

Verordnung (EG) Nr. 58/2003 des Rates vom 19. Dezember 2002 zur Festlegung des Statuts der Exekutivagenturen, die mit bestimmten Aufgaben bei der Verwaltung von Gemeinschaftsprogrammen beauftragt werden, ABl. EG 2003 Nr. L 11/1 (*Statut der Exekutivagenturen*).

Verordnung (EG) Nr. 1082/2003 der Kommission vom 23. Juni 2003 mit Durchführungsvorschriften zur Verordnung (EG) Nr. 1760/2000 des Europäischen Parlaments und des Rates für die Mindestkontrollen im Rahmen des Systems zur Kennzeichnung und Registrierung von Rindern, ABl. EU 2003 Nr. L 156/9 (*Mindestkontrollen Kennzeichnung und Registrierung von Rindern*), zuletzt geändert durch Verordnung (EG) Nr. 499/2004 der Kommission vom 17. März 2004 zur Änderung der Verordnung (EG) Nr. 1082/2003 hinsichtlich der Frist und des Musters für die Berichterstattung im Rindersektor, ABl. EU 2004 Nr. L 80/24.

Verordnung (EG, Euratom) Nr. 1287/2003 des Rates vom 15. Juli 2003 zur Harmonisierung des Bruttonationaleinkommens zu Marktpreisen („BNE-Verordnung"), ABl. EU 2003 Nr. L 181/1 (*Harmonisierung BNE*).

Verordnung (EG) Nr. 1382/2003 des Europäischen Parlaments und des Rates vom 22. Juli 2003 über die Gewährung von Finanzhilfen der Gemeinschaft zur Verbesserung der Umweltfreundlichkeit des Güterverkehrssystems („Programm Marco Polo"), ABl. EU 2003 Nr. L 196/1 (*Marco Polo*), zuletzt geändert durch Verordnung (EG) Nr. 788/2004 des Europäischen Parlaments und des Rates vom 21. April 2004, ABl. EU 2004 Nr. L 138/2004.

Verordnung (EG) Nr. 1782/2003 des Rates vom 29. September 2003 mit gemeinsamen Regeln für Direktzahlungen im Rahmen der Gemeinsamen Agrarpolitik und mit bestimmten Stützungsregelungen für Inhaber landwirtschaftlicher Betriebe und zur Änderung der Verordnungen (EWG) Nr. 2019/93, (EG) Nr. 1452/2001, (EG) Nr. 1453/2001, (EG) Nr. 1454/2001, (EG) Nr. 1868/94, (EG) Nr. 1251/1999, (EG) Nr. 1254/1999, (EG) Nr. 1673/2000, (EWG) Nr. 2358/71 und (EG) Nr. 2529/2001, ABl. EU 2003 Nr. L 270/1 (*Direktzahlungen/Stützungsregelungen*), zuletzt geändert durch Verordnung (EG) Nr. 2183/2005 der Kommission vom 22. Dezember 2005, ABl. EU 2005 Nr. L 347/56.

Verordnung (EG) Nr. 2237/2003 der Kommission vom 23. Dezember 2003 mit Durchführungsbestimmungen zu bestimmten Stützungsregelungen gemäß Titel IV der Verordnung (EG) Nr. 1782/2003 des Rates mit gemeinsamen Regeln für Direktzahlungen im Rahmen der gemeinsamen Agrarpolitik und mit bestimmten Stützungsregelungen für Inhaber landwirtschaftlicher Betriebe, ABl. EU 2003 Nr. L 339/52 (*Durchführungsbestimmungen Stützungsregelungen*), aufgehoben durch Art. 172 Abs. 1 Verordnung (EG) Nr. 1973/2004 der Kommission vom 29. Oktober 2004, ABl. EU 2004 Nr. L 345/1.

Verordnung (EG) Nr. 4/2004 der Kommission vom 23. Dezember 2003 mit Durchführungsbestimmungen zur Verordnung (EWG) Nr. 4045/89 des Rates über die von den Mitgliedstaaten vorzunehmende Prüfung der Maßnahmen, die Bestandteil des Finanzierungssystems des Europäischen Ausrichtungs- und Garantiefonds für die Landwirtschaft, Abteilung Garantie, sind, ABl. EU 2004 Nr. L 2/3 (*Prüfung durch Mitgliedstaaten*), zuletzt geändert durch Verordnung (EG) Nr. 40/2006 der Kommission vom 10. Januar 2006, ABl. EU 2006 Nr. L 8/4.

Verordnung (EG) Nr. 21/2004 des Rates vom 17. Dezember 2003 zur Einführung eines Systems zur Kennzeichnung und Registrierung von Schafen und Ziegen und zur Änderung der Verordnung (EG) Nr. 1782/2003 sowie der Richtlinien 92/102/EWG und 64/432/EWG, ABl. EU 2004 Nr. L 5/8 (*Kennzeichnung und Registrierung von Schafen und Ziegen*).

Verordnung (EG) Nr. 139/2004 des Rates vom 20. Januar 2004 über die Kontrolle von Unternehmenszusammenschlüssen („EG-Fusionskontrollverordnung"), ABl. EU 2004 Nr. L 24/1 (*Fusionskontrolle*).

Verordnung (EG) Nr. 460/2004 des Europäischen Parlaments und des Rates vom 10. März 2004 zur Errichtung der Europäischen Agentur für Netz- und Informationssicherheit, ABl. EU 2004 Nr. L 77/1 (*Agentur für Netz- und Informationssicherheit*).

Verordnung (EG) Nr. 726/2004 des Europäischen Parlaments und des Rates vom 31. März 2004 zur Festlegung von Gemeinschaftsverfahren für die Genehmigung und Überwachung von Human- und Tierarzneimitteln und zur Errichtung einer Europäischen Arzneimittel-Agentur, ABl. EU 2004 Nr. L 136/1 (*Gemeinschaftsverfahren Arzneimittel und Arzneimittelagentur*).

Verordnung (EG) Nr. 794/2004 der Kommission vom 21. April 2004 zur Durchführung der Verordnung (EG) Nr. 659/1999 des Rates über besondere Vorschriften für die Anwendung von Artikel 93 des EG-Vertrages, ABl. EU 2004 Nr. L 140/1 (*Beihilfenverfahren*).

Verordnung (EG) Nr. 795/2004 der Kommission vom 21. April 2004 mit Durchführungsbestimmungen zur Betriebsprämienregelung gemäß der Verordnung (EG) Nr. 1782/2003 des Rates mit gemeinsamen Regeln für Direktzahlungen im Rahmen der Gemeinsamen Agrarpolitik und mit bestimmten Stützungsregelungen für Inhaber landwirtschaftlicher Betriebe, ABl. EU 2004 Nr. L 141/1 (*DVO Betriebsprämienregelung*), zuletzt geändert durch Verordnung (EG) Nr. 2183/2005 der Kommission vom 22. Dezember 2005, ABl. EU 2005 Nr. L 347/56.

Verordnung (EG) Nr. 796/2004 der Kommission vom 21. April 2004 mit Durchführungsbestimmungen zur Einhaltung anderweitiger Verpflichtungen, zur Modulation und zum Integrierten Verwaltungs- und Kontrollsystem nach der Verordnung (EG) Nr. 1782/2003 des Rates mit gemeinsamen Regeln für Direktzahlungen im Rahmen der Gemeinsamen Agrarpolitik und mit bestimmten Stützungsregelungen für Inhaber landwirtschaftlicher Betriebe, ABl. EU 2004 Nr. L 141/18 (*DVO cross compliance, Modulation und InVeKoS*), zuletzt geändert durch Verordnung (EG) Nr. 436/2005 der Kommission vom 17. März 2005, ABl. EU 2005 Nr. L 72/4.

Verordnung (EG) Nr. 802/2004 der Kommission vom 7. April 2004 zur Durchführung der Verordnung (EG) Nr. 139/2004 des Rates über die Kontrolle von Unternehmenszusammenschlüssen, ABl. EU 2004 Nr. L 133/1 (*Unternehmenszusammenschlüsse*).

Verordnung (EG) N. 817/2004 der Kommission vom 29. April 2004 mit Durchführungsbestimmungen zur Verordnung (EG) Nr. 1257/1999 des Rates über die Förderung der Entwicklung des ländlichen Raums durch den Europäischen Ausrichtungs- und Garantiefonds für die Landwirtschaft, ABl. EU 2004 Nr. L 231/24 (berichtige Fassung) (*Förderung ländlicher Raum*), zuletzt geändert durch Verordnung (EG) Nr. 1360/2005 der Kommission vom 18. August 2005, ABl. EU 2005 Nr. L 214/55.

Verordnung (EG) Nr. 851/2004 des Europäischen Parlaments und des Rates vom 21. April 2004 zur Errichtung eines Europäischen Zentrums für die Prävention und die Kontrolle von Krankheiten, ABl. EU 2004 Nr. L 142/1 (*Zentrum für Prävention und Kontrolle von Krankheiten*).

Verordnung (EG) Nr. 881/2004 des Europäischen Parlaments und des Rates vom 29. April 2004 zur Errichtung einer Europäischen Eisenbahnagentur („Agenturverordnung"), ABl. EU 2004 Nr. L 164/1 (*Eisenbahnagentur*).

Verordnung (EG) Nr. 1565/2004 der Kommission vom 3. September 2004 über eine besondere Interventionsmaßnahme für Hafer in Finnland und Schweden für das Wirtschaftsjahr 2004/05, ABl. EU 2004 Nr. L 285/3 (*besondere Interventionsmaßnahme Hafer*).

Verordnung (EG) Nr. 1653/2004 der Kommission vom 21. September 2004 betreffend die Standardhaushaltsordnung für Exekutivagenturen gemäß der Verordnung (EG) Nr. 58/2003 des Rates zur Festlegung des Statuts der Exekutivagenturen, die mit bestimmten Aufgaben bei der Verwaltung von Gemeinschaftsprogrammen beauftragt werden, ABl. EU 2004 Nr. L 297/6 (*Standardhaushaltsordnung für Exekutivagenturen*), zuletzt geändert durch Verordnung (EG) Nr. 1821/2005 der Kommission vom 8. November 2005, ABl. EU 2005 Nr. L 293/10.

Verordnung (EG) Nr. 1655/2004 der Kommission vom 22. September 2004 mit Vorschriften für den Übergang von der fakultativen Modulation gemäß Artikel 4 der Verordnung (EG) Nr. 1259/1999 des Rates zur obligatorischen Modulation gemäß der Verordnung (EG) Nr. 1782/2003 des Rates, ABl. EU 2004 Nr. L 298/3 (*Modulation*).

Verordnung (EG) Nr. 1973/2004 der Kommission vom 29. Oktober 2004 mit Durchführungsvorschriften zu der Verordnung (EG) Nr. 1782/2003 des Rates hinsichtlich der Stützungsregelungen nach Titel IV und IV der Verordnung und der Verwendung von Stellegungsflächen für die Erzeugung von Rohstoffen, ABl. EU 2004 Nr. L 345/1 (*Durchführungsbestimmungen Stützungsregelungen*), zuletzt geändert durch Verordnung (EG) Nr. 263/2006 der Kommission vom 15. Februar 2006, ABl. EU 2006 Nr. L 46/24.

Verordnung (EG) Nr. 2068/2004 des Rates vom 29. November 2004 zur Änderung der Verordnung (EG) Nr. 2667/2000 über die Europäische Agentur für Wiederaufbau, ABl. EU 2004 Nr. L 358/2 (*Agentur für Wiederaufbau*).

Verordnung (EG) Nr. 115/2005 der Kommission vom 26. Januar 2005 zur Eröffnung einer Ausschreibung der Erstattung für die Ausfuhr von Weichweizen nach bestimmten Drittländern, ABl. EU 2005 Nr. L 24/3 (*Ausschreibung Ausfuhrerstattungen Weichweizen*).

Verordnung (EG) Nr. 118/2005 der Kommission vom 26. Januar 2005 zur Änderung von Anhang VIII der Verordnung (EG) Nr. 1782/2003 des Rates und zur Festsetzung der in dieser Verordnung vorgesehenen Obergrenzen für die partielle oder die fakultative Durchführung sowie der darin vorgesehenen jährlichen Finanzrahmen für die Regelung für die einheitliche Flächenzahlung, ABl. EU 2005 Nr. L 24/15 (*Festsetzung Obergrenzen und Finanzrahmen*), zuletzt geändert durch Verordnung (EG) Nr. 570/2005 der Kommission vom 14. April 2005 zur Änderung der Verordnung (EG) Nr. 118/2005 hinsichtlich der Festsetzung der Obergrenzen für die gemäß Artikel 71 der Verordnung (EG) Nr. 1782/2003 des Rates zu gewährenden Direktzahlungen, ABl. EU 2005 Nr. L 97/13.

Verordnung (EG) Nr. 229/2005 der Kommission vom 10. Februar 2005 zur Festsetzung der Produktionserstattungen für Getreide, ABl. EU 2005 Nr. L 39/36 (*Produktionserstattung Getreide*).

Verordnung (EG) Nr. 272/2005 der Kommission vom 17. Februar 2005 zur Festsetzung der Ausfuhrerstattungen für Getreide, Mehle, Grobgrieß und Feingrieß von Weizen oder Roggen, ABl. EU 2005 Nr. L 47/16 (*Festsetzung Ausfuhrerstattungen*).

Verordnung (EG) Nr. 644/2005 der Kommission vom 27. April 2005 zur Genehmigung eines besonderen Systems zur Kennzeichnung von Rindern, die zu kulturellen und

historischen Zwecken in genehmigten Betrieben gehalten werden, gemäß der Verordnung (EG) Nr. 1760/2000 des Europäischen Parlaments und des Rates, ABl. EU 2005 Nr. L 107/18 (*besonderes System zur Kennzeichnung von Rindern*).
Verordnung (EG) Nr. 768/2005 des Rates vom 26. April 2005 zur Errichtung einer Europäischen Fischereiaufsichtsagentur und zur Änderung der Verordnung (EG) Nr. 2847/93 zur Einführung einer Kontrollregelung für die gemeinsame Fischereipolitik, ABl. EU 2005 Nr. L 128/1 (*Fischereiaufsichtsagentur*).
Verordnung (EG) Nr. 1043/2005 der Kommission vom 30. Juni 2005 zur Durchführung der Verordnung (EG) Nr. 3448/93 des Rates im Hinblick auf die Gewährung von Ausfuhrerstattungen und die Kriterien zur Festsetzung des Erstattungsbetrags für bestimmte landwirtschaftliche Erzeugnisse, die in Form von nicht unter Anhang I des Vertrages fallenden Waren ausgeführt werden, ABl. EU 2005 Nr. L 172/24 (*Durchführungsvorschriften Ausfuhrerstattungen*), zuletzt geändert durch Verordnung (EG) Nr. 322/2006 der Kommission vom 23. Februar 2006, ABl. EU 2006 Nr. L 54/3.
Verordnung (EG) Nr. 1290/2005 des Rates vom 21. Juni 2005 über die Finanzierung der Gemeinsamen Agrarpolitik, ABl. EU 2005 Nr. L 209/1 (*Finanzierung GAP*).
Verordnung (EG) Nr. 1698/2005 des Rates vom 20. September 2005 über die Förderung der Entwicklung des ländlichen Raums durch den Europäischen Landwirtschaftsfonds für die Entwicklung des ländlichen Raums, ABl. EU 2005 Nr. L 277/1 (*ELER*).

C. Richtlinien

Richtlinie des Rates vom 26. Juni 1964 zur Regelung viehseuchenrechtlicher Fragen beim innergemeinschaftlichen Handelsverkehr mit Rindern und Schweinen (64/432/EWG), ABl. P 121, S. 1977 (*Handelsverkehr mit Rindern und Schweinen*), zuletzt geändert durch Verordnung (EG) Nr. 1/2005 des Rates vom 22. Dezember 2004 über den Schutz von Tieren beim Transport und damit zusammenhängenden Vorgängen sowie zur Änderung der Richtlinien 64/432/EWG und 93/119/EG und der Verordnung (EG) Nr. 1255/97, ABl. EU 2005 Nr. L 3/1.
Richtlinie des Rates vom 2. April 1979 über die Erhaltung der wildlebenden Vogelarten (79/409/EWG), ABl. EG 1979 Nr. L 103/1 (*Erhaltung der wildlebenden Vogelarten*), zuletzt geändert durch die Akte über die Bedingungen des Beitritts der Tschechischen Republik, der Republik Estland, der Republik Zypern, der Republik Lettland, der Republik Litauen, der Republik Ungarn, der Republik Malta, der Republik Polen, der Republik Slowenien und der Slowakischen Republik und die Anpassungen der die Europäische Union begründenden Verträge, ABl. EU 2003 Nr. L 236/33.
Richtlinie 91/414/EWG des Rates vom 15. Juli 1991 über das Inverkehrbringen von Pflanzenschutzmitteln, ABl. EG 1991 Nr. L 230/1 (*Inverkehrbringen von Pflanzenschutzmitteln*), zuletzt geändert durch Richtlinie 2005/34/EG der Kommission vom 17. Mai 2005, ABl. EU 2005 Nr. L 2005/5.
Richtlinie 91/629/EWG des Rates vom 19. November 1991 über Mindestanforderungen für den Schutz von Kälbern, ABl. EG 1991 Nr. L 340/28 (*Schutz von Kälbern*), zuletzt geändert durch Verordnung (EG) Nr. 806/2003 des Rates vom 14. April 2003 zur Anpassung der Bestimmungen über die Ausschüsse zur Unterstützung der Kommission bei der Ausübung von deren Durchführungsbefugnissen, die in nach dem Konsultationsverfahren (qualifizierte Mehrheit) erlassenen Rechtsakten des Rates vorgesehen sind, an den Beschluss 1999/468/EG, ABl. EU 2003 Nr. L 122/1.
Richtlinie 92/59/EWG des Rates vom 29. Juni 1992 über die allgemeine Produktsicherheit, ABl. EG 1992 Nr. L 228/24 (*Produktsicherheit*), aufgehoben durch Art. 22 Abs. 1

Richtlinie 2001/95/EG des Europäischen Parlaments und des Rates vom 3. Dezember 2001 über die allgemeine Produktsicherheit, ABl. EU 2002 Nr. L 11/4.

Richtlinie 92/102/EWG des Rates vom 27. November 1992 über die Kennzeichnung und Registrierung von Tieren, ABl. EG 1992 Nr. L 355/32 (*Kennzeichnung und Registrierung von Tieren*).

D. Entscheidungen

Entscheidung der Kommission vom 1. Juli 1994 zur Schaffung eines Schlichtungsverfahrens im Rahmen des Rechnungsabschlusses des EAGFL – Abteilung Garantie (94/442/EG), ABl. EG 1994 Nr. L 182/45 (*Schlichtungsverfahren*), zuletzt geändert durch Entscheidung der Kommission vom 6. Juli 2001 (2001/535/EG), ABl. EG 2001 Nr. L 193/25.

Entscheidung des Rates vom 31. Oktober 1994 betreffend die Haushaltsdisziplin (94/729/EG), ABl. EG 1994 Nr. L 293/14 (*Haushaltsdisziplin*), aufgehoben durch Art. 19 Verordnung (EG) Nr. 2040/2000 des Rates vom 26. September 2000 betreffend die Haushaltsdisziplin, ABl. EG 2000 Nr. L 244/27.

Entscheidung Nr. 1692/96/EG des Europäischen Parlaments und des Rates vom 23. Juli 1996 über gemeinschaftliche Leitlinien für den Aufbau eines transeuropäischen Verkehrsnetzes, ABl. EG 1996 Nr. L 228/1 (*Leitlinien Verkehrsnetz*), zuletzt geändert durch Entscheidung Nr. 884/2004/EG des Europäischen Parlaments und des Rates vom 29. April 2004, ABl. EU 2004 Nr. L 167/1.

Entscheidung der Kommission vom 1. Juli 1999 über die indikative Aufteilung der Verpflichtungsermächtigungen auf die Mitgliedstaaten im Rahmen von Ziel 1 der Strukturfonds für den Zeitraum 2000 bis 2006 (1999/501/EG), ABl. EG 1999 Nr. L 194/49 (*Verpflichtungsermächtigungen Ziel 1*).

Entscheidung der Kommission vom 1. Juli 1999 mit dem Verzeichnis der unter Ziel 1 der Strukturfonds fallenden Regionen für den Zeitraum 2000 bis 2006 (1999/502/EG), ABl. EG 1999 Nr. L 194/53 (*Regionen Ziel 1*).

Entscheidung der Kommission vom 1. Juli 1999 über die Bevölkerungshöchstgrenzen der unter Ziel 2 fallenden Gebiete der Mitgliedstaaten im Zeitraum 2000 bis 2006 (1999/503/EG), ABl. EG 1999 Nr. L 194/58 (*Bevölkerungshöchstgrenzen Ziel 2-Gebiete*).

Entscheidung der Kommission vom 1. Juli 1999 über die indikative Aufteilung der Verpflichtungsermächtigungen auf die Mitgliedstaaten im Rahmen von Ziel 2 der Strukturfonds für den Zeitraum 2000 bis 2006 (1999/504/EG), ABl. EG 1999 Nr. L 194/60 (*Verpflichtungsermächtigungen Ziel 2*).

Entscheidung der Kommission vom 1. Juli 1999 über die indikative Aufteilung der Verpflichtungsermächtigungen auf die Mitgliedstaaten im Rahmen von Ziel 3 der Strukturfonds für den Zeitraum 2000 bis 2006 (1999/505/EG), ABl. EG 1999 Nr. L 194/63 (*Verpflichtungsermächtigungen Ziel 3*).

Entscheidung der Kommission vom 8. September 1999 über die indikative Aufteilung der Mittel aus dem Europäischen Ausrichtungs- und Garantiefonds für die Landwirtschaft, Abteilung Garantie, für Maßnahmen zur Entwicklung des ländlichen Raums im Zeitraum 2000 bis 2006 auf die Mitgliedstaaten (1999/659/EG), ABl. EG 1999 Nr. L 259/27 (*Entwicklung des ländlichen Raums/Abteilung Garantie*), zuletzt geändert durch Entscheidung der Kommission vom 29. April 2005 (2005/361/EG), ABl. EU 2005 Nr. L 118/35.

Entscheidung der Kommission vom 9. Februar 2000 zur Festlegung des Verzeichnisses der in Deutschland unter Ziel 2 der Strukturfonds fallenden Gebiete für den Zeitraum 2000 bis 2006, 2000/201/EG, ABl. EG 2000 Nr. L 66/29 (*Gebiete Ziel 2 Deutschland*).

Entscheidung der Kommission vom 19. Juni 2000 zur Genehmigung des gemeinschaftlichen Förderkonzepts für die Strukturinterventionen der Gemeinschaft in den in Deutschland unter das Ziel 1 fallenden oder im Rahmen von Ziel 1 übergangsweise unterstützten Regionen (2002/418/EG), ABl. EG 2002 Nr. L 156/1 (*Genehmigung GFK Ziel 1 Deutschland*).

Entscheidung der Kommission vom 22. März 2001 zur Genehmigung des Einheitlichen Programmplanungsdokuments für die Strukturinterventionen der Gemeinschaft in den in der Bundesrepublik Deutschland unter das Ziel 2 fallenden Regionen in Baden-Württemberg (2002/390/EG), ABl. EG 2002 Nr. L 141/10 (*Genehmigung EPPD Ziel 2 BW*).

Entscheidung des Rates vom 30. September 2002 über ein spezifisches Programm im Bereich der Forschung, technologischen Entwicklung und Demonstration: „Integration und Stärkung des Europäischen Forschungsraums" (2002-2006) (2002/834/EG), ABl. EG 2002 Nr. L 294/1 (*Europäischer Forschungsraum – Integration und Stärkung*).

Entscheidung des Rates vom 30. September 2002 über ein spezifisches Programm im Bereich der Forschung, technologischen Entwicklung und Demonstration: „Ausgestaltung des Europäischen Forschungsraums" (2002-2006) (2002/835/EG), ABl. EG 2002 Nr. L 294/44 (*Europäischer Forschungsraum – Ausgestaltung*).

Entscheidung des Rates vom 30. September 2002 über ein von der Gemeinsamen Forschungsstelle durch direkte Aktionen durchzuführendes spezifisches Programm für Forschung, technologische Entwicklung und Demonstration (2002-2006) (2002/836/EG), ABl. EG 2002 Nr. L 294/60 (*Direkte Aktionen*).

Entscheidung des Rates vom 30. September 2002 über ein spezifisches Programm (Euratom) für Forschung und Ausbildung auf dem Gebiet der Kernenergie (2002-2006) (2002/837/Euratom), ABl. EG 2002 Nr. L 294/74 (*Forschung und Ausbildung Kernenergie*).

Entscheidung des Rates vom 30. September 2002 über ein von der Gemeinsamen Forschungsstelle durch direkte Aktionen für die Europäische Atomgemeinschaft durchzuführendes spezifisches Programm für Forschung und Ausbildung (2002-2006) (2002/838/Euratom), ABl. EG 2002 Nr. L 294/86 (*Direkte Aktion EAG*).

Entscheidung der Kommission vom 7. Mai 2003 über den Rechnungsabschluss der Mitgliedstaaten für die von der Abteilung Garantie des Europäischen Ausrichtungs- und Garantiefonds für die Landwirtschaft (EAGFL) im Haushaltsjahr 2002 finanzierten Ausgaben (2003/313/EG), ABl. EU 2003 Nr. L 114/55 (*Rechungsabschluß Haushaltsjahr 2002*).

Entscheidung der Kommission vom 15. Mai 2003 zum Ausschluss bestimmter von den Mitgliedstaaten zulasten des Europäischen Ausrichtungs- und Garantiefonds für die Landwirtschaft (EAGFL), Abteilung Garantie, getätigter Ausgaben von der gemeinschaftlichen Finanzierung (2003/364/EG), ABl. EU 2003 Nr. L 124/45 (*Konformitätsentscheidung*).

Entscheidung Nr. 1230/2003/EG des Europäischen Parlaments und des Rates vom 26. Juni 2003 zur Festlegung eines mehrjährigen Programms für Maßnahmen im Energiebereich: „Intelligente Energie – Europa" (2003-2006), ABl. EU 2003 Nr. L 176/29 (*„Intelligente Energie"*), zuletzt geändert durch Entscheidung Nr. 787/2004/EG des Europäischen Parlaments und des Rates vom 21. April 2004, ABl. EU 2004 Nr. L 138/12.

Entscheidung der Kommission vom 27. Juni 2003 über die im Rahmen des Rechnungsabschlusses für die vom Europäischen Ausrichtungs- und Garantiefonds für die Landwirtschaft (EAGFL), Abteilung Garantie, finanzierten Ausgaben zu ziehenden finanziellen Konsequenzen aus bestimmten von den Wirtschaftsbeteiligten begangenen Unregelmäßigkeiten (2003/481/EG), ABl. EU Nr. L 160/83 (*Finanzielle Konsequenzen aus Unregelmäßigkeiten*).

Entscheidung der Kommission vom 29. April 2004 über den Rechnungsabschluss der Mitgliedstaaten für die von der Abteilung Garantie des Europäischen Ausrichtungs- und Garantiefonds für die Landwirtschaft (EAGFL) im Haushaltsjahr finanzierten Ausgaben (2004/451/EG), ABl. EU 2004 Nr. L 155/129 (*Rechnungsabschluß Haushaltsjahr 2003*).

Entscheidung der Kommission vom 16. Juli 2004 über den Ausschluss bestimmter von den Mitgliedstaaten zulasten des Europäischen Ausrichtungs- und Garantiefonds für die Landwirtschaft (EAGFL), Abteilung Garantie, getätigter Ausgaben von der gemeinschaftlichen Finanzierung (2004/561/EG), ABl. EU 2004 Nr. L 250/21 (*Konformitätsentscheidung*).

Entscheidung der Kommission vom 29. April 2005 über den Ausschluss bestimmter von den Mitgliedstaaten zulasten des Europäischen Ausrichtungs- und Garantiefonds für die Landwirtschaft (EAGFL), Abteilung Garantie, getätigter Ausgaben von der gemeinschaftlichen Finanzierung (2005/354/EG), ABl. EU 2005 Nr. L 112/14 (*Konformitätsentscheidung*).

Entscheidung der Kommission vom 13. Mai 2005 über den Rechnungsabschluss der Mitgliedstaaten für die von der Abteilung Garantie des Europäischen Ausrichtungs- und Garantiefonds für die Landwirtschaft (EAGFL) im Haushaltsjahr 2004 finanzierten Ausgaben (2005/385/EG), ABl. EU 2005 Nr. L 127/22 (*Rechnungsabschluß Haushaltsjahr 2004*).

Entscheidung der Kommission vom 20. Juli 2005 über den Ausschluss bestimmter von den Mitgliedstaaten zulasten des Europäischen Ausrichtungs- und Garantiefonds für die Landwirtschaft (EAGFL), Abteilung Garantie, getätigter Ausgaben von der gemeinschaftlichen Finanzierung (2005/579/EG), ABl. EU 2005 Nr. L 199/84 (*Konformitätsentscheidung*).

Entscheidung der Kommission vom 14. September 2005 über den Rechnungsabschluss bestimmter Zahlstellen in Belgien, Deutschland, Spanien, Frankreich, Luxemburg, den Niederlanden, Portugal, Schweden und dem Vereinigten Königreich für die vom Europäischen Ausrichtungs- und Garantiefonds für die Landwirtschaft (EAGFL), Abteilung Garantie, im Haushaltsjahr 2003 finanzierten Ausgaben (2005/738/EG), ABl. EU 2005 Nr. L 276/58 (*Rechnungsabschluß Haushaltsjahr 2003*).

E. Beschlüsse

(Die Einordnung als Beschluß erfolgt allein aufgrund der Bezeichnung des Rechtsaktes als solchen. Rechtsnatur, Inhalt und Rechtswirkungen der Akte können höchst unterschiedlich sein.)

Beschluß des Rates vom 21. April 1970 über die Ersetzung der Finanzbeiträge der Mitgliedstaaten durch eigene Mittel der Gemeinschaften (70/243/EGKS, EWG, Euratom), ABl. EG 1970 Nr. L 94/19 (*Eigenmittelbeschluß 1970*).

Beschluß des Rates vom 7. Mai 1985 über das System der eigenen Mittel der Gemeinschaften (85/257/EWG, Euratom), ABl. EG 1985 Nr. L 128/15 (*Eigenmittelbeschluß 1985*).

Beschluß des Rates vom 13. Juli 1987 zur Festlegung der Modalitäten für die Ausübung der der Kommission übertragenen Durchführungsbefugnisse (87/373/EWG), ABl. EG 1987 Nr. L 197/33 (*Komitologie*), aufgehoben durch Art. 9 Beschluß des Rates vom 28. Juni 1999 zur Festlegung der Modalitäten für die Ausübung der der Kommission übertragenen Durchführungsbefugnisse (1999/468/EG), ABl. EG 1999 Nr. L 184/23.

Beschluß des Rates vom 24. Juni 1988 über das System der Eigenmittel der Gemeinschaften (88/376/EWG, Euratom), ABl. EG 1988 Nr. L 185/24 (*Eigenmittelbeschluß 1988*).

Beschluß des Rates vom 31. Oktober 1994 über das System der Eigenmittel der Europäischen Gemeinschaften (94/728/EG, Euratom), ABl. EG 1994 Nr. L 293/9 (*Eigenmittelbeschluß 1994*).

Beschluß des Rates vom 22. Dezember 1994 über den Abschluß der Übereinkünfte im Rahmen der multilateralen Verhandlungen der Uruguay-Runde (1986-1994) im Namen der Europäischen Gemeinschaft in bezug auf die in ihre Zuständigkeiten fallenden Bereiche (94/800/EG), ABl. EG 1994 Nr. L 336/1 (*WTO-Übereinkommen*).

Beschluß Nr. 1496/98/EG des Europäischen Parlaments und des Rates vom 22. Juni 1998 über ein Aktionsprogramm zur stärkeren Sensibilisierung der Juristen für das Gemeinschaftsrecht (Aktion Robert Schuman), ABl. EG 1998 Nr. L 196/24 (*Aktion Robert Schuman*).

Beschluß des Rates vom 26. April 1999 über die Durchführung der zweiten Phase des gemeinschaftlichen Aktionsprogramms in der Berufsbildung „Leonardo da Vinci" (1999/382/EG), ABl. EG 1999 Nr. L 146/33 (*Leonardo da Vinci*), zuletzt geändert durch Verordnung (EG) Nr. 1882/2003 des Europäischen Parlaments und des Rates vom 29. September 2003, ABl. EU 2003 Nr. L 284/1.

Beschluß der Kommission vom 28. April 1999 zur Errichtung des Europäischen Amtes für Betrugsbekämpfung (OLAF) (1999/352/EG, EGKS, Euratom), ABl. EG 1999 Nr. L 136/20 (*OLAF*).

Beschluß Nr. 1419/1999/EG des Europäischen Parlaments und des Rates vom 25. Mai 1999 über die Einrichtung einer Gemeinschaftsaktion zur Förderung der Veranstaltung „Kulturhauptstadt Europas" für die Jahre 2005 bis 2019, ABl. EG 1999 Nr. L 166/1 (*Kulturhauptstadt Europas*), zuletzt geändert durch Beschluß Nr. 649/2005/EG des Europäischen Parlaments und des Rates vom 13. April 2005, ABl. EU 2005 Nr. L 117/20.

Beschluß des Rates vom 25. Mai 1999 über die Bedingungen und Modalitäten der internen Untersuchungen zur Bekämpfung von Betrug, Korruption und sonstigen rechtswidrigen Handlungen zum Nachteil der Interessen der Gemeinschaften (1999/394/EG, Euratom), ABl. EG 1999 Nr. L 149/36 (*interne Untersuchungen beim Rat*).

Beschluß der Kommission vom 2. Juni 1999 über die Bedingungen und Modalitäten der internen Untersuchungen zur Bekämpfung von Betrug, Korruption und sonstigen rechtswidrigen Handlungen zum Nachteil der Interessen der Gemeinschaft (1999/396/EG, EGKS, Euratom), ABl. EG 1999 Nr. L 149/57 (*interne Untersuchungen bei der Kommission*).

Beschluß des Rates vom 28. Juni 1999 zur Festlegung der Modalitäten für die Ausübung der der Kommission übertragenen Durchführungsbefugnisse (1999/468/EG), ABl. EG 1999 Nr. L 184/23 (*Komitologie*).

Beschluß der Europäischen Zentralbank vom 7. Oktober 1999 über Betrugsbekämpfung (1999/726/EG), ABl. EG 1999 Nr. L 291/36 (*EZB-Betrugsbekämpfung*).

Beschluß Nr. 253/2000/EG des Europäischen Parlaments und des Rates vom 24. Januar 2000 über die Durchführung der zweiten Phase des gemeinschaftlichen Aktionsprogramms im Bereich der allgemeinen Bildung Sokrates, ABl. EG 2000 Nr. L 28/1 (*Sokrates*), zuletzt geändert durch Verordnung (EG) Nr. 885/2004/EG des Rates vom 26. April 2004, ABl. EU 2004 Nr. L 168/1.

Beschluß Nr. 508/2000/EG des Europäischen Parlaments und des Rates vom 14. Februar 2000 über das Programm „Kultur 2000", ABl. EG 2000 Nr. L 63/1 (*Kultur 2000*), zuletzt geändert durch Verordnung (EG) Nr. 885/2004 des Rates vom 26. April 2004, ABl. EU 2004 Nr. L 168/1.

Beschluß des Europäischen Parlaments, des Rates, der Kommission, des Gerichtshofs, des Rechnungshofs, des Wirtschafts- und Sozialausschusses und des Ausschusses der Regionen vom 20. Juli 2000 über den Aufbau und die Arbeitsweise des Amtes für amtliche Veröffentlichungen der Europäischen Gemeinschaften (2000/459/EG, EGKS, Euratom), ABl. EG Nr. L 183/12 (*Amt für amtliche Veröffentlichungen*).

Beschluß des Rates vom 29. September 2000 über das System der Eigenmittel der Europäischen Gemeinschaften (2000/597/EG, Euratom), ABl. EG 2000 Nr. L 253/42 (*Eigenmittelbeschluß 2000*).

Beschluss des Rates vom 29. September 2000 über die Zusammensetzung und die Satzung des Ausschusses für Wirtschaftspolitik (2000/604/EG), ABl. EG 2000 Nr. L 257/28 (*Ausschuß für Wirtschaftspolitik*), zuletzt geändert durch Beschluß des Rates vom 18. Juni 2003 (2003/475/EG), ABl. EU 2003 Nr. L 158/55.

Beschluß des Rates vom 20. Dezember 2000 zur Durchführung eines Programms zur Förderung von Entwicklung, Vertrieb und Öffentlichkeitsarbeit hinsichtlich europäischer audiovisueller Werke (MEDIA PLUS – Entwicklung, Vertrieb und Öffentlichkeitsarbeit) (2001-2005) (2000/821/EG), ABl. EG 2000 Nr. L 336/82, berichtigt [in Form eines Neuabdrucks des gesamten Beschlusses] ABl. EG 2001 Nr. L 13/34 (*MEDIA PLUS*), zuletzt geändert durch Beschluß Nr. 846/2004/EG des Europäischen Parlaments und des Rates vom 29. April 2004, ABl. EU 2004 Nr. L 157/4.

Beschluß Nr. 1513/2002/EG des Europäischen Parlaments und des Rates vom 27. Juni 2002 über das Sechste Rahmenprogramm der Europäischen Gemeinschaft im Bereich der Forschung, technologischen Entwicklung und Demonstration als Beitrag zur Verwirklichung des Europäischen Forschungsraums und zur Innovation (2002-2006), ABl. EG 2002 Nr. L 232/1 (*Sechstes Rahmenprogramm Forschung*), zuletzt geändert durch Beschluß Nr. 786/2004/EG des Europäischen Parlaments und des Rates vom 21. April 2004, ABl. EU 2004 Nr. L 138/7.

Beschluß des Europäischen Parlaments, des Rates, der Kommission, des Gerichtshofs, des Rechnungshofs, des Wirtschafts- und Sozialausschusses, des Ausschusses der Regionen und des Europäischen Bürgerbeauftragten vom 25. Juli 2002 über die Errichtung des Amtes für Personalauswahl der Europäischen Gemeinschaften – Erklärung des Präsidiums des Europäischen Parlaments (2002/620/EG), ABl. EG 2002 Nr. L 197/53 (*Errichtung Amt für Personalauswahl*).

Beschluß der Generalsekretäre des Europäischen Parlaments, des Rates, der Kommission, des Kanzlers des Gerichtshofs, der Generalsekretäre des Rechnungshofes, des Wirtschafts- und Sozialausschusses, des Ausschusses der Regionen und des Vertreters des Bürgerbeauftragten vom 25. Juli 2002 über die Organisation und den Betrieb des Amtes für Personalauswahl der Europäischen Gemeinschaften (2002/621/EG), ABl. EG 2002 Nr. L 197/56 (*Organisation und Betrieb Amt für Personalauswahl*).

Beschluß Nr. 1786/2002/EG der Europäischen Parlaments und des Rates vom 23. September 2002 über ein Aktionsprogramm der Gemeinschaft im Bereich der öffentlichen Gesundheit (2003-2008) (1786/2002/EG), ABl. EG 2002 Nr. L 271/1 (*Öffentliche*

Gesundheit), zuletzt geändert durch Beschluß Nr. 786/2004/EG des Europäischen Parlaments und des Rates vom 21. April 2004, ABl. EU 2004 Nr. L 138/7.
Beschluß der Kommission vom 6. November 2002 über die Errichtung des Amtes für die Feststellung und Abwicklung individueller Ansprüche (2003/522/EG), ABl. EU 2003 Nr. L 183/30 (*Amt für individuelle Ansprüche*).
Beschluß der Kommision vom 6. November 2002 über die Errichtung des Amtes für Gebäude, Anlagen und Logistik Brüssel (2003/523/EG), ABl. EU 2003 Nr. L 183/35 (*Gebäudeamt Brüssel*).
Beschluß der Kommission vom 6. November 2002 über die Errichtung des Amtes für Gebäude, Anlagen und Logistik Luxemburg (2003/524/EG), ABl. EU 2003 Nr. L 183/40 (*Gebäudeamt Luxemburg*).
Beschluß des Europäischen Parlaments vom 8. April 2003 über die Entlastung für die Ausführung des Gesamthaushaltsplans der Europäischen Union für das Haushaltsjahr 2001 (Kommission) (2003/408/EG, EGKS, Euratom), ABl. EU 2003 Nr. L 148/20 (*Entlastung Haushaltsjahr 2001*).
Beschluß des Europäischen Parlaments und des Rates vom 19. Mai 2003 zur Anpassung der Finanziellen Vorauschau anläßlich der Erweiterung (2003/429/EG), ABl. EU 2003 Nr. L 147/25 (*Anpassung der Finanziellen Vorauschau*).
Beschluß des Europäischen Parlaments und des Rates vom 19. Mai 2003 zur Änderung der Finanziellen Vorauschau (2003/430/EG), ABl. EU 2003 Nr. L 147/31 (*Änderung der Finanziellen Vorauschau*).
Beschluß der Kommission vom 23. Dezember 2003 zur Einrichtung einer als „Exekutivagentur für intelligente Energie" bezeichneten Exekutivagentur für die Verwaltung von Gemeinschaftsmaßnahmen im Energiebereich gemäß der Verordnung (EG) Nr. 58/2003 (2004/20/EG), ABl. EU 2004 Nr. L 5/85 (*Einrichtung „Exekutivagentur für intelligente Energie"*).
Beschluß der Kommission vom 25. Februar 2004 zur Annahme des Arbeitsplans für 2004 zur Durchführung des Aktionsprogramms der Gemeinschaft im Bereich der öffentlichen Gesundheit (2003-2008), einschließlich des Jahresplans für Finanzhilfen (2004/192/EG), ABl. EU 2004 Nr. L 60/58 (*Öffentliche Gesundheit – Arbeitsplan 2004*).
Beschluß des Europäischen Parlaments vom 21. April 2004 über die Entlastung für die Ausführung des Gesamthaushaltsplans der Europäischen Gemeinschaften für das Haushaltsjahr 2002 (Kommission) (2004/719/EG), ABl. EU 2004 Nr. L 330/78 (*Entlastung Haushaltsjahr 2002*).
Beschluß des Europäischen Parlaments vom 21. April 2004 über den Abschluss der Haushaltsrechnung für die Ausführung des Gesamthaushaltsplans der Europäischen Gemeinschaften für das Haushaltsjahr 2002 (Kommission) (2004/720/EG), ABl. EU 2004 Nr. L 330/80 (*Abschluß der Haushaltsrechnung Haushaltsjahr 2002*).
Beschluß Nr. 791/2004/EG des Europäischen Parlaments und des Rates vom 21. April 2004 über ein Aktionsprogramm der Gemeinschaft zur Unterstützung von auf europäischer Ebene tätigen Einrichtungen und zur Förderung von punktuellen Tätigkeiten im Bereich der allgemeinen und beruflichen Bildung, ABl. EU 2004 Nr. L 138/31 (*Förderung Bildungseinrichtungen*).
Beschluß Nr. 792/2004/EG des Europäischen Parlaments und des Rates vom 21. April 2004 über ein Aktionsprogramm der Gemeinschaft zur Förderung von auf Europäischer Ebene tätigen kulturellen Einrichtungen, ABl. EU 2004 Nr. L 138/40 (*Förderung kultureller Einrichtungen*).
Beschluß Nr. 803/2004/EG des Europäischen Parlaments und des Rates vom 21. April 2004 über die Annahme eines Aktionsprogramms (2004-2008) der Gemeinschaft zur

Verhütung und Bekämpfung von Gewalt gegen Kinder, Jugendliche und Frauen sowie zum Schutz von Opfern und gefährdeten Gruppen (Programm DAPHNE II), ABl. EU 2004 Nr. L 143/1 (*Daphne II*).

Beschluß der Kommission vom 7. Juli 2004 zur Änderung ihrer Geschäftsordnung, (2004/563/EG), ABl. EU 2004 Nr. L 251/9 (*Änderung KOM-GO*).

Beschluß des Rates vom 2. November 2004 zur Errichtung des Gerichts für den öffentlichen Dienst der Europäischen Union (2004/752/EG, Euratom), ABl. EU 2004 Nr. L 333/7 (*Gericht für den öffentlichen Dienst*).

Beschluß der Kommission vom 15. Dezember 2004 zur Einrichtung einer als „Exekutivagentur für das Gesundheitsprogramm" bezeichneten Exekutivagentur für die Verwaltung der Gemeinschaftsmaßnahmen im Bereich der öffentlichen Gesundheit gemäß der Verordnung (EG) Nr. 58/2003 des Rates (2004/858/EG), ABl. EU 2004 Nr. L 369/73 (*Einrichtung „Exekutivagentur für das Gesundheitsprogramm"*).

Beschluß der Kommission vom 14. Januar 2005 zur Einrichtung der „Exekutivagentur Bildung, Audiovisuelles und Kultur" für die Verwaltung der Gemeinschaftsmaßnahmen in den Bereichen Bildung, Audiovisuelles und Kultur gemäß der Verordnung (EG) Nr. 58/2003 des Rates (2005/56/EG), ABl. EU 2005 Nr. L 24/35 (*Einrichtung „Exekutivagentur Bildung, Audiovisuelles und Kultur"*).

Beschluß des Europäischen Parlaments vom 12. April 2005 betreffend die Entlastung für die Ausführung des Gesamthaushaltsplans der Europäischen Union für das Haushaltsjahr 2003, Einzelplan III – Kommission (2005/529/EG, Euratom), ABl. EU 2005 Nr. L 196/1 (*Entlastung Haushaltsjahr 2003*).

Beschluß des Europäischen Parlaments vom 12. April 2005 zum Rechnungsabschluss betreffend die Ausführung des Gesamthaushaltsplans der Europäischen Union für das Haushaltsjahr 2003, Einzelplan III – Kommission (2005/530/EG, Euratom), ABl. EU 2005 Nr. L 196/3 (*Rechnungsabschluss Haushaltsjahr 2003*).

Beschluß des Rates vom 23. Januar 2006 zur Ernennung von acht Mitgliedern des Rechnungshofs (2006/36/EG, Euratom), ABl. EU 2006 Nr. L 22/51 (*Ernennung Rechnungshof*).

Verzeichnis der aufgeführten Entscheidungen des EuGH und des EuG

A. Gerichtshof

Urteil vom 13. Juni 1958, Rs. 9/56, Slg. 1958, 9 – Meroni & Co./Hohe Behörde der Europäischen Gemeinschaft für Kohle und Stahl.
Urteil vom 16. Dezember 1960, Rs. 44/59, Slg. 1960, 1115 – Rudolf Pieter Marie Fiddelaar/Kommission der Europäischen Wirtschaftsgemeinschaft.
Urteil vom 5. Februar 1963, Rs. 26/62, Slg. 1963, 1 – N.V. Algemene Transport- en Expeditie Onderneming Van Gend & Loos/Niederländische Finanzverwaltung.
Urteil vom 15. Juli 1963, Rs. 25/62, Slg. 1963, 211 – Firma Plaumann & Co./Kommission der Europäischen Wirtschaftsgemeinschaft.
Urteil vom 15. Juli 1970, Rs. 41/69, Slg. 1970, 661 – ACF Chemiefarma N.V./Kommission der Europäischen Gemeinschaften.
Urteil vom 17. Dezember 1970, Rs. 25/70, Slg. 1970, 1161 – Einfuhr- und Vorratsstelle für Getreide und Futtermittel/Köster, Berodt & Co.
Urteil vom 17. Mai 1972, Rs. 93/71, Slg. 1972, 287 – Orsolina Leonesio/Ministerium für Landwirtschaft und Forsten der Italienischen Republik.
Urteil vom 8. Februar 1973, Rs. 30/72, Slg. 1973, 161 – Kommission der Europäischen Gemeinschaften/Italienische Republik.
Urteil vom 23. Oktober 1974, Rs. 17/74, Slg. 1974, 1063 – Transocean Marine Paint Association/Kommission der Europäischen Gemeinschaften.
Urteil vom 30. Oktober 1975, Rs. 23/75, Slg. 1975, 1279 – Rey Soda/Cassa Conguaglio Zucchero.
Urteil vom 16. März 1977, Rs. 68/76, Slg. 1977, 515 – Kommission der Europäischen Gemeinschaften/Französische Republik.
Gutachten vom 26. April 1977, Gutachten 1/76, Slg. 1977, 741 – Entwurf zu einem Übereinkommen über die Errichtung eines europäischen Stillegungsfonds für die Binnenschiffahrt.
Urteil vom 7. Februar 1979, Rs. 11/76, Slg. 1979, 245 – Regierung des Königreiches der Niederlande/Kommission der Europäischen Gemeinschaften.
Urteil vom 5. März 1980, Rs. 265/78, Slg. 1980, 617 – H. Ferwerda BV/Produktschap voor Vee en Vlees.
Urteil vom 12. Juni 1980, verb. Rs. 119 und 126/79, Slg. 1980, 1863 – Lippische Hauptgenossenschaft e.G. und Westfälische Central-Genossenschaft e.G./Bundesanstalt für landwirtschaftliche Marktordnung.
Urteil vom 21. September 1983, verb. Rs. 205 bis 215/82, Slg. 1983, 2633 – Deutsche Milchkontor GmbH u.a./Bundesrepublik Deutschland.
Urteil vom 6. Dezember 1984, Rs. 59/83, Slg. 1984, 4057 – SA Biovilac NV/Europäische Wirtschaftsgemeinschaft.

Urteil vom 7. Februar 1985, Rs. 240/83, Slg. 1985, 531 – Procureur de la République/Association de défense des brûleurs d'huiles usagées (ADBHU).
Urteil vom 27. Februar 1985, Rs. 55/83, Slg. 1985, 683 – Italienische Republik/Kommission der Europäischen Gemeinschaften.
Urteil vom 11. Juli 1985, verb. Rs. 87, 130/77, 22/83, 9 und 10/84, Slg. 1985, 2523 – Vittorio Salerno u.a./Kommission der Europäischen Gemeinschaften und (in der Rs. 22/83) Rat der Europäischen Gemeinschaften.
Urteil vom 23. April 1986, Rs. 294/83, Slg. 1986, 1339 – Parti écologiste „Les Verts"/Europäisches Parlament.
Urteil vom 3. Juli 1986, Rs. 34/86, Slg. 1986, 2155 – Rat der Europäischen Gemeinschaften/Europäisches Parlament.
Urteil vom 25. November 1986, verb. Rs. 201 und 202/85, Slg. 1986, 3477 – Marthe Klensch u.a./Staatssekretär für Landwirtschaft und Weinbau.
Urteil vom 18. Dezember 1986, Rs. 93/85, Slg. 1986, 4011 – Kommission der Europäischen Gemeinschaften/Vereinigtes Königreich Großbritannien und Nordirland.
Urteil vom 18. Dezember 1986, Rs. 426/85, Slg. 1986, 4057 – Kommission der Europäischen Gemeinschaften/Jan Zoubek.
Urteil vom 21. Mai 1987, Rs. 133 bis 136/85, Slg. 1987, 2289 – Walter Rau Lebensmittelwerke u.a./Bundesanstalt für landwirtschaftliche Marktordnung.
Urteil vom 21. Mai 1987, Rs. 249/85, Slg. 1987, 2345 – Albako Margarinefabrik Maria von der Linde GmbH & Co. KG/Bundesanstalt für landwirtschaftliche Marktordnung.
Urteil vom 27. September 1988, Rs. 204/86, Slg. 1988, 5323 – Republik Griechenland/Rat der Europäischen Gemeinschaften.
Urteil vom 11. Mai 1989, Rs. 193 und 194/87, Slg. 1989, 1045 – Henri Maurissen und Union Syndicale/Rechnungshof.
Urteil vom 30. Mai 1989, Rs. 242/87, Slg. 1989, 1425 – Kommission der Europäischen Gemeinschaften/Rat der Europäischen Gemeinschaften.
Urteil vom 21. September 1989, Rs. 68/88, Slg. 1989, 2965 – Kommission der Europäischen Gemeinschaften/Republik Griechenland.
Urteil vom 24. Oktober 1989, Rs. 16/88, Slg. 1989, 3457 – Kommission der Europäischen Gemeinschaften/Rat der Europäischen Gemeinschaften.
Zwischenurteil vom 27. März 1990, Rs. 308/87, Slg. 1990, I-1203 – Alfredo Grifoni/Europäische Atomgemeinschaft.
Urteil vom 12. Juni 1990, Rs. C-8/88, Slg. 1990, I-2321 – Bundesrepublik Deutschland/Kommission der Europäischen Gemeinschaften.
Urteil vom 9. Oktober 1990, Rs. 366/88, Slg. 1990, I-3571 – Französische Republik/Kommission der Europäischen Gemeinschaften.
Urteil vom 11. Oktober 1990, Rs. C-34/89, Slg. 1990, I-3603 – Italienische Republik/Kommission der Europäischen Gemeinschaften.
Urteil vom 19. Februar 1991, Rs. C-281/89, Slg. 1991, I-347 – Italienische Republik/Kommission der Europäischen Gemeinschaften.
Urteil vom 21. Februar 1991, Rs. C-28/89, Slg. 1991, I-581 – Bundesrepublik Deutschland/Kommission der Europäischen Gemeinschaften.
Urteil vom 8. Januar 1992, Rs. C-197/90, Slg. 1992, I-1 – Italienische Republik/Kommission der Europäischen Gemeinschaften.
Urteil des Gerichtshofs vom 27. Oktober 1992, Rs. C-240/90, Slg. 1992, I-5383 – Bundesrepublik Deutschland/Kommission der Europäischen Gemeinschaften.
Urteil vom 3. Dezember 1992, Rs. C-97/91 – Oleificio Borelli/Kommission der Europäischen Gemeinschaften, Slg. 1992, I-6313.

Urteil vom 30. Juni 1993, verb. Rs. C-181/91 und C-248/91, Slg. 1993, I-3685 – Europäisches Parlament/Rat der Europäischen Gemeinschaften und Kommission der Europäischen Gemeinschaften.
Urteil vom 10. November 1993, Rs. C-48/91, Slg. 1993, I-5611 – Königreich der Niederlande/Kommission der Europäischen Gemeinschaften.
Urteil vom 2. März 1994, Rs. C-316/91, Slg. 1994, I-625 – Europäisches Parlament/Rat der Europäischen Union.
Urteil vom 17. Mai 1994, Rs. C-416/92, Slg. 1994, I-1741 – H./Rechnungshof der Europäischen Gemeinschaften.
Urteil vom 14. Juli 1994, Rs. C-353/92, Slg. 1994, I-3411 – Griechische Republik/Rat der Europäischen Union.
Urteil vom 9. August 1994, Rs. C-359/92, Slg. 1994, I-3681 – Bundesrepublik Deutschland/Rat der Europäischen Union.
Urteil vom 5. Oktober 1994, Rs. C-280/93, Slg. 1994, I-4973 – Bundesrepublik Deutschland/Rat der Europäischen Union.
Gutachten vom 15. November 1994, Gutachten 1/94, Slg. 1994, I-5267.
Urteil vom 9. November 1995, Rs. C-466/93, Slg. 1995, I-3799 – Atlanta Fruchthandelsgesellschaft mbH u.a./Bundesamt für Ernährung und Forstwirtschaft.
Urteil vom 7. Dezember 1995, Rs. C-41/95, Slg. 1995, I-4411 – Rat der Europäischen Union/Europäisches Parlament.
Urteil vom 4. Juli 1996, Rs. C-50/94, Slg. 1996, I-3331 – Griechische Republik/Kommission der Europäischen Gemeinschaften.
Urteil vom 24. Oktober 1996, Rs. C-32/95 P, Slg. 1996, I-5373 – Kommission der Europäischen Gemeinschaften/Lisrestal – Organização Gestão de Restaurantes Colectivos Ld. u.a.
Urteil vom 20. März 1997, Rs. C-24/95, Slg. 1997, I-1591 – Land Rheinland-Pfalz/Alcan Deutschland GmbH.
Urteil vom 17. Juli 1997, Rs. C-354/95, Slg. 1997, I-4559 – Minister for Agriculture, Fisheries and Food/National Farmers' Union.
Urteil vom 12. Mai 1998, Rs. C-366/95, Slg. 1998, I-2661 – Landbrugsministeriet – EF-Direktoratet/Steff-Houlberg Export I/S u.a.
Urteil vom 12. Mai 1998, Rs. C-106/96, Slg. 1998, I-2729 – Vereinigtes Königreich Großbritannien und Nordirland/Kommission der Europäischen Gemeinschaften.
Urteil vom 14. Mai 1998, Rs. C-48/96 P, Slg. 1998, I-2873 – Windpark Groothusen GmbH & Co. Betriebs KG/Kommission der Europäischen Gemeinschaften.
Urteil vom 16. Juli 1998, Rs. C-298/96, Slg. 1998, I-4767 – Ölmühle Hamburg AG und Jb. Schmidt Söhne GmbH & Co. KG/Bundesanstalt für Landwirtschaft und Ernährung.
Urteil vom 19. November 1998, Rs. C-235/97, Slg. 1998, I-7555 – Französische Republik/Kommission der Europäischen Gemeinschaften.
Urteil vom 21. Januar 1999, Rs. C-54/95, Slg. 1999, I-35 – Bundesrepublik Deutschland/Kommission der Europäischen Gemeinschaften.
Urteil vom 27. April 1999, Rs. C-69/97, Slg. 1999, I-2363 – Kommission der Europäischen Gemeinschaften/SNUA Srl.
Urteil vom 8. Juli 1999, Rs. C-5/93 P, Slg. 1999, I-4695 – DSM NV/Kommission der Europäischen Gemeinschaften.
Urteil vom 10. Juli 2001, Rs. C-315/99 P, Slg. 2001, I-5281 – Ismeri Europa Srl/Rechnungshof der Europäischen Gemeinschaften.
Urteil vom 13. September 2001, Rs. C-375/99, Slg. 2001, I-5983 – Königreich Spanien/Kommission der Europäischen Gemeinschaften.

Urteil vom 24. Januar 2002, Rs. C-170/00, Slg. 2002, I-1007 – Republik Finnland/Kommission der Europäischen Gemeinschaften.

Urteil vom 12. März 2002, Rs. C-27/00 und C-122/00, Slg. 2002, I-2569 – Secretary of State for the Environment, Transport and the Regions/Omega Air Ltd und Omega Air Ltd u.a./Irish Aviation Authority.

Urteil vom 21. März 2002, Rs. C-130/99, Slg. 2002, I-3005 – Königreich Spanien/Kommission der Europäischen Gemeinschaften.

Urteil vom 16. Mai 2002, Rs. C-63/00, Slg. 2002, I-4483 – Land Baden-Württemberg/Günther Schilling und Bezirksregierung Lüneburg/Hans-Otto Nehring.

Urteil vom 25. Juli 2002, Rs. C-50/00 P, Slg. 2002, I-6677 – Unión de Pequeños Agricultores/Rat der Europäischen Union.

Urteil vom 19. September 2002, Rs. C-336/00, Slg. 2002, I-7699 – Republik Österreich/Martin Huber.

Urteil vom 19. November 2002, Rs. C-304/00, Slg. 2002, I-10737 – Regina/Ministry of Agriculture, Fisheries and Food.

Urteil vom 28. November 2002, Rs. C-417/00, Slg. 2002, I-11053 – Agrargenossenschaft Pretzsch eG/Amt für Landwirtschaft und Flurneuordnung Anhalt.

Urteil vom 9. Januar 2003, Rs. C-76/00 P, Slg. 2003, I-79 – Petrotub SA und Republica SA/Rat der Europäischen Union.

Urteil vom 21. Januar 2003, Rs. C-378/00, Slg. 2003, I-937 – Kommission der Europäischen Gemeinschaften/Europäisches Parlament und Rat der Europäischen Union.

Beschluß des Präsidenten vom 8. April 2003, Rs. C-471/02 P (R), Slg. 2003, I-3207 – Santiago Gómez-Reino/Kommission der Europäischen Gemeinschaften.

Urteil vom 10. Juli 2003, Rs. C-11/00, Slg. 2003, I-7147 – Kommission der Europäischen Gemeinschaften/Europäische Zentralbank.

Urteil vom 30. September 2003, Rs. C-239/01, Slg. 2003, I-10333 – Bundesrepublik Deutschland/Kommission der Europäischen Gemeinschaften.

Urteil vom 30. September 2003, Rs. C-93/02 P, Slg. 2003, I-10497 – Biret International SA/Rat der Europäischen Union.

Urteil vom 4. März 2004, Rs. C-344/01, Slg. 2004, I-2081 – Bundesrepublik Deutschland/Kommission der Europäischen Gemeinschaften.

Urteil vom 30. März 2004, Rs. C-167/02 P, Slg. 2004, I-3149 – Willy Rothley und andere/Europäisches Parlament.

Urteil vom 1. April 2004, Rs. C-263/02 P, Slg. 2004, I-3425 – Kommission der Europäischen Gemeinschaften/Jégo-Quéré et Cie SA.

Urteil vom 17. Juni 2004, Rs. C-30/02, Slg. 2004, I-6051 – Recheio – Cash & Carry SA/Fazenda Pública/Registo Nacional de Pessoas Colectivas, Ministério Público).

Urteil vom 1. Juli 2004, Rs. C-295/02, Slg. 2004, I-6369 – Gisela Gerken/Amt für Agrarstruktur Verden.

Urteil vom 9. September 2004, Rs. C-332/01, Slg. 2004, I-7699 – Republik Griechenland/Kommission der Europäischen Gemeinschaften.

Urteil vom 23. September 2004, Rs. C-297/02 – Italienische Republik/Kommission der Europäischen Gemeinschaften.

Urteil vom 7. Oktober 2004, Rs. C-153/01, Slg. 2004, I-9009 – Königreich Spanien/Kommission der Europäischen Gemeinschaften.

Urteil vom 7. Oktober 2004, Rs. C-312/02, Slg. 2004, I-9247 – Königreich Schweden/Kommission der Europäischen Gemeinschaften.

Urteil vom 11. November 2004, Rs. C-249/02, Slg. 2004, I-10717 – Portugiesische Republik/Kommission der Europäischen Gemeinschaften.

Urteil vom 2. Dezember 2004, Rs. C-226/03 P, Slg. 2004, I-11421 – José Martí Peix SA/Kommission der Europäischen Gemeinschaften.
Urteil vom 18. Januar 2005, Rs. C-257/01, Slg. 2005, I-345 – Kommission der Europäischen Gemeinschaften/Rat der Europäischen Union.
Urteil vom 24. Februar 2005, Rs. C-300/02, Slg. 2005, I-1341 – Republik Griechenland/Kommission der Europäischen Gemeinschaften.
Urteil vom 1. März 2005, Rs. C-377/02, Slg. 2005, I-1465 – Léon Van Parys NV/Belgisch Interventie- en Restitutiebureau (BIRB).
Urteil vom 14. April 2005, Rs. C-335/03 – Portugiesische Republik/Kommission der Europäischen Gemeinschaften.
Urteil vom 14. April 2005, Rs. C-385/03 – Hauptzollamt Hamburg-Jonas/Käserei Champignon Hofmeister GmbH & Co. KG.
Beschluss des Präsidenten des Gerichtshofs vom 19. April 2005, C-521/04 P(R) – Hans-Martin Tillack/Kommission der Europäischen Gemeinschaften.
Urteil vom 9. Juni 2005, Rs. C-287/02 – Königreich Spanien/Kommission der Europäischen Gemeinschaften.
Urteil vom 7. Juli 2005, Rs. C-5/03 – Republik Griechenland/Kommission der Europäischen Gemeinschaften.
Urteil vom 6. Dezember 2005, Rs. C-66/04 – Vereinigtes Königreich Großbritannien und Nordirland/Europäisches Parlament und Rat der Europäischen Union.

B. Gericht Erster Instanz

Urteil vom 16. November 1994, Rs. T-451/93, Slg. 1994, II-1061 – San Marco Impex Italiana SA/Kommission der Europäischen Gemeinschaften.
Urteil vom 26. Oktober 1995, Rs. T-185/94, Slg. 1995, II-2795 – Geotronics SA/Kommission der Europäischen Gemeinschaften.
Urteil vom 13. Dezember 1995, Rs. T-109/94, Slg. 1995, II-3007 – Windpark Groothusen GmbH & Co. Betriebs-KG/Kommission der Europäischen Gemeinschaften.
Urteil vom 14. Juli 1997, Rs. T-81/95, Slg. 1997, II-1265 – Interhotel/Kommission der Europäischen Gemeinschaften.
Beschluß des Präsidenten vom 26. September 1997, Rs. T-183/97 R, Slg. 1997, II-1473 – Carla Micheli, Andrea Peirano, Carlo Nike Bianchi und Marinella Abbate/Kommission der Europäischen Gemeinschaften.
Urteil vom 19. Februar 1998, verb. Rs. T-369/94 und T-85/95, Slg. 1998, II-357 – DIR International Film Srl u.a./Kommission der Europäischen Gemeinschaften.
Urteil vom 30. September 1998, Rs. T-121/97, Slg. 1998, II-3885 – Richie Ryan/Rechnungshof der Europäischen Gemeinschaften.
Urteil vom 15. Juni 1999, Rs. T-277/97, Slg. 1999, II-1825 – Ismeri Europa Srl/Rechnungshof der Europäischen Gemeinschaften.
Urteil vom 19. Juli 1999, Rs. T-188/97, Slg. 1999, II-2463 – Rothmans International BV/Kommission der Europäischen Gemeinschaften.
Urteil vom 3. Februar 2000, verb. Rs. T-46/98 und T-151/98, Slg. 2000, II-167 – Conseil des communes et régions d'Europe (CCRE)/Kommission der Europäischen Gemeinschaften.
Urteil vom 17. Februar 2000, Rs. T-183/97, Slg. 2000, II-287 – Carla Micheli, Andrea Peirano, Carlo Nike Bianchi und Marinella Abbate/Kommission der Europäischen Gemeinschaften.

Urteil vom 24. Februar 2000, Rs. T-145/98, Slg. 2000, II-387 – ADT Projekt Gesellschaft der Arbeitsgemeinschaft Deutscher Tierzüchter mbH/Kommission der Europäischen Gemeinschaften.
Beschluß des Präsidenten vom 2. Mai 2000, Rs. T-17/00 R, Slg. 2000, II-2085 – Willy Rothley und andere/Europäisches Parlament.
Urteil vom 6. März 2001, Rs. T-331/94, Slg. 2001, II-779 – IPK-München GmbH/Kommission der Europäischen Gemeinschaften.
Urteil vom 26. Februar 2002, Rs. T-17/00, Slg. 2002, II-579 – Willy Rothley und andere/Europäisches Parlament.
Urteil vom 14. Mai 2002, Rs. T-80/00, Slg. 2002, II-2465 – Associação Comercial de Aveiro/Kommission der Europäischen Gemeinschaften.
Beschluß des Präsidenten vom 17. Oktober 2002, Rs. T-215/02 R – Santiago Gómez-Reino/Kommission der Europäischen Gemeinschaften.
Urteil vom 17. September 2003, Rs. T-137/01, Slg. 2003, II-3103 – Stadtsportverband Neuss e.V./Kommission der Europäischen Gemeinschaften.
Beschluß vom 25. November 2003, Rs. T-85/01, Slg. 2003, II-4973 – IAMA Consulting Srl/Kommission der Europäischen Gemeinschaften.
Urteil vom 11. Dezember 2003, Rs. T-305/00, Slg. 2003, II-5659 – Conserve Italia Soc. Coop. rl/Kommission der Europäischen Gemeinschaften.
Beschluß vom 18. Dezember 2003, Rs. T-215/02 – Santiago Gómez-Reino/Kommission der Europäischen Gemeinschaften.
Urteil vom 28. Januar 2004, Rs. T-180/01, Slg. 2004, II-369 – Euroagri Srl/Kommission der Europäischen Gemeinschaften.
Beschluß vom 13. Juli 2004, Rs. T-29/03 – Comunidad Autónoma de Andalucía/Kommission der Europäischen Gemeinschaften.
Beschluß des Präsidenten vom 15. Oktober 2004, Rs. T-193/04 R – Hans-Martin Tillack/Kommission der Europäischen Gemeinschaften.
Urteil vom 23. November 2004, Rs. T-166/98 – Cantina sociale di Dolianova Soc. Coop. rl/Kommission der Europäischen Gemeinschaften.
Urteil vom 18. Januar 2005, Rs. T-141/01 – Entorn, Societat Limitada Enginyeria i Serveis/Kommission der Europäischen Gemeinschaften.
Beschluß vom 28. Februar 2005, Rs. T-108/03 – Elisabeth von Pezold/Kommission der Europäischen Gemeinschaften.

Literatur- und Dokumentenverzeichnis

Adam, Heike: Die Mitteilungen der Kommission: Verwaltungsvorschriften des Europäischen Gemeinschaftsrechts?, Baden-Baden 1999.

Ahner, Dirk: Gemeinsame Agrarpolitik – Herzstück und Sorgenkind, in: Röttinger, Moritz/Weyringer, Claudia (Hrsg.), Handbuch der europäischen Integration, Strategie – Struktur – Politik der Europäischen Union, 2. Auflage, Wien 1996, S. 846 ff.

Albrechtskirchinger, Georg: Kulturförderung und Kulturpolitik in der Europäischen Union, EuZW 1999, S. 193.

Angerer, Hermann: Sind die verfahrensbezogenen EG-Beihilfevorschriften für die Landwirtschafsbehörden noch vollziehbar und den Landwirten verständlich zu machen?, AgrarR 1992, S. 288 ff.

von Arnim, Hans Herbert: Wirtschaftlichkeit als Rechtsprinzip, Berlin 1988.

Ausschuß unabhängiger Sachverständiger: Erster Bericht über Anschuldigungen betreffend Betrug, Mißmanagement und Nepotismus in der Europäischen Kommission, 15. März 1999 (http://www.europarl.eu.int/experts/pdf/reportde.pdf; Stand: 15. April 2006).

Ausschuß unabhängiger Sachverständiger: Zweiter Bericht über die Reform der Kommission – Analyse der derzeitigen Praxis und Vorschläge zur Bekämpfung von Mißmanagement, Unregelmäßigkeiten und Betrug, 9. und 10. September 1999 (Band I: http://www.europarl.eu.int/experts/pdf/rep2-1de.pdf, Band II: http://www.europarl.eu.int/experts/pdf/rep2-2de.pdf; Stand: 15. April 2006).

Bartosch, Andreas: 5 Jahre Verfahrensverordnung in Beihilfesachen, eine Zwischenbilanz, EuZW 2004, S. 43 ff.

Bast, Jürgen: Handlungsformen, in: von Bogdandy, Armin (Hrsg.), Europäisches Verfassungsrecht – Theoretische und dogmatische Grundzüge, Berlin u.a. 2003, S. 479 ff.

–: Grundbegriffe der Handlungsformen der EU – entwickelt am Beschluss als praxisgenerierter Handlungsform des Unions- und Gemeinschaftsrechts, im Erscheinen.

Bauer, Hartmut: Die Bundestreue – zugleich ein Beitrag zur Dogmatik des Bundesstaatsrechts und zur Rechtsverhältnislehre, Tübingen 1992.

Beise, Marc: Die Welthandelsorganisation (WTO), Baden-Baden 2001.

Berger, Michael: Vertraglich nicht vorgesehene Einrichtungen des Gemeinschaftsrechts mit eigener Rechtspersönlichkeit – ihre Gründung und die Folgen für Rechtsschutz und Haftung, Baden-Baden 1999.

Bergmann, Jan: Der EU-Vertrag von Nizza – Überblick und Bewertung, VBlBW 2003, S. 307 ff.

Berner, Andrea: Die Untersuchungsbefugnisse des Europäischen Amtes für Betrugsbekämpfung (OLAF) gegenüber dem Europäischen Parlament – Gleichzeitig eine Auseinandersetzung mit dem Rechtsinstitut der europäischen parlamentarischen Immunität, Frankfurt am Main u.a. 2004.

Beutler, Bengt: „Soft law" oder Gemeinschafts„recht" – Zur rechtssystematischen Einordnung gemeinschaftlicher Ausbildungsprogramme, RdJB 1992, S. 175 ff.

Beveridge, Fiona/Nott, Sue: A hard look at soft law, in: Craig, Paul/Harlow, Carol (Hrsg.), Lawmaking in the European Union, London 1998, S. 285 ff.

Beyer, Thomas C.W.: Die Ermächtigungen der Europäischen Union und ihrer Gemeinschaften, Staat 1996, S. 189 ff.

Bieber, Roland: Die Ausgaben der Europäischen Gemeinschaften, EuR 1982, S. 115 ff.

–/Epiney, Astrid/Haag, Marcel: Die Europäische Union, 6. Auflage, Baden-Baden 2005.

Birk, Dieter: Verteilung der Finanzhoheit, in: ders. (Hrsg.), Handbuch des Europäischen Steuer- und Abgabenrechts, Herne/Berlin 1995, S. 109 ff.

–: Das Haushaltsrecht der EG, in: ders. (Hrsg.), Handbuch des Europäischen Steuer- und Abgabenrechts, Herne/Berlin 1995, S. 153 ff.

Blattner, Oliver: Europäisches Produktzulassungsverfahren – Das Europäische Verwaltungsverfahrensrecht dargestellt an der Zulassung gentechnischer Lebens- und Arzneimittel, Baden-Baden 2003.

Bleckmann, Albert: Die Beihilfenkompetenz der Europäischen Gemeinschaften, DÖV 1977, S. 615 ff.

–: Die öffentlichrechtlichen Verträge der EWG, NJW 1978, S. 464 ff.

–: Subventionsrecht, Stuttgart 1978.

–: Der Verwaltungsvertrag als Handlungsmittel der Europäischen Gemeinschaften, DVBl. 1981, S. 889 ff.

–: Europarecht – Das Recht der Europäischen Union und der Europäischen Gemeinschaften, 6. Auflage, Köln 1997.

–: Zur Auflage im europäischen Beihilferecht, NVwZ 2004, S. 11 ff.

–: Der Gesetzesbegriff des Grundgesetzes – Zur Funktion des Haushaltsplans im Subventionsrecht, DVBl. 2004, S. 333 ff.

–/Hölscheidt, Sven: Gedanken zur Finanzierung der EG, DÖV 1990, S. 853 ff.

Blumann, Claude: Anmerkung zu EuGH, Rs. 16/88 – Kommission/Rat, RTDE 1990, S. 173 ff.

Bobbert, Christian: Interinstitutionelle Vereinbarungen im europäischen Gemeinschaftsrecht, Frankfurt u.a. 2001.

Böcker, Nicolai: Wirksame Rechtsbehelfe zum Schutz der Grundrechte der Europäischen Union, Baden-Baden 2005.

Boest, Reinhard: Die Agrarmärkte im Recht der EWG, Baden-Baden 1984.

von Bogdandy, Armin: Beobachtungen zur Wissenschaft vom Europarecht – Strukturen, Debatten und Entwicklungsperspektiven der Grundlagenforschung zum Recht der Europäischen Union, Staat 2001, S. 3 ff.

–: Europäische Prinzipienlehre, in: ders. (Hrsg.), Europäisches Verfassungsrecht – Theoretische und dogmatische Grundzüge, Berlin u.a. 2003, S. 149 ff.

–/Bast, Jürgen: Die vertikale Kompetenzordnung der Europäischen Union – Rechtsdogmatischer Bestand und verfassungspolitische Reformperspektiven, EuGRZ 2001, S. 441 ff.

–/–/Arndt, Felix: Handlungsformen im Unionsrecht – Empirische Analysen und dogmatische Strukturen in einem vermeintlichen Dschungel, ZaöRV 2002, S. 77 ff.

Böge, Ulf: Das Netzwerk der EU-Wettbewerbsbehörden nimmt Gestalt an: Anforderungen an das Bundeskartellamt und Änderungsbedarf im deutschen Kartellrecht, EWS 2003, S. 441 ff.

–/Scheidgen, Anja: Das neue Netzwerk der Wettbewerbsbehörden in der Europäischen Union, EWS 2002, S. 201 ff.

Borchardt, Klaus-Dieter: Die Reform der Gemeinsamen Agrarpolitik – Perspektiven und Herausforderungen für Landwirte und Juristen, in: Gaitanides, Charlotte/Kadelbach,

Stefan/Rodriguez Iglesias, Gil Carlos (Hrsg.), Europa und seine Verfassung – Festschrift für Manfred Zuleeg zum siebzigsten Geburtstag, Baden-Baden 2005, S. 473 ff.

von Borries, Reimer: Verwaltungskompetenzen der Europäischen Gemeinschaft, in: Due, Ole/Lutter, Marcus/Schwarze, Jürgen (Hrsg.), Festschrift für Ulrich Everling, Band I, 1995, S. 127 ff.

Brechmann, Winfried: Die richtlinienkonforme Auslegung – Zugleich ein Beitrag zur Dogmatik der EG-Richtlinie, München 1994.

Breier, Siegfried: Die Organisationsgewalt der Gemeinschaft am Beispiel der Errichtung der Europäischen Umweltagentur, NuR 1995, S. 516 ff.

Brenner, Michael: Der Gestaltungsauftrag der Verwaltung in der Europäischen Union, Tübingen 1996.

Brück, Werner/Kühne, Horst A.: Die Neuregelung der Finanzkontrolle der Europäischen Gemeinschaften, DÖV 1977, S. 23 ff.

Bundesministerium für Verbraucherschutz, Ernährung und Landwirtschaft: Meilensteine der Agrarpolitik – Umsetzung der europäischen Agrarreform in Deutschland, Ausgabe 2005 (http://verbraucherministerium.de/data/00056BF17FE711C9BCF06521C0A-8D816.0.pdf; Stand: 04. Juni 2005).

Bundesregierung: Gemeinschaftliches Förderkonzept Ziel 1 und Ziel 1-Übergangsunterstützung in Deutschland 200-2006 (http://www.mv-regierung.de/strukturfonds/doku/gfk_2000-2006.pdf; Stand: 15. April 2006).

Busse, Christian: Darf die Europäische Kommission auf Haushaltsmittel der Mitgliedstaaten zugreifen? – Zur Anordnung einer obligatorischen nationalen Kofinanzierung in einer Durchführungsverordnung der Kommission, VerwArch 2003, S. 483 ff.

–.: Die Verteilung von EU-Finanzmitteln auf die deutschen Bundesländer – Zugleich ein Beitrag zum Dreiklang der Einnahmen- und Ausgabenzuständigkeit im deutschen Finanzverfassungsrecht, DÖV 2004, S. 93 ff.

von Buttlar, Christian: Das Initiativrecht der Europäischen Kommission, Berlin 2003.

Calliess, Christian: Subsidiaritäts- und Solidaritätsprinzip in der Europäischen Union, 2. Aufl., Baden-Baden 1999.

–.: Eigentumsgrundrecht, in: Ehlers, Dirk (Hrsg.), Europäische Grundrechte und Grundfreiheiten, 2. Auflage, Berlin 2005, S. 462 ff.

–/Ruffert, Matthias (Hrsg.), Kommentar zu EU-Vertrag und EG-Vertrag, 2. Auflage, Neuwied 2002.

Caspari, Manfred: Die Beihilferegeln des EWG-Vertrags und ihre Anwendung, in: Mestmäcker, Ernst-Joachim/Möller, Hans/Schwarz, Hans-Peter (Hrsg.), Eine Ordnungspolitik für Europa – Festschrift für Hans von der Groeben zu seinem 80. Geburtstag, Baden-Baden 1987, S. 69 ff.

Classen, Claus Dieter: Bildungspolitische Förderprogramme der EG – Eine kritische Untersuchung der vertragsrechtlichen Grundlagen, EuR 1990, S. 10 ff.

Collatz, Brigitte: Die neuen europäischen Zulassungsverfahren für Arzneimittel – insbesondere Verfahren und Rechtsschutz des Antragstellers und Zulassungsinhabers bei Zulassungsentscheidungen, Aulendorf 1996.

Columbus, Christiane: Abwehrmöglichkeiten des Landwirtes bei der Rückforderung von Ausgleichszahlungen und Beihilfen, AgrarR 2003, S. 40 ff.

Coutron, Laurent: Le principe de la collégialité au sein de la Commission européenne après le Traité de Nice, RTDE 2003, S. 247 ff.

Craig, Paul: The Constitutionalization of Community Administration, Jean Monnet Working Paper 3/03 (http://www.jeanmonnetprogram.org/papers/03/030301.pdf; Stand: 15. April 2006) und ELRev 2003, S. 840 ff.

–/de Búrca, Gráinne: The Evolution of EU Law, Oxford 1999.

–/–: EU Law – Text, cases and materials, 3. Auflage, Oxford 2003.
Curtin, Deirdre: Mind the Gap: the Evolving EU Executive and the Constitution, Groningen 2004.
Dammann, Amina: Die Beschwerdekammern der europäischen Agenturen, Frankfurt am Main 2004.
Dauses, Manfred A. (Hrsg.), Handbuch des EU-Wirtschaftsrechts, 2 Bände, München, Stand: Dezember 2004.
David, Antje: Inspektionen im Europäischen Verwaltungsrecht, Berlin 2003.
–: Inspektionen als Instrument der Vollzugskontrolle im Europäischen Verwaltungsverbund, in: Schmidt-Aßmann, Eberhard/Schöndorf-Haubold, Bettina (Hrsg.), Der Europäische Verwaltungsverbund – Formen und Verfahren der Verwaltungszusammenarbeit in der EU, Tübingen 2005, S. 237 ff.
Deutscher Bauernverband: Die Reform der Gemeinsamen Agrarpolitik, Oktober 2003.
Dreier, Horst (Hrsg.), Grundgesetz, Kommentar, Tübingen, Band II, Artikel 20-82, 1998, Band III, Artikel 83-146, 2000.
von Drygalski, Andrea: Die Fonds der Europäischen Gemeinschaften – Eine systematische Darstellung ihrer rechtlichen Grundlagen, München 1988.
Eckhoff, Rolf: Lastenverteilung in der Europäischen Gemeinschaft, in: Birk, Dieter (Hrsg.), Handbuch des Europäischen Steuer- und Abgabenrechts, Herne/Berlin 1995, S. 189 ff.
Ehlermann, Claus-Dieter: Der Europäische Rechnungshof – Haushaltskontrolle in der Gemeinschaft, Baden-Baden 1976 (*Rechnungshof*).
–/*Minch, Mary:* Conflicts between Community Institutions within the Budgetary Procedure – Article 205 of the EEC Treaty, EuR 1981, S. 23 ff.
Ehlers, Dirk: Allgemeine Lehren, in: ders. (Hrsg.), Europäische Grundrechte und Grundfreiheiten, 2. Auflage, Berlin 2005, S. 383 ff.
Eisenführ, Günther/Schennen, Detlef: Gemeinschaftsmarkenverordnung – Kommentar, Köln 2003.
Epiney, Astrid/Freiermuth Abt, Marianne/Mosters, Robert: Der Vertrag von Nizza, DVBl. 2001, S. 941 ff.
Erichsen, Hans-Uwe/Ehlers, Dirk (Hrsg.), Allgemeines Verwaltungsrecht, 12. Auflage, Berlin 2002.
Europäische Union: Finanzbericht 1999, Luxemburg 2001 (http://europa.eu.int/comm/budget/pdf/execution/execution/financialreport99/de.pdf; Stand: 30. Juli 2005).
–: Finanzbericht 2000, Luxemburg 2001 (http://europa.eu.int/comm/budget/pdf/execution/execution/financialreport00/fi_rep_de.pdf; Stand: 30. Juli 2005).
–: Finanzbericht 2001, Luxemburg 2002 (http://europa.eu.int/comm/budget/pdf/execution/execution/financialreport01/rapfin_de.pdf; Stand: 30. Juli 2005).
–: Finanzbericht 2002, Luxemburg 2003 (http://europa.eu.int/comm/budget/pdf/execution/execution/financialreport02/rapfin_de.PDF; Stand: 30. Juli 2005).
–: Finanzbericht 2003, Luxemburg 2004 (http://www.europa.eu.int/comm/budget/pdf/execution/execution/financialreport03/rapfin_de.pdf; Stand: 30. Juli 2005).
–: Die dezentralen Einrichtungen der Europäischen Union (zwischenzeitlich im Internet unter http://www.europa.eu.int/agencies/agencies_de.pdf).
Falke, Josef: Comitology: From small councils to complex networks, in: Andenas, Mads/Türk, Alexander (Hrsg.), Delegated Legislation and the Role of Committees in the EC, Den Haag u.a. 2000, S. 331 ff.
Farbmann, Kyrill: Die Reform der Fusionskontrollverordnung als ein Beispiel der Europäischen Normsetzungspolitik, Frankfurt am Main u.a. 2005.

Feuchthofen, Jörg E.: Europäische Förderprogramme im Bildungswesen, RdJB 1992, S. 181 ff.

Fischer, Klemens H.: Der Vertrag von Nizza, 2. Auflage, Baden-Baden 2003.

–*:* Die Entwicklung des europäischen Vertragsrechts, Baden-Baden 2005.

Fischer-Appelt, Dorothee: Agenturen der Europäischen Gemeinschaft – Eine Studie zu Rechtsproblemen, Legitimation und Kontrolle europäischer Agenturen mit interdisziplinären und rechtsvergleichenden Bezügen, Berlin 1999.

Forman, John: Case 16/88, Commission, supported by Parliament v. Council, Judgment of 24 October 1989, CMLR 1990, S. 872 ff.

Forsthoff, Ernst: Die Verwaltung als Leistungsträger, Stuttgart 1938.

Freitag, Oliver: Das Beleihungsrechtsverhältnis – Rahmen, Begründung und Inhalt, Baden-Baden 2005.

Freytag, Michael: Der Europäische Rechnungshof – Institution, Funktion und politische Wirkung, Baden-Baden 2005.

Frenz, Walter: Handbuch Europarecht, Band 2: Europäisches Kartellrecht, Berlin u.a. 2006.

Friedrich, Christina/Inghelram, Jan: Die Klagemöglichkeiten des Europäischen Rechnungshofs vor dem Europäischen Gerichtshof, DÖV 1999, S. 669 ff.

Frowein, Jochen Abr./Peukert, Wolfgang: Europäische Menschenrechtskonvention, EMRK-Kommentar, 2. Auflage, Kehl 1996.

Fugmann, Friedrich: Der Gesamthaushalt der EG – Bedeutung, rechtliche Struktur, Vollzug, Notwendigkeit und Möglichkeiten einer Reform, Sindelfingen 1992.

–*:* Haushaltsentlastung 1996, oder: Wer hat den Schwarzen Peter?, EuZW 1999, S. 65.

Gaitanides, Charlotte: Das Recht der Europäischen Zentralbank – Unabhängigkeit und Kooperation in der Europäischen Währungsunion, Tübingen 2005.

Gasse, Dirk: Die Bedeutung der Querschnittsklauseln für die Anwendung des Gemeinschaftskartellrechts, Frankfurt am Main u.a. 2000.

Geiger, Rudolf: Vertragsschlußkompetenzen der Europäischen Gemeinschaft und auswärtige Gewalt, JZ 1995, S. 973 ff.

–*:* EUV/EGV, Vertrag über die Europäische Union und Vertrag zur Gründung der Europäischen Gemeinschaft, 4. Auflage, München 2004.

Geissler, Birgit: Staatliche Kunstförderung nach Grundgesetz und Recht der EG, Berlin 1995.

Gemmel, Heiko: Kontrollen des OLAF in Deutschland – Die Anwendung der VO Nr. 2185/96 und der VO Nr. 1073/99 bei Kontrollen von Wirtschaftsteilnehmern in Deutschland zum Schutz der finanziellen Interessen der Gemeinschaft, Aachen 2002.

Georgopoulos, Théodore/Lefèvre, Silvère: La commission après le traité de Nice: métamorphose ou continuité?, RTDE 2001, S. 597 ff.

Gerken, Anika: Rechtsschutzmöglichkeiten europäischer Wirtschaftsteilnehmer gegen GATT-widrige Wirtschaftshemmnisse, Frankfurt am Main 2004.

Gern, Alfons: Deutsches Kommunalrecht, 3. Auflage, Baden-Baden 2003.

Gesmann-Nuissl, Dagmar: Die Verschuldungsbefugnis der Europäischen Union, Frankfurt am Main 1999.

Girerd, Pascal: Les principes d'équivalence et d'effectivité: encadrement ou désencadrement de l'autonomie procédurale des Etats membres?, RTDE 2002, S. 75 ff.

Gleß, Sabine: Das Europäische Amt für Betrugsbekämpfung (OLAF), EuZW 1999, S. 618 ff.

Godet, Romain: Le nouveau «code de procédure budgétaire» de l'Union européenne, RTDE 2000, S. 273 ff.

Grabitz, Eberhard/Hilf, Meinhard (Hrsg.), Das Recht der Europäischen Union, München; Band II – EUV/EGV; Altband II – Art. 137-248 EGV (Maastrichter Fassung), EWGV (Römische Fassung).

Graf, Rainer: Die Finanzkontrolle der Europäischen Gemeinschaft, Baden-Baden 1999.

Grimm, Christian: Agrarrecht, 2. Auflage, München 2004.

von der Groeben, Hans/von Boeckh, Hans/Thiesing, Jochen (Hrsg.), Kommentar zum EWG-Vertrag, 2. Auflage, Baden-Baden, Band 2, Artikel 137-248, 1974.

–/Schwarze, Jürgen (Hrsg.), Kommentar zum Vertrag über die Europäische Union und zur Gründung der Europäischen Gemeinschaft, 6. Auflage, Baden-Baden, Band 1, Art. 1-53 EUV, Art. 1-80 EGV, 2003, Band 2, Art. 81-97 EGV, 2003, Band 3, Art. 98-188 EGV, 2003, Band 4, Art. 189-314 EGV, 2004.

–/Thiesing, Jochen/Ehlermann, Claus-Dieter (Hrsg.), Handbuch des Europäischen Rechts – Systematische Sammlung mit Erläuterungen, Baden-Baden.

Groß, Thomas: Das Kollegialprinzip in der Verwaltungsorganisation, Tübingen 1999.

–: Exekutive Vollzugsprogrammierung durch tertiäres Gemeinschaftsrecht?, DÖV 2004, S. 20 ff.

–: Die Kooperation zwischen europäischen Agenturen und nationalen Behörden, EuR 2005, S. 54 ff.

Grunwald, Jürgen: Die nicht-völkerrechtlichen Verträge der Europäischen Gemeinschaften, EuR 1984, S. 227 ff.

Gündisch, Jürgen: Anmerkung zu EuGH, Urteil vom 12. Mai 1998 – Rs. C-366/95 (Steff-Houlberg), EuZW 1998, S. 502 f.

–/Wienhues, Sigrid: Rechtsschutz in der Europäischen Union, 2. Auflage, Stuttgart 2003.

Häde, Ulrich: Finanzausgleich: die Verteilung der Aufgaben, Ausgaben und Einnahmen im Recht der Bundesrepublik Deutschland und der Europäischen Union, Tübingen 1996.

–/Puttler, Adelheid: Zur Abgrenzung des Art. 235 EGV von der Vertragsänderung, EuZW 1997, S. 13 ff.

Haibach, Georg: Komitologie nach Amsterdam – Die Übertragung von Rechtsetzungsbefugnissen im Rechtsvergleich, VerwArch 1999, S. 98 ff.

–: The history of comitology, in: Andenas, Mads/Türk, Alexander (Hrsg.), Delegated Legislation and the Role of Committees in the EC, Den Haag u.a. 2000, S. 185 ff.

Halla-Heißen, Isabell: Grundlagen des Ausfuhrerstattungsrechts, in: Ehlers, Dirk/Wolffgang, Hans-Michael (Hrsg.), Rechtsfragen der Europäischen Marktordnungen, Münster/Köln 1998, S. 37 ff.

Hallstein, Walter: Die Europäische Gemeinschaft, Düsseldorf 1973.

Hanel, Reiner: Vom Gatt zur WTO – Entwicklungen und Strukturen, Teil I, ZfZ 1996, S. 104 ff., Teil II, ZfZ 1996, S. 138 ff., Teil III, S. 174 ff.

Harden, Ian/White, Fidelma/Donnelly, Kate: The Court of Auditors and Financial Control and Accountability in the European Community, European Public Law 1 (1995), S. 599 ff.

Harlow, Carol: Accountability in the European Union, Oxford 2002.

Hartwig, Ines: Eine neue Finanzverfassung für die Europäische Union, Integration 2003, S. 520 ff.

Hatje, Armin: Die gemeinschaftsrechtliche Steuerung der Wirtschaftsverwaltung – Grundlagen, Erscheinungsformen, verfassungsrechtliche Grenzen am Beispiel der Bundesrepublik Deutschland, Baden-Baden 1998.

–: Die institutionelle Reform der Europäischen Union – der Vertrag von Nizza auf dem Prüfstand, EuR 2001, S. 143 ff.

Haus, Florian C.: OLAF – Neues zur Betrugsbekämpfung in der EU, EuZW 2000, S. 745 ff.
–: Welthandelsrecht versus Gemeinschaftsrecht, Jura 2003, S. 108 ff.
Haverkate, Görg: Rechtsfragen des Leistungsstaats – Verhältnismäßigkeitsgebot und Freiheitsschutz im leistenden Staatshandeln, Tübingen 1983.
Hayder, Robert: Das Weißbuch „Europäisches Regieren" der EU-Kommission – Die Union dem Bürger näher bringen, ZG 2002, S. 49 ff.
Hedtmann, Oliver: Unregelmäßigkeiten und Betrug im europäischen Agrarsektor – Maßnahmen zum Schutz der finanziellen Interessen der Europäischen Union, EuR 2002, S. 122 ff.
Heidenhain, Martin (Hrsg.), Handbuch des Europäischen Beihilfenrechts, München 2003.
Heinelt, Hubert/Kopp-Malek, Tanja/Lang, Jochen/Reissert, Bernd: Die Entwicklung der EU-Strukturfonds als kumulativer Politikprozess, Baden-Baden 2005.
Heinemann, Friedrich: Perspektiven einer zukünftigen EU-Finanzverfassung, Integration 2003, S. 228 ff.
Hellmann, Hans-Joachim: Das neue Verweisungsregime in Art. 4 FKVO aus Sicht der Praxis, EWS 2004, S. 289 ff.
Henze, Thomas: Aufgaben- und Ausgabenkompetenz der Europäischen Gemeinschaft und ihrer Mitgliedstaaten im Bereich der Entwicklungspolitik, EuR 1995, S. 76 ff.
Herrmann, Christoph: Grundzüge der Welthandelsordnung, ZEuS 2001, S. 453 ff.
–: Der gemeinschaftsrechtliche Begriff der Beihilfe, ZEuS 2004, S. 415 ff.
Hetzer, Wolfgang: Korruptionsbekämpfung in Europa, NJW 2004, S. 3746 ff.
Hilf, Juliane: Dezentralisierungstendenzen in der Europäischen Union – Die Delegation von Forschungsverwaltungsaufgaben an außervertragliche Einrichtungen nach Art. 171 EG, Köln 1999.
Hilf, Meinhard: Die abhängige Juristische Person des Europäischen Gemeinschaftsrechts, ZaöRV 1976, S. 551 ff.
–: Die Organisationsstruktur der Europäischen Gemeinschaften – Rechtliche Gestaltungsmöglichkeiten und Grenzen, Berlin u.a. 1982.
–: EG-Außenkompetenzen in Grenzen – Das Gutachten des EuGH zur Welthandelsorganisation, EuZW 1995, S. 7 ff.
Hirsch, Günter: Der Europäische Gerichtshof – Das unbekannte Wesen, Heidelberg 1997.
Hitzler, Gerhard: Schwarze Liste, in: Ehlers, Dirk/Wolffgang, Hans-Michael (Hrsg.), Rechtsfragen der Europäischen Marktordnungen, Münster/Köln 1998, S. 245 ff.
Hochbaum, Ingo: Politik und Kompetenzen der Europäischen Gemeinschaften im Bildungswesen, BayVBl. 1987, S. 481 ff.
Hofmann, Herwig: Normenhierarchien im europäischen Gemeinschaftsrecht, Berlin 2000.
Hofmann, Jens: Rechtsschutz und Haftung im Europäischen Verwaltungsverbund, Berlin 2004.
Hofmann, Rainer: Zurück zu Solange II – Zum Bananenmarktordnungs-Beschluß des Bundesverfassungsgerichts, in: Cremer, Hans-Joachim/Giegerich, Thomas/Richter, Dagmar/Zimmermann, Andreas (Hrsg.), Tradition und Weltoffenheit des Rechts – Festschrift für Helmut Steinberger, Berlin u.a. 2002, S. 1207 ff.
Hölscheidt, Sven: Das Haushaltsrecht der Europäischen Gemeinschaften, DÖV 1989, S. 537 ff.
Holzwart, Holger: Der rechtliche Rahmen für die Verwaltung und Finanzierung der gemeinschaftlichen Strukturfonds am Beispiel des EFRE, Berlin 2003.
Hossenfelder, Silke/Lutz, Martin: Die neue Durchführungsverordnung zu den Artikeln 81 und 82 EG-Vertrag, WuW 2003, S. 118 ff.

House of Lords, Select Committee on European Union: The European Court of Auditors: The case for reform, April 2001 (http://www.publications.parliament.uk/pa/ld-200001/ldselect/ldeucom/63/6301.htm; Stand: 15. April 2006).

Hrbek, Rudolf: Der Vertrag von Maastricht und das Demokratie-Defizit der Europäischen Union – Auf dem Weg zu stärkerer Legitimation?, in: Randelzhofer, Alfred/Scholz, Rupert/Wilke, Dieter (Hrsg.), Gedächtnisschrift für Eberhard Grabitz, München 1995, S. 171 ff.

Huber, Peter M.: Das Kooperationsverhältnis von Kommission und nationalen Verwaltungen beim Vollzug des Unionsrechts, in: Eberle, Carl-Eugen/Ibler, Martin/Lorenz, Dieter (Hrsg.), Der Wandel des Staates vor den Herausforderungen der Gegenwart – Festschrift für Winfried Brohm, München 2002, S. 127 ff.

Inghelram, Jan: The European Court of Auditors: Current Legal Issues, CMLR 2000, S. 129 ff.

Ipsen, Hans Peter: Europäisches Gemeinschaftsrecht, Tübingen 1972.

Isensee, Josef/Kirchhof, Paul (Hrsg.), Handbuch des Staatsrechts, Heidelberg, Band IV, Finanzverfassung – Bundesstaatliche Ordnung, 2. Auflage 1999, Band VII, Normativität und Schutz der Verfassung – Internationale Beziehungen, 1992.

–: Der Bundesstaat – Bestand und Entwicklung, in: Badura, Peter/Dreier, Horst (Hrsg.), Festschrift 50 Jahre Bundesverfassungsgericht, Band 2, Tübingen 2001, S. 719 ff.

Jarass, Hans D.: Die Kompetenzverteilung zwischen der Europäischen Gemeinschaft und den Mitgliedstaaten, AöR 121 (1996), S. 173 ff.

–./Beljin, Saša: Die Bedeutung von Vorrang und Durchführung des EG-Rechts für die nationale Rechtsetzung und Rechtsanwendung, NVwZ 2004, S. 1 ff.

von Jeinsen, Ulrich: Die Agrarreform 2003 – Konsequenzen für die Vertragsgestaltung, AgrarR 2003, S. 293 ff.

Joerges, Christian/Falke, Josef (Hrsg.), Das Ausschußwesen der Europäischen Union, Baden-Baden 2000.

Jürgensen, Thomas: Die Reform des Ausfuhrerstattungsrechtes für landwirtschaftliche Erzeugnisse, EWS 1999, S. 376 ff.

Kadelbach, Stefan: Allgemeines Verwaltungsrecht unter europäischem Einfluß, Tübingen 1999.

–: Verwaltungskontrollen im Mehrebenen-System der Europäischen Gemeinschaft, in: Eberhard Schmidt-Aßmann/Hoffmann-Riem, Wolfgang (Hrsg.), Verwaltungskontrolle, Baden-Baden 2001, S. 205 ff.

Kahl, Wolfgang: Hat die EG die Kompetenz zur Regelung des Allgemeinen Verwaltungsrechts?, NVwZ 1996, S. 865 ff.

Kalbe, Peter: The award of contracts and the enforcement of claims in the context of EC external aid and development cooperation, CMLR 2001, S. 1217 ff.

–: Rechtsschutz und Interessenverfolgung im Bereich der europäischen Außen- und Entwicklungshilfe, EWS 2003, S. 355 ff.

Kannengießer, Christoph: Die Entlastung im Haushaltsrecht der Europäischen Gemeinschaft, DÖV 1995, S. 55 ff.

Karnitschnig, Michael: Das Verhältnis von Landwirtschaft und Umweltschutz im Rahmen der Gemeinsamen Agrarpolitik, AgrarR 2002, S. 101 ff.

Kaufmann, Marcel: Bewegung im Streit um die Bund-Länder-Verwaltungshaftung – Zum Beschluss des BVerfG im Bund-Länder-Streit zwischen Mecklenburg-Vorpommern und der Bundesrepublik Deutschland vom 7.10.2003, NVwZ 2004, S. 438 ff.

Kaufmann, Stefan: Das Europäische Hochschulinstitut – Die Florentiner ‚Europa-Universität' im Gefüge des europäischen und internationalen Rechts, Berlin 2003.

Klees, Andreas: Europäisches Kartellverfahrensrecht mit Fusionskontrollverfahren, Köln 2005.
Klepper, Marian: Vollzugskompetenzen der Europäischen Gemeinschaft aus abgeleitetem Recht, Baden-Baden 2001.
Klingbeil, F. Thilo: Das Beihilfeverfahren nach Art. 93 EG-Vertrag, Verfahrensablauf – Rechte der Beteiligten – Rechtsschutzmöglichkeiten, Baden-Baden 1998.
Kluth, Winfried: Die demokratische Legitimation der Europäischen Union – Eine Analyse der These vom Demokratiedefizit der Europäischen Union aus gemeineuropäischer Verfassungsperspektive, Berlin 1995.
Knemeyer, Simone: Das Europäische Parlament und die gemeinschaftliche Durchführungsrechtsetzung – Die Rolle des Europäischen Parlaments bei der Delegation von Rechtsetzungsbefugnissen auf die Europäische Kommission, Baden-Baden 2003.
Koch, Michael H.: Die Externalisierungspolitik der Kommission – Zulässigkeit und Grenzen mittelbarer Gemeinschaftsverwaltung, Baden-Baden 2004.
–: Mittelbare Gemeinschaftsverwaltung in der Praxis, EuZW 2005, S. 455 ff.
Koenig, Christian/Braun, Jens-Daniel: Rückgriffsansprüche des Bundes bei einer Haftung für Verstöße der Bundesländer gegen Gemeinschaftsrecht, NJ 2004, S. 97 ff.
–/Haratsch, Andreas: Europarecht, 4. Auflage, Tübingen 2003.
–/Kühling, Jürgen: Reform des EG-Beihilfenrechts aus der Perspektive des mitgliedstaatlichen Systemwettbewerbs, EuZW 1999, S. 517 ff.
–/–/Ritter, Nicolai: EG-Beihilfenrecht, 2. Auflage, Frankfurt am Main 2005.
–/Pechstein, Matthias/Sander, Claude: EU-/EG-Prozessrecht, 2. Auflage, Tübingen 2002.
–/Scholz, Michael: Die Förderung transeuropäischer Netzinfrastrukturen, EWS 2003, S. 223 ff.
Kommission der Europäischen Gemeinschaften: Vorschlag für eine Verordnung (EG, Euratom) des Rates zur Einrichtung eines Europäischen Amtes für Untersuchungen zur Betrugsbekämpfung, 4. Dezember 1998, KOM(1998) 717 endg., ABl. EG 1999 Nr. C 21/10.
–: Déclaration du Président Santer au nom du Collège, 16. März 1999, IP/99/172.
–: Statement by President Jacques Santer the day after the resignation of the members of the Commission, 16. März 1999, IP/99/179.
–: Weißbuch über die Modernisierung der Vorschriften zur Anwendung der Artikel 85 und 86 EG-Vertrag, ABl. EG 1999 Nr. C 132/1.
–: Mitteilung der Kommission über die Strukturfonds und ihre Koordinierung mit dem Kohäsionsfonds – Leitlinien für die Programme des Zeitraums 2000-2006, ABl. EG 1999 Nr. C 267/2.
–: Mitteilung der Kommission an den Rat, das Europäische Parlament, den Wirtschafts- und Sozialausschuß und den Ausschuß der Regionen – Hin zu einem europäischen Forschungsraum, 18. Januar 2000, KOM(2000) 6.
–: Die Reform der Kommission, Ein Weißbuch – Teil I, 5. April 2000, KOM(2000) 200 endgültig/2.
–: Die Reform der Kommission, Ein Weißbuch – Teil II: Aktionsplan, 5. April 2000, KOM(2000) 200 endgültig/2.
–: Vorschlag für eine Verordnung des Rates über die Hilfe für Albanien, Bosnien-Herzegowina, Kroatien, die Bundesrepublik Jugoslawien und die ehemalige jugoslawische Republik Mazedonien und zur Änderung der Verordnung (EWG) Nr. 3906/89, Vorschlag für eine Verordnung des Rates über die Europäische Agentur für den Wiederaufbau, 10. Mai 2000, KOM(2000) 281 endgültig.

–: Communication to the Commission on the Reform of the Management of External Assistance, 16. Mai 2000 (http://europa.eu.int/comm/external_relations/reform/document/reform/document/communication_en.pdf; Stand: 6. Mai 2005).
–: Vorschlag für eine Verordnung des Rates zur Änderung der Haushaltsordnung betreffend die Trennung zwischen interner Auditfunktion und ex-ante-Finanzkontrolle (Artikel 24 Absatz 5 der Haushaltsordnung), 30. Mai 2000, KOM(2000) 341 endgültig.
–: Das Rechnungsabschlussverfahren, 2000 (http://europa.eu.int/comm/agriculture/publi/fact/clear/clear_de.pdf; Stand: 30. Juli 2005).
–: Vorschlag für eine Verordnung (EG, EGKS, EAG) des Rates zur Regelung der Haushaltsordnung für den Gesamthaushaltsplan der Europäischen Gemeinschaften, 17. Oktober 2000, KOM(2000) 461 endgültig; auch ABl. EG 2001 Nr. C 96 E/1 (nur Text des Verordnungsvorschlags).
–: Mitteilung der Kommission – Externalisierung der Verwaltung der Gemeinschaftsprogramme und Vorlage einer Rahmenverordnung für eine neuartige Exekutivagentur, Vorschlag für eine Verordnung des Rates mit dem Statut der Exekutivagenturen, die mit bestimmten Aufgaben bei der Verwaltung der Gemeinschaftsprogramme beauftragt werden, 13. Dezember 2000, KOM(2000) 788 endgültig.
–: Bericht der Kommission – Abschlussbericht über die Durchführung der ersten Phase des Gemeinschaftlichen Aktionsprogramms Leonardo da Vinci (1995-1999), 22. Dezember 2000, KOM(2000) 863 endgültig.
–: Reorganisation of Financial Control and Internal Audit in the Commission – Establishment of two independent Services, 25. Juni 2001 (http://www.europa.eu.int/comm/dgs/internal_audit/documents/reorganisationfc_en.pdf; Stand: 15. April 2006).
–: Europäisches Regieren – ein Weißbuch, 25. Juli 2001, KOM(2001) 428 endgültig, auch ABl. EG 2001 Nr. C 287/1.
–: Mitteilung des Präsidenten im Einvernehmen mit Herrn Kinnock und Frau Schreyer an die Kommission – Die Implementierung maßnahmenbezogenen Managements bei der Kommission, 25. Juli 2001, SEC(2001) 1197/6 & 7.
–: CARDS Assistance Programme to the western Balkans – Regional Strategy Paper 2002-2006, Oktober 2001 (http://www.europa.eu.int/comm/external_relations/see/docs/cards/sp02_06.pdf; Stand: 30. Juli 2005).
–: Federal Republic of Yugoslavia – Country Strategy Paper 2002-2006 (http://www.europa.eu.int/comm/external_relations/see/fry/csp/02_06_en.pdf; Stand: 30. Juli 2005).
–: Mitteilung der Kommission – Verwaltung der Gemeinschaftsprogramme über ein Netz nationaler Agenturen, 13. November 2001, KOM(2001) 648 endgültig.
–: Mitteilung der Kommission an den Rat und das Europäische Parlament – Anpassung der Eigenmittelobergrenze und der Obergrenze der Mittel für Verpflichtungen nach Inkrafttreten des Beschlusses 2000/597/EG, Euratom, 28. Dezember 2001, KOM(2001) 801 endgültig.
–: Geänderter Vorschlag für eine Verordnung (EG, EGKS, EAG) des Rates zur Aufstellung der Haushaltsordnung für den Gesamthaushaltsplan der Europäischen Gemeinschaften, 10. Januar 2002, KOM(2001) 691 endgültig/2.
–: Vorschlag für eine Verordnung des Europäischen Parlaments und des Rates zur Einrichtung einer Europäischen Eisenbahnagentur, 23. Januar 2002, KOM(2002) 23 endgültig.
–: Arbeitsdokument der Kommissionsdienststellen – Bericht an das Europäische Parlament, den Rat, den Wirtschafts- und Sozialausschuss und den Ausschuss der Regionen über die Durchführung der Aktion Robert Schuman (1999 – 2001), 7. Februar 2002, SEK(2002) 157.

–: Mitteilung der Kommission – Ein neuer Typ von Ämtern mit unterstützenden und administrativen Aufgaben bei der Europäischen Kommission, 28. Mai 2002, KOM(2002) 264 endgültig.
–: Vorschlag zur Änderung der Gründungsrechtsakte der Gemeinschaftseinrichtungen infolge der Annahme der neuen Haushaltsordnung, 17. Juli 2002, KOM(2002) 406 endgültig.
–: Vorschlag für eine Verordnung des Rates zur Errichtung des Solidaritätsfonds der Europäischen Union, 18. September 2002, KOM(2002) 514 endgültig.
–: Mitteilung der Kommission – Rahmenbedingungen für die europäischen Regulierungsagenturen, 11. Dezember 2002, KOM(2002) 718 endgültig.
–: Mitteilung von Herrn Barnier im Einvernehmen mit Frau Schreyer, Frau Diamantopoulou und Herrn Fischler an die Kommission – Anwendung der „n+2"-Regel gemäß Artikel 31 Absatz 2 der Verordnung (EG) Nr. 1260/1999 (http://www.oerok.gv.at/-EU_Regionalpoltik_in_Oesterreich/eu_strukturfonds_rechtsgrundlagen/DOC_EK/CD RR-02-0029-00-DE.pdf; Stand: 15. April 2006).
–: Bericht der Kommission über Europäisches Regieren, 2003 (http://europa.eu.int/comm/governance/docs/comm_rapport_de.pdf; Stand: 15. April 2006).
–: Vorschlag für eine Verordnung des Rates zur Festlegung von Gemeinschaftsregeln für Direktzahlungen im Rahmen der Gemeinsamen Agrarpolitik und Förderregeln für Erzeuger bestimmter Kulturpflanzen, 21. Januar 2003, KOM(2003) 23 endgültig.
–: Mitteilung der Kommission – Fortschrittsbericht über die Reform, 7. Februar 2003, COM(2003) 40 endgültig/2.
–: Bericht der Kommission – Bewertung der Tätigkeiten des Europäischen Amtes für Betrugsbekämpfung, 2. April 2003, KOM(2003) 154 endgültig.
–: Vorschlag für einen Beschluss des Europäischen Parlaments und des Rates zur Änderung des Beschlusses Nr. 58/2000/EG vom 14. Februar 2000 über das Programm „Kultur 2000", 16. April 2003, KOM(2003) 187 endgültig.
–: Vorschlag für einen Beschluss des Europäischen Parlaments und des Rates über ein Aktionsprogramm der Gemeinschaft zur Unterstützung von europaweit tätigen Einrichtungen und zur Förderung von punktuellen Tätigkeiten im Bereich der allgemeinen und beruflichen Bildung, 27. Mai 2003, KOM(2003) 273 endgültig.
–: Mitteilung der Kommission an den Rat und das Europäische Parlament – Vorschläge für Basisrechtsakte für Finanzhilfen, die die Kommission derzeit im Rahmen ihrer Verwaltungsautonomie (Teil A des Haushaltsplans) oder ihrer institutionellen Vorrechte gewährt – Allgemeine Einführung, 27. Mai 2003, KOM(2003) 274 endgültig.
–: Vorschlag für einen Beschluss des Europäischen Parlaments und des Rates über ein Aktionsprogramm der Gemeinschaft zur Unterstützung europaweit tätiger kultureller Einrichtungen, 27. Mai 2003, KOM(2003) 275 endgültig.
–: Vorschlag für eine Verordnung des Rates zur Änderung der Verordnung (EG, Euratom) Nr. 1150/2000 zur Durchführung des Beschlusses 2000/597/EG, Euratom über das System der Eigenmittel der Gemeinschaften, 1. Juli 2003, KOM(2003) 366 endgültig.
–: Vorschlag für eine Verordnung des Europäischen Parlaments und des Rates zur Registrierung, Bewertung, Zulassung und Beschränkung chemischer Stoffe (REACH), zur Schaffung einer Europäischen Agentur für chemische Stoffe sowie zur Änderung der Richtlinie 1999/45/EG und der Verordnung (EG) über persistente organische Schadstoffe, 29. Oktober 2003, KOM(2003) 644 endgültig.
–: Mitteilung der Kommission an das Europäische Parlament und den Rat – Technische Anpassung der Finanziellen Vorausschau an die Entwicklung des Bruttonationaleinkommens und der Preise für das Haushaltsjahr 2005 (Nummer 15 der Interinstitutio-

nellen Vereinbarung vom 6. Mai 1999 über die Haushaltsdisziplin und die Verbesserung des Haushaltsverfahrens), 12. Dezember 2003, KOM(2003) 785 endgültig.

–: Mitteilung der Kommission – Erfüllung des Reformauftrags: Fortschrittsbericht und 2004 durchzuführende Maßnahmen, 10. Februar 2004, KOM(2004) 93 endgültig.

–: Vorschlag für eine Verordnung des Europäischen Parlaments und des Rates zur Änderung der Verordnung (EG) Nr. 1073/1999 über die Untersuchungen des Europäischen Amtes für Betrugsbekämpfung (OLAF), KOM(2004) 103 endgültig.

–: Bericht der Kommission – Zwischenbericht über die erzielten Ergebnisse und über die qualitativen und quantitativen Aspekte der Durchführung der zweiten Phase des gemeinschaftlichen Aktionsprogramms im Bereich der allgemeinen Bildung „Sokrates", 8. März 2004, KOM(2004) 153 endgültig.

–: Bericht der Kommission – Zwischenbericht über die Durchführung der zweiten Phase des Programms Leonardo da Vinci (2000-2006), 6. April 2004, KOM(2004) 152 endgültig/2.

–: The Audit Progress Committee of the European Commission – Communication to the Commission from Mrs Schreyer in agreement with Vice-President Kinnock, Mrs Reding and Mr Vitorino, 14. April 2004, C(2004)1342 (http://www.europa.eu.int/comm/dgs/internal_audit/documents/apc%20charter_revised_c_2004_1342_en.pdf, Stand: 15. April 2006.

–: Vorschlag für eine Verordnung des Rates zur Einrichtung einer Europäischen Fischereiaufsichtsbehörde und zur Änderung der Verordnung (EG) Nr. 2847/93 zur Einführung einer Kontrollregelung für die Gemeinsame Fischereipolitik, 28. April 2004, KOM(2004) 289 endgültig.

–: Bekanntmachung der Kommission über die Zusammenarbeit innerhalb des Netzes der Wettbewerbsbehörden, ABl. EU 2004 Nr. C 101/43.

–: Bekanntmachung der Kommission über die Behandlung von Beschwerden durch die Kommission gemäß Artikel 81 und 82 EG-Vertrag, ABl. EU 2004 Nr. C 101/65.

–: Socrates Programme – Guidelines for Applicants, June 2004 Edition.

–: Mitteilung der Kommission – Synthese der Jährlichen Tätigkeitsberichte 2003 der Generaldirektionen und Dienste, 9. Juni 2004, KOM(2004) 418 endgültig.

–: Operatives Handbuch für dezentrale Aktionen im Rahmen von ERASMUS, Vertragsjahr 2004 für das akademische Jahr 2004/2005.

–: Vorschlag für einen Beschluß des Europäischen Parlaments und des Rates über ein integriertes Aktionsprogramm im Bereich des lebenslangen Lernen, 14. Juli 2004, KOM(2004) 474 endgültig.

–: Vorschlag für eine Verordnung des Rates über die Finanzierung der Gemeinsamen Agrarpolitik, 14. Juli 2004, KOM(2004) 489 endgültig.

–: Vorschlag für eine Verordnung des Rates über die Förderung der Entwicklung des ländlichen Raums durch den Europäischen Landwirtschaftsfonds für die Entwicklung des ländlichen Raums (ELER), 14. Juli 2004, KOM(2004) 490 endgültig.

–: Vorschlag für eine Verordnung des Rates mit allgemeinen Bestimmungen über den Europäischen Fonds für regionale Entwicklung, den Europäischen Sozialfonds und den Kohäsionsfonds, 14. Juli 2004, KOM(2004) 492 endgültig.

–: Vorschlag für eine Verordnung des Europäischen Parlaments und des Rates über den Europäischen Sozialfonds, 14. Juli 2004, KOM(2004) 493 endgültig.

–: Vorschlag für eine Verordnung des Rates zur Errichtung des Kohäsionsfonds, 14. Juli 2004, KOM(2004) 494 endgültig.

–: Vorschlag für eine Verordnung des Europäischen Parlaments und des Rates über den Europäischen Fonds für regionale Entwicklung, 14. Juli 2004, KOM(2004) 495 endgültig.

–: Vorschlag für eine Verordnung des Rates - Europäischer Fischereifonds, 14. Juli 2004, KOM(2004) 497 endgültig.

–: Arbeitsdokument der Kommission – Vorschlag zur Erneuerung der Interinstitutionellen Vereinbarung über die Haushaltsdisziplin und die Verbesserung des Haushaltsverfahrens, 14. Juli 2004, KOM(2004) 498 endgültig.

–: Vorschlag für einen Beschluß des Rates über das System der Eigenmittel der Europäischen Gemeinschaften, Vorschlag für eine Verordnung des Rates mit Durchführungsmaßnahmen für die Korrektur der Haushaltsungleichgewichte gemäß den Artikeln 4 und 5 des Beschlusses des Rates vom (...) über das System der Eigenmittel der Europäischen Gemeinschaften, 14. Juli 2004, KOM(2004) 501 endgültig.

–: Bericht der Kommission – Finanzierung der Europäischen Union, Berichte der Kommission über das Funktionieren des Eigenmittelsystems, 14. Juli 2004, KOM(2004) 505 endgültig/2.

–: Mitteilung der Kommission an den Rat und das Europäische Parlament über die Außenhilfeinstrumente im Rahmen der zukünftigen Finanziellen Vorausschau 2007-2013, 29. September 2004, KOM(2004) 626 endgültig.

–: Bericht der Kommission an das Europäische Parlament und den Rat – Bericht der Kommission über die Folgemaßnahmen zur Entlastung für den Haushaltsplan 2002, 30. September 2004, KOM(2004) 648 endgültig.

–: Annual Report 2004 on the European Community's development policy and external assistance, October 2004 (http://www.europa.eu.int/comm/development/body/publications/docs/AIDCO_rapport_annuel_2004_en.pdf; Stand: 29. Juli 2005).

–: Bericht der Kommission über die Tätigkeit der Ausschüsse im Jahre 2003, 7. Januar 2005, KOM(2004) 860 endgültig.

–: Veröffentlichung der wichtigsten Daten der Entscheidungen über die Gewährung einer finanziellen Unterstützung gemäß der Verordnung (EG) Nr. 1164/94 des Rates zur Errichtung des Kohäsionsfonds, geändert durch die Verordnungen (EG) Nr. 1264/1999 und (EG) Nr. 1265/1999, ABl. EU 2005 Nr. C 128/1.

–: Vorschlag für eine Verordnung des Rates zur Errichtung einer Agentur der Europäischen Union für Grundrechte, 30. Juni 2005, KOM(2005) 280 endgültig.

Kopp, Ferdinand O./Ramsauer, Ulrich: Verwaltungsverfahrensgesetz, 9. Auflage, München 2005.

Kuhl, Lothar/Spitzer, Harald: Die Verordnung (Euratom, EG) Nr. 2185/96 des Rates über die Kontrollbefugnisse der Kommission im Bereich der Betrugsbekämpfung, EuZW 1998, S. 37 ff.

–/–: Das Europäische Amt für Betrugsbekämpfung, EuR 2000, S. 671 ff.

Kühling, Jürgen: Grundrechte, in: von Bogdandy, Armin (Hrg.), Europäisches Verfassungsrecht – Theoretische und dogmatische Grundzüge, Berlin u.a. 2003, S. 583 ff.

Kuhlmann, Kirsten: Die Haushaltsdisziplin in den Europäischen Gemeinschaften, Sinzheim 1997.

Kuntze, Stefan: Europarecht im deutschen Verwaltungsprozess (4): Allgemeines Verwaltungsrecht, VBlBW 2001, S. 5 ff.

Kuschel, Hans-Dieter: Die Bananenmarktordnung der Europäischen Union – „Ein Muster für eine protektionistische Handelspolitik", RIW 1995, S. 218 ff.

Ladeur, Karl-Heinz: Die Europäische Umweltagentur und die Perspekiven eines europäischen Netzwerkes der Umweltverwaltungen, NuR 1997, S. 8 ff.

Läufer, Thomas: Die Organe der EG – Rechtsetzung und Haushaltsverfahren zwischen Kooperation und Konflikt, Bonn 1990.

–: Zum Stand der Verfassungsdiskussion in der Europäischen Union, in: Randelzhofer, Alfred/Scholz, Rupert/Wilke, Dieter (Hrsg.), Gedächtnisschrift für Eberhard Grabitz, München 1995, S. 355 ff.

Lavranos, Nikolaos: Die EG darf WTO-Recht weiterhin ignorieren, EWS 2004, S. 293 ff.

Lecheler, Helmut: Zum Bananenmarkt-Beschluß des BVerfG, JuS 2001, S. 120 ff.

Lenaerts, Koen/Verhoeven, Amaryllis: Towards a legal framework for executive rule-making in the EU? The contribution of the new comitology decision, CMLR 2000, S. 645 ff.

Lenz, Carl Otto/Borchardt, Klaus-Dieter (Hrsg.), EU- und EG-Vertrag, Kommentar, 3. Auflage, Köln 2003.

Lenzen, Heinz Josef: Der EU-Haushalt: Ein Katalysator für Legislativmaßnahmen? – Zur Auswirkung des Verhältnisses von Haushalts- und Gesetzgebungsverfahren auf Umfang und Intensität der EU-Tätigkeit, EuR 1996, S. 214 ff.

Lienemeyer, Max: Die Finanzverfassung der Europäischen Union – Ein Rechtsvergleich mit bundesstaatlichen Finanzverfassungen, Baden-Baden 2002.

Löw, Norbert: Der Rechtsschutz des Konkurrenten gegenüber Subventionen aus gemeinschaftsrechtlicher Sicht, Baden-Baden 1992.

Lübbe-Wolff, Gertrude: Europäisches und nationales Verfassungsrecht, VVDStRL 60 (2001), S. 246 ff.

Lübbig, Thomas/Martin-Ehlers, Andrés: Beihilfenrecht der EU – Das Recht der Wettbewerbsaufsicht über staatliche Beihilfen in der Europäischen Union, München 2003.

Mager, Ute: Das Europäische Amt für Betrugsbekämpfung (OLAF) – Rechtsgrundlagen seiner Errichtung und Grenzen seiner Befugnisse, ZEuS 2000, S. 177 ff.

Magiera, Siegfried: Verwaltungsorganisation: Finanz- und Fondsverwaltung, in: Schweitzer, Michael (Hrsg.), Europäisches Verwaltungsrecht, Wien 1991, S. 115 ff.

–: Zur Finanzverfassung der Europäischen Union, in: Randelzhofer, Alfred/Scholz, Rupert/Wilke, Dieter (Hrsg.), Gedächtnisschrift für Eberhard Grabitz, München 1995, S. 409 ff.

Mähring, Matthias: Externe Finanzkontrolle im europäischen Mehrebenensystem - Betrachtungen zu den föderativen Rahmenbedingungen im EU-Mitgliedstaat Deutschland, DÖV 2006, S. 195 ff.

von Mangoldt, Hermann/Klein, Friedrich/Starck, Christian (Hrsg.): Das Bonner Grundgesetz, Kommentar, 4. Auflage, München, Band 2: Artikel 20-78, 2000, Band 3: Artikel 79-146, 2001.

Maurer, Hartmut: Staatsrecht I, Grundlagen – Verfassungsorgane – Staatsfunktionen, 4. Auflage, München 2005.

–: Allgemeines Verwaltungsrecht, 15. Auflage, München 2004.

Mayer, Franz C.: Grundrechtsschutz gegen europäische Rechtsakte durch das BVerfG: Zur Verfassungsmäßigkeit der Bananenmarktordnung, EuZW 2000, S. 685 ff.

Meermagen, Bettina: Beitrags- und Eigenmittelsystem – Die Finanzierung inter- und supranationaler Organisationen, insbesondere der Europäischen Gemeinschaften, München 2002.

Mehde, Veith: Verwaltungsreform in der Europäischen Kommission, ZEuS 2001, S. 403 ff.

–: Responsibility and accountability in the European Commission, CMLR 2003, S. 423 ff.

Meng, Werner: Die Neuregelung der EG-Verwaltungsausschüsse, ZaöRV 1988, S. 208 ff.

Mensching, Christian: Der neue Komitologie-Beschluss des Rates, EuZW 2000, S. 268 ff.

Merz, Friedrich: Bedarf die Errichtung eines Europäischen Kartellamtes der Änderung des EWG-Vertrages?, EuZW 1990, S. 405 ff.

Messal, Rüdiger: Das Eigenmittelsystem der Europäischen Gemeinschaften, Baden-Baden 1991.

Meyer, Hubert/Luttmann, Maik, EU-Anlastungsrisiko als Haftungsproblem zwischen Staat und Kommunen, NVwZ 2006, S. 144 ff.
Meyer, Jürgen (Hrsg.), Kommentar zur Charta der Grundrechte der Europäischen Union, Baden-Baden 2003.
Micklitz, Hans-W.: Anmerkung zu EuGH, Rs. 359/92 – Deutschland/Rat, EuZW 1994, S. 631.
Ministerium für Ernährung und Ländlichen Raum Baden-Württemberg: Wirtschaftliche und soziale Umstellung von Gebieten mit Strukturproblemen nach Ziel 2 – Einziges Programmplanungsdokument (EPPD) für die Gebiete Baden-Württembergs 2000-2006 (www.landwirtschaft-bw.info/servlet/PB/-s/vsfos2twfzd1weai4wgl6wieywfp94/show/1106131/Z2-EPPD.pdf; Stand: 15. April 2006).
Mögele, Rudolf: Fehlerhafte Ausgaben im Rahmen der Gemeinsamen Agrarpolitik, NJW 1987, S. 1118 ff.
–: Das integrierte Verwaltungs- und Kontrollsystem für Beihilfen im Bereich der Landwirtschaft – Neue Ansätze bei der Umsetzung der gemeinsamen Agrarpolitik, EWS 1993, S. 305 ff.
–: Die Behandlung fehlerhafter Ausgaben im Finanzierungssystem der gemeinsamen Agrarpolitik, München 1997.
–: Betrugsbekämpfung im Bereich des gemeinschaftlichen Agrarrechts, EWS 1998, S. 1 ff.
Möllers, Christoph: Durchführung des Gemeinschaftsrechts – Vertragliche Dogmatik und theoretische Implikationen, EuR 2002, S. 483 ff.
–: Verfassunggebende Gewalt – Verfasssung – Konstitutionalisierung, Begriffe der Verfassung in Europa, in: von Bogdandy, Armin (Hrsg.), Europäisches Verfassungsrecht – Theoretische und dogmatische Grundzüge, Berlin u.a. 2003, S. 1 ff.
Monar, Jörg: Die Kommission nach dem Vertrag von Nizza: ein gestärkter Präsident und ein geschwächtes Organ?, Integration 2001, S. 114 ff.
Möstl, Markus: Grenzen der Rechtsangleichung im europäischen Binnenmarkt – Kompetenzielle, grundfreiheitliche und grundrechtliche Schranken des Gemeinschaftsgesetzgebers, EuR 2002, S. 318 ff.
Müller-Graff, Peter-Christian: Die Erscheinungsformen der Leistungssubventionstatbestände aus wirtschaftsrechtlicher Sicht, ZHR 152 (1988), S. 403 ff.
Müller-Ibold, Till: Die Begründungspflicht im europäischen Gemeinschaftsrecht und im deutschen Recht – Eine rechtsvergleichende Untersuchung, Frankfurt am Main u.a. 1990.
von *Münch, Ingo/Kunig, Philip* (Hrsg.), Grundgesetz, Kommentar, Band 3, Art. 70 bis Art. 146, 3. Auflage, München 1996.
Mußgnug, Reinhard: Der Haushaltsplan als Gesetz, Göttingen 1976.
Nettesheim, Martin: Die Bananenmarkt-Entscheidung des BVerfG: Europarecht und nationaler Mindestgrundrechtsstandard, Jura 2001, S. 686 ff.
–: Kompetenzen, in: von Bogdandy, Armin (Hrsg.), Europäisches Verfassungsrecht – Theoretische und dogmatische Grundzüge, Berlin u.a. 2003, S. 415 ff.
Neuhann, Florian: Im Schatten der Integration – OLAF und die Bekämpfung von Korruption in der Europäischen Union, Baden-Baden 2005.
Nicolaysen, Gert: Europarecht I – Die Europäische Integrationsverfassung, 2. Auflage, Baden-Baden 2002.
Niedobitek, Matthias: Die kulturelle Dimension im Vertrag über die Europäische Union, EuR 1995, S. 349 ff.
Noll, Michael: Haushalt und Verfassung, Stuttgart 2000.
Oppermann, Thomas: Europarecht, 3. Auflage, München 2005.

Pace, Lorenzo Federico: Die Dezentralisierungspolitik im EG-Kartellrecht – Sind Art. 3 II, 6 der VO 1/2003 rechtmäßig?, EuZW 2004, S. 301 ff.

Pache, Eckhard: Der Schutz der finanziellen Interessen der Gemeinschaft, Berlin 1994.

Pache, Eckhard/Schorkopf, Frank: Der Vertrag von Nizza – Institutionelle Reform zur Vorbereiterung der Erweiterung, NJW 2001, S. 1377 ff.

Pellens, Martin: Entwicklungshilfe Deutschlands und der Europäischen Union – Rechtsgrundlagen und Verfahren bei der finanziellen und technischen Zusammenarbeit, Berlin 1995.

Pernice, Ingolf: Europäisches und nationales Verfassungsrecht, VVDStRL 60 (2001), S. 148 ff.

Pieper, Stefan Ulrich: Subsidiarität, Köln 1994.

Pietzner, Rainer/Ronellenfitsch, Michael: Das Assessorexamen im Öffentlichen Recht – Widerspruchsverfahren und Verwaltungsprozess, 11. Auflage, Düsseldorf 2005.

Pipkorn, Jörn: Das Subsidiaritätsprinzip im Vertrag über die Europäische Union – rechtliche Bedeutung und gerichtliche Überprüfbarkeit, EuZW 1992, S. 697 ff.

Pitschas, Christian: Anmerkung zu EuGH, Rs. C-93/02 P – Biret/Rat, EuZW 1994, S. 761 ff.

Pitschas, Rainer: Europäisches Verwaltungsverfahrensrecht und Handlungsformen der gemeinschaftlichen Verwaltungskooperation, in: Hill, Hermann/Pitschas, Rainer (Hrsg.), Europäisches Verwaltungsverfahrensrecht, Berlin 2004, S. 301 ff.

Pfeiffer, Annette: Die Forschungs- und Technologiepolitik der Europäischen Gemeinschaft als Referenzgebiet für das europäische Verwaltungsrecht, Heidelberg 2003.

Planungs- und Koordinierungsgruppe Externalisierung: Externalisierung der Verwaltung der Gemeinschaftsprogramme, Mai 2000.

Priebe, Hermann: Im Widerstreit um die Ausrichtung der Gemeinsamen Agrarpolitik, in: Mestmäcker, Ernst-Joachim/Möller, Hans/Schwarz, Hans-Peter (Hrsg.), Eine Ordnungspolitik für Europa – Festschrift für Hans von der Groeben zu seinem 80. Geburtstag, Baden-Baden 1987, S. 315 ff.

Priebe, Reinhard: Entscheidungsbefugnisse vertragsfremder Einrichtungen im Europäischen Gemeinschaftsrecht, Baden-Baden 1979.

–: Zum Rechtsrahmen der gemeinschaftlichen Strukturfonds, in: Randelzhofer, Alfred/Scholz, Rupert/Wilke, Dieter (Hrsg.), Gedächtnisschrift für Eberhard Grabitz, München 1995, S. 551 ff.

–: Die Aufgaben des Rechts in einer sich ausdifferenzierenden EG-Administration, in: Schmidt-Aßmann, Eberhard/Hoffmann-Riem, Wolfgang (Hrsg.), Strukturen des Europäischen Verwaltungsrechts, Baden-Baden 1999, S. 71 ff.

–: Anmerkungen zur Verwaltungskultur der Europäischen Kommission, DV 2001, S. 379 ff.

–: Differenzierung und Dezentralisierung in der gemeinsamen Agrarpolitik, in: Cremer, Hans-Joachim/Giegerich, Thomas/Richter, Dagmar/Zimmermann, Andreas (Hrsg.), Tradition und Weltoffenheit des Rechts – Festschrift für Helmut Steinberger, Berlin u.a. 2002, S. 1347 ff.

–: Handlungsformen für Verwaltungskooperation im europäischen Staatenverbund, in: Hill, Hermann/Pitschas, Rainer (Hrsg.), Europäisches Verwaltungsverfahrensrecht, Berlin 2004, S. 337 ff.

Prieß, Hans-Joachim: Handbuch des europäischen Vergaberechts, 3. Auflage, Köln 2005.

Pühs, Wolfgang: Der Vollzug des Gemeinschaftsrechts – Formen und Grenzen eines effektiven Gemeinschaftsrechtsvollzugs und Überlegungen zu seiner Effektuierung, Berlin 1997.

Rapp-Lücke, Juliane S.: Das rechtliche Verhältnis zwischen dem Streitbeilegungsgremium der Welthandelsorganisation und dem Gerichtshof der Europäischen Gemeinschaften, Baden-Baden 2004.

Rechnungshof: Sonderbericht Nr. 7/93 zu Kontrollen von Unregelmäßigkeiten und betrügerischen Praktiken im Agrarbereich (Anwendung der Verordnung (EWG) Nr. 4045/89 des Rates und der Verordnung (EWG) Nr. 595/91 des Rates) zusammen mit den Antworten der Kommission, 9. Dezember 1993, ABl. EG 1994 Nr. C 53/1.

–*:* Jahresbericht zum Haushaltsjahr 1994, 25. und 26. Oktober 1995, ABl. EG 1995 Nr. C 303/1.

–*:* Sonderbericht Nr. 8/98 über die mit der Betrugsbekämpfung befaßten Dienststellen der Kommission, insbesondere die Einheit für die Koordinierung der Betrugsbekämpfung UCLAF (Unité de la lutte anti-fraude), zusammen mit den Antworten der Kommission, 10. und 11. Juni 1998, ABl. EG 1998 Nr. C 230/1.

–*:* Stellungnahme Nr. 10/98 zu einigen Verordnungsvorschlägen im Rahmen der Agenda 2000, 29. Oktober 1998, ABl. EG 1998 Nr. C 401/1.

–*:* Stellungnahme Nr. 1/2000 zu einem Vorschlag für eine Verordnung des Rates zur Änderung der Haushaltsordnung vom 21. Dezember 1977 betreffend die Trennung zwischen interner Auditfunktion und Ex-ante-Finanzkontrolle (Artikel 24 Absatz 5 der Haushaltsordnung), 5. Oktober 2000, ABl. EG 2000 Nr. C 327/1.

–*:* Sonderbericht Nr. 21/2000 über die Verwaltung der Außenhilfe-Programme der Kommission, insbesondere im Bereich der länderbezogenen Programmierung, der Projektvorbereitung und der Rolle der Delegationen, zusammen mit den Antworten der Kommission, 29. und 30. November 2000, ABl. EG 2001 Nr. C 57/1.

–*:* Sonderbericht Nr. 22/2000 über die Bewertung des geänderten Rechnungsabschlußverfahrens, zusammen mit den Antworten der Kommission, 29. und 30. November 2000, ABl. EG 2001 Nr. C 69/1.

–*:* Stellungnahme Nr. 2/2001 zu einem Vorschlag für eine Verordnung des Rates zur Änderung der Haushaltsordnung für den Gesamthaushaltsplan der Europäischen Gemeinschaften, 8. März 2001, ABl. EG 2001 Nr. C 162/1.

–*:* Sonderbericht Nr. 4/2001 über die Prüfung betreffend den EAGFL-Garantie – Umsetzung des Integrierten Verwaltungs- und Kontrollsystems (InVeKoS) zusammen mit den Antworten der Kommission, 6. und 7. Juni 2001, ABl. EG 2001 Nr. C 214/1.

–*:* Sonderbericht Nr. 8/2001 über die Produktionserstattungen für Stärke aus Kartoffeln und Getreide und die Beihilfen für Kartoffelstärke, zusammen mit den Antworten der Kommission, 11. und 12. Juli 2001, ABl. EG 2001 Nr. C 294/1.

–*:* Stellungnahme Nr. 8/2001 zu einem Vorschlag für eine Verordnung des Rates mit dem Statut der Exekutivagenturen, die mit bestimmten Aufgaben bei der Verwaltung der Gemeinschaftsprogramme beauftragt werden, 25. Oktober 2001, ABl. EG 2001 Nr. C 345/1.

–*:* Bericht über die Finanzausweise der Europäischen Agentur für Wiederaufbau und die Durchführung der Hilfe für den Kosovo im Jahr 2000, zusammen mit den Antworten der Kommission und den Antworten der Europäischen Agentur für Wiederaufbau, 10. Oktober 2001, ABl. EG 2001 Nr. C 355/1.

–*:* Stellungnahme Nr. 2/2002 zu einem geänderten Vorschlag für eine Verordnung des Rates zur Aufstellung der Haushaltsordnung für den Gesamthaushaltsplan der Europäischen Gemeinschaften, 21. Februar 2002 (http://www.eca.eu.int/audit_reports/opinions/docs/2002/02_02de.pdf; Stand: 15. April 2006).

–*:* Sonderbericht Nr. 2/2002 zu den gemeinschaftlichen Aktionsprogrammen Sokrates und Jugend für Europa, zusammen mit den Antworten der Kommission, 7. März 2002, ABl. EG 2002 Nr. C 136/1.

–: Stellungnahme Nr. 11/2002 zu dem Vorschlag für eine Verordnung der Kommission betreffend die Rahmenfinanzregelung für die Einrichtungen gemäß Artikel 185 der Verordnung (EG) Euratom) Nr. 1605/2002 des Rates (Haushaltsordnung für den Gesamthaushaltsplan), 25. und 26. September 2002, ABl. EG 2003 Nr. C 12/1.

–: Stellungnahme Nr. 13/2002 zu dem Entwurf einer Verordnung der Kommission mit Durchführungsbestimmungen zur Verordnung (EG, Euratom) Nr. 1605/2002 des Rates vom 25. Juni 2002 über die Haushaltsordnung für den Gesamthaushaltsplan der Europäischen Gemeinschaften, 24. Oktober 2002, ABl. EG 2003 Nr. C 12/27.

–: Sonderbericht Nr. 11/2003 über das Finanzierungsinstrument für die Umwelt (LIFE), zusammen mit den Antworten der Kommission, 11. September 2003, ABl. EU 2003 Nr. C 292/1.

–: Jahresbericht zum Haushaltsjahr 2002, 8. und 9. Oktober 2003, ABl. EU 2003 Nr. C 286/1.

–: Sonderbericht Nr. 1/2004 über die Verwaltung indirekter FTE-Aktionen des 5. Rahmenprogramms (5. RP) für Forschung und technologische Entwicklung (1998-2002), zusammen mit den Antworten der Kommission, 12. Februar 2004, ABl. EU 2004 Nr. C 99/1.

–: Sonderbericht Nr. 3/2004 über die Wiedereinziehung vorschriftswidriger Zahlungen im Rahmen der Gemeinsamen Agrarpolitik, zusammen mit den Antworten der Kommission, 10. Juni 2004, ABl. EU 2004 Nr. C 269/1.

–: Jahresbericht zum Haushaltsjahr 2003, 6. und 7. Oktober 2004, ABl. EU 2004 Nr. C 293/1.

–: Bericht über den Jahresabschluss 2003 der Europäischen Agentur für Wiederaufbau, zusammen mit den Antworten der Agentur, 8. und 9. Dezember 2004, ABl. EU 2005 Nr. C 41/35.

–: Pressemitteilung ERH/05/01 – Hubert Weber zum neuen Präsidenten des Rechnungshofes gewählt, 14. Januar 2005.

–: Stellungnahme Nr. 1/2005 zu dem Vorschlag für eine Verordnung des Rates über die Finanzierung der Gemeinsamen Agrarpolitik (KOM[2004] 489 endgültig vom 14. Juli 2004), 17. März 2005, ABl. EU 2005 Nr. C 121/1.

–: Stellungnahme Nr. 2/2005 zu dem Vorschlag für eine Verordnung des Rates mit allgemeinen Bestimmungen über den Europäischen Fonds für regionale Entwicklung, den Europäischen Sozialfonds und den Kohäsionsfonds (KOM[2004] 492 endgültig vom 14. Juli 2004), 18. März 2005, ABl. EU 2005 Nr. C 121/14.

–: Stellungnahme Nr. 4/2005 zu einem Vorschlag für einen Beschluss des Rates über das System der Eigenmittel der Europäischen Gemeinschaften und zu einem Vorschlag für eine Verordnung des Rates mit Durchführungsmaßnahmen für die Korrektur der Haushaltsungleichgewichte gemäß den Artikeln 4 und 5 des Beschlusses des Rates vom (…) über das System der Eigenmittel der Europäischen Gemeinschaften, 12. Mai 2005, ABl. EU 2005 Nr. C 167/1.

–: Jahresberichte zum Haushaltsjahr 2004, 28. September 2005, ABl. EU Nr. C 301/1.

Reichenbach, Horst/von Witzleben, Alexander: Verwaltungsmodernisierung in der EU-Kommission: das Weißbuch und seine Umsetzung, in: Siedentopf, Heinrich (Hrsg.), Der Europäische Verwaltungsraum – Beiträge einer Fachtagung, Baden-Baden 2004, S. 39 ff.

Reister, Erwin: Haushalt und Finanzen der Europäischen Gemeinschaften, Baden-Baden 1975.

–: Parlamentarisches Budgetrecht und Rechnungshof der Europäischen Gemeinschaften: Ornamentik oder Demokratisierung der gemeinschaftlichen Finanzverfassung?, EuR 1976, S. 69 ff.

Remmert, Barbara: Die Gründung von Einrichtungen der mittelbaren Gemeinschaftsverwaltung, EuR 2003, S. 134 ff.

Rengeling, Hans-Werner: Rechtsgrundsätze beim Verwaltungsvollzug des Europäischen Gemeinschaftsrechts, Köln u.a. 1977.

–: Deutsches und europäisches Verwaltungsrecht – wechselseitige Einwirkungen, VVDStRL 53 (1994), S. 202 ff.

– (Hrsg.), Handbuch zum europäischen und deutschen Umweltrecht, 2. Auflage, Köln u.a. 2003, Band I: Allgemeines Umweltrecht, Band II: Besonderes Umweltrecht (2 Teilbände).

–: Europäisches Chemikalien- und Stoffrecht – Entwicklungen zur Umgestaltung des deutschen Rechts, DVBl. 2005, S. 393 ff.

–/Middeke, Andreas/Gellermann, Martin (Hrsg.), Handbuch des Rechtsschutzes in der Europäischen Union, 2. Auflage, München 2003.

Ress, Georg: Die Zulässigkeit von Kulturbeihilfen in der Europäischen Union, in: Randelzhofer, Alfred/Scholz, Rupert/Wilke, Dieter (Hrsg.), Gedächtnisschrift für Eberhard Grabitz, München 1995, S. 595 ff.

Riedel, Daniel: Die Europäische Agentur für Flugsicherheit im System der Gemeinschaftsagenturen, in: Schmidt-Aßmann, Eberhard/Schöndorf-Haubold, Bettina (Hrsg.), Der Europäische Verwaltungsverbund – Formen und Verfahren der Verwaltungszusammenarbeit in der EU, Tübingen 2005, S. 103 ff.

–: Die Gemeinschaftszulassung für Luftfahrtgerät – Europäisches Verwalten durch Agenturen, im Erscheinen.

Rodi, Katja: Finanzierungskompetenzen – Die Kompetenzen von Europäischer Gemeinschaft, Bund und Ländern am Beispiel der Finanzierung des Naturschutzes, Baden-Baden 2003.

Rodi, Michael: Die Subventionsrechtsordnung – Die Subvention als Instrument öffentlicher Zweckverwirklichung nach Völkerrecht, Europarecht und deutschem innerstaatlichen Recht, Tübingen 2000.

Rogalla, Dieter: Dienstrecht der Europäischen Gemeinschaften, 2. Auflage, Köln u.a. 1992.

Röhl, Hans Christian: Die anfechtbare Entscheidung nach Art. 230 Abs. 4 EGV, ZaöRV 2000, S. 331 ff.

–: Rechtsschutz gegen EG-Verordnungen, Jura 2003, S. 830 ff.

–: Die anfechtbare Entscheidung nach Art. 230 Abs. 4 EGV als Rechtsschutzform, in: Schmidt-Aßmann, Eberhard/Schöndorf-Haubold, Bettina (Hrsg.), Der Europäische Verwaltungsverbund – Formen und Verfahren der Verwaltungszusammenarbeit in der EU, Tübingen 2005, S. 319 ff.

–: Verwaltung durch Vertrag, im Erscheinen.

Rosenthal, Michael: Neuordnung der Zuständigkeiten und des Verfahrens in der Europäischen Fusionskontrolle, EuZW 2004, S. 327 ff.

Rossi, Matthias: Europäisches Parlament und Haushaltsverfassungsrecht – Eine kritische Betrachtung der parlamentarischen Haushaltsbefugnisse, Berlin 1997.

Ruffert, Matthias: Der transnationale Verwaltungsakt, DV 2001, S. 453 ff.

–: Die Europäisierung der Verwaltungsrechtslehre, DV 2003, S. 293 ff.

–: Grundrecht der Berufsfreiheit, in: Ehlers, Dirk (Hrsg.), Europäische Grundrechte und Grundfreiheiten, 2. Auflage, Berlin 2005, S. 444 ff.

Runge, Tobias: Zehn Jahre Umweltinformationsmanagement für Europa – die Tätigkeit der Europäischen Umweltagentur, DVBl. 2005, S. 542 ff.

Rüping, Uta: Die parlamentarische Haushaltskontrolle in den Europäischen Gemeinschaften und deren Mitgliedstaaten unter besonderer Berücksichtigung der Entlastung sowie der Konsequenzen einer eventuellen Verweigerung, EuR 1982, S. 213 ff.

Sachs, Michael (Hrsg.), Grundgesetz, 3. Auflage, München 2003.

Sánchez Rydelski, Michael: Handbuch EU Beihilferecht, Baden-Baden 2003.

Sasse, Christoph: Bundesstaatliche Finanzverfassung und Geldleistungsvorschriften der Europäischen Gemeinschaft, WiR 1973, S. 308 ff.

Schäfer, Günther F.: Linking member state and European administrations – the role of committees and comitology, in: Andenas, Mads/Türk, Alexander (Hrsg.), Delegated Legislation and the Role of Committees in the EC, Den Haag u.a. 2000, S. 3 ff.

Schenk, Wolfgang: Grundlegende Strukturen der Verwaltungsorganisation, -aufgaben und -zuständigkeiten in Baden-Württemberg, VBlBW 2003, S. 461 ff.

–: Die Leistungsverwaltung der EG als Herausforderung für das Europäische Verwaltungsrecht, in: Schmidt-Aßmann, Eberhard/Schöndorf-Haubold, Bettina (Hrsg.), Der Europäische Verwaltungsverbund – Formen und Verfahren der Verwaltungszusammenarbeit in der EU, Tübingen 2005, S. 265 ff.

Scherer, Joachim: Das Rechnungsabschlußverfahren – Ein Instrument zur Durchsetzung europäischen Verwaltungsrechts?, EuR 1986, S. 52 ff.

Scherer, Josef: Subsidiaritätsprinzip und EG-Agrarreform, DVBl. 1993, S. 281 ff.

Scheuing, Dieter H.: Umweltschutz auf der Grundlage der Einheitlichen Europäischen Akte, EuR 1989, S. 152 ff.

–: Europarechtliche Impulse für innovative Ansätze im deutschen Verwaltungsrecht, in: Hoffmann-Riem, Wolfgang/Schmidt-Aßmann, Eberhard (Hrsg.), Innovation und Flexibilität des Verwaltungshandelns, Baden-Baden 1994, S. 289 ff.

–: Europäisierung des Verwaltungsrechts – Zum mitgliedstaatlichen Verwaltungsvollzug des EG-Rechts am Beispiel der Rückforderung gemeinschaftsrechtswidriger Beihilfen, DV 2001, S. 107 ff.

Schilling, Theodor: Rechtsschutz bei der Vergabe öffentlicher Aufträge durch Organe der EG, EuZW 1999, S. 239 ff.

–: Bestand und allgemeine Lehren der bürgerschützenden allgemeinen Rechtsgrundsätze des Gemeinschaftsrechts, EuGRZ 2000, S. 3 ff.

Schlacke, Sabine: Centralization and europeanization of administrative implementation: Product safety legislation, in: Andenas, Mads/Türk, Alexander (Hrsg.), Delegated Legislation and the Role of Committees in the EC, Den Haag u.a. 2000, S. 303 ff.

Schmidhuber, Peter M.: Die Notwendigkeit einer neuen Finanzverfassung der EG, EuR 1991, S. 329 ff.

Schmidt, Gerold: Zum Verhältnis des neuen Verfassungsrechts der Entwicklungspolitik der Europäischen Union zum Wirtschaftsrecht, RIW 1995, S. 268 ff.

Schmidt, Karsten: Umdenken im Kartellverfahrensrecht – Gedanken zur Europäischen VO 1/2003, BB 2003, S. 1237 ff.

Schmidt-Aßmann, Eberhard: Deutsches und Europäisches Verwaltungsrecht – Wechselseitige Einwirkungen, DVBl. 1993, S. 924 ff.

–: Organisationsfragen der europäischen Forschungspolitik, in: Due, Ole/Lutter, Marcus/Schwarze, Jürgen (Hrsg.), Festschrift für Ulrich Everling, Band II, Baden-Baden 1995, S. 1281 ff.

–: Verwaltungskooperation und Verwaltungskooperationsrecht in der Europäischen Gemeinschaft, EuR 1996, S. 270 ff.

–: Europäisches Verwaltungsverfahrensrecht, in: Müller-Graff, Peter-Christian (Hrsg.), Perspektiven des Rechts in der Europäischen Union, Heidelberg 1998, S. 131 ff.

–: Strukturen des Europäischen Verwaltungsrechts – Einleitende Problemskizze, in: ders./Hoffmann-Riem, Wolfgang (Hrsg.), Strukturen des Europäischen Verwaltungsrechts, Baden-Baden 1999, S. 9 ff.

–: Europäische Verwaltung zwischen Kooperation und Hierarchie, in: Cremer, Hans-Joachim/Giegerich, Thomas/Richter, Dagmar/Zimmermann, Andreas (Hrsg.), Tradition und Weltoffenheit des Rechts – Festschrift für Helmut Steinberger, Berlin u.a. 2002, S. 1375 ff.

–: Die Europäisierung des Verwaltungsverfahrensrechts, in: ders./Sellner, Dieter/Hirsch, Günter/Kemper, Gerd-Heinrich/Lehmann-Grube, Hinrich (Hrsg.), Festgabe 50 Jahre Bundesverwaltungsgericht, Köln u.a. 2003, S. 487 ff.

–: Wohin steuert die Europäische Verwaltung?, ZHR 168 (2004), S. 125 ff.

–: Strukturen Europäischer Verwaltung und die Rolle des Europäischen Verwaltungsrechts, in: Blankenagel, Alexander/Pernice, Ingolf/Schulze-Fielitz, Helmuth (Hrsg.), Verfassung im Diskurs der Welt – Liber Amicorum für Peter Häberle zum siebzigsten Geburtstag, Tübingen 2004, S. 395 ff.

–: Das allgemeine Verwaltungsrecht als Ordnungsidee – Grundlagen und Aufgaben der verwaltungsrechtlichen Systembildung, 2. Auflage, Berlin u.a. 2004.

– (Hrsg.), Besonderes Verwaltungsrecht, 13. Auflage, Berlin 2005.

Schmitz, Claus Walter: Rechtsprobleme im EG-Nachtragshaushaltsplan Nr. 2 für 1980 und das Verhalten der Haushaltsorgane, EuR 1982, S. 179 ff.

Schneider, Hans: Gesetzgebung, 3. Auflage, Heidelberg 2002.

Schneider, Jens-Peter: Verwaltungsrechtliche Instrumente des Sozialstaates, VVDStRL 64 (2005), S. 238 ff.

Schoch, Friedrich: Die Frist zur Rücknahme begünstigender Verwaltungsakte nach § 48 IV 1 VwVfG, NVwZ 1985, S. 880 ff.

–: Die europäische Perspektive des Verwaltungsverfahrens- und Verwaltungsprozeßrechts, in: Schmidt-Aßmann, Eberhard/Hoffmann-Riem, Wolfgang (Hrsg.), Strukturen des Europäischen Verwaltungsrechts, Baden-Baden 1999, S. 279 ff.

Schöler, Florian: Die Reform des europäischen Kartellverfahrensrechts durch die Verordnung (EG) Nr. 1/2003, Frankfurt am Main u.a. 2004.

Scholz, Rupert: Das Subsidiaritätsprinzip im europäischen Gemeinschaftsrecht – ein tragfähiger Maßstab zur Kompetenzabgrenzung?, in: Letzgus, Klaus/Hill, Hermann/Klein, Hans Hugo/Kleinert, Detlef/Oschatz, Georg-Berndt/de With, Hans (Hrsg.), Für Recht und Staat – Festschrift für Herbert Helmrich zum 60. Geburtstag, München 1994, S. 411 ff.

–: Zum Verhältnis von europäischem Gemeinschaftsrecht und nationalem Verwaltungsverfahrensrecht, DÖV 1998, S. 261 ff.

Schöndorf-Haubold, Bettina: Gemeinsame Europäische Verwaltung: die Strukturfonds der Europäischen Gemeinschaft, in: Schmidt-Aßmann, Eberhard/Schöndorf-Haubold, Bettina (Hrsg.), Der Europäische Verwaltungsverbund – Formen und Verfahren der Verwaltungszusammenarbeit in der EU, Tübingen 2005, S. 25 ff.

–: Die Strukturfonds der Europäischen Gemeinschaft – Rechtsformen und -verfahren europäischer Verbundverwaltung, im Erscheinen.

Schöpe, Martin: Die Förderung der Forschung und technologischen Entwicklung in der Europäischen Gemeinschaft, Bonn 1995.

Schreiber, Stefanie: Verwaltungskompetenzen der Europäischen Gemeinschaft, Baden-Baden 1997.

Schroeder, Werner: Nationale Maßnahmen zur Durchführung von EG-Recht und das Gebot der einheitlichen Wirkung – Existiert ein Prinzip der „nationalen Verfahrensautonomie"?, AöR 129 (2004), S. 3 ff.

Schwarze, Jürgen: Europäisches Verwaltungsrecht, 2 Bände, Baden-Baden 1988.
– (Hrsg.), EU-Kommentar, Baden-Baden 2000.
–: Das wirtschaftsverfassungsrechtliche Konzept des Verfassungsentwurfs des Europäischen Konvents – zugleich eine Untersuchung der Grundprobleme des europäischen Wirtschaftsrechts, EuZW 2004, S. 135 ff.
–/*Weitbrecht, Andreas:* Grundzüge des europäischen Kartellverfahrensrechts – Die Verordnung (EG) Nr. 1/2003, Baden-Baden 2004.
Schweda, Marc: Die Bindungswirkung von Bekanntmachungen und Leitlinien der Europäischen Kommission, WuW 2004, S. 1133 ff.
Seibold, Ute: Die Kontrolle der Europäischen Kommission durch das Europäische Parlament, Frankfurt am Main u.a. 2004.
Seidel, Martin: Subventionshoheit und Finanzierungslast in der Europäischen Wirtschaftsgemeinschaft, in: Börner, Bodo/Jahrreiß, Hermann/Stern, Klaus (Hrsg.), Einigkeit und Recht und Freiheit, Festschrift für Karl Carstens, Band 1, Köln 1984, S. 273 ff.
–: Rückführung der Landwirtschaftspolitik in die Verantwortung der Mitgliedstaaten? – Rechts- und Verfassungsfragen des Gemeinschaftsrechts, AgrarR 2000, S. 381 ff.
Senden, Linda: Soft Law in European Community Law, Oxford/Portland Oregon 2004.
Shapiro, Martin: The Institutionalization of European Administrative Space, in: Sweet, Alec Stone/Sandholtz, Wayne/Fligstein, Neil (Hrsg.), The Institutionalization of Europe, Oxford 2001, S. 94 ff.
Sinnaeve, Adinda: Die neue Verfahrensverordnung in Beihilfensachen – Ein weiterer Schritt bei der Reform des Beihilfenrechts, EuZW 1999, S. 270 ff.
Sommer, Julia: Verwaltungskooperation am Beispiel administrativer Informationsverfahren im Europäischen Umweltrecht, Berlin u.a. 2003.
Spalcke, Joachim: Arzneimittelzulassungsverfahren in der Europäischen Union und den Vereinigten Staaten, Frankfurt am Main u.a. 2004.
Spitzer, Harald: Der Bewertungsbericht der Kommission zum Europäischen Amt für Betrugsbekämpfung – eine verpasste Gelegenheit?, ZEuS 2004, S. 107 ff.
Stelkens, Paul/Bonk, Heinz Joachim/Sachs, Michael (Hrsg.), Verwaltungsverfahrensgesetz, Kommentar, 6. Auflage, München 2001.
Steindorff, Ernst: Grenzen der EG-Kompetenzen, Heidelberg 1990.
Steinle, Christian: Kartellgeldbußen gegen Konzernunternehmen nach dem „Aristrain"-Urteil des EuGH, EWS 2004, S. 118 ff.
Stelkens, Ulrich: Probleme des Europäischen Verwaltungsvertrags nach dem Vertrag zur Gründung einer Europäischen Gemeinschaft und dem Vertrag über eine Verfassung für Europa, EuZW 2005, S. 299 ff.
Stern, Klaus: Das Staatsrecht der Bundesrepublik Deutschland, Band I, Grundbegriffe und Grundlagen des Staatsrechts, Strukturprinzipien der Verfassung, 2. Auflage, München 1984.
Stöhr, Rudolf: Auswirkungen des GATT auf die Einfuhrregeln, in: Ehlers, Dirk/Wolffgang, Hans-Michael (Hrsg.), Rechtsfragen der Europäischen Marktordnungen, Münster/Köln 1998, S. 155 ff.
Storck, Christian: Nationale und europäische Beschäftigungssubventionen an Unternehmen: eine Untersuchung des Förderrechtsrahmens in den neuen Bundesländern am Maßstab der Zweck-Mittel-Analyse, Berlin 2001.
Storr, Stefan: Die Bewältigung defizitärer Haushaltslagen in der EU, EuR 2001, S. 846 ff.
Stoye, Katrin: Die Entwicklung des europäischen Verwaltungsrechts durch das Gericht erster Instanz – am Beispiel der Verteidigungsrechte im Verwaltungsverfahren, Baden-Baden 2005.

Strasser, Daniel: Die Finanzen Europas – Das Haushalts- und Finanzrecht der Europäischen Gemeinschaften, 3. Auflage, Luxemburg 1991.
Streinz, Rudolf: Der „effet utile" in der Rechtsprechung des Gerichtshofs der Europäischen Gemeinschaften, in: Due, Ole/Lutter, Marcus/Schwarze, Jürgen (Hrsg.), Festschrift für Ulrich Everling, Band II, 1995, S. 1491 ff.
–*:* Der Einfluß des Europäischen Verwaltungsrechts auf das Verwaltungsrecht der Mitgliedstaaten – dargestellt am Beispiel der Bundesrepublik Deutschland, in: Schweitzer, Michael (Hrsg.), Europäisches Verwaltungsrecht, Wien 1991, S. 241 ff.
– (Hrsg.), EUV/EGV, Vertrag über die Europäische Union und Vertrag zur Gründung der Europäischen Gemeinschaft, München 2003.
–*:* Europarecht, 7. Auflage, Heidelberg 2005.
–*/Ohler, Christoph/Herrmann, Christoph:* Die neue Verfassung für Europa, München 2005.
Strub, Andreas: Überlegungen anläßlich der neuen TACIS-Verordnung, EuZW 1997, S. 105 ff.
Suerbaum, Joachim: Die Kompetenzverteilung beim Verwaltungsvollzug des Europäischen Gemeinschaftsrechts in Deutschland, Berlin 1998.
–*:* Die Europäisierung des nationalen Verwaltungsverfahrensrechts am Beispiel der Rückabwicklung gemeinschaftsrechtswidriger staatlicher Beihilfen, VerwArch 2000, S. 169 ff.
Sydow, Gernot: Die Vereinheitlichung des mitgliedstaatlichen Vollzugs des Europarechts in mehrstufigen Verwaltungsverfahren, DV 2001, S. 517 ff.
–*:* „Jeder für sich" oder „einer für alle"? – Verwaltungsmodelle für die Europäische Union, in: Bauschke, Gabriele u.a. (Hrsg.), Pluralität des Rechts – Regulierung im Spannungsfeld der Rechtsebenen, Stuttgart 2003, S. 9 ff.
–*:* Verwaltungskooperation in der Europäischen Union, Tübingen 2004.
–*:* Europäisierte Verwaltungsverfahren, JuS 2005, S. 97 ff., S. 208 ff.
Terhechte, Jörg Philipp: Die Vollstreckung von EG-Bußgeldbescheiden in den Mitgliedstaaten der Europäischen Gemeinschaft – Rechtliche Grundlagen, Umsetzungspraxis und Rechtsmittel am Beispiel der Bundesrepublik Deutschland, EuZW 2004, S. 235 ff.
Theato, Dietmut R./Graf, Rainer: Das Europäische Parlament und der Haushalt der Europäischen Gemeinschaft, Baden-Baden 1994.
Thiele, Gereon: Das Recht der Gemeinsamen Agrarpolitik der EG – dargestellt am Beispiel des Gemeinsamen Milchmarktes mit Bezügen zum Durchführungsrecht in der Bundesrepublik Deutschland, Berlin 1997.
Tilmann, Winfried/Schreibauer, Marcus: Rechtsfolgen rechtswidriger nationaler Beihilfen, GRUR 2002, S. 212 ff.
Timmann, Hans-Jörg: Die Interinstitutionelle Vereinbarung über die Haushaltsdisziplin vom 29. Juni 1988, EuR 1988, S. 273 ff.
–*:* Das Haushaltsverfahren 1989 – Erste Erfahrungen mit der Interinstitutionellen Vereinbarung über die Haushaltsdisziplin, EuR 1989, S. 13 ff.
–*:* Haushaltsdisziplin und politische Entscheidungsmechanismen in der Europäischen Gemeinschaft, EuR 1991, S. 121 ff.
Toeller, Annette Elisabeth/Hofmann, Herwig C.H.: Democracy and the reform of comitology, in: Andenas, Mads/Türk, Alexander (Hrsg.), Delegated Legislation and the Role of Committees in the EC, Den Haag u.a. 2000, S. 25 ff.
Tomkins, Adam: Transparency and the Emergence of a European Administrative Law, Yearbook of European Law 19 (1999-2000), S. 217 ff.
Triantafyllou, Dimitris: Zur „Europäisierung" des Vertrauensschutzes (insbes. § 48 VwVfG): am Beispiel der Rückforderung staatlicher Beihilfen, NVwZ 1992, S. 436 ff.

–: Vom Vertrags- zum Gesetzesvorbehalt – Beitrag zum positiven Rechtmäßigkeitsprinzip in der EG, Baden-Baden 1996.

Trute, Hans-Heinrich/Groß, Thomas: Rechtsvergleichende Grundlagen der europäischen Forschungspolitik, WissR 1994, S. 203 ff.

Uerpmann, Robert: Mittelbare Gemeinschaftsverwaltung durch gemeinschaftsgeschaffene juristische Personen des öffentlichen Rechts, AöR 125 (2000), S. 551 ff.

Ulrich, Stephan: Kontrollen der EG-Kommission bei Wirtschaftsbeteiligten zum Schutz der finanziellen Interessen der Gemeinschaft – Rahmen, Kompetenzen und verfahrensrechtliche Bindungen bei Kontrollen vor Ort nach der VO (Euratom, EG) Nr. 2185/96, Frankfurt am Main u.a. 1999.

–: Kontrollen des Europäischen Amtes für Betrugsbekämpfung (OLAF) bei Wirtschaftsbeteiligten – Befugnisse, Verfahrensrechte und Rechtsschutzmöglichkeiten bei Kontrollen vor Ort nach der VO (Euratom, EG) Nr. 2185/96, EWS 2000, S. 137 ff.

Usher, John Anthony: EC Agricultural Law, 2. Auflage, Oxford 2001.

Vogt, Matthias: Die Rechtsform der Entscheidung als Mittel abstrakt-genereller Steuerung, in: Schmidt-Aßmann, Eberhard/Schöndorf-Haubold, Bettina (Hrsg.), Der Europäische Verwaltungsverbund – Formen und Verfahren der Verwaltungszusammenarbeit in der EU, Tübingen 2005, S. 213 ff.

–: Die Entscheidung als Handlungsform des Europäischen Gemeinschaftsrechts, Tübingen 2005.

von der Vring, Thomas: Legal acts in the budgetary process of the European Union, in: Winter, Gerd (ed.), Sources and Categories of European Union Law – A Comparative and Reform Perspective, Baden-Baden 1996, S. 467 ff.

Waelbroeck, Michel/Louis Jean-Victor/Vignes, Daniel/Dewost, Jean-Louis/Vandersanden, Georges (Hrsg.), Commentaire J. Mégret, Band 11, Les finances de l'Union européenne, 2. Auflage 1999.

Wägenbaur, Rolf: Die Einbeziehung der Hochschulen in den europäischen Integrationsprozeß – Überstaatliche Elemente in der Hochschulpolitik?, EuR 1990, S. 135 ff.

Wahl, Rainer: Die zweite Phase des Öffentlichen Rechts in Deutschland – Die Europäisierung des Öffentlichen Rechts, Staat 1999, S. 495 ff.

–: Das Verhältnis von Verwaltungsverfahren und Verwaltungsprozessrecht in europäischer Sicht, in: Hill, Hermann/Pitschas, Rainer (Hrsg.), Europäisches Verwaltungsverfahrensrecht, Berlin 2004, S. 357 ff.

Walter, Christian: Geschichte und Entwicklung der Europäischen Grundrechte und Grundfreiheiten, in: Ehlers, Dirk (Hrsg.), Europäische Grundrechte und Grundfreiheiten, 2. Auflage, Berlin 2005, S. 1 ff.

Weiß, Wolfgang: Zur Haftung der EG für die Verletzung des WTO-Rechts, EuR 2005, S. 277 ff.

–/*Herrmann, Christoph:* Welthandelsrecht, München 2003.

Weitbrecht, Andreas: Das neue EG-Kartellverfahrensrecht, EuZW 2003, S. 69 ff.

Wendt, Rudolf/Elicker, Michael: Die Reform der Gemeinsamen Agrarpolitik und ihre Umsetzung in der Bundesrepublik Deutschland, DVBl. 2004, S. 665 ff.

Wettner, Florian: Die Amtshilfe im Europäischen Verwaltungsrecht, Tübingen 2005.

Wieberneit, Bernd: Europarechtlicher Ordnungsrahmen für Umweltsubventionen – Grundlagen, Bestand und Perspektiven, Berlin 1997.

Wiedmann, Thomas: Der Vertrag von Nizza – Genesis einer Reform, EuR 2001, S. 185 ff.

–: Anmerkungen zum Vertrag von Nizza, JuS 2001, S. 846 ff.

Winkler, Markus: Anmerkung zu: BVerwG, B. v. 08.05.2002 – 3 A 1.01 –, DVBl. 2003, S. 79 ff.

–: Anmerkung zu: BVerfG, B. v. 07.10.2003 – 2 BvG 1, 2/02, JA 2004, S. 437.

Winter, Gerd: Kompetenzverteilung und Legitimation in der Europäischen Mehrebenenverwaltung, EuR 2005, S. 255 ff.

Wirtschaftsministerium Mecklenburg-Vorpommern: Operationelles Programm Mecklenburg-Vorpommern, Förderperiode 2000 bis 2006, Stand: 26. August 2004 (http://www.mv-regierung.de/strukturfonds/doku/op_2004.pdf.pdf; Stand: 15. April 2006).

Witte, Peter (Hrsg.), Zollkodex, 3. Auflage, München 2002.

–*/Wolffgang, Hans-Michael:* Lehrbuch des Europäischen Zollrechts, 4. Auflage, Herne/Berlin 2003.

Wolff, Hans J./Bachof, Otto/Stober, Rolf: Verwaltungsrecht, München, Band 1, 11. Auflage 1999; Band 2, 6. Auflage 2000; Band 3, 5. Auflage 2004.

Wolffgang, Hans-Michael: Die EG-Bananenmarktordnung im Spanungsverhältnis von Völkerrecht, Europarecht und Verfassungsrecht, ZfZ 1996, S. 162 ff.

–*:* Betrugsbekämpfung im Marktordnungsrecht, in: Ehlers, Dirk/Wolffgang, Hans-Michael (Hrsg.), Rechtsfragen der Europäischen Marktordnungen, Münster/Köln 1998, S. 209 ff.

–*/Ulrich, Stephan:* Schutz der finanziellen Interessen der Europäischen Gemeinschaften – Bekämpfung von Unregelmäßigkeiten und Betrug im Agrarrecht und anderen finanzrelevanten Bereichen, EuR 1998, S. 616 ff.

Wunderlich, Nina: Das Grundrecht der Berufsfreiheit im Europäischen Gemeinschaftsrecht – Der Schutz der Wirtschaftsteilnehmer gegenüber Eingriffen der Gemeinschaft in ihre berufliche Freiheit, Baden-Baden 2000.

Stichwortverzeichnis

„activity based management", 66 f.
Agenturen
→ Exekutivagenturen
→ Gemeinschaftsagenturen
→ nationale Agenturen
Agrarleitlinie, 22
Agrarmarktpolitik, 13 f.
Agrarmarktausgaben, 116, 231 ff., 286 ff., 311 ff.
– Vorschußverfahren, 240 ff.
→ Rechnungsabschlußverfahren
→ Zahlstellen
Agrarstrukturpolitik, 13 f.
Anweisungsbefugnis, 154 f., 158 f., 164, 168 f., 194, 206 f.
Ausfuhrerstattungen, 20, 27 ff., 121, 271
– Ausschreibung, 29
– Festsetzung, 28 f.
– Verfahren, 27 ff.
Ausführung des Haushaltsplans
→ Haushaltsvollzug
Ausgaben
– ~vorgang, 151 f., 296
– nichtobligatorische ~, 15, 18, 78, 80 ff., 85 ff., 90 ff., 94, 98, 102 f., 133
– obligatorische ~, 15, 18, 80 f., 83, 85 ff., 91 f., 94, 98, 133

Basisrechtsakt, 65, 86, 92 ff., 130, 153, 159, 169 ff., 211
– Ausgabenziele, 102 ff.
– Ausnahmen von der Erforderlichkeit, 99 ff.
– Erforderlichkeit, 97 ff.
– Form, 101 f.
Beihilfenrecht, 8 f., 116 f., 136, 265
Betriebsprämiendurchführungsgesetz, 35 f.
Bildungsförderung, 47 ff., 96, 114 f., 137, 206
→ Sokrates-Programm

Cross compliance, 36 f., 54, 271

Direktzahlungen, 19, 30, 31 ff., 239, 271, 284
– Begriff, 30
– Berechnung, 282
Durchführung
– Begriff, 127
– Beratungsverfahren, 124 ff., 140
– Durchführungsermächtigung, 111, 129, 152, 243
– Durchführungsrechtsetzung, 123 ff., 181
– Durchführungsverordnung, 111, 129 f., 243
– Komitologie-Ausschuß, 123 ff., 173, 195, 203, 269, 311
– Komitiologie-Beschluß, 123 ff., 142, 159, 190, 205, 217
– Regelungsverfahren, 124 ff., 173, 190, 227
– Verwaltungsverfahren, 124 ff., 131, 159, 173, 205 f., 217
– Verwaltungsvollzug, 127, 135 f.

Eigenmittel, 1, 71 ff.
Eigenmittelbeschluß, 67 ff., 107 f., 133
– Eigenmittelobergrenze, 71
– Einnahmekategorien, 71 ff.
– Rechtsnatur, 70
– Verfahren, 69 f.
einheitliche Betriebsprämie, 19, 31 ff., 272 f.
Einzelermächtigung
– Grundsatz der begrenzten ~, 136, 141
Entkoppelung, 31
Entlastung zur Ausführung des Haushaltsplans, 145, 249, 317, 367 ff.
– Prüfungen des Parlaments, 369 ff.
– Verweigerung, 371 f.
– Wirkungen, 367 ff.

Entwicklung des ländlichen Raums, 18, 20
Erasmus-Programm, 214 ff.
– Erasmus-Hochschulcharta, 215 f.
– European Policy Statement, 215 f.
– Mobilitätsvereinbarung, 220 f.
– Operatives Handbuch für dezentrale Aktionen im Rahmen von Erasmus, 216 ff.
– Vertrag über dezentrale Erasmus-Aktionen, 216 ff.
Europäischer Ausrichtungs- und Garantiefonds für die Landwirtschaft, 10, 13, 38 f., 95
→ Rechnungsabschlußverfahren
Europäischer Entwicklungsfonds, 61 f.
Europäischer Fonds für regionale Entwicklung, 38 f., 43, 95, 113, 294
Europäischer Rechnungshof
→ Rechnungshof
Europäischer Sozialfonds, 38 f., 113, 137
Europäisches Amt für Betrugsbekämpfung
→ OLAF
Exekutivagenturen, 138 f., 148 f., 176, 179, 183 ff., 202 f., 215 f., 222 ff., 333 f.
– Arbeitsweise, 191 ff.
– Errichtung, 189 f.
– Legaldefinition, 183 ff.
– Legitimation, 223
– Organisation, 190
– Rechtsrahmen, 185 ff.
– Rechtsschutz, 191 ff.
– übertragbare Aufgaben, 196 f.
Externalisierung, 3, 176 ff., 222 ff.
– Formen, 179 f.
– Grenzen, 178, 180 ff., 205, 222, 329
– Hintergrund, 177 ff.
– Ziele, 177 ff.

Fehlerhaftigkeit einer Ausgabe
→ Rechnungsabschlußverfahren
Finanzielle Vorausschau, 67, 73 ff., 77, 89 ff., 133
Finanzierung der Gemeinschaft, 67 ff., 107 f., 139
→ eigene Mittel, Eigenmittelbeschluß
Finanzierungsbeschluß, 144, 151 ff., 206

Finanzierungsvereinbarung, 156 f., 161 ff., 168 ff., 174, 353
– einseitige Anordnungsrechte, 163 ff.
– Inhalt, 163
– Rechtsnatur, 165 ff.
Finanzierungszuständigkeiten der Gemeinschaft, 93 ff.
Finanzinstrument für die Ausrichtung der Fischerei, 40
Finanzinstrument für die Umwelt, 50
Finanzkorrekturen, 149, 232, 234, 303 ff.
– gemeinschaftliche ~, 304 ff.
– mitgliedstaatliche ~, 303 ff.
Forschungs- und Technologieförderung, 44 ff., 96, 102, 130, 149, 171 ff., 181
– Aufforderung zur Einreichung von Vorschlägen, 172 f.
– Auswahlbeschluß, 173
– Bewertung der Vorschläge, 173 f.
– direkte Aktionen, 46
– Forschungsvertrag, 172, 174 f.
– indirekte Aktionen, 46 f., 171 ff.
– Konsortialvereinbarung, 175
– Koordinator, 174
– Rahmenprogramme, 44 ff., 102
– spezifische Programme, 45 f., 102
Funktionen europäischer Leistungen, 52 ff.
– Aktivierungsfunktion, 54 f.
– Ergänzungsfunktion, 54
– Integrationsfunktion, 53 f.
– Kompensationsfunktion, 54
– Marktfunktion, 52 f.
– Steuerungsfunktion, 54
– Umverteilungsfunktion, 53

Gemeinsame Agrarpolitik, 2, 10 ff., 98, 102, 107, 113 f., 119, 121, 127 f., 234 ff.
– Finanzierung, 20
Gemeinsame Marktorganisationen, 12 f., 16 f., 111, 113, 128, 243, 263
Gemeinsamer Markt, 12, 116
Gemeinschaftsagenturen, 148, 176, 179, 183 ff., 195, 198 ff., 222 ff., 334, 351
– Agentur für Wiederaufbau, 203 ff., 226 ff.
– Begriff, 199
– Haushaltsrecht der ~, 201
– Legitimation, 223

- Programmverwaltung, 200 ff.
- Organisation, 199, 204
- Rechtsschutz, 226 ff.
Gemeinschaftsgrundrechte, 118 ff.
- Eigentum, 118 f.
- freie Berufsausübung, 118 f.
- Gleichheit, 119 f.
- Wettbewerbsfreiheit, 119
Gesamthaushaushaltsplan, 1, 9, 11, 20, 57 ff., 95, 98 f., 172
- „activity based budgeting",
- Einzelpläne, 66
- Feststellung, 63, 87 f.
- Gliederung, 66 f.
- Zusammenfassung der Einnahmen und Ausgaben, 66
→ Haushaltsgrundsätze
→ Haushaltsverfahren
→ Haushaltsvollzug
Gewährungsverfahren, 156 ff., 170
- Aufforderung zur Einreichung von Vorschlägen, 157
- Beschluß des Anweisungsbefugten, 159 f., 163
- Bewertungsausschuß, 158
- Grundsätze, 157

Haushaltsgrundsätze, 58 ff.
- Bruttoprinzip, 64
- Grundsatz der Einheit, 20, 60 f.
- Grundsatz der Gesamtdeckung, 63 f.
- Grundsatz des Haushaltsausgleichs, 62 f.
- Grundsatz der Jährlichkeit, 58 ff.
- Grundsatz der sachlichen Spezialität, 64 f.
- Grundsatz der Vollständigkeit, 60 ff.
- Grundsatz der zeitlichen Spezialität, 59 f.
Haushaltsplan
→ Gesamthaushaltsplan
Haushaltsverfahren, 57 ff., 75 ff.
- Entscheidungsphase, 78 ff., 103
- Entwurf des Haushaltsplans, 79 f.
- Globalablehnung, 81 f.
- Haushaltsvoranschlag, 76
- Höchstsatz, 78, 84 f.
- Konzertierungsverfahren, 82 f., 91 f.
- Trilog, 77 f., 83

- Verfahren der interinstitutionellen Zusammenarbeit, 82 f.
- Vorbereitungsphase, 76 ff.
- Vorentwurf für den Haushaltsplan, 76 f., 103
Haushaltsvollzug, 88, 135, 145, 147 f., 151 ff., 170 f., 194, 263, 297, 300, 310 f., 350, 367 ff.
- Feststellung, 151, 168 f.
- ~skompetenz, 135, 139 ff.
- Mittelbindung, 143, 151 ff., 169, 241, 243, 296 ff., 345, 352
- Zahlung, 151, 168 f., 352
- Zahlungsanordnung, 151, 168 f., 345

Implied powers, 137 f., 148, 171
Integriertes Verwaltungs- und Kontrollsystem, 19, 234, 236, 271 ff., 286 ff., 312
- Verwaltungskontrollen, 278 f
- Vor-Ort-Kontrollen, 278 ff., 283, 286
- Kürzungen und Ausschlüsse, 282 ff.
„Intelligente Energie", 50 f., 54, 102, 197
- Exekutivagentur für ~, 197 f.
Interner Prüfer, 156, 194 f., 201, 317, 344 ff.
- Aufgaben, 346 f.
- Stellung, 347 f.
Interventionen, 20, 23 ff., 240
- Ausschreibung, 25 f.
- fakultative, 25
- Finanzierung, 26 f.
- obligatorische, 23 f.
- Verkauf aus Interventionsbeständen, 25 f.

Kartellrecht, 136 f., 211
Kofinanzierung, nationale, 104 ff.
- fakultative, 105
- Funktionen, 104
- obligatorische, 105 ff., 129
Kohäsionsfonds, 39 f., 95
Koordinationsregel, 264, 271
- Äquivalenzgrundsatz, 264
- Effektivitätsgrundsatz, 264
Kulturförderung, 49 f., 96
- Kulturhauptstadt Europas, 50
- MEDIA, 50

Leonardo da Vinci-Programm, 49

mehrjährige Finanzplanung, 67 ff.
→ Eigene Mittel
→ Finanzielle Vorausschau
Meroni-Entscheidung, 176, 181, 193, 196
Mittel
– getrennte, 59, 311
– nicht getrennte, 59, 311
Mittelbindung
→ Haushaltsvollzug
Mittelverwaltung
– dezentrale ~, 147
– gemeinsame ~ mit internationalen Organisationen, 147
– geteilte ~, 130, 147, 153, 180, 208, 230 ff.
– zentrale direkte ~, 130, 147 ff.
– zentrale indirekte ~, 130, 147 f., 176 ff.
Mittelübertragung, 63, 65
Modulation, 19

Nationale Agenturen, 148, 176, 207 ff., 216 ff., 222 ff.
– in Frage kommende Einrichtunge, 208 f.
– Legitimation, 223 f.
– Netz nationaler Agenturen, 179, 211 f.
– Programmverwaltung, 207 ff.
– Rechtsschutz, 229
Negativausgaben, 64
Negativreserve, 62 f.

OLAF, 206, 218, 317 ff., 352
– Aufbau, 332 ff.
– Aufgaben, 320 ff.
– Direktor, 326, 332, 334
– externe Verwaltungsuntersuchungen, 318, 320 ff., 326, 329 ff.
– interne Verwaltungsuntersuchungen, 318, 320, 324 ff., 335 ff.
– Kontrollverordnung, 321
– Rechtsrahmen, 317
– Rechtsschutz, 335 ff.
– Sanktionsverordnung, 322
– Stellung, 332 f.
– Überwachungsausschuß, 333
– Untersuchungsberichte, 327, 331 f., 337 f., 340

– Verfahrensrecht, 326 ff.

Querschnittsklauseln, 115 f.

Rechnungsabschlußverfahren, 20 f., 64, 149, 232, 234, 242 ff., 286 f., 306
– Beweislastverteilung, 261 ff.
– Fehlerhaftigkeit einer Ausgabe, 244 f.
– Informationsgewinnung durch die Kommission, 257 f.
– Konformitätsphase, 244 ff.
– Konformitätsentscheidung, 243 ff., 306
– Kontenabschlußphase, 242 ff.
– Rechnungsabschlußentscheidung, 243
– Rückforderung gemeinschaftsrechtswidriger Zahlungen, 264 ff.
– Rückforderungsfrist, 267 f.
– Unregelmäßigkeit, 245, 258 ff., 263, 280 ff.
– Vertrauensschutz, 266 f.
Rechnungsführer, 169
Rechnungsführung, 169, 296, 370
Rechnungshof, 206, 210, 218, 249, 271, 317, 349 ff.
– Arbeitsweise, 360 ff.
– Aufbau, 360 ff.
– Rechtsschutz, 362 ff.
– Stellung, 360 f.
→ Rechnungsprüfung
Rechnungslegung, 169, 367, 369 f.
Rechnungsprüfung, 350 ff.
– Gegenstand, 350 f.
– Maßstab, 351 f.
– Mittel, 353 ff.
– Prüfungen an Ort und Stelle, 353
– Prüfungsberichte, 356 ff.
– Zeitpunkt, 355
Reform der Kommission, 3, 176 f.

Schwarze Listen, 22
Sokrates-Programm, 48 f., 102, 130, 214 ff.
Solidaritätsfonds der Europäischen Union, 51
Strukturfondsförderung, 2, 10, 38 ff., 102, 231, 233 f., 288 ff., 311 ff.
– Gemeinschaftsinitiativen, 43
– Kofinanzierung, 42, 290
– Kohäsionsziel, 38

Stichwortverzeichnis 441

- Konzentration, 41 f., 43
- Partnerschaft, 41, 43, 290, 292, 305 f.
- Ziele, 42 f.
- Zusätzlichkeit, 42
→ Strukturfondsverwaltung
Strukturfondsverwaltung, 43 f., 288 ff.
- Begleitung, 306 ff.
- Bewertung, 309 f.
- Einheitliches Programmplanungsdokument, 291 ff.
- Entwicklungsplan, 290
- Ergänzung zur Programmplanung, 292, 308 f.
- Finanzierungsverfahren, 296 ff.
- Finanzkontrolle, 300 ff.
- Gemeinschaftliches Förderkonzept, 291 ff.
- Leistungsgebundene Reserve, 310
- Operationelles Programm, 291 ff.
- Programmdurchführung, 40 f., 292 ff.
- Programmplanung, 40 f., 290 ff.
- Rolle der Kommission bei der ~, 310 f.
- Verwaltungs- und Kontrollsysteme, 294 f.
- Verwaltungsbehörde, 293 f.
- Vorentscheidungen der Kommission, 288 ff.
- Zahlstelle, 294
→ Finanzkorrekturen,
Subsidiarität, 113 ff., 139, 231, 286 f., 321, 329

Transeuropäische Netze, 51

Umweltschutz, 115 f.

Vergaberecht, 8
Verhältnismäßigkeit, 113 f., 139, 164, 231, 242, 249, 263, 266, 283, 305, 321, 329, 358
Verpflichtung
- rechtliche ~, 151, 160 ff., 170, 292, 296 f.
Verpflichtungsermächtigungen, 59 f., 289
Verwaltungsvollzug, 135 ff., 147 ff.
- ~skompetenzen der Gemeinschaft, 135 ff., 141
Vollzug, 6 f.
- direkter, 6, 150 f., 170
- indirekter, 6 f., 126, 139, 238, 286
Vollzugsmodelle, 3, 135, 147 ff.
Vorruhestandsbeihilfen, 31

Welthandelsorganisation, 120 ff., 239
- Übereinkommen über die Landwirtschaft, 121
Wettbewerbsfreiheit
- Grundsatz der ~, 117 ff.

Zahlstellen (GAP), 235 ff., 250, 281
- Aufgaben, 235 f.
- Koordinierungsstelle, 237, 240
- Organisation, 237 f.
- Verfahren, 238
- Zulassung, 236 ff.
Zahlungsermächtigungen, 59 f.
Zusammenarbeit
- Pflicht zur loyalen ~, 107 f., 232, 263, 331, 364

Jus Internationale et Europaeum

Herausgegeben von
Thilo Marauhn und Christian Walter

Die Einwirkung des internationalen und des europäischen Rechts auf die nationalen Rechtsordnungen nimmt beständig zu. Diese Entwicklung stellt eine gewaltige Herausforderung dar, weil es heute nicht mehr nur um die Umsetzung völker- und europarechtlicher Vorgaben geht, sondern darüber hinausgehende Anpassungsnotwendigkeiten in den nationalen Rechtsordnungen verarbeitet werden müssen. Abgesehen von den praktischen Schwierigkeiten, verlangt dieser Prozess nach einer theoretischen Verarbeitung, welche im Öffentlichen Recht, das nach wie vor ein ambi-valentes Verhältnis zum Völker- und Europarecht hat, weitgehend noch am Anfang steht.

Die neue Schriftenreihe *Jus Internationale et Europaeum* verfolgt das Ziel, zur theoretischen und dogmatischen Durchdringung der Internationalisierung und Europäisierung des Öffentlichen Rechts beizutragen und Lösungsvorschläge für damit einhergehende praktische Probleme zu unterbreiten. Die Reihe steht offen für Habili-tationsschriften, herausragende Dissertationen und vergleichbare Monographien, die sich mit Rechtsfragen an der Schnittstelle zwischen nationalem Öffentlichen Recht und internationalem Recht beschäftigen oder genuin völker- bzw. europarechtliche Themen behandeln. Besonderes Interesse liegt dabei auf Arbeiten, die eine Brücke zwischen Grundlagenfragen und praktischer Rechtsanwendung schlagen.

Die lieferbaren Bände:

1 *Ebner, Timm:* Streitbeilegung im Welthandelsrecht. 2005. XXI, 288 Seiten. Fadengeheftete Broschur.
2 *Wettner, Florian:* Die Amtshilfe im Europäischen Verwaltungsrecht. 2005. XX, 418 Seiten. Fadengeheftete Broschur.
3 *Vogt, Matthias:* Die Entscheidung als Handlungsform des Europäischen Gemeinschaftsrechts. 2005. XVIII, 399 Seiten. Fadengeheftete Broschur.
4 *Held, Simeon:* Die Haftung der EG für die Verletzung von WTO-Recht. 2006. XVIII, 343 Seiten. Fadengeheftete Broschur.
5 Der Europäische Haftbefehl vor dem Bundesverfassungsgericht. Hrsg. v. *Frank Schorkopf.* 2006. LIII, 538 Seiten. Fadengeheftete Broschur.
6 *Müller, Felix:* Schutzmaßnahmen gegen Warenimporte unter der Rechtsordnung der WTO. 2006. XVIII, 324 Seiten. Fadengeheftete Broschur.
7 *Schenk, Wolfgang:* Strukturen und Rechtsfragen der gemeinschaftlichen Leistungsverwaltung. 2006. XVI, 441 Seiten. Fadengeheftete Broschur.

Einen Gesamtkatalog erhalten Sie gerne vom Verlag
Mohr Siebeck, Postfach 2040, D–72010 Tübingen.
Aktuelle Informationen im Internet unter www.mohr.de